KB139115

6일 전쟁

SIX DAYS

KODEF 안보총서 28

6일 전쟁
SIX DAYS

중동분쟁의 씨앗이 된 제3차 중동전쟁

제러미 보엔 지음 | **김혜성** 옮김

플래닛미디어
Planet Media

1978년 9월 7일 캠프데이비드에서 이집트 대통령 사다트(오른쪽)와 이스라엘 총리 메나헴 베긴(가운데)과 함께한 이스라엘 국방부장관 에제르 바이츠만.

(왼쪽부터) 1964년 5월 아메르(이집트 총사령관), 나세르(이집트 대통령), 니키타 흐루시초프(소련 공산당 서기장).

1956년 샤름엘셰이크, 제2차 중동전쟁 후 이스라엘군 총참모총장 모셰 다얀(왼쪽)과 제9여단 사령관 아브라함 요페의 모습. 이들은 1967년 6일 전쟁에서 국방부장관과 사단 지휘관으로 활약했다.

시나이의 공군기지에서 조종사들과 함께한 이집트 대통령 가말 압델 나세르(앞줄 맨 왼쪽). 1967년 6월, 6일 전쟁이 일어나기 얼마 전의 모습.

6일 전쟁 당시 이스라엘 총리인 레비 에슈콜. 총리가 되기 전인 1947년 9월 9일의 모습.

6일 전쟁 당시 기갑군단을 지휘한 이스라엘 탈 장군. 1970년의 모습.

1967년, 이스라엘 병사들이 파괴된 아랍 항공기를 조사하고 있다.

1967년 예루살렘 애뮤니션 언덕의 참호. 멀리 뒤로 경찰학교가 보인다. 6일 전쟁 당시 애뮤니션 언덕에서는 이스라엘 공수부대와 이곳을 지키던 요르단 육군 사이에 격렬한 전투가 벌어졌다.

6일 전쟁 나흘째인 1967년 6월 8일, 이스라엘군은 미 해군 정찰선 리버티 호를 공격했다. 이 공격으로 리버티 호 승무원 중 34명이 죽고 171명이 부상당했다.

(위 사진) 공격 다음날 극심한 피해를 입은 리버티호의 모습.

(아래 사진) 공격에 피해를 입은 리버 티호 우현 선체의 선루船樓.

1968년, 아랍국가 지도자들과 함께한 이집트 대통령 나세르. (왼쪽부터) 알제리 대통령 우아리 부메디엔(Houari Boumedienne), 시리아 대통령 누레딘 알아타시(Nureddin al-Atassi), 이라크 대통령 압둘 라만 아리프(Abdul Rahman Arif), 나세르, 수단 대통령 이스마일 알아자리(Ismail al-Azhari).

1969년 카이로에서 야세르 아라파트(오른쪽에서 세 번째)가 파타 당 당수로서 나세르(가운데)와 첫 공식 회담을 하는 모습. 아라파트는 이 회담이 있기 약 8개월 전 팔레스타인 해방기구 의장이 되었다.

예리코(서안지구)에 들어가기 전에 있는 검문소 모습(2005년). 본래 요르단 영토였던 예리코는 1967년 6일 전쟁 때 이스라엘군이 점령한 후 줄곧 이스라엘 지배하에 있다.

이스라엘 국경경찰의 모습. 2007년 1월 31일, 예루살렘 구시가지(올드 시티) 유대인 거주지역. 유대 민족과 아랍 민족 간의 갈등은 팔레스타인에 시오니스트 정착촌이 들어선 1세기 전에 시작됐다. 그러나 갈등이 현재의 형태를 띤 건 1967년 이후다. 1967년 전쟁은 이스라엘과 팔레스타인 민족 간에 벌어진 폭력의 원천이 되어 오늘날까지 계속 이어지고 있다.

서안지구 라말라 외곽에 있는 이스라엘 검문소에서 팔레스타인 여성들이 다른 마을로 가기 위해 줄지어 기다리고 있다(2004년).

흔히 '통곡의 벽'이라 불리는 예루살렘 구시가지의 서쪽 벽은 중요한 유대교 성지 중 하나다. 양쪽 끝 뒤로 알아크사 사원(오른쪽)과 바위사원(왼쪽)이 보인다. 이슬람교도들은 통곡의 벽 역시 알아크사 사원의 일부라고 주장한다.

시나이의 공군기지에서 조종사들과 함께한 이집트 대통령 가말 압델 나세르(앞줄 맨 왼쪽). 1967년 6월, 6일 전쟁이 일어나기 얼마 전의 모습.

이슬람교도들에게 성전산 남쪽에 위치한 알아크사 사원은 메카와 메디나에 이은 3대 성지 중 하나다. 선지자 모하메드가 메카에서 날개 달린 말을 타고 와 알아크사 사원에 내렸다고 한다.

(왼쪽 사진) 6일 전쟁 당시 시리아의 공군참모총장 겸 국방부장관이었던 하페즈 알아사드(1970년).
(오른쪽 사진) 1957년 이스라엘 방위군(IDF) 남부군사령관 이츠하크 라빈. 제2·3차 중동전쟁에서 활약한 라빈은 총리가 된 후 시나이 반도에서의 이스라엘군 철수를 지지하고 이집트와 평화협정을 맺어 강경론자들의 공격을 받았다. 1995년 중동평화회담을 지지하는 연설 후 유대인 극단주의자 이갈 아미르의 총에 맞아 암살당했다.

1997년 4월 2일, 펜타곤에서 미 국방부장관과 회의를 하는 요르단의 왕 후세인의 모습. 그는 사망할 때까지 중동 평화협상에서 중요한 위치를 차지했다.

줄리아와 매티, 잭 그리고 부모님에게

"승리 후의 희열은 위험하다.
하지만 그보다 훨씬 더 심각한 것은 오만이다.
오만은 배우고 생각하는 법을 멈추게 한다."

_ 이스라엘 전투기 조종사 우리 길^{Uri Gil}

"나는 평화를 원합니다.
하지만 고통스러운 기억을 지닌 채 어떻게 내 아이들에게
다른 이들에게 손을 내밀라고 가르칠 수 있겠습니까?"

_ 팔레스타인인 파옉 압둘 메지드^{Fayek Abdul Mezied}

옮긴이 서문

❖ 코로나바이러스가 인류를 강타하며 세계경제 또한 함께 앓고 있다. 대공황 이래 최악의 경기침체가 다가오는 지금 유가마저 폭락하며 세계는 큰 혼돈에 들어서고 있다. 중동의 패권국 사우디아라비아와 푸틴 대통령의 러시아 사이에서 시작된 힘겨루기는 브레이크 없는 원유생산으로 이어졌고 이로 인한 유가 폭락은 세계경제의 위기를 가중시켰고, 각국 정치의 위기로까지 번지고 있다.

이미 코로나19가 터지기 이전부터 세계적인 투자자 레이 달리오^{Ray Dalio}는 지금이 1930년대 대공황 이전과 흡사하다고 말한 바 있다. 극심한 빈부격차와 높아가는 무역장벽 등 세상은 갈수록 화합보다는 갈등의 징후를 보이고 있다. 그리고 이와 같은 현상은 100여 년 전 제2차 세계대전으로 이어진 바 있다고 그는 지적한다. 최근 코로나19가 1918년 터진 스페인 독감과 종종 비교되는 것도 아이러니를 더한다.

한반도는 최근 연이은 남북·북미정상회담으로 이 책이 발행된 2010년에 비해 갈등이 한층 가라앉은 것이 사실이다. 하지만 그렇다고 불씨가 완전히 사라진 것은 아니다. 북한의 핵개발은 계속되고 있고 유례없는 미중 갈등은 동아시아 정세에 긴장감을 높이고 있다. 향후 코로나19로 인해 각국의 정치가 격변을 겪고 이로 인해 국제정세가 예상치 못한 방향으로 흐를 가능성도 충분히 염두에 두어야 한다. 언제든 부지불식간에 분쟁에 휘말려 들어갈 수 있는 게 한반도를 사는 우리의 현실임을 잊지 말아야 한다.

모두가 가장 평화롭다고 느낄 때 가장 최선을 다해 전쟁에 대비하는 것이 지혜라고 생각한다. 그런 면에서 평화의 기운이 우리를 스쳐가고 국제적인 불확실성이 다시 고조되는 이때 국방력을 점검하고 각 군이 일사분란하게 움직일 수 있는 능력을 갖추고 있는지 확인할 필요가 있다. 이스라엘은 일찌감치 육·해·공군이 하나로서 긴밀하게 협력하는 것의 가치를 깨닫고 그것에 국운을 걸었다. 어떠한 전쟁사학자도 6일 전쟁의 승리 뒤에 이러한 철저한 준비가 있었다는 데 이견을 갖지 않는다. 전쟁에서의 승리는 팀워크에서 결정된다는 것을 이 책을 보며 피부로 느낄 수 있으리라 본다.

오늘날 『6일 전쟁』을 새롭게 읽으며 염두에 둘 것은 전염병이라는 요소다. 전염병은 이제 군사의 역사를 바꿔놓을 만큼 중요한 변수로 떠오르고 있다. 우리의 역사에도 전염병으로 인한 아픈 경험이 있다. 임진왜란 당시 우리 수군에 가장 큰 피해를 입힌 것은 왜군이 아니라 알 수 없는 전염병이었다. 전사한 병사보다 병으로 목숨을 잃은 병사가 몇 배는 더 많아서 이순신 장군이 탄식했다고 하니 군에게 전염병은 적의 총탄보다 위험한 존재일 수 있다.

마지막으로 중동의 역사는 정유산업에 크게 의존하고 있는 우리나라로서 깊이 이해하지 않으면 안되는 것임을 강조하고 싶다. 정유화학제품은 우리나라의 수출품목 중 둘째로 큰 규모를 차지하고 있다. 유가의 등락을 좌지우지하는 중동의 정세는 우리가 꼭 이해해야 할 대상이다. 그리고 6일 전쟁을 이해하는 것은 그 기초 중의 기초라 말하고 싶다. 초판 발행 때 옮긴이 서문에서도 밝혔지만 중동의 6일 전쟁은 우리의 6·25전쟁만큼 깊은 상흔과 충격을 남긴 역사적 사건이었다. 6·25전쟁이 그 후 한반도의 역사를 수십년간 규정했듯 6일 전쟁도 중동의 역사를 형성하는 '블랙스완black swan' 사건이었다고 할 수 있다.

　　이 책의 가치는 이렇듯 중대한 사건을 흡입력 있고 생생하게 묘사한다는 데 있다. 지식의 전달과 함께 읽는 즐거움을 경험하게 해준 가장 좋은 책 중의 하나이기에 『6일 전쟁』 개정판 출간을 반갑고 기쁘게 생각한다. 그리고 이를 위해 힘써주신 도서출판 플래닛미디어 김세영 대표님과 편집진에게 감사의 말씀을 드리며 옮긴이 서문을 줄이고자 한다.

2020년 5월
옮긴이 김혜성

서문

❖ 전쟁터로 들어가는 느낌은 어딜 가나 비슷하다. 전차가 아스팔트를 들어 올리고 차와 건물은 납작하게 뭉개진다. 비 온 뒤 거리는 진흙물로 가득하고 건조한 날에는 쉴 새 없이 코와 입에 먼지가 들어간다. 차량이 자취를 감춘 도로는 원시적이고 이질적으로 변한다. 쇼핑을 하며 담소를 나누는 사람들로 가득했던 거리에는 이제 잡초만 무성하게 자라고, 신경이 날카로워진 군인들이 그 위에서 분주히 움직인다. 2002년, 제닌Jenin으로 들어가는 길이 그랬다. 검문소를 지키는 이스라엘 병사들은 공격적이고 적대적이었다. 내가 그중 한 명과 대화를 시도하려고 차에서 내리자 병사는 곧바로 쏠 것처럼 나에게 총을 겨누었다. 장난치는 게 아니라는 것을 직감할 수 있었다. 검문소 뒤로 팔레스타인인들이 탄 차량이 긴 행렬을 만들고 있었다. 반면 서안지구West Bank 정착촌에 사는 이스라엘인들

은 총을 소지하고도 시원스레 검문소를 통과하고 있었다.

　이스라엘 정부가 발급한 언론인 출입증 덕에 나는 무사히 제닌에 들어 갈 수 있었다. 이스라엘군은 전날 한 팔레스타인 남성을 살해한 뒤 그의 집을 뭉개고 있는 중이었다. 제닌 한가운데 난민 수용소가 있다. 아니, 있 었다. 이제 이곳은 커다란 공터가 되었다. 교복을 입은 아이들이 이 빈터 를 터벅터벅 걸어가고 있었다. 제닌은 인구 밀도가 높고 가난한 도시였 다. 2002년 4월 3일, 이스라엘군은 팔레스타인 저항세력을 뿌리 뽑겠다는 명분으로 이곳에서 행한 것 중 가장 광범위하고 야심찬 군사작전을 펼쳤 다. 장갑불도저가 제닌에 진입해서 건물을 부수었다. 이스라엘군은 한 달 전 이스라엘인 70명 이상을 죽인 팔레스타인 민병대가 이곳에 있다고 보 고 있었다.

　가장 끔찍하고 충격적인 팔레스타인의 테러[1]는 2002년 3월 27일에 일 어났다. 텔아비브Tel Aviv 북쪽 해안 도시 네타냐Netanya의 파크 호텔에 민간 인 260명이 유월절 행사를 위해 모여들었다. 긴 가발을 쓴 한 남자가 검고 두꺼운 오버코트를 입고 나타났다. 그는 탁자를 오가며 앉을 자리를 찾았 다. 압델바셋 오데Abdel-Basset Odeh라는 이 남자는 몸에 폭탄을 두르고 있었 다. 폭발음과 함께 파편이 벽과 천장에 부딪혀 튕겨져 나왔다. 29명이 죽 고 140명이 다쳤다. 희생자 대부분은 홀로코스트Holocaust 당시 나치에 가 족을 잃고 이곳으로 이주한 노부부들이었다. 이스라엘은 전국적인 충격 과 분노에 빠졌다. 성스러운 유대인 명절에 무고한 인명이 너무 많이 희 생됐다. 유월절은 유대 민족이 파라오의 지배를 벗어나 이집트에서 탈출 한 것을 기리는 기간이었다. 신을 믿지 않는 사람조차 이날에는 가족과 함께 했다. 테러리스트는 네타냐에서 10마일 정도 떨어진 팔레스타인 거 주 지구 툴카렘Tulkarem 출신이었다. 툴카렘은 제닌에서 멀지 않은 곳이다.

네타냐 자살폭탄 테러 이후 이스라엘은 서안지구 팔레스타인 자치구역에 대규모 응징을 가하기 시작했다. 그리고 다시 서안지구를 완전히 점령하기에 이른다. 팔레스타인인들은 제닌에 진입하는 이스라엘군에 맞서 격렬히 저항했다. 4월 9일 매복 공격에 병사 13명을 잃은 이스라엘군은 불도저를 동원해 가옥을 부수었다. 이스라엘 정부는 이것이 '군사적으로 필요한 조치이며 폭력은 최소한으로 사용'되고 있다고 발표했다.

팔레스타인 지도자 야세르 아라파트Yasser Arafat*는 이스라엘군이 학살을 벌이고 있다고 주장했다. 미국의 대표적인 인권단체인 휴먼라이츠워치Human Rights Watch는 그의 주장에 근거가 없다고 결론 내렸다.[2] 그러나 조사 과정에서 이스라엘 병사들이 국제인권법을 심각하게 위반하고 있다는 사실 또한 밝혀냈다. 법적으로 이는 전쟁 범죄에 해당했다. 휴먼라이츠워치는 적어도 52명의 팔레스타인인이 죽었다고 말했다. 이 중 27명은 이스라엘과 싸우다 죽었지만 아이와 노인, 장애인 등 민간인도 최소 22명 이상이었다. 몸을 가누지 못하는 한 37세 남성은 이스라엘이 불도저로 그의 집을 부술 때 고스란히 깔려 죽었다. 자녀 14명을 둔 카말 타왈비Kamal Tawalbi라는 남성은 3시간 동안 벌어진 총격 도중 인간 방패로 사용되었다. 이스라엘군은 그와 그의 아들 어깨에 총을 올려놓고 전투를 벌였다.

---

*은 모두 옮긴이의 주다.

* **야세르 아라파트** 팔레스타인해방기구(PLO) 의장. 민족자결권을 주장하며 1959년에 '파타'라는 정당을 세운다. 1988년 11월 팔레스타인 독립국 수립을 선포한 그는 외교적 노력으로 독립을 승인받았다. 팔레스타인해방기구와 이스라엘 간 평화협상에 적극 나선 그는 1994년에 이츠하크 라빈, 이스라엘 외무장관 페레스와 함께 노벨평화상을 수상한다. 그러나 2004년 말, 이스라엘군에 의해 라말라에 사실상 연금되어 75세에 지병으로 사망한다. 생전 그는 팔레스타인 민족의 지도자로 추앙받았지만, 여러 아랍 국가에서 활동하며 이스라엘에 대한 무장 항쟁을 이끌어 이스라엘에서는 악명 높은 테러리스트로 여겨졌다.

유대 민족과 아랍 민족 간의 갈등은 팔레스타인에 시오니스트^{Zionist}* 정착촌이 들어선 1세기 전부터 시작됐다. 그러나 갈등이 현재의 형태를 띤 건 1967년 이후다. 당시 전쟁에서 이스라엘은 적지 않은 아랍 영토를 빼앗았고 이 중 상당 부분을 여전히 유지하고 있다. 이스라엘 지도자들은 본래 영토 욕심이 없었고 어디까지나 안보를 위한 전쟁이었다고 주장한다. 하지만 지금 이 땅에는 이스라엘인 수십만 명이 새로이 정착해 살고 있다. 1967년에 시작된 점령은 이스라엘과 팔레스타인 민족 간에 벌어진 폭력의 원천이 되었다. 예루살렘에 살면서 〈BBC〉 중동지국 기자로 일하던 나는, 1967년 전쟁을 이해하지 않고 두 민족 간의 분쟁을 이해할 수 없다는 결론을 내리고 이 책을 쓰기로 했다.

이스라엘에 가장 우호적이었던 백악관 주인 중 한 명인 린든 베인스 존슨^{Lyndon Baines Johnson}**은 일찍이 전쟁이 가져올 참상을 예견했다.[3] 전쟁의 셋째 날 이스라엘이 예루살렘과 서안지구를 완전히 장악하자, 그는 "이 모든 문제가 곪아터지고 나면 아마 애초 전쟁이 안 났으면 좋았을 것이라고 느낄 것"이라고 말했다. 전쟁이 끝나고 4일 후[4] 데이비드 딘 러스크^{David Dean Rusk}*** 미국무부장관은 "만약 이스라엘이 서안지구를 계속 유지

---

* **시오니즘**^{Zionism}, **시온주의** 팔레스타인에 유대국가를 건설하자는 운동. 19세기 후반 유럽에서 시작된 시오니즘은 오스트리아의 저널리스트 T.헤르츨에 의해 실질적인 정치운동으로 발전했다. 시오니스트(시온주의자)들은 전세계에 걸쳐 자발적으로 조직을 세우고 다양한 발간물을 통해 선전활동을 폈다. 1900년대 초 유대민족에 대한 억압이 유럽에 걸쳐 본격화되자 유대인들은 팔레스타인으로 이주하기 시작해 1914년에는 9만 명이 팔레스타인에 거주하게 된다. 시오니스트들은 강력한 로비를 통해 1917년 영국으로부터 팔레스타인 내 유대국가 건설을 약속받았다.
** **린든 베인스 존슨** 미국의 36대 대통령. 1937년에 하원의원, 1948년에 상원의원이 되었다. 케네디 대통령이 암살당한 이후 그의 임기를 이어받아 대통령이 되었고 1964년에 재선되었다. '위대한 사회' 건설을 주장했던 그는 베트남 전쟁을 심화시킨다는 비난을 받았다.

하려 들 경우 팔레스타인 민족은 20세기 내내 저항할 것"이라고 경고했다. 21세기가 되었는데도 저항은 멈추지 않고 있다.

'6일 전쟁'은 후세대에도 많은 영향을 미쳤다. 그들은 전쟁이 만들어 놓은 환경 속에서 평화를 누리지 못한 채 살아가고 있다. 분명 이스라엘 인들은 평화롭고 안전한 삶을 살 자격이 있다. 난민이 되거나 이스라엘에 남아 갖은 모욕과 착취를 당한 팔레스타인인들 또한 평등한 대우를 받을 권리가 있다. 이스라엘이 거둔 대승이 팔레스타인인에게는 저주였다. 이스라엘은 1967년에 얻은 땅을 제대로 소화할 능력이 없었다. 이스라엘은 국제법을 무시하고 엄청난 개발 자금을 쏟아부었다. 국민도 분열되었다. 이스라엘이 이집트, 요르단, 시리아와 벌인 1967년 전쟁이 끝난 지 수십 년이 흘렀지만 그 이후로도 수천 명이 더 죽었고 6년에 걸친 협상은 실패로 돌아갔다. 이스라엘과 팔레스타인 민족은 여전히 서안지구와 가자^{Gaza}를 두고 다투고 있다. 새로운 중동전쟁이 벌어지면 그 뿌리는 분명 1967년 6월에 있을 것이다. 이스라엘과 팔레스타인이 대등한 상대로 영토 문제를 논의하고 전쟁의 유산을 청산하려 하지 않으면 중동에 평화란 결코 없을 것이다.

*** **딘 러스크** 1961~1969년까지 케네디와 존슨 밑에서 국무부장관을 역임. 열렬한 반공주의자였지만 쿠바 미사일 사태를 외교적으로 푸는 데 공을 세웠다. 또한 그는 초반에는 베트남 전쟁을 반대했지만 훗날 열렬히 지지함으로써 반전평화주의자들의 비난을 샀다.

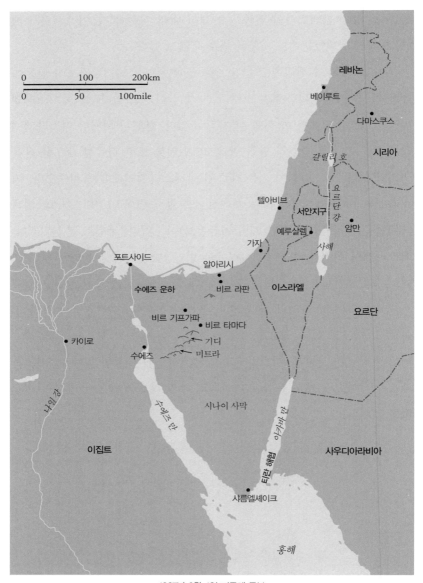

레바논

베이루트

다마스쿠스

시리아

갈릴리 호

텔아비브

서안지구

요르단강

예루살렘

암만

가자

사해

알아리시

이스라엘

요르단

비르 라판

포트사이드

수에즈 운하

비르 기프가파

비르 타마다

카이로

기디

수에즈

미트라

나일강

시나이 사막

수에즈만

티란 해협

사우디아라비아

이집트

샤름엘셰이크

홍해

0   100   200km

0   50   100mile

1967년 6월 4일 지중해 동부

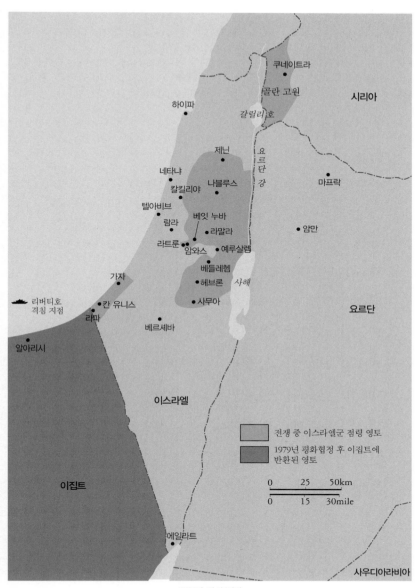

쿠네이트라

골란 고원

시리아

하이파

갈릴리호

제닌

요르단강

마프락

네타냐

나블루스

칼킬리야

텔아비브

베잇 누바

람라

라말라

암만

라트룬

암와스

예루살렘

가자

베들레헴

사해

리버티호
격침 지점

칸 유니스

헤브론

요르단

라파

사무아

알아리시

베르셰바

이스라엘

전쟁 중 이스라엘군 점령 영토

1979년 평화협정 후 이집트에
반환된 영토

0   25   50km

0   15   30mile

이집트

에일라트

사우디아라비아

1967년 당시 전장

차례

전쟁의 먹구름

유대 민족

작은 언덕치고는 거창한 이름을 지닌 시온 산^{Mt. Zion}. 동예루살렘 성벽 남서쪽에 위치한 이곳에서 예수와 그의 사도들이 최후의 만찬을 가졌고, 기독교인들은 그 후 이 산을 숭배했다. 한때 가나안 민족^{Canaanites}은 이곳에서 몰록^{Moloch}이라는 신에게 인간을 제물로 바치곤 했다. 그때마다 시신 타는 연기가 하늘을 검게 뒤덮었다.

1948년 5월 28일, 예루살렘 위로 다시 검은 연기가 솟아올랐다. 이스라엘 최정예 군인 중 한 명인 이츠하크 라빈^{Yitzhak Rabin}*이 시온 산에 올라 화

---

* **이츠하크 라빈** 이스라엘의 5대 총리. 1941년 유대인 방위 특공대인 팔마흐에 입대해 시리아와 레바논에서 비시 프랑스 정권에 맞서 싸웠다. 총리가 된 후 시나이 반도에서의 이스라엘군 철수를 지지하고 이집트와 평화협정을 맺어 강경론자들의 공격을 받았다. 1992년 다시 총리로 취임했지만 1995년 중동평화회담을 지지하는 연설 후 유대인 극단주의자 이갈 아미르의 총에 맞아 암살당했다. 그는 최초의 토착 유대인 출신 이스라엘 총리였다.

염에 휩싸인 동예루살렘을 내려다보았다. 유대인 거주구역이 불타고 있었다. 그러나 그가 할 수 있는 것은 아무것도 없었다. 그의 부하들은 요새로 둔갑한 시온의 문Zion Gate을 격파해보려 했지만 소용이 없었다. 당시 26세였던 라빈은 유대군 타격부대 팔마흐 하렐 여단Har'el Brigade of the Palmach을 지휘하고 있었다.

영국은 제1차 세계대전 후 팔레스타인에서 병력을 철수시켰다. 그로부터 2주 후 유대민족은 이스라엘 독립을 선포했다. 홀로코스트의 참상을 알고 있는 세계 지도자들은 유대 민족 또한 나라를 세울 자격이 있다며 이스라엘의 국제연합(UN)United Nations 가입을 허락했다. 하지만 영국의 식민 지배에서 갓 벗어난 아랍인들은 반발했고, 이는 근대 이후 최초의 전면적인 중동전으로 이어졌다.*

시온 산 아래에는 라빈이 평생 기억에서 지우지 못할 충격적인 장면1이 펼쳐졌다. 두 명의 랍비(유대교 율법학자)가 이끄는 유대인 행렬이 요르단

---

* **이스라엘 건국 및 아랍과의 전쟁** 19세기 세계 각지에서 민족자결주의가 발흥하는 가운데 유럽과 러시아에서 유대인에 대한 억압이 강해졌다. 이에 건국 운동을 펼친 유대민족은 1917년 영국으로부터 팔레스타인 내 유대국가 건설을 약속받았다. 팔레스타인 내 유대인 이민의 증대는 아랍인과의 대립을 불러일으켰다. 토지상실을 두려워한 아랍인은 19년부터 종종 반영국, 반유대 폭동을 일으켰고 1939년까지 전국적인 게릴라전을 전개하였다. 제2차 세계대전 중 한때 가라앉기도 했으나 대전 말기에 다시 격화되어, 이번에는 유대인 쪽이 독립을 막으려는 영국에 반발하여 반영, 반아랍 투쟁을 전개했다. 두 민족의 대립을 진압하려던 영국은 끝내 실패, 이 문제를 1947년 유엔에 이관했다. UN 총회는 분할안을 채택, 아랍의 격렬한 반대를 일으켰고 팔레스타인 각지에서 아랍의 게릴라전이 격화되었다. 1948년 5월 영국의 위임통치가 끝나자 유대인은 이스라엘 건국을 선언하고, 아랍연맹에 가입한 아랍 제국의 정규군이 팔레스타인에 침입하자 제1차 중동전쟁을 시작했다. 이스라엘은 초반 열세를 뒤집고 마침에 아랍을 압박해, 1949년 정전을 얻어낸다. 그 뒤 양측은 1956년 10월 제2차 중동전쟁(수에즈 전쟁), 1967년 6월 제3차 중동전쟁(6일 전쟁), 1973년 10월 제4차 중동전쟁(10월 전쟁) 등 모두 4차례에 걸쳐 전쟁을 했다.

군에 항복한 뒤 끌려가고 있었다. 신생국 이스라엘이 보유한 동예루살렘 내 유일한 발판이 사라지고 있었다. 9일 전인 19일에 팔마흐 병사들은 시온 산을 빼앗고 요르단의 맹렬한 반격에 저항하고 있었다. 이들 중 일부는 뼛속까지 쌓인 피로 때문에 총탄이 날아오는데도 꾸벅꾸벅 졸기까지 했다.

구시가지Old City라 불리는 동예루살렘은 유대인, 이슬람교도, 기독교인 모두가 성스럽게 여기는 곳이었다. 이스라엘은 1948년 전쟁에서 동예루살렘을 빼앗지 못한 것을 가장 큰 치욕으로 여겼다. 라빈의 최측근 참모 중 한 명인 23세의 우지 나르키스Uzi Narkiss는 예루살렘 출신 유대인이었다. 그의 부대는 전력과 지원 면에서 요르단에 밀리고 있었다. 라빈과 마찬가지로 그 또한 당시의 패배를 수년간 괴로워했다. 1967년 전쟁이 발발하기 하루 전 나르키스는 장군이 되었다. 그는 여전히 '예루살렘이 분단되어 있고 동예루살렘에 단 한 명의 유대인도 살고 있지 않다는 사실'에 죄책감을 느꼈다.[2] "단 하룻밤 내 손아귀에 동예루살렘이 들어왔지만 모조리 빼앗겼다."

이제 그의 목표는 단 하나였다. 동예루살렘을 되찾아 오는 것이었다.

팔레스타인 민족

1948년, 지친 팔레스타인인 수천 명이 집에서 쫓겨나 요르단군이 통제하는 서안지구 구릉지대로 이동했다. 이스라엘 정보장교 슈마리아 거트만Shmarya Guttman은 이 모든 광경을 지켜보았다. "수많은 사람들이 앞서거니 뒤서거니 하며 걸었습니다. 여자들은 머리 위에 포대와 짐을 이고 있었고, 아이들은 엄마 뒤를 따랐어요… 순간 경고사격 소리가 들렸습니다… 젊은이 한 명이 나를 날카롭게 노려봤습니다… '우린 아직 항복하지 않았어. 당신들과 싸우기 위해 돌아올 거야'라고 말하는 것 같았습니다."

이들은 이스라엘군의 통제을 받으며 람라Ramla와 리다Lydda에서 쫓겨나고 있었다. 이 지역을 공격한 이스라엘군은 교회와 사원에 감금된 사람들을 포함해서 약 250명의 팔레스타인인을 죽였다. 이스라엘군 정보장교 예루함 코헨Yeruham Cohen은 "마을 사람들이 공포에 질렸다. 그들은 이스라엘 군인들의 복수가 두려워 고막을 찢을 듯 소리 질렀다. 끔찍한 광경이었다. 자신의 죽은 모습을 이미 목격이라도 한 듯 여자들은 목 놓아 울었고 남자들은 기도문을 읊었다"고 증언했다.

5~7만 명에 이르는 리다와 람라 주민들은 1,000여 명만을 남기고 모두 며칠 사이에 추방됐다. 이들 중 일부는 귀중품을 강탈당하기도 했다. 요르단 국경으로 향하는 길고도 무더운 여정에서 많은 이가 탈수와 피로로 쓰러졌다. 요르단군을 지휘한 영국인 글럽 파샤Glubb Pasha*는 "얼마나 많은 아이들이 죽었는지 아무도 알 수 없었다"고 말했다.3 람라와 이스라엘이 로드Lod로 이름을 바꾼 리다는 현재 중소도시로 변해 있다. 라빈은 자신이 내린 명령이 자랑스럽진 않지만 불가피했다고 주장했다. "후방인 로드에 적대적인 무장 세력을 남겨둘 수는 없었다"4는 것이다.

팔레스타인 민족은 1948년을 묘사할 때 '재앙'이라는 뜻을 가진 아랍어 '낙바Nakba'를 사용한다. 1,000년 넘게 지속되어 온 공동체가 파괴되어

---

* **글럽 파샤** 1939년부터 요르단군 사령관으로 근무한 존 글럽 경Sir John Glubb을 말한다. 그는 요르단에 군비를 대주는 영국의 대리인 격으로 막강한 영향력을 행사했다. 그러나 훗날 영국군 장교를 모두 축출해 요르단군을 장악하려는 요르단 왕 후세인에 의해 사령관 자리에서 쫓겨나게 된다. 요르단군 사령관으로 일하는 동안 요르단군을 중동에서 가장 잘 훈련된 조직으로 만들었다고 평가받는다.

사람들이 중동 전역으로 흩어졌다. 모든 전쟁이 그렇듯 팔레스타인인들은 자신의 목숨을 지키고 아이들을 보호하기 위해, 그리고 일부 지역에서는 인종 청소를 피하기 위해 도망쳤다. 예루살렘 외곽에 있는 데이르 야신Deir Yassin이라는 마을에서는[5] 유대 극단주의자들이 악명 높은 학살을 벌였다.* 그들은 심지어 250여 명의 민간인을 죽였다고 떠벌리고 다녔다. 이스라엘 심리전 부대도 이를 확대재생산했다. 그 후 팔레스타인인들은 이 마을의 이름을 듣는 것만으로 놀라 도망쳤다. 데이르 야신의 진실은 그 자체로도 끔찍했지만 팔레스타인 라디오는 이를 과장해 보도했다. 유명 팔레스타인 가문 출신인 하젬 누세이베Hazem Nusseibeh라는 청년은 라디오 방송 〈팔레스타인의 소리Voice of Palestine〉에 출연해 이스라엘군이 살인과 시신 훼손, 강간을 일삼았다고 증언했다. 그는 이러한 활동을 통해 팔레스타인 저항 운동에 불을 지필 수 있을 것이라고 믿었다.[6] 그러나 결과는 반대였다. 더 많은 팔레스타인인들이 도망갔다. 야파의 문Jaffa Gate를 통해 끊임없이 동예루살렘으로 들어오는 난민들을 보며 누세이베는 자신이 실수했다는 것을 깨달았다. 사람들은 자신이 죽는 건 어쩔 수 없다 해도 여성이 능욕당하는 건 견딜 수 없었다.

1949년 여름 무렵까지 팔레스타인인 60~76만여 명이 난민으로 전락했다. 일부는 다른 곳에 정착해 먹고 살 만큼 돈이 있었지만, 대부분은 빈털터리 신세를 면할 수 없는 소작농이나 노동자였다. 많은 이가 인근 아랍

---

* 데이르 야신 학살 사건 1947년 유엔이 팔레스타인 분할 결의안을 통과시킨 후 하가나, 이르군, 스턴 갱단 등 유대 군사조직들은 본격적으로 팔레스타인 마을을 공격해 전체의 50% 이상을 파괴했다. 이들은 특히 1948년 4월 9일 예루살렘 부근 데이르 야신 마을을 공격하여 남녀노소 가리지 않고 250명 이상을 학살했다. 이 숫자는 전체 주민 400명 중 3분의 2에 육박하는 것으로 가장 참혹한 학살 사건이었다. 이후 더욱 많은 팔레스타인인이 공포에 질려 고향을 떠났다.

국가의 수용소에서 비참한 생활을 이어갔다. 이스라엘은 이들의 재산을 모조리 압수했다. 이스라엘은 팔레스타인인들이 살던 가옥을 부수거나 그곳에 새로운 거주민을 들여놓았다. 1960년대 팔레스타인 민족주의의 근간에는 이에 대한 분노가 자리 잡고 있었다. 슈마리아 거트만이 난민들의 눈에서 느낀 증오는 세대를 타고 이어졌다. 그리고 그들의 자녀, 손자, 손녀, 증손자는 훗날 중동전쟁의 용사로 성장한다.

이집트

1948년 신생 유대국가를 없앤다며 팔레스타인에 진군한 이집트 육군은 아쉬도드Ashdod항 남동부에서 포위를 당했다. 당시 이스라엘군은 유엔휴전안을 깨고 순식간에 네게브Negev 사막을 장악해 이집트 육군에 치명타를 가했다. 이스라엘군은 사막에서 유일하게 도시다운 도시라 할 수 있는 베르셰바Beersheba를 포함, 수백 마일에 이르는 영토를 점령했다. 팔루자Fallujah 고립지대로 불린 아쉬도드항에서 이집트 육군은 격렬히 저항했다. 결국 양측 지휘관은 휴전을 협상하기로 했다.7 이집트군 장교 중에는 가말 압델 나세르Gamal Abdel Nasser*라는 젊은 소령도 있었다. 이스라엘군 남부

* **가말 압델 나세르** 청소년 시절부터 민족운동에 참가했으며 1938년 육군사관학교를 졸업하고 2차대전 중에는 청년장교들로 이뤄진 자유장교단을 결성했다. 팔레스타인전쟁 때 공적을 세운 그는 1952년 쿠데타에 성공, 국왕을 추방하고 봉건제를 타파하는 활동을 통해 지지를 확보한 뒤 1954년 총리로 취임했다. 적극적인 비동맹주의를 추진한 그가 1956년 대통령에 선출돼 수에즈 운하의 국유화를 선언하자 수에즈 전쟁이 일어났다. 강대국을 비난하는 국제여론을 등에 업고 이 위기를 극복한 그는 일약 제3세계의 영웅이 되었다. 1970년 요르단 내전을 중재하던 중 심장마비로 죽었다.

사령관 이갈 알론Yigal Allon과 그의 작전부장 이츠하크 라빈이 이스라엘 측 협상 대표로 나섰다. 양측은 상대방 병사들의 용맹함을 칭찬하며 예의를 갖춰 협상에 임했다. 그러나 이집트군은 항복하길 거부했다. 이집트군 장교들은 백기가 달린 지프차를 타고 복귀한 뒤 저항을 이어나갔다. 나세르는 당시 전쟁에서 패배해 모욕을 느낀 젊은 장교들을 이끌고 쿠데타를 일으켜 대통령이 되었다. 그는 1956년 수에즈 운하 사태에서 영국과 프랑스, 그리고 이스라엘에 외교적인 굴욕을 안겨주며 아랍세계의 지도자로 부상했다. 알론은 전역 후 정치에 뛰어들었다. 1967년 그는 가장 강경한 내각원로 중 한 명이 되어 있었다. 라빈은 군에 남아 이스라엘군 최고의 자리인 총참모총장에 올랐다.

요르단

요르단의 왕 압둘라 1세King Abdullah I*에게는 후세인Hussein**이라는 손자가 있었다. 1951년 7월 20일, 압둘라는 당시 16세였던 후세인을 데리고 예루살렘으로 갔다. 할아버지를 우상으로 여긴 후세인은 얼마 전 학교에서 열린 펜싱대회에서 상을 받아 선물로 육군 대위가 되어 있었다. 그는 예루살렘으로 가는 날 새 군복을 입었다. 압둘라는 30년간 비밀리에 접촉해온

---

* **압둘라 1세** 요르단의 왕. 재위 1946~1951년. 1910년대 영국의 게릴라 지도자 T. E. 로렌스와 함께 오스만 제국에 저항해 아랍민족을 이끌었다.
** **후세인** 요르단의 왕. 재위 1952~1999년. 요르단에 민주주의와 인권, 서구식 경제개발을 정착시킨 것으로 평가받는다. 젊은 시절 영국에서 교육을 받았고, 일평생 중동 평화를 위해 외교적 노력을 기울였다. 국내 개혁을 통해 요르단이 중동에서 가장 발전된 교육과 의료 체계를 갖게 했으며 정치적 자유와 언론의 활성화에도 힘을 썼다.

유대 정부 관료들을 만나기 위해 예루살렘에 갔다.[8] 양측은 팔레스타인 민족이 어떠한 경우에도 나라를 세울 수 없게 해야 한다는 점에 의견을 모았다. 요르단군은 1948년에 이스라엘군과 격렬히 싸웠지만 많은 아랍인들이 압둘라를 배신자로 여기고 있었다. 왕은 예루살렘 이슬람 성지 중 하나인 알아크사 사원Al-Aqsa Mosque에서 기도를 드리기로 결심했다. 요르단 주재 영국 대사 알렉 커크브라이드 경Sir Alec Kirkbride은 왕에게 가지 말라고 경고했다. 그는 당시 왕만큼이나 요르단에서 영향력 있는 사람으로 알려져 있었다. 왕이 암살당할지도 모른다는 얘기가 공공연히 나돌았다. 하지만 왕은 이를 무시했다. 그는 예언자 모하메드Mohammed의 자손이었다. 겁을 먹고 예루살렘 밖으로 쫓겨날 순 없었다. 그에게는 치러야 할 중대사가 있었다.

'글럽 파샤'로 더 잘 알려진 존 글럽 경Sir John Glubb(당시 요르단 아랍 군단을 지휘했다. 당시 영국은 요르단군 운영비를 대부분 떠안았다)은 예루살렘의 양대 이스라엘 성지를 둘러싸고 있는 2,000년 된 건물과 거리에 추가 병력을 배치했다. 알아크사 사원은 이슬람 세계에서 메카Mecca, 메디나Medina, 바위 사원Dome of the Rock에 이어 가장 성스러운 건축물이었다. 사원으로 들어가며 압둘라는 호위병들에게 뒤로 물러설 것을 명령했다. 그 순간 슈크리 아슈Shukri Ashu라는 젊은이가 권총을 들고 문 뒤에서 뛰쳐나왔다. 그는 왕의 오른쪽 귀 밑에 총을 대고 방아쇠를 당겼다. 총알은 왕의 눈을 뚫고 나왔다. 왕은 즉사했다.[9] 암살자는 호위병들에게 사살당할 때까지 연달아 방아쇠를 당겼다. 총알 한 방이 후세인의 가슴에 달린 메달을 맞고 튀어 나왔다. 혼란 속에 20명이 더 죽고 수백 명이 부상을 입었다. 호위병들에 둘러싸여 긴급히 암만Amman으로 돌아온 후세인 왕자는 훗날 "나는 다음 날부터 몸에 총을 지니고 다니기 시작했다"고 말했다.

끝나지 않는 전쟁

1948년 이후 평화가 모색됐다. 1949년 초 유엔의 주관하에 이스라엘, 요르단, 시리아, 레바논, 이집트가 휴전협정에 서명했다. 로도스^{Rhodes}에서 있었던 이 협상에 이츠하크 라빈도 참여했다. 그는 군복 위에 카키색 넥타이를 맸다. 운전병이 매는 법을 가르쳐줬지만 여전히 서툴렀다.[10] 그는 넥타이를 묶어두어 언제든 목에 걸고 벗을 수 있게 한 뒤 밤마다 바지 옆에 걸어두었다. 유엔은 휴전협정이 정식 평화협정으로 이어지길 바랐다. 이스라엘과 주변국들 사이에 외교적인 접촉이 활발히 이루어졌다. 진정한 기회가 찾아왔지만 결국 양측은 서로를 비난하는 데 치중하며 이를 날려버렸다.[11]

평화협정이 없는 상태에서 양측은 지난한 국경 교전에 접어들었다. 1948년 이후 몇 년간 이스라엘 육군 전력은 오히려 약화됐다. 이스라엘 총리 다비드 벤구리온^{David Ben-Gurion}*은 전투력이 뛰어나고 독자적인 지휘 체계를 가진 팔마흐 타격대를 해체했다. 이스라엘 방위군(IDF)^{Israel Defense Force}은 초기 국경 교전에서 창피한 패배를 당하곤 했지만 1950년대 초반부터 독자적인 전략지침과 전력을 개발하기 시작했다. 1948년 이스라엘의 국경선은 길고도 취약했다. 이스라엘은 영토의 폭이 10마일도 되지 않았다. 예루살렘과 나머지 이스라엘 영토가 이어지는 곳에는 또 다른 '지협'이 있었다. 요르단과 이집트 군은 언제든 연합해 쉽게 에일라트^{Eilat}를 고립시킬 수 있었다.

---

* **다비드 벤구리온** 폴란드 출신 시오니즘 지도자로 제1차 세계대전 당시 미국에서 유대군단을 결성, 영국군과 함께 팔레스타인에서 전쟁에 참여했다. 이스라엘 초대 총리로 1955년에는 두 번째로 총리 자리에 올랐다.

이스라엘은 공군의 지원을 받는 유연하고 빠른 지상 기갑 부대를 동원해 아랍 영토 내에서 전투를 벌여 전략적 불리함을 극복해야 한다고 보았다. 정보력, 기습성, 호전성이 절대적으로 중요했다. 적이 공격하기 전까지 수동적으로 기다릴 수 없었다. 1952년 무렵[12] 이스라엘은 현대적인 군을 만들기 위해 장기적인 노력을 시작했고, 1967년에 이르러 눈부신 성과를 거두었다. 그리고 그 전에 이스라엘은 한 차례의 전면전을 치르게 된다. 1956년 이스라엘은 영국, 프랑스와 비밀협정을 체결하고 이집트를 공격했다. 시나이를 빠른 속도로 가로지르는 이스라엘 전차들은 이스라엘 육군이 얼마나 빨리 발전했고 어떤 능력을 갖추게 됐는지 여실히 보여주었다. 물론 이스라엘 군은 여전히 성장 중이었다. 당시 가장 핵심적인 공군 작전은 영국과 프랑스가 수행했다. 그러나 이들 연합군은 외교전에서 패배했다. 몰락하는 제국인 영국과 프랑스는 떠오르는 초강대국 미국과 소련에 의해 침략자로 규정됐다. 영국과 프랑스는 국제사회에서 망신을 당했고, 이스라엘은 점령한 이집트 땅을 돌려주어야 했다. 대신 이집트는 아카바 만Gulf of Aqaba과 에일라트에 도착하려는 이스라엘행 배의 티란 해협Straits of Tiran 통행을 허가했다. 그 후 파란 베레를 쓴 유엔평화유지군이 국경지대와 가자지구Gaza strip, 티란 해협이 내려다보이는 이집트의 샤름엘셰이크Sharm el-Sheikh에 배치됐다.

1956년 이후 이집트와 이스라엘 양측 모두 조용한 국경을 원했다. 이스라엘은 군을 키우고 100만 명 이상의 이주민을 흡수하며 경제를 발전시켜야 했다. 나세르는 아랍에서 제국주의자들을 몰아낸 영웅이라는 새로운 명성을 활용해 범아랍민족주의 운동에 매진했다. 그의 지지자들은 이집트의 군사력에 큰 믿음을 가졌다.[13] 1956년 이후 이집트군이 온갖 곳에서 패배를 당했다는 사실은 빨리 잊혀졌다. 소련은 무기를 제공했고 나세르의 선전조직은 이집트군의 용맹을 찬양했다. 아랍세계 전역에 방송된 〈카이로 라디오Cairo Radio〉를 듣고 있노라면 이집트가 이스라엘뿐 아니라 전 세계와 붙어도 해볼 만한 것 같았다.

그러나 이는 진실이 아니었다. 문제는 총사령관 아브드 알하킴 아메르 Abd al-Hakim Amer에서부터 시작됐다. 그가 오성장군이 된 건 군사적 업적이 뛰어나서가 아니라 나세르가 가장 신뢰하는 사람이기 때문이었다. 젊은 시절 그는 1948년 전쟁에 참가해 용맹하게 싸웠다.14 그러나 그는 점차 군인으로서의 용맹함보다는 인도산 대마가 빠지지 않는 윤택한 삶에 대한 집착으로 더 유명해지게 된다. 1950년 소령 계급으로 참모학교를 다닌 이후 그의 군사적 지식은 늘지 않았다. 그는 승리하는 군대를 만드는 기술을 익히기 위해 어떠한 노력도 기울이지 않았고, 오직 음모를 뿌리 뽑거나 장교들을 즐겁게 해 충성심을 유지하게 하는 데 신경을 집중했다. 나세르는 자신이 주도해 군주제를 몰락시킨 1952년 자유장교단 쿠데타가 이집트 역사상 마지막 반란이길 바랐다. 당시 소령이었던 아메르는 하룻밤 만에 소장으로 진급했고 머지않아 그에게 원수라는 직책이 내려졌다.

1967년 전쟁에서 아메르는 이집트군을 재앙으로 몰아넣었다. 이미 1956년에 불길한 조짐이 보였다. 당시 아메르는 겁을 먹고 영국과 프랑스에 저항하지 말 것을 나세르에게 요청했다. 나세르는 군사본부에서 아메르가 어찌할 줄 모르며 눈물을 흘리는 모습까지 보게 된다. 전쟁이 끝나고 아메르는 사의를 표명했지만 나세르는 그의 충성심을 고려해 이를 거절한 것으로 알려졌다. 아메르는 또한 공군 지휘관 시드키 마무드Sidqi Mahmoud 도 해임하지 말라고 간청했다. 1956년 마무드가 영국과 프랑스 공군이 쳐들어오기 전 전투기를 대피시키지 않아 이집트군은 엄청난 손실을 입었다. 1967년 그는 이스라엘 공군이 공격할 때 똑같은 실수를 저지른다.

장교들은 아메르를 점잖고 친절하며, 무엇보다 후한 사람으로 여겼다.[15] 아메르는 언제나 부탁에 관대했고 못하는 게 없었다. 그가 신뢰하는 장교들은 카이로의 노른자 땅에 있는 현대적인 아파트를 선물로 받았다. 그들의 가족 또한 보살핌을 받았다. 퇴역한 장군은 국유 기업의 수장으로 취임해 고소득을 올렸다. 1950년 범아랍주의가 정점에 이르며 이집트와 시리아가 잠시나마 연합을 이루었을 때, 아메르와 그의 측근들은 군용기를 이용해 시리아에서 엄청난 양의 물건을 불법으로 들여와 팔아 치우거나 부인과 애인에게 선물로 주었다.[16] 나세르의 측근 중 한 명이 용기를 내어 시리아를 개인 창고처럼 사용하지 말라고 말하자 아메르는 버럭 고함을 질렀다. 나세르와 아메르는 1960년대 초까지 친구이자 경쟁자였다. 아메르는 지명도나 지지 세력에 있어 나세르를 따라잡을 수 없었다. 그러나 그가 언제 군을 동원해 나세르에게 등을 돌릴지는 알 수 없었다. 1960년대 초반 나세르는 몇 차례 군을 통제하려 했지만 효과를 거두지 못했다. 아메르가 나설 때마다 나세르는 물러섰다. 이후 나세르는 여전히 같은 이유로 아메르를 옆에 두었고 둘은 미약한 우정이나마 친구로 남았지만 나세르는 아메르를 신뢰하지 않았다.

시리아 증후군

시리아는 이스라엘이 인접한 나라 중 단연 최악의 군대를 보유했다. 시리아군은 전투보다 정치를 위해 존재했다. 1946년 프랑스에서 독립한 시리아 문민정부는 3년간 혼란에 빠졌고, 그 이후 찾아온 군부정권도 20년간 다르지 않았다. 1948년의 패배 이후 불만에 가득 찬 젊은 장교들은 정치인들을 내쫓았다. 결정적 계기는 육군에 보급된 식용 버터였다.[17] 아랍 병사들에게 쉰 우유에서 추출된 삼나samnah는 미국 병사들에게 보급되는 애플파이만큼이나 중요했다. 그런데 이것이 버려진 뼈에서 추출됐다는 사실이 밝혀졌다. 물론 시리아의 첫 쿠데타가 병사들의 건강을 위해서 벌어진 것은 아니었다. 그러나 대통령은 이 파문의 책임을 식료품 업자가 아닌 한 장교에게 돌리는 실수를 하고 말았다. 사실 여부를 떠나 민간인이 군의 문제에 개입했다는 사실에 분노한 군부는 정권을 강탈했다. 질이 낮은 음식을 주문했던 장교는 점심 무렵 풀려났고 업자는 감금됐다. 이후 1949년에 두 차례 더 쿠데타가 발생했다.

군은 국가의 지배 세력이 되었다. 시리아군 장교들은 매우 정치적인 존재였다.[18] 그들 대부분은 어린 시절 가난을 면치 못했기에 봉건주의에 찌든 농촌을 떠나 무상교육과 따뜻한 끼니를 제공하는 사관학교에 입학했다. 유럽과 달리 시리아 지주는 군인을 무시했다. 이는 치명적 실수였다. 야망이 가득한 민족주의 장교들은 바티즘Ba'thism *이라는 정치 이데올로기로 무장했다. 다마스쿠스 출신의 시리아 기독교인 미셸 아플라크Michel Aflaq가 주창한 바스Ba'th는 부활을 의미했다. 바티즘 지지자들은 서구 식민세력과 봉건지주 없이 아랍국가를 건설할 수 있다고 믿었다. 바티스트Ba'thist들은 이내 시리아에서 가장 단결된 조직으로 성장했다.

이스라엘과의 전쟁 준비는 먼 나라 얘기가 되었다. 장교들은 오직 정권을 잡거나 유지하는 데 관심을 쏟았다. 1966년 당시 준장 이상 모든 현역 장교는 정치와 관련된 보직을 갖고 있었다. 시리아 바스당의 지도부 절반

---

* 바티즘 아랍어로 '르네상스' 혹은 '부활'을 의미한다. 단합된 아랍민족주의를 통해 서구 열강의 제국주의에 맞서자는 세속적인 아랍 사회주의 운동이다.

가까이는 장교였다. 다마스쿠스 주재 영국 무관 로언해밀턴^{D. A. Rowan-}
Hamilton 대령은 이러한 상황을 영국 정부와 비교해보았다.

"시리아와 똑같은 상황이 영국에 벌어졌다면, 영국의 총참모총장과 공
군참모총장은 의원일 뿐 아니라 노동당 지도부 위원일 것이다. 총참모부
남부사령부와 군사보좌관도 의원일 것이다. 하지만 이들 모두 자격도 없
고 무책임하며 고소득 직책을 누리면서 독자적인 연대급 부대를 이끄는
젊은 장교들의 끊임없는 훼방과 불복종에 시달렸을 것이다."[19]

시리아는 이스라엘처럼 잘 조직되고 단련된 적과 싸울 수 있는 상태가
아니었다. 로언해밀턴 대령은 '프롤레타리아' 장교단의 사기는 꽤 높다
고 조롱했다.[20] 시리아군은 기동전이나 장기전을 수행할 능력이 없다시
피 했다. 서방에 파견된 연락장교들은 군사지식을 늘리거나 새로운 이론
을 흡수하기보다 공짜 휴가를 즐기는 데 바빴다. 시리아군은 주로 1950년
대 중반부터 소련군 중고 무기를 받았다.[21] 최신 무기는 아니었지만 여전
히 사용과 관리는 간단치 않았다. 일부 기술자가 소련에서 훈련을 받긴
했지만 일반 병사들은 거의 교육을 받지 못했다. 로언해밀턴 대령은 이에
대해 다음과 같이 말했다. "서방 군대에서도 병사들에게 복잡한 장비와
무기에 대해 가르치는 게 얼마나 힘든지 잘 아는 나로서는, 시리아가 처
한 어려움을 생각하면 몸서리가 처질 정도다…"

1960년대 중반 시리아와 이스라엘 사이 국경은 아랍과 유대 진영 간 충
돌이 가장 격렬한 곳이었다. 이스라엘은 시리아보다 강했다. 양국 사이의
갈등은 결국 1967년 전쟁으로 이어졌다.[22] 1964년 다마스쿠스 주재 영국
대사관은 다음과 같이 비판했다. "시리아가 먼저 발사한 책임은 있지만
이스라엘은 그 전에 분명 분쟁 지대로 병력을 보냈다. 이스라엘의 보복은
필요 이상이었다는 점에서 이스라엘이 한 행동은 명백한 도발이었다."

다른 곳에서는 보기 드문 증오심이 아랍-이스라엘 전선에는 가득했다. 레비 에슈콜Levi Eshkol 이스라엘 총리*를 보좌한 이스라엘 리오르Israel Lior 대령은 IDF가 '시리아 증후군'에 시달리고 있다고 말했다. 그는 증상이 제일 심한 환자로 1950년대 북부전선을 지휘한 뒤 1964년 총참모총장에 오른 이츠하크 라빈과 북부사령부를 책임진 다비드 엘라자David Elazar 장군을 지목했다. "이곳에서 시리아를 상대하다 보면 시리아군과 시리아인을 향한 보기 드문 증오심이 샘솟는다. 내가 봤을 때 우리가 시리아에 취한 태도는 우리가 요르단이나 이집트에 취한 태도와 비교가 불가능하다. 우리는 시리아를 증오하는 우리 자신의 모습을 사랑하기까지 했다."23 리오르에 따르면 라빈과 엘라자는 물과 비무장지대를 놓고 벌인 전투에서 '유난히 공격적'이었다.

시리아도 이스라엘을 증오하긴 마찬가지였다. 이스라엘 분쇄는 시리아군의 유일무이한 군사적 명분이었다. 하지만 국내 정치에 몰입된 군은 이를 어떻게 달성할지 거의 고민하지 않았다. 해밀턴 대령은 시리아군 장교와 이스라엘에 대해 나눈 일상적인 대화를 기록했다.

"그의 눈은 생기를 잃고 얼굴은 붉어졌다. 유사시 미6함대의 지원을 받는 이스라엘을 어떻게 패배시킬 수 있는지 설명해달라고 하자 그는 '잘 모르겠습니다. 바다 속으로 밀어 넣어버리죠'24라고 답할 뿐이었다."

시리아군에 대해 미국과 영국도 같은 평가를 내렸다. 이 두 나라는 시리아군이 평시에 정비가 잘 안 돼 있을 뿐 아니라 '전쟁 환경에서 완전히

---

* 레비 에슈콜 이스라엘의 3대 총리. 러시아에서 태어나 1914년 오스만 제국의 통치하에 있던 팔레스타인으로 이주한 뒤 1차대전이 일어나자 영국군 유대인 연맹에 참가했다. 이스라엘 건국 후 농업 장관, 재무 장관 등을 역임했고 벤구리온에게 높이 평가받아 그의 후임으로 지목됐다. 1963년 총리가 되었다.

무기력할 것'이라고 보았다.[25] 훈련은 형편없고 지휘체계는 부재했으며
보급체계는 극도로 취약했다. 전자 및 기타 기술 장비의 비축분은 특히
부족했다. 시리아군 지도부도 자신들이 얼마나 취약한지 알고 있었다.
1966년 9월 8일 쿠데타가 실패한 이후 군에는 또다시 파면과 탈영의 파도
가 일었다. 지도부는 모든 부하가 적일지 모른다고 의심했다. 그들은 요
르단과 사우디아라비아 왕들도 음모를 꾸미고 있다고 생각했다. 이스라
엘과 전쟁이 터지면 이집트가 도와줄 것이라는 확신도 없었다. 군지도부
는 무엇보다 이스라엘이 두려웠다. 1966년 외무부장관 이브라힘 마쿠스
박사Dr Ibrahim Makhus는 영국 대사와 만난 자리에서 '이 모든 것에 대한 절망
감'[26]으로 풀이 죽어 있었다.

그럼에도 이스라엘은 여전히 시리아를 위협적인 존재로 보았다. 시리
아는 최초의 팔레스타인 게릴라 부대를 뒷바라지하는 등 정치적으로 과
격하고 강경한 국가로 변모하고 있었다. 시리아는 소련의 도움을 받아 골
란 고원Golan Heights에 무시하기 힘든 방어력을 구축해놓았다. 이곳에 배치
된 대포는 이스라엘의 국경정착촌을 표적으로 했다. 종종 이스라엘은 시
리아군의 도발을 유도하기도 했다.[27] 사망자는 적었지만 이스라엘 정부
는 이 지역을 정치적으로 껄끄럽게 여기고 있었다.

물과 땅

1964년 11월 2일 밤, 시리아와 인접한 이스라엘 국경 고지대에 추위가 찾
아왔다. 일군의 이스라엘 병사들이 몸을 떨며 전차 주위에 모여 앉았다.
이스라엘 기갑군단 소속인 이들은 다음 날 6년 만에 첫 전투를 경험할 예

정이었다. 지휘관 샤마이 카플란Shamai Kaplan이 아코디언을 꺼내 들었다. "동지들, 노래를 부릅시다. 그럼 좀 따뜻해질 겁니다!"28

그는 노래를 부르기 시작했다. 처음엔 아무도 따라 부르지 않았다. "동지들, 긴장 풀게나! 해변에 소풍 왔다고 생각해"라고 한 부사관이 외쳤다. 노래를 부르기 시작한 병사들의 목소리가 어둠 속으로 퍼져나갔다.

병사들은 물 때문에 이곳에 와 있었다. 1959년 이후 이스라엘은 남부 네게브 사막에 물을 대기 위해 송수관과 운하를 북부의 갈릴리 호Sea of Galilee에 연결하는 국가적인 사업을 진행해왔다. 1964년 이 사업은 마무리 단계에 와 있었다. 아랍은 뒤늦게 갈릴리 호에서 요르단 강Jordan River으로 흐르는 물의 흐름 세 곳 중 한 곳을 바꿔놓는 공작을 폈다. 이스라엘 기갑 군단 S여단 소속 병사들은 이곳에 있는 시리아 전차부대와 건설 장비를 공격하라는 명령을 받았다.

시리아가 먼저 발포하게끔 이스라엘군은 다음 날 고의로 사고를 일으켰다. 경비차량을 보내 누케일라Nukheila라는 시리아 마을 부근 국경을 넘었다. 예상대로 시리아군은 언덕에 숨긴 낡은 독일산 팬저 전차 2대로 공격했다. 이스라엘 전차들도 만반의 준비가 되어 있었다. 이들은 한 시간 반 정도 시리아 진지에 포를 퍼부었다. 시리아도 지지 않으려 반격했다. 연기와 먼지, 화약 냄새가 공기를 메웠다. 유엔이 나서서 전투를 중단시킨 뒤 기갑군단 신임 지휘관 이스라엘 탈Israel Tal 준장이 이곳을 순시했다.

"시리아는 전차 몇 대를 잃었지?"29

"하나도 없습니… 한 대가 약간 손상을 입긴 했을 겁니다"라고 한 중령이 답했다.

"시리아 전차들이 계속 포를 쏜 건가?"

"우리 쪽에서는 단 한 대도 침묵시키지 못했습니다, 장군님. 우리가 멈춘 뒤에도 시리아군은 계속 포를 쐈습니다."

"우리는 몇 발이나 쐈나?"

"89발입니다."

공격은 실패였다. 아코디언을 불었던 카플란이 책임을 졌다. 탈은 군단 고위 장교 모두를 엄히 질책했다. 10일 후 이스라엘은 같은 장소에서 또 다른 사건을 조장한 뒤 전차를 준비시켰다. 이번에는 시리아 전차 2대를 부수었다. 시리아가 이스라엘 정착촌을 포격했고, IDF가 공군을 동원하자 분쟁이 심화됐다.

탈은 시리아 국경을 무대로 삼아 기갑군단을 훈련시켰고 1967년 무렵에 이르자 무섭도록 효율적인 무기로 변모시켜놓았다.[30] 탈은 1924년 팔레스타인 유대 정착촌에서 태어났다. 십대 시절 그는 두더지를 죽이기 위해 손수 총을 설계했고 동네 물웅덩이를 탐사하기 위한 잠수정을 만들려고 한 적도 있었다. 제2차 세계대전 중 영국 육군에 입대한 그는 동켄트족 병사들과 함께 서부사막 및 이탈리아 전선에서 싸웠다. 부사관으로 전역해 고향으로 돌아온 그는 유대인 지하민병조직 하가나^{Haganah}*에 그의 기술과 경험을 전수했다.

탈은 기갑군단에 전문성과 기강을 불어넣었다. 전통적으로 이스라엘군은 복장과 경례에 있어 느슨했다. 하지만 탈은 군복뿐 아니라 모든 것에 있어 규율을 엄격히 따졌다. 11파운드나 나가는 소형 전차용 장구를 들게 하거나 한밤중에 군장과 담배를 땅에 묻게 하는 등의 얼차려도 중단시켰다. 군인을 로봇으로 만들려 한다는 비판도 일었다. 그는 용맹한 공수부대가 규칙을 무시하는 건 상관없다고 보았다. 그러나 전차를 다루는 건

─────────────

* **하가나** 1920~1948년까지 활동한 유대 준군사조직. 훗날 IDF의 모체가 된다.

기술적인 일이기에 영점을 잡는 것부터 기름과 연료를 점검하는 것까지 모든 것에 규정이 필요하다고 주장했다. 이스라엘 전차부대는 11킬로미터 떨어진 표적도 맞출 수 있을 만큼 능력을 갈고 닦았다. 때로 그는 스스로 포를 다루기도 했다. 1965년 무렵 아랍국가들은 결국 강줄기를 바꾸는 노력을 중단했다.

이스라엘이 물과 관련된 줄다리기에서 승리를 거둔 뒤 갈등은 1949년 7월 이전의 휴전선과 옛 팔레스타인 전선 사이로 옮겨갔다. 양측은 정전 협상을 통해 평화협정이 체결될 때까지 비무장지대를 유지하고 주권문제는 차후에 다루자고 합의했다. 하지만 실제로 양측은 비무장지대를 점령하고 개발하는 데 힘썼다. 이스라엘은 상황을 유리하게 끌고 가기 위해 쉴 새 없이 물량 공세를 펼쳤고, 시리아보다 더 공세적이고 능률적으로 움직였다. 국경에 위치한 유엔 군사 관계자들에 따르면 시리아는 "종종 유엔 무관들에게 거짓말을 하긴 했으나 결국 인정한 반면, 이스라엘은 완전히 협력할 것을 약속하면서도 더 많은 거짓말을 하기 위해 수단과 방법을 가리지 않았다."

감시자들 사이에는 이스라엘이 툭하면 사건을 '조작'한다는 얘기가 퍼져갔다. 이스라엘은 통치구역에서 시리아 농부들을 내쫓은 뒤 그 땅을 유대 정착촌에 넘겼다. 이러한 사태는 주기적으로 교전으로 이어졌다. 1967년 이스라엘의 고위 장성 중 하나였던 마티야후 펠레드Matityahu Peled에 따르면 "6일 전쟁 이전 시리아와 국경지대에서 충돌한 것 중 절반 이상은 비무장 지대 안까지 정착촌을 확장하려는 이스라엘의 정책 때문이었다."[31] (펠레드는 1967년 당시에는 보기 드문 강경파였지만 훗날 평화를 주창하는 아랍–유대 연합 정당 지도자로 거듭난다.) 1967년 양측 주장을 검토한 영국의 한 외교관은 다음과 같이 말했다. "아무리 사이비 법률과 사례를 동원해도 아랍인들이 살던 곳에 왜 단 한 명의 아랍인도 더 이상 살지 않는지 도대체 설명할 수가 없다."[32] 유엔 예루살렘 정전감시단의 오드 불$^{Odd Bull}$ 장군은 이스라엘의 행위가 국경지대 불신을 증폭시킨다고 경고했다.[33]

오직 강한 의욕을 가진 민간인들만이 이스라엘 국경 정착촌으로 이주했다. 이곳은 매우 위험한 곳이었다. 가족들은 방공호에서 수많은 시간을 보내곤 했다. 농부들은 골의 코, 근대뿌리 부지, 콩 돼기와 같이 희한한 이름이 붙은 지역을 사수하기 위해 폭격이 쏟아지는 중에도 장갑 트랙터를 몰곤 했다.[34] 이주자들은 시리아가 특정 지역을 폭격하면 할수록 그곳을 더 열심히 경작해야 한다고 생각했다. "시리아인들에게 부드럽게 나간다고 평화가 증진되지 않는다. 그럴 경우 그들은 우리에게 옆에 있는 땅도 내놓으라고 할 것이다."

오늘날 이스라엘 사람들은 1960년대의 개척자들을 무방비 상태의 농부 정도로 인식한다. 그러나 당시 개척자들은 자신이 국가를 건설하는 데 앞장서고 있다고 믿었다. 벤구리온의 후임자였던 레비 에슈콜 총리가 폭격으로 폐허가 된 정착촌을 방문하자 주민들은 다음과 같은 성명을 전달했다.

"이곳은 우리의 터전입니다. 이 모든 파괴를 보며 고통을 느끼지 않을 수 없습니다. 그러나 우리는 국경 지대에서 이스라엘의 주권을 확립하기 위해 이곳에 정착했습니다. 그러므로 모든 위험을 감수할 준비가 돼 있으며, 정부가 우리의 활동을 계속 허용해주길 바라는 바입니다."[35]

이스라엘인들에게 비무장 지대를 경작하는 일은 단순한 농업 활동이 아니라 국가 건설이었다. 1967년 4월 이스라엘의 한 안보 관계자는 "미국에서 낟알을 일일이 면과 셀로판으로 포장해 수입한다 해도 국내산보다 훨씬 쌌을 것"이라고 말했다.

6일 전쟁 발발 전날 이스라엘 국방부 장관에 오른 모셰 다얀^{Moshe Dayan}* 에 따르면 '국경 충돌의 적어도 80퍼센트는 이스라엘이 도발'했다. "이런 식으로 우리는 행동했다.36 시리아인들이 발포할 거라는 걸 알면서 우리 는 먼저 아무 활동도 하지 말아야 할 비무장 지대로 트랙터를 보낸다. 저 들이 쏘지 않으면 우리는 트랙터를 더 깊숙이 보낸다. 그러면 결국에 시 리아인들은 자극을 받고 발포한다. 그럼 우리는 포를 쏘고 공군을 동원한 다. 이게 바로 우리의 방식이었다."

다얀은 그의 전임 총참모총장인 차임 라스코브^{Chaim Laskov} 및 지 소르^{Tzvi Tzur}와 마찬가지로 이스라엘이 시리아를 도발했다고 인정했다. 그러나 이 러한 '게임'을 가장 즐긴 건 1964년부터 1969년까지 IDF 북부사령부를 이끌었던 다비드 엘라자 장군이었다. 다얀은 이 모든 행동이 영토에 대한 갈망 때문이라고 믿었다. "시리아 국경에는 논밭도, 난민 수용소도 없었 다.37 오로지 시리아 군대만 있었다. 키부츠^{kibbutz}(이스라엘 집단농장) 사람 들은 경작하기에 좋은 땅을 발견하면 이를 갈망했다."

이스라엘이 도발했지만 아랍은 지지 않으려 나름 최선을 다했다. 1964 년의 마지막 날 '파타^{Fatah}'라는 팔레스타인 계파를 이끄는 야세르 아라파 트가 이스라엘 역사 속에 들어선다. 소수의 팔레스타인인들이 이스라엘 의 상수도 시설을 공격하려고 남부 레바논에서 이스라엘로 잠입했다.38 하지만 이들은 국경에 도달하기도 전에 레바논 비밀경찰에 붙잡혔다. 다

* **모셰 다얀** 1948년 팔레스타인 전쟁 때 예루살렘전선 사령관, 1956년 수에즈 전쟁 때 시나이 반도전선 사령관을 지냈다. 1930년대 대아랍 게릴라 활동을 이끌었고 2차대전 중에는 영국군에 참가해 싸우다 시나이에서 한쪽 눈을 잃었다. 민병대인 '하가나'를 조 직했는데, 1939년 이 조직이 비합법적 조직이라는 이유로 영국 당국에 체포되었다. 1978년 외무장관을 지내며 캠프데이비드 협정을 성사시키기도 했으나 총리와의 반목 으로 1979년 사임하였다.

음 날 밤, 또 다른 팀이 이스라엘 진입에 성공했지만 이들이 설치한 폭탄은 결국 터지지 않았다. 팔레스타인 단체들은 1965년 새해 첫날을 무장투쟁의 시초라며 기념한다. 아라파트가 1967년 이후 팔레스타인해방기구를 장악하자 그의 부하들은 그를 최초의 국경 공격 지도자라며 선전했다. 하지만 실제로 아라파트는 체포되기 전에 베이루트Beirut에 있었다. 그는 '아시파(폭풍) 군대Asifah 'Storm' forces'라는 이름으로 파타 군사 성명 1호를 발행하고 기습작전과 관련한 과장된 소문을 퍼뜨리고 있었다.

아라파트와 그의 친구 칼릴 알와지르Khalil al-Wazir는 팔레스타인인들 사이에서 '미치광이'로 통했다. (아부 지하드Abu Jihad라는 이름으로 알려지기도 한 와지르는 아첨을 하지 않으면서도 아라파트 측근으로 남은 몇 안 되는 사람 중 하나였다. 1988년 이스라엘 특공대는 그의 아내와 자녀 앞에서 그에게 150발의 총알을 난사했다.) '미치광이'들은 베트남과 알제리 민족해방운동이 이루었던 성과를 자신들도 이룰 수 있다고 믿었다. 곧이어 다른 조직들도 등장했다.39 아마드 지브릴Ahmad Jibril이 이끈 팔레스타인해방전선Palestine Liberation Front이 등장했고 '청년 복수단'과 '귀환의 영웅들' 같은 단체도 나타났다. 이들은 후에 팔레스타인해방인민전선Popular Front for the Liberation of Palestine으로 결합했다.

파타의 성명에 따르면 이스라엘은 기간시설에 심각한 피해를 입었고 수많은 이스라엘인이 죽는 등 강도 높은 게릴라 전쟁이 계속되고 있었다. 실상 군사적으로 봤을 때 그들은 성가신 존재 그 이상도 그 이하도 아니었다.40 그래도 파타는 적지 않은 정치적, 심리적 영향을 미쳤다. 팔레스타인인들은 이들을 보며 저항심을 이어갔다. 이스라엘의 입장에서 이들은 테러리스트였기에 반드시 뿌리를 뽑아야만 했다.

나세르 대통령은 아라파트와 같은 사람들의 행동을 통제하려고 1964

년 팔레스타인해방기구(PLO)^{Palestine Liberation Organization}를 설립했다. 그는 이스라엘에 대한 게릴라 작전이 그의 허락 없이 벌어지는 것을 원하지 않았다. 나세르는 팔레스타인의 비극에 대해 무언가를 해야 한다는 아랍인들의 공통된 심리를 만족시키면서, 비교적 해가 되지 않으면서 요란한 소리를 낼 수 있는 조직을 만들고자 했다. 그리고 그는 PLO 수장에 아메드 슈카이리^{Ahmed Shukairy}를 임명했다.41 슈카이리는 피비린내 나는 연설이 장기였다. 그는 이스라엘이 잔인한 종말을 맞이할 것이라는 허풍을 늘어놓곤 했다. 정작 나세르는 슈카이리의 공허한 수사를 무시했다. 그는 아랍이 아직 이스라엘을 공격할 준비가 돼 있지 않다고 누차 경고했다. 때가 무르익을 때까지 힘을 모으며 기다리자는 것이었다. 그는 이집트와 시리아 정규군 밑에 팔레스타인해방군(PLA)^{Palestine Liberation Army}을 창설하고 확실한 정치적 통제를 가했다.

국경을 조용히 유지하고 싶었던 나세르의 전략은 1966년 무렵부터 붕괴하기 시작했다. 시리아에서는 17년 동안 쿠데타가 9번이나 일어나고 수백 명이 죽으면서 피냄새가 진동했다. 쿠데타 배후인 살라 자디드^{Salah Jadid} 장군은 국가수반에 누레딘 알아타시^{Nureddin al-Atassi}를 취임시켰다. 다른 많은 장교들과 마찬가지로 자디드는 전통적인 이슬람 교리를 추구하는 알라위^{Alawi}라는 소수 종파에 속했다. 알라위는 다수파인 수니파 이슬람교도의 지지를 얻고자 이스라엘-시리아 국경에서 더욱 요란하게 저항했다. 과격한 아랍 사회주의자들은 이를 보고 열광했다.

1966년의 봄과 여름을 거치며 폭력은 고조됐다. 포격전과 게릴라전이 이어졌고, 갈릴리 호에서는 이스라엘 경비정과 시리아 해안포 사이에 전투가 벌어지며 공중전을 촉발하기도 했다. 이스라엘 총리 레비 에슈콜은 반격을 해야 한다는 여론의 압박을 받았다. 10월 16일, 이스라엘 최고위

군사지휘관들은 방문 중인 영국 공군 장성과 함께 점심 식사를 하는 자리에서 시리아에 대한 대규모 보복 공격을 준비 중이라고 말했다. 라빈과 그의 오른팔인 에제르 바이츠만Ezer Weizman *은 '시리아 병력과 장비를 최대한 파괴하고, 고원을 비롯한 국경 지역을 장악하기 위한 대규모 작전'[42]을 계획 중이라고 말했다.

11월 초 시리아는 이집트와 상호안보조약을 체결했다.[43] 이는 시리아에게 보험 그 이상의 의미가 있었다. 이집트는 아직 이스라엘을 대적할 준비가 돼 있지 않다고 누차 강조했지만, 이제는 좋든 싫든 시리아와 함께 싸울 수밖에 없게 된 것이다. 나세르는 이 조약을 통해 시리아의 성질 급한 군인들을 통제할 수 있기를 희망했다. 그러나 시리아군은 더 호전적으로 변했다. 이스라엘의 한 정보장교는 나세르를 "시리아인들에게 '혁명전사'라는 자격증을 수여한 둘도 없는 랍비"라고 비꼬았다. 이집트는 시리아에 병력을 주둔시킬 만큼 신뢰를 받고 있진 않았다. 그러나 시리아 군부는 이집트와 체결한 조약 덕에 이스라엘이 경각심을 가질 수밖에 없다는 점을 잘 알고 있었다. 이스라엘은 새로 체결된 조약을 보며 시리아 공습을 재검토했다. 그리고 시리아 대신 요르단을 치기로 결론 내린다.

---

* **에제르 바이츠만**   이스라엘 공군 창설을 주도하였으며 1992년 대통령에 당선된다. 2차대전 당시 영국군에 몸담아 이집트와 인도 등지에서 조종사로 참전했다. 1969년 전역한 그는 1970년부터 정치인으로 활약했다. 국방부장관으로 임명된 뒤에는 1978년 캠프데이비드 협정 체결에 주요한 역할을 했다. 그러나 2000년 정치자금을 받은 사실이 드러나 대통령 자리에서 물러났다. 이스라엘 건국의 아버지로 불리는 초대 대통령 하임 바이츠만Chaim Weizmann의 조카다.

사무아 공격

이스라엘이 서안지구 사무아^{Samua} 마을을 기습한 1966년 11월 13일 일요일, 요르단 왕 후세인은 드디어 또 하나의 중동전쟁이 무르익고 있음을 직감했다. 사무아 사람들의 삶은 평탄치 않았다. 이들은 적어도 2,000년간 양과 염소의 털을 깎으며 바위투성이 땅에 얼마 되지 않는 곡식을 재배했다. 여름에는 바위와 덤불에서 열기가 뿜어져 나왔다. 겨울은 짧았지만 비바람이 매섭게 몰아쳤고 미처 피하지 못한 주민은 골짜기를 거닐다 홍수에 떠내려가곤 했다. 사무아 동쪽에는 유대 사막^{Judean Desert}이, 남쪽에는 네게브 사막이 있었다. 1948년 이후 이 마을은 이스라엘 국경 지역에 놓였다. 사무아 팔레스타인인들은 여러 세대에 걸쳐 자연을 다루는 법을 익혔다. 그러나 이스라엘을 다루는 데는 한계가 있었다.

사무아 사람들은 부지런했다. 그들은 새벽부터 사원에 나가 기도를 드렸다. 여인들은 부엌에서 분주히 음식을 준비했다. 이들은 대가족 사회였다. 물을 길고 빵을 구어야 했다. 1966년 11월 이날 아침은 다른 여느 아침과 비슷했다. 헤브론 산^{Mount Hebron}을 따라 내려오는 고원에 겨울의 첫 비구름이 피어오르고 있었다. 그리고 9시가 되자 5킬로미터 떨어진 국경에서 포탄 소리가 들려오기 시작했다. 마을주민들은 아이들을 붙잡고 주변 석회암 동굴과 벌판으로 재빨리 대피했다. 그들은 이스라엘의 보복이 얼마나 무서울 수 있는지 경험을 통해 알고 있었다.

이스라엘 전차들이 국경 지대 루짐 엘마드파^{Rujim El-Madfa}에 있는 요르단 경찰서를 공격하기 시작했다. 대규모의 이스라엘 전차들이 장갑차를 탄 보병들과 함께 국경을 넘어 주민들을 향해 오고 있었다. 포탄이 쉭 소리를 내며 마을 위로 지나갔다. 우라강^{Ouragan} 공대지 전투기들이 저공비행하고 있었다. 그들 위로 미라주Mirage 초음속 전투기들이 요르단 공군에 맞서 지원 작전을 펴고 있었다.

요르단 육군 48보병대대 지휘관 아사드 간마Asad Ghanma 소령은 몰려드는 이스라엘군과 일전을 벌일 수밖에 없음을 깨달았다. 그의 부대는 이 지역에 위치한 유일한 요르단군이었다. 이스라엘과 시리아 사이의 국경은 그 길이가 600킬로미터도 넘었다. 요르단 육군은 드문드문 배치되어 있었다. 요르단군은 1948년 이후 꾸준히 성장했지만, 후세인 왕이 1956년에 영국인 장교들을 해임한 후 기동성은 상당히 약화돼 있었다.44

간마 소령과 부하들은 막사에서 뛰쳐나와 이스라엘군에 돌진했다.45 수 주 전 테러리스트가 예루살렘 유대인 아파트를 폭파시킬 뻔하고 이스라엘 열차가 탈선한 뒤, 보복 공격이 있을 것이라는 소문이 나돌았었다. 그 공격으로 죽은 시민은 없었다.46 그러나 그 전날 토요일에 통상적인 정찰에 나섰던 이스라엘 경비병들이 지뢰를 밟아 3명이 죽고 6명이 다쳤다. 이스라엘은 사무아에서 온 테러리스트들이 벌인 소행이라고 믿었다. 이제 이스라엘은 복수를 원했다.

이스라엘군은 사무아에 진입해 건물 여럿을 폭파시킨 뒤 돌아올 계획이었다.47 라빈 장군은 1시간 반이면 메시지를 분명히 전달할 수 있으리라 봤다. '사무아의 주민들을 비롯한 서안지구 70만 팔레스타인인들은 테러리스트를 숨겨주지 말아야 하며, 후세인 왕 또한 테러리스트가 국경을 넘어 유대인을 죽이지 못하도록 더욱 힘써야 한다'는 메시지였다. 이 공격은 1956년 이후 가장 큰 규모의 이스라엘 군사 작전이었다. 두 기습부대가 국경을 넘었다. 이 중 하나는 센추리온 전차 8대와 무개 장갑차 40대에 올라탄 공수부대원 400명을 이끌고 사무아로 향했다. 폭파를 담당한 공병 60명이 장갑차 10대에 나눠 타고 뒤따랐다. 두 번째 부대에는 센추리온 전차가 3대 더 있었고, 공수부대원과 공병을 합쳐 100여 명이 10대의 장갑차에 나눠 탔다. 이들의 임무는 키르베 엘마르카스Kirbet El-Markas와 키르베 짐바Kirbet Jimba라는 마을의 가옥들을 폭파하는 것이었다. 이스라엘 쪽 국경지대에서는 슈퍼 셔먼 전차 5대와 야포 8대가 지원에 나섰다. 기습부대가 곤경에 처할 경우에 대비해 강력한 예비병력이 배치됐다. 하늘에는 우라강 전투기들이 요르단 장갑부대나 포를 타격할 채비를 갖췄다.

이스라엘군은 키르베 엘마르카스와 키르베 짐바에서 주민들을 몰아내고 집을 폭파하기 시작했다. 이때 간마 소령이 이끄는 중대 3개가 사무아 북서쪽 고지대에 설치된 이스라엘 진지로 돌격했다. 또 다른 2개 중대도 북동쪽으로 돌격했으나 도중에 이스라엘 병력과 맞닥뜨렸다. 106mm 무반동 총 2정으로 무장한 요르단 소대도 사무아에 진입, 이스라엘군을 공격했다. 마을 남쪽에서 격렬한 근접 전투가 벌어졌고 이스라엘군은 전차로 요르단군을 몰아내는 데 성공했다. 이스라엘 병사들은 기강이 잡혀있었고 상황에 유연하게 대응하며 용맹이 싸웠다. 요르단 병사들도 용감히 싸웠지만 공통된 작전 계획 없이 각개로 싸웠다. 요르단군을 몰아낸 이스라엘 공병부대는 집집마다 폭탄을 설치하고 남아 있는 주민이 없는지 살폈다.

09시 45분에 이스라엘군은 복귀를 마쳤다. 요르단은 3명의 민간인과 15명의 병사를 잃고, 54명이 부상을 입었다. 아랍 최고라고 자부했던 요르단 육군은 톡톡히 창피를 당했다. 이스라엘은 공수대대 지휘관을 잃었고 10명이 부상을 입었다. 4시간 후 에릭 비숍Eric Bishop이라는 선교사가 도착했을 때 당황하고 공포에 질린 주민들은 마을로 돌아가고 있었다.[48] 완전히 불탄 요르단 육군 차량 3대가 마을로 들어가는 다리를 가로막고 있었다. 비숍은 마을 주민들과 함께 길옆에 말라버린 강바닥을 가로질러 건너갔다. 아직 터지지 않은 포탄과 일그러진 철조각이 도로 위에 가득했다. 마을의 유일한 의료원과 여학교는 돌무더기 속에 묻혀 있었다. 마을 버스도 폭발한 건물 안에 깔려 있었다. 총 140채의 가옥이 사라졌다. 우체국과 커피숍도 사라졌다. 비숍은 4명의 아이들과 함께 집이 있던 자리에서 돌덩이들을 치우는 한 부부를 보았다. "밑에 터지지 않은 폭발물이 있을지 모르니 조심하라고 누군가 말했지만 그들은 들은 척 만 척 했어요."

요르단 왕 후세인은 절망에 빠졌다. 이스라엘과 비밀리에 접촉하고 있던[49] 그는 사무아 기습이 있던 날 아침, 이스라엘 소식통으로부터 요르단을 공격할 의도가 없다는 얘기를 일방적으로 전달받았다. 그는 미국 대사 핀들리 번스Findley Burns와 CIA 암만 지국장 잭 오코넬Jack O'Connel에게 자신이 지난 3년간 이스라엘 외무부장관 아바 에반Abba Eban*과 그의 전임자 골다 메이어Golda Meir** 등과 비밀 회동을 가졌다고 밝혔다. 백악관은 이를 '대단히 놀라운 일'이라고 보았다.[50] 요르단과 이스라엘 인사들은 평화를 논의했고 후세인 왕은 요르단에서 테러리스트가 나오지 않도록 최선을 다하고 있음을 강조했다.

"나는 심각한 보복성 공격을 받아들일 수도, 허락할 수도 없다는 점을

---

* 아바 에반 1966~1974년 이스라엘 외교부 장관을 역임하고 1952년 유엔총회 부의장에 선출되기도 한다. 세련된 행동과 탁월한 영어실력으로 이스라엘의 이미지를 높이는 데 기여한 그는 6일전쟁 후 점령영토를 평화협상의 대상으로 삼자는 주장에 동의하는 등 온건파로 활약했다. 상당한 학식을 자랑한 그는 영어 등 10개 국어에 능하며 연설에도 능통했다.
** 골다 메이어 이스라엘의 여성정치가로 노동부장관, 외무부장관 등을 거쳐 총리를 지냈다. 우크라이나 출신으로 미국에서 교육을 받고 1921년 팔레스타인으로 이주했다. 에슈콜의 사망으로 1969년 3월 총리에 취임하였으며, 1974년 이집트의 선제공격에 적절히 대처하지 못한 책임을 지고 사임했다.

그들에게 전달했습니다. 그들도 이 점을 받아들였고, 나는 그러한 일이 없을 거라고 약속했습니다. 그러나 지난 3년간 정치적 위험을 무릅쓰고 평화와 안정, 그리고 중도를 위해 노력한 모든 면에서 완전히 배신당했습니다."

후세인 왕은 번스와 오코넬에게 눈물을 비쳤다.

"비밀 협정과 약속, 이해에도 불구하고 나는 왠지 모르게 그들의 의도를 전적으로 신뢰할 수 없었습니다. 온건한 자세, 아니 어리석음의 결과가 이런 것이군요."

번스 대사는 "단 한 번도 그가 이렇게 압박을 받고 암담해 하는 것을 본 적이 없었다"고 말했다. "왕이 감정적으로 자신을 다잡으려 이를 악물고 있는 것 같았다."

대사는 왕에게 이스라엘 측과의 회동을 계속 비밀로 지켜달라고 부탁했다. 그는 후세인 왕의 할아버지 또한 비슷한 일을 벌이다 암살당했다는 사실을 기억했다.

왕은 자신의 옥좌가 위협받고 있다고 생각했다.[51] 그는 또한 이스라엘이 서안지구를 손에 넣으려 한다는 결론을 내렸다. 많은 이스라엘인들이 요르단 강을 국경선으로 하길 원한다는 점을 후세인은 알고 있었다. 그는 이스라엘과 공존할 수 있다는 자신의 믿음을 이스라엘 외교관들이 알아주길 바랐다.[52] 그러나 이제 그에게는 절제할 수 없는 적의만이 남았다. 감정이 격해진 상태에서 왕은 이스라엘에 대한 공격마저 시사했다. 그러나 요르단 육군이 얼마나 약한지 아는 미국인들은 그의 발언을 진지하게 받아들이지 않았다.

기습이 있은 다음 날 왕은 암만에 있는 궁전 정원에 외국 대사들을 불러들였다.[53] 그는 이번 공격이 시오니즘Zionism의 오랜 호전주의와 팽창주의가 낳은 결과물이라고 평했다. 사무아 공격은 단순한 보복 차원에서 이루어진 것이 아니라, 이스라엘이 서안지구를 집어삼키려고 벌인 '최초의 전투'였다는 것이었다. 만약 대사들이 도덕과 힘에 호소해 이스라엘을 '절제'시키지 않으면 그들 정부도 위기에 처할 것이라고 왕은 경고했다. 영국과 미국은 테러리스트 침투를 막기 위해 모든 노력을 기울이고 있다는 후세인의 말을 믿었다. 이스라엘의 보복 공격이 있기 전 이스라엘 국경경비대를 공격한 용의자 중 1명이 체포됐다. 유엔안전보장이사회가 이스라엘의 공격을 규탄하는 결의안을 통과시켰지만 미국 국가안전보좌관 월트 로스토Walt Rostow는 이를 충분치 않다고 여겼다.54 미국은 후세인 왕이 옥좌를 유지할 수 있게 돕고자 요르단에 긴급히 군사물자를 공수했다.55 미국은 후세인이 이집트에게 병력을 요청하거나, 소련에 장교단과 장비를 요청할까 봐 두려웠다.

후세인의 생존 본능은 빈틈이 없었다. 그는 할아버지의 암살을 목격했을 뿐 아니라 왕위에 오른 후 일련의 음모와 암살 시도에 시달렸다. 이제 그에게 가장 새로운 위협은 날로 강해지는 이웃나라 이스라엘이었다. 할아버지는 언제나 이스라엘과 대화를 하라고 가르쳤다. 하지만 그 대가로 이스라엘은 그를 모욕했다. 후세인은 꼭 살아남으리라 굳게 다짐했다.

1948년 이후 요르단은 두 개의 지역으로 나뉘었다. 거의 사막으로 이뤄진 요르단 강 동안지구는 후세인의 권력 기반이었다. 유목민이 그의 군대의 주축을 이루었고 후세인은 부족장들에게 의존했다. 그러나 1948년 이후 요르단에는 팔레스타인 난민들이 50만 명 이상 몰려들었다. 또 다른 70만 명은 서안지구와 예루살렘 구시가지에 살고 있었다. 교육수준이 높은 팔레스타인 도시민들은 동안지구 사람들을 시골 촌뜨기 취급했다. 후세인은 팔레스타인 귀족 가문 출신들을 내각에 임명했다. 그러나 왕과 그의 측근들은 팔레스타인인들을 늘 의심어린 눈초리로 바라봤다. 그들이 하심 왕조Hashemite dynasty*와 후세인을 강력히 비난해온 이집트 대통령 나세르의 제5열**이 될 수 있다는 의심 때문이었다. 요르단에서 나세르 정권의 라디오 방송 〈아랍의 소리Saut al-Arab〉를 듣는 자는 모두 체포되었다.

후세인은 이스라엘이 암만까지 진격해 그를 생포하리라고는 생각하지 않았다. 대신 그는 이스라엘과의 싸움 후 불만이 팽배해진 육군 장교들이 서안지구에서 소동을 일으킬까 두려웠다. 쿠데타가 일어나 요르단에 친나세르 과격정권이 들어설 경우, 이스라엘은 이를 명분삼아 개입할 것이다. CIA는 이러한 그의 분석이 현실적이라 평가했다.56 어찌 되든 후세인은 왕위를 잃을 것이고 그가 속한 하심가※는 모든 권력을 내놓게 될 것이 틀림없었다. 1차대전 이후 하심가는 사우디아라비아Saudi Arabia의 이븐 사우드Ibn Saud***에게 메카와 메디나, 그리고 헤자즈Hejaz 등의 땅을 잃었다. 1958년에는 후세인의 사촌인 이라크 왕이 쿠데타 과정에서 가족과 함께 도륙됐다. 선지자의 후손이었던 후세인은 자신이 역사에 하심가 최후의 왕으로 기록되는 것을 원치 않았다.

후세인이 우려한 대로 서안지구 팔레스타인인들은 분노로 들끓었다. 사무아 사람들은 구호 식량과 텐트, 이불마저 거절했다.57 그들은 대신 무

---

* **하심 왕조** 메카의 지배계급인 크라이슈족의 한 가계다. 시조인 하심의 손자는 선지자 모하메드의 아버지였다. 하심가는 11세기부터 20세기까지 메카를 지배했고 이 일족은 뒤이어 이라크, 요르단, 시리아의 왕권을 얻었다.
** **제5열** 내부에서 외부의 반대 세력에 호응하여 활동하는 집단.
*** **이븐 사우드** 1926년 아라비아의 통일국가 네지드 헤자즈 왕국을 창건, 훗날 국명을 사우디아라비아로 바꾸고 독재정치를 단행했다. 1926년 메카를 점령한 그는 1927년 영국으로부터 독립을 승인받았다. 1932년 국명을 사우디아라비아로 바꾸고 독재정치를 했으며 계율이 엄격한 와하비즘을 국교로 하고 있다. 미국과 영국에 유전 개발권을 줘 막대한 재산을 축적, 사막의 표범이라 불렸다.

기를 요구했다. 한 명은《로스앤젤레스 타임스Los Angeles Times》기자에게 "무엇을 갖고 싸우라는 겁니까? 여자들로? 아이들로? 아니면 돌로?"라고 물었다.58 마치 1950년대 초로 돌아간 듯했다. 당시 이스라엘은 서안지구에 무의미하고 잔인한 공격을 연이어 가했다. 사무아 공격 이후, 부근 팔레스타인 도시 헤브론Hebron에 군중이 몰려들었다. 시장이 물대포와 소방관 부대를 급파했지만 지역 경찰청장은 상황을 더 악화시킬 것이라며 이를 돌려보냈다. 시위자들에게 권총을 들이댄 경찰관은 구타를 당했다. 전투기를 보내지 않은 시리아와 이집트, 이스라엘을 비호한 미국, 그리고 왕 후세인을 비판하는 구호가 함께 터져 나왔다. 시위대는 동예루살렘과 나블루스Nablus로 향했다. 후세인은 모든 팔레스타인 지구에 군령을 적용한다고 선포했다. 그는 왕위에 위협을 느꼈다.

정부가 사망자 수와 패전의 규모를 덮으려 한다는 의혹이 일었다. 요르단 사람들은 전사자를 자랑스러워했지만 장교들은 모멸감을 느꼈다. 한 고위 안보 관계자는 미국 측에 공군 장교들이 유난히 불만을 갖고 있다고 털어놓았다.59 그들은 음속으로 날지도 못하는 낡은 영국산 호커 헌터 Hawker Hunters와 같은 '완전히 부적합한 장비'로 전투에 임해야 했다. 그들은 전투를 포기하거나 하늘에서 개죽음을 당하거나 둘 중 하나밖에 선택할 게 없다고 주장했다. 사무아 공격이 이뤄지는 동안 4대의 요르단 호커 헌터가 이스라엘 미라주와 맞붙었다. 저공 접전에서 인상적인 기술을 펼쳐보였음에도 1대가 격추당했다. 육군 장교들은 조종사의 장례식에서 왕에 대한 불만을 강하게 성토했다.60 국경을 보호하는 데 쓸 돈을 쾌락에 낭비했으며, 국가보다 왕위를 지키는 데 혈안이 되어 있다는 비판이 흘러나왔다. 이스라엘과 평화 속에 공존하는 것은 이제 불가능해 보였다. 일부 장교는 결과가 어떻게 나오든 요르단이 당장 이스라엘로 진격해야 한다고 주장했다. 후세인은 분노하는 장교들에 대한 보고를 받았다. 그는 전통적인 유목민 출신 장교들만이 충성심을 유지하고 있다고 믿었다.

이집트와 시리아의 과격 아랍 정권은 후세인이 처한 곤경을 보며 흐뭇해했다.[61] 이집트는 지원과 관련된 어떠한 메시지도 보내지 않았다. 시리아는 무사히 책임을 떠넘겼다며 안도했다.[62] 이스라엘은 게릴라 부대를 시리아군으로 간주했다. 다마스쿠스 주재 영국 대사가 보기에 현실은 훨씬 복잡했다. 그는 이렇게 말했다. "시리아가 게릴라 부대를 지휘한다 해도 과연 매일 국경에서 벌어지는 테러 작전을 군사적으로 조율할 수 있을 만큼 능력이 있는지는 의심스럽다."[63]

하지만 팔레스타인 게릴라 부대 배후에 시리아가 있다는 점을 부인할 사람은 다마스쿠스에 아무도 없었다. 그리고 이스라엘은 굳이 보복하려 하지 않았다. 시리아 육군참모총장 아마드 수와이다니Ahmad Suwaydani 장군은 비무장 지대에 경작을 하라는 지시를 내렸다. 쏠 테면 쏴보라는 식이었다.[64] 요르단은 서안지구를 거쳐 침투하는 게릴라들을 막아보려 했지만 국경 공격은 멈추지 않았다. 이스라엘 육군은 한판 붙어보지 못해 몸이 근질거렸고, 에슈콜 총리는 비무장 지대 내에서는 시리아에게 어떠한 양보도 해선 안 된다는 강한 신념을 갖고 있었다. 보복을 해야 한다는 정치적 압박 또한 늘었고, 이는 특히 국경 정착촌에서 심했다. 그리고 이 모든 긴장은 1967년 4월 7일, 드디어 발화점에 이른다.[65]

전쟁에 이르는 길[66]

시리아 국경 부근에 사는 가돗Gadot 키부츠 주민들은 뜰에 서서 언덕 위에서 벌어지는 전투를 지켜봤다. 오후 내내 공군이 시리아 진지를 폭격하고 있었다. 거대한 전투의 조짐이 1주일 가까이 보였다. 이제 시작이었다.

09시 30분 2대의 이스라엘 트랙터가 작업에 나섰다. 15분 후 전차와 곡사포, 중기관총을 동원한 교전이 벌어졌다. 전투는 갈수록 치열해졌다. 250킬로그램 및 500킬로그램 폭탄을 장착한 이스라엘 전투기들이 시리아 진지를 향해 급강하했다. 시리아군은 이스라엘 정착촌을 집중 포격했다. 이스라엘 전투기들은 스쿼피예Sqoufiye라는 민간인 마을에 보복공격을 가해 가옥 40여 채를 파괴했다. 유엔 관계자들에 따르면 시리아의 사망자 수는 정부에서 발표한 5명보다 훨씬 많았다.

15시 19분 포탄이 가돗 키부츠에 떨어졌다. 1발은 아동 숙소 근처에 떨어졌다. (키부츠 아동은 집단으로 살며 정해진 시간에 부모를 방문한 뒤 그들만의 숙소에서 따로 잔다.) 어른들은 숙소로 달려가 아이들을 끄집어내 보호소로 대피시켰다. 아동 보호소는 장시간 포위에 대비해 설계돼 있었다. 소아용 침대와 조리용 부엌, 그리고 많은 장난감이 있었다. 보호소는 아이들을 데려온 부모들로 금세 가득 찼다. 아이들이 포탄 소리에 놀라지 않도록 어른들은 노래를 부르기 시작했다. 40분간 키부츠 지대에 300발의 포탄이 쏟아졌다. 포격 중 한 엄마가 아이를 찾으러 밖으로 나가려고 했지만 제지당했다. 무사히 아이들을 데리고 보호소에서 나온 그들 앞에 무너진 집들이 펼쳐졌다. 이스라엘 전역에서 도움의 손길이 뻗쳤다. 디모나Dimona의 원자력 발전소에서 온 노동자들이 도착했고, 심지어 누군가는 젖소도 보냈다.

이스라엘의 미라주 전투기들은 시리아의 미그-21을 격퇴했다. 미그기 2대는 다마스쿠스 부근까지 도망갔지만 결국 격추당했다. 이스라엘 전투기들은 시리아인들의 비위를 건드리기 위해 굉음을 내며 수도 위로 저공

비행했다. 시리아 전투기 4대가 추가로 격추당했고, 이 중 셋은 요르단 상공에 떨어졌다. 멀지 않은 곳에 추락한 기체를 보며 한 이스라엘 공군 무관은 다음과 같이 말했다. "이스라엘 비행기 조종사들이 믿을 수 없을 만큼 능숙한 조종술로 편대를 유지한 채 적기 3대를 떨어뜨렸다고 볼 수도 있지만, 시리아 조종사들이 이스라엘군과 맞서지 않고 탈출한 것일 수도 있다."

시리아 조종사들이 안전하게 탈출했고, 총알구멍이 명확하게 보이지 않았다는 점을 미뤄 보아 그들은 용맹보다는 생명을 선택했던 것으로 보인다. 조종사들도 병원에서 이러한 점을 인정하며, 더 나은 훈련과 지원을 받는 이스라엘 공군을 이길 방도가 없었다고 불만을 터뜨렸다. 시리아가 군사적으로 취약하다는 사실이 이제 그 어느 때보다 명확해졌다. 전투가 최고조에 이르렀음에도 핵심 기지 중 하나인 메제 비행장^{Meazze Airfield}은 공격에 완전히 노출돼 있었다. 육군 수비대는 전차 5대와 병력수송용 장갑차 5대만 갖고 이곳을 지키고 있었다. 미그-17 24대가 활주로에 나란히 서 있었고, 54mm 대공포 6기 중 4기에만 병력이 배치돼 있었다.

다음 날 아침 예루살렘에 사는 팔레스타인인들은 이스라엘의 능력과 아랍의 무기력함에 아연실색하여 "이집트는 뭘 하고 있었는가?"라고 물었다.[67] 사무아 패배 이후 이집트는 요르단을 위해 아무것도 한 것이 없었다. 심지어 이제는 이집트와 상호방위조약을 체결한 시리아까지 이스라엘군에 당했다. 나세르는 결정을 내려야만 했다. 무언가 행동을 취해야 했다.

이스라엘은 전국적인 축제 분위기에 빠져들었다.[68] 미라주 총구에서 꺼낸 필름에는 미그기가 격추 당하는 모습이 찍혔고, 이 모습은 영화관에서 상영됐다. 육군은 센추리온 등 전차 35대와 105mm 포 15개를 보내 북부 국경을 강화했다. 전임 총참모총장으로서 현재 의원으로 활동 중인 모셰 다얀은 이스라엘 의회 복도에서 IDF의 2인자인 바이츠만 장군을 만나 이렇게 말했다. "정신 나갔소? 당신은 지금 이 나라를 전쟁으로 몰아가고 있는 거야!"[69]

4월 7일 전투 이후 시리아와 게릴라들은 이스라엘을 자극하기 위해 더 노력했고, 이는 새로운 충돌로 이어졌다. 다마스쿠스 주재 영국 대사는 지친 목소리로 이렇게 말했다. "시리아는 게릴라 잠입을 묵인한다는 점에서 분명 잘못했다. 그러나 이스라엘은 성가신 존재에 불가한 이러한 게릴라들에 과도하게 대응하고 있다."

독립기념일에 맞춰 라빈과 에슈콜은 인터뷰와 방송을 통해 다마스쿠스에 강도 높은 경고를 보냈다. 영국 정부는 이스라엘의 경고가 '전쟁으로 이르는 일련의 사건들의 시발점'이라고 평가했다.[70] 위험을 인지한 CIA는 존슨 대통령에게 시리아가 공격받을 수도 있다고 보고했다.[71] 이집트도 동일한 결론을 내렸다. 이스라엘은 시리아 공격을 검토하면서[72] 세계 여론을 자기편으로 만들려 노력하고 있었다.

5월 12일 〈UPI통신〉은 지금껏 나온 것 중 가장 강력한 경고를 전파했다.

"오늘 한 이스라엘 고위 소식통[73]은 '만약 시리아 테러리스트들이 이스라엘 내 공작 활동을 중단하지 않으면, 시리아 군사정부를 몰아내기 위해 이스라엘군이 제한적인 군사 행동을 취할 것이다'라고 말했다. 군사전문가들은 '이러한 공격이 전면전에 이르지는 않겠지만 시리아 정부에 치명적인 손상을 입힐 것'이라고 말했다."

아랍뿐 아니라 서방에서도 바로 이 익명의 소식통이 라빈임을 직감했다. 그리고 이들은 그의 경고를 진지하게 받아들였다. 그러나 실제 이 소식통은 군사정보 지휘관인 아하론 야리브Aharon Yariv 준장이었고, 기사는 과장되어 있었다. 야리브는 여러 가능성 중 하나로 '시리아 전면 침공과 다마스쿠스 점령'을 언급했을 뿐이었다. 하지만 이는 되돌릴 수 없는 일이 되었다. 너무 높아진 긴장감으로 인해 대부분 사람들은 시리아와 이스라엘 사이에 뭔가 거대한 일이 터질 것이라고 생각했다. 이스라엘의 영자신문《예루살렘 포스트Jerusalem Post》는 이러한 경고를 실질적인 최후통첩으로 해석했다.[74] 시리아가 지원하는 '약탈형' 게릴라들에 대해 깊이 고민했던 에반 외무부장관은 1년 뒤 이에 대해 다음과 같이 비판했다. "이러한 경고들이 너무 잦았고 조율되지도 않았다… 조금만 더 침묵을 지켰다면 현명한 방안을 발견할 수 있었을 텐데."[75]

이스라엘 밖에서는 모두 IDF가 다마스쿠스 진격을 노린다고 생각했다.[76] 나세르는 "이스라엘 지도자들이 다마스쿠스를 점령하고 시리아 정권을 무너뜨리기 위해 군사 작전을 펼치겠다고 선언했다"고 주장했다.[77] 이집트는 이스라엘이 갈릴리 호가 내려다보는 고원을 차지하기 위해 강력한 군대를 동원할 계획이라고 생각했다.[78] 나세르가 보기에 이스라엘은 유엔긴급군 UNEF가 평화유지군을 파견할 때까지 물러설 계획이 없었다.

시리아인들도 침공이 임박했다고 믿었다. 알아타시 대통령은 상호방위조약에 따라 이집트에 군사 지원을 요청했다.[79] 그러나 실제로 시리아는 이스라엘과 전면전을 바라지 않았다. 시리아는 이미 4월 7일 공중전에서 뼈저리게 배운 바가 있었다. 공군참모총장 하페즈 알아사드Hafez al-Assad 장군 같은 정권 주요 인사들은 전쟁에 질 경우 쿠데타 세력이 역쿠데타를 당할 수도 있다는 점을 잘 알고 있었다. 4월 7일 전투가 있기 훨씬 전에 아사드는 '극도로 긴장돼 보였고 거대한 사건이 닥칠 것이라는 공포에 젖은 듯'했다. 이 냉혹한 현실에도 불구하고 시리아의 과격한 수사는 가라앉지 않았다. 시리아는 이스라엘이 이집트와 시리아, 그리고 팔레스타인 특공대의 협공에서 허덕이고 있다고 주장했다. 또한 이들은 미국이 이스라엘이라는 '도적이 득실대는 수양자녀'[80]를 보호할 능력을 갖고 있지 못하다고 주장했다. 최고종법학자Grand Mufti(수니파 이슬람 국가의 종교법률 최고지도자)마저 최전선 기지를 순시한 뒤, 종교인들이 '이슬람과 아랍주의 그리고 전 인류의 적'인 이스라엘과 싸우기 위해 참전할 준비가 돼 있다고 선언했다. 지역마다 집회가 열렸고 연설이 이뤄졌다. 한 신문은 논설에서 이스라엘 대한 '최후의 일격'이 있을 것이라고 경고했다.

영국 외무부에 따르면 바로 이때 소련이 '이집트라는 얼간이를 밀기로' 결정했다.[81] 소련은 이스라엘이 시리아 국경에 병력을 집중시키고 있으며 1주 안에 공격할 것이라고 이집트에 전달했다. 5월 13일 이집트 의회 의장 안와르 엘 사다트Anwar El Sadat*는 모스크바 국제공항에서 소련 외무부차관 블라디미르 세묘노프Vladimir Semyonov와 소비에트최고회의Supreme Soviet(구소련 최고입법기관) 의장 니콜라이 포드고르니Nikolai Podgorny**의 배웅을 받고 있었다. 사다트의 비행기가 연착되자 이들은 1시간가량 시리아에 관한 이야기를 나누었다. 그들은 사다트에게 구체적으로 "이스라엘이 시리아 국경에 여단 10개를 집중시켜 놓았다"고 말했다.[82] 사다트는 나세르에게 이를 전달했고, 나세르 또한 KGB와 소련 대사관에서 같은 정

---

* **안와르 엘 사다트** 나세르와 함께 자유장교단을 결성, 1952년 이집트 혁명에 참가했다. 1970년 나세르가 사망하자 3대 대통령으로 취임했다. 1973년 아랍-이스라엘 분쟁 때 직접 이집트군을 지휘해 여러 전투에서 승리했다. 1977년에는 이스라엘을 방문하는 등 평화협상에 앞장섰다. 1978년 이스라엘의 수상 베긴과 함께 노벨평화상을 받았으며, 1979년 평화조약에 조인하였다. 1981년 카이로 근교에서 전쟁기념식에 참석하다 총에 맞고 암살당했다.
** **니콜라이 포드고르니** 소련의 정치가로서 당과 정부 내 여러 직책을 역임한 뒤 훗날 브레즈네프 및 코시긴과 함께 3두체제를 형성하여 국가원수에 취임했다.

보를 받았다고 말했다. 저녁까지 이집트 육군참모총장 무하마드 파우지 Muhammad Fawzi 장군도 시리아 육군참모총장 아마드 수와이다니 소장으로부터 비슷한 메시지를 전달받았다.[83]

소련이 이러한 정보를 전달한 이유는 분명치 않다. 그렇지만 소련은 정확한 정보를 전달하고 있다고 믿었던 것으로 보인다.[84] 이집트보다는 이념적으로 가까운 시리아가 준 정보였기에 믿었는지도 모른다. 시리아 정권은 반이슬람적인 신문 사설 때문에 다수의 수니파 이슬람교도에게 비난을 받고 있었지만, 소련은 그래도 이 미련한 피후견인을 보호하고자 했다.[85] 수만 명이 거리로 나와 반정부 시위를 벌였다. 인기가 땅에 떨어진 알아타시 정권은 국민을 단합시킬 무언가가 필요했다. 이스라엘에 의한 침공은 완벽한 구실이었다.

한 '중간급' 소련 관계자는 소련이 미국을 난처하게 하기 위해 아랍을 자극했다고 CIA에 말했다.[86] 이미 베트남의 늪에 빠진 미국이 또 다른 전쟁에 휘말리길 바란 것이었다. 소련 강경파 사이에서 이는 그럴싸한 이유였지만, 소련 지도부는 이러한 장난에 한계가 있음을 알고 있었다. 사태가 확대되는 동안 CIA, 국무부, 백악관은 공통된 의견을 가졌다. 소련은 전쟁을 원하지 않으며 아랍도 전쟁을 원하지 않는다는 것이었다. 소련은 유사시 군사적 행동을 취하겠다는 보장도 하지 않았다. KGB 관계자는 CIA 측 정보원에게 이렇게 말했다. "아랍인들은 이해하지 못하겠지만, 다른 사람들은 팔레스타인 문제가 또 다른 세계전쟁을 치를 만큼 중요하다고 생각하지 않습니다."[87]

소련이 이집트에 정보를 제공한 뒤 에슈콜은 걱정이 되었다. 정보가 새고 있나? 시리아에 대한 '제한적인' 보복은 5월 7일 내각에서 허가되긴 했다. (하지만 사무아 공격도 '제한적'이었던 만큼 이는 해석의 여지가 많은 개

넘이었다.) 비밀계획은 분명 존재했고 총리실과 IDF 참모본부도 이를 검토했다. 소련이 이집트에 전달한 정보의 진짜 문제는 그것이 정확하지 않다는 점이었다. 이스라엘은 시리아에 대한 대규모 공격을 검토하고 있었다. 그러나 국경에 거대한 군사력을 집중시키지는 않고 있었다. 시리아는 15개 여단이라고 주장했지만, 이는 이스라엘이 전군을 동원한 숫자와 맞먹었다.

아랍과 소련처럼 백악관도 이스라엘이 무언가 거대한 것을 계획 중이라고 판단했다. 비록 규모는 과장됐지만, 존슨 대통령은 '이스라엘이 시리아 공격을 준비하고 있다는 소련의 판단은 틀리지 않다'는 보고를 받았다.[88] 또 다른 관계자도 이에 동의했다.

"소련이 이스라엘의 공격 계획을 첩보로 입수했을 가능성이 있다.[89] 첩보 중 일부가 맞다 해도 그다지 놀라울 건 없다. 이스라엘은 예전에도 그러한 공격을 한 바 있다. 강도 높은 도발도 있었다. 그리고 이스라엘은 상당한 보안을 유지해왔다. (다시 말해 누구도 공격 계획을 정확히 알 수 없다.) 첩보는 어디까지나 첩보인 만큼 소련이 공격의 규모를 잘 모르고 범위와 목적을 과장한 것인지도 모른다."

예루살렘

분단 예루살렘은 1967년까지 낙후된 도시로 남아 있었다. 철조망과 지뢰, 그리고 중기관총들은 이 도시에서 두 적대적인 세계가 어떻게 서로 노려보고 있는지 알 수 있게 해주었다. 1947년 11월 통과된 유엔결의안 181호에 따라 예루살렘은 국제적 감독을 받는 도시가 되었다. 그러나 이스라엘과 요르단은 이를 무시했고, 강대국들 또한 결의안을 이행하려는 노력을 보이지 않았다. 당시 도시로 들어서는 유일한 관문은 찰리 검문소가 있는 만델바움의 문Mandelbaum Gate*이었다. 특별 허가를 받은 외국인만이 아랍세계와 유대국가 사이를 왕래할 수 있었다. 때로 기나긴 절차 끝에 이산가족이 이곳을 지나 재회하기도 했다. 양측은 서로를 탐내는 눈빛을 주고받고 가끔은 총알도 주고받았지만 누구도 다른 한쪽으로 탈출하다 죽은 일은 없었다. 다른 한쪽이 지구에서 사라지면 또 다른 한쪽은 분명 많이 기뻤을 것이다. 그러나 그들은 자신만의 세계에서 적과는 무관한 삶을 누리고 있었다.

성벽이 있는 구시가지는 요르단 관할이었다. 이스라엘인들은 누구도 성지를 방문할 수 없었다. 요르단은 동쪽에 구시가지를 바라볼 수 있는 감람산Mount of Olives을 두고 있었다. 이곳에는 로마인들에게 체포되기 전 예수가 피를 흘렸다는 겟세마네Gethsemane 동산이 있다. 조금 더 올라가면 유대인이 가장 성스럽게 여기는 묘지가 나타난다. 요르단인들은 묘비 일부를 떼어내 길을 깔아둔 상태였다. 1960년대 요르단 부유층은 감람산 꼭대기에 새로 지어진 인터콘티넨탈 호텔에 점심 식사를 하러 오곤 했다. 그들에게 예루살렘은 사람이 사는 곳이라기보다 그저 하나의 아름다운 상징물에 불과했다. 암만에서 출발해 25마일 가량 운전해 요르단 강을 건너 예리코Jericho와 유대사막을 지나면 도착할 수 있는 곳이 예루살렘이었다. 그들은 거룩한 도시 맞은편 언덕에 사는 비밀스러우면서 위협적인 유대인들을 구경하며 식사를 했다.

---

* **만델바움의 문** 동예루살렘 서쪽에 있는 문으로 세워질 당시 그곳에 살았던 유대인의 이름을 따 지음.

요르단의 예루살렘은 조용한 도시였다. 전통과 종교의 색채가 짙었고 가난 또한 눈에 띄었다. 일부 장사꾼 기질이 다분한 팔레스타인 난민들 덕에 후세인 왕은 수도 암만을 근대적인 도시로 변모시킬 수 있었다. 반면 1948년 이후 예루살렘은 지중해 해안에 이르는 비옥한 내륙 경작지를 잃은 상태였다. 팔레스타인인들은 가난보다 요르단 정부의 괄시와 억압에 더 큰 불만을 가지곤 했다. 하지만 이스라엘의 점령이 30년 이상 흐른 지금 일부 팔레스타인인들은 그때가 황금기였다며 감상에 젖기도 한다. "우리는 우리 집을 소유했을 뿐 아니라 예루살렘의 거룩하고 고귀한 땅도 소유했습니다. 그럼에도 우리는 언제나 더 많고 더 좋은 것을 바라며 끊임없이 불평했던 것 같아요. 우리는 우리가 가진 보물에 감사한 적이 없었지요."

　이스라엘의 예루살렘은 더욱 고요했다. 영국은 식민지 통치 당시 야파거리Jaffa Street와 조지왕 5세 거리King George V Street사이에 신시가지를 지었고 지금 이곳은 상업의 중심지가 되었다. 서예루살렘에는 1948년에 도망가거나 쫓겨난 팔레스타인 중산층이 거주하는 교외지역, 그리고 메아 셰아림Mea Shearim을 중심으로 가난하고 극단적인 유대 종교공동체가 있었다. 국제적인 반발에도 불구하고 이스라엘은 예루살렘을 수도로 정했다. 대부분의 시민들은 기회가 있을 때마다 이곳을 떠나려 했고, 의회 주변에는 여전히 양치기들이 양털을 깎곤 했다. 하지만 이는 이스라엘 정부에게 중요하지 않았다. 중요한 건 행동을 통해 분명한 메시지가 전달되어야 한다는 점이었다. 하느님은 유대민족에게 땅을 주셨고, 그렇기에 이스라엘의 유일한 수도는 수백 년간 그리워한 성지가 있는 예루살렘일 수밖에 없었다.

　어쨌든 1948년과 1967년 사이 예루살렘은 여전히 대부분 이스라엘인들에게 낯설고 조금은 불편한 곳일 수밖에 없었다. 도시는 산 높은 곳에 위치해 있어 겨울에는 춥고 습하며 날씨가 고약했다. 이스라엘인 대부분이 살았던 텔아비브와 하이파Haifa 등 지중해 도시와는 달랐다. 이곳에는 유대민족뿐 아니라 다른 민족의 역사와 문화도 많이 섞여 있었다. 1940대와 1950년대 서예루살렘에서 자란 이스라엘 작가 아모스 오즈Amos Oz에게 예루살렘은 '자랑스러운 국가의 슬픈 수도'였다.[90]

"여름은 겨울 같고 밤에는 이질적인 종소리와 냄새, 아득한 전망이 에워쌌다. 우리를 싫어하는 주변 마을들이 원을 이루며 삼면에서 도시를 포위했다. 샤아팟, 와디 조스, 이싸위아, 실완, 아자리아, 소르 바체르, 벳 사파파. 이들이 손만 뻗치면 예루살렘은 그 손안에서 아스러질 것만 같았다. 겨울밤에는 이들 마을에서 악마가 흘러나와 도시로 스며드는 것만 같았다."

이 분단된 도시에서 이스라엘은 1967년 5월 15일에 개국 19주년을 기념하기 위한 퍼레이드를 갖기로 했다. 평화를 만끽할 기회를 제대로 가져보지 못한 민족에게 독립기념일은 언제나 특별한 의미를 가진다. 아랍세계는 이스라엘이 탄생한 순간부터 그 숨통을 끊고 싶었고, 그렇기에 그들에게 이스라엘의 독립기념일은 하나의 조롱거리로밖에 비추어지지 않았다. 1967년 당시 이스라엘인들은 전쟁에 관한 한 박사였다. 40세, 심지어 50세 이하 많은 남성들은 인생 내내 전쟁 외에 별로 한 일이 없었다. 이들은 십대 때 영국의 통치와 팔레스타인의 아랍인들과 맞서 싸웠다. 2차대전 때는 수천 명이 영국군에 자원입대했다. 1948년과 1956년에는 다시 아랍정규군과 싸웠고, 그사이에 여러 전투에 참가하기도 했다. 1948년 이후 유럽과 아랍국가들로부터 재산을 빼앗기고 이민 온 100만 명 이상의 유대인들에게는 고통스러운 기억밖에 없었다. 서른이 채 되지 않은 젊은이 중에는 나치 수용소에서 살아남은 이도 있었다.

전 세계적으로 활력이 넘쳤던 1960년대를 이스라엘은 그냥 비껴갔다.

그래도 1967년의 독립기념일만은 텔아비브 부근 해안가 스타디움에서 콘서트를 열어 성대히 치르고 싶었다. 더 쉐도우즈The Shadows, 나나 무스쿠리Nana Mouskouri, 피트 시거Pete Seeger 등이 와서 공연을 했다. 전국에서 연주회와 무도회가 열렸고, 폭죽도 터졌다. 예루살렘에서는 육군이 열병식을 했다.

유엔은 예루살렘에 열병식이 열릴 경우 요르단과의 긴장이 고조될 것이라고 생각했다. 유엔의 불 장군과 예루살렘 주재 유엔 고위 대표자들은 열병식에 참석할 수가 없었다.[91] 대부분의 각국 대사들도 공손히 초대를 거절했다. CIA는 열병식이 "1949년 휴전협정을 위반하는 것이며,[92] 이로 인해 분단 도시에 험한 사태가 발생할 수도 있다"고 존슨 대통령에게 보고했다.

두 개의 행진

소련의 경고가 있고 24시간이 흐른 5월 14일, 이집트 육군 작전지휘소 장교들은 점심으로 뭘 먹을지 고민하던 중 뜻밖의 뉴스를 들었다. 최고지휘관 아메르 원수가 군에 전쟁대비태세를 지시했다는 것이다. 작전참모 안와르 알카디Anwar al-Qadi 중장은 이유가 뭔지 물었다. 그는 이스라엘과 시리아 국경 사이 긴장이 폭발 직전이라는 답변을 들었다. 아메르는 '시리아 국경에 거대한 병력이 집중'되었다며 '전투명령 1호'를 발령했다.[93] 이집트는 단호한 자세를 취하기로 했다. 알카디는 깜짝 놀랐고 걱정이 됐다.[94] 그는 아메르에게 이집트군은 아직 이스라엘과 싸울 준비가 안 됐다고 말했다. 원수는 걱정 말라고 답했다. 전쟁은 사실 계획에 없고 단지 시리아를 위협하는 이스라엘에 대응하는 차원에서 '시위'를 벌이는 것이라고 말했다. 5월 15일 파우지 장군은 시리아로 향했다. 그리고 그는 국경에서 이스라엘군을 하나도 발견하지 못했다.

"우리가 받은 정보를 뒷받침할 어떠한 구체적인 증거도 찾을 수 없었다. 오히려 5월 12일과 13일에 찍힌 시리아 공중 정찰 사진에 따르면 적의 진지에는 통상적인 활동 외에 어떤 것도 보이지 않았다."[95]

알카디 장군은 사태를 정확히 파악하고 있었다. 1967년 5월의 이집트는 이스라엘의 상대가 되지 못했다. 연초에 경제적인 문제로 방위비가 삭감됐다. 원래부터 별 의미를 부여받지 못한 훈련 활동은 이제 더 도외시됐다.[96] 게다가 당시 정예병을 포함한 이집트 육군 절반 이상이 예멘에 있었다. 그들은 예멘 내전에 개입하려는 나세르의 의지를 실천에 옮기고 있었다. 베트남이 미국에 그러했듯 예멘 내전은 나세르의 군대를 서서히 좀먹었다. 이집트 최고지휘관 중 한 명인 압델 모네임 칼릴Abdel Moneim Khalil 장군은 훗날 "우리는 병력에 상당한 손실을 보았고, 예산은 거의 다 써버렸으며, 사기와 전투력은 치명타를 입었다… 잘 조직되고 훈련받은 이스라엘과 싸우기에는 형편없는 상태였다"고 말했다.[97]

1967년까지 이집트 최고사령부는 5년째 예멘에 집중하고 있었다.[98] 이스라엘과 전쟁을 치르기 위한 어떠한 훈련이나 준비도 진지하게 이뤄지지 않았다. 1966년 말 상태가 얼마나 심각한지 깨달은 군사기획자들은 이집트가 이스라엘을 공격하려면 예멘에서 철수해야 한다고 경고했다. 육군참모총장 파우지는 이러한 경고를 받아들였다. 그러나 1967년 5월, 아메르는 이를 무시했다. 그는 필요하다면 군이 언제든 이스라엘과 맞붙을 수 있다며 나세르를 안심시켰다.

이집트는 수도 카이로 중심부에 병력을 집결한 뒤 시나이 사막Sinai desert

으로 행진했다. 이를 파악한 CIA는 이집트가 이스라엘에 경고성 메시지를 보내고 있다고 판단했다.

"나세르는 이집트-시리아 방위조약을 이스라엘이 진지하게 받아들여야 한다는 것을 보여주기 위해 모든 노력을 기울이고 있다…99 나세르는 틀림없이 이스라엘과 싸워야 할 일이 생기지 않길 간절히 희망하고 있을 것이다. 하지만 그는 이스라엘이 시리아를 칠 경우, 가만히 있을 수도 없다는 것을 잘 알고 있다. 그렇게 된다면 아랍세계 내 그의 위상에 큰 타격을 입을 것이다."

영국도 병력 이동이 "기본적으로 방어적 억제책이며100 이스라엘의 위협에 대항해 시리아인들에게 연대감을 심어주기 위한 것"이라고 평가했다.

예루살렘에서는 이스라엘 최고위급 정치인들과 사령관들이 독립기념일 행사에 참석하기 위해 이동 중이었다. 이들은 서예루살렘에서 가장 현대적인 다윗 왕 호텔King David Hotel에서 만났다. 구시가지를 바라보는 웅장한 방들에는 이미 사람들이 가득했다. 라빈은 에슈콜에게 이집트군에 대한 최신정보를 전달하며 밤새 더 많은 병력 이동이 있었다고 전달했다. 이스라엘도 일부 예비군을 동원해야 할 것으로 보였다. 라빈은 "병력 증강이 안 된 상태로 남부를 그대로 둘 순 없습니다"라고 말했다.101 하지만 이들은 크게 걱정하지는 않았다. 1960년 시리아와 국경에 문제가 발생했을 때도 이집트는 시나이로 전차부대를 이동시켰다. 이스라엘은 병력을 증강해 맞대응했고 서로 체면이 서자 위기는 금세 사그라졌다.

서예루살렘 기바트 람Givat Ram 스타디움에서는 1만 8,000여 명의 인파가 이들을 기다리고 있었다. 거리에는 20만 명이 늘어서 있었다. 일부는 동이 틀 때부터 자리를 잡았다. 에슈콜 부부와 라빈은 스타디움으로 천천히 이동했다. 관람석에 앉은 이들은 병사 1,600명의 차분한 행진을 내려다봤다. 에슈콜의 군사보좌관인 리오르 대령은 이들이 불과 수백 명에 불과하다고 느꼈다. 독립기념일은 통상 이스라엘의 힘을 과시하기 위한 날이었다. 기갑부대가 들썩여야 했다. 하지만 이스라엘은 국제적인 반발을 의식해 예루살렘 밖에 전차를 배치했다. 스타디움 밖에서 일부 시위대가 피켓을 흔들며 이에 항의했다.[102]

행진을 지켜보는 이스라엘 장군의 좌석 밑에는 전화기들이 설치됐다. 이 중 예샤야후 가비쉬^{Yeshayahu Gavish} 장군의 전화기가 울렸다. 시나이 지역 이집트군의 최신 병력 이동이 보고됐다. 장군은 보고가 끝나자마자 행사장을 떠나 베르셰바에 있는 사령부로 향했다.[103]

유엔긴급군

군대에 동원령을 내리며 승부수를 던진 이집트는 이틀 뒤 스스로를 더 깊은 구렁으로 밀어 넣었다. 이집트는 가자에 있는 유엔긴급군 지휘관 인다르 짓 리크헤^{Indar Jit Rikhye} 장군에게 밀사를 보냈다. 가자에서 주둔한 10년이 조금 넘는 기간 동안[104] 유엔긴급군 장교들은 상당히 편한 생활을 누렸다. 관측소에서 경계를 서지 않을 때는 모래 언덕이나 지중해 해안에서 시간을 보냈고, 스쿼시와 테니스 등을 즐겼다. 남부럽지 않은 식사와 괜찮은 술집도 있었다. 유엔긴급군은 지중해 부근 공항에 골프장도 갖고 있었다. 최고급 해안 골프장은 아니었다. 팔레스타인인 캐디가 현관용 구두 흙털개를 바닥에 깔면 그 위에서 장교들이 퍼팅을 하곤 했다. 인도 출신 육군 장성인 리크헤는 라운드를 돌 기대감에 부풀어 있었다. 이때가 5월 16일 오후였다. 하늘은 우중충했고 습도는 높아 더위가 만만치 않았다.

첫 타를 치기 전 그는 바다에서 시원한 바람이 불어와줬으면 생각했다. 그때 전화가 울렸다. 이집트 연락장교 이브라힘 샤르카와이Ibrahim Sharkaway 준장이 밀사가 출발했다고 알려왔다. 리크혜 장군은 곧 소집될 회의를 위해 안에 들어가 대기했다. 리크혜는 가벼운 무기로 무장한 평화유지군 1,400명을 이끌고 있었다. 그는 이들을 자랑스럽게 여기고 있었다. 이들은 본래 1956년 전쟁이 끝난 뒤 이집트에서 철수하는 영국, 프랑스, 이스라엘 병력을 감시하는 임무를 띠고 왔다. 철군이 완료된 후 유엔긴급군은 국경 내 완충 장치로서 상징적인 역할을 맡고 있었다. 이집트는 가자 휴전선 500미터 뒤, 그리고 팔레스타인과의 옛 국경 2,000미터 뒤에 병력을 배치했다.[105] 유엔긴급군은 그 중간쯤에서 활동했다. 이스라엘은 유엔긴급군의 국내 주둔을 아예 허락하지 않았다.

리크혜는 골프는 포기하는 게 좋겠다고 생각했다. 돌이켜보면 치는 게 좋았을지도 모른다. 카이로에서 온 밀사는 밤 10시에나 도착했고, 사실상 이날이 그가 가자에서 골프를 칠 수 있는 마지막 날이었다. 하얀 유엔긴급군 본부 뒤 카키색 건물에 있었던 리크혜는 무언가 어마어마한 일이 벌어지고 있다고 느꼈다. 밀사는 에이즈엘딘 모크타Eiz-El-Din Mokhtar라는 이집트군 준장이었다. 리크혜는 다음과 같은 내용의 편지를 건네받았다.

유엔긴급군 지휘관(가자)

귀하에게 알립니다. 나는 모든 통일아랍공화군(이집트) 병력에 이스라엘이 아랍국가를 공격할 경우 우리 또한 행동을 취할 수 있게 준비하라는 명령을 내렸습니다. 이러한 명령 후 우리 군은 이미 동부 국경 시나이 지역에 집중 배치되었습니다. 이 국경에 관측소를 설치한 모든 유엔군 병사의 안전을 위해 즉각 병력을 철수시킬 것을 요청합니다. 나는 동부지대 지휘관에게 이와 관련된 지시를 내렸습니다. 요청에 대한 회답을 바랍니다.

　　통일아랍공화국 육군참모총장 파릭 아왈 (M. 파우지)[106]

나세르와 아메르는 일찍이 1964년에 유엔긴급군을 철수시킬 계책을 논의한 바 있다. 1966년 12월 아메르는 나세르에게 이를 다시 제안했다. 이집트가 유엔긴급군 치마 뒤에 숨어 다른 아랍국가를 도우길 꺼려한다는 비난이 연일 요르단 라디오 방송에서 흘러나오던 터였다.[107] 아메르의 제안은 요르단 주재 영국 외교관들의 귀에 들어갈 만큼 공개적이었다. 서신을 받은 리크혜는 "충격을 금치 못했다… 전쟁이 불가피해 보였다"고 말했다.[108] 그는 그의 앞에 앉아 있는 두 이집트 장군에게 재앙이 닥칠 것이라고 말하고 싶었다. 하지만 그는 일단 편지 내용을 유엔사무총장 우 탄트^{U Thant}*에게 전달해야 한다고 말했다. 그리고 통상적인 아랍 예절에 따라 이들은 함께 커피를 마셨다. 리크혜는 이집트가 사태의 심각성을 알고 있는지 물었다. "물론입니다, 장군님!" 샤르카와이가 답했다. "숙고 끝에 내린 결정이고 어떤 상황에도 준비가 되어 있습니다. 전쟁이 난다면 텔아비브에서 뵙겠지요."

　　리크혜는 본부로 돌아가 뉴욕에 무전을 친 뒤 고위 간부들을 소집했다. 새벽이 한참 지난 무렵이었다. "대장님, 무슨 일입니까? 전쟁이라도 난 겁니까?"라고 한 명이 물었다.[109] 리크혜는 "아직"이라고 답했다. "하지만 곧 일어날 걸세."

　　시리아는 이 모든 상황을 보며 흐뭇해했다. 다마스쿠스 주재 영국 대사

---

* **우 탄트** 미얀마인. 교육가 출신으로 1947년 아웅산의 권유로 관직에 들어섰다. 주미 대사, 유엔대사로 활약하다 유엔사무총장을 역임했다. 유엔사무총장 재임 당시 콩고, 쿠바, 베트남 문제 해결에 앞장섰으며 1974년 뉴욕에서 암으로 사망했다.

는 전쟁이 날 경우 시리아가 어떻게든 이집트를 끌어들이려 한다는 것을 간파했다.[110] 카이로에 머물고 있던 시리아 외무부장관 마쿠스 박사는 진보 세력의 단합이 현실화되고 있다[111]고 소리치며 귀국했다. 이집트도 이제 함께 전선에 섰기에 시리아는 더할 나위 없이 만족스럽다는 우회적인 표현이었다.

기만술

처음에 이스라엘은 이집트의 행동에 놀랄 만큼 관대했다. 시리아에 대한 증오 덕에 여전히 그들의 관심은 다마스쿠스 정권에 집중됐다. 5월 17일[112] 텔아비브에서 저녁 식사를 마친 이스라엘 정보분석관 슐로모 가짓Shlomo Gazit은 느긋하게 책상 앞에 앉았다. 그는 자신을 초대한 미국 외교관들에게 IDF가 당황하고 있다는 사실을 털어놓았다. 한편 이집트의 행동이 '교묘한 기만'에 불과할 수 있다며 이집트군의 병력 이동을 깎아내렸다. 그러나 그는 이집트가 티란 해협을 봉쇄하고 이스라엘의 에일라트 항구를 차단한다면 문제는 심각해질 수 있다고 경고했다. 이는 곧 전쟁을 의미했다. 이스라엘 언론은 나세르가 시리아를 안심시키려고 심리전을 펴고 있다는 이스라엘군의 판단을 존중했다. 이스라엘 내 주요 대사관의 무관들은 이집트의 주장대로 이스라엘군이 시리아의 문턱에 병력을 집중 배치했는지 알아봤다. 그러나 그들은 어떤 증거도 찾을 수 없었다.

에반 이스라엘 외무부장관은 의도가 어떻든 '원치 않은 사건의 연속'이 진정한 위협 요인이 될 수 있다고 경고했다. 에반은 이스라엘이 '어떠한 일방적인 행동을 취하기 전에'[113] 런던과 워싱턴이 외교적인 전략을 짤 수 있길 바랐다. 하지만 다른 고위 이스라엘 관료들은 그에 동의하지 않았다.[114] 그들이 보기에 외교 전략은 이미 실패했다. 미국은 이스라엘이 군사행동을 취할 것이라 생각하고 이를 막으려 노력했다. 5월 17일 존슨은 에슈콜에게 서한을 보내 "귀하의 지역 내 폭력과 긴장을 고조시킬 만한 행동은 피해야 합니다.[115] … 우리와 상의하지 않은 행동의 결과로서 나타나는 상황에 대해 나는 미합중국 대표로서 책임을 질 수 없습니다."라고 말했다. 존슨은 서신과 함께 그동안 연기해온 물자 지원을 승인했다.[116] 일종의 유화책이었다.

선전

나세르는 그 어떤 정치인보다 빨리 언론의 힘을 깨달았다. 이집트의 라디오 방송국들은 중동 전역에 그의 일거수일투족을 선전했다. 당시 가장 영향력 있는 카이로 방송국은 체코슬로바키아제 15만와트 송신기 4대를 이용해 전 중동에 전파를 쏘는 〈아랍의 소리〉였다. 뭐든 이 방송국이 관심을 기울이면 비정상적으로 중요한 일로 둔갑하곤 했다. 이집트에 사는 영국인들은 밤마다 라디오에서 영국 정부를 비난하는 소리가 나오면 불안과 초조에 시달렸다. 한 〈로이터통신Reuters〉 특파원은 이 방송이 "의자 5개와 탁자 하나밖에 없는 카이로 소재 어떤 건물의 더러운 방에서"[117] 만들어진다며 바레인 주재 영국인을 안심시키려 노력했다. 그러나 효과는 없었다. 〈아랍의 소리〉가 보도하고 있다는 사실만으로 모든 것은 매우 강한 영향력을 발휘했다.

이집트군은 훈련이 부족해 전력 미달이었고 종종 정국은 혼란에 빠졌지만 라디오 방송국은 늘 든든한 예산의 뒷받침을 받았고 정밀하게 조직되어 있었다. 나세르처럼 방송국 직원들도 1956년 영국공군의 폭격을 당하며 배운 바가 있었다. 나일 절벽에 지어진 최신 라디오와 텔레비전 방송국들은 폭격을 당할 경우에 대비한 대책을 세워놓았다. 기술자와 아나운서로 구성된 5개 팀이 돌아가며 방송을 계속 내보낼 수 있는 체제였다. 〈카이로 라디오〉는 나세르 정권 내 그 어느 조직보다 전쟁 준비가 잘 되어 있었다.

아랍세계에서 나세르 대통령, 전설적인 이집트 여가수 움므 쿨쑴Umm Kulthum 다음으로 유명한 목소리를 가진 사람은 〈아랍의 소리〉 수석 정치논설위원 아메드 사이드Ahmed Said였다. 걸프 지역에서는 사람들이 라디오를 '아메드 사이드 박스'라고 부를 정도였다. 라디오는 1959년까지 이집트에는 85만 개, 모로코에는 50만 개가 보급돼 카페와 마을 광장 등에 설치됐다.[118] 한 대에 수십 명의 사람이 몰려들었다. 아랍의 대중 여론이 최초로 탄생하는 모습이었다.

문제는 사이드와 그의 친구들이 지나치게 능변이라는 것이었다. 1967년 전쟁이 가까워질수록 사이드는 더 열띠게 강경론을 주장했다. 그의 청취자들은 아랍이 쉽게 승리할 것이라 믿었다. 사이드는 자신을 2차대전 중 독일이 점령한 유럽지역에서 방송을 내보낸 〈BBC〉에 비유했다.

"나는 사람들을 싸우게끔 하려는 것이지 놀게끔 하려는 게 아니었다. 병사들의 사기를 유지해야 했다. 이들 중 많은 이가 라디오를 갖고 있었다. 그리고 우리는 아랍세계가 우리와 함께하길 요구했다. … 우리는 방송이 우리의 가장 강력한 무기라고 생각했다. 청취자 다수는 글자를 몰랐기에 라디오는 그들에게 다가갈 가장 효과적인 수단이었다."

아랍인들은 오늘날 방송을 있는 그대로 이해하기보다 수사와 선전의 도구로 인식한다. 하지만 1967년 당시에는 사리를 구분할 만큼 충분히 교육받은 사람들조차 라디오가 주는 희열에서 벗어나지 못했다. 특히 난민 수용소에 사는 팔레스타인인 등 아랍 군중은 사이드와 그의 동료들이 한 말을 곧이곧대로 믿었다. 그렇기에 이들은 훗날 패전이라는 현실과 맞닥뜨렸을 때 더욱 절망에 빠질 수밖에 없었는지도 모른다.

도박

나세르는 정치적인 완승을 노렸다. 미국은 나세르가 이번 기 싸움에서 이긴다면 '수에즈 운하 사태 이후 총 한 방 쏘지 않고 거둔 최대의 정치적 승리'가 될 것이라고 보았다.

"이스라엘이 반격하지 않는다면 나세르는 이스라엘을 굴복시키고 최초로 이스라엘을 꺾은 아랍 영웅으로 부각될 것이다. 아랍인들의 눈에 이는 미국에 대한 또 하나의 승리로 비추어질 것이다. … 그는 싹쓸이를 노리고 있고 우리는 이 점을 주의해야 한다."

다음 날 5월 22일 월요일 나세르는 판돈을 더욱 높였다. 그가 시나이 지역에 군을 동원했을 때 이스라엘은 맞받아치지 않았다. 나세르는 이제 한 단계 더 나아간다. 아카바 만으로 이어지는 티란 해협에서 이스라엘 배의 통행을 금지시킴으로써 1956년에 해제된 에일라트 항 봉쇄를 사실상 재개했다. 나세르는 이를 발표하기 위해 시나이 사막의 한 공군기지를 찾았다.

"앞으로 이스라엘 국기를 단 배는 아카바 만을 지날 수 없습니다. 아카바 만 출입로에 대한 우리의 주권은 논쟁의 여지가 없습니다. 이스라엘이 전쟁으로 위협하길 원한다면, 우리는 '언제든지 덤벼라'라고 말하겠습니다."

웃음 짓는 조종사들에 둘러싸여 변함없이 세련된 분위기를 연출하는 나세르의 사진이 통신사들에 의해 전 세계로 퍼져나갔다.[119] 조종사 중 일부는 비행복을 입고 있었다. 나세르의 흰 치아가 흑백 사진에 도드라지게 드러났다. 나세르가 갈망했던 이미지였다. 젊고 고도로 훈련된 전문요원들에 둘러싸여 유대국가에 도전장을 내던지는 아랍의 지도자. 나세르는 마치 하지 말라는 짓을 몰래 하고 있는 아이처럼 흥분돼 있었다.

카이로에서 보도가 나간 지 42분 후 존슨 대통령은 나세르에게 전신을 보냈다. 그는 미국이 이집트에게 비우호적이라는 나세르의 주장을 부인하며 나세르가 원하는 바를 어느 정도 이해하고 있다고 미적지근하게 말했다. '적대감 없이 현 상황을 피해갈 수 있다면'[120] 부통령 허버트 험프리Hubert H. Humphrey가 방문할 수도 있다는 점이 서신 내용 중 가장 눈에 띄었다. 존슨은 허례적인 언사에 시간을 낭비하고 싶지 않았다. 전신을 승인하기 전 그는 '모든 존경을 담아'라는 문구를 삭제했다.

봉쇄 소식을 들은 유엔사무총장 우 탄트는 당혹감을 느꼈다. 그는 뒤늦게나마 평화 협상을 추진하고자 카이로로 날아가는 중이었기 때문이다. 그의 팬 아메리칸 여객기가 카이로 국제공항에 도착하자 나세르를 찬양하는 거대한 군중이 활주로 위로 뛰쳐나와 그를 맞이했다. 예정된 숫자보다 많은 인파였다. 일부 기자들마저 펜을 내던지고 그를 환영했다. 리크혜 장군은 이집트 외무부장관 마무드 리아드Mahmoud Riad를 보며 "팔을 제멋대로 휘두르는 몸뚱이들 사이로 땀투성이가 되어" 내려오고 있다고 말했다.[121]

5월 24일 저녁 우 탄트와 리크혜 장군은 카이로의 병영지구 내 저택에서 나세르와 식사를 했다.[122] 나세르는 그가 중령으로서 쿠데타를 계획한 1950년대부터 이곳에 살았다. 사치와는 거리가 먼 건물이었고, 확장된 부분에는 사무실과 접대실이 있었다. 유엔인사들을 맞이한 방은 카이로 중산층 사이에 인기가 높았던 루이 14세 양식의 금빛 의자와 소파들로 채워져 있었다. 나세르는 그가 보일 수 있는 모든 호의를 베풀었다. 그는 우 탄트가 해협을 열어두라고 요청할 줄 알았기에 오기 전에 미리 닫을 수밖에 없었다며 부드러운 목소리로 말했다. 개인적으로 나세르는 전쟁을 원하지 않았다. 이집트는 1956년에 영국과 프랑스, 그리고 이스라엘에게 잃은 자존심을 되찾고 싶을 뿐이었다. 나세르는 이스라엘이 시리아를 공격하지 않을 것이라는 미국의 장담을 믿지 않았다. 그는 CIA가 그를 암살하려 한다고 믿었고,[123] 아니라면 적어도 1956년에 이스라엘이 이집트를 침공하기 전 보여준 비슷한 행태를 보이고 있다고 생각했다.

나세르는 가족사진이 걸린 벽을 거쳐 식당으로 손님을 인도했다. 식사 중 그는 군의 하부 계급 중에 '무모한 객기'를 부리는 자들이 있다고 털어놓았다. 상층부는 현실적이었다. 이집트는 1956년에 패배했다. 그리 오래 전 일이 아니었다. 그럼에도 유사시에 군은 해낼 자신이 있었다. 나세르는 소련과 미국에게 한 것과 똑같은 약속을 우 탄트에게 했다. 이집트는 먼저 발포하지 않을 것이다. 그러나 공격당할 시 방어할 수밖에 없다. 식사가 끝나고 아름다운 나일 강과 수도의 불빛들이 내려다보이는 힐튼 호텔 스위트룸으로 이동한 우 탄트는 그의 참모들과 나란히 머리를 맞대고 앉았다. 봉쇄를 막을 수 없다면 전쟁도 막을 수 없을 텐데.

이스라엘 군사정보 지휘관 야리브 장군은[124] 5월 23일 새벽 라빈에게 전화를 걸어 나세르가 에일라트에 봉쇄령을 내렸다는 사실을 통보했다. 라빈은 걱정에 빠졌다. 조간신문에도 보도가 나왔다. 나세르의 행동이 기만

술일 거라는 생각이 사라졌다. 당시 꽤 영향력 있는 신문 《마리브Maariv》는 나세르를 히틀러에 비유하며 그가 전쟁을 선포했다고 보도했다. 상당한 발행 부수를 자랑하는 또 하나의 신문인 《예디엇 하로놋Yediot Aharonot》도 '결단의 날'125이 왔다고 주장했다. 이 신문은 히틀러가 뮌헨에서 체코슬로바키아를 협박한 1938년을 독자에게 상기시켰다. '강대국들은 약하다고 여겨지는 이들을 버리고 강하다고 여겨지는 이들에게는 힘을 얹어주는 법'이라고 사설에서 말했다.

짓누르는 책임감

나세르가 해협을 봉쇄한 다음 날 에슈콜과 내각은 이스라엘군에 총동원령을 내렸다. 이스라엘은 전쟁으로 가는 길에 들어섰다. 동원은 이미 충분히 연습되었다. 48시간 내 25만의 병력을 전장에 투입할 수 있었다. 이스라엘 군인은 의무복무가 끝난 후 예비군에 편성된다. 이들은 연례 훈련이나 전쟁 때 외에는 그저 서류상으로만 존재한다. 민간인일 때 변호사였던 어떤 이는 개인비서와 운전사와 함께 부대에 합류한 뒤 90분 안에 한 개 여단을 각자의 집에서 모조리 끌어내 야전으로 옮겼다.126 동원령은 장교에게 전달됐고, 장교는 다시 부사관을 불렀으며, 부사관은 병사를 소집했다.127 차량과 버스가 집집마다 들러 예비군을 태워갔다. 어떤 병사들은 라디오에서 흘러나오는 암호를 듣고 입대하기도 했다. 2차대전 당시 폴란드에 있는 게토Ghetto(유대인 강제 거주구역)에서 반란을 주도한 적이 있는 아바 코브너Abba Kovner는 이 모든 상황을 지켜봤다.

"나는 당시 신문 가판대에 기대 서 있었다. 판매원이 갑자기 어떤 소리를 듣더니 눈이 휘둥그레졌다. 나를 보는지 내 뒤를 보는지 알 수 없는 눈빛으로 그는 놀란 듯 말했다. '오, 그들이 나도 불렀어.' 그는 장사를 접고 그 자리를 떠났다. 맞은편 매장에서 나온 판매원 소녀가 블라우스를 가다듬고 손가방을 단 뒤 약간 긴장하며 걸어 나갔다. 일군의 남성이 논밭 한가운데 놓인 라디오로 몰려들었다. 아나운서가 코드를 읽을 때마다 한 명씩 무리에서 떨어져 나왔다. … 묘한 침묵이 마을을 뒤덮었다." [128]

며칠 내로 50세 이하 이스라엘 남성 대부분이 어떠한 형태로든 군에 복무하게 되었다. 일부 부대는 100퍼센트 이상의 소집율을 기록하기도 했다. 고령의 남성들은 부대에 찾아와 같이 싸울 수 있게 해달라고 요구했다. 어느 고집 센 영국 육군 출신 63세 남성은 지프차를 갖고 올 경우에만 입대시켜주겠다는 얘기를 듣고 다음 날 렌터카 업체에서 아예 지프차를 빌려 나타났다.[129]

총동원령이 내려진 이후 전쟁이 임박했다는 느낌이 팽배했다. 남성 인구가 사라지며 경제는 사실상 멈췄고, 이스라엘은 계속 이러한 상태를 유지할 수 없었다. 언론은 '우왕좌왕하지 않는' 이스라엘 국민을 높이 평가했다.[130] 그러나 가정주부들 사이에서 전쟁은 이미 시작됐다. 23일 저녁이 되자 대부분의 슈퍼마켓은 텅 비고 말았다. 한 칼럼니스트는 주부들을 "슈퍼마켓 통조림 제품 진열대를 덮친 탐욕스러운 동물들… 바닥까지 늘어지는 쇼핑 가방을 든 짐승들"이라고 비난했다.[131] 일부 장사치들은 가격을 높여 재미를 봤다. 정부는 재고를 풀어 매장에 음식을 다시 채워놓았다. 광적인 쇼핑이 며칠 더 이어지고 26일이 되어서야 판매는 정상으로 돌아왔다.

라빈은 무언가에 짓눌리는 기분이었다. 작전을 책임지고 기획해야 할 그가 공황 상태에 빠졌다. 군사적으로 유리한 상황이라는 판단에도 불구하고 그는 자신이 이스라엘을 재앙으로 몰아가고 있다고 우려했다.

라빈은 내각 및 군고위층과 심도 있는 회의를 가지며 적지 않은 시간을 보냈다. 일부는 전쟁을 원했고 일부는 왜 이러한 상황을 미연에 막지 못했냐며 그를 질책했다. 5월 23일 새벽 4시, 라빈은 1948년 독립 투쟁을 이끈 다비드 벤구리온을 찾았다. 그는 조언과 위로를 바랬지만 벤구리온은 그를 차갑게 대했다. "당신이 이 나라를 최악의 위기로 몰아넣었어. 당신 때문이라고! 이제 우리는 전쟁을 할 수밖에 없어. 우리는 고립됐다고!" [132]

라빈은 충격을 받았다. 국민종교당의 지도자이자 내무부장관인 하임 모세 샤피라Haim Moshe Shapira 또한 회의 중 그에게 "어떻게 감히 전쟁을 벌일 생각을 한 거지? 어떻게 감히? 이제 싸울 수밖에 없지 않은가!"라고 말했다. 이제 이스라엘인들이 가장 존경하는 벤구리온마저 똑같은 비난을 하고 있었다.

라빈은 "만약 그가 맞다면? 만약 그가 맞다면?"이라며 초조히 자문했다.

녹초가 되어 집에 들어온 라빈은 신경쇠약으로 쓰러졌다. 저녁 8시경 그는 총참모사단 바이츠만 장군에게 전화를 걸어 즉시 집으로 오라고 청한다. [133] 바이츠만이 도착하자 라빈은 자신이 그만 실수로 이스라엘을 '지금껏 경험한 것 이상으로 가장 거대하고 힘든 전쟁으로' 몰아넣고 있다고 말했다. 바이츠만에 따르면 라빈은 그에게 총참모총장의 자리를 맡아달라고 부탁한다. 바이츠만은 라빈에게 정신 차리라고 말했다. 바이츠만은 그 자리를 받아들일 수 없었다. 만약 라빈이 사임한다면 정치인들은 전쟁을 더 머뭇거리게 될 게 분명했다. 이는 몇 개 사단을 이집트군에 내

주는 것이나 다름없었다. 병사들의 사기를 꺾는 일일 뿐 아니라 라빈 자신의 인생도 끝내는 짓이라고 바이츠만은 설득했다.

10년 후 라빈은 '긴장과, 피로, 그리고 며칠간 피운 엄청난 양의 담배'가 심리 상태에 영향을 끼쳤다고 털어놓았다. 그는 이전에 두 차례 심한 니코틴 중독에 시달린 바 있었다. "그러나 내 신경쇠약을 불러온 건 니코틴 그 이상이었다. 나를 짓누르던 죄책감은 5월 23일에 견딜 수 없을 만큼 강해졌다. 내 잘못이라는 벤구리온의 말을 머릿속에서 떨쳐낼 수 없었다…."

라빈은 그가 구체적으로 무엇 때문에 죄책감을 느꼈는지 밝히지는 않았다. 어쩌면 그것은 국경에서 시리아를 자극했던 그간의 공세적인 정책이었는지 모른다. 라빈은 압박감을 잘 제어할 수 있을 만큼 자기반성적인 사람이었다. 그는 부인 레아^{Leah Rabin}에게도 무엇 때문에 힘든지 털어놓지 않았다. 라빈이 죽은 후 레아는 수천 명의 사상자를 낳을 전쟁에 대한 두려움이 그를 '짓누르는 짐'[134]이었다고 말했다. 라빈의 비서였던 루하마 헤르몬^{Ruhama Hermon}은 라빈이 신경쇠약에 걸린 이유에 대해 다음과 같이 말했다.

"라빈은 혼자였다. 정치인들은 지나칠 만큼 머뭇거렸다. 반면 장군들 사이에는 자신감과 확신이 넘쳐났다. 라빈은 이 둘 사이에서 줄타기를 했다. 벤구리온을 만나고 돌아온 그의 어깨에 돌덩어리 하나가 더 놓인 듯했다. 하루하루 그의 어깨가 처져갔다. 전쟁터로 떠나보낼 많은 젊은이들이 얼마나 살아 돌아올지 그는 알지 못했다."[135]

라빈이 알지 못한 것은 그뿐만이 아니었다. 이집트가 감행한 이번 봉쇄도 사실 기만술에 불과했다. 이는 1967년에 나세르가 취한 행동을 보면 알 수 있다. 5월 19일 칼릴 준장은 공수부대원 4,000명을 이끌고 샤름엘셰이크에 도착했다.[136] 봉쇄를 시작하라는 명령을 22일에 받았지만, 이는 모순될 뿐 아니라 실행 불가능한 지시였다. 이스라엘 상선에 사격을 가할 경우 배의 앞과 뒤에만 사격하라는 명령이 떨어졌다. 강력한 해안포도 배치됐다. 그러나 이게 봉쇄의 전부였다. 단 1개의 기뢰도 설치되지 않았다. 칼릴 준장이 받은 명령에 따르면 이스라엘 함선을 포함한 어떠한 해군 선박도 건드려서는 안 되었다. 해군의 보호를 받는 상선도 건드려선 안 됐다.

전쟁 준비

이스라엘의 장군들은 전쟁이 불가피하지만 이길 수 있을 것이라 자신했으며 빨리 행동하길 원했다. 5월 말 한 이스라엘 공수부대 지휘관은 병사들에게 1956년 싸웠던 바로 그 아랍군과 부딪치게 될 거라고 말했다. "장교와 병사 사이의 갈등은 깊고, 사기는 낮으며, 전투가 계획대로 진행되지 않으면 가루처럼 부서지는 특성은 여전하다. … 10년 전과 20년 전에 그랬듯이 그들은 산산조각 날 것이다."[137]

1967년 중동에서 이스라엘은 다른 나라들보다 훨씬 강력한 군대를 보유하고 있었다. 미국과 영국의 정보보고에 따르면 이스라엘은 어떤 면에서도 실질적인 위협을 받고 있지 않았다. 아랍세계가 힘을 합칠 경우 이스라엘보다 더 많은 무기를 가진 건 분명했다. 그러나 아랍군은 공격을 실행할 준비가 되어 있지 않았다. 싸움을 아예 포기하지 않는 이상 이스라엘이 패배할 리 없었다.

15년간 쉼 없이 노력한 끝에 IDF는 1950년 초에 꿈꿨던 탁월한 기동력의 군대로 변모해 있었다.[138] 보병은 언제든 차량 지원을 받고 전장에 뛰어들 수 있었다. 대부분의 중무기는 자체추진식이었다. 지휘체계 또한 현대적이었다. 이스라엘은 1967년 당시 대부분의 서방 군대보다 빨리 총참모총장 라빈이 지휘하는 사령부 밑에 육군, 공군, 해군을 일사불란하게 갖추었다. 이스라엘과 이집트는 전투기 숫자 면에서 비슷한 전력을 지녔지만 폭격기는 이집트가 4배 많았다. 그러나 이 또한 '이스라엘 병사들의 우월한 훈련과 효과적인 전투력',139 그리고 이스라엘의 탁월한 공군력에 의해 상쇄됐다. 그밖에도 이스라엘은 여러 면에서 유리했다. 이스라엘은 아랍 육군보다 더 빠르고 효과적으로 병사를 전장으로 투입할 수 있었다. 장갑 여단 4개 및 기계화 여단 4개를 비롯한 26개 여단을 48시간 내에 동원할 수 있었다. 같은 시간에 이집트는 최대 10개, 시리아는 6개, 요르단은 8개 여단을 배치할 수 있었다. 장기적으로 아랍군은 여단 5개를 추가 배치할 수 있었다. 그러나 이스라엘은 그 전에 전쟁을 끝낼 계획이었다.

전쟁 발발 직전 미합동참모본부는 "이스라엘은 적어도 다음 5년간 아랍국가들이 힘을 모아 공격한다 해도 군사적으로 패할 일이 없을 것"이라고 평했다.140 "현재처럼 훈련되고 보급된 상태에서 개인이든 부대든 이스라엘군은 잠재적인 적들보다 효력 및 화력에서 크게 앞선다."

전쟁 전날 미군사사령센터가 작성한 또 다른 보고서에 따르면 이스라엘은 '중동에서 가장 효과적인 전투 병력'을 지녔다.

"교육수준이 높고 비교적 젊은 고위 장교단으로 구성돼 있으며 애국심과 동기부여가 뛰어나다. 많은 장교와 부사관이 이미 전투경험을 지니고 있다. 이스라엘군은 개별적인, 혹은 모든 이웃 아랍국과 싸워도 이길 수 있으며, 강대국의 지상군과 붙는다 해도 적의 공격을 효과적으로 지연시킬 수 있을 것으로 보인다."

보고서는 또한 이스라엘이 선택할 전략을 정확히 예측했다.

"수적으로 불리한 공군, 그리고 적절한 분산배치를 어렵게 하는 영토 때문에 이스라엘은 공중균형 혹은 공중우세를 확보하기 위해 선제공격을 감행해야 한다. 기습 작전을 통해 이스라엘은 UAR(이집트군)과 시리아 공군 시설에 충분한 타격을 입혀 이들이 효과적인 공격을 펼칠 수 없도록 할 것이다."

보고서는 또한 이스라엘이 오로지 방어용으로 공군을 활용한다 해도 "공중 균형은 유지할 수 있을 것"이라고 보았다.

영국의 분석도 매우 비슷했다.[141] 전쟁 시작 6주 전 영국 내각 합동정보 위원회는 이스라엘과 이집트, 시리아, 요르단의 전력을 비교 분석했다. 모든 점에서 이스라엘이 훨씬 우세하다는 결론이 나왔다. 이 연구에 따르면 아랍은 이스라엘을 패배시킬 만큼 효율과 사기 면에서 우월하지 않았으며 앞으로 그럴 수 있으리라는 것도 '생각하기 힘든 일'이었다. 텔아비브에 있는 영국의 한 군무관은 "지휘, 훈련, 장비, 보급 면에서 이스라엘군은 그 어느 때보다 준비가 잘 돼 있다"고 말했다.[142] "잘 훈련되고 강인하며 자립성이 강한 이스라엘 병사는 단호한 전투 의지를 지니고 있으며 나라를 지키기 위해 기꺼이 전장에 뛰어들 것이다."

신경쇠약에 걸리기 전 라빈 장군은 조국의 안보에 대한 상당한 믿음을 지니고 있었다. 이스라엘은 "차후 수년간 적들에 대해 우월한 지위를 누릴 것"이라고 말한 그는 "앞으로 3, 4년간 이스라엘의 우월성이 뒤집힐 만한 어떠한 요인도 보이지 않는다"고 덧붙였다.[143] 영국 정보당국은 라빈 장군의 평가가 '보수적'이라고 생각했다.

이스라엘의 최대 전략적 목표는 '핵무기 보유'였다.[144] 1967년 미국은 이스라엘이 이미 핵폭탄을 개발했다는 의심을 품었다. 이스라엘은 프랑스 회사인 다소로부터 MD-620 지대지 미사일을 구매하기로 한 바 있었다. 1967년까지 미사일 배달이 이뤄지지 않았지만 미국은 이를 핵탄두를 장착하기 위한 것으로 보았다. 주기적으로 미국은 이스라엘의 허락하에 네게브 사막 디모나에 있는 핵원자로에 감찰단을 보냈다. 1967년 4월 22일, 전쟁이 있기 전 감찰단이 마지막으로 방문했을 무렵 이스라엘은 1년에 1개 또는 2개의 핵폭탄을 만들 수 있는 플루토늄을 생산하는 데 성공했다. 감찰단은 핵폭탄이 만들어지고 있다는 증거를 발견하지는 못했지만 다른 장소에서 제작되고 있을지 모른다고 생각했다. 이스라엘은 또한 1964년 아르헨티나에서 구매한 80~100톤의 우라늄으로 무엇을 했는지 공개하길 거부했다. 감찰단은 이스라엘이 핵화학분리공장 또한 운영하고 있다고 의심했다. 이는 핵능력 보유를 위한 핵심 자산이었다. 1967년 5월 미국 감찰단은 이스라엘이 마음만 먹으면 짧은 시간 내에 적어도 1개의 핵폭탄을 제조할 수 있을 것이라고 봤다. 하지만 최고위급 군사 및 정보 지휘관 중에는 이에 동의하지 않는 사람들도 있었다. 중앙정보부장 리처드 헬름스Richard Helms는 아예 중동지역에 핵무기는 없다고 단정했다.[145] 합동참모본부장 얼 휠러Earle Wheeler 장군은 이에 관해 헬름스보다 더 회의적이었다.

이집트는 핵무기 제작은커녕 원자력 발전소도 지을 수 없었다. 1950년대 이집트는 독자적인 슈퍼무기를 만든다는 계획하에 독일 과학자들을 고용했다. 그러나 1967년까지 이들은 모두 떠났고 이집트가 그토록 자랑한 미사일은 고장이 나 열병식 소품으로 전락했다. 미군사사령센터 전문가들은 전쟁 하루 전 이집트의 군사력을 평가한 뒤 이집트군이 방어 외에 할 수 있는 게 아무것도 없을 것이라고 결론지었다. 이집트가 전차 숫자에서 3 대 2로 우세하지만 "공중에서 우위를 확보하지 않고는 이스라엘에 대한 성공적인 공격을 감행할 수 없을 것"이라고 보았다.[146] 병사들의 전투력도 문제였다. "이집트군은 정적인 방어를 통해 끈질기게 저항할 수 있을 것이다. 하지만 변화하는 지금의 기동전 환경에 적응하지 못하고 있다. 이스라엘군을 격퇴하는 데 필요한 유연성이 모자라다." 이집트는 또한 보급에 있어 고질적인 문제를 안고 있었다. "종종 글자를 모르는 병사들이 있어 기계공이나 수리공을 훈련시키는 데에도 어려움이 있었다…."

에반

이스라엘의 장군들은 IDF가 얼마나 강하고 적은 얼마나 약한지 잘 알고 있었다. 그들은 정치인들이 즉각적인 군사공격을 반대하자 좌절하며 분노했다. 이들은 에반 외무부장관이 전쟁을 막으러 워싱턴으로 떠난 것에 대해서도 불만을 제기했다. 그러나 누구도 이들의 분노를 가라앉히려 하지 않았고, 장군들은 열심히 작전계획을 다듬었다.[147]

에반은 전 세계 텔레비전 시청자들에게 낯익은 인물이었다. 그는 동료 외교관들 사이에서 까다롭고 자기중심적인 사람으로 비추어졌다. 그의 이러한 특성은 '텔레비전 카메라의 광영'[148]에 젖을 때 특히 심했다. 하지만 1948년 이후 그는 이스라엘의 첫 유엔 대사로서, 그리고 이후 워싱턴 주재 대사로서 이스라엘 외교의 얼굴이나 다름없었다.[149] 1915년 케이프타운에서 오브리 솔로몬Aubrey Solomon이라는 이름을 갖고 태어난 그는 영국 런던에서 전통적인 교육을 받았고, 케임브리지 대학교에서는 고전 및 동양문학 분야에서 우수한 성적을 받았다. 그는 키가 크고 통통하며 교양 있는 사람이었고, 학력만큼이나 시오니즘적 배경도 강했다. 그의 어머니는 팔레스타인 내 유대국가를 약속한 영국의 밸푸어 선언을 프랑스어와 러시아어로 번역했다. 에반은 열정적인 시오니즘 활동가였으나 그의 첫 예루살렘 방문은 1942년에야 이뤄졌다. 그는 당시 팔레스타인을 위한 유대 기구와 특수작전지휘부를 잇는 영국 육군의 연락장교로 일했다.

에반은 파리와 런던에 잠시 머문 뒤 5월 22일 목요일 워싱턴에 도착했다.150 파리에서 만난 샤를 드골Charles de Gaulle 대통령*은 나세르가 해협을 봉쇄해 긴장을 고조시켰다는 에반의 주장을 무시했다. 드골은 결코 이스라엘이 먼저 발포하지 말아야 한다고 경고했다. 런던의 해럴드 윌슨Harold Wilson 영국 수상**은 관저 회의실에 에반을 앉힌 뒤 담배 파이프에 불을 붙여주었다.151 영국과 프랑스 모두 이스라엘에 무기를 제공하고 있었다. 윌슨은 며칠 전 영국이 중동사태를 극복할 만한 방안을 떠올렸다고 말했다.152 미국과 함께 국제적인 해군부대를 조직해 티란 해협을 열자는 것이었다. 이런 행동을 취하는 것만으로 나세르가 위협을 느껴 한 발짝 물러설 것이라고 그는 말했다.

대서양을 건너는 7시간 동안 에반은 깊은 생각에 잠겼다.153 그는 어떠한 경우에도 이스라엘이 침략자로 규정돼선 안 된다고 생각했다. 그럴 경우 1956년처럼 점령한 영토를 모두 반환해야 하기 때문이다. 이스라엘이 싸울 것이라면 미국의 동의를 얻는 게 필요했다. 그는 공항에서 엄청난

---

* **샤를 드골** 프랑스의 제1·2차 세계대전 영웅. 2차대전 중에 프랑스 임시 정부를 이끌었다. 1958년 프랑스 수상이 된 그는 국민투표에 의한 승인을 거쳐 대통령에 당선됐으나 1969년 국민투표에서 패배하자 퇴진하였다. 드골은 프랑스를 핵보유국으로 만들었으며, 미국의 패권주의에 반발해 북대서양조약기구(NATO)를 탈퇴하기도 했다. 1970년에 사망했다.

** **해럴드 윌슨** 21세의 젊은 나이에 옥스퍼드 대학에서 경제학을 가르친 그는 1945년 총선거로 하원 의원에 처음으로 당선되어 차관급까지 올랐다. 1964년 총선거에선 노동당이 승리하자 수상의 자리에 올랐다.

수의 기자들과 텔레비전 카메라맨들에 둘러싸였다.[154] 이들은 에반에게 미국의 참전을 요청하러 왔냐고 질문했다. 당시 50만 명을 베트남에 보낸 미국에게 이는 중대한 문제였다. 에반은 "아니오, 그저 미국이 이스라엘의 자위권을 보장해주길 바랄 뿐입니다"라고 답했다.

이스라엘 대사 아브라함 하르만Avraham Harman은 워싱턴 시내에 있는 메이플라워 호텔로 에반을 데리고 갔다. 차에서 그는 에슈콜이 보낸 극비 메시지를 전달했다. 이를 읽은 에반은 '인생 최대의 충격'을 경험했다.[155] 그는 아무 말도 할 수 없었다.

스위트룸에 도착한 에반은 "이리저리 서성이며 전신을 다시 읽고 탁자에 내던졌다. 마음에 안 드는 서류를 봤을 때마다 하는 그만의 행동이었다. 그는 그답지 않은 명령조로 '읽어보게'라고 말했다."[156]

전신에는 이집트가 24시간 내로 공격할 것이라고 쓰여 있었다. 에슈콜은 전신에 답변하지 말 것 또한 써놓았다. 보안상 너무 위험하다는 이유에서였다. 대신 에슈콜은 '예상되는 위기적 상황'에 대해 존슨 대통령에게 '실질적인, 다시 말하지만 실질적인 대책'을 즉각 요청하라고 에반에게 지시하고 있었다. 이스라엘에 대한 공격은 미합중국에 대한 공격과 같다는 존슨의 공개적인 선언을 받아내라는 뜻이었다. 하지만 공항에서 에반은 전 세계 언론에 이미 이와 같은 일은 없을 것이라고 약속하지 않았는가.

에반이 대서양을 건너는 동안 IDF 장군들과 그들의 내각 내 대변인이라 할 수 있는 이갈 알론은 에슈콜을 강하게 압박했다. 독립전쟁에서 혁혁한 공을 세운 알론은 국가적인 영웅이었고 팔마흐에서는 라빈의 상관이었으며 현재는 노동부장관이었다. 장군들과 알론은 이스라엘이 승리할 것이라는 절대적인 믿음을 갖고 강력한 군사로비집단을 형성했다. 5월 24일 참모부 작전부장인 호피Hofi 장군은 당시 군의 판단을 다음과 같이 표현했다. "지상에서는 문제될 게 없었다. 요르단은 우리가 이집트를 어떻게 요리하느냐에 따라 행동을 달리할 것으로 보였다." [157]

전차와 대포, 전투기, 병사는 모두 필요한 곳에 배치돼 있었다. 호피는 이집트의 생화학무기조차 두렵지 않았다. 영국 정보 소식통에 따르면 이집트는 1967년 예멘에서 이미 십여 차례 포스겐phosgene과 이페릿mustard gas을 살포, 아이와 여성을 포함 800여 명을 죽였다. 호피는 이러한 위협에 개의치 않았다. 공군이 '우리가 가진 최고의 방독면'이라고 그는 생각했다. 그는 재빨리 공군을 동원해 생화학무기를 제거하지 않을 경우에만 문제가 복잡해질 것이라고 봤다. 장군들은 에슈콜을 설득해 이집트 전차부대가 공격 준비를 하고 있다는 내용의 전신을 에반에게 보내게 했다. 신경쇠약에서 비로소 회복하고 자신감을 되찾은 라빈은 전신을 더 강렬하게 다듬었다. '전면적인, 다시금 말하지만 전면적인 전쟁'이 예상됐다.

에반은 라빈이 여전히 '불안증'에 시달리고 있다고 차갑게 말했다. "지혜도, 진실성도, 전술적인 이해도 (모자란) 환각에 가까운 정신" [158]이라고 그는 말했다. 나세르가 피 한 방울 흘리지 않는 외교적 승리를 바란다는 것을 에반은 정확히 파악하고 있었다. 그는 존슨에게 지킬 수 없는 약속을 요청해 전쟁 발발의 책임을 미국에게 돌리려는 라빈의 의도 또한 간파했다. 외교관으로서 그는 존슨의 지지를 얻고 싶었지만 미국의 역할을 부각해 그를 곤란하게 만들고 싶지는 않았다. 하지만 이스라엘 군부는 인내심을 잃고 있었다. 그들은 대화가 아닌 행동을 바랐다.

이스라엘은 이집트군의 소위 '사자 작전'에 대한 첩보를 입수하고 있었다. [159] 에일라트를 폭격하고 차단하기 전 네게브 사막으로 우선 진격한다는 작전이었다. 아메르는 이 작전을 자랑스러워했고 나세르에게 여러 차례 허가를 요청했다. 나세르는 처음에는 이를 거절했으나 결국 최종 공격 날짜가 5월 27일로 정해졌다. 그런데 어찌 된 일인지 나세르는 막판에 이 작전이 위험하다고 생각해 이를 취소했다. 그는 먼저 발포하지 말라는 미국과 소련의 요구에 충실하기로 한 것으로 보인다. 요르단 총참모총장 아메르 캄마쉬Amer Kjammash 중장은 에반이 워싱턴으로 떠나기 전 카이로를 방문 중이었다. 그는 이집트가 공격 작전이라고 부를 만한 계획을 갖고 있지 않다고 말했다. "이집트는 전쟁을 준비하기보다 정치적인 게임을 하고 있었다. 전쟁이 일어날 것이라는 생각조차 하고 있지 않았다." [160]

백악관

미 해병대 헬리콥터가 앤드루스 공군기지에서 이륙했다. 린든 베인스 존슨 대통령은 심기가 불편했다. 그는 몬트리올에서 열린 박람회에서 하루를 보내고 백악관으로 향하는 길이었다. 그는 에반이 미국의 지지를 얻기 위해 이곳에 왔다는 것을 알고 있었다. 지금의 미국은 누구도 감히 맞설 수 없는 초강대국이 되었지만 당시에는 아니었다. 베트남 전쟁을 치루며 존슨과 미국은 자신감에 상당한 상처를 입고 있었다. 소련 또한 위협적이고 활동적인 적으로 느껴졌다. 존슨은 근본적으로 이스라엘에 매우 우호적인 정치인이었지만, 미국이 처한 도전이 무엇이고 이스라엘이 얼마나 위기에 처해 있는지 정확히 알고 싶었다. 그는 또 다른 전쟁에 휘말리고 싶지 않았다.

백악관으로 날아오는 동안 그는 이스라엘과 관련된 전임 대통령들의 연설문을 모조리 모아 오라고 지시했다.[161] 그는 이스라엘이 시나이 사막을 떠날 경우 아카바 만이 항시 열려 있도록 돕겠다던 아이젠하워 대통령의 1957년 약속을 떠올렸다. 이러한 약속은 대중의 기억 속에서 좀처럼 사라지지 않았다. 미국은 어떠한 경우에도 이스라엘이 멸망하지 않도록 하겠다는 약속을 한 적도 있었다. 존슨은 지금 실제로 이스라엘이 위기에 놓여 있는지 알 필요가 있었다.

존슨은 미국이 이번에도 동맹국의 지원 없이 홀로 나서야 할지도 모른다는 생각에 기분이 찝찝했다.[162] 베트남 전쟁에서는 호주만 병력을 지원하고 있었다. 헬리콥터가 착륙하자 월트 로스토는 바로 지하 집무실로 향했다. 외교문제에 있어 그는 존슨의 최측근 참모였다. 둘은 거의 매시간 대화하다시피 했다. 대통령이 버저를 누르거나 전화를 걸면 로스토가 그의 집무실로 뛰어올라갔다.[163] 로스토의 사무실에서는 딘 러스크 국무부장관과 헬름스 중앙정보부장이 기다리고 있었다.[164] 헬름스는 최신정보 보고를 들고 있었다. 이스라엘 비밀정보조직 모사드Mossad가 보내온 정보를 분석한 이 보고서에 따르면 이스라엘은 일종의 '전환점'에 놓여 있었다. 이집트와 시리아가 전쟁을 치를 준비가 되어 있다는 내용이었다.

CIA는 이스라엘의 정세판단이 "자국 고위 관계자에게도 보여줄 만큼 진지한 분석"이 아니라며 무시했다.[165] "이 보고서는 아마 미국을 움직여 다음 중 하나 혹은 그 이상의 목적을 얻어내겠다는 계책으로 보인다. A) 더 많은 군수물자 B) 이스라엘을 지키겠다는 공개적인 약속 C) 이스라엘의 군사적 행동 허용 D) 나세르에 대한 압박 증가."

로스토는 모사드의 서류와 CIA의 평가를 대통령 집무실로 올려 보냈다. 앤드루스 기지에서 헬리콥터가 도착한 지 20분이 지난 상태였다. 대통령에게는 쪽지도 하나 전달됐다. 나세르가 우월성을 과시하려 노력하고 있으며 소련은 과욕을 부리고 있다는 내용이었다. 이 때문에 이스라엘이 불안을 느끼고 이는 '일촉즉발'의 상황으로 이어질 수 있다는 경고도 적혀 있었다.

　대통령 집무실에 들어서기 전 헬름스는 이스라엘과 전혀 다른 분석을 내놓은 자신의 부하들을 믿는다고 러스크에 말했다. 러스크는 한숨을 내쉬며 말했다. "이것만 알아두게. 만약 자네 부하들이 실수한 것이라면 엄청난 사태가 벌어질 거라는 걸."

　존슨은 벽난로 앞 흔들의자에 앉아 있었다.[166] 그의 참모들은 양쪽에 놓인 담황색 소파에 앉았다. 탁자 밑에는 서랍에서 꺼낼 수 있는 최신 전화기가 놓여 있었다. 책상 옆 유리장식장에는 통신사 기사 수신기가 있었다. 장식장 안에는 흑백텔레비전 3대가 있었다. 각 텔레비전마다 다른 방송이 나오고 있었다.

　대통령은 머뭇거렸다. 베트남에 관해서도 낙관적인 보고가 잇따르지 않았던가. 그는 이제 정보보고를 곧이곧대로 믿지 않았다. 그는 합동참모본부장 휠러 장군과 헬름스에게 정보를 '깨끗이 씻어서' 달라고 주문했다. 이날 하루 종일 CIA와 미국방정보국, 그리고 영국은 시나이에서 일어나는 일들을 재평가하고 있었다. 결론적으로 이집트는 방어 차원에서 전력을 배치해놓았다. 이스라엘은 공격 징후 없이 언제든 마음만 먹으면 공격할 수 있는 능력을 지녔다는 보고서도 있었다.[167] 로버트 맥나마라Robert McNamara 국방부장관은 "우리와 영국 간 유일한 의견차는 얼마나 빨리 이스라엘이 이집트를 이기느냐에 관해서일 뿐"이라고 말했다.[168] "내가 7일 안이라고 말했는지, 영국이 10일 안이라고 말했는지, 아니면 그 반대였는지 잘 기억이 나지 않는다."

　CIA는 이스라엘이 1주 만에 모든 아랍 적국을 무찌를 수 있을 것이라고 봤다. 헬름스는 이를 이렇게 요약했다. "이스라엘이 먼저 공격하면 전쟁은 금방 끝날 것이다. 이집트가 먼저 공격하면 그보단 길어지겠지만 최후의 승자가 누구일지는 의심의 여지가 없다."[169]

CIA는 나세르의 일거수일투족을 분석했다. CIA가 보기에 나세르는 소련의 지시를 그대로 따르고 있진 않았다. 소련 고위 당국자들에 따르면[170] 나세르는 독자적으로 아카바 만을 봉쇄했다. 1967년 5월 26일에 작성돼 2000년에야 공개된 CIA의 분석은 오늘날까지 유효하다.[171] 이에 따르면 나세르는 시리아에 대한 이스라엘의 위협에 대응하고 있을 뿐이었다. 그가 전쟁을 바랄 가능성은 '매우 낮았다'. CIA와 소련의 평가와 마찬가지로 나세르는 아랍세계가 아직 이스라엘을 이길 수 있으리라고 보지 않았다. 그러나 그는 적절한 시간 내에 병력을 시나이에 투입할 수 있다면 충분히 이스라엘의 공격을 저지할 수는 있을 것이라고 생각했다. 나세르는 국내적 압박을 모면하고자 바깥에서 정치적 승리를 모색했다. 이집트의 경제 상황은 좋지 못했고 미국과의 관계도 형편없었다. 그는 '언젠가 해야 할 결투라면 이스라엘이 핵무기를 획득하기 전에 하는 게 낫다는 숙명적인 결론'에 도달했을 수도 있다.

CIA에 따르면 나세르는 1라운드에서 한판승을 거뒀다. 이스라엘에게는 '절망적인 선택들'밖에 남지 않았다. 이스라엘은 '매우 효과적일 수 있었던 즉각적인 군사적 대응'을 취하지 않았다. 여전히 이길 수는 있었지만 불가피하게 많은 사상자가 나올 것이었다. 전쟁은 매력적인 선택이 아니었지만 아무것도 하지 않을 수는 없었다. 티란 해협이 영구적으로 봉쇄되면 금방 회복하기 힘든 경제적, 정치적 손실이 예상됐다. 만약 미국과 강대국들이 이 해협을 여는 데 실패하면 이스라엘은 전쟁의 '충동'을 피할 수 없을 것이라고 CIA는 경고했다.

존슨 대통령은 이스라엘이 심각한 문제에 직면했지만 존재 자체가 위태로운 것은 아니라는 결론을 내리고 잠들었다. 퇴근 전 그는 영국 수상

윌슨에게 "우리는 그들만큼 긴장할 생각은 없습니다"라고 전신을 보냈다.[172] 이제 미국의 국익을 위협하는 것은 이스라엘의 독자적인 행동이었다. 존슨은 이 점을 다음 날 에반에게 전달할 생각이었다. "우리는 이스라엘이 선제 행동을 취할 경우 미국뿐 아니라 중동에서 상상하기 힘든 사태가 벌어질 수 있다는 점을 에반에게 주지시켜주었다."

에반과 그의 동료들은 칵테일이 곁든 저녁 식사를 위해 워싱턴 북서부 포토맥Potomac 강 부근 미 국무부 건물로 향했다.[173] 국무부 로비에 기자와 카메라맨들이 들끓었다. 에반은 지하를 통해 건물에 들어가기로 했다.

에반을 만난 딘 러스크 국무부장관은 그에게 음료수를 따라주며 존슨 대통령이 이스라엘에 나토식의 보장을 해줄 수는 없다는 점을 분명히 전달했다.[174] 에반은 놀라지 않았다. "저녁 식사를 하자마자 미국이 신 방위 동맹 같은 것을 약속하리라고는 생각하지 않았습니다."[175]

이스라엘 사절단은 국무부 옥상에서 식사를 하며 러스크에게 다음과 같이 경고했다. 해협을 봉쇄했을 때 나세르는 '전쟁을 선포'한 것이나 다름없었다. 현재 상황은 시한폭탄이나 다름없고, 이스라엘 정부는 이를 '지구에 종말이 온 것'처럼 받아들이고 있었다. 싸우느냐 항복하느냐, 선택은 두 가지뿐이었다.

다음 날 오후 1시 30분이 조금 지나 존슨 대통령은 측근 외교안보 참모진을 불러들였다. 에반에게 무슨 말을 해야 하지? 빠른 조언이 필요했다. 텍사스 출신인 존슨은 탁자를 둘러보며 그만의 투박한 말투로 말했다. "해가 지기 전에 고양이 목에 방울을 달아야 해. 뭐라 말해야 할지 듣고 싶네."[176] 참모진은 이스라엘이 감당할 수 없는 위기에 처해 있는 것은 아니라고 말했다. 존슨은 존 F. 케네디John F. Kennedy의 부통령이 되기 전부터 의회를 자기 멋대로 주무른 정치 고수였다. 이스라엘로 돌아가는 에반의 손에 무언가 얹어주긴 해야 했다.

무엇을 줄지 결정하는 데는 시간이 걸렸다. 이스라엘 사절단은 안절부절못하며 오후 내내 백악관의 전화를 기다렸다. 이스라엘 대사관 2인자인 에프라임 에브론Ephraim Evron은 존슨을 상원의원 시절부터 알고 지냈다. 그는 에반의 방문 시간을 정하려 백악관에 갔다. 집무실에서 존슨은 "나는 그저 키만 멀대같이 큰 텍사스 촌놈"[177]이라 의회의 승인 없이 아무것도 할 수 없다고 말했다. 그는 "영국과 기타 해양강대국들의 도움으로 해협을 열 수는 있을 것"이라고 말했다. 그러나 그는 이스라엘이 결코 "심각한 피해를 일으킬 어떠한 일방적 행동도 해선 안 된다"[178]고 주장했다. 언론은 여전히 에반을 고집스레 쫓아다녔다. 에반과 하르만 대사는 이를 피하려 외교관 전용 입구를 통해 백악관으로 들어섰다. 그러나 출구를 잘못 선택하는 바람에 이들은 경비원의 제지를 당했다. 경비원은 "에반이라고 하는 어떤 자가 대통령을 보러 왔다네요"라고 보고했다.[179] 에반은 이스라엘 외무부장관으로서의 품위를 잃지 않으려 안간힘을 다했다.

저녁 7시 15분 드디어 대통령 집무실로 이스라엘 사절단이 들어왔다.[180] 양쪽은 다소 흥분된 상태였다. 존슨은 이스라엘에 대한 책임감과 다시 전쟁에 휘말리고 싶지 않다는 부담감 사이에서 고민했다. 하지만 에반은 성미 급한 이스라엘 장군들을 위해 무언가를 얻어낼 필요가 있었다. 그는 이스라엘 역사에 이러한 순간은 없었다며 대화를 열었다. 나세르는 이스라엘의 목을 조여오고 있고, 이스라엘이 그와의 한판 승부에서 승리할 수 있는 마당에 무릎 꿇을 이유가 없다고 그는 말했다. 아랍의 공격이 임박했습니다. 미국은 어찌할 것입니까? 해협을 계속 열어두겠다는 약속을 지킬 것입니까? 해협을 열기 위해 조직한다는 국제해양군은 왜 소식이 없습니까?

존슨은 그에게 걱정하지 말라고 말했다. 이스라엘이 처한 위험은 급박하지 않소. 아랍이 공격한다면 이스라엘이 이를 '호되게 무찌를 것'이오. 가서 미국은 '해협을 열기 위해 가능한 모든 조치를 정력적으로 추진할 것'이라고 내각에 전하시오. 어떤 경우에도 이스라엘이 먼저 공격해서는 안 됩니다. 백악관 속기사는 '엄숙하게 강조하며'라는 말을 기록에 덧붙였다. 이스라엘은 혼자 행동하지 않는 한 결코 혼자가 아닙니다. 존슨은 이 말을 반복했다. 존슨과 그의 참모진은 이러한 발언을 통해 이스라엘의 선제공격을 막을 수 있으리라 보았다. 존슨은 정치인생 내내 갈고닦은 모든 기술을 발휘했다. 의회의 지원 또한 요청하고 있소. '내가 할 수 있는 것이라면 뭐든 하겠소'라며 그는 자신의 발언록을 에반에게 건네주었다. 복사본을 만들어 가지고 가도 좋다는 뜻이었다.

에반은 또박또박 말을 이어갔다. 티란 해협에서 미국이 할 수 있는 행동이 무엇입니까? 이집트는 영국이나 미국의 국기를 단 배에 대해서는 신중할 것입니다. 에반은 존슨을 똑바로 보고 말했다. "티란 해협과 아카바 만에 자유로운 통행이 보장될 때까지 미국이 모든 노력을 기울일 것이라고 제 총리에게 전달해도 잘못된 행동은 아니겠지요." 존슨은 단 한마디로 대꾸했다. "물론이오." 이집트의 공격에 대해서는 걱정하지 마시오. 임박하지 않았으니까. 만약 공격한다면 '당신네 나라가 혼쭐을 내줄 것'이오.

존슨은 회동이 끝난 후 관저에서 식사를 하며 자신이 이스라엘이 원하는 것을 주진 않았지만 행동을 자제시킬 만큼은 주었다고 말했다. 그는 참모들에게 기쁨 섞인 자랑을 늘어놓았다.

"그 친구들은 싸울 기세로 덤볐지만 나도 만만치 않았다고!181 처음 한 시간은 마음껏 얘기하게 해놓고 마지막 15분 동안 내가 정리해버렸지. 맥나마라 장관은 너무 좋아서 모자를 머리 위로 던져버리고 싶을 지경이었다는군. 조지 크리스천^{George Christian}(백악관 언론비서)은 지금까지 자기가 참석한 최고의 회담이었다더라고."

에반은 귀국길을 서둘렀다.[182] 돌아가는 길에 그는 유엔 주재 미국 대사 아서 골드버그^{Arthur Goldberg}를 만나 2시간가량 대화를 나눴다. 골드버그는 대통령의 발언을 희석시키려 노력했다. 의회 지지 없이 아무것도 할 수 없다는 존슨의 발언을 기억할 것을 당부했다. 존슨의 약속은 조건부이며, 미국 정부는 어떠한 선제공격도 용납하지 않겠다는 얘기였다.

5월 27일 토요일 저녁, 에반과 그의 일행은 텔아비브에 도착했다.[183] 내각이 밤샘 회의를 시작할 무렵 그들은 총리실로 들어섰다. 군은 다음 날에라도 공격할 태세가 돼 있었다. 라빈은 에반의 보좌관인 모세 라비브^{Moshe Raviv}에게 전쟁을 피하는 것이 "매우 힘들게 됐다"고 전했다. 에반은 미국에 외교적 노력을 할 시간을 달라고 장관들에게 요청했다. 격렬한 토론 끝에 장관 9명이 에반에 동의했다. 또 다른 9명은 즉각적인 전쟁을 원했다. 그날 밤 존슨은 선제공격을 하지 말 것을 다시 한 번 경고했다. 그리고 다음 날 28일 아침 이스라엘 내각은 미국에게 2주의 시간을 더 주기로 결정했다.

알론은 답답함을 감추지 못했다. 그는 미국이 주도권을 쥐게 됐다며 씁쓸히 인정했다. 그러나 한편으로 그는 이집트가 이스라엘을 칠 것이라는 확실한 정보가 있을 시에는 전쟁을 감행해야 한다고 믿었다. 큰 덩치에도 불구하고 만성 기종에 시달리던 월워스 바보르^{Walworth Barbour} 미국 대사는 이스라엘 정보사령관 야리브 장군과 가까운 사이였다. 그는 "이스라엘은 나세르를 끝장낼 수 있을 것이라 믿었다…[184] 몇 주를 더 기다리기로 했지만 심각한 경제적 손실을 입으면서 최고 수준의 동원령을 유지하지는 않을 것"이라고 본국에 보고했다. 장군들은 전쟁이 에반 때문에 지연되고 있다며 불쾌해했다. 에반이 받은 전통적인 교육, 점잔 빼는 모습, 도시적인 행동은 서방 외교가에서 빛을 발했지만 그가 호메로스를 읽을 시간에 경계를 서고 젖소를 키우며 흙을 만졌던 토속 유대인들, 즉 '사브라sabras'는 그가 신경에 거슬렸다. 사브라의 눈에 에반은 처음부터 끝까지 잘못된 길을 걷고 있었다. 진짜 문제는 시나이에 배치된 이집트 병력인데 도대체 미국으로부터 지키지도 못할 약속을 얻자고 뭘 하고 다니는 거지? 야리브 장군은 분노했다. 그와 동료 장군들이 보기에 에반은 명령에 불복종하는 것이나 다름없었다. 티란 해협은 사실 '중요하지 않았다'. 큰 그림이 중요했다. 나세르는 전 아랍세계를 결집해 이스라엘에 맞서고 있었다. 에반은 라빈이 손봐서 보냈던 전신을 좀 더 진지하게 읽었어야 했다. 에반의 정적들은 외무부장관이 곧 골다 메이어로 교체될 거라는 소문을 퍼뜨리기 시작했다.

나세르의 미소

이집트 수도에 평온이 되돌아온 듯했다. 공무원들은 군대에 하루치 봉급을 기부했고 카이로 외곽에 새 헌혈소를 세웠다. 기부 물결은 크게 일지 않았다. 문화부장관은 지식인들이 지방을 돌며 애국주의 연설을 할 수 있도록 주선했다. 외국인들에게 카이로는 삭막하기 그지없는 도시처럼 느껴졌다. 미국대사관은 무언가 긍정적인 뉴스가 나오길 애타게 기다렸다. 하지만 라디오에서 나오는 목소리는 '갈수록 격앙될 뿐'이었다.[185] 그나마 위안을 느낀 건 라디오 방송에서 '이제 영국을 우리의 공범으로 표현하며 미국 혼자 음모를 꾸민 게 아니라고' 말하고 있다는 점이었다.

5월 28일은 나세르에게 멋진 날이었다. 환하게 불이 켜진 둥근 대통령궁 회의실로 그가 당당히 들어서자 세계의 언론이 그를 주목했다. 영국 〈ITN〉 특파원 샌디 골Sandy Gall은 나세르의 카리스마를 다음과 같이 표현했다.

"그는 이집트인치고 꽤 단단하고 인상적인 체형을 지녔다.186 잘생겼을 뿐만 아니라 대중의 관심을 끌 만한 영화배우적인 자질이 있었다. 그러나 무엇보다 가장 눈에 띈 것은 그의 미소였다. 반짝이는 흰 이가 마치 전등처럼 켜졌다 꺼졌다 했다."

당시 아랍인들 사이에서 나세르의 위상은 최고조였다.

〈아랍의 소리〉를 통해 아랍세계에 생중계된 나세르의 연설은 사람들을 안심시키기에 충분했다.187 그에 따르면 유엔긴급군과 티란 해협을 둘러싼 현재 위기는 팔레스타인을 향한 이스라엘의 일상적인 위협 때문이었다. 그러니 이집트의 대응은 당연한 것이 아니겠는가? 누구든 "이집트의 주권을 건드린다면 상상할 수 없는 피해를 입게 될 것"이라고 그는 경고했다. 나세르는 자신의 발언에 도취됐다. 그는 이스라엘이 1956년에 거둔 '거짓 승리'로 스스로를 속이고 있다고 말했다. 이스라엘은 팔레스타인을 빼앗고 주민들을 쫓아냈기에 이제 공존은 불가능했다. 나세르는 팔레스타인의 권리가 복원되지 않을 경우 에슈콜이 그에 응하는 대가를 치를 것이라고 말했다. 에슈콜은 "다마스쿠스로 진격해 시리아를 정복하고 시리아의 아랍정권을 전복"하겠다고 말했다. 하지만 이는 파멸을 초래할 것이라고 나세르는 경고했다. 〈CBS〉 기자 윈스턴 버넷Winston Burdett은 나세르는 '숙명론에 도취된 몽유병 환자' 같다고 말했다.188 하지만 동일한 연설을 들은 영국의 한 외교관은 나세르가 '분위기를 타면서도 냉철하고 똑똑하게 행동' 했다고 전했다.

카이로 주재 미국 외교관들은 위기가 재앙으로 번지고 있다며 걱정했다.[189] 안 그래도 취약한 아랍세계 내 미국의 지위가 이제는 아예 소멸될지도 모를 일이었다. 그들은 나세르가 분명하고 압도적인 힘에 직면하지 않는 한 물러서지 않을 것이라고 봤다. 설사 미국이 영향력을 행사한다 해도 나세르는 이러한 후퇴를 정치적 승리로 이끌려 할 것이 분명했다. 나세르가 먼저 발포할 리는 없었다. 하지만 그는 이스라엘과의 대결을 통해 아랍세계에서 지위를 강화하고자 했다. 일부 미국 정부관계자들은 이집트가 해협을 지나 이스라엘로 향하는 중립국 유조선을 눈감아주고 있다는 점에 주목했다.[190] 그러나 외교관들은 이를 대단치 않은 것으로 평가했다.

요르단 왕 후세인의 개인 비서 지아드 리파이Ziad Rifai는 나세르의 연설이 끝나자마자 자신의 사무실 책상 위에 놓인 라디오를 꺼버렸다.[191] 나세르가 말한 대로라면 전쟁은 불가피했다. 궁에서 듣고 있던 왕도 같은 생각을 했다. 나세르가 에일라트를 봉쇄했을 때, 그는 이를 '이해할 수 없고 극단적으로 위험한 행동'이라고 생각했다. 그러나 후세인은 나세르와 관계를 복원하는 것 외에 방법이 없다는 결론에 도달한다. 최근 공개된 CIA 문서는 왜 후세인이 이러한 결심을 내렸는지 새롭게 조명할 수 있게 해준다.[192] CIA와 후세인의 관계는 남달랐다. 수년간 CIA는 왕에게 비밀 자금을 제공했다. CIA 암만 지국장 오코넬은 후세인의 측근이었다. 그에 따르면 후세인은 이스라엘이 서안지구를 '전략적 목표'로 삼고 있는 게 분명하다고 생각했다. 요르단 장군들은 다른 아랍국가들을 방문할 때마다 전쟁 시 방어 계획을 분주히 조율했다. 전쟁에서 질 경우 지금보다 더 많은 땅과 더 많은 병사를 잃을 것이라고 그들은 말했다. CIA 보고에 따르면 "군의 분위기는 확고했으며 그들의 주장은 굽힐 수 없었다. 만약 왕이 이들의 요구를 들어주지 않으면 사기와 충성심은 심각한 타격을 입을 수밖에 없었다."

후세인은 만약 미국이 계속 이스라엘을 옹호할 경우 '전통적인 아랍 우방'을 잃을 것이라고 경고했다.[193] 요르단을 지칭하는 말이었다. 후세인은 그가 '아랍 민족의 분노'를 피하려면 미국에 반기를 드는 모습을 보일 수밖에 없다고 말했다. 물론 그렇다 하더라도 후세인은 미국과의 친분으로 인해 이미 '생존하기 힘들 수'도 있었다.

나세르는 전쟁을 자극하고 있었지만 아랍인들 사이에서 그의 인기는 높아져만 갔다. 이러한 현상은 서안지구 팔레스타인 사회에서 더욱 두드러졌다. 후세인에게 이 문제는 생존과 직결돼 있었다. 카이로에서 시동이 걸린 여론몰이가 마치 자신을 향해 맹렬히 달려오는 것 같았다. 이 여론에 올라타지 않으면 압사할 게 분명했다. 전쟁을 피할 길은 없었다. 그는 요르단의 왕으로서 결단을 내려야 했다.

하심 왕조를 증오하는 시리아 정권과 연대한다는 것은 상상 밖의 일이었다. 두 나라 간에는 외교관계도 수립되지 않았다. 5월 21일 요르단 국경에 있는 람다Ramtha라는 마을에서 폭약이 가득한 트럭이 폭발해 요르단인 31명이 죽은 뒤, 후세인 왕은 시리아에서 요르단 대사를 불러들였다. 시리아는 후세인의 부하들이 테러의 배후에 있다고 주장했다. 후세인은 시리아 급진파가 이스라엘보다 자신을 더 주적으로 보고 있음을 느낄 수 있었다. 남은 선택은 나세르와의 협력뿐이었다. 이스라엘에 대한 자신의 분석, 팔레스타인인을 비롯한 시민들의 요구, 장군들의 압력은 후세인에게 단 한 가지의 선택만 남겨주었다. 전쟁을 회피하면 '밑으로부터의 분출'이 그의 정권을 몰락시켜 '이스라엘이 서안지구뿐 아니라 그 이상을 장악하도록 할 것'이었다.[194] 그는 이집트가 공군을 출동시켜 이스라엘의 서안지구 진격을 늦춰줄 수 있으리라 생각했다. 그렇게 하면 유엔이 개입할 여유를 갖게 될 것이었다. 이제 공개적인 장소에서조차 왕 후세인은 '외로운 사나이'로 비춰지기 시작했다.

5월 30일 화요일, 날이 밝자마자 후세인은 카이로로 향했다.[195] 차에서 내려 비행기에 올라탄 그는 그가 없는 동안 동생 모하메드 왕자^{Prince} ^{Mohamed}가 섭정을 하도록 허락하는 문서에 서명했다. 그는 점심 전에는 돌아오겠다고 말을 남겼다. 후세인은 다급했고 흥분했으며 긴장했다. 그는 원수 계급장이 달린 카키색 전투복을 입고 있었다. 왼쪽 골반에는 아메리칸 매그넘 권총이 불룩 튀어나와 있었다. 하늘을 날며 기분이 좀 가라앉은 그는 스스로 조종대를 잡았다. 비행기는 사막을 가로지르며 페트라^{Petra}, 와디 럼$^{Wadi\ Rum}$ 그리고 홍해$^{Red\ Sea}$를 지나 카이로로 향했다.

들뜬 기분의 나세르는 언제나처럼 깔끔한 양복정장을 입고 기다리고 있었다. 그는 농담을 던질 준비가 되어 있었다. 나세르는 왕을 만나자마자 말했다.

"군복을 입고 무장을 하셨군요."

"별 뜻은 없소"라고 왕이 답했다. "우린 벌써 1주일도 넘게 이렇게 입고 다닌다오."

"전하의 방문은 비밀인데, 만약 우리가 전하를 체포하면 어떻게 될까요?"

경호원 없이 총리와 장군들만 데리고 온 후세인은 씁쓸한 듯 웃었다.

"그 생각은 못해봤군."

어색한 대면을 끝낸 둘은 검은 캐딜락에 올라타 쿱바 궁$^{Koubbeh\ palace}$으로 향했다. 1층 작은 응접실에 들어선 나세르와 후세인은 회담을 시작했다. 아메르 원수도 참석했다. 그는 이집트가 후세인에게 바라는 것은 아무것도 없다며 자신 있게 말했다. "그냥 앉아서 우리가 그놈들에게 어떻게 하는지 지켜보시지요. 박살을 낼 테니까요."

왕은 아메르의 말이 터무니없다고 생각했다. 그는 이스라엘은 너무 강하며 이집트가 위험에 처해 있다고 경고했다. 아메르와 나세르는 걱정하지 말라고 대답했다. 이들은 마치 전쟁을 숙명으로 받아들이고 있는 듯했다. 전쟁을 불사하지 않으면 아랍은 자존심에 상처를 입을 수밖에 없었다. (CIA에 따르면 "자존심은 아랍 사고방식에 있어 의심할 여지없이 강력한 우선순위를 부여받았다.") 왕은 이집트가 시리아와 체결한 방위조약을 보고 싶다고 말했다. 왕은 조약서를 죽 훑어본 후 나세르에게 말했다. "복사본 하나만 주시오. 그리고 시리아라고 쓰인 자리에 요르단을 넣어주시오. 그럼 되겠소."

둘은 긴장을 풀었다. 후세인은 귀국 길에 PLO 의장 슈카이리를 데려가기로 했다. 후세인은 방에 들어서는 그의 모습을 보며 '대머리에 타이도 매지 않고 카키색 바지와 긴소매 셔츠를 입은 아주 지저분한 자'라고 생각했다. 슈카이리는 평소 후세인을 '하심가의 매춘부'라고 불렀다. 후세인이 팔레스타인인들을 그의 '감옥'에 집어넣었다고 맹비난했다. 그러나 이제 그는 후세인이야말로 '팔레스타인인들의 진정한 지도자'라며 미소를 머금고 아첨했다. 나세르가 왕에게 말했다. "슈카이리를 데려가시지요. 이 친구가 문제를 일으키면 왕께서 운영하시는 감옥에 처넣으세요. 그럼 저 또한 골칫거리가 하나 없어질 테니까요."

오후 3시 30분, 〈카이로 라디오〉는 정규방송을 잠시 멈추고 양국 간 협약을 발표했다. 요르단인과 요르단 내 팔레스타인인들은 몹시 놀라며 기뻐했다. 공항에서 내려 궁으로 가던 왕을 향해 수많은 인파가 몰려들었다. 기쁨에 도취된 군중은 그 어느 때보다 승리를 확신했다. 그들은 이스라엘을 증오했고 나세르의 선전을 신뢰했다. 그들은 왕의 벤츠를 들어 궁까지 모시고 싶을 만큼 기쁨에 취했지만, 정작 후세인은 공감할 수 없었다. 그가 체결한 조약은 하심가에 대한 사형집행을 잠시 연기한 것에 불과했다. 군중은 나세르가 그를 받아들였기 때문에 그를 사랑했을 뿐이었다.

"전쟁이 불가피하다는 것을 난 알았다.[196] 우리가 지리라는 것도 알았다. 두 가지 점이 우리 요르단을 괴롭혔다. 이대로 갈 것인가, 아니면 전쟁을 회피할 것인가. 회피하면 나라는 분열할 테고 이스라엘군이 서안지구를 넘어 수도로 진격할 것이 분명했다."

카이로에서 돌아온 후세인은 사촌 자이드 벤 샤케르 왕자Prince Zaid Ben Shaker와 서안지구를 순시했다. 처음 방문한 곳은 벤 샤케르가 지휘한 서안지구 기갑여단이었다. 왕은 솔직하게 말했다.

"그는 장교들에게 이렇게 말했다.[197] '나는 우리가 이 전쟁을 이길 수 없으리라는 결론에 도달했습니다. 이 전쟁에 휘말리길 원치 않지만 만약 그렇게 된다면 최선을 다해주길 바랍니다. 전통과 조국을 위해 싸우고 있다는 것을 잊지 않길 바랍니다.' … 그는 서안지구 내 어떤 부대를 방문하든 이 말을 반복했다. 차를 타고 부대와 부대 사이를 이동할 때마다 그는 '전쟁이 없길 신께 기도하지만 내 생각에는 일어날 것 같군'이라고 말했다."

후세인은 처음부터 최악의 상황이 벌어질 것이라 우려했다.

공포심

이스라엘의 장군들은 승리에 대해 확신을 가졌지만 밖에서는 보안에 가려 이를 알 수 없었다. 안보에 대한 공개적인 보장이 없자 이스라엘 민간인들은 절망하기 시작했다. 피비린내 나는 협박이 아랍 라디오에서 쏟아져 나왔고, 이스라엘 신문들은 이를 받아 보도했다. 홀로코스트가 끝난 지 22년밖에 되지 않은 상황에서 아랍의 선전은 섬뜩하게 들릴 수밖에 없었다. 영국인 기자 윈스턴 처칠 주니어Winston Churchill Jr를 수행한 육군 병사는 부인과 딸을 아랍의 손에 넘기느니 차라리 직접 죽이겠다고 말하기도 했다.[198] 해외 거주 유대인들은 거대한 이웃나라에 포위된 작은 이스라엘의 모습을 보며 안타까워했다.[199] 이스라엘이 피와 살인에 굶주린 군중에 둘러싸인 우방민주국가라 여겼던 미국과 유럽 대중은 이스라엘을 동정했다.

아랍 방송은 이스라엘인들의 간담을 서늘케 했다. 〈아랍의 소리〉에서 사이드는 이렇게 말하곤 했다.

"우리는 이스라엘에게 전쟁, 완전한 전쟁 외에는 선물할 게 없다…[200] 우리는 이스라엘을 향해 진격할 것이다. 그리고 시오니즘 패거리들을 박살내고 끝장낼 것이다… 이 땅에 살아도 좋다는 이스라엘의 헛된 믿음을 분쇄할 것이다… 지난 19년간 우리 1억 아랍인들은 1명도 빠짐없이 기다렸다. 우리의 목숨을 바쳐 이스라엘을 지상에서 없앨 날만. 이 땅을 강점한 시오니즘의 패거리들에게는 생명도, 평화도, 희망도 허락할 수 없다."

강대한 이웃나라에서 들려오는 분명하고 잔인한 협박 앞에서 이스라엘은 단합할 수밖에 없었다.

1967년 5월 종말이 온 듯한 분위기가 이스라엘을 뒤덮었다. 암담한 우스갯소리도 나돌았다.[201] "마지막에 공항을 떠나는 사람이 불 좀 꺼주시겠어요? 전쟁이 끝나고 만나요… 그런데 어디서? 공중전화 박스 안에서…"

시리아 인접 마을에 사는 한 정착민은 다음과 같이 말했다. "갑자기 사람들이 뮌헨München과 홀로코스트, 운명에 내던져진 유대민족에 대해 이야기하기 시작했다.202 이스라엘보다 유럽에서 새로운 홀로코스트 얘기가 더 많은 것 같았다. 우리에게 있어서 홀로코스트란 적이 승리한다는 것을 의미했고, 우리는 어떠한 경우에도 이를 막을 것이라 다짐했다."

가장 어린 홀로코스트 생존자들은 아직 20대였고, 군사적 힘을 그 어느 것보다 중시한 사회에서 이들은 특별한 대접을 받지 못했다. 반면에 1950년대와 1960년대의 토속 이스라엘인들은 나치에 저항하지 않은 유대인들이 나약하고 수동적이라고 생각했다.

정부는 대규모 사상자에 대비한 대책을 비밀리에 수립했다. 관 수천 개가 준비됐다. 랍비들은 비상용 묘지로 쓰기 위해 공원들을 돌며 종교의식을 치렀다. 5월 한 달 동안 성인 남자들이 끊임없이 징집됐다.203 아이들은 우편, 신문, 우유를 배달했고 참호를 팠으며 학교에서는 공습 대비 훈련을 했다. 5월 26일 총동원된 시민방위단은 거리에 지시문을 붙이고 의료물자를 채워놓거나 방호시설이 깨끗이 정리돼 있는지 확인했다. 누구든 군에 들어가 있지 않으면 봉사 활동에 참여해야 했다. 직장근무시간이 1주 47시간에서 최대 71시간까지 늘어났다. 차량도 국가가 관리했다. '동원물자'라고 쓰인 노란 표지가 차창 유리에 붙었다. 빵집 차량이든 버스든 최전선에 보내져 병력을 수송했다. 히치하이크가 가장 흔한 이동 수단이 되었다. 보험회사들은 히치하이커까지 보장할 수 있는 상품을 만들었다. 텔아비브에서는 자원봉사 택시들이 사용하지 않는 버스전용도로를 이용하곤 했다. 하이파에서는 중고차 판매원들이 차량과 운전사를 제공했다. 일부 사람들은 군 기지 간 셔틀버스를 제공했다. 차량을 가진 여성들은 창고에서 물건을 받아 날랐다. 전쟁 전 마지막 목요일인 6월 1일까지 거의 모든 남성이 입대했다. 이때 텔아비브를 찾은 한 미국인은 도시

가 마치 텅 빈 '요양도시' 같다고 말했다.204

수천 리터의 혈액이 기부됐다. 동예루살렘은 비교적 평온했다. 5월 말 무렵 한 기자가 라디오에서 헌혈을 촉구하는 소리를 듣고 헌혈을 하러 갔지만, 적신월사Red Crescent* 센터는 텅 비어 있었다. 근무자들은 그에게 왜 왔냐고 묻기까지 했다. "가족 중에 다친 사람이 있나요? 환자가 어느 병원에 있나요?"205 이 애국심에 찬 기자가 피를 기부하기까지 45분이 소요됐다.

이스라엘 공장에서는 사무직 노동자들이 기계를 다루겠다며 나섰다. 무보수 야근은 일상적이었다. 군대에 간 남편과 아들이 할 일을 여성이 대신했다. 납세자들은 미뤘던 세금을 내거나 앞서 내기까지 했다. 그냥 정부에 돈을 보내는 사람들도 있었다. 군에 입대하지 않은 경찰은 월급의 10분의 1을 반납했다. 이스라엘 신학교를 다니는 외국인들조차 군사훈련을 받겠다고 나섰다. 군복무를 할 필요가 없는 종교인들은 세속적인 정부와의 격렬한 토론을 당분간 접겠다며 휴전을 선언했다. 그들은 예루살렘과 하이파에서 안식일 운전 금지와 부검 중단을 요구하는 시위도 취소했다. 랍비들은 군인에 한해 안식일 의무를 유보시켰다.

에슈콜

5월 28일 일요일 아침, 이스라엘 총리 레비 에슈콜은 지칠 대로 지쳐 있었다. 그러나 쉴 틈은 없었다. 이제 생중계로 대국민 라디오 연설을 할 시간이었다. 사람들은 자신감 있는 지도자를 원했다. 에슈콜은 연설에서 군의

---

* **적신월사** 이슬람 국가들에서 적십자와 같은 일을 하는 단체.

능력과 나라의 사기를 아낌없이 칭찬했다. 그러나 그는 이날 라디오 방송에서 말을 더듬었다. 급조된 대본에는 온갖 단어가 뒤섞여 있었다. 지워지거나 새로 붙여진 말도 있었다. 군대 은어도 섞여 있었다. 에슈콜은 사전 연습 없이 들어갔기 때문에 더욱 헤맸다. 결국 스튜디오에 빨간 불이 켜진 뒤 몇 분은 그의 정치 인생에서 가장 치명적인 시간으로 기록되고 말았다. 그의 라디오 연설은 한마디로 재앙이었다. 얄궂게도 그가 연설에서 한 말 중에는 틀린 게 없었다. 그의 말대로 IDF는 완벽한 준비 태세를 갖추고 있었다. 이날 오전과 오후에 걸쳐 백악관은 '5월 26일 감시위원회 조사 이후 바뀐 것은 아무것도 없다'는 상황 보고서를 받아보았다.206

"이집트가 공격할 의도가 있다고 볼 만한 정보는 없다. 그러나 이스라엘이 마음만 먹으면 사전 경고 없이 공격할 수 있을 것으로 본다."

에슈콜의 부인 미리암Miriam Eshkol도 라디오 연설을 들었다. 그녀는 운전사에게 바로 스튜디오로 가자고 지시했다. 에슈콜은 분노에 차 있었고 그의 참모들은 '마치 생쥐처럼 이곳저곳을 뛰어다녔다.'207 방송은 형편없이 끝났지만 상황은 더 나빠질 예정이었다. 저녁 8시에 그는 IDF 최고사령부와 만나기로 되어 있었다. 그는 약속에 늦었고 라디오 방송을 들은 장군들은 매우 언짢아 하고 있었다. 아리엘 샤론Ariel Sharon 준장*은 정치인들의 생각이 갈수록 모자라다며 화를 냈다. 이제 군이 나설 차례가 된 듯했다.208

---

* **아리엘 샤론** 청년 시절 유대 방위군에 입대하여 키부츠(집단농장)를 방어했다. 1948년 이스라엘 독립전쟁에서 정예부대를 지휘한 뒤 평시에 첩보 업무를 맡다 1956년에는 수에즈 전쟁에서 시나이 반도 미트라 고개를 점령하는 공을 세웠다. 1973년에 전역했으나 같은 해 터진 이집트와의 전쟁에 다시 소환돼 수에즈 운하까지 부대를 이끌고 들어갔다. 충동적이고 독단적이라는 내부 평가 때문에 군내 최고지휘관의 지위에는 오르지 못했지만 1981년 국방장관으로 임명되어 1982년 레바논 침공을 지휘했다.

샤론은 1950년대 가자와 서안지구에서 민간인을 죽이는 등 잔인한 전술을 사용해 유명해진 비정규 조직 '101 부대'를 창설한 자였다. 이제 그는 시나이 사막에 돌진할 사단을 지휘하고 있었다. 에슈콜이 도착하자 상황실 옆 회의실에서 장군들이 기다리고 있었다. 날카롭게 내리쬐는 형광등 밑에서 장군들의 얼굴은 창백하고 엄숙해 보였다. 자욱한 담배연기와 적대감이 방을 가득 채웠다. 어느 누구도 에슈콜에게 마실 것을 권하지 않았다.[209]

장군들은 그를 맹비난하기 시작했다. IDF가 승리하리라는 자신감에 찬 그들은 전쟁을 기다려야 하는 걸 부끄러워했고, 분노에 찬 목소리로 행동을 촉구했다. 군사정보 사령관 야리브가 독설을 퍼붓자[210] 다른 장군들이 뒤따라 에슈콜을 힐난했다. 샤론은 "우리 스스로 IDF의 억지력을 없앴습니다. 우리의 주된 무기인 공포심을 스스로 제거한 것입니다"라고 말했다.[211] 이스라엘 탈 장군은 '분명한 전쟁'을 원했다. "정부의 결정은 충분히 명확하지 않습니다. 우리는 명쾌한 지시를 받을 권리가 있습니다."

나르키스는 이집트를 조롱했다. "그들은 비누 거품과 같아서 콕 찌르기만 해도 터질 겁니다… 당신이 우리 군에 대해 어떻게 생각하는지 모르겠습니다. 우리가 20년 넘게 군에 몸담았다는 점을 말씀드리고 싶습니다. 게다가 우리 군대는 환상적입니다. 걱정할 필요가 없습니다."

사단 지휘관으로 재입대한 아브라함 요페Avraham Yoffe는 총리가 군으로부터 존재이유를 앗아가고 있다고 말했다. 그와 병참 장교 펠레드 준장은 에슈콜이 전쟁을 가로막음으로써 IDF를 모욕하고 있다고 말했다. 그들은 현 정부가 해외에서 노예처럼 구걸하고 사는 유대 공동체 지도자와 같다는 강한 조롱을 퍼부었다.

에슈콜은 이 상황을 통제하려 노력했다. "숨을 깊게 들이마실 필요가 있습니다… 인내심을 가져야 해요. 이집트군이 시나이에 자리 잡고 앉아 있다고 해서 전쟁을 해야 한다고는 보지 않습니다. 평생 칼을 차고 살 수는 없지 않습니까?" 그는 자신이 군을 위해 한 일들을 상기시키려 했다. "장비가 필요할 때마다 주지 않았나요? 비행기 100대를 원했지요? 받지 않았습니까. 전차도 받았고요. 이집트군을 이기기 위해 필요한 모든 것을 얻었습니다. 이집트군을 무조건 박살내자고 무기를 제공한 것이 아닙니다."

에슈콜은 민간인으로서 군부를 통제하려고 했다. 그러나 분위기는 점차 격앙될 뿐이었다. '극도로 힘들고 거의 참기 어려운' 분위기였다. 에슈콜을 비난한 장군들은 요페를 제외하고 모두 30대 후반 혹은 40대 초반이었다. 에슈콜은 늙었고, 또 그래 보였으며 히브리어만큼이나 이디시어 Yiddish*와 러시아어를 즐겨 사용했다. 대부분 장군은 이스라엘 태생이었다. 이스라엘이 겪은 모든 전쟁을 겪었다. 그들이 보기에 에슈콜은 장애물이었고 나약한 유대인을 표상했다. 그러나 이는 정확하지 않은 평가였다. 에슈콜은 젊은 나이에 팔레스타인에 와 유대국가를 건설하는 데 일생을 바쳤다. 그러나 여전히 그는 약해 보였고 이는 장군들 사이에 경멸만 불러일으켰다. 위협에 맞서 적을 섬멸하는 것이 중요했다. 4명의 사단 지휘관 중 한 명인 펠레드 준장도 이 회동에 있었다. "정신적인 세대차이가 매우 중요한 요소로 작용했다. 우리는 개척지 카우보이였다. 우리는 나이든 세대를 보며 해방되지 못하고 자유롭지 못한 사람들로 치부했다. 교육부장관이 내게 물은 적이 있다. '만약 당신이 틀리다면? 당신은 국가 존망의 문제를 다루고 있네.' 나는 그에게 내가 전쟁의 결과에 대해 100퍼센트

---

* **이디시어** 독일어에 슬라브어와 히브리어가 섞인 언어. 중부 및 동부 유럽 출신 유대인들이 사용함.

확신한다고 답했다."

라빈은 전쟁 선포를 고려하자고 제안한다. 에슈콜은 거절했다. 이갈 알론이 휴회를 제안했다. 방금 눈앞에 벌어진 일에 놀란 에슈콜은 화가 나 일어나 밖으로 나갔다. 그에게 이것은 사실상 '공개적인 반란'이었다.

예샤야후 가비쉬는 자신들이 민간인들에게 뚜렷한 진실을 전달함으로써 책무를 다하고 있다고 주장했다. "군인으로서 내 순수한 입장은 이집트가 전쟁을 시작하도록 내버려둘 수 없다는 것이었다.[212] 우리는 강력히 정부를 압박해야 했다. 마음이 편하진 않았지만 반란은 결코 아니었다. 정권 강탈 따위는 논의한 바 없었다. 장교로서 우리는 우리의 생각을 전달할 필요가 있었다. 그렇게 하지 않았다면 결과는 끔찍했을 것이다… 우리는 이스라엘 토박이였고 자신이 있었다. 장관들은 모두 이민자였고 매우 우유부단했다."

에슈콜이 떠난 후 라빈은 장군들과 남아 이야기를 나눴다. 에슈콜의 라디오 연설 전에도 병사들은 전쟁을 기다리며 초조해했다. 장군들은 이제 병사들이 심각한 사기 문제에 직면해 있다고 보았다.

온 이스라엘이 에슈콜의 연설을 들은 듯했다. 그의 서툴고 불분명한 어조는 급속도로 그의 인기를 앗아갔다. 베르셰바 남쪽 사막에서는 한 무리의 병사들이 위장막이 쳐진 센츄리온 전차 밑에서 라디오를 듣고 있었다. 이 중 한 명인 아모스 엘론Amos Elon에 따르면 그들은 격한 좌절감을 느꼈다.[213] 에슈콜의 연설을 들은 한 장교는 진짜 문제는 나세르가 아니라 1920년대부터 이스라엘과 팔레스타인 유대지구를 정치적으로 장악했던 에슈콜과 같은 동유럽 출신 개척세대라고 주장했다. 에슈콜을 비난하는 편지가 쏟아졌다.[214] '애국시민'이라 쓰인 한 편지에는 다음부터 라디오 앵커가 에슈콜의 연설을 대독하라 제안했다. 미리암 스폴란스크Miriam

Smolansk라는 여성은 '임박한 위험'을 경고하며 '우리의 국가와 민족이 사라지고 있습니다. 혼도 힘도 없는 당신의 연설로 수천 명, 아니 국민 전체가 피를 흘리게 하지 마십시오. 힘으로 국민의 가슴을 채울 누군가에게 권력을 넘기십시오'라고 썼다. 모셰 다얀의 딸 야엘 다얀Yael Dayan은 군소속 기자로서 아리엘 샤론 장군의 본부에 배치돼 있었다. 그녀는 사막을 가로질러 운전하던 중 에슈콜의 연설을 들었다. 그녀 또한 수치심을 느꼈다. "느릿느릿하고 불명확했으며 책임감이나 감동도 느껴지지 않았다. 듣는 자에게 인내할 용기는커녕 아주 기본적인 해답조차 주지 않았다."215 이스라엘인 대부분은 용기를 얻고자 이미 그녀의 아버지에게 눈을 돌리고 있었다.216

다얀

모셰 다얀의 동지 시몬 페레스Shimon Peres*에 따르면 하룻밤 만에 국가 지도자의 능력이 최대 현안으로 떠올랐다.217 그는 에슈콜이 전쟁을 머뭇거려 나라를 위기에 몰아넣었다며 비난했다. 페레스는 에슈콜이 국방부장관뿐 아니라 수상 자리에서 물러나야 한다며 맹렬한 정치적 선동을 펼쳤다. 언론은 에슈콜을 잡아먹을 듯했다. 신문 사설들은 모셰 다얀을 국방

---

* **시몬 페레스** 1984~1986년에 이스라엘 총리를 지냈다. 폴란드에서 태어나 1947년 하가나 운동에 참여했다. 벤구리온의 정치적 후원을 등에 업고 1948년 25세의 나이에 해군 총수가 되었다. 하버드 대학교 등에서 정치학과 경제학을 공부한 그는 1952년 국방차관을 지냈고 핵무기 개발에 깊이 관여했으며 프랑스와의 군사동맹을 이루어내기도 했다. 1992년 외교부장관을 역임했다. 오슬로 협정을 통해 중동에 평화를 가져온 공로를 인정받아 1994년 노벨평화상을 공동 수상했다.

부장관으로 입각시키라고 요구했다. 한쪽 눈을 검은 안대로 가린 다얀은 위풍당당한 풍채 덕에 바깥 세계와 국내 대중 사이에서 전형적인 이스라엘 전사로 여겨졌다. 다얀은 에슈콜의 연설을 다음과 같이 평했다. "끔찍했다. 여론의 불신과 조소는 곧 깊은 우려로 이어졌다."[218]

이스라엘 대중은 강력한 군인이 나타나 그들을 이끌어주길 바랐다. 에슈콜은 적임자가 아니었다. 그건 다얀의 몫이었다. 그와 에슈콜은 상반되는 존재였다. 다얀은 카리스마와 남성미가 넘치는 당당한 전쟁영웅이자 승자였다. 그의 유일한 취미는 여자와 고고학이었다.[219] 그는 오로지 자신에게 해가 되지 않을 사람만 친구로 사귀었다. 다얀은 위대한 전략가라는 명성을 갖고 있었다. 1967년 전쟁은 그가 없었더라도 이스라엘의 승리로 끝났을 테지만.

모셰 다얀은 52세였다. 그는 최초의 이스라엘 정착촌 에가니아Degania에서 태어난 최초의 아이였다. 그의 부모는 러시아 출신 이민자였다. 쉽지 않은 삶이었다. 1921년 당시 그의 가족은 말라리아, 트라코마 같은 질병에 항시 노출돼 있었고, 그 지역에 살던 팔레스타인인들도 위협을 가했다. 이런 상황으로 그의 가족은 나하랄Nahalal이라는 새로운 정착촌으로 이주했다. 10대가 된 다얀은 유대지하민병대 하가나에 가입했다. 그는 영국육군과 힘을 합쳐 '아랍 반란'에 맞서 싸웠다.

1938년 봄 어느 날, 해가 질 무렵에 오드 윙게이트Orde Wingate*라는 한 영국군 장교가 그의 부대를 찾아왔다. 윙게이트는 '옆에는 권총을 차고, 손

---

* **오드 윙게이트** 게릴라전 지휘관으로서 그의 '친디트' 또는 '윙게이트 돌격대'는 2차 대전 당시 미얀마 북부의 밀림에서 우세한 병력의 일본군을 타격했다. 영국 육군사관학교에서 교육을 받고 1923년 포병장교가 된 그는 1936~1939년에 팔레스타인에서 정보장교로 일했다. 1944년 장군으로서 미얀마 중부로 침투하는 공수부대를 지휘했지만 비행 중 추락 사고로 죽었다.

에는 작은 성경책을 들고' 있었다.[220] 신앙심이 깊었던 그는 유대민족에게 싸우는 법을 가르치는 것이 하느님과 대영제국이 내린 자신의 책무라고 믿었다. 게릴라 전술과 야간 전투 강의를 마치고 나면 그는 진짜 매복 작전을 펴보자고 제안했다. 다얀과 그의 유대인 동료들은 새로운 영웅을 발견했다고 생각했다. 윙게이트는 야간 이동 및 전투, 지형 활용법, 그리고 속도와 기습의 위력을 가르쳤다. 작전을 펼치기 전 그는 전투가 벌어질 장소와 관련된 성경 구절을 읽고 병사들의 사기를 북돋았다. 이들은 야간 전투에서 복귀하면 꼭 함께 아침 식사를 했다. 어린 유대인 병사들이 오믈렛과 토마토 샐러드를 만드는 동안 윙게이트는 부엌 모퉁이에 벌거벗은 채로 앉아 성경을 읽으며 '세상에서 제일 달콤한 배를 먹듯 생양파를 씹어 먹었다.'[221] 그는 시오니스트와 너무 가깝게 지내는 데다 제멋대로 행동한다는 이유로 1939년 본국으로 귀환 조치됐다. 1944년 그는 친디트Chindit 부대를 이끌고 버마에서 일본인과 싸우다 전사한 뒤, 영국의 영웅이 되었다.

다얀은 윙게이트가 가장 아끼는 제자였다. 다얀은 1941년 레바논에서 호주군과 함께 프랑스 비시 정권Vichy French*에 저항하다 한쪽 눈을 잃었다. 총알이 쌍안경을 맞혀 유리파편과 철조각이 그의 눈을 파고들었다. 총리와 국방부장관을 겸직하는 전통을 세운 다비드 벤구리온은 1953년 그를 IDF 총참모총장에 임명했다. 다얀은 1956년 가자 부근 정착촌에서 숨진 로이 로스버그Roy Rothberg의 장례식에서 그의 기본 철학을 선언했다. "언제나 강건하게 무장된 삶이야말로 우리 세대의 숙명이며, 그렇지 못할 시

---

* 프랑스 비시 정권 2차대전이 벌어지던 1940년 나치 독일이 프랑스에 세운 괴뢰정부. 1944년 연합군에 의해 파리가 해방될 때까지 필리프 페탱Philippe Pétain 원수가 수반을 맡았다.

우리는 금방 칼을 맞고 멸망할 것입니다."[222] 다얀에게 힘은 이스라엘이 가진 최상의 수단이 아닌 유일한 수단이었다.

1967년 5월 다얀은 군대에 복귀하길 원했다. 육군은 그에게 지프차와 운전사를 내주었다. 그는 장군 계급장을 단 채 네게브 사막을 돌며 병사들을 격려하고 지휘관들과 전투 계획을 논의했다. 에슈콜의 군사보좌관 이스라엘 리오르는 이를 못마땅하게 바라봤다. "그가 정치적인 행보를 하고 있다는 게 분명해 보였다.[223] IDF 순시를 이용해 언론의 관심을 끌어 다시 지도자로 나서려 한다는 점도 분명해 보였다."

군 최고사령부는 에슈콜 대신 다얀을 국방부장관에 앉히기 위해 노력했다.[224] 에슈콜은 견딜 수 없는 압박을 느꼈다. 그는 이갈 알론을 후임 국방부장관으로 앉히길 원했다. 그러나 점차 다얀이 대세로 굳어져갔다. 장관들과 의원들도 그를 원했다. 텔아비브에 있는 집권정당 본부 밖에서는 매일 여성들이 다얀을 지지하는 시위를 열었다. 이들의 구호는 안에 있는 간부들 귀에도 들려왔다.

에슈콜은 일단 국방부장관 자리를 지켜보려 했다. 리오르 대령에 따르면 5월 30일 저녁 그는 의회 지지 세력과 만난 자리에서 '천둥 같은 목소리로, 그러나 부상당한 사자의 포효로' 도움을 촉구했다.[225] 반응은 시큰둥했다. 하루를 더 버텨보기로 한 그는 다얀에게 부수상 자리를 제안했지만 거절당했다. 다얀은 국방부장관 아니면 총참모총장이 되길 원했다. 에슈콜은 이갈 알론을 국방부장관으로 밀어붙이기로 했다. 31일 그는 남부사령부 가비쉬 준장을 다얀으로 교체하겠다는 뜻을 내각에 통보했다.[226]

가비쉬는 이 사실을 뒤늦게 들었다.[227] 1948년 전쟁에서 다리를 다친 그는 42세 나이에 용모가 수려했고 지휘관으로서 인기가 높았다. 그는 다얀이 자신의 자리를 노리고 있다고는 전혀 생각하지 못했다. 6월 1일 새벽, 라빈은 그를 텔아비브 군사본부로 불러들였다. 작전지휘관 에제르 바이츠만 준장과 신임부참모장 하임 바르레브$^{Haim Bar Lev}$는 그의 눈을 똑바로 쳐다볼 수 없었다. 가비쉬는 1940년대 팔마흐 시절부터 동지였던 라빈을 보러 들어갔다. 라빈은 미안하다는 말만 되풀이했다. 다얀은 남부사령부를 원했다. 가비쉬는 큰 충격을 받았다. 그러나 다얀은 자신보다 10배 나은 군인이니 원한다면 그렇게 하라고 말했다. 그러나 다얀의 참모로 남아달라는 라빈의 말을 들은 가비쉬는 결국 화를 터뜨렸다. 그것은 불가능한 일이었고 그렇게 할 마음도 없었다.

가비쉬가 나오자 장군들은 무슨 대화가 오갔냐고 물었다. 그는 성난 목소리로 잘 알지 않냐며 떠났다. 바르레브는 그를 따라 헬리콥터를 타고 베르셰바까지 갔다. 그는 가비쉬의 마음을 풀어주려 했다. 그는 다얀이 자기밖에 모르는 자라고 했다. 가비쉬가 참모로 남지 않으면 '재앙'이 뒤따를지 모른다고도 말했다. 적어도 3년간 가비쉬는 시나이 작전 계획에 참여하고 있었다. 다얀은 은퇴한 군인이었고 아무것도 몰랐다. 가비쉬는 여전히 고집을 피웠다. 그는 부인에게 전화를 걸어 저녁을 준비해놓으라고 말했다.

가비쉬는 마지막으로 전선을 순시했다. 샤론, 탈, 요페 등 사단장을 만났지만 무슨 일이 있었는지 얘기해주지 않았다. 그냥 최종공격계획만 승인해줬다. 한편 가비쉬를 희생해 자신을 살리고자 한 에슈콜의 계획은 제대로 돌아가지 않았다. 연합 정권을 구성하고 있는 국민종교당 간부들은 알론이 아닌 다얀이 국방부장관이 되길 원했다. 결국 에슈콜은 결정을 뒤집을 수밖에 없었다.

미리암 에슈콜 여사는 남편의 전화를 받고 예루살렘에서 텔아비브로 갔다. "'여보, 지금 당장 텔아비브로 와'라고 하기에 남편이 심장마비라도 걸린 줄 알았어요… 텔아비브 사무실에 도착하자 남편은 '자, 화내지 말고 들어. 국방부를 다얀에게 내주고 어떻게든 그와 같이 일해볼 생각이야'라고 말했어요. 그리고는 '당신이 가서 다얀을 찾아봐. 나는 그를 못 찾겠어.'라고 했지요. 나는 그가 어디 있는지 정확히 알고 있었지요. 여자 친구와 함께 있을 게 분명했거든요…." 228

전쟁 하루 전 국방부장관직에서 물러난 에슈콜은 정치적으로, 그리고 개인적으로 재기하지 못했다. 그의 부인은 훗날 에슈콜의 정치 인생이 여기서 끝났다고 평했다. 에슈콜은 2년 후 사망했다.

국민통합 차원에서 에슈콜은 다얀과 더불어 두 명의 우익인사를 장관으로 임명했다. 한 명은 영국이 테러리스트로 분류한 메나헴 베긴Menachem Begin*이었다. 그는 1946년 예루살렘에서 90명이 넘는 사망자를 낸 다윗 왕 호텔 폭발 사건의 배후로 지목됐다. 당시 하이파의 영국인 경찰서장은 베긴이 무자비한 암살자이며, 알 카포네Al Capone는 그에 비하면 어린 아이에 불과하다고 말했다.229 내각과 만나는 첫 회의에서 베긴은 더 이상 여유로울 수 없어 보였다. 그는 마치 몇 년간 그 자리에 있었던 것처럼 자연스럽게 행동했다.230

가비쉬 장군은 사령관 자리를 잃지 않게 돼 안심했다. 그러나 한편으로 정치가 안보에 우선하는 모습을 본 그는 실망했다. "이는 개인적인 모욕의 문제가 아니었다. 전차 1,000대가 시나이에서 우리를 노려보고 있었다. 어떻게 전쟁 전날 지휘관을 바꿀 생각을 할 수 있는가?" 231

에슈콜도 부당함을 느끼긴 마찬가지였다. 그는 국방부장관으로서 책무

---

* **메나헴 베긴** 1930년대 시오니즘 운동에 참가한 그는 1942년 폴란드 군대의 일원으로 팔레스타인에 들어갔다. 1979년 이스라엘 총리로서 이집트와 평화조약을 맺으며 사다트와 함께 1978년 노벨평화상을 공동 수상했다.

를 다했다. 계급장을 떼고 에슈콜에게 호통을 쳤던 바이츠만 준장은 훗날 미안한 마음으로 당시 상황을 회상했다. "병참에 대한 그의 관심과 민감함, 그리고 민첩함을 보며 우리는 항시 기뻐하곤 했다."

전쟁 직전 국방부는 에슈콜에게 보낸 보고서에서 "IDF가 지금처럼 잘 무장된 적은 없습니다"라고 말했다.[232] "방금 병참부대를 둘러봤는데 사실상 1개의 문제점도 발견할 수 없었습니다. 공군에서도 문제점을 거의 발견하지 못했습니다. 공군은 엔진 6개만 보충해주면 된다고 전했습니다."

하지만 다얀의 복귀가 군과 시민사회에 북돋은 사기는 가치로 환산할 수 없을 만큼 높았다. 에슈콜의 충성스러운 군사보좌관인 리오르 대령마저 다얀이 들어서자 내각에 새로운 사명감이 물씬 느껴졌다고 털어놓을 정도였다.[233]

아랍의 희망과 악몽

많은 아랍인들은 승리에 대한 꿈을 꾸며 들떠 있었다. 이런 분위기에서는 누구도 승리를 의심할 수 없었다. 이슬람으로 개종한 미국 출신 유대인 압둘라 슐레이퍼Abdullah Schleifer는 당시 요르단령 예루살렘에서 기자로 활동하고 있었다. 그는 〈아랍의 소리〉에 넋을 잃고 지내는 팔레스타인인들을 보며 경악했다. "모두 나세르를 찬양하거나 서로 축하하기에 바빴다. 나세르 혼자 그 위엄으로 적을 압도할 것 같았다. 그리고 그가 보통 사람들을 전쟁으로부터 완벽히 보호해줄 것 같은 환상이 넘쳐났다…"[234] 그는 영자신문에 '이스라엘 침공에 대한 대중의 저항'을 주제로 쓴 글을 기고했다. 하지만 이 글은 신문에 실리지 못했고 그는 패배주의자로 몰렸다.

요르단 왕 후세인은 측근에게 자신의 불안을 드러냈다. 요르단 정보장교 아드난 아부 오데Adnan Abu Odeh 소령도 군에 경각심을 불러일으키려 노력했다.235 사무아 공격 이후 그는 전쟁을 예견했고, 서안지구가 이스라엘 손아귀에 들어갈 거라고 믿었다. 왕도 똑같은 생각을 하고 있었지만 둘이 뜻을 통하기에는 소령의 계급이 너무 낮았다. 소령은 불안감에 1967년 1월 아내와 4명의 아이를 서안지구 나블루스에서 요르단 반대편으로 보냈다. 전쟁 전 마지막 주말에 그는 요르단이 재앙에 직면했고 서안지구를 잃을 것이라는 내용의 보고서를 작성했다. 정보지휘관 사무실에 들어선 그는 인사를 한 뒤 보고서를 내밀었다. 지휘관은 친척 1명, 그리고 어느 장관과 대화를 나누고 있었다. 보고서를 훑어본 지휘관은 빈정대기 시작했다. 옆에 있던 장관은 승리를 확신하지 않는 판단력 흐린 자들에 관해 조롱을 몇 마디 늘어놓았다. 지휘관은 책상 너머 오데를 향해 보고서를 내던졌고, 모욕감을 느낀 오데는 방을 나오자마자 종이분쇄기에 보고서를 집어넣었다.

베이루트의 카페와 식당에는 언제나처럼 사람들이 넘쳐났다. 여름 휴가철이 다가오자 이름 있는 해변으로 사람들이 파도처럼 몰려왔다. 1960년대 레바논의 중심지는 돈과 향락을 추구하는 사람들에게 오아시스와 같았다. 그러나 6월 전쟁이 가져온 충격은 8년 뒤 레바논을 학살과 고립, 그리고 내전으로 내몰게 된다. 어쨌든 1967년 당시 베이루트는 중동의 위대한 심장이었다. 아이젠하워 정권에서 일했던 석유부호 로버트 앤더슨Robert Anderson은 존슨 대통령의 비공식 특사로서 이집트에 도착하기 전 비밀리에 이곳을 지났다. 베이루트에서 그는 나세르가 얼마나 강력한 지지를 얻고 있는지 보았다. 부유한 사업가이자 외교관으로서 그는 레바논인, 사우디아라비아인, 쿠웨이트인, 이라크인 등을 모두 만나보았다. 이들 모두 나세르의 업적을 찬양했다. "나는 놀라지 않을 수 없었다. 찬양의 수위 때문이 아니었다. 나는 이러한 주장을 하는 사람들의 교육수준이 얼마나 높은지 알고 있었다."236

그들은 '나세르에 반대할 만한 성향의 온건주의자들'이었다. 친미세력으로 여겼던 중산층마저 나세르를 신뢰했다. 그들은 앤더슨에게 아카바만 봉쇄는 당연하며 미국은 이스라엘에 휘둘리고 있다고 말했다. 아랍인들은 이러한 불균형을 해소할 누군가가 필요했다. 1967년 전쟁이 터지기 전 한 주 내내, 그들은 나세르가 자신들의 구세자라고 믿었다.

카이로로 떠난 앤더슨은 5월 31일에 나세르를 만났다. 큰 덩치에 스포츠 의류237를 입고 편안히 그를 접견한 나세르는 그의 정보가 정확하며 이집트군은 어떤 상황에도 끄떡없을 것이라 말했다. 그는 익숙한 문구를 되풀이했다. 이스라엘이 시리아를 공격하려 하기 때문에 군을 동원할 수밖에 없다는 것이었다. 존슨 대통령은 자카리아 모히에딘Zakaria Mohieddin 부통령을 워싱턴에 초대했다. 나세르는 6월 4일이나 5일에 부통령이 미국을 방문하길 바랐다. 그는 모히에딘을 워싱턴에 보내 미국과 공개적인 회담을 해야만 임박한 전쟁을 막을 수 있을 것이라고 생각했다.

앤더슨의 방문은 철저히 비밀에 부쳐졌다. 심지어 그는 암호화된 전신을 워싱턴에 보내기 위해 리스본Lisbon까지 날아갔다. 이때가 6월 2일이었다. 나세르는 자신이 벌인 도박이 뭔가 잘못되어간다고 느끼기 시작했다. 그의 오랜 숙적인 다얀이 국방부장관 자리에 올랐다는 소식이 들렸다. 이스라엘은 무언가 할 기세였고 겁을 먹은 것 같지도 않았다. 이제 문제는 모히에딘이 이스라엘이 공격하기 전에 워싱턴에 도착할 수 있느냐였다. 그게 가능하다면 이집트는 전쟁을 피할 수 있을지도 몰랐다. 그리고 괜찮은 정치적 소득을 올릴 수도 있을 것이다. 나세르는 군 지휘부가 전쟁에 대비할 시간도 벌어야 했다.

나세르는 아메르 원수와 고위 장성들을 불러 모았다. 그는 6월 4일 일요일이나 5일 월요일에 전쟁이 시작될 것 같다고 말했다. 이라크는 적어도 보병여단 3개와 강화된 기갑사단 1개를 파병할 것으로 보였다. 2~3일은 걸리는 작업이었다. 이스라엘 또한 이 사실을 알고 있었다. 이스라엘은 동부전선에 근본적인 힘의 변화를 허용할 생각이 없었다. 나세르는 이라크군 파병 전에 이스라엘이 공격을 감행할 것이라고 생각했다.

육군참모총장 파우지 장군, 공군참모총장 시드키 마무드 장군, 방공사령관 이스마일 라빕Ismail Labib 장군 앞에서 나세르는 선제공격의 희망을 남김없이 뿌리 뽑았다. 제한적인 선제공격도 있어선 안 된다고 그는 지시했다. 존슨 대통령은 먼저 공격하지 말라고 그에게 경고했다. 소련도 마찬가지였다. 나세르는 이를 따르기로 했다. 그는 이제 이스라엘의 첫 공격을 받아들인 뒤 힘을 모았다가 반격에 나서라고 장군들에게 주문했다. 시드키는 공군이 공격용이지 이스라엘 전투기가 몰려올 때까지 기다리라고 있는 게 아니라며 항의했다. 1956년 전쟁에서 영국과 프랑스가 이집트 공군을 무력화시킨 이후 이집트 정보당국은 이스라엘이 다음 전쟁에서 공군을 먼저 노릴 것이라고 예측했다. 시드키는 방공 격납고를 짓고자 수천만 파운드를 요청했지만 이는 예산에서 제외됐다. 이집트는 꼭 선제공격을 펼쳐야만 한다고 그는 고집했다.

누구도 나세르에게 그토록 대든 적이 없었다. 그는 시드키를 성질 급한 어린아이 취급했다. 누가 명령을 내리는 거지? 정치인인가 아니면 군인인가? 아메르 원수도 거들었다. 시드키는 우리가 이스라엘을 먼저 쳤다가 유엔이 이스라엘 편에 서는 꼴을 보고 싶은 건가? 창피를 당한 시드키는 물론 대통령이 통수권자며 유엔이 이스라엘을 편드는 꼴은 보고 싶지 않다고 풀이 죽은 채 답했다. 나세르는 "바로 그걸세. 그럼 우리가 먼저 공격을 당하면 얼마나 피해를 입을지 알아보게"라고 말했다. 더 이상 패배주의자로 비춰지기 싫었던 시드키는 이스라엘이 기습할 경우 이집트 공군은 약 20퍼센트의 전력을 잃을 것이라고 말했다. 나세르는 좋다고 답했다. "80퍼센트는 남아 반격할 수 있겠군."

같은 날 저녁 이집트 외무부장관 마무드 리아드는 이스라엘과 끔찍한 전쟁을 치루지 않고도, 티란 해협과 시나이에서의 세력 균형을 이집트에 유리하게 바꿔놓을 수 있을지 고심했다. 부통령의 워싱턴 방문을 준비하기 위해 그는 수년간 알고 지낸 미국 특사 찰스 요스트Charles Yost를 찾았다. 리아드는 그에게 이집트는 전쟁을 할 의도가 없다고 못을 박았다.238 그러나 요스트에 따르면 리아드는 1시간 반 동안 그에게 이스라엘과 이를 지원하는 미국에 대한 '그답지 않은 강한 섭섭함'을 드러냈다. 리아드는 미국이 이스라엘과 아랍에 이중 잣대를 들이대고 있다고 말했다. 그리고 한 가지 제안을 했다. 이집트는 이스라엘과의 기나긴 긴장 상태로 인해 '공격적일 수 있는 권리'를 부여받았고, 이스라엘 배가 해협을 통과하게 놔둘 생각이 없다고 그는 말했다. 대신 이집트는 이스라엘이 석유를 제외한 물품을 외국 배로 들어오려 한다면 이를 허용해주겠다고 제안했다. 그가 보기에 에일라트 항을 사용하지 못하는 이스라엘의 불안은 '경제적인게 아니라 순전히 심리적인' 것이었기 때문이다.239

크게 틀린 지적은 아니었다. 이스라엘은 지중해에도 항구가 있었지만 에일라트를 통해 이란산 석유를 수입하지 못할 경우 경제적 피해를 입을 수 있었다. 그러나 그것은 근본적이고 심리적인 전략적 손실에 비하면 아무것도 아니었다. 19년 동안 이스라엘은 단 한 번도 정치·군사적으로 이웃아랍국가가 힘의 균형을 깨도록 놔둔 적이 없었다. 이스라엘은 팽팽한 긴장 상태에서 한 발자국 물러나는 순간 아랍에 대한 억지력을 잃는다고 믿었다. 힘의 균형을 끊임없이 유리한 쪽으로 바꿔놓는 것이 이스라엘의 기본 노선이었다. 이 전략은 늘 훌륭히 먹혀들었다. 아랍의 저항과 국제적인 비판에 밀려 작은 양보를 했다간 곧 거대한 현실적 어려움에 직면한다고 이스라엘은 생각했다. 이제 이집트는 이스라엘이 써먹는 동일한 수법으로 힘의 균형을 바꿔놓으려 했다. 그러나 리아드는 이스라엘이 결단코 이를 허용하지 않을 것이라는 사실을 알지 못했다.

　그날 저녁 백악관에서 존슨 대통령은 그가 가장 신뢰하는 이스라엘인인 에프라임 에브론을 만났다. 에브론은 존슨에게 이스라엘에 전쟁에 대한 정치적, 심리적 압박이 거세지고 있다고 말했다. 그리고 국제해양부대 따위는 잊어달라고 말했다. '이스라엘은 직접 배를 보내 봉쇄를 시험해볼 것입니다. 이집트가 발포하면 이스라엘은 전쟁을 개시할 것이고, 미국은 책임을 벗게 될 것입니다. 미국은 그냥 소련이 조용히 있도록 견제하고 이스라엘의 행동이 정당방위에서 비롯됐다고 얘기해주기만 하면 됩니다.' 월트 로스토는 에브론의 생각에 동조했다. 1주 전 국무부도 영국과 이와 같은 얘기를 나눈 바 있었다. 이스라엘이 스스로 위험을 감수한다는 점이 매력적으로 느껴졌지만 로스토는 존슨에게 '끔찍한 학살'이 벌어질 가능성도 배제할 수 없다며 경고했다.[240]

마지막 주말

에브론이 말한 정치적이고 심리적인 압박은 모사드 사령관 메이어 아밋 Meir Amit이 누구보다 강하게 느끼고 있었다. 사실상 경제 활동이 멎으면서 그의 우려는 깊어졌다. 5월 31일, 그는 가짜 여권을 쥐고 가까운 친구인 헬름스 CIA 국장을 만나러 워싱턴으로 향했다.

'홍해 회동'으로 불린 해군기동부대 창설 계획은 쉽지 않아 보였다. 하지만 전쟁을 막고자 미국과 영국이 정치·외교적으로 할 수 있는 것은 이것밖에 없었다. 해군제독들과 정치인들은 이 계획을 탐탁지 않게 생각했다. 미 국방부는 이 부대가 전쟁을 치룰 만한 화력이 있는지조차 의심했다. 이미 수에즈 동쪽에 배치된 미국과 영국 해군을 이용해 부대를 결성한다 해도 "대규모 이집트군이 공격할 때 막아 이겨낼 만한 능력인지는 분명하지 않다"고 미합동참모본부는 보았다.241 군사적으로는 쓸모없는 계획이라는 얘기였다.

이스라엘도 해군작전이 성공하기 힘들다는 걸 알았다. 전쟁 전 마지막 금요일인 6월 2일,242 이스라엘 장군들은 마지막으로 내각국방위원회를 열어 전쟁을 촉구했다. 군사정보를 담당하는 야리브는 미국에 대해선 걱정할 필요 없다고 말했다. 미국은 에일라트 봉쇄를 해제시킬 의도가 없으므로 "우리가 직접 행동에 나서야 한다"고 주장했다. 에브론을 통해 로스토의 생각을 알고 있는 야리브는 이스라엘이 빠르게 움직이는 한 미국은 방해하지 않을 것이라고 말했다. 라빈은 "군사·정치적인 올가미가 우리를 조여오고 있지만 누구도 우리를 대신해 이것을 풀어주지 않을 것"이라고 말했다.

군부는 정치인들 앞에서 재차 승리에 대한 확신을 피력했다. 기다리면 기다릴수록 전쟁이 어려워질 수 있다는 점도 강조했다. 남부사령부 책임자로 남게 된 가비쉬 준장은 '더 이상 신뢰할 수 없을 만큼 확실한 정보에 의하면' 이집트군은 여전히 IDF의 상대가 되지 못하므로 지금 당장 행동해야 한다고 촉구했다. 일부 이집트군은 48시간 동안 물과 음식을 배급받지 못했다. 군복이 모자라 평상복을 입고 나타난 병사들도 있었다.

다른 장군들도 에슈콜에게 쏟아냈던 자신들의 말을 조금 누그러진 어조로 반복했다. 샤론은 '망설임과 기다림'이 계속될수록 이스라엘이 가진 최상의 억지책인 '우리에 대한 아랍의 공포심'이 줄어들 것이라고 경고했다. 병참 지휘관 펠레드는 "이집트가 전쟁을 치를 준비가 안 돼 있다는 것을 우리는 잘 안다"고 말했다. "그들은 이스라엘 정부의 우유부단함을 이용하고 있습니다. 우리가 감히 공격하지 못할 거라는 자신감으로 이런 짓을 벌였습니다… 나세르는 준비되지 않은 군대를 국경에 배치했으면서도 온갖 이득을 다 보고 있어요. 이스라엘 정부가 공격할 준비가 되어 있지 않으면 그는 계속 이득을 볼 것입니다. 우리 군이 무엇을 했기에 우리 능력에 대한 의심을 받아야 합니까? 모든 전투에서 승리했는데 정부는 아직도 군을 믿지 못합니까?"

같은 날 모셰 다얀은 그의 전쟁 계획을 에슈콜, 에반, 알론, 라빈, 그리고 총리실장 야콥 헤르조그Ya'acov Herzog에게 전달했다. 그는 시나이에서 이집트군을 박살내겠다고 했지만 가자를 취하거나 수에즈 운하까지 진격하지는 않겠다고 했다. 다얀에게 국방부장관직을 빼앗겨 그를 더욱 싫어할 수밖에 없게 된 알론은 생각이 달랐다. 그는 수에즈까지 진격한 뒤 운하 지역에 사는 수십만의 난민을 쫓아내고 싶었다. 다얀은 이를 '야만적이고 비인간적'인 생각이라 평했다.[243]

워싱턴 CIA 국장실에서는 메이어 아밋이 그의 친구 헬름스를 만나고 있었다. 헬름스는 해군부대를 창설한 뒤 해협을 열겠다는 발상이 빠르게 내팽개쳐지고 있음을 확인했다. 아밋은 로버트 맥나마라 국방장관을 찾아갔다.

"그는 타이나 재킷도 입지 않았지만 상당한 풍채를 자랑했다. 나는 이렇게 말했다. '장관님, 장관님의 입장을 알고 있습니다, 그러니 이제 우리의 입장을 들어보시죠… 전쟁을 제안하고 싶습니다.' 맥나라마는 딱 두 가지만 물었다. '얼마나 걸리겠소?' 나는 1주라고 답했다. '사상자는?' 독립전쟁 당시 6,000명보다 적을 겁니다. 맥나라마는 '당신 말을 잘 알겠소'라고 답했다. 나도 질문을 던졌다. '여기 하루 이틀 더 머물러야 할까요?' 그는 '집에 가시오, 당신이 있을 곳은 그곳이오'라고 답했다."244

미국은 분명한 신호를 전달한 셈이었다. 이스라엘은 미국에게 전쟁을 하겠다고 통보했고 미국은 이를 저지하지 않았다. 아밋은 방독면과 군수물자를 가득 실은 비행기를 타고 귀국했다. 그를 '싸우기 좋아하는' 인물이라고 평하며 절제를 호소했던 하르만 대사도 동행했다. 6월 3일 토요일, 텔아비브에 내린 이들은 예루살렘에 있는 에슈콜의 아파트로 향했다. 장관들이 그곳에 모여 두 사람을 기다리고 있었다.

새벽녘 도착한 이들은 보고를 시작했다. 아밋은 이제 전쟁을 피할 수 없게 되었고 미국도 '아쉬울 바 없다'고 말했다. 그는 미국이 개입하지 않으리라고 판단하고 있었다. 하르만은 1주 정도 더 기다려보자고 했지만 다얀은 반대했다. "7~8일을 더 기다리면 수천 명이 더 죽을 것이오. 기다리는 건 논리에 맞지 않소. 시작합시다. 정치는 공격 이후 생각합시다."

그 자리에 있던 그 누구도 이제 결정이 내려졌다는 것을 의심하지 않았다. 에슈콜은 다음 날 아침 아밋을 불러 보고를 들었다. 좌파에 속한 두 명을 제외하고 장관들 모두 전쟁에 동의했다. 그 후 아밋과 다얀은 텔아비브에 있는 국방부로 가서 월요일에 벌어질 상황을 논의했다. 아밋은 이스라엘이 이집트를 자극해서 먼저 발포하도록 한 뒤 총공세를 펼치면 일이 훨씬 '수월할 것'이라 말했다. 다얀은 그럴 것 없다며 '그냥 시작하세'라고 말했다.

동예루살렘에서는 이스라엘이 사라지기 직전이라는 요란한 애국주의 선전이 반 서방 정서로 번져갔다.[245] 6명의 남성이 동예루살렘 소재 대영 고고학 연구소장을 찾아 안전상 "떠나는 게 좋을 것"이라고 경고했다. 그 후 소장은 급한 용무가 있다며 출국했다. 감람산 인터콘티넨탈 호텔에 투숙한 캐나다인 부부는 서비스에 불만을 제기하자 경찰에 구속돼 심문을 받았다. 예루살렘 주재 영국 총영사는 "수에즈 사태 이전 시리아를 보는 듯하다"고 말했다.

전쟁 하루 전인 6월 4일 오후 늦게 라빈은 중부와 북부를 지휘하는 나르키스와 엘라자를 불러들였다.[246] 나르키스는 남부사령부의 가비쉬가 보이지 않는다는 점을 바로 눈치챘다. "라빈의 얼굴을 본 나는 드디어 때가 왔음을 알아챘다. 그는 무척 들떠 보였다."

회의는 30분 만에 끝났다. 나르키스는 나머지 두 지역사령관이 부러웠다. 가비쉬는 수에즈 운하에 '발가락을 담그고 놀 수' 있게 됐다. 엘라자는 시리아 고원에 '우뚝 설 수' 있게 됐다. 그러나 나르키스는 요르단 공격을 기다리라는 지시만 받았을 뿐이었다. 그는 동예루살렘을 빼앗아 오기를 갈망했지만 혹시라도 기회가 아예 오지 않을까 봐 두려웠다. 라빈은 지금 남부전선이 무엇보다 중요하다며 입장을 굽히지 않았다. 나르키스는 다음 날 전쟁이 시작되리라는 것을 알리지 않고 그의 부하들과 함께 최종 브리핑을 마쳐. 운전사가 그에게 집에 갈 것이냐고 물었다. "다른 날과 다르게 행동하면 비밀이 샐 것만 같았다. 그래서 나는 '집으로 가세'라고 말했다."

지중해에 따스한 저녁이 내려앉았다. 라빈과 모르데하이 호드^{Mordechai Hod} 장군은 이웃들과 수다를 떤 뒤 정원에서 산책을 하며 아이들과 놀아주었다. 둘은 고위 장교들 사이에서 인기가 높았던 텔아비브 교외 마을 트살하Tsalha에 살았다. 라빈과 호드는 평소처럼 행동했고, 심지어 전쟁에 신경을 끈 것처럼 보이기도 했다. 그러나 이들 마음속에는 다음 날 일어날 일에 대한 계산이 빠르게 진행되고 있었다. 기만책의 일환으로 그들은 이 날 밤 그냥 집에 있기로 했다. 호드의 논리는 간단했다. "총참모총장과 공군참모총장이 집에 있다는 건 내일도 조용한 하루가 될 것이라는 뜻이지." 247

전쟁 전 마지막 주말, 이스라엘 지휘관들은 전쟁이 없을 것이라는 인상을 주기 위해 최선을 다했다. 기만술은 일사불란하게 펼쳐졌고 매우 성공적이었다. 당시 기자이자 영국 전쟁 영웅의 손자였던 윈스턴 처칠 또한 이스라엘에 있었지만 아무런 낌새도 눈치채지 못했다. 토요일에 그는 점심 식사에 초대받아 트살하에 있는 모셰 다얀의 집으로 갔다. 택시에서 내려 정원으로 들어선 그는 이집트 미라 위에서 작업하고 있는 정원사에 걸려 넘어졌다. 알고 보니 정원사는 다름 아닌 다얀이었다.

"그는 전혀 긴장하지 않아 보였고 내 앞에서 환상적인 연기를 펼쳤다. 그는 '윈스턴, 티베리아스Tiberias*에서 가지고 온 와인이나 마시자'라고 말했다… 나는 그에게 공군력이 전쟁의 승패를 결정할 것이라고 했다. 그는 세상 모든 게 그렇게 흑백처럼 명료하지 않으며 때로 회색빛을 띠기도 한다고 답했다. 양쪽 다 공중에서 우위를 확보할 가능성이 아주 높다고 했다." 248

처칠은 이 말을 그대로 믿었다. 다음 날 그는 런던으로 돌아갔다. 다얀은 마이클 해도우Michael Hadow 영국 대사도 만나 이스라엘이 외교적 해결을 모색하고 있다고 말했다. 병사 수천 명이 휴가를 얻어 텔아비브 해안에

---

* **티베리아스** 갈릴리 호 서쪽 도시.

몰려들었다. 해도우는 속았다. 그는 런던에 전신을 보내 이스라엘군에 '광범위한 작전 중지' 명령이 내려진 것 같다고 보고했다. 6월 4일 쓰인 이 보고서에는 이런 말이 첨부돼 있었다.

"보고할 만한 중대 사안이 있을 때까지 이 상황보고를 중단해도 될 것 같습니다."[249]

그날 밤 이스라엘 병사들은 모두 자대로 복귀했다.

어둠이 깔리자 이스라엘 화물선 미리암호Miryam가 영국의 펠릭스토 항port of Felixstow을 비밀스레 떠나기 시작했다. 배 안에는 기관총과 105mm 전차용 포탄이 가득했다. 갑판에는 장갑차들이 있었다. 눈치를 챈 기자들이 찾아왔지만 부두 출입이 금지됐다. 선창에서는 미군 헌병들이 선적될 무기를 감시했다. 미리암호는 중동 위기가 터진 후 미국과 영국이 이스라엘에 제공한 수많은 물자 중 마지막 분량을 수송 중이었다. 이스라엘은 영국이 V폭격기(핵무기 탑재가 가능한 영국의 폭격기)를 가장 많이 배치한 링컨셔Lincolnshire의 워딩턴Waddington 기지에 비행기를 보내 '셔틀 서비스'를 운영할 정도였다. 해럴드 윌슨 영국 수상은 에슈콜에게 기꺼이 이스라엘을 돕겠으나 "철저한 보안이 유지되어야 한다"는 서신을 보냈다. 한편 미국은 요르단에 배달될 물자를 보류시켰다. 반면 이스라엘과 체결한 계약은 신속히 이행됐다.

낙숀Nachshon 정착촌 주민들은 지뢰를 설치하며 일요일을 보냈다.[250] 이 국경 마을은 요르단 라트룬Latrun시 근처에 있었다. 라트룬은 마치 혹처럼 이스라엘 영토 안에 깊숙이 들어와 있었다. 주민들은 조만간 전쟁이 닥칠 것이라고 직감했다. "지뢰 설치는 철저하고 엄숙하게 진행됐다. 평소 훈련 때보다 힘들게 느껴졌다. 몇 년 동안 일구지 못한 땅이어서 가시 관목이 어깨까지 치솟았다. 게다가 너무 크고 단단했다. 어둠이 깔리고 동이

틀 때까지 우리는 곡괭이를 휘둘렀다." 누군가가 피로를 못 이기고 그만 지뢰 위에 곡괭이를 떨어뜨렸다. 순간 철이 절거덕하는 소리가 나서 주민들은 기겁을 했다.

이스라엘 공군의 란 페커Ran Pekker는 고위 장교 모임에 참석했다.251 그의 지휘관은 갑자기 자리에서 일어나 게시판에 '0745'라고 썼다. 다음 날 이집트 공습 시간이었다. 그는 그 외에 아무 말도 하지 않았다. 비밀유지와 기습이 그 어느 때보다 중요했다. 페커는 비행중대로 복귀했다. 브리핑실 문을 잠근 그는 세부사항을 반복해 검토한 뒤 다음 날 아침 조종사들에게 할 연설을 연습했다. 그는 한밤중이 되어서야 집에 돌아왔다. 부인이 잠에서 깨어나 무슨 일이냐고 묻자 그는 걱정할 것 없으니 아침에 얘기하자고 말했다. 페커는 3시 30분에 알람을 맞춰놓았다.

조종사들은 아침까지 아무 얘기도 듣지 못했다. 보안 때문이기도 했지만, 지휘관들은 조종사들이 숙면을 취하길 바랐다. 예외도 있었다. 24세 헤르츨 보딘저Herzl Bodinger는 프랑스제 보투르 전투폭격기 조종사였다. 그의 임무는 보투르의 사정 거리 끝에 위치한 베니 스웨이프Beni Sweif 기지의 투폴레프-16 폭격기 중대를 공격하는 것이었다. 그날 밤 그는 세 명의 동료 조종사와 함께 이스라엘 북부 라맛 다비드Ramat David 기지에서 남부 텔 노프Tel Nof 기지로 이동했다. 조금이라도 가까이 이집트 국경에 다가가 있는 게 중요했다. 누군가 텔 노프에 무슨 일로 왔냐고 묻는다면 이들은 훈련을 위해 전투기를 옮기는 중이라고 답할 생각이었다. 그러나 이들 또한 정확한 공격 날짜와 시간은 알지 못했다. 몇 시간 내로 수년간의 훈련을 실천에 옮길 때가 오리라는 것만 확신했다.

이스라엘은 에일라트 부근에 유령부대를 동원했다. 이들은 가짜 주파수를 만들어 내거나 쓸데없이 차량을 이동시켰다. 그러나 전쟁 준비를 완벽히 숨기기란 쉽지 않은 법이다. 일부 이집트 병사들은 무언가 벌어질 것 같은 징후를 포착했다. 하지만 이러한 경고는 대부분 무시당했다. 가자지구 남쪽에 배치된 이집트 경비병들은 일요일 밤 이스라엘이 공격 준비를 하고 있다는 것을 눈치챘다. 이들은 밤 10시 30분에 이스라엘이 "6월 5일 동틀 무렵 시나이 지상군에 공격을 가할 것으로 보인다"고 보고했지만 이는 무시당했다. 공군의 정보보고 체계 또한 혼란에 빠져 있었다.252 시나이 공중 작전을 지휘할 압델 하미드 엘디그히디Abdel-Hamid El-Dighidi 소장은 며칠 전 부하들이 자신의 뒤를 캐고 있다는 생각에 이들을 모조리 해임했다. 대체 인력은 없었다. 심지어 남아 있는 엘디그히디의 부하 중 1명은 일요일 저녁 본부 당직을 서기로 되어 있었지만 일찍 귀가했다. 후세인 요르단 왕도 이스라엘이 이집트를 공습할 것이라는 첩보를 들었다. 그는 카이로에 급보를 보냈다. 이집트는 이미 알고 있다는 투의 답신을 보내왔다. 후세인은 요르단 공군에 총경계령을 내렸다.

이집트군은 사실 다른 일로 더 바빴다. 다음 날 아침 아메르 원수가 시드키 마무드 공군참모총장과 함께 시나이로 날아가 야전 사령관들을 만나기로 되어있었다. 일부 이집트 고위 지휘관들은 아침에 원수를 마중 나가기 위해 부대를 비우고, 일요일 밤 시나이에 있는 비르 타마다Bir Tamada 비행장으로 떠났다.

일요일이 되자 미국은 이스라엘이 무언가 일을 벌일 것을 기정사실로 받아들였다. 이스라엘이 홀로 가기로 작심하지 않는 한 절대 버려지지 않을 것이라는 존슨 대통령의 구호는 이미 잊혀져버렸다. 6월 2일 금요일, 해럴드 윌슨 수상과의 전화통화에서 존슨은 이스라엘이 전쟁을 벌일 것이라고 담담히 인정했다. 월트 로스토 국가안보보좌관은 이스라엘이 아카바 만 봉쇄 문제를 직접 해결하는 데 1주만 기다릴 것이라고 생각했다.253 "분명 이스라엘은 나세르가 먼저 공격할 것이라고 예상하고 있다. 시나이에서 국지적으로 대응하겠지만 외부 원조 없이 모든 적대적인 아랍 세력과 전쟁을 치룰 준비가 되어 있다…."

로스토는 국제해군부대 조직계획이 '전략상 지원을 받기 어렵다'며 이를 배제했다. 그는 이 위기에서 나세르의 '실체가 드러나길' 희망했다. 그로선 두 가지 극단적인 시나리오만이 우려됐다. 한 가지는 이스라엘의 멸망이었다. (미국 정보보고서에 따르면 이는 군사적으로 있을 수 없는 일이었다.) 두 번째는 유대국에 대한 적대심으로 뭉친 블록의 창설이었다. 그럴 경우 "우리는 이스라엘을 홍콩처럼 지역 내 보호구역으로서 유지해야 할 것"이라고 그는 생각했다.

니콜라이 페도렌코Nikolai Fedorenko* 유엔 주재 소련 대사254는 뉴욕 롱아일랜드 저택에 머물고 있었다. 스코틀랜드의 성처럼 생긴 이곳을 소련은 1948년에 헐값에 사들였다. 한때 소련은 돈도 아끼고 KGB에 의한 감시도 수월하게 할 겸 유엔에 파견한 모든 대표단을 이곳에 주재시켰다. 그러나 1967년 무렵 이곳은 페도렌코가 단독으로 관리하는 고위 외교관 휴양소가 되어 있었다. 그는 꼬냑 한 잔을 앞에 놓고 군비통제 전문가 아르카디 셰프첸코Arkady Shevchenko와 중동 문제를 논의했다. 그때 본국에서 비밀 전신이 날아들었다. 정부가 이집트에게 먼저 발포하지 말라고 했다는 내용이었다. 셰프첸코는 "그동안 아랍국가와의 경험을 보면 우리가 늘 아랍

---

* 니콜라이 페도렌코 1963~1968년 유엔대사를 지냈으며 동양학 전문가이기도 했다. 1938년 소련 외무부에 들어가 중국으로 파견되어 근무하다가 1952년 모스크바로 돌아와 극동담당부서를 이끌었다. 그 후 외무부차관, 일본 주재 대사 등을 역임했다. 그는 미국에 대해 강경하고 과격한 노선을 견지했다. 중국과 일본의 문화, 예술, 문학에 대한 여러 책을 썼다.

노선에 끌려갔기 때문에" 나세르가 말을 들을 것 같지 않다고 말했다. 둘은 전쟁이 임박했다고 느꼈다.

레비 에슈콜은 모사드가 운영하는 텔아비브 부근 저택에서 아내 미리암과 저녁을 먹었다. "내일 시작이요. 과부, 고아, 자녀를 잃은 부모들이 나타나겠지. 그리고 이 모든 걸 내 양심에 끌어안고 살아야겠지." 255 미리암 여사에 따르면 에슈콜은 이런 생각을 떨쳐버릴 수 없었다. "그는 전쟁을 원하지 않았어요. 전쟁을 싫어했지요. 그는 살아 있는 동안 될 수 있으면 어떻게든 전쟁을 피하고 싶었어요. 그는 평화는 평화로만 이룰 수 있다고 믿었어요."

그날 밤 암만에서 핀들리 번스 미국 대사는 생각을 곰곰이 정리해보았다. 전쟁은 불가피해 보였다.256 미국에게는 뾰족한 대책이 없었다. 그는 어쩌면 중동에 관한 몇 가지 기본 원칙을 세우는 게 시급할지 모른다고 생각했다. 아카바 만을 놓고 벌어지는 일련의 사태는 '기본적 대립의 한 증상일 뿐'이라고 그는 생각했다. 모든 것은 팔레스타인 문제로 이어져 있었다. 이 문제를 풀면 전쟁을 피할 수 있으리라. 그 외에는 별다른 수가 없었다. 번스는 존슨 대통령이 영국과 공감대를 형성한 뒤 "현 위기의 근원은 팔레스타인 문제"라고 선언해야 한다고 국무부에 제안했다. 그리고 대통령 주재하에 중동평화회담을 열어 이 문제를 해결하자고 말했다. "전쟁은 결국 평화회담으로 이어지기 마련이다. 어차피 할 거면 지금 하는 게 낫지 않은가."

1957년 당시 미국은 이스라엘 상선이 에일라트를 자유롭게 통행하도록 보장했다. 그때처럼 이번에도 평화회담이 끝날 때까지 "적대 행위를 일으키는 쪽에게는 어떠한 보장도 할 수 없다"는 원칙을 미국이 아랍과 이스라엘에게 비공개적으로 일러주면 될 것이라고 그는 생각했다.

번스의 생각은 옳았다. 모든 것은 팔레스타인 문제에 뿌리를 두고 있었다. 그리고 앞으로 이 문제는 더욱 악화될 예정이었다.

제1일
1967년 6월 5일

이스라엘, 네게브 사막, 0100

면도를 마친 아리엘 샤론 준장은 거울을 유심히 바라본 뒤 얼굴에 로션을 발랐다.[1] 신임 국방부장관의 딸 야엘 다얀 중위가 그를 옆에서 지켜보고 있었다. 그녀는 군소속 기자로 샤론의 본부에 배치돼 있었다. 샤론은 자신 있는 말투로 말했다. "우리는 이 전쟁을 이길 걸세." 샤론은 행복한 것처럼 보였다. 그의 얼굴은 '불만이 사라진 것처럼' 평온했다. 사막에는 개인 공간이 많지 않다. 방금 다얀은 샤론이 아내 릴리에게 전쟁 전 마지막 전화를 하는 것을 엿들었다. "침착하고… 나 대신 아이들한테 입 맞춰주고, 걱정은 하지 말고." 1시간 후 샤론은 휘하 여단 지휘관들을 만나러 야영지를 떠났다. 이들이 회의하는 모습을 보며 야엘 다얀은 자신감과 전문가적인 당당함, 그리고 '약간의 환희'를 느꼈다. 04시 무렵 샤론의 사단은 전투 준비를 완료했다. 샤론은 06시 30분에 깨우라는 지침을 내린 뒤 장갑차 사이에 누워 잠을 청했다.

텔아비브, 0330

모르데하이 호드 준장은 4시간밖에 자지 못했다.[2] 앞으로도 잘 시간은 없었다. 동이 틀 무렵 그는 텔아비브 국방부 건물 내 깊숙이 자리 잡은 공군본부로 향했다. 그는 공군에 하달할 명령서를 다듬었다.

"지휘관 전투명령서. 이스라엘 공군. 긴급. 전 부대 주목. 공군 용사들이여, 요란하게 허세 부리는 이집트군이 우리 민족을 멸망시키려 진격하고 있다… 날아오르라, 적을 공격하라, 끝까지 쏘아붙여라, 그의 이를 뽑아 황야에서 산산조각 내라, 그리하여 이스라엘 민족이 우리의 땅에서 대대로 평화롭고 안전하게 살 수 있게 하라."[3]

비밀유지와 기습은 생명과 같았다.[4] 막판 기밀 누설도 용납할 수 없었다. 전쟁이 시작될 것이라는 얘기가 오전 6시부터 전달됐다. 사전에 알고 있던 야간 당직조는 집에 갈 수 없었다. 호드 장군은 12년간 준비한 이 작전으로 이스라엘이 전쟁에서 승리하리라고 굳게 믿었다. 이 작전의 명칭은 모케드Moked. 히브리어로 '초점'이라는 뜻이었다.

란 페커는 알람 소리에 03시 30분에 깨어났다.[5] 그는 면도를 하고 깨끗이 다리미질된 전투복을 걸친 뒤 군화를 닦았다. 그는 승리할 자신이 있었다. 하지만 잠든 아이들에게 입 맞추고 방문을 나서기 전 그는 불현듯 이게 마지막일 수도 있다는 생각에 뒤를 돌아보았다. 03시 45분에 비행대대 본부에 도착한 페커는 야간 당직을 서고 있던 작전 보좌관을 깨우고, 그와 함께 기지에 살고 있는 참모 2명을 소집했다. 페커는 이들에게 전쟁 시작까지 3시간 반이 남았다고 일러줬다. 그는 즉각 조종사들을 깨워 소집하라고 말했다. 이스라엘의 모든 공군기지에서 비슷한 일이 벌어지고 있었다.[6] 조종사 대부분이 무슨 일이 일어날지 몰랐던 만큼 숙면을 취할 수 있었다. 모든 게 계획대로 돌아가고 있었다.

요르단, 마프락 공군기지, 0400

요르단 공군은 후세인 왕의 경고를 심각하게 받아들였다.7 25세 이흐산 슈르돔Ihsan Shurdom과 동료 조종사들은 동틀 무렵 기지에서 이륙했다. 사해 Dead Sea와 요르단 계곡Jordan Valley으로 가파르게 이어지는 고원지대를 거쳐 수도 암만 위로 경계비행을 했다. 햇빛이 계곡을 서서히 채우고 멀리 예루살렘에서는 사원의 첨탑과 지붕들이 반짝이고 있었다. 대부분 조종사들은 암만에서 90킬로미터 떨어진 마프락Mafrak 기지에 살았다. 이곳은 다마스쿠스와 바그다드로 가는 길 위에 놓여 있었다. 슈르돔은 이스라엘이 기지를 공격해 가족이 위험에 처할까 봐 두려웠다. 그는 마프락 기지에 방공호와 참호가 잘돼 있다는 사실에서 위안을 찾으려 했다. 무엇보다 그는 이스라엘 공군이 민간인을 공격하리라고는 보지 않았다. 비록 적이지만 그는 이스라엘 조종사들을 존경했다.

이흐산 슈르돔은 자신에 찬 청년이었다. 그는 영국에서 훈련을 받았다. 귀국 후에는 대영공군 훈련소 수료자들로부터 치밀한 공중 전투 교육을 받았다. 슈르돔은 전설적인 2차대전 당시 영국 조종사들에 관한 책이라면 모조리 읽었다. 그는 2차대전 이후 공중전의 양상이 그다지 변하지 않았다고 보았다. 차이가 있다면 이제 더 빠른 제트기가 활용된다는 점뿐이었다. 슈르돔이 조종한 전투기 헌터는 30mm 기관포를 달고 있었지만 레이더는 없었다. 스핏파이어 조종사와 마찬가지로 그도 시력에 의존할 수밖에 없었다. 음속 이하로 나는 헌터는 초음속 F-104 스타파이터로 교체

될 예정이었지만 그는 자신의 낡은 전투기를 신뢰했다. 헌터기를 교체할 스타파이터 중 6대만이 전날 미국인 교관과 함께 요르단에 도착했다. 그래도 걱정할 건 없었다. 헌터는 F-104만큼 빠르진 않지만 저속에선 믿을 만했고 힘이 좋았으며 기동력도 탁월했다. 요르단은 싸울 준비가 되었다. 하지만 슈르돔은 이스라엘군을 어디서도 발견할 수 없었다. 50분간의 정찰비행을 마친 그는 동료들과 마프락 기지로 돌아왔다.

호커 헌터 24대를 보유한 요르단 공군은 작지만 효율적이었다. 전쟁 직전 미국의 군사전문가들은 시리아와 이집트의 공군력을 분석했다. 제트비행기 350대를 보유한 이집트는 일견 강해 보였다. 그러나 이집트는 실전 준비를 소홀히 했다. 실제 투입이 가능한 전력은 18개 중대 222대의 전투기였다. 미그-21 중대 2개와 미그-17 중대 3개만이 작전 준비가 완료돼 있었다. 그 외 공군 부대는 30~50퍼센트의 가동률을 보였다. 이집트가 보유한 가장 강력한 전략무기는 투폴레프-16 폭격기 29대와 일류신-28 폭격기 35대였다. 시리아는 제트 전투기 58대와 일류신-28 폭격기 4대를 보유하고 있었다. 작전 가능한 미그-17 중대는 1개밖에 없었다. 미군 전문가들에 따르면 나머지 전투중대와 폭격기 4대는 절반 수준의 효율성을 보였다. 다시 말해 전쟁 중 절반 이상은 실전 투입이 불가능하다는 얘기였다. 더군다나 이 두 나라에는 제대로 된 훈련을 받은 조종사가 부족했다. 이집트가 보유한 700명의 조종사 중 200명만이 실제 전투를 수행할 수 있는 것으로 여겨졌다. 시리아는 115명 중 35명이었다.

이스라엘, 에크론Ekron 공군기지, 0430

102중대 지휘관 란 페커 소령은 조종사들을 위해 브리핑실에 커피를 준비해놓았다.[8] 모두 들어와 앉자 그는 칠판을 돌렸다. '0745'라고 적혀 있었다. 전쟁 개시 시간을 의미했다. 조종사 이름 옆에 각자의 목표물과 부조종사 이름이 적혀 있었다. 페커는 작전 절차를 일러주었다. 절대 무전을 사용해서는 안 된다. 비행기에 문제가 생기면 날개를 좌우로 흔들어 알린 뒤 복귀하라. 비행기가 추락해도 구조요청을 보내지 말라. 바다로 탈출한 뒤 구조를 기다려라. 페커는 훈련이 아닌 실제 상황이라는 것을 거듭 강조했다.

이스라엘 전역에 걸쳐 비슷한 브리핑이 이뤄졌다.[9] 텔 노프 공군기지 부사령관이자 미스텔 편대 지휘관인 아비후 빈눈Avihu Bin-Nun 대위도 부하들에게 타이밍과 무전을 사용하지 않는 것이 필수라고 강조했다. 목표물만 달랐다. 빈눈은 이스라엘의 미래가 공군의 어깨에 놓였다는 확신에 엄숙해졌다. 그도 이번 공격에 참가할 예정이었다.

"우리는 목표물을 막힘없이 외울 수 있을 만큼 철저히 연습했다. 각 편대마다 목표물이 할당됐는데 우리는 완전히 무전을 끊은 채 공격하는 훈련을 해왔다. 우리는 서로 말 한마디 하지 않아도 될 정도에 이르렀다. 눈 감고도 작전을 펼칠 수 있을 정도였다."

역사상 이만큼 철저히 준비된 전쟁은 없었다. 하지만 계획은 단순했다. 전쟁이 본격적으로 시작하기도 전에 아랍 공군을 궤멸시키자는 것이었다. 이집트 공군기지를 공습하자는 생각은 1949년 독립 전쟁이 끝난 후 처음 등장했다. 당시 이스라엘은 다코타와 스핏파이어 등으로 무장된 작은 공군을 보유하고 있었다.[10] 그나마 이것도 독일제 메서슈미트를 대체

한 장비였는데, 당시 에제르 바이츠만 등 이스라엘 조종사들은 독일 전투기는 '악마적 본성'을 갖고 있다고 생각했다. 그래서 이들은 교체가 이뤄진 후 안도의 한숨을 지었다. 1949년 다비드 벤구리온은 공군이 충분히 효과적이지 않다고 믿었지만 이집트와의 전쟁은 사실상 이긴 것이나 다름없었다. 프랑스와 영국은 1956년 이집트 공군기지에 놓인 전투기들을 대부분 파괴함으로써 이스라엘의 계획이 쓸 만하다는 것을 미리 증명해주었다. 바이츠만은 1956년 당시 영국과 프랑스가 공중전을 주도했다는 사실에 분개했다. 1958년 공군참모총장이 된 그는 다음에 전쟁이 나면 선제공격을 이스라엘 공군의 핵심 전략으로 삼겠노라 생각했다. 그는 끊임없이 정부에 압력을 넣어 조종사들이 최상의 훈련을 받을 수 있게끔 했다. 비행기 또한 작전에 가장 잘 맞는 것으로 골라 도입했다. 그는 쉬는 시간에 검은색 스핏파이어를 조종하곤 했다. 1967년 전쟁이 끝나고 퇴역할 때까지 그는 이 2차대전 시대의 유물을 개인적인 용도로 사용했다.

1963년 젊고 야심찬 보딘저가 비행학교를 졸업할 때 쯤11 바이츠만의 계획은 이미 훌륭히 정립되어 있었다. 몇 달에 한 번씩 보딘저는 기총 사격과 폭격을 이용해 아랍 공군기지와 비행기를 파괴하는 모의훈련을 했다. 반년마다 한 번씩 전 공군은 가상전쟁을 연습했다. 정보보고에 기초해 격납고, 활주로, 대공포 등 가상 목표물을 세워 전술 타격을 실시했다.12 1967년 5월 중동위기가 발발하자 이 훈련은 잠시 중단됐다. 대신 예비병력이 동원됐고, 즉각적인 실전 투입을 할 수 있도록 전투기에 연료가 주입됐다. 하지만 이내 훈련은 재개됐고 조종사들은 머릿속에서 임무를 다듬었다. 이들은 목표물에 도착하는 거리 또한 완벽하게 계산해 훈련에 적용했다. 이집트 베니 스웨이프 기지를 타격하기로 되어 있던 헤르츨 보딘저는 이스라엘 북부 라맛 다비드 기지에서 에일라트 부근 이집트 국경까지 날아간 뒤 다시 방향을 돌려 레바논 국경으로 갔다. 이곳에서 방향을 틀어 베르셰바까지 날아간 다음 그제야 네게브 사막에 설치된 가상 활주로를 공격하는 식이었다.

전날 밤 텔 노프로 이동한 보딘저는 6월 5일 동료 조종사들과 마찬가지로 04시 30분에 잠에서 깨어났다. 그는 아내에게 전화를 걸어 전쟁이 몇 시간 내로 시작될 것이라는 사실을 알려주었다. 그리고 아기를 데리고 라맛 다비드 기지를 나와 부모님이 계시는 텔아비브 교외로 가라고 말했다. "아내는 걱정하지 않았다. 그녀는 공군정보장교 출신이었고 작전이 먹힐 것이라고 누구보다 자신했다."

호드를 비롯한 어느 지휘관도 이번 작전이 무모하다 생각하지 않았다.[13] 담대하고 단단한 계획이었다. 이날 아침 이스라엘이 투입할 수 있는 전투기는 197대였다. 4대만이 이스라엘 방어용으로 남았다. 이 중 하나는 조종사 우리 길Uri Gil의 것이었다.[14] 그는 자신이 아랍의 반격을 막는 데 투입될 것을 이미 2주 전에 알았다. 그는 능숙한 공중전 조종사로 인정받은 것 같아 뿌듯했다. 하지만 그는 이제 동료들이 작전을 준비하는 것을 보며 시샘했다. 폭격 임무를 수행할 조종사들은 한가하게 탁구를 치며 영광의 시간을 기다렸지만, 방어 임무밖에 맡지 않은 길은 지난 14일 동안 전투기에 앉아 출격 명령만 기다렸다.

텔아비브, 국방부 공군본부, 0600

이스라엘의 기만 작전은 차곡차곡 진행됐다.[15] 평범한 하루를 알리듯 푸가 마지스테르 훈련기 4대가 일상적인 정찰 임무를 수행하기 위해 이륙했다. 이스라엘군은 통상적인 훈련 중이라는 것을 강조하기 위해 조종사와 관제사간 일상적인 대화를 녹음해 틀었다. 최전선 전투비행단에 할당된 암호와 주파수도 그대로 사용되었다. 이스라엘 공군은 요르단군이 아즐룬Ajloun 산에 설치한 강력한 레이더로 이 모든 상황을 감지할 수 있을 것이라고 보았다. 훈련기들은 공격 개시 시간인 07시 45분까지 하늘에서 날아다녔다.

이스라엘−가자 국경, 0600

동이 트기 전 잠에서 깨어난 이스라엘 7기갑여단 정찰부대 소속 병사들[16]은 가자와의 국경에 이르는 유칼리나무 도로에 지프차와 장갑차, 전차들을 세워놓았다. 중대 사령관 오리 오르Ori Orr는 병사들이 지난밤 여단 사령부에서 브리핑을 마치고 나오는 자신의 모습을 본 것을 알고 있었다. 오르는 이미 부하들에게 전쟁이 이날 아침 일어날 것 같다는 직감을 전달한 바 있었다. 부하들은 지휘관 말이 맞을지 궁금했다. 이날 아침은 머리 위로 날아다니는 비행기도 없고 포격도 없이 조용했다. 무전통신도 멎은 듯 조용했다. 부대에 유일하게 켜진 무전기는 오르의 지휘장갑차에 설치된 듣기 전용 워키토키였다. 최고참 부사관인 벤치 주르Bentzi Zur는 그 차에 올라타 마지막 차량 점검을 했다. 모든 게 완벽했다.

시나이에 있는 이집트 야전군사령부[17]도 조용하긴 마찬가지였다. 사령관 살라 무신Salah Muhsin 대장과 부사령관은 아메르 원수를 만나러 비르 타마다 공항으로 떠난 상태였다. 다른 하급 장교와 함께 뒤에 남은 살라하딘 살림Salahadeen Salim 대위는 느낌이 좋지 않았다. 그는 이때쯤이면 무언가 분주하게 정리가 된 게 있어야 할 것 같았다. 살림은 긴장됐다. 정찰을 조금 더 해두어야 하지 않았을까? 무신 사령관이 부대들 간에 조율을 조금 더 해둬야 하지 않았을까? 시나이에 투입된 병력 중 전투 준비가 되지 않은 자들이 너무 많다는 것을 사령부 장교들은 이미 알고 있었다. 제대로 훈련되지 않은 병사가 수천에 이르렀고 장비가 턱없이 부족한 예비군도 많았다. 일부 포병 출신 예비군은 전차에서 근무하라는 명령을 받기도 했다. 하지만 살림이 할 수 있는 건 동료들에게 조용히 불평하는 것밖에 없었다. 위계질서를 매우 중시하는 이집트 육군에서 25세 대위가 의견을 낸다는 것은 생각하기 힘들었다. 무신 대장은 적절한 시간 내 모든 준비가 이뤄질 것이라고 말한 바 있었다. 그는 걱정하지 말라고 장교들에게 말했다.

하지만 이집트군은 살림이 우려했던 것보다 훨씬 나쁜 상황이었다. 시나이에 있는 일부 부대는 전력이 40퍼센트에도 미치지 못했다. 일부 기갑부대는 정해진 수에 절반에도 이르지 못하는 전차를 보유하고 있었다. 전반적으로 시나이 지역 이집트군은 소형 무기 30퍼센트,[18] 대포 24퍼센트만 갖고 있었던 것으로 훗날 드러났다. 7만 상비군의 3분의 1은 예멘에서 전쟁 중이었다. 1960년대 말 미국은 베트남 전쟁의 늪에 너무나 깊게 빠진 나머지 다른 곳에서의 전쟁은 생각도 못하고 있었다. 반면 1967년 6월 5일 당시 이집트는 미국도 하지 못하는 양면전을 생각하고 있었던 것이다. 어쨌든 이집트는 시나이에 병사 10만 명, 전차 950대, 장갑차 1,100대, 대포 1,000기를 두고 있었다. 이집트군은 보병사단 4개, 기갑사단 2개, 기갑보병사단 1개, 독립여단 4개를 운영 중이었다. 이스라엘군은 11개 여단에 소속된 7만의 병사로 이에 맞섰다. 여단 2개는 독립적으로 움직였고 나머지 여단은 3개 여단에 속해 있었다. 여단 4개는 센츄리온과 패튼 전차로 기갑화되어 있었다. 여단 2개는 셔먼 전차 대대 1개, 그리고 2차대전 당시 사용된 미제 장갑차로 이동하는 보병 대대 2개로 기계화되어 있었다. 보병 여단 2개는 징발된 민간인 차량들을 타고 이동했다. 이스라엘군은 3개의 공수여단 또한 보유하고 있었다. 이 중 하나는 패튼 전차 대대의 지원을 받았다.

텔 노프 공군기지, 0630

아비후 빈눈 대위와 그의 미스테르 편대는 준비를 마치고 이륙을 기다렸다. 이륙 타이밍은 작전에 있어 핵심적인 부분이었다. 만약 비행기가 말썽을 일으켜 정해진 시간에 이륙을 못할 경우 땅에 들이받는 한이 있더라도 다른 이가 이륙할 수 있게 활주로를 비우라는 지침이 있었다. 이스라엘 공군은 프랑스제 비행기로 채워져 있었다. 미라주, 슈퍼 미스테르, 미스테르, 우라강, 보투르[19]는 최신예 전투기는 아니었지만 1950년대와 1960년대 초 이스라엘이 기회가 있을 때마다 구입한 기종으로는 최상이었다. 모든 작전은 이 전투기들의 기량에 맞춰 기획됐다. 첫 공격대는 어떠한 일이 있어도 이스라엘 시간으로 정확히 07시 45분에 적 비행장 위에 도달해야 했다. 이륙 시간은 이러한 목표에 맞춰 정해졌다. 어디에서 이륙하고 어디로 향하느냐에 따라 전투기마다 10~45분을 비행해야 했다. 작전의 핵심은 단순했다. 정확히 같은 시각에 목표로 삼은 모든 이집트 공군기지에 도달해, 마치 복싱 1라운드에서 첫 펀치로 상대방을 때려눕히듯 이집트군의 혼을 쏙 빼놓는 것이었다. 무엇보다 중요한 것은 어떠한 경우에도 폭격을 시작할 때까지 무전기를 꺼두는 것이었다. 조종사들은

이를 귀에 못이 박히도록 들었다.[20]

미라주에 올라타기 전 란 페커는 가족을 떠올렸다.[21] 아침이 되면 가족은 기지를 떠나 안전한 호텔로 옮겨질 예정이었다. 전투기에 올라탄 페커는 기체에 작은 문제가 생겼다는 것을 알고 분노했다. 이륙은 5분이 지연됐고 귀중한 연료를 더 써서 속도를 높여야 한다는 사실에 분통이 터졌다.

헤르츨 보딘저와 그의 편대는 100피트 이하 고도로 시나이 사막을 가로질렀다.[22] 그는 작전이 행여 누설됐을까 내내 불안했다. 무전기를 켜 무언가 안심할 만한 소식을 듣고 싶었지만 그럴 수도 없었다. 하지만 그의 불안은 지상에서 그를 향해 반갑게 손을 흔드는 일군의 이집트 병사들을 보며 사라졌다. 작전은 여전히 문제없이 진행 중이었다.

텔아비브, 국방부 공군본부, 0730

에제르 바이츠만 장군은 극도의 흥분 상태에 빠져 있었다.

"긴장감은 이루 말할 수가 없었다…[23] 전투기들이 출격했고 정확히 7시 40분이 되면 이집트 공군기지 9곳에 첫 타격을 날릴 예정이었다… 나는 그동안 끊임없이 이 작전에 관해 이야기하고 설명했으며, 이 작전을 만든 후 실을 꿰매듯 다듬고 부하들을 훈련시켰다. 이제 10여 분만 지나면 이 작전이 그저 몽상이었는지 아니면 효과가 있는 것인지 알 수 있게 됐다."

1966년 그는 이스라엘 장교 대학에서 아랍 공군을 6시간 안에 쳐부술 수 있을 거라고 주장했다.[24] 이제 그가 옳은지 아닌지 증명할 시간이 왔다.

전투기들이 택한 항로는 수년간 갈고 닦은 길이었다.[25] 이스라엘 공군은 '훈련 임무'라는 명분을 내세워 조종사들을 이집트 상공에 보내 이 항로에 대한 정보를 수집했다. 이들조차 임무의 진짜 목적이 무엇인지 알지 못했지만 비행 과정에서 적 레이더가 얼마나 효과적으로 작동하는지 파악할 수 있었다. 지속적으로 이러한 임무를 실행하며 이스라엘은 이집트군 레이더 체계의 허점을 하나하나 알게 됐다. 이스라엘은 한 가지 더 극복해야 할 일이 있었다. 1967년 전쟁에서 이스라엘 공군이 사용한 전투기 중 3분의 1은 우라강이었다. 우라강은 수에즈 운하 이상은 나아갈 수 없을 만큼 비행거리가 짧았다. 1967년 전쟁이 벌어지기 직전, 이스라엘은 이집트 병력이 운하를 이용해 시나이로 들어오고 있다는 첩보를 들을 때마다 좌절했다. 그러나 호드 장군은 이집트 전투기들이 시나이 지역에 배치되고 있다는 얘기를 들을 때마다 환호했다. 우라강이 시나이에서 싸움을 벌이는 동안 비행거리가 더 긴 미라주와 미스테르를 다른 임무에 활용할 수 있기 때문이었다.

빈눈은 지중해 위로 미스테르를 끌고 들어갔다.[26] 그의 편대에 속한 4대의 전투기는 요르단 레이더의 감시를 피해 최대한 낮게 날았다. 너무 낮게 나는 바람에 바닷물에 긴 자국이 남을 정도였다. 일관된 고도를 유지하는 게 무엇보다 중요했다. 살짝만 물에 닿아도 끝장이었다. 빈눈은 4번 비행기가 유난히 걱정됐다. 이 비행기의 조종사는 가장 경험이 적었고 전투기를 똑바로 유지하는 데 어려움을 겪고 있었다. 그러나 빈눈은 무전기를 꺼두라는 지침 때문에 4번 비행기에 아무런 얘기도 해줄 수 없었다. 답답한 심정에 뒤를 돌아본 그의 눈에 4번 비행기는 더 이상 보이지 않았다. 빈눈은 그가 바다에 추락했을 것이라고 보고 안타까움을 뒤로 한 채 목적지를 향해 비행을 계속했다.

카이로는 텔아비브보다 1시간이 빨랐다.[27] 폭격 시간은 이집트 시간으로 08시 45분이었다. 아무 이유 없이 정해진 시간이 아니었다. 짧은 공중전의 역사에서 폭격기는 전통적으로 동이 트거나 해질 무렵에 공격을 개시했다. 떠오르거나 지는 태양에 숨기 좋은 시간이었기 때문이다. 이스라엘군은 이집트 공군이 동이 틀 때마다 정찰비행을 한다는 것을 알고 있었다. 그리고 08시 45분쯤 가장 위험한 시간이 지났다고 판단되면, 아침 식사에 맞춰 정찰기가 돌아와 연료를 주입받았다. 또한 정보 보고에 따르면 이집트 공군지휘관들은 매일 이 시간쯤 기지로 출근했다. 차를 타고 가는 중이므로 부대에 무슨 일이 일어나는지 알 수 없었다. 날씨도 중요한 변수였다. 6월에는 해 뜰 무렵 나일 삼각주 위로 구름이 낮게 깔리곤 했다. 그리고 보통 9시 15분 전 햇빛을 받으며 사라지곤 했다.

헤르츨 보딘저는 기상예보관이 하필 오늘 예측을 잘못하면 어떡하나 싶어 불안했다.[28] 그가 이끄는 보투르 4대가 삼각돛 배들이 평화롭게 떠다니는 나일 강 위로 낮게 날았다. 그의 눈앞에 낮게 깔린 구름층이 나타났다. 보딘저는 베니 스웨이프 공군기지에 폭격을 가하기 직전 6,000피트 가까이 상승해야 한다는 점을 가장 걱정했다. 구름에 가리면 정확한 폭격이 불가능했다. 하지만 적의 공군기지를 발견한 보딘저는 행운의 여신이 이스라엘 편임을 깨달았다. 베니 스웨이프 기지는 관개농장에 둘러싸여 모래 언덕 위에 홀로 외롭게 놓여 있었다. 물에 젖은 논밭 위로 안개가 아침 햇빛을 받으며 피어올랐다. 하지만 콘크리트 활주로 위는 깨끗했다. 아무것도 피어오르지 않았다. 베니 스웨이프는 마치 활짝 열린 창처럼 보딘저 일행을 기다리고 있었다. 이집트 위로 태양이 솟을수록 활주로는 그들 눈앞에 뚜렷하게 나타났다.

텔아비브, 국방부 공군본부, 0740

바이츠만 장군은 미칠 듯이 초조했다. "국방부 장관을 비롯해 총참모총 장과 부참모장이 나와 함께 있었다…29 모두 호흡이 엉망이었고 얼굴은 창백했다."

모르데하이 호드는 아무렇지 않은 척했지만 사실 그도 밀려오는 긴장 감을 피할 수 없었다. 그는 두 손으로 병을 집어 물을 벌컥벌컥 들이마셨 다. 그를 본 바이츠만은 호드가 마치 '커다란 방열기' 같다고 생각했다.

빈눈의 편대는 수에즈 운하 서쪽 파예드Fayed 공군기지로 향하고 있었 다.30 정보당국에 따르면 이곳에는 미그-19, 미그-21, 수호이-7 폭격기를 포함한 전투편대 3개가 있었다. "계획에 따르면 우리는 목표물 위로 날아 오른 뒤 수직 하강해 30mm 총으로 비행기들을 박살내기로 되어 있었다."

이스라엘은 작전을 최대한 단순하게 유지했다.31 공격할 때 외에 모든 비행기 편대는 물결 모양을 유지했다. 이들은 이집트 레이더망을 동시에 유린했다. 기도를 은닉하기 위해 이집트 레이더를 공격하거나 방해하지 않았다. 꼼꼼하고 우수한 정보력 덕에 이스라엘 비행기들은 이집트의 대 공 방어망에 걸려들지 않았다.32 바이츠만은 훗날 이를 '시계와 평범한 컴퍼스 덕분'이라고 평했다. 이들은 비행 지역에 대한 지형 정보를 담은 정확하고 우수한 지도를 갖고 있었다.33 수년간 이스라엘 공군은 이집트, 시리아, 요르단 위를 수백 차례 날며 모든 공군기지의 사진을 찍어두었 다. 조종사들은 목표 기지의 방어망, 호출 부호, 모양 등 세세한 정보34를 책으로 갖고 다녔다.35 추락한 이스라엘 비행기를 수색하던 요르단군은 조종사복에서 책자를 발견했다. 정확히 어디를 공격할지, 어디를 타격해 야 활주로가 망가지는지, 대공포망 어느 부분이 가장 취약한지 등이 적혀 있었다. 이스라엘은 심지어 이집트의 무전을 감청해 주요 지휘관의 음성이 담긴 파일까지 만들어놓고 있었다.

이집트, 파예드 공군기지, 0800

타흐센 자키Tahsen Zaki는 수에즈 운하 강기슭에 위치한 파예드 공군 기지에서 수호이 비행단을 지휘했다.36 총경계령이 내려진 상태였다. 전쟁이 임박한데다 VIP 인사들이 이날 아침 이곳에 찾아오기로 되어 있었다. 08시 00분 카이로 국제공항 부근 알 마자al Maza 공군기지에서 2대의 비행기가 이륙했다. 이 중 하나에는 나세르 대통령의 최측근인 후세인 알 샤페이Hussein al Shafei 부통령이 타고 있었다. 탑승자 중에는 이라크의 타헤르 야히아Taher Yahya 부총리도 있었다. 전날 그는 이집트와 시리아 사이의 상호방위조약에 서명했다. 카이로에서 열린 서명식에서 그는 "아랍주의의 뛰는 심장37과 아랍 민족의 운명을 위한 싸움"을 함께할 수 있어 영광이라고 말했다. 그는 곧 닥칠 비극도 함께할 운명이었다.38 샤페이는 야히아와 함께 시나이에 있는 이라크 부대를 순시할 계획이었다. 이곳에서 일하는 장교 중에는 이라크 대통령의 아들도 있었다. 샤페이가 파예드 기지에 도착할 무렵 창밖에 회색 비행기 몇 대가 지나갔다. 샤페이는 이집트 공군이 호위대를 보냈나 싶었다. 그도 그럴 것이 그는 1952년에 나세르와 함께 기갑부대 장교들을 이끌고 쿠데타를 일으킨 덕분에 당시 상당히 영향력 있는 인물이었다. 그는 야히아에게 지나가는 전투기들을 보여주며 다시 편히 앉았다.

　시나이로 향하는 아랍 VIP는 이 2명만이 아니었다. 07시 30분 아메르 원수와 공군참모총장 시드키 마무드 중장은 이스라엘과 대치한 부대의 지휘관들을 만나러 알 마자를 떠나 시나이로 가고 있었다. 이집트 사령관들을 태우고 수에즈 운하 위를 나는 일류신-14 폭격기가 이스라엘 텔아비브 본부 레이더에 포착했다. 모르데하이 호드 공군참모총장은 입안이 타들어갔다. 만약 이 비행기가 이스라엘 공격편대를 발견하면 어쩌지. 그렇다고 통신을 켜고 조종사들에게 주의하라는 무전을 칠 수도 없는 노릇이었다.[39]

텔아비브, 0800

모르데하이 바르 온Mordechai Bar On 대령은 여느 때와 같이 딸들을 학교에 보냈다.[40] 그는 텔아비브에 있는 본부에서 밤을 샜지만 가족에게는 아무 말도 하지 않았다. 보안 때문만은 아니었다. 바르 온은 이집트 공군이 이스라엘을 위협하기는커녕 출격조차 하지 못할 것이라고 생각했다

"실질적인 위험은 없다고 생각했다. 본부에서 만난 한 조종사는 '내가 장담하겠습니다. 단 1대의 이집트 비행기도 텔아비브에 접근하지 못할 것입니다'라고 말했다. 난 그의 말을 또렷이 기억한다. 말할 수 없이 오만했지만 틀린 말은 아니었다."

이스라엘에서는 1년에 단 몇 분 홀로코스트 피해자나 전사자를 기릴 때 외에는 사이렌을 울리지 않는다. 이날 학교에 가던 바르 온의 딸들은 사이렌이 울려 퍼지자 묵념을 해야 하는 줄 알고 그 자리에 멈춰 섰다.

카이로, 0845

이스라엘 전투기들이 이집트 상공에서 공격을 개시했다. 당시 빈눈은 나일 삼각주와 수에즈 운하 위를 낮게 날고 있었다. 보딘저와 마찬가지로 그도 아침 안개를 걱정했다. 그러나 기상관이 장담한 대로 파에드 기지 상공은 쾌청했다. 기지가 가까워지자 빈눈은 자신의 미스테르 전투기를 상승으로 끌어올렸다. 6,000~9,000피트 상공에서 전투기가 격추될 확률은 현저히 줄어들기 때문이었다.[41] 뿐만 아니라 이 고도에서 35도 각도로 투하된 폭탄이 목표물을 가장 잘 관통했다. 강하하는 빈눈은 무전기를 켰다. 아무 소리도 들리지 않았다. 고장이 난 듯했다. 어차피 필요하지도 않았다. 가파르게 내려오며 그는 4,000피트에서 폭탄을 투하했다. 아마 지금쯤 이집트군은 몰려오는 이스라엘 전투기들을 발견하고 조종사들을 출동시키고 있을 것이 분명했다. "폭탄을 투하하던 중 미그-21이 활주로 끝에 줄을 서서 이륙할 준비를 하는 게 보였다. 투하 버튼을 누른 뒤 곧바로 총격을 가했다. 곧이어 4대 중 2대가 화염에 휩싸였다."

공격이 시작되자 무전에서 흐르던 정적이 사라졌다. 텔아비브에 있던 호드 장군은 통신기에서 나오는 보고를 믿을 수 없었다. "갑자기 모두 말문을 터뜨렸다.[42] 주파수를 옮겨 보고를 들으며 나는 믿기지 않았다. 놀라운 결과였다!"

이스라엘 공군은 당시 대화의 일부를 녹음했다.

편대 지휘관 : 11시 방향 지상에 미그 2대. 2마일….

호위기 조종사 : 우측 적기 파괴 요망. 허가 바람.

편대 지휘관 : 머리 위를 조심하라. 하강 중… 좌측 적기 파괴 성공… 후방 주

시 바람… 발포 시작… 명중… 좌측으로 빠지는 중….

호위기 조종사 : 우측 적기 파괴 중… 명중….

시나이 비르 타마다 공군기지 행사에 참석한 이집트 고위 장교 중에는 선발지휘본부장* 무르타기Murtagi 대장, 참모장 아마드 이스마일Ahmad Isma'il 소장, 야전군사령관 살라 무신 등이 있었다. 의장대가 이 특별한 손님들을 위해 열병식을 벌이던 중 이스라엘 전투기들이 들이닥쳤다. 무르타기 장군은 처음에 이들이 이집트 공군일 거라고 생각했다. 첫 폭탄이 터진 후에는 쿠데타가 일어난 거라고 생각했다. 이스라엘의 공격이라는 생각은 막판까지 하지 못했다. 그런데 이집트 공군은 어디 있지? 전투기들이 차근차근 목표물을 부수는 동안 장군들은 참호에 숨어 기다렸다. "이집트 공군이 금방 하늘에 나타나 상황을 종료할 것이라고 믿었지만 아무 일 없이 시간만 흘러갔다…."43

이들은 결국 비르 타마다에서 아메르 원수를 만나지 못했고, 시나이 지역 이집트 야전사령부에는 단 1명의 지휘관도 남아 있지 않았다. 살라 무신의 야전사령부44에 있던 살라하딘 살림 대위는 머리 위로 굉음을 내며 지나가는 제트기의 소리를 들었다. 곧이어 폭발음이 뒤따랐다. 대규모 이스라엘 기갑 병력이 진격 중이라는 보고도 들어왔다. 사태 파악에 나선 살림과 그의 동료 장교들은 병사들에게 방어를 준비하라고 지시했다. 하지만 이들에게는 제대로 갖춰진 지휘소가 없었다. 모래포대나 방공호도 없어 대포나 공중 폭격에 취약했다. 그나마 다행인 건 사실 아직 이스라

---

* 당시 아메르는 전쟁이 터지면 자신이 며칠 내로 현장에 갈 수 있을 것으로 보고 무르타기 대장을 그곳에 '선발대' 개념으로 둔 것 같다.

엘군이 이쪽으로 진격할 생각이 없다는 것이었다. 살림은 군지도부를 열렬히 지지하는 장교 중 하나였다. 그러나 전쟁이 발발한 지 한 시간도 채 되지 않아 그는 장군들을 저주하기 시작했다. 이스라엘군이 쳐들어오는 마당에 무신 사령관은 아메르 원수를 만나자고 먼 공군기지에 가 있었다. 그는 절망했다. 아메르와 무신이 이러한 상황에 대비해 무언가를 준비해 놓지 않았을까? 벌써 3주째 전쟁이 일어날 것이라 우려하지 않았던가?

이스라엘, 0800/가자, 0900

가자의 학교에서는 기말 고사가 한창이었다.[45] 25세 교사 카멜 술라이만 샤힌Kamel Sulaiman Shaheen은 이번 학기가 끝나기만을 학수고대하고 있었다. 아이들이 가득 찬 교실에서 막 시험이 시작될 무렵이었다. 갑자기 어딘가에서 포탄이 떨어지는 소리가 들렸다. 학생들이 대피를 시작하자 이번에는 이스라엘 전투기가 몰려왔다. 샤힌의 학생들은 대부분 13세였다. 학생들에게 빨리 집으로 돌아가라는 말을 전한 뒤 그는 남쪽으로 10마일 떨어진 데이르 알 발라Deir al Balah에 사는 가족에게 향했다. 그는 가족과 함께 폭격을 피할 수 있을 만한 농장으로 갔다. 이들은 야자나무 숲 옆에 있는 건물에 들어가 제발 아무 일이 없기를 기도했다. 이곳에 오던 중 이들은 주둔지를 떠나 남쪽으로 향하는 이집트인과 팔레스타인 병사들을 보았다. 샤힌은 그들이 불쌍하다고 생각했다. 그가 생각하기에 이들 병력은 이스라엘의 기관총과 헬리콥터, 제트기를 당해낼 재간이 없었다.

34세의 이집트군 정보장교 이브라힘 엘 닥하니Ibrahim El Dakhakny 소령은

1965년부터 쭉 가자에서 근무했다. 그의 임무는 이스라엘에 침투해 게릴라 작전을 펴는 팔레스타인인들과 연락을 취하며 이스라엘군을 감시하는 일이었다.[46] 파란 베레의 유엔긴급군 덕에 국경은 지난 10년 넘게 비교적 평화로웠다. 그렇다고 누가 공개적으로 나서서 '페다인fedayeen'이라 불리는 게릴라들을 막으려 한 건 아니었다. 엘 닥학니 소령은 요새 부쩍 두려워지기 시작했다. 특별관찰소를 세운 지난 2년 동안 그는 라디오를 감청하고 간첩 활동을 하며 이스라엘을 관찰했다. 그가 보기에 전쟁은 이집트에게는 비극이고 이스라엘에게 행운일 수밖에 없었다. 이스라엘은 1956년 전쟁이 끝난 후부터 이집트를 박살낼 준비만 했고 이집트 지도자들은 지금 그럴 기회를 제공하고 있었다. 정신이 제대로 박힌 이집트 군인이라면 모두 알고 있을 사실을 엘 닥학니 소령 또한 알고 있었다. 이집트는 예멘 전쟁에 참여하고 있었고 이스라엘까지 상대할 상황이 되지 못했다. 그는 왜 이집트가 이길 수도 없는 나라와 싸우려 하는지 이해할 수 없었다. 어쩌면 나세르는 1956년에 그랬듯 패배를 정치적 승리로 바꾸려는지도 모른다. 엘 닥학니 소령은 제발 그렇게라도 되길 바랐다. 그렇지 않다면 전쟁은 실로 참혹할 것이 분명했다.

6월 5일 그는 대공포 소리에 잠이 깼다. 가자 시에 있는 그의 집 부근에는 팔레스타인해방군이 운영하는 포 진지가 있었다. 이집트군은 당시 팔레스타인해방군을 훈련시키고 장비를 제공했다. 여단 병력을 운영한 팔레스타인해방군은 중세 몽고 침략군을 내쫓은 전장의 이름을 따 에인 갈룻Ein Galout이라 불렸다. 엘 닥학니 소령은 이스라엘의 우라강 전투기가 아군 대공포에 추격당했다는 보고를 들었다. 이집트군은 바다로 탈출한 조종사를 생포했다. 모르데하이 리본Mordechai Livon이라는 이름의 이 조종사는 몸에서 여전히 물이 뚝뚝 떨어지는 채로 심문을 받았다. 엘 닥학니는 그로부터 이스라엘 공군이 이집트 공군기지와 전투기를 모조리 부수고 있다는 얘기를 들었다. 조종사는 추가 심문을 받기 위해 차에 태워져 카이로로 보내졌다.

이스라엘, 네게브 사막, 0815

이스라엘 총참모총장 이츠하크 라빈은 네게브 사막에 있는 가비쉬 준장에게 전화를 걸었다.[47] "의회가 열렸네." 시나이 진격을 허락한다는 암호였다. 가비쉬는 마이크로폰에 대고 "붉은 종이"라고 말했다. 부하 지휘관들에게 전달하는 또 다른 암호였다.

이집트 진격은 세 방향에서 이뤄졌다. 이스라엘 탈 준장이 이끄는 기갑여단 2개, 전차 지원을 받는 공수여단 1개, 대대급 독립부대 2개는 알아리시Al-Arish와 알칸타라Al-Qantarah 사이 운하, 그리고 라파Rafah를 거쳐 수에즈 운하가 있는 북부를 점령하기로 했다. 탈이 이끄는 전차 300대, 장갑차 100대, 포 50기 중에는 이스라엘 최정예 전차부대인 7기갑여단도 포함돼 있었다.

아리엘 샤론 준장은 기갑여단 1개, 공수여단 1개, 보병여단 1개를 이끌고 핵심 요충지인 아부 아게일라Abu Ageilah를 통과한 뒤 시나이 산맥 관문에 해당하는 미트라Mitla와 기디Giddi로 진격하기로 했다.[48] 그에겐 전차 200대, 장갑차 100대, 대포 100기가 있었다. 마지막 진격 부대는 아브라함 요페 준장이 이끌었다. 그는 전차 200대, 장갑차 100대, 그리고 주로 예비군으로 구성된 기갑여단 2개를 이끌었다. 요페가 맡은 첫 임무는 사막의 모래 언덕을 지나 샤론과 탈을 측면에서 방어해주는 것이었다. 당시 이집트군은 사막의 모래 언덕을 지나는 것 자체가 불가능하다고 믿고 있었다.

가자 입구에 있는 오리 오르의 정찰부대 위로 이스라엘 제트 전투기들이 굉음을 내며 지나갔다. 오르는 지중해를 따라 내려가 칸 유니스Khan Younis를 지난 뒤 라파를 공격하기로 되어 있었다. 워키토키에서 "붉은 종이"라는 암호가 들려왔다. 일제히 무전 장치를 켜고 즉각 전투에 돌입하라는 뜻이었다. 오르는 최후 브리핑을 했다.[49]

"드디어 때가 왔다. 우리는 목표물을 철저히 익혔다. 나는 제군들을 믿는다. 차에 탄 병사들은 지금 출발하라."

전투를 앞둔 병사들은 몇 분 동안 엽서를 썼다.[50]

"이제 시작이야, 나중에 보자고."

"영웅이 되려고 하지 마, 여보. 경보가 울리면 방공호로 대피해. 아이들을 잘 돌봐."

"네가 자라면 전쟁 따위는 필요 없을 거야."

병사들은 가족의 생존을 위해 싸우고 있다고 믿었다. 한 병사는 장난으로 레비 에슈콜 총리에게 엽서를 보냈다.

오르는 분대 2개를 패튼 전차와 센츄리온 전차 대대 사이에 위치시켰다. 부대 서무인 사라Sara와 니라Nira가 '뒤에 남아 먼지를 뒤집어쓰며 엽서를 모았다. 둘은 눈물을 흘리며 손을 흔들었다. 이들의 모습이 고향에서 본 마지막 기억이었다.'

라파 전투는 중대한 의미를 지녔다. 탈은 최종 브리핑에서 휘하 장교들에게 이렇게 말했다.[51]

"이 전투를 이기면 총공세의 정신을 이어갈 것이고 지면 쓰라린 영혼의 패배를 경험할 것이다. 국가의 존망이 오늘 우리 손에 달려 있다… 죽는 한이 있어도 이 전투는 이겨야 한다. 다른 길은 없다. 몇 명이 죽든 우리 모두는 끝까지 돌격할 것이다. 멈추거나 물러서선 안 된다. 오직 공격과 진격만 있을 것이다."

암만, 0850

요르단 왕 후세인은 궁에서 아내 무나Muna가 아침 식사에 나타나길 기다렸다.[52] 무나는 요르단에 파견된 영국 군사사절단 소속 장교의 딸로 본명은 토니 가디너Toni Gardiner였다. 가장의상 파티에서 왕의 눈길을 사로잡은 그녀는 해적으로 분장한 왕에게 무례한 줄도 모르고 지저분해 보인다고 비꼬았다. 이제 이들 사이에는 두 아들이 있었다. 갑자기 전화가 울렸다. 군사보좌관 자지Jazy 대령이었다. "전하, 이스라엘이 이집트를 공격하기 시작했습니다. 방금 〈카이로 라디오〉가 발표했습니다." 군사본부에 전화를 건 왕은 아메르가 암호화된 메시지를 보내왔다는 보고를 받았다. 이스라엘 전투기 중 4분의 3이 격추당했고 이집트가 시나이에 총공세를 펼치고 있다는 내용이었다. 아메르는 이제 요르단도 공격하라고 촉구했다. 식사 중이라는 사실도 잊은 채 후세인은 육군본부로 향했다.

이흐산 슈르돔은 마프락 공군기지 참호에서 대기하고 있었다. 갈수록 가슴이 답답해왔다. 전쟁이 시작됐다는 소식을 듣고 그는 바로 출격할 거라 생각했다. 하지만 그는 기다리라는 얘기만 반복해 들었다.[53] 문제는 이집트 군사본부가 혼란과 공황에 빠졌다는 점이었다. 그리고 아랍 연합은 겉으로는 단결력을 자랑했지만 여전히 서로 불신하고 있었다. 요르단 조종사들은 시리아와 이라크 공군이 나타나 협공하기를 희망했다. 후세인 왕은 당시 상황을 상세히 기록했다. 09시 00분에 협조 요청을 받은 시리아 군은 조종사들이 훈련에 나가 있기 때문에 그들도 허를 찔렸다고 답했다.

"처음엔 30분, 그다음엔 1시간, 그리고 이제는 10시 45분까지 기다려달 라는 말만 했다. 시리아는 계속 양해를 구했고 우리는 이를 받아들이는 수밖에 없었다. 하지만 11시가 되어서야 우리는 더 이상 기다릴 수 없다 고 판단했다."[54]

한 무리의 비행기가 이스라엘로 들어가는 모습이 레이더에 포착됐다. 왕과 그의 참모들은 드디어 이집트군이 이스라엘을 공격하는 것이라고 생각했다.[55] 아직까지 그들은 이집트가 거짓말을 하고 있음을 눈치채지 못했다. 마프락 공군기지에서 똑같은 레이더 화면을 본 슈르돔과 그의 동 료들은 이 비행기 무리가 연료를 재주입하러 복귀하는 이스라엘 공군이 라는 사실을 정확히 파악했다.

"일이 터진 후 이스라엘 비행기들이 레이더에 나타났다. 나는 이들이 복귀 중인 게 틀림없으니 가서 치자고 했다. 연료가 부족할 것이 틀림없 었다. 하지만 우리는 안 된다는 소리만 들었다. 이스라엘을 공격하러 들 어가는 이집트 공군 비행기라는 것이다… 우리는 이스라엘 공군에 타격 을 입히고 그들의 출격 횟수를 제한시킬 기회를 놓쳤다."

전쟁 1주 전까지만 해도 요르단 공군은 이스라엘 기지를 기습할 작전 을 마련해두었다.[56] 많지 않은 자산을 최대한 활용할 수 있는 방법이었다. 그러나 이집트는 후세인 왕이 나세르와 협정을 맺자 자국 전투기가 지상 공격을 맡겠노라고 했다. 이제 요르단은 공중 방어만 하라는 얘기였다. 요르단군은 정말 그래도 될까 하는 심정으로 헌터 전투기에서 미사일을 하나씩 떼어내기 시작했다. 그래도 이건 너무한다 싶었던 요르단은 헌터 기 6대에 대공 미사일을 그대로 장착해두었다. 전쟁이 발발하자 지시가 다시 바뀌었다. 시리아 및 이라크 공군과 합세해 이스라엘 내 목표물을 공격하라는 것이었다. 그럼에도 요르단 공군은 출격할 준비를 갖추었다. 문제는 시리아와 이라크의 공군이 코빼기도 비추지 않는다는 것이었다.

헤르츨 보딘저와 3명의 동료 이스라엘 보투르 조종사는 베니 스웨이프에 각각 두 차례씩 폭격을 가했다.57 활주로는 양 끄트머리에 폭격을 당해 세 조각으로 갈라지며 사실상 이용이 불가능해졌다. 마지막 폭탄들에는 시한장치가 되어 있어 활주로를 수리할 경우 터지도록 되어 있었다. 폭탄 투하를 마친 이스라엘 조종사들은 각자 세 차례 기총소사를 가했다. 그제야 정신을 차린 이집트 포병들이 대공포를 쏘기 시작했다. 보투르 전투기는 기총으로 각 1대씩 적 폭격기를 파괴했다. 덩치가 큰 투폴레프 폭격기를 맞추는 일은 식은 죽 먹기였다.

인샤스Inshas 기지를 공격하고 있던 란 페커는 1500피트 고도에서 폭탄을 투하했다.58 그리고 조종대를 잡아당기자 비행기가 상승하며 그의 눈 앞에 주활주로가 길게 펼쳐졌다. 뒤로 거대한 폭발음이 들렸다. 동행한 미라주 3대도 폭탄 투하를 마치고 지상에 놓인 적기에 기총을 발사하기 시작했다.

"미그 전투기들이 우리 밑에 반짝였다. 짧은 하강을 마치고 길게 기관총을 쐈다. 방금 전까지 출동을 준비하고 있던 미그기들이 조종사를 태운 채 불길에 휩싸였다."

페커의 102 중대는 적기 23대를 파괴해 이스라엘 공군 역사상 가장 훌륭한 전적을 기록했다. 지오라Giora 중위는 혼자 6대를 파괴했다. 이스라엘 군은 단 1대만이 격추당했다. 격추된 비행기 조종사는 후에 시리아 지역에서 출동한 헬리콥터에 구출됐다.

비르 타마다 참호에 몸을 숨긴 이집트 장군들은 오지 않을 구원을 기다리며 하늘만 쳐다봤다. 이스라엘 공군이 이집트 전역에서 공습을 계속하는 동안 이들은 차를 타고 자대로 복귀했다. 무르타기 장군의 지휘소는 3킬로미터 떨어져 있을 뿐이었다.[59] 그는 돌아가는 내내 아메르와 나세르 때문에 모든 게 엉망이 된 게 틀림없다며 욕을 퍼부었다. 본부에 도착하자 그는 이스라엘 공습 규모에 대한 보고를 받았다. 전체적인 윤곽은 몇 시간이 지나서야 밝혀졌다. 상상 이상이었다.

일부 이집트 조종사들은 이륙에 성공했다. 이스라엘 전투기 기총에 부착된 카메라에 훈련을 제대로 받지 못해 좌충우돌하는 이집트 조종사들이 녹화됐다. 이스라엘 전투기들은 200~300야드 떨어진 거리에서 기총으로 이들을 격추했다. 체계적인 훈련을 받은 이스라엘 조종사들은 미그기의 성능과 한계를 완벽히 이해하고 있었다. 1966년 8월 16일, 무니르 루파Munir Rufa 대위라는 한 이라크 조종사가 '피쉬베드Fishbed'라는 암호명이 붙은 미그-21C를 타고 이스라엘로 망명했다. 이스라엘 정보당국은 당시 소련에서 제작한 가장 현대적인 전투기를 얻게 돼 흥분했다. 호드 장군은 "도랑 치고 가재 잡고"라며 기뻐했다. "우리는 새로 얻은 전투기를 갖고 모의 훈련을 실행했다. 중대마다 1주일씩 미그-21을 갖고 모의 공중전을 펼쳐 이 전투기가 부릴 수 있는 재주와 능력을 모두 파악하게 했다." 시동을 걸기 위해 조종석 밑에 설치된 작은 연료통이 약점이었다.[60] 이스라엘 조종사들은 공중전이 벌어질 경우 이곳을 노리라는 지시를 받았다.

실수로 아메르 원수와 시드키 대장을 포함한 VIP들을 격추할 것을 우려한 이집트군은 대공 체계를 사실상 정지시켰다.[61] 이집트 포병들은 아침부터 각자의 위치에 있었지만 주의를 기울이라는 지시만 받았다. 물론 포병들이 마음대로 쏴도 좋다는 지시를 받았다 하더라도 전쟁의 결과에는 별 영향을 미치지 못했을 것이다. 이스라엘 조종사들은 100피트 이하로 날았기 때문이다. 이는 이집트 레이더 영역 밖이었을 뿐만 아니라 이집트가 보유한 SAM-2 지대공 미사일은 낮게 나는 목표물에는 접근할 수조차 없었다.

텔아비브

기쁨에 도취된 에제르 바이츠만 대장이 아내 르우마^{Re'uma}에게 전화를 걸었다.[62]

"여보, 우리가 이겼어!"

"에제르, 혹시 정신이 나갔나요? 이제 고작 오전 10시인데요? 벌써 전쟁을 끝내버렸단 말이에요?"

이스라엘 전투기가 공습을 계속하는 동안에도 아메르 원수는 하늘에 있었다. 착륙할 곳을 찾지 못했기 때문이다. 시나이와 수에즈에 있는 모든 공군기지가 폭격을 받고 있었다. 이스라엘 공군참모총장 모르데하이 호드는 아메르가 탄 비행기를 격추할까도 생각했지만 그럴 가치가 없다고 판단했다.[63] 이제 그는 아메르가 이스라엘 제트기들을 발견할까 봐 두려워했던 몇 시간 전 일은 깔끔히 잊었다. 그와 보좌진은 텔아비브 벙커에 앉아 아메르 원수가 '어디에 내릴지 웃으며 지켜봤다.'

결국 아메르는 카이로 국제공항에 내렸다. 이미 이곳도 폭격을 당했지만 완전히 마비시키기에는 콘크리트 활주로와 유도로가 너무 컸다. 전쟁 초반 90분 동안 이집트군 최고지휘관과 공군참모총장이 연락이 되지 않았다. 이 1시간 30분은 훗날 이집트 공군이 왜 그렇게 취약했는지에 대한 변명으로 사용됐다. 나세르의 최측근 모하메드 하사네인 헤이칼^{Mohamed}

Hassanein Heikal은 《알아람Al-Ahram》 신문과의 인터뷰에서 그들이 공중에 있는 동안 "많은 일이 일어나서 재빠르게 역습을 펼칠 기회를 얻지 못했다"고 말했다.64 본부에 있었다 해도 그토록 잘 짜인 공습을 막아내기란 어려웠을 것이다. 어쨌든 이날 아침 사건은 안 그래도 모든 게 완벽하게 맞아떨어지고 있는 이스라엘군에게 선물과 같았다.65

헤르츨 보딘저는 절뚝거리며 라맛 다비드에 있는 부대로 걸어 들어왔다. 폭발하는 베니 스웨이프 공군기지를 벗어나던 중 파편이 그의 보투르를 뚫고 들어왔다. 돌아오는 길에 그는 무전기를 틀었다. 조종사들이 각자의 호출부호를 듣고 결과 보고를 하고 있었다. 작전은 대단한 성공이었다. 잠시 휴식을 취하고 있던 그에게 룩소르Luxor 공군기지를 파괴하라는 명령이 떨어졌다. 이스라엘군은 일부 이집트 전투기가 그곳으로 대피했다고 판단했다. 첫 임무는 목표물을 눈 감고도 그릴 수 있을 만큼 꼼꼼히 준비했지만 이번 작전은 즉흥적인 대응력을 요구했다. 조종사들이 가진 룩소르에 대한 정보는 관광용 지도밖에 없었다. 룩소르로 가는 길에는 미그-19기가 배치된 기지도 있었다. 높은 고도에서는 비행운으로 흔적을 남기는 보투르를 보호하기 위해 미라주 전투기들이 먼저 이곳을 파괴했다. 보딘저는 이집트 대공 레이더를 방해하기 위해 개발한 신무기를 작동시켜도 좋다는 명령을 받았다. 스위치는 철사로 묶인 붉은 플라스틱 뚜껑에 덮여 있었다. 강철로 만든 철사라 도무지 끊어지지가 않았다. 화가 난 보딘저는 뚜껑을 송두리째 뜯어냈다. 룩소르 공습은 성공이었다. 최신형 투폴레프-16 폭격기 12대가 파괴됐다.

룩소르에서 돌아오는 길에 헤르츨 보딘저는 중대장으로부터 그의 비행기 엔진에서 기름이 뿜어져 나오고 있다는 얘기를 들었다. 그는 엔진이 그나마 살아 있는 동안 최대한 높이 올라간 뒤 이스라엘까지 천천히 고도를 낮추며 가기로 했다. 왼쪽 엔진이 불을 뿜으며 꺼졌다. 고도는 2만 5,000피트였다. 연료가 얼마 남지 않았다고 판단한 그는 이스라엘 남쪽 끝 에일라트에 있는 소규모 활주로에 착륙하기로 했다. 그곳에 내린 그는 주민들에 둘러싸였다. 사다리가 없어 비행기 뒤편 날개를 따라 내린 그는 영웅 대접을 받았다. 주민들은 먹을 것을 주며 전쟁 소식을 알려달라고 졸랐다. 전쟁이 시작됐다는 건 알고 있었지만 〈카이로 라디오〉에서는 이 집트가 이스라엘 전투기 수십 대를 추락시켰다는 허풍만 쏟아냈다. 반면 이스라엘 정부는 어떠한 정보도 주지 않고 있었다. 보딘저는 자신이 이날 벌써 두 번째 임무를 수행하고 있었으며 이스라엘군이 승리했다고 말했 다. 이집트가 발표한 정보는 쓰레기였다. 시계는 이제 2시를 가리키고 있 었다.

이집트 비르 타마다 공군기지는 아수라장이 되었다.[66] 이제 병사들은 각자의 운명에 처해졌다. 19세 운전병 알리 모하메드Ali Mohammed는 다른 병 사들과 마찬가지로 며칠 동안 아메르의 방문을 준비했다. 몸집이 큰 아메 르가 방공호를 필요로 할 경우를 대비해 특별 벙커가 새로 지어졌다. 결 국 아메르는 아예 도착하지 않았으니 사실 벙커를 새로 지을 필요는 없었 다. 이스라엘 폭탄이 정확히 이 벙커에 내려앉았다. 모하메드는 어찌할지 모르며 명령만 기다렸다. 소용없는 짓이었다. 이스라엘 폭격기들이 다시 날아와 기지와 비행기를 남김없이 파괴했다. 병사들은 차량을 탈취해 도 망가고 있었다. 모하메드도 결정을 내려야 했다. 그는 트럭을 1대 구하는 데 성공했다. 병사들을 태우고 수에즈 운하로 도망가는 길은 마치 경마장 같았다. 공포에 질린 징집병들이 무서운 속도로 군용 차량을 몰고 달렸 다. 충돌로 죽거나 다치는 자들도 나타났다. 하지만 누구도 멈추지 않았다. 저녁 무렵 모하메드는 안전한 곳을 찾아 대피할 수 있었다.

이집트는 평소보다 짙은 아침 안개로 인해 비행훈련을 한 시간 늦게 시작했다. 08시 45분 샤페이 부통령을 태운 비행기가 파예드 공군기지에 도착할 무렵 수호이 조종사들은 훈련을 하러 비행기에 올라타고 있었다.67 그때였다. 비행중대 지휘관 자키의 귀에 빠르게 다가오는 제트기 소리가 들렸다. 그 후 잠시 동안 그는 놀라서 몸이 굳어졌다. 무언가 매우 잘못 돌아가고 있는 게 틀림없었다. 이스라엘의 슈퍼 미스텔 2대가 활주로를 폭격하기 시작했다. 첫 폭탄이 터질 무렵 샤페이를 태운 비행기는 여전히 활주로에서 이동 중이었다. 폭탄이 또 하나 터졌고, 다시 또 하나가 터졌다. 샤페이 등 탑승객들은 젖 먹던 힘을 다해 비행기 밖으로 뛰어내려 작은 모래 제방 뒤에 숨었다. 또 다른 비행기는 착륙 중 기관총 난사를 당했다. 조종사는 겨우 방향을 틀어 다시 이륙한 뒤 수에즈 운하 부근 기지에 불시착했다. 이미 경호원과 관료 등 수많은 탑승자가 사망한 후였다.

이제 파예드 기지의 활주로는 구멍이 뚫려 사용할 수 없는 지경이 되었다. 측면 보조 활주로도 불길에 휩싸인 샤페이의 비행기가 가로막고 있었다. 비행기 시동을 거는 데 성공한 일부 수호이 조종사들은 우회해 이륙하려 했다. 자키는 그들 앞으로 달려가 팔을 흔들며 멈추라고 외쳤다. 이를 지켜본 샤페이 부통령은 다음과 같이 회상했다. "잊을 수 없는 광경이었다. 아군 전투기들이 일렬로 서 있었고 이스라엘 전투기가 단 한 번의 연사로 모조리 박살냈다. 거저먹다시피 한 표적이었다."

샤페이는 저공비행하는 이스라엘 전투기 조종사의 얼굴을 볼 수 있었다. 자키와 지상관제원, 그리고 기지에서 일하는 건설노동자들은 파괴되지 않은 수호이 몇 대를 건물 뒤나 나무 밑으로 밀어 넣어 숨기려 했다. "사방에서 화염이 솟아올랐다. 우리는 어쨌든 계속 밀었다. 덕분에 몇 대를 구하긴 했다. 이 과정에서 동료 몇몇이 목숨을 잃었다."

자키는 지프에 조종사를 태운 뒤 샤페이와 이라크 부총리를 참호에서 끌어내 기지 사무실로 이동시키라고 지시했다. 지프에서 내려 먼지를 털며 안으로 들어간 샤페이 앞에는 눈앞에서 자신의 전투기가 산산조각 나는 모습을 지켜볼 수밖에 없었던 조종사들이 성난 얼굴로 서 있었다. 나세르가 일단 이스라엘의 공격을 견디라는 명령을 내렸다는 이야기는 공군도 이미 전쟁 발발 전부터 알고 있었다. 이는 공공연한 비밀이었다. 덕분에 이집트 공군은 두드려 맞고 있었다. 조종사들은 '이것 보시오'라며 따졌다. 이제 행복하십니까? 어째서 먼저 공격하지 못하게 한 거죠? 밖에서는 정신을 차린 일부 대공포병들이 이스라엘 전투기들과 혈전을 벌이고 있었다. 하늘을 향해 막연히 소총과 기관총을 쏴대는 병사들도 있었다. 순간 이스라엘 전투기 1대가 땅에 떨어졌다. 중대 지휘관 타흐센 자키가 달려가 부서진 전투기를 수색했다. 조종사는 죽은 채 자리에 앉아 있었다. "마치 잠든 것처럼 앉아 있었다. 품위 있게 생긴 젊은 친구였다. 나는 바로 시신을 묻으라고 지시했다."

자키는 공습이 국지적이길 바랐다. 그러나 그는 작전실에 들어선 후 이스라엘이 얼마나 많은 비행기를 파괴했는지 듣게 됐다. 그뿐만이 아니었다. 끊임없이 새로운 공격에 대한 보고가 들어왔다. 그는 기지를 둘러봤다. 화염에 휩싸인 비행기들이 사방에 놓여 있었다. 활주로도 전부 파괴됐다. 남아 있는 몇 대를 기지 밖 도로 위에서 띄울까도 생각했지만 그러려면 진지 방어벽을 부숴야 했다. 11시 00분 아메르 원수에게서 직접 전화가 왔다. 그가 최고지휘관과 이야기하기는 처음이었다. 그는 피해 상황을 보고했다. "미그-21이 전부 파괴됐습니다. 수호이 12대와 미그-19 3대만이 살아남았습니다." "좋아, 알겠네"라고 답한 아메르는 즉각 '표범

작전'을 실시하라고 지시했다. 이스라엘 공군기지에 반격을 가하라는 뜻이었다. 자키는 우선 측면 활주로를 정리한 뒤 2시간 후에 보고하겠다고 아메르에게 말했다. 아메르는 공황에 빠진 나머지 지휘통신체계를 무시하고 있었다. 무언가 해야겠다는 생각에 그는 직속 부하를 건너뛰고 감청이 가능한 선을 이용해 필사적으로 전화를 걸었다. 전쟁이 시작된 지 몇 시간 만에 이집트 최고사령부는 이미 붕괴한 것이나 다름없었다.

카이로, 0900

이집트 외무부장관 마무드 리아드는 늦잠에 취해 있었다.[68] '귀가 찢어질 듯한 폭발음'이 그를 잠에서 깨웠다. 그는 이스라엘이 먼저 공격해 왔음을 직감했다. 그는 급히 외무부로 향했다. 외신 기자들은 대부분 카이로에서 가장 현대적인 호텔인 나일 힐튼에 머무르고 있었다. 《새터데이 이브닝 포스트Saturday Evening Post》의 트레버 암브리스터Trevor Armbrister도 늦잠을 즐기고 있었다.[69] 호텔 창이 흔들리는 소리에 그 또한 잠에서 깨어났다. 그냥 바람 때문이겠거니 하고 생각한 그는 아침 식사를 룸서비스로 주문했다. 하지만 교환원은 "폭격을 당하고 있어서 식사를 제공할 수 없습니다"라고 말했다. 엘리베이터가 작동하지 않자 암브리스터는 계단을 이용해 내려갔다. 1943년부터 〈CBS〉 특파원으로 일한 베테랑 기자 윈스턴 버넷은 '깊고 무거운 포격 소리'를 들었다.[70] 그는 무슨 일이 벌어지고 있는지 보기 위해 발코니로 나갔다. 몇 분 후 도시 전역에 공습 사이렌이 울렸다. 사이렌은 공습 대비 훈련 차원에서 예전에도 울렸다. 하지만 그때마다 있었던 사전 예고가 이번에는 없었다. 그는 '진짜 전쟁이 일어났구나'

라고 생각했다. 나일 강 제방을 따라 이어지는 넓은 절벽 위에 세워진 호텔 밖에서 본 도로는 온통 마비돼 있었다. 신호등이 파란색과 빨간색으로 정신없이 깜박였다. 곧이어 도로 위에 정적이 내려앉았고 고사포의 둔탁한 포격 소리는 점차 또렷해졌다.

이날 아침 소련 대사관에서는 누구도 전쟁을 예상하지 못하고 있었다.[71] 직원들은 당비를 지불하러 월례 회의에 참석 중이었다. 부군사무관이 앞으로 닥칠지 모르는 전쟁에 대해 강연하고 있었다. 이스라엘이 먼저 공격하면 며칠 내로 전쟁이 끝날 것이라는 내용이었다. 강의가 마무리될 무렵 외교관 1명이 방으로 뛰어 들어왔다. "라디오를 켜보세요! 전쟁이 터졌어요!" 이집트의 공식 발표문 끄트머리가 흘러나왔다. 이집트군이 "이스라엘의 위험천만한 도발을 격퇴하고 모든 전선에 걸쳐 진격 중"이라는 내용이었다.

시내에서는 사람들이 라디오 주변에 몰려들었다.[72] 이들은 뿌듯하면서도 초조했다. 처음에 〈카이로 라디오〉에서는 군가만 흘러나왔다.[73] 이스라엘 라디오의 히브리어 방송에서 전쟁을 발표했다. 17분이 지난 9시 22분에 아랍어 방송도 이를 보도했다.

"이스라엘 방위군 대변인에 따르면 오늘 아침 이스라엘을 향해 진격한 이집트 공군과 전차부대는 이스라엘군과 치열한 교전을 시작했습니다."

10시 10분쯤부터 〈카이로 라디오〉에서 군가가 중단되고 아나운서가 흥분한 목소리로 짤막한 성명을 읽었다.

"시민 여러분, 중대 소식이 들어왔습니다. 이스라엘이 이집트를 공격하기 시작했습니다. 우리 군이 적에 맞서고 있습니다. 추후 더 자세한 사항이 나오면 알려드리겠습니다."

카이로와 알렉산드리아Alexandria에 있는 유대인 거주구역에서 유대인들이 연행되기 시작했다. 이 두 도시에 거주하는 3,000여 명의 유대인 중 랍비를 포함한 18~55세의 남성 350~600명이 체포됐다. 리비아^{Libya}에서는 전쟁 소식이 알려진 후 성난 군중이 트리폴리^{Tripoli}와 벵가지^{Benghazi}에 있는 유대인 거주구역을 습격했다. 대부분의 유대교회가 파괴됐고 다른 건물들도 불타올랐다. 질서를 회복하기 위해 군이 개입했고 약 1,000여 명의 유대인들이 육군 야영지로 대피했다. 폭동은 8일까지 계속됐다. 숨지 못한 유대인은 위험에 처했다. 이 기간 중 유대인 18명이 살해당했다. 7월 말까지 총 2,500명의 유대인이 이탈리아로 떠났다. 이들은 개인 소지품과 현금 50파운드만 가져갈 수 있었다. 나머지는 전부 두고 갈 수밖에 없었다. 튀니스^{Tunis}에서는 성난 군중이 영국과 미국 대사관을 공격한 뒤 유대인 거주구역으로 향했다. 다섯 곳의 유대교회와 많은 상점이 불탔다. 경찰과 소방관들은 4시간 후에야 나타났다. 아랍세계에서 가장 온건한 지도자로 알려진 튀니지^{Tunisia} 대통령 부르기바^{Bourghiba}는 이날 저녁 텔레비전에 출연해 폭동을 강하게 비난했다. 그는 내각 장관 2명을 수석 랍비에게 보내 사과한 뒤 보상을 약속했다. 다음 날 경찰은 폭동에 참여한 330명을 체포했다. 7월에 열린 재판에서 이들 중 113명이 2개월에서 20년형을 선고받았다. 아덴^{Aden}에서는 한때 큰 규모를 자랑했던 유대인 거주구역을 보호하기 위해 영국 병력이 투입됐다. 방화는 계속됐고 전쟁이 끝난 뒤 유대인 1명이 구타로 숨졌다. 그 후 많은 수의 유대인들이 아덴을 떠나 영국이나 이스라엘로 향했다.

시나이, 0900

야히아 사드Yahya Saad는 시나이 쿤틸라Kuntilla 지역에 배치된 이집트 정보부대 하급 장교였다. 이스라엘에 침투한 정찰병 중 하나가 대규모 서먼전차 부대가 아군을 향해 진격 중이라고 보고했다. 알버트 멘들러Albert Mendler 대령이 지휘하는 기갑여단이 며칠째 위장막을 덮고 국경 남부를 오간 후였다. 이스라엘군은 1956년 전쟁 때처럼 남쪽에 있는 샤름엘셰이크로 진격하려 한다는 인상을 주기 위해 사드의 부대를 먼저 공격했다. 사드는 용맹스럽게 싸웠지만 화력에서 밀렸다. 그는 휴대용 로켓발사기 RPG를 이용해 서먼 전차에 맞설 수밖에 없었다.

"나는 전차가 다가오길 기다리며 엎드려 있었다.[74] 전차가 사정거리 안에 들어와 로켓을 발사하려 했지만 작동하지 않았다. 지옥 같은 상황이었다. 다른 병사도 로켓발사기가 고장 난 듯했다. 이스라엘 전차가 그를 향해 총알을 퍼부었다. 그는 RPG를 들고 전차에 뛰어들었다. 전차가 그를 짓밟았다… 전차 기관총에 수많은 병사들이 죽임을 당했다… 나는 RPG를 쏴보려 노력했지만 작동하지 않았다. 무기가 형편없는 건지, 탄약이 형편없는 건지, 아니면 지휘부가 형편없는 건지 도저히 알 수 없었다. 근처에 있던 전차가 나를 향해 총을 쐈다. 나도 다른 이들처럼 깔려 죽을 거라고 생각했다… 그렇게 용맹하게 싸우면서도 갈기갈기 찢겨지는 부대를 보며 나는 엄청난 충격에 빠졌다. 짓이긴 시체와 내가 어찌할 수 없는 부상병들이 사방에 널려 있었다."

전차들은 사드를 빗겨갔다. 그는 자리에서 일어나 사막으로 터벅터벅 걸어 들어갔다.

가자, 0900

탈의 사단도 공격을 개시했다.[75] 그의 7기갑여단은 국경을 넘어 서쪽에 있는 칸 유니스로 진격했고, 60기갑여단은 지뢰밭과 철조망, 매복 부대, 대전차포가 있을 게 틀림없는 라파 지역을 피해 남쪽의 모래언덕으로 향했다. 그러나 이들은 모래에 빠지는 바람에 밤새 단 1발의 포탄도 쏘지 못하고 발이 묶였다. 이 두 여단 사이에 공수여단이 끼어들어와 라파에 있는 이집트와 팔레스타인 병력을 치기로 되어 있었다. 하지만 공수부대원들도 처음에 길을 잃고 전차부대와 함께 헤맸다.

탈의 7기갑여단은 이집트 7보병사단과 팔레스타인 대대의 강한 저항에 부딪혔다. 예상 밖의 저항이었다. 이집트군은 튼튼하지만 낙후된 2차 대전 때의 전차 150대와 야포 90기로 맞섰다. 전투는 온갖 곳에서 벌어졌다. 탈을 포함해 누구도 아수라장이 된 전장을 통제할 수 없었다. 202공수여단 지휘관 라파엘 에이탄^{Raphael Eitan} 대령*이 백병전을 이끌었다. "죽기 살기로 싸웠다. 우린 쉬지 않고 우지 기관총을 쏴댔다."

7기갑여단 선봉을 맡은 오리 오르의 패튼 전차들은 칸 유니스를 향해 일직선으로 달려갔다.[76] 장갑차에 올라탄 오르는 "이집트 병사들이 도로 옆에서 놀란 표정으로 우리가 지나가는 모습을 보았다"고 말했다. "그중 하나가 우리를 향해 손을 흔들었다. 우리 병사들은 그를 의아스럽게 쳐다봤다. 전쟁이 벌어진 게 맞나 싶은 순간이었다. 그리고 곧이어 지옥 같은 전투가 시작됐다."

---

* 라파엘 에이탄 이스라엘 장성으로 IDF 총사령관을 역임하고 훗날 정치인으로 활동한다.

한 아랍 군인은 애꿎은 무전통신 교환원에게 불만을 터뜨렸다. "우리를 덮치고 있어, 행렬 2개가 먼지를 일으키면서 진격 중이야. 어떡해야 돼? 어떡해야 돼?"

이집트와 팔레스타인 병사 대부분은 목숨을 걸고 싸울 각오가 돼 있었다. 이들은 이스라엘군에게 강력한 화력을 집중시켰다. 일부 이스라엘군은 이집트 진지에 지뢰와 대전차 장애물이 너무 많아 돌아갈 수밖에 없었다. 이로 인해 적지 않은 시간을 잃었다. 오르 휘하 전차지휘관 중 하나는 저격수에게 사살당했다. 이스라엘 병사들은 상체를 밖에 내놓고 전차를 지휘했다. 이렇게 하면 시야를 잘 확보할 수 있었지만 저격당하기도 쉬웠다.

오르의 양쪽으로 포탄이 날아왔다. 장갑차 1대가 또 폭발해 그 안에 타고 있던 8명이 모두 즉사했다. 오르와 부하들은 나머지 전차를 이끌고 이집트 진지로 돌격했다. 그들은 150미터가량 진격한 후에야 지뢰밭에 들어섰다는 것을 깨달았다. 오르의 장갑차도 지뢰를 밟고 뒤집혔다. 그는 겨우 밖으로 나와 다른 전차로 이동했다. 그는 '지금 후퇴한다면 헤아릴 수 없을 만큼 많은 사상자가 나올 것'이라고 생각했다.

엽서를 썼던 병사 중 하나인 야르코니Yarkoni는 소총을 들고 적의 참호로 뛰어들었다. 부상당한 이집트 병사가 그를 향해 총을 발사했다. 들것에 실려 가며 야르코니는 '이게 끝이구나'라고 생각했다. 오르와 함께 지휘 전차를 탔던 벤치 주르 하사는 지프차를 타고 다시 돌격했다. 부상병들을 발견한 그가 이들을 구하려고 차에서 내리는 순간 폭탄이 날아왔다. 주르와 탑승자 둘이 그 자리에서 사망했다.

이스라엘은 작전을 변경해 칸 유니스를 우회하기로 결정했다. 협곡에서 길을 잃고 시내에 들어선 일부 병사들은 영화관에 비틀스the Beatles가 출연한 〈헬프Help〉 홍보간판이 붙어 있는 것을 보았다.

라마단 모하메드 이라키Ramadan Mohammed Iraqi는 이집트 육군에서 통신 트럭을 몰았다.77 일요일 밤 그는 이스라엘과의 국경에서 돌아온 정보장교로부터 아침에 전쟁이 터질 수도 있다는 얘기를 들었다. 통신병 2명이 아침부터 통신기계가 전파 방해를 받고 있는 것 같다고 말했다. 정확한 판단이었다. 이집트군은 시나이 전역에서 전파 방해를 받고 있었다. 이집트 공군이 파괴됐다는 소문이 나돌며 위기감이 고조됐다. 라마단이 있던 라파 부근은 처음엔 조용했다. "그때 이스라엘군이 갑자기 나타나 우리 차량들을 파괴하기 시작했다."

라마단은 도망갈 길을 알아보기 위해 트럭 밖으로 나왔다. 그가 돌아왔을 때 트럭은 화염에 휩싸여 있었고 교신을 담당했던 두 병사는 죽은 채 모래 위에 누워 있었다. "이스라엘 공군이 우리를 공격하고 있었다. 이제 각자 살길을 찾아야 했다."

유엔긴급군도 전쟁에 휘말렸다.78 칸 유니스 남쪽에선 이스라엘 전투기가 하얗게 칠한 차량의 행렬에 발포를 하는 바람에 인도인 병사 3명이 죽었다. 12시 30분에 IDF가 야영지에 포격을 해 인도인 병사 5명이 더 죽고 12명 이상이 부상당했다. 뉴욕에서 유엔사무총장은 "비극적이고 불필요한 인명 희생"이라며 에슈콜 정부에 강하게 항의했다.

분명한 건 이스라엘군이 상당한 전과를 거두고 있다는 점이었다. 이집트군 정보장교 엘 닥학니 소령은 놀라지 않았다.79 이미 오래 전부터 그는 이스라엘군이 야포 지원을 받으며 전차와 기갑보병을 몰고 몰려올 경우 가자지구처럼 좁고 평평한 지역은 수호하기 어려울 것이라고 생각했다. 그는 목표물을 정해준 뒤 페다이 게릴라를 이스라엘로 보냈다. 그 밖에 그가 할 수 있는 건 많지 않았다. 엘 닥학니 소령은 알아리시로 부하들을 퇴각시키겠다며 카이로에 교신을 쳤다. 절대 안 된다는 답이 돌아왔다. 탈의 전차부대는 칸 유니스에서 라파로 이동했다. 그들은 먼 거리에서도 정확히 표적을 맞추며 적군을 압도했다. 이스라엘군은 가자지구를 절반으로 가르는 데 성공했다. 엘 닥학니는 전투가 불리하게 돌아갈 줄은 알았지만 이스라엘군이 이토록 빨리 진격할 줄은 몰랐다. 결국 그는 배를 이용해 탈출하라는 지시를 받았다.

서안지구, 칼킬리야, 0900

17세 소년 파옉 압둘 메지드Fayek Abdul Mezied는 흥분으로 가득 찼다.[80] 〈아랍의 소리〉가 방금 전쟁의 시작을 선포했기 때문이다. 소식은 곧 마을 곳곳에 전달됐다. 이스라엘 전투기가 파리처럼 우수수 떨어지고 있다는 얘기도 들렸다. 아메드 사이드 등 라디오 논설위원들이 말한 승리가 눈앞에 보였다. 시민방위군에 소속된 파옉은 곳곳에 설치된 응급의료원에서 의사들을 보조했다. 그의 친구 중 일부는 야세르 아라파트가 이끄는 파타로부터 무기를 공급받고 있었다. 1948년 전쟁이 끝나고 남은 낡은 총이었지만 총은 총이었다. 파옉은 드디어 이스라엘에 잃은 영토와 자존심을 되찾을 기회가 왔다고 생각했다.

칼킬리야Qalqilya는 작은 마을이었지만 이스라엘에게는 적지 않은 위협요인이었다. 요르단 국경 바로 위에 위치한 이 마을은 서안지구 중심 산맥의 끝자락에 있었다. 칼킬리야에서 지중해까지는 불과 10마일밖에 되지 않았다. 이스라엘이 전략적으로 가장 두려워한 건 칼킬리야에서 시작돼 바다로 이어지는 돌격이었다. 그럴 경우 이스라엘 영토는 두 동강이 날 수밖에 없었다. 1948년 이후 이 마을을 놓고 엄청난 피가 뿌려졌다. 가장 치열한 전투는 1956년에 있었는데[81] 이때 이스라엘은 보복 차원에서 칼킬리야 경찰서를 파괴했다. 요르단 재향군인 70~90명과 이스라엘 공수부대원 18명이 전사했다. 6월 5일 당시 칼킬리야와 툴카렘 사이 국경에는 요르단 군 2개 대대만이 있었다.[82] 툴카렘은 칼킬리야에서 약 15마일 떨어진 또 다른 국경 마을이었다. 이스라엘은 국경 맞은편에 비슷한 수준의 병력을 배치시켜놓고 있었다. 이스라엘을 돌파하는 작전은 얼마든지 가능했을 것이다. 그러나 요르단은 모험을 하지 않았다. 대신 자리를 지키며 국경을 사이에 두고 교전을 벌였다. 25파운드짜리 포탄을 쏘는 야포가 2기, 155mm '롱 톰' 장사포가 2기 있었다. 이스라엘은 이 포들을 상당한 위협으로 간주했다. 이스라엘은 아랍공군을 제거하자마자 이곳에 바로 전투기를 보냈다.

요르단 육군과 더불어 향토방위군 소속 남자 200명이 칼킬리야 주변에 참호를 파고 숨어 있었다.[83] 그들의 지휘관은 1948년에 이스라엘과 싸웠던 39세의 타우픽 마무드 아파네Tawfik Mahmud Afaneh였다. 향토방위군은 가볍게 무장한 이 지역 출신 남성들로 구성돼 있었다. 평균연령이 높고 훈련은 부족했지만 이들은 육군을 도와 국경을 사수하고 이스라엘군에 대한 경각심을 높이는 데 기여했다. 국경 지대에 사는 다른 모든 팔레스타인인들처럼 그들도 이스라엘이 공격할 때마다 요르단 정권에 무기를 달라고 요구했다. 하지만 왕은 언제나 거절했다. 팔레스타인인이 총을 가지면 언젠가 이스라엘을 향해, 혹은 왕을 향해 총구를 겨눌 것이라 생각했기 때문이다. 왕은 이 중 어느 것도 받아들일 수 없었다. 결국 6월 5일 오전 타우픽 마무드 아파네가 이끄는 부대는 영국군이 2차대전에서 사용했던 브렌과 스텐 총을 든 채 참호에서 이스라엘의 전차와 중대포에 맞섰다. 이들에게는 변변한 박격포 하나 없었지만 불가능에 맞서 용감히 싸웠다. 이틀간 이들 중 25명이 숨졌다.

팔레스타인 청년 멤두르 누펠Memdour Nufel은 전쟁을 통해 유명해지고 싶었다.[84] 1950년 국경 교전을 보고 자란 그는, 어린 시절 몰래 국경을 넘어 열차를 탈선시키려고 철로에 돌을 올려놓은 적도 있었다. 1965년 이후 수백 명의 팔레스타인 청년들이 그와 마찬가지로 이스라엘에 대한 무장 투쟁에 가담하길 꿈꿨다. 누펠은 '돌아온 영웅', '복수의 청춘'과 같은 멋진 이름을 가진 단체에 가입했다. 어른에 대한 공경심을 중시하는 사회에서 그는 아버지뻘 나이의 어른 14명을 이끌고 이스라엘군 기지와 병력을 정탐해 주목을 받기도 했다. 그는 어른들이 이스라엘 지형을 잘 알고 있다는 점을 이용했다. 잠입에 능했던 이들은 가축을 훔쳐 되팔아 생계를 이어나갔다. 몇 마리는 직접 챙기기도 했다. 1948년 이스라엘은 칼킬리야 땅 중 80퍼센트를 빼앗았다. 누펠은 자신이 얻은 정보를 요르단 육군에서 일하는 팔레스타인인들에게 전했다. 그는 정보가 이집트군에 제공되고 있다고 믿었다.

6월 5일 오전 누펠의 중년 부하들이 그의 집에 찾아와 명령을 하달해달라고 요청했다. 누펠은 요르단군과 힘을 합쳐 싸울 것을 촉구했다. (누펠의 총은 낡은 칼 구스타프 기관총이었다.) 그의 부하들은 좋지 않은 생각이라고 말했다. 전쟁이 끝나면 요르단군이 자신들을 감옥에 처넣을 것이라고 생각했기 때문이다. 틀린 말은 아니었다. 1967년 6월 팔레스타인 민족주의자 수백 명이 후세인 왕의 감옥에 갇혀 있었다. 요르단 정권은 이들이 이스라엘보다 더 큰 위협이라 생각했다. 수감자 중 야세르 아라파트의 파타 출신이 250명에서 1,000명에 이른다는 수치도 있었다.[85] 이는 파타 전력의 80퍼센트에 해당한다는 분석도 있었다. 요르단이 지명한 수배자 중에는 파타 지부장 아부 알리 이야드[Abu Ali Iyad]도 있었다. 누펠은 이번에는 요르단이 자신들을 다르게 대할 것이라며 부하들을 설득했다. 이들은 마을 밖 언덕의 동굴과 올리브 숲에 대피한 가족들을 살핀 뒤 전선으로 향했다.

텔아비브, 1000

이스라엘은 당분간 승리를 비밀로 했다. 공격만큼이나 기만도 중요했다. 처음에 이스라엘은 먼저 공격했다는 사실을 부인했다. 모사드 지휘관 메이어 아밋에 따르면 "다얀은 매우 영리한 짓을 했다."[86]

"그는 이집트가 커다란 성공을 자랑하고 있을 때 우리 자신에 대해 연막을 쳤다. 내 아내조차 우리가 지고 있냐고 물을 정도였다. 처음 48시간 동안 다얀은 모든 걸 불분명한 상태로 유지했다. 전 세계가 이집트에 귀를 기울였다. 하지만 그 덕분에 우리는 더 유리할 수밖에 없었다."

이스라엘은 이집트가 먼저 발포해 전쟁이 시작됐다는 첫 공식 발표를 했다.

"오늘 아침 이집트 공군과 육군이 우리를 공격했습니다.[87] 이집트의 기갑병력이 네게브를 향해 진격했습니다. 우리군도 이를 퇴치하고자 출동했습니다. 같은 시간 대규모 이집트 제트기 부대가 레이더에 포착됐습니다. 이들은 이스라엘 해안선을 향해 날아오고 있습니다. 네게브 지역에도 비슷한 작전이 벌어지고 있습니다. 우리 공군은 적기에 대항코자 전투기를 출격시켰습니다. 공중전은 현재 지속 중입니다. 총리는 각 부처 장관을 소집해 긴급회의를 열었습니다."

　그러나 한 기자는 이미 진실을 추적하고 있었다. 사막에서 돌아온 이스라엘 장교 중 하나가 총리실과 내각에 보고를 하기 전 샤워를 하러 예루살렘에 있는 친구 집에 들렀다. 그의 친구는 〈CBS〉, 《뉴스위크》, 〈BBC〉에 기사를 내고 있는 이스라엘 주재 통신원 마이클 엘킨스[Michael Elkins]였다. 장교는 샤워를 하는 동안 노래를 흥얼거렸다. 뉴욕 출신 유대인인 엘킨스는 1948년 전쟁이 끝나고 언론인이 되었다. 그는 장교인 친구로부터 아무런 정보도 얻어낼 수 없었다. 하지만 무언가 알 수 없는 거대한 일이 벌어지고 있다는 것을 직감했다. 그는 즉각 이스라엘 의회로 향했다. 그가 지하로 들어서니 의원들이 벌써 고조된 목소리로 이야기하고 있었다.

암만, 요르단 군사본부, 1130

예루살렘에 있던 유엔의 오드 불 장군은 요르단 왕 후세인에게 전화를 걸어 에슈콜 총리의 메시지를 전달했다. 이스라엘군은 이집트를 상대로 작전을 펼치고 있으며 요르단이 개입하지 않는 한 공격당하지 않을 것이라는 내용이었다. 그러나 이 메시지는 후세인에게 너무 늦게 전달됐다. 사무아 공격 하루 전 후세인은 요르단을 건드리지 않겠다는 이스라엘의 비밀 메시지를 받은 바 있었다. 그 이후 그는 이스라엘이 건네는 약속 따위는 믿지 않았다. 사실 왕은 이미 며칠 전에 참전을 결정했다. 이스라엘 공군이 박살나고 있다는 카이로의 방송 보도를 생각해보면 나쁘지 않은 결정이었다. 후세인은 불에게 답했다. "그들이 먼저 전쟁을 시작했소. 이제 그들은 하늘에서 우리의 응징을 받을 것이오."[88]

예루살렘

요르단은 모든 전선에 야포를 발사했다. 주로 서예루살렘에 있는 진지를 공격했지만 명중률이 높지는 않았다. 유엔감시군은 휴전을 위해 노력했지만 모두 실패했다. 예루살렘 주재 영국 총영사인 휴 풀라^{Hugh Pullar}의 사무실에 총알이 뚫고 들어왔다.[89] 놀란 그는 11시 30분에 본국에 전신을 보냈다.

"강력한 자동 사격이 이뤄지고 있음… 전쟁이 예루살렘을 완전히 집어삼킴… 사방에 총과 박격포…."

풀라는 방금 요르단 고위 관료와 만나고 오는 길이었다. 그는 아랍이 정말 이스라엘을 없애려는지 물어봤다. 관료는 '또렷이 차가운' 목소리로 그렇다고 답했다.[90]

팔레스타인인 치과 의사 트릴^{John Tleel}은 늘 월요일이 싫었다.[91] 그는 언제나처럼 오전 6시 30분에 동예루살렘 기독교인 구역에 있는 자신의 병원으로 출근했다. 그의 환자인 교사 엘리자베스 바와르쉬^{Elisabeth Bawarshi}가 레바논 여행을 계획하고 있다고 말했다. 그녀는 새로운 틀니가 필요했다. 트릴은 다른 환자를 진료한 뒤 바와르쉬의 틀니를 구하러 11시쯤 밖으로 나갔다.

"미쳤어? 전쟁이 시작됐다는 소식 못 들었어?" 그의 동생이 말했다. 둘은 모두 같은 치과에서 의사로 일하고 있었다. 트릴은 걱정하지 말라는 말을 남기고 발걸음을 옮겼다. 거리는 조용하고 평온했다. 그러나 그는 곧 거리에 아무도 없고 모든 매장이 문을 닫았다는 사실을 알 수 있었다. 개미 한 마리도 보이지 않았다. 무슨 일이 있어도 매일 열려 있던 금세공점과 시계수리점도 오늘만은 문을 닫았다. 예수가 십자가에 못 박힌 뒤

묻혔다는 채석장과 부근 성묘聖墓 교회Holy Sepulchre로 이르는 길도 텅 비었다. 순간 총을 든 두 남자가 시끄럽게 떠들며 나타났다. 그들은 동네 경찰서에서 무기를 지급 받고 나오는 중이었다. 트릴은 야파의 문 안쪽에 있는 큰 광장으로 들어갔다. 몇 명이 서성이고 있었고 요르단 병사들은 이들을 향해 떠나라고 외쳤다. 트릴은 광장을 가로질러 우편함으로 갔다. 텅텅 비어 있었다.

이스라엘이 관리하는 야파의 문 맞은편 고지에는 다윗 왕 호텔이 있었다. 호텔이 마치 '거인처럼 앉아 있다'고 느낀 순간 트릴의 귀에 거대한 총성이 들렸다. 그의 머리 위로 총알들이 정신없이 지나갔다. 놀란 그는 젖 먹던 힘을 다해 달렸다. 광장을 지나 좁고 텅 빈 도로를 가로지르는 동안 총알이 그를 스쳐 지나갔다. 트릴과 그의 동생은 이웃 몇 명과 함께 작은 방으로 들어가 숨었다. 폭발 때문에 창이 깨질 것을 우려한 그들은 석고반죽을 붙여놓았다. 창틀에는 담요를 붙였다. 갑자기 전기가 나가자 이들은 촛불을 켜고 라디오를 틀었다. "암만, 카이로, 이스라엘, 런던London의 방송, 〈미국의 소리Voice of America〉, 심지어 아테네Athens와 키프로스Cyprus 방송까지 시도해봤어요." 이들은 누군가 정직한 보도를 해주기만 애타게 기다렸다. "우리는 전쟁의 승패가 이미 갈렸고 지는 쪽은 진실을 보고하고 있지 않다는 사실을 바로 깨달았지요. 아랍을 믿어야 할지 이스라엘을 믿어야 할지 우리끼리 쉴 새 없이 다투기도 했습니다."

안와르 누세이베Anwar Nusseibeh는 차량 라디오로 전쟁이 시작됐다는 소식을 들었다.[92] 그는 예루살렘의 유명한 팔레스타인 귀족 가문 출신이었다. 그는 특히 요르단 왕족과 친했다. 그는 요르단의 런던 주재 대사로 갓 임무를 마치고 돌아왔다. 그는 아침 일찍 일어나 동예루살렘에서 암만으로 향하는 중이었다. 전쟁 소식을 들은 그는 곧바로 차를 돌려 아내와 아이들에게 달려갔다. 전쟁 발발 이틀 전, 그는 전 요르단 외무부장관이었던 동생 하젬과 서예루살렘이 내려다보이는 저택 발코니에서 점심 식사를 했다. 이스라엘의 커다란 야포가 그들을 노려보고 있었다. 두 형제는 아랍군이 무적이라는 라디오 방송을 믿었던 만큼 두려워하지 않았다. 하젬은 '흥분과 기대, 열망과 희망'을 느꼈다. "공포 따위를 느낄 필요는 없었어요… 이스라엘군의 헬리콥터가 우리 머리 위로 날았지만 우리는 그냥 미소 짓곤 했지요."

예루살렘에서 안와르는 PLO 지도자 아메드 슈카이리에게 전화를 걸었다. 독설과 선동의 전문가 슈카이리는 이미 호텔을 떠난 상태였다. 그는 그토록 기다렸던 전쟁이 터지자 다마스쿠스로 향했다. 누세이베는 경찰 본부로 가 그가 도울 일이 있는지 물어봤다. 이곳에는 동예루살렘 장관 안와르 알카팁Anwar al-Khatib도 있었다.

"내가 도착했을 때 그들은 아직도 저항군을 어떻게 조직해서 무기를 배분할지 토론 중이었다. 이미 전쟁이 한창 중인데도 말이다! 어쨌든 우리가 할 수 있는 건 많지 않았다. 나는 그들에게 집에 가 있을 테니 필요하면 전화하라고 한 뒤 돌아왔다."

어리석은 작전이 한 가지 논의됐다.93 구시가지가 내려다보이는 예루살렘 동쪽 스코푸스 산Mount Scopus에 이스라엘 거주구역이 있었다. 인근 팔레스타인 마을 이사위야Isawiya의 남성들을 무장시켜 지형상 고립된 이곳으로 진격하자는 것이었다. 야포 지원이 있었겠지만 그들은 전혀 훈련이 되어 있지 않았다. 자살에 가까운 작전이었다. 1948년 이후 이스라엘은 정전협정에 따라 스코푸스 산에 군수물자를 들여올 수 없었다. 그러나 19년 동안 이스라엘은 몰래 2주에 한 번씩 군수물품을 들여와 사실상 이곳을 요새로 변모시켜 놓았다. 대전차포가 달린 지프차를 부품 상태로 들여

온 적도 있었다. 무기가 담긴 것으로 보이는 통을 유엔 감시단이 압류하자 이스라엘은 보관소를 아예 압류하는 식으로 보복하기도 했다.

예루살렘, 1130

아랍이 유엔의 휴전 결의안을 받아들이길 원치 않은 이스라엘은 전세에 대해 철저히 침묵했다. 〈BBC〉 마이클 엘킨스 기자는 의회 지하에서 오전 내내 열띤 취재를 벌이며 진실을 파헤쳤다.

"파편적이나마 기사를 쓸 수 있을 만큼 듣게 된 나는 지하로 가 벤구리온에게 내가 알고 있는 모든 것을 말했다. 그는 '맞소, 정확하오'라며 확인해주었다. 나는 에슈콜을 만나려 했지만 그는 정신이 없어 지금 만날 수 없다고 했다. 나는 그에게 유대민족을 향한 메시지만이라도 달라고 했다. 그는 '걱정하지 말라고 전해주시오'라는 말만 남겼다."

엘킨스가 기사를 작성하는 동안 요르단은 드디어 팔레스타인인들에게 무기를 나눠주기 시작했다. 엔필드 소총 260정, 스텐 서브머신 총 20정, 브렌 경기관총 20정이 바흐젯 아부 가르비예Bahjet Abu Gharbiyeh가 이끄는 저항위원회에 전달됐다.[94] 육군은 추가로 100정을 나눠줬다. 기름에 범벅이 된 스텐 12정이 라디오 방송국에 전달됐다. 일부 남성은 라디오 방송국의 정원에 진지를 구축했고, 여성들은 탄창에 총알을 장전하는 일을 맡았다. 이들 중 군사훈련을 받은 사람은 거의 없었다. 남자들 일부는 파편을 막아줄 테이프조차 창에 붙이지 않은 채 자리를 잡았다. 요르단 정부가 어떠한 발표도 하지 않는 상황에서 방송국 직원들은 그저 군가를 틀거나 이미 녹음된 기관총 소리를 내보내는 수밖에 없었다. 간간이 애국주의 수사로 가득 찬 연설도 준비 없이 방송됐다. 암만에서는 요르단 정보장관 아브드 알하미드 샤라프Abd al-Hamid Sharaf가 부인과 점심을 먹으며 라디오를 듣고 있었다.95 주파수를 이리저리 바꾸던 중 그는 날카롭고 흥분된 목소리로 대중투쟁을 촉구하는 목소리를 들었다. 그는 해당 방송국에 전화를 걸어 "진정하고 정신을 차리라"고 말했다. 아직 20대였던 샤라프는 나세르야말로 아랍 민족이 가진 최선의 희망이라고 믿었다. 그는 레바논 출신인 아내에게 나세르가 전쟁에 철저히 대비해놓았을 것이라고 말했다. 그렇지 않다면 애당초 전쟁이 시작됐을 리 없지 않은가?

서예루살렘에서는 마이클 엘킨스가 기사를 송고하기 시작했다.

"전쟁이 터진 지 세 시간 만에 나는 이스라엘이 승리했다고 선언했다. 이집트군이 공중 지원 없이 시나이 사막에서 이길 수 없다는 것은 자명했다."

모사드 지휘관 메이어 아밋은 엘킨스의 영웅적인 노력을 애써 폄하했다. 이집트군이 큰 타격을 입었다는 그의 보도에 대해 IDF 대변인은 "조급하고, 정확치 않으며 그야말로 근거 없다"고 평했다. 아밋은 정오 무렵 텔아비브에서 미국 대사 월워스 바보르와 존슨 대통령의 특사 해리 C. 맥퍼슨Harry C. McPherson을 만났다.96 새벽 3시에 사이공에서 돌아온 맥퍼슨은 약간 피곤해 보였다. 아밋은 진실과 거짓, 과장을 그럴 듯하게 섞어 허위 정보를 제공했다. 미국 측도 나름의 정보 소식통이 있다는 것을 알았기에, 그는 사실을 적당히 왜곡해 전달했다. 아밋에 따르면 나세르는 자신도 이제 어찌할 수 없는 지경에 이르렀다. 이집트는 이스라엘을 구석으로 몰았고, 이스라엘은 아랍세계가 총공세를 펼치기 전에 먼저 행동하는 수밖에 없었다. 그는 전쟁이 발발한 후 48시간 안에, 전차 400대를 보유한 최정예 샤즐리Shazli 여단과 이집트군 4기갑사단이 에일라트를 봉쇄하고 요르단군과 조우하려는 계획을 갖고 있다고 주장했다.

아밋에 따르면 이집트군은 가자지구 부근 이스라엘 정착촌 세 곳을 포격했다. 같은 시각 이집트 전투기들이 이스라엘 영공을 침범했다. 그러나 이집트 육군은 아직 국경을 넘고 있지 않았다. 아밋은 이스라엘 정부가 이집트와의 전쟁 시 '강구할 수 있는 모든 방법을 동원'하겠다는 결론을 이미 하루 전에 내렸다고 말했다. 그리고 그는 미국인들이 가장 좋아하는 논리를 설파했다. 냉전논리였다. 아밋에 따르면 나세르는 소련과 힘을 합쳐 터키와 이란을 공산주의 진영으로 넘어오게끔 하려는 중이었다. 한마디로 중동판 도미노 이론이었다. 이것은 1960년대 미국이 가장 쉽게 이해할 수 있는 언어라 해도 과언이 아니었다. 아밋은 이제 나세르를 무너뜨릴 때가 왔고, 그럴 경우에만 중동은 안정을 찾을 수 있다는 말로 쐐기를 박았다.

아밋은 이미 두 시간 전에 이스라엘이 공중에서 승리했다는 것을 알고 있었다. 그리고 그는 이제 당당하게 미국을 나무랐다. 훗날 바보르는 아밋의 태도를 '거리낌 없이 솔직했다'고 표현했다. 바보르는 당시 미국과 이스라엘의 동맹을 굳건히 하는 게 자신의 사명이라고 믿고 있었다. 아밋은 미국이 이스라엘을 통제하려고 한 바람에 이스라엘 육해공군이 이제 더 어려운 전쟁을 치를 수밖에 없게 됐다고 주장했다. 아밋의 주장은 터무니없는 소리였다. 이날 오전 이스라엘은 이미 유례없는 승리를 거두고 있었다. 아밋은 미국이 이스라엘의 승리를 모르고 있어야 한다고 생각했다. 그래야 미국으로부터 정치적, 금전적, 군사적 지원을 받을 수 있고, 미국은 소련을 견제할 게 분명했기 때문이다.

대화 도중 사이렌이 울렸다. 해리 맥퍼슨이 "방공호로 가야 하냐"고 물었다. 아밋은 손목시계를 보더니 "그럴 필요 없다"고 말했다. 다음 날 가자 국경을 방문한 맥퍼슨은 그늘 밑에 지친 채 잠든 이스라엘 병사들을 보았다. 그와 동행한 한 대령은 이들이 지칠 만도 하다고 말했다. 대령은 "병사들이 일요일 오후부터 지금까지 쉬지 않고 달려왔다"고 말했다. 맥퍼슨은 이들이 이집트의 '공격'이 있기 12시간 전에 이미 이곳에 도착했음을 직감했다.

정보망을 갖추지 못한 다른 나라 정부는 사태 파악을 하는 데만 몇 주가 걸렸다. 전쟁이 끝난 뒤 6월 말, 어느 외국인 무관은 이스라엘 공군참모총장 호드에게 이스라엘이 어떻게 기습 공격을 받고도 그리 잘 대응했냐고 물었다.[97] 그토록 파괴력 높은 반격을 준비하려면 적어도 6개월은 걸리지 않겠냐는 것이었다. 호드는 그에게 친절히 답변했다. "귀하의 생각이 정확합니다. 하지만 우리는 6개월이 아니라 18년 6개월을 준비했지요."

워싱턴DC, 0430

워싱턴은 서서히 잠에서 깨어나고 있었다. 04시 30분 월트 로스토 국가안보보좌관은 대통령을 깨울 준비를 했다.[98] 미국은 전쟁이 발발했다는 소식을 통신사 기사를 보고 처음 알았다. 백악관 상황실 야간당직자가 기사를 본 뒤 02시 50분에 로스토에게 전화를 걸어 그를 깨웠다. 로스토는 확인되면 다시 전화하라고 잠에서 덜 깬 목소리로 지시했다. 5분 후 다시 전화가 와 확인됐다는 말이 전달됐다. 로스토는 03시 20분 무렵 백악관에 도착했다. 그는 러스크 국무부장관에게 전화를 걸었다. 장관 또한 이미 사무실에 있었다. 러스크는 1시간 정도 기다렸다 내용이 조금 더 들어오면 대통령을 깨우자고 제안했다. 04시 35분 로스토는 대통령에게 전달할 사항을 메모지에 휘갈겨 쓴 뒤 존슨의 침실에 전화를 걸어 지금까지의 상황을 전달했다. 존슨은 거의 아무 것도 묻지 않았다. 전화가 끝날 무렵 그는 로스토에게 고맙다는 말만 건넸다. 로스토는 평상시와 다를 바 없는 아주 평범한 대화라는 생각이 들었다. 상황실에서는 중동과의 시간차로 잠시 혼란이 일었다. 카이로가 현지시각 09시 00분에 공격을 당한 건가, 아니면 08시 00분에 당한 건가? 대통령 참모진은 카이로와 텔아비브가 지금 몇 시인지 파악하느라고 잠시 혼란에 빠졌다.

워싱턴 시각으로 06시 15분 로스토는 대통령과 다시 대화를 나눴다. 이쯤엔 국가안전보장국National Security Agency으로부터 꽤 정확한 군사정보가 들어왔다. 수에즈 운하와 시나이에 있는 '적어도 다섯 개'의 공군기지가 '더 이상 이용 불가능하다'는 보고가 들어왔다. CIA에 따르면 "이스라엘은 자국이 가진 공군기지와 핵심시설이 더 취약했던 만큼 이집트 공군에 대한 발 빠른 타격을 전쟁 계획상 최우선과제로 삼았다."[99]

존슨은 여전히 침실에서 전화로 로스토 및 기타 참모진의 보고를 받았다.[100] 그는 외교 정책의 원로들을 불러들이라고 로스토에게 지시했다. 가장 먼저 온 사람은 케네디의 측근 참모 중 하나였던 맥조지 번디McGeorge Bundy였다. 번디는 로스토 대신 중동 정책을 책임지고 조율하기로 했다. (로스토는 베트남전에 집중하라는 지시를 받았으나 사실상 중동에도 깊이 관여했다. 훗날 백악관은 로스토가 유대계라 손을 떼야 했다는 의혹을 부인했다.) 해리 트루먼Harry Truman 정부에서 국무부장관을 역임했던 딘 애치슨Dean Acheson과 냉전 초부터 미외교정책에 깊게 관여했던 클라크 클리퍼드Clark Clifford도 참여했다. 번디는 국가안전보장회의 특별위 상임이사로 임명됐다.[101] 러스크가 이 위원회 의장이었다. 1961년 쿠바 미사일 사태*를 다뤘던 상임위 '엑스콤ExCom : Executive Committee'이 되살아 난 것이나 다름없었다. 엑스콤처럼 이들은 백악관 지하 비상상황실에 놓인 커다란 탁자에 둘러앉아 일을 시작했다.

카이로, 1030

텔레비전 센터에 일군의 외신기자들이 몰려들었다.[102] 텔레비전 센터는 세련된 굴곡의 최신식 고층 건물 안에 있었고, 기자들이 머물고 있는 힐튼 호텔에서 몇 블록 떨어져 있지 않았다. 시민들도 이미 이곳에 몰려와 있었다. 캐나다 〈CBC〉 방송국 기자 론 체스터Ron Chester는 "드디어 이스라엘과 한판 붙는군"이라는 말을 들었다. 기자들은 인파를 뚫고 안으로 들어갔다. 《새터데이 이브닝 포스트》의 트레버 암브리스터는 '뚱뚱하기만 하고 전문성은 없는' 이집트 수석 공보관 카말 바크르Kamal Bakr가 군사통지문 1호를 게시판에 붙이는 모습을 보았다.

"이스라엘이 오늘 아침 카이로를 비롯한 통일아랍공화국(이집트)에 공습을 가했다. 통일아랍공화국 전투기가 적에 맞서고 있다."

10시 20분 붙은 군사통지문 2호는 이집트군이 텔아비브에 공습을 시작했다는 이스라엘 방송의 보도를 인용했다. 10분 후 전신 수신기를 통해 〈중동통신Middle East News Agency〉의 보도가 흘러들어왔다. 이스라엘군이 전투

---

* **쿠바 미사일 사태** 1959년 공산정권이 등장한 쿠바에 소련이 핵탄두미사일을 설치하려 하자 미국 측이 미사일을 싣고 쿠바로 향하던 소련 선박을 해상에서 봉쇄하며 촉발된 위기. 1962년 10월 22일부터 11월 2일까지 발생한 이 사태 중 소련은 선박을 철수시키고 쿠바에 배치했던 핵탄두미사일도 철수했다. 대신 미국은 소련 부근에 배치한 미사일을 철수했다. 그 후 미국과 소련은 핫라인 설치에 합의했다.

기 23대를 잃었다는 내용이었다. 순간 장내는 아수라장이 됐다. "이스라엘 전투기 23대"라고 누군가 외쳤다. "이스라엘 전투기가 23대나 격추…."

미국 외교관들은 거리에 "흥분과 박수 소리가 넘쳤다"고 보고했다.[103] "팔레스타인으로 돌아가 텔아비브에서 만나자"는 애국주의 노래가 라디오에서 흘러나왔다. 누구도 전투기가 어디에 떨어졌는지 알고 싶어 하지 않았다. 하늘은 맑고 조용했다.[104] 대공포 화염 때문에 생긴 연기만 솟아올랐다.

군에서는 계속 거짓말을 흘려보냈다. 〈카이로 라디오〉는 이를 그대로 보도했고 카말 바크르도 거짓이 담긴 군사통지문을 계속 게시했다. 11시 10분 바크르는 23대가 아니라 42대의 이스라엘 비행기가 격추됐다고 했다.[105] 그는 이집트군이 단 1대도 잃지 않았다고 자랑스레 발표했다. 군사통지문은 '시간이 지날수록 표현의 강도가 강해졌다.' 새로운 통지문이 게시판에 붙을 때마다 함성과 환호가 터져 나왔다. 분명 아랍세계는 승리하고 있었다. 《르몽드Le Monde》지의 에릭 루로Eric Rouleau는 거리로 나가보았다.[106] "우리는 보기 드문 환희를 목격했다. 대공 사이렌이 울리고 대공포 소리가 들리는 와중에도 모두가 거리에 나와 소리쳤다. '나세르, 나세르, 우리는 당신을 믿습니다. 나세르, 나세르, 이집트를 끝장내세요.' …적기가 떨어졌다는 소식이 확성기에서 나올 때마다 사람들은 서로를 부둥켜안고 환호했다."

흥분한 군중을 카메라에 담으려는 미국인 기자들이 공격당했다. 실제로 이스라엘 비행기 1대가 대공포에 맞아 도심 한가운데 떨어지자 흥분은 극에 이르렀다. 군중이 비행기 주변에 모여들어 나세르의 이름을 연호했다. 그들은 나세르가 1956년 영국과 프랑스에게 굴욕을 안겨줬듯 이스라엘을 무릎 꿇리고 있다고 믿었다.

이집트 의회 의장 안와르 엘 사다트는 기분이 좋아졌다.[107] 그는 이스라엘이 침공했다는 소식을 라디오에서 들을 당시 면도를 하는 중이었다. "좋아, 놈들에게 잊을 수 없는 한 수를 가르쳐주지." 그는 오늘 같은 날 입으려고 준비해둔 정장을 걸치고 군사본부로 직접 차를 몰고 갔다. 그는 이집트군이 승리할 것이라고 굳게 믿었다. 본부 건물 앞에는 소련 대사의 차가 이미 와 있었다. "나는 '우리를 축하해주러 왔군'하고 생각했다. 장교들에게 '어떻습니까'라고 묻자 현재 40대 정도를 격추했다고 답했다. 나는 '멋지군'이라고 답했다."

요르단, 마프락 공군기지, 1150

요르단군은 더 이상 동맹군을 기다리지 않았다.[108] 텔아비브 북부 해안도시 네타냐 공군기지 등을 폭격하러 호커 헌터 16대가 출동했다. 이들은 30분 후 모두 무사히 돌아왔다. 적기 4대를 파괴했다는 보고를 상부에 올렸다. 그러나 이게 그들이 본 전부였다. 이스라엘 공군은 여전히 이집트에 집중하고 있었기 때문이다. 그러나 곧 텔아비브 사령관들은 서서히 다른 곳으로 관심을 돌리기 시작했다. 호드는 '초점' 작전의 다음 대상인 시리아와 요르단을 칠 채비를 서둘렀다.

다마스쿠스, 1200

다마스쿠스에는 아침부터 긴장이 고조됐다.[109] 이집트 공습 소식이 들려오자 민간방위군이 소집됐다. 공항과 부두가 문을 닫았다. 학교마다 여름 학기 시험이 취소됐다. 학생들은 거리를 배회하며 무슨 일이 일어날지 궁금해했다. 궁금증은 오래가지 않았다. 1시간 정도 후 미라주 전투기들이 다마스쿠스 공항을 폭격하기 시작했다. 대공포가 격렬한 화염을 뿜어대며 반격했다. 시리아와 이스라엘 사이 국경은 아직까지 가장 조용한 곳이었지만, 그래도 강력한 포격이 간간이 오고갔다. 여느 때처럼 시리아가 도발하면 이스라엘이 반격하는 식이었다.

이스라엘의 기만술은 계속됐다. 미국은 여전히 이른 아침이었다. 오전 5시. 유엔 주재 이스라엘 대사 기드온 라파엘Gideon Rafael은 미국 대사 아서 골드버그에게 전화를 걸어 이집트군이 네게브를 침공했다고 말했다.[110] 이스라엘 외무부장관 에반은 이스라엘 주재 미국 대사 월워스 바보르에게 전화를 걸어 이집트 지상군이 이스라엘 국경 마을들을 포격하기 시작했다고 말했다. 그는 조국을 위해 거짓말을 하고 있었다. 에슈콜 총리도 마찬가지였다. 그는 존슨 대통령에게 메시지를 보내 "오늘 오전 이스라엘 영토 내 이집트군의 전투와 폭격이 최고조에 이르고 있다"고 말했다.

카이로 군사본부, 1200

시드키 마무드와 아메르는 겨우 카이로 국제공항에 내렸다. 사무실에 도착한 시드키는 파죽지세로 공격하는 이스라엘군에 대한 보고를 들었다. 그는 나세르에게 전화를 걸어 무슨 일이 벌어지고 있는지 즉각 알렸다.[111] 카이로 군사본부로 더 구체적인 피해보고가 들어오면서 재앙의 윤곽이 드러났다. 나세르는 제대로 싸워보기도 전에 진 건 아닌지 불안해했다.

안와르 엘 사다트는 본부 지하로 내려갔다.[112] 아메르 원수가 사무실 중간에 서서 '멍한 눈으로 주변을 둘러보고' 있었다. "좋은 아침입니다"라고 인사를 건넸지만 아메르는 답이 없었다. 다시 "좋은 아침입니다"라고 말하자 아메르가 1분 후에 답했다. 사다트는 불쾌해졌다. 무언가 잘못 된게 분명했다. 다른 장교들에 물어보니 이집트 공군이 출격하기도 전에 완전히 박살났다고 했다. 나세르가 옆방에서 나왔다. 아메르는 미국을 욕하기 시작했다. 나세르는 그에게 말했다. "자네가 미국 국기가 그려진 비행기를 1대라도 보여주기 전에는 나는 미국이 우리를 공격했다는 발표를 할 생각은커녕 자네 말을 믿을 생각도 없네." 그리고 나세르는 밖으로 걸어 나갔다.

11시경 압둘 라티프 보그다디^{Abdul Latif Boghdady} 부통령이 아메르를 찾아왔다.[113] 그는 1948년과 1956년 전쟁에서 공군을 지휘한 바 있었다. 아메르 원수가 바쁘면 다시 찾아오겠다고 말하자 아메르는 호들갑을 떨며 앉으라고 했다. 아메르는 바쁠 게 없다고 말했다. 시나이에 있는 지휘관들이 모든 걸 통제하고 있기 때문이라는 것이었다. 그는 공중전이 끝나면 아예 지휘관이 할 일이 없을지도 모른다고 큰소리쳤다. 보그다디는 자신의 후임자인 시드키 마무드 중장이 분주히 전화를 돌리는 모습을 보았다. 눈에 눈물이 고인 듯했다. 아메르는 그에게 정신 차리라고 반복해 호통쳤다.

"그는 계속 몇 대가 격추됐는지 물었다. 그가 수치를 말하면 압둘 하킴(아메르)은 모두가 들을 수 있게 이를 크게 반복했다. 그런 다음 그는 그럼 왜 화를 내느냐고 물었다. 그러면 시드키는 다시 전화를 걸어 기지가 계속해서 공격당하고 있다는 말을 했다. 시드키는 미국과 영국이 이스라엘을 돕고 있는 게 틀림없다고 말했다. 그렇게 많은 전투기가 쳐들어올 리없었다. 압둘 하킴은 증거를 달라고 했다."

아메르 원수는 강대국이 개입했다는 주장을 필사적으로 옹호했다. 다시금 수에즈 사태가 반복되는 거라면 분명 솟아날 구멍이 있을 것이라고 생각했다. 그는 공포와 환각 사이에서 헤맸다. 군사본부에서 흘러나오는 명령 중 일관된 것은 하나도 없었다. 시나이 병력은 공격해야 할지 아니면 방어해야 할지 전혀 모른 채 이스라엘군에 넋 놓고 당하고 있었다.[114]

자택으로 돌아간 나세르가 전화를 했다.[115] 향후 이틀 동안 나세르는 집에서 나오지 않았다. 그는 비행기 몇 대를 잃었는지 물었다. 아메르는 답변을 회피했다. 나세르가 다그치자 그는 47대가 피해를 입었고 이 중 35대는 그럭저럭 사용할 만하다고 보고했다. 나머지는 수리하면 된다는 말도 덧붙였다. 뻔뻔한 거짓말이었다. 6월 5일 점심 무렵, 이집트는 모든 경폭격기와 중폭격기를 상실했고 전투기도 대부분 파괴됐다.

여론을 주도하면서도 나세르와 너무 가까운 나머지 그의 주구라는 소리까지 들었던 카이로 신문 《알아람》 편집국장 모하메드 하사네인 헤이칼은 누구도 대통령에게 진실을 말할 용기를 갖지 못했다고 훗날 말했다.[116] 헤이칼은 나세르가 전세에 관해 일반 대중과 똑같은 수준의 정보를 군사본부로부터 받았다고 주장했다. 오후 4시에야 진실을 조금씩 알기 시작했고 저녁에야 얼마나 엄청난 사태가 벌어졌는지 깨달았다는 것이다. 그러나 이는 사실이 아니었다. 나세르는 모든 사실을 훨씬 전에 알고 있었다. 살라하딘 하디디Salahadeen Hadidi 장군은 그가 심지어 사건 발생 후 "몇 분 안에 사실을 알았다"고 말했다. 카이로 군사본부는 아메르의 통제 하에 있었지만 나세르도 파우지 장군 등 자기 사람들을 심어놓았다. 나세르가 본부를 방문하는 동안 아메르가 거짓말을 늘어놓았다 하더라도 충성심이 높은 파우지가 나세르에게 진실을 알려주었을 것이 틀림없다.

나세르는 오후 2시경 목격자의 생생한 증언도 듣게 된다. 활주로가 파괴되기 전 파예드 공군기지에 간신히 내린 샤페이 부통령이 시나이 사막에서 차를 몰고 카이로까지 왔다.[117] 오는 길에 그는 불길에 휩싸인 공군기지를 세 곳이나 보았다. 샤페이가 나세르의 자택 문을 두들기자 뜻밖에도 대통령이 직접 나왔다. 현관에 서서 샤페이는 자신이 본 모든 것을 전했다. 나세르는 바로 가서 아메르를 만나라고 말한 뒤 안으로 들어갔다. 샤페이는 '아수라장'이 된 군사본부로 갔다. 아메르는 '완전히 정신이 나간' 듯했다. 그는 밑에서 올라오는 보고도 주의 깊게 듣지 않고 있었다.

적어도 샤페이는 아메르를 만나기라도 할 수 있었다. 외무부장관 마무드 리아드는 오전 내내 아메르와 통화하려고 시도했지만 소용이 없었다. 그나마 아메르의 보좌관 중 한 명과 겨우 연결됐다. 리아드는 군사본부와 외무부 사이에 연락선이 필요하다고 말했다. '공포와 혼란에 휩싸인' 군사본부는 그의 제안을 들은 척 만 척했다. 리아드는 라디오에서 나오는 보도가 맞냐고 물었다. 외무부장관이었지만 그가 아는 것은 군중들이 아는 것과 비슷한 수준이었다. 그도 갈수록 다른 사람들처럼 군사통지문에 의존했지만 이스라엘 비행기가 끊임없이 격추되고 있다는 것 외에 알 수 있는 게 없었다. 그는 향후 외교 전략을 구상하기 위해 정확한 정보가 필요했다. 하지만 결국 그는 나세르에게 전화를 받았고 사태가 파악되자 '그가 살아온 날 중에 가장 큰 충격'을 받게 됐다.

시나이, 1300

이스라엘군의 지휘통제는 일사불란했다. 시나이 지역에서 이스라엘 육군을 지휘한 가비쉬 장군은 소규모 지휘부대와 함께 이동하며 진격을 지휘했다. 필요할 경우 그는 헬리콥터를 타고 현장 사단지휘관을 직접 만나러 갔다. 전쟁 전 그는 대규모 훈련을 벌이며 이집트와의 전쟁을 연습했다. 동원, 배치, 전투, 배식, 탄약, 연료 등 모든 것을 검토하기 위해, 3일 동안 병력 1만 명과 전차 250대를 야전에 투입한 적도 있었다. 아랍세계의 어떤 적과도 싸울 수 있도록 모든 시나리오가 끊임없이 검토됐다. 지휘실과 야전을 오가며 훈련이 이뤄졌고 때로 지휘차량 일부를 적기갑부대로 둔갑시켜 훈련했다. 지나치다 싶을 정도의 훈련 덕에 한 병사는 가비쉬에게 이미 전에 시나이에 와본 적이 있는 것 같다는 말까지 했다.

가비쉬와 참모진이 탁자 위에 놓인 지도를 바라보며 작전을 짜는 동안, 아메르 원수는 지푸라기라도 잡는 심정으로 분주히 전화를 돌렸다. 가비쉬는 사단지휘관뿐 아니라 일선 부대와도 바로 통화할 수 있었다. 한 신문기자[118]가 하루 종일 그를 따라다녔다.

"전쟁 소리가 무전기에서 흘러나왔다. 포격하는 전차들, 지뢰밭을 지나는 소리, 저항군과의 육탄전, 모래에 빠진 보병들… 장군은 남부 지휘관과 통화하길 원했다. '누구지… 자네 어디인가… 적을 만났나? … 좋아, 더 이상 다가가지 말게. 놈들이 올 때까지 기다렸다가 바로 반격하라고.'"

가비쉬는 라빈과도 끊임없이 연락하며 공중 지원을 요청했다. "적이 다가오고 있습니다… 비행기 몇 대만 보내주시면 제거할 수 있을 것 같습니다. 아군에게 도움이 될 겁니다."

가비쉬의 병력은 잘 조직되어 있었으며 기동성도 뛰어났다. 반면 이집트군은 시나이에 각기 다른 지휘부를 2개나 두고 있었다. 살라 무신 대장은 비교적 잘 조직된 육군 동부사령부를 맡고 있었다. 그들은 지형을 잘 알았고 공격과 방어 계획 또한 수립하고 있었다. 그러나 전쟁 발발 직전 아메르는 무신이 능력이 충분치 않다고 생각했다. 그는 그를 해임하는 대신 그가 아끼는 무르타기 대장의 지휘를 받는 새로운 시나이 본부를 세웠다. 무르타기에게는 병력도 없었고 시나이 지휘관으로서의 경험도 없었다. 그가 무신의 동부사령부와 어떠한 관계인지는 한 번도 명확히 규정된바가 없었다. 모든 전투병력은 무신 아래 있었다. 아메르 원수는 전쟁이 발발하기 전 일종의 예비 본부를 무르타기 지휘 아래 둔 것이라고 설명했다. 그는 전쟁이 나면 측근들을 데리고 시나이로 옮기는 데 필요한 48시간 정도는 충분히 있을 것이라고 생각했다. 서로 다른 본부가 존재하는 바람에 이집트 전투부대는 더 빨리 붕괴했다. 두 장군은 서로 다른 작전으로 아메르를 설득하려고 경쟁적으로 그에게 전화를 걸었다. 동료 장군끼리 싸우는 모습을 지켜본 다른 이집트군 장군들은 절망에 빠졌다. 전쟁이 끝난 뒤 무르타기는 자신의 역할과 지휘가 불필요했다는 점을 인정하고 사의를 표명했다.

또 다른 문제는 나세르가 전쟁 직전 '카헤르Qaher 작전'을 취소했다는 점이다. 이집트군이 오랜 시간에 걸쳐 구상한 이 작전은 이스라엘군을 시나이 중부로 유인한 뒤 잘 준비된 두 방어진지 사이로 몰아 섬멸하자는 것이었다. 진지가 완전히 준비된 것은 아니었지만 군사적인 관점에서 봤을 때 꽤 쓸모 있는 계획이었다. '카헤르 작전'은 이스라엘군을 유인하는 차원에서 어느 정도 영토를 희생한다는 것을 전제로 했지만, 나세르는 이를 받아들일 수 없다고 막판에 판단했다. 그는 전진 방어를 주문했다. 이집트 육군은 방어 진지를 만들고 있어야 할 시점에 다시금 군을 재정비하고 재배치하느라 혼란에 빠졌다.

이스라엘은 이집트군의 무능력을 효율적으로 활용했다. 운이 좋은 이집트군 투폴레프 전폭기 6대가 공습을 피해 이륙하는 데 성공했다.[119] 우방국인 수단 공군기지에 내리자는 제안이 무시되자 이들은 룩소르에 착류했다. 통신을 감청한 이스라엘군은 헤르츨 보딘저 등을 보내 이미 그곳에 있던 안토노프 8대와 함께 이들을 파괴했다.

이제 중동에 있던 서방인들은 신변에 위협을 느끼기 시작했다. 리비아에서는 벵가지에 있는 미국 대사관이 공격을 받았다.[120] 외교관들은 서류를 태웠고, 얼마나 급했는지 암호화도 하지 않은 채 전신을 보냈다.

"폭도 대사관 진입. 전원 지하실 대피. 폭도 막기 위해 최루 가스 투척."

2시간 정도 지난 후 이들은 조금 차분해진 목소리로 영국군이 도착했다고 보고했다.[121]

"파일 소각 완료. 임무 수행 완료 재차 확인."

예멘에서는 대사관 습격 소식이 들리자 예멘과 이집트 병력이 사나Sanaa 소재 미국 대사관을 에워쌌다.[122] 이집트 기갑차 2대가 대사관 진입로에 배치됐다. 민족주의 군가가 라디오에서 흘러나왔다. 무기를 들라는 촉구도 있었다. 남부 이라크 바스라Basra에서는 군중이 미국 외교관 건물에 쳐들어가 내부를 산산조각 냈다.[123] 당국이 나서서야 사태가 진정됐다.

텔아비브 군사본부는 여전히 이집트 육군의 반격을 우려했다. 군사정보본부장 아하론 야리브는 13시 00분에 라빈에게 "샤즐리의 군이 네게브를 가로지르려 할 가능성을 예의주시해야 한다"고 말했다.[124] 사드 엘 샤즐리Saad el Shazli는 43세 소장이었다.[125] 그는 전차 대대 1개, 보병 대대 1개, 특전사 대대 2개, 그리고 병사 1,500명을 거느리며 이스라엘군에 적지 않은 불안을 초래했다. 하지만 샤즐리도 다른 사령관들과 마찬가지로 급히 부대로 복귀하는 중이었다. 그도 아메르 원수를 만나러 헬리콥터를 타고 파예드 공군지기로 갔기 때문이다. 이스라엘군 덕에 '멋진 재회'는 취소됐고 그는 오후 3시가 돼서야 부대로 복귀했다. 카이로에서는 여전히 아무런 지시도 없었다. 그의 부대는 2번 공습을 당했지만 피해는 미미했다. 그는 카이로에 연락을 취해봤지만 아무런 응답도 없었다. 샤즐리는 국경을 넘어 이스라엘 영토 안으로 부대를 살짝 이동시켰다. 이곳에 L자 모양으로 주둔한 그의 부대는 비교적 공습으로부터 안전한 위치에 자리를 잡았다. 부대는 6월 7일 정오까지 이곳에 머물렀다. 여전히 카이로에서는 아무런 명령도 내려오고 있지 않았다. 샤즐리는 부대를 사막으로 이동시켰다간 이스라엘 공군의 밥이 될 것이라고 생각했다. 그는 어떠한 행동도 독자적으로 하지 않기로 결심했다.

요르단 마프락 공군기지, 1230

이흐산 슈르돔은 여전히 조종복을 입은 채 전투기 옆 참호에서 대기했다.[126] 네타냐 공습에 참가하지 못한 그는 레이더에 나타난 점들을 공격해도 좋다는 허락을 받지 못해 분해하고 있었다. 그는 이 점들이 탄약과 연료를 소진한 채 부대로 복귀하는 이스라엘 전투기들이라고 확신했다. 그가 옳았다. 라디오에서는 오전 내내 아랍이 이기고 있다는 보도가 흘러나왔다. 보도는 카이로에서 시작돼 지역 방송에서 다시 과장되어 전달됐다.

"한 동료가 우리가 이 전쟁에서 처절하게 지고 있다고 말했다. 나는 그에게 왜 그렇게 생각하냐고 물었다. 그는 '왜냐하면 이스라엘이 갖고 있는 미라주 전투기보다 두 배 이상이 격추됐다고 보도되고 있으니까'라고 답했다."

참호 내 야전 전화기가 울렸다. 출격하라. 이스라엘 공군이 접근 중이다. 슈르돔은 밖으로 뛰어나왔다. 20야드 떨어진 그의 호커 헌터는 출동 준비를 갖추었다. 그는 직감적으로 일단 이륙하고 봐야겠다고 생각했다. 그렇지 않으면 제트기는 엔진이 달린 알루미늄 관이나 다름없었다. 슈르 돔의 헌터기는 지상군 지원용 로켓 24개를 장착하고 있었다. 그러나 그는 이스라엘 제트기와 공중전을 벌여야 했다. 그는 이륙 즉시 로켓을 모두 발사해 털어버렸다. 주위를 둘러보자 이스라엘 제트기가 활주로에 접근 하고 있었다. 그는 영국에서 배운 기술을 떠올렸다. 적기가 총구 앞에 올 때까지 기다리는 일명 '가위질'과 '스피드 브레이크' 기술이었다. 그는 능숙하게 비행기 플랩을 조종했고 태양을 이용해 적기 눈에서 사라지는 법도 알고 있었다. 그러나 무엇보다 중요한 것은 먼저 적기를 발견하는 것이었다. "그럴 경우 유리한 고지에 선다. 높이 올라갔다는 것은 움직임 을 먼저 시작했다는 뜻이다… 공중전투는 단 1분 안에 결정된다."

슈르돔은 이스라엘 미스텔 2대를 격추시켰다. 하나는 기지 위에서 폭 발하고 다른 하나는 북쪽에 떨어졌다. 이스라엘은 여전히 마프락에서 단 1대의 미스텔만을 잃었다고 주장했다. 나머지 1대는 상당한 손상을 입은 채 겨우 귀대했다고 한다. 슈르돔 외 다른 요르단 조종사도 2대 혹은 그 이상을 격추시켰다.

활주로에선 네타냐를 폭격하고 돌아온 전투기들이 연료를 주입하며 재 무장하고 있었다.[127] 예전에 이미 전투기들을 여러 사막 활주로에 분산 배 치시키자는 계획이 만들어진 적이 있었다. 그러나 이날 아침에는 모두 흥 분해서 누구도 이 계획을 떠올리지 못했다. 정비공들조차 라디오 보도에 만 귀를 기울이고 있었다. 그들은 이스라엘이 전투기를 너무 많이 잃어 과연 이곳을 공격할 힘이나 남았을까 의심스러웠다. 이스라엘 공군이 나 타나자 그들은 폭탄이 떨어질 때까지 아군 비행기라고 믿었다. 요르단은 전투기를 보호할 방공호를 설치하지 않았다. 대부분 호커 헌터기는 지상에서 그대로 파괴됐다. 1시간 전 네타냐 공습을 마치고 돌아온 비행중대 지휘관 피라스 아즈루니Firass Ajlouni 소령128은 헌터기를 타고 슈르돔과 합류하려 했다. 그러나 그는 이륙하던 중 기관포를 맞고 즉사했다. 뒤를 따르던 조종사는 이스라엘이 활주로를 맹폭격하는 바람에 밖으로 뛰어내려 참호로 들어갔다. 단 몇 분 만에 요르단이 운영하는 유일한 전투기 기지가 박살났다.

슈르돔의 비행기는 두 번째 전투에서 꼬리 날개에 총격을 당했다. 그는 비행기 균형을 확인하기 위해 일정한 속도로 느리게 날기 시작했다. "'꼬리를 잘 봐. 저속 검사를 할 생각이네'라고 나는 대장 호위기에게 말했다. '안 무섭나?'라고 대장 호위기가 물었다. 나는 '당연히 무섭지'라고 답했다."

헌터기가 손상을 입은 건 분명했다. 착륙을 하려고 했지만 마프락 기지는 불길에 휩싸여 있었다. 비행 시 그는 영어로 무전통신을 했다. 이번에도 그는 영어로 "활주로가 사용 가능한가?"라고 관제소에 물었다. 그렇다는 답변이 들려왔다. 잘 이해할 수 없는 억양이었다. 슈르돔은 의심을 하기 시작했다. 저렇게 공습을 당하고 어떻게 활주로가 사용 가능하다는 것인가? 슈르돔은 다시금 확인을 요청했다. 같은 답변이었다. 슈르돔은 자신이 부대에서 키우는 개 이름이 뭐냐고 물었다. 마프락 기지에서 그가 키우는 강아지 이름을 모르는 사람은 없었다. 라디오에 정적이 흘렀다. 슈르돔은 바로 암만으로 향했다. 그는 이스라엘군이 자신을 속이려 하는 게 분명하다고 생각했다.

카이로, 1345/요르단 군사본부, 1245

나세르는 그의 빌라에 있는 집무실로 돌아왔다. 이곳에서 그는 많은 일을 처리하곤 했다. 그는 전쟁이 시작된 이후 처음으로 요르단 왕 후세인에게 전화를 걸었다. 그는 이미 이집트 공군에 무슨 일이 일어났는지 알았지만 요르단에 알리진 않았다. 아메르와 마찬가지로 그도 진실을 이야기하지 않았던 것이다.

"이스라엘이 우리 공군기지를 폭격했고, 우리도 그들의 기지를 폭격해 보복했습니다. 우리는 네게브에서 총공세를 시작했습니다."[129]

그리고 그는 왕에게 최대한 많은 영토를 장악할 것을 부탁했다. 저녁에 유엔안전보장이사회가 전쟁을 중단시키려 할 것이라는 소문 때문이었다. 후세인은 이스라엘 공군과 육군이 이집트에 얼마나 큰 손상을 입혔는지 여전히 알지 못했다. 전쟁이 끝나고 그는 한 번도 자신을 속였다고 나세르를 공개적으로 비난하지 않았다. 1년 뒤 왕의 개인 비서가 증언한 바에 따르면, 요르단은 나세르가 거짓말을 한다는 것을 너무 늦게 알았다. 나세르가 자국 공군이 파괴된 것을 알면서도 왕에게 더 많은 병력을 투입해 달라고 요청한 것을 두고 하는 말이었다.[130]

예루살렘에서는 전투가 격화되고 있었다. 이집트가 도움을 요청했으므로 요르단군은 예루살렘에서의 전투 계획을 포기했다. '타릭Tariq'이라 불린 이 작전은 서예루살렘을 두 방향에서 동시에 공격하는 것이었다.[131] 요르단은 보병 여단 9개, 독립 기갑 여단 2개로 이뤄진 작은 육군으로는 630 킬로미터에 걸친 이스라엘과의 휴전선을 방어할 수 없다고 판단했다. 타릭 작전은 유대인이 거주하는 서예루살렘을 장악해 휴전을 얻어내고 이스라엘이 획득한 영토를 토해내도록 하자는 것이었다. 1949년 이후 요르단 전쟁 계획의 핵심을 이룬 타릭 작전은 이렇게 쉽게 폐기됐다.

　카이로에서 온 전신에 따르면 이집트군 1개 사단이 베르셰바를 공격하러 네게브 사막으로 진격하고 있었다. 요르단 육군을 지휘한 이집트인 장군 리아드는 이게 순전히 아메르의 상상이라는 것을 깨닫지 못했다. 요르단에 있는 누구도 시나이에서 무슨 일이 벌어지고 있는지 제대로 알지 못했다. 암만 군사본부에 있는 일부 요르단 장교들은 타릭 작전이 취소된 것에 대해 이집트군에 강력히 항의했다. 작전본부장 아테프 마잘리Atef Majali 장군은 금방이라도 방에서 뛰쳐나갈 것 같았다. 그러나 왕의 신임을 받고 있던 리아드가 결국 최종 결정권을 행사했다. 60기갑여단이 헤브론을 향해 남쪽으로 이동하는 동안 40기갑여단은 빈 예리코 부근을 메우러 서안지구 북부로 이동했다. 이집트는 시리아군이 기갑여단을 보내 40여단 뒤를 따라줄 것을 요청했다. 서류상으로 봤을 때는 꽤 쓸 만한 작전이었다. 리아드는 당시 요르단과 이집트, 그리고 심지어 이스라엘에서도 이집트군에서 가장 능력 있는 지휘관 중 한 명으로 평가됐다. 요르단의 문제는 아메르의 정보가 상상의 산물이라는 것이었다. 또한 시리아는 형편없는 훈련 덕에 서안지구로 병력을 보낼 능력도 없었고, 후세인 왕의 병력을 지원할 마음도 없었다.

암만, 1310

슈르돔과 그의 동료 둘이 암만에 착륙하자마자 또 하나의 이스라엘 전투기 떼가 활주로로 몰려들었다. 이스라엘 공군은 맹폭격을 가했다. 요르단 조종사 하난 나자르Hanan Najar는 손에 총을 맞았다. 슈르돔은 헌터기 기관총에 설치된 카메라에서 필름을 뽑아 참호로 숨었다. 공습은 2시간 반 동안 진행됐다. 요르단 공군은 이제 거의 모든 전투기와 활주로를 잃었다. 프랑스제 알루엣 헬리콥터 2기만 남았다. 왕궁도 공격을 면치 못했다. 왕후세인의 측근인 지아드 리파이에 따르면, 이스라엘은 왕의 집무실에 직접적으로 사격을 가했다. 폭격으로 책상 뒤 벽과 왕의 의자가 갈기갈기 찢어졌다.[132]

예루살렘, 1330

1948년 동예루살렘의 문턱에서 패배를 당한 후, 우지 나르키스 장군은 예루살렘을 점령할 기회만 꿈꿔왔다. 그는 요르단 진격을 승인해달라고 강력하게 요청하며 '흥분을 가라앉히지 못했다.'[133]

"위대한 순간이 다가왔다."

나르키스는 동료들과 합세해 작전본부장 에제르 바이츠만 장군을 설득했다. "요르단에 멋지게 한 방 먹일 수 있는 엄청난 기회가 온 것입니다. 놓쳐선 안 됩니다."

나르키스는 오전 내내 거절만 당했다.[134] 그러나 요르단은 곧 그가 필요로 한 명분을 선사했다. 〈라디오 암만Radio Amman〉은 12시 45분에 스코푸스 산이 요르단군에 의해 점령됐다는 오보를 냈다. 그 후 요르단군은 예루살렘 유엔본부가 있는 총독 관저에 2개 대대를 보내 어설픈 공격을 펼쳤다. 나르키스는 '하늘에서 선물이 내렸다'고 생각했다.

유엔의 오드 불 장군은 이 모든 상황을 지켜봤다. 그의 인생에서 '가장 깜짝 놀란 사건 중 하나'가 벌어지고 있었다. 요르단 병력이 총독 관저로 밀고 들어오고 있었다. 이 건물은 영국 정부가 팔레스타인에 남긴 유일한 공공시설이었다. 당시 고등판무관이 주재하던 이 석조 건물은 서예루살렘이 내려다 보이는 야벨 무카베르Jabel Mukkaber 언덕 위에 있었다. 이 건물은 정전협정에 따라 유엔 영토이면서 누구도 침범해서는 안 되는 비무장지대였다. 건물 안에 가족을 둔 유엔 장교들은 격렬한 항의 끝에 요르단 병력을 건물 밖으로 몰아냈다. 요르단군은 대신 주변 숲에 머무르기로 했다.

정전협정에 따르면 요르단과 이스라엘은 예루살렘 내에 전차를 들여올 수 없었다. 이스라엘군은 행정구역 바로 밖에 전차 대대 1개를 배치해두었다. 정전협정을 어기고 비밀리에 예루살렘 안에 들어와 있는 전차도 몇 대 있었다. 담당 지휘관은 1948년 전쟁에 참여한 아론 카메라Aaron Kamera였다.[135] 그는 영국에 저항할 당시 스스로를 "테러리스트"라 칭했다. 사이렌과 총격이 들리자 그는 독자적으로 예루살렘에 전차를 진격시키기로 결정했다. 그는 이 지역에서 운전 교습 강사로 일했기 때문에 웬만한 사람은 그를 알고 있었다. 그가 이끄는 전차들이 이스라엘령 예루살렘을 향해 이동하자 주민들은 담배와 케이크를 던져주며 환호했다. 카메라를 본 보험 회사 직원은 사무실로 달려가 즉석에서 생명보험증서를 선물했다. 카메라는 신시가지 중심 군사본부로 이동했다. 이곳에는 러시아 황제가 자국 순례자들을 위해 성벽 밖에 지은 숙소가 있었다. 카메라는 명령을 기다렸지만 정전이 선포됐다는 얘기를 듣고 좌절했다. 전차를 섣불리 들여왔더라면 하마터면 곤란한 입장에 놓일 뻔했다. 그러나 이날 아침 선포된 여러 정전과 마찬가지로 이는 오래가지 못했다. 요르단이 총독 관저로 진격했다는 얘기를 들은 카메라는 다시 전차 부대를 움직여 진격하라고 명령했다.

낙숀 정착촌, 1400

일군의 이스라엘 남성들이 낙숀 정착촌 관찰대 안에 앉아 국경 너머 라트룬 진지를 보고 있었다.[136] 그들은 요르단 박격포 진지가 폭발하는 모습을 지켜보았다. 맑은 여름 하늘에 천둥처럼 무거운 폭발음이 들려왔다. 남성들은 라디오를 항시 켜두고 뉴스에 귀 기울였다. 모든 전선에서 전투가 시작됐다는 소식이 들렸다. 남자들은 〈이스라엘의 소리 Voice of Israel〉와 〈카이로 라디오〉의 히브리어 방송을 번갈아 들었다. 허풍은 격해지고 있었다.

"죽음이 검은 옷을 입고 오늘밤 당신들을 찾아갈 것이오…."

남자들은 약간 떨리는 목소리로 웃으며 농담을 주고받았다. 그들은 사실 전쟁이 어떻게 진행되고 있는지 전혀 몰랐다. 씩씩한 척했지만 속으로는 두려웠다.

다마스쿠스, 1415

수도를 지키느라 오전 공습에 참여하지 못한 이스라엘 조종사 우리 길에게 드디어 기회가 왔다. 그는 시리아 남부로 가서 방금 이륙한 미그기들을 요격하라는 명령을 받았다. 그는 미라주 전투기를 이끌고 검은 현무암이 가득한 남부 시리아 상공을 날았다. 지상 관제원이 레이더에 포착된 미그기 위치를 계속 알려주었다. 20마일, 접근 중, 15, 10, 5. 하지만 길과 3명의 동료 눈에는 아무것도 보이지 않았다. 순간 수신기에 경고가 울렸다. 미그기들이 1마일 밖에 있다는 것이었다. 길은 관제단 정보에 문제가 있다는 것을 직감하고 즉시 오른쪽으로 비행기를 틀었다. 불과 600야드 뒤에 시리아 미그기가 그를 노려보고 있었다. 언제 적기가 그곳에 왔는지 알 수 없었다. 2초만 더 있었어도 미그기는 방아쇠를 당겼을 게 분명했다.

길은 누구보다 열심히 공중전을 연습했다. 그는 스스로를 고수라고 생각했다. 하지만 실제 전투는 이번이 처음이었다. 두 전투기는 서로 유리한 위치를 점하기 위해 공중에서 끊임없이 비틀고 돌았다. 길은 흥분하지 않았다. 약간의 행복감도 느꼈다. 드디어 실력을 발휘할 기회가 온 것이다. 1만 피트 상공에서 길은 미그기 항로를 가로지르는 데 성공했다. 1초 동안 두 조종사의 눈이 마주쳤다. 위험스러울 만큼 가까운 거리였다. 길은 미그기 꽁무니에 붙기 위해 속도를 줄였다. 길의 눈에 갈색 가죽 헬멧을 쓰고 있는 적기 조종사의 모습이 보였다. 그는 방아쇠를 당겼다. 그는 미그기 조종사를 죽이며 분노나 증오를 느끼지는 않았다.

"차분히 조준대에 미그기를 올려놓은 뒤 0.5초간 사격을 가했다. 나는 조종석을 맞췄다. 낙하산은 튀어나오지 않았다. 그를 죽였지만 아무런 감정도 들지 않았다. 그는 표적이었을 뿐이다. 나도 마찬가지였다. 내가 오른쪽으로 틀지 않았으면 그도 나를 쐈을 것이다."

전투를 펼치는 동안 길은 아무 소리도 내지 않은 반면 한 동료는 내내 고함을 질렀다. 고함을 지른 조종사 메이어 샤하르^{Meir Shahar}는 후에 시리아 기지에서 발사된 대공포에 맞아 격추당했다. 그와 친형제인 요나단^{Jonathan}도 같은 날 이집트에서 격추당했지만 구조되었다.

전쟁 첫날 이스라엘은 이집트, 시리아, 요르단 공군을 섬멸하고 이라크 공군 대부분을 무력화시켰다. 이스라엘은 전투기 19대를 잃었다. 이는 전력의 10퍼센트에 해당했지만 비율상 1973년 전쟁에서 잃은 것보다 적었다. 이스라엘 조종사 9명이 목숨을 잃었다. 최초 공습을 하러 가던 중 바다에 추락했다고 생각한 아비후 빈눈의 후배 조종사는 살아 있었다. 그는 엔진 연료공급에 문제가 생겨 귀대한 것이었다.

텔아비브, 1430

아바 욧밧Ava Yotvat은 두 딸과 함께 아파트 지하 방공호에 숨었다. 모든 게 잘될 거라고 믿었다. 전쟁이 일어나기 전 몇 주 동안 그녀는 두려움에 시달리며 딸들과 육군 장교인 남편을 걱정했다. 아랍의 선전 구호는 듣기에 끔찍했다. 그녀의 부모는 1927년 네덜란드에서 이주해 왔다. 친척은 모두 아우슈비츠Auschwitz에서 죽었다. 그녀와 비슷한 나이의 이스라엘 여성 중에는 홀로코스트를 경험한 사람이 많았다. 이들은 주로 식량 배급에 의존해 유년기를 보냈다. 그래서인지 욧밧의 집에는 언제나 음식이 가득 채워져 있었다. 그녀는 유대인이 다시 홀로코스트를 경험하리라고는 생각하지 않았다. 그녀는 이스라엘이 전 세계에서 가장 안전한 곳이라고 믿었다. 그런데 요르단 장사포에서 발사된 포탄이 프리쉬만Frishman 거리에 떨어졌다. 아바 욧밧은 두 딸을 양팔로 감은 채 노래를 부르자고 제안했다. 그녀는 '황금의 예루살렘'을 불렀다. 이 곡은 전쟁 중 인기가 높았다. 이웃들도 따라 부르기 시작했다.

이스라엘 55 공수여단137 대원들은 텔 노프 공군기지 활주로 옆 잔디에 누워 있었다. 완전무장한 이들은 노르드-아틀라스 수송기가 나타나 자신들을 전장으로 데려가주길 기다리고 있었다. 이들은 이 임무를 위해 여러 주 동안 연습했다. 그리고 이제 시나이 사막 북동부에 위치한 이집트 도시인 알아리시로 투입될 예정이었다. 지중해 부근에 있는 이 도시에는 상당한 화력을 자랑하는 부대가 있었다. 이스라엘 공수부대는 1956년에 딱 한 번 아리엘 샤론의 지휘하에 낙하 작전을 편 적이 있었다. 미트라 통행로 점령 작전에 참여한 병사들은 낙하산 날개에 빨간 칠을 했다. 텔 노프 공군기지 병사들은 그들도 이러한 명예를 얻을 때가 왔다고 생각했다. 아침에 전투기가 뜨는 걸 지켜본 후 공습이 잘 진행됐다는 소식이 들려왔다. 병사들은 요르단군 155mm 장사포가 텔아비브와 크파르 사바^{Kfar Saba}에 포격을 가하고 있다는 얘기도 들었다. 병사들은 가족의 안위가 걱정됐다.

야전 전화기가 울렸다. 알아리시 진격이 예상보다 빨리 진행되고 있다는 소식이었다. 공수부대는 이제 필요가 없게 되었다. 작전은 취소됐다. 대신 예루살렘으로 향하라는 지시가 내려왔다. 병사들은 실망감을 감출 수 없었다. 낙하산에 빨간 색을 칠할 기회를 잃었을 뿐만 예루살렘에는 전투라고 부를 만한 사건이 벌어지고 있지 않았기 때문이다. 이들은 경찰이나 할 일을 수행하게 될 거라고 생각했다. 아리에 와이너^{Arie Weiner}는 라이벌인 202공수여단이 이미 시나이에서 전투 중이라는 사실 때문에 두 배로 실망했다. 반면 21세의 야코브 차이모위츠^{Jacov Chaimowitz}는 별로 개의치 않았다. "나는 실망하지 않았다. 우리 중에는 늘 험한 말을 늘어놓는 사람들이 있었다. 그들은 훈장을 원했다. 하지만 난 나 자신을 그다지 용맹한 병사라고 생각하지는 않았기 때문에 개의치 않았다."

공수부대원들을 예루살렘으로 옮기기 위해 낡은 마을버스들이 나타났다.[138] 병사들은 갖고 갈 수 있는 모든 장비와 무기를 싣고 올라탔다. 너무 무거운 건 자루에 넣어 나중에 옮겼다. 이들은 어디로 갈지 알려줄 지도조차 갖지 못했다. 대부분 병사는 생전 예루살렘에 가본 적도 없었다. 그들은 연신 불만을 쏟으며 좁은 좌석에 몸을 맡겼다. 20대 초반의 신앙심 깊은 병사인 하난 포랏$^{Hanan Porat}$만 앞으로 무슨 일이 벌어질지 기대감으로 부풀어 올랐다. 그는 드디어 하느님의 뜻을 실천에 옮길 수 있게 됐다고 확신했다. 그는 그의 부대가 1948년에 이루지 못한 예루살렘 점령을 이룰 것이라고 믿었다. 포랏은 20세기 가장 영향력 있는 유대인 중 한 명인 아 브라함 이삭 쿠크$^{Abraham Isaac Kook}$＊의 가르침을 따르는 학교에서 공부했다. 쿠크는 처음으로 시오니즘과 정통 유대주의를 잇는 데 성공한 랍비였다. 쉬운 일은 아니었다. 초기 시오니스트 대부분은 신을 믿지 않거나 종교에 관심이 없었다. 성지에서 자란 정통 유대인들 대부분은 시오니즘을 그저 그렇게 생각했고, 심지어 일부는 적대적이기까지 했다. 그들은 동유럽 이주민의 힘을 빌리지 않고도 유대국가를 세울 수 있다고 믿었다. 쿠크 는 토속 유대인들에게 더 많은 유대민족이 시온에 돌아오게끔 하는 것이 하느님의 뜻이라고 가르쳤다. 하난 포랏은 자신의 부대인 66대대가 예루 살렘에 온 것도 하느님의 뜻이라고 생각했다. 이집트가 시나이로 병력을 이동시키고 있다는 소식이 들린 독립기념일에 포랏은 스승이자 쿠크의 아들인 랍비 즈비 예후다 쿠크$^{Zvi Yehudah Kook}$와 만났다. 그는 포랏을 보며 눈 물을 흘리며 말했다.[139] "우리의 세겜^{Schechem}(나블루스)은 어디에 있는가? 예리코는 어디에 있는지? 우리의 요르단 강은 어디에 있는가?" 포랏과 그 의 학교 친구들은 이제 육군 병사가 되어 잃어버린 땅을 되찾으려 하고 있었다.

포랏에게는 기뻐해야 할 또 다른 이유가 있었다. 그는 예루살렘에서 10 마일 정도 떨어진 베들레헴^{Bethlehem} 부근 유대인 정착촌 크파르 에찌온^{Kfar}

＊ **아브라함 이삭 쿠크** 토라에 관한 최고의 권위자였으며 영국 통치하 팔레스타인에서 가장 지위가 높은 랍비였다. 신앙과 시오니즘을 결합시킨 그는 랍비로서 20세기에 가 장 강력한 영향력을 발휘한 인물이다.

Etzion에서 어린 시절을 보냈다. 1948년 이 땅은 피비린내 나는 전투 끝에 요르단군의 손에 떨어졌다. 마을을 지키던 대부분의 사람들이 죽었고, 이곳은 곧 이스라엘이 나라를 세우고자 흘린 피와 땀의 상징이 되었다. 포랏의 꿈은 예루살렘 작전이 끝난 뒤 어릴 적 살던 집으로 돌아가는 것이었다. 이스라엘군이 동예루살렘을 정복하면 크파르 에찌온도 머지않아 점령되지 않겠는가?

예루살렘, 1450

유엔의 불 장군은 요르단 병력의 철수를 지시할 만한 사람을 찾기 위해 총독 관저 밖으로 나갈 채비를 했다. 갑자기 이스라엘군이 정문을 뚫고 들어오더니 요란한 교전을 펼쳤다. 텔아비브 군사본부에 있던 라빈 장군은 불이 요르단군과 협상을 벌일 수 있도록 작전을 지연시키고 있었다.[140] 그러나 통신이 두절됐다는 소식이 들리며 라빈은 작전을 되돌릴 수 없게 되었다. 병사들의 행동을 막을 방법은 이제 없었다. 공격은 아셰르 드리젠Asher Drizen 중령이 이끌었다. 그가 지휘한 161대대는 서예루살렘에 사는 35세에서 40세 사이의 예비군으로 이뤄진 4개 부대 중 하나였다. 평균 연령이 조금 더 낮은 또 다른 대대가 반격을 위해 대기하고 있었다. 월요일 아침 드리젠은 늦잠을 자고 싶었다. 전날 밤 병사들을 위해 열린 파티에 참석했기 때문이었다. 요르단 병력이 총독 관저에 쳐들어갔다는 얘기를 들은 그는 1마일 떨어진 구舊 영국 앨런비 병영에서 요르단 진영에 박격포를 쏘라고 지시했다.

이스라엘군은 수년간 총독 관저를 점령하는 연습을 했다.[141] 드리젠은 일단 이곳에 2개 중대를 보내고 자신도 곧 뒤따랐다. 이날 예루살렘 여단의 지휘관들은 행동을 먼저 하고 보고를 했다. 총독 관저 장악 계획을 실행에 옮긴 뒤에야 이들은 나르키스가 있는 본부에 보고를 올렸다. 안 그래도 바쁜 나르키스는 지상에서 벌어지는 작은 모험들에 크게 신경 쓰지 않았다. 드리젠은 아론 카메라가 전차를 이끌고 도착하는 것을 보고 빗발치는 총알에도 불구, 공격을 지시했다. (카메라 또한 드리젠 만큼이나 전쟁이 조금 더 빨리 시작되지 못했음을 안타까워했다.) 몇 분 후 정찰대 지휘관이 나타나 이스라엘 진영 지도를 보여줄 것을 요구했다. 혹시라도 아군끼리 공격할 가능성을 줄이기 위해서였다. 드리젠은 그를 우유부단한 자라며 호되게 꾸짖었다. 당장 진격하지 않을 경우 그 자리에서 그를 총살하겠다고 협박했다. 한 정찰대 상병이 앞으로 나섰다. 그는 만약 드리젠이 흥분을 가라앉히지 않으면 칼로 목을 잘라버리겠다고 협박했다. 결국 정찰대는 원하는 지도를 얻었고 공격은 시작됐다. 드리젠이 총독 관저로 병력을 이끌고 들어가자 요르단 병사들은 중기관총과 대전차무기로 무장한 랜드로버 차량을 붙잡기 위해 달려갔다. 드리젠은 지휘차량에 설치된 중기관총을 잡고 랜드로버를 박살냈다. 파편이 그의 팔에 박혔지만 그는 의무병이 준 헝겊으로 오른팔을 싸맨 채 계속 진격했다. 카메라가 지휘하는 낡은 셔먼 전차들은 3대만 빼고 모두 구덩이에 빠져 공격을 진행할 수 없었다. 하지만 요르단군은 이 점을 이용하지 못했다. 야포를 쐈지만 정확히 맞지도 않았다. 일부는 아군 진영에 떨어지기도 했다. 요르단 보병들은 대체로 충실히 싸웠지만 반격의 기회를 잡는 데 실패했다.

제라 엡스타인^{Zerach Epstein}이라는 이스라엘 상병은 혼자 적진을 휘젓고 다니며 요르단군을 소탕했다.[142] 드리젠의 목을 따겠다고 협박한 바로 그 병사였다. "놈들이 참호에서 총을 쏘면 나도 맞서 총을 쐈다. 참호에 수류탄을 던져놓고 나는 열심히 도망갔다⋯ 가로수들 사이에 진입했는데 순간 나무 뒤에서 요르단 병사가 튀어나왔다. 그를 쏘고 다시 달렸다. 누군가 나를 부르는 듯했다. 멈춰서 돌아보니 한 요르단 병사가 2미터 뒤에 서 있었다⋯ 우리는 거의 동시에 방아쇠를 당겼지만 내가 더 빨랐다." 그가 지나간 길에 요르단 병사 9명이 숨진 채 발견됐다.

오후 4시 무렵 이스라엘은 총독 관저의 두꺼운 목제 대문을 폭파했다. "두 시간 동안 두 번이나 침범을 당했다"고 불 장군은 분에 찬 목소리로 말했다.143 "이번에 온 이스라엘군은 우리와 유엔 뉴욕본부와의 통신선을 아예 끊어버렸다."

이스라엘 병사들은 수류탄을 던지고 기관총을 갈기며 건물 안에 적이 남아 있지 않은지 확인했다. 유엔군 장교들이 대피 중인 여성과 아이들이 다칠 수 있다며 강력히 설득한 후에야 이러한 과격한 검색은 중단됐다.

시나이, 아부 아게일라, 1500

아부 아게일라는 시나이 중부로 이어지는 길 위에 있다.144 전차는 사막 어디든 갈 수 있지만 연료와 탄약 없이는 무용지물이나 다름없다. 그렇기에 병참을 위해 길을 확보해야 했다. 사막에서의 전쟁은 도로를 확보하는 전쟁이라 해도 과언이 아니다. 이스라엘에서 30킬로미터 떨어진 아부 아게일라는 시나이에서 가장 핵심적인 교차로 역할을 했다. 이집트군은 1967년 당시 이곳에 요새 4개를 설치하고 철조망과 지뢰밭으로 둘러쌌다. 1956년 전쟁에서 이스라엘군은 아부 아게일라를 빼앗으려 수차례 시도했지만 이집트군이 스스로 퇴각한 후에야 이곳을 얻을 수 있었다. 이스라엘군은 자국 영토로 돌아가기 전 이 지역을 꼼꼼히 측량하고 살펴본 뒤 사진으로 남겨두었다. 그 후 10년간 이집트는 이 지역 방어를 강화했고 IDF는 이곳을 효과적으로 재탈환할 수 있는 방법을 끊임없이 연구했다. 이스라엘군은 주로 야간에 사단급 병력을 동원해 이곳과 비슷한 지형 위에서 화력을 퍼붓는 훈련을 했다. 얼마나 전쟁 준비가 철저했는지 보여주는 또 하나의 예였다.

아부 아게일라의 방어는 움 카테프^{Um Katef}라는 강력하게 요새화된 언덕을 얼마나 잘 지키느냐에 달려 있었다. 300야드에 걸쳐 펼쳐진 지뢰밭 뒤로는 콘크리트 요새들로 이뤄진 참호가 세 겹으로 쌓여져 있었고, 각 참호의 길이는 3마일이나 됐다. 또한 이곳에는 제2사단 병력 약 1만 6,000명이 배치돼 있었다. 이집트군은 전차와 자주포 90기, 중포 연대 6개도 이곳에 몰래 배치해놓았다. 수년간 아부 아게일라 공격을 계획한 샤론은 드디어 때가 왔다고 생각했다. 남부사령부 가비쉬 준장은 공중지원이 가능한 아침까지 작전을 미루자고 제안했다. 하지만 야간 전투를 누구보다 좋아한 샤론은 이스라엘군이 이기려면 야간에 공격하는 수밖에 없다고 믿었다. 늦은 오후께 그의 사단은 아부 아게일라 북쪽과 남쪽으로 이동해 공격 준비를 했다. 밤 10시에 그는 이스라엘군이 지금껏 실행해본 적 없는 강력한 규모의 포격을 지시할 계획이었다.

이스라엘 중부, 람라, 1530

나르키스 장군이 지휘하는 부대는 매우 느린 속도로 예루살렘을 향해 이동했다.[145] 나르키스는 그의 꿈을 이루고 있었다. 이스라엘군과 요르단군

사이에 드디어 교전이 벌어졌다. 총독 관저는 이미 점령됐고 나르키스는 전차부대를 보내 예루살렘 북서부를 가로지르는 산자락을 공격했다. 정예공수부대원들이 예루살렘 공격에 참여하기 위해 오고 있다는 소식도 있었다. 그는 드디어 1948년 이루지 못한 동예루살렘 점령의 꿈을 이룰 수 있게 됐다고 생각했다. "나는 기쁨에 사로잡혔다. 세 방향에서 이뤄진 진격이 하나의 거대한 파도가 되어 예루살렘을 뒤덮고 적을 완전히 몰아낼 것이었다."

워싱턴DC, 0715

미국의 거대한 오각형 건물 펜타곤. 이곳에 있는 로버트 맥나마라 국방장관 사무실로 전화가 걸려왔다. 전쟁상황실 당직 장교(보통 장군이나 제독이 맡는다)로부터 온 전화였다.

"장관님, 코시긴Alexei Kosygin*이 직통선을 이용해 대통령과 통화하고자 합니다. 뭐라고 대답할까요?"

쿠바 미사일 사태 직후 미국과 소련은 직통선을 두기로 합의했다. 양측에 각각 미국산과 소련산 전신 장비가 놓였다. 1963년 설치된 이후 드디어 처음으로 실제 위기 상황에서 사용되고 있는 것이었다. 맥나마라는 당

---

* **알렉세이 코시긴** 1964~1980년까지 소련 총리를 역임. 젊은 시절 러시아 내전에 적군 Red Army으로 참가했다. 스탈린의 죽음 후 한때 해임되었다가 1956년 다시 부총리에 임명되었다. 1964년 흐루시초프 해임과 함께 총리에 취임하였다. 경제건설에 이윤개념을 도입하는 등 괄목할 만한 경제개혁을 추진한 그는 1969년 베이징에서 저우언라이周恩來와도 회담했다. 외교정책에 있어서는 대체로 온건주의자로 분류됐다.

직 장교에게 '코시긴은 대통령과 이야기하길 바라는데 왜 내게 전화했느냐'고 물어보았다. "그게 말입니다" 당직 장교가 말했다. "직통선이 펜타곤까지만 연결돼 있습니다."

맥나마라는 핵전쟁 같은 위기에 대처하기 위해 두 초강대국이 설치한 이 직통선이 백악관으로 연결돼 있지 않다는 사실을 깨닫고 경악했다.

"장군, 우리는 매년 국방에 600억 달러를 쓰고 있네. 이 중에 몇 천 달러만 빼서 이 망할 놈의 선 좀 강 건너 백악관까지 연장할 수 없겠나? 자네는 상황실에 전화를 걸게, 나는 대통령한테 전화를 할 테니. 그다음 어떻게 할지 결정하세."

코시긴은 결국 백악관과 연결됐다.[146] 소련 수상은 전신 첫 문장에 미국 대통령이 옆에 서 있는지 물었다. 존슨은 코시긴의 물음에 '동지Comrade'라고 답했다. 워싱턴DC 교환이 모스크바 교환에게 코시긴을 뭐라고 불러야 할지 물어본 후 '동지'라는 답변을 들었기 때문이다. 코시긴 '동지'라고 쓰인 전신을 전달 받은 소련 지도자는 이를 날카롭게 살펴봤다. 존슨이 나를 놀리는 건가?

07시 30분 대통령 보좌관이 존슨의 방문을 두드렸다.[147] 세계에서 가장 영향력 있는 정치인인 존슨은 조용히 TV를 보며 앉아 있었다. "대통령은 평상시와 전혀 다르게 행동하지 않았다. 그는 샤워를 하고 면도를 한 뒤 옷을 입고 상황실로 갔다." 존슨은 차와 포도, 그리고 2차대전 당시 미군 병사들이 '판자 위의 똥shit on shingles' 이라고 부른 얇게 썬 훈제 쇠고기와 토스트로 아침 식사를 했다.

요르단 마프락 공군기지, 1530

마프락 공군기지 정비공 하산 사브리^{Hassan Sabri}는 이스라엘이 남기고 간 잿더미를 바라보았다. 활주로는 더 이상 사용할 수 없게 되었다.[148] 창고를 비롯해 대부분의 시설이 깨끗하게 파괴됐다. 활주로 구덩이에는 언제 폭발할지 모르는 폭탄들이 박혀 있었다. 크랜웰^{Cranwell}에 있는 영국공군 기술학교에서 1년 동안 무기공학을 공부한 사브리는 폭탄에 수은 스위치가 달려 있는 것을 보았다. 건드리면 터지도록 설계된 장치였다. 활주로 바깥에서 뇌관을 제거하기란 불가능했다.

기지 분위기는 완전히 달라져 있었다. 5월에 중동에 긴장이 고조된 이후 이곳에는 기대와 흥분이 넘쳤다. 이날 아침까지만 해도 대부분 요르단 병사들은 이집트군이 승승장구하고 있다는 라디오 보도를 철석같이 믿었다. 그들은 1948년의 굴욕과 창피를 되돌려줄 날이 왔다고 생각했다. 그러나 오후가 되면서 요르단 공군이 완패했다는 것이 분명해졌다. 기지에 가족을 둔 장교와 항공병들은 더 안전한 장소를 찾아 떠났다. 사브리는 이스라엘 공습을 보며 라디오 보도가 거짓말이라는 것을 깨달았다. 이집트와 시리아 공군도 비슷한 처지에 놓여 있을 게 틀림없었다. 이제 요르단을 비롯한 모든 아랍국가는 공중지원을 받을 수 없게 됐다. 사브리는 절망에 빠졌다. 이스라엘이 하늘을 장악했다면 지상에서 육군이 도대체 무엇을 할 수 있겠는가?

예루살렘, 1600

총독 관저를 장악한 이스라엘군은 '소시지'라 불리는 남동부 예루살렘으로 통하는 길의 요르단 핵심 진지를 공격했다.[149] 분대 몇 개가 참호 양끝으로 들어가 총을 쏘며 포위망을 좁혔다. 이스라엘군은 단 1명의 사상자도 없이 요르단 병사 30명을 사살했다. 이스라엘군은 다시 '방울'이라 불리는 또 다른 복잡한 참호를 후방에서 침투했다. 요르단 보병들은 목숨을 걸고 싸웠지만 예상치 못한 방향에서 급습하는 이스라엘 병력에 대오를 잃고 궤멸했다. 드리젠 중령과 그의 부하들은 드디어 진지를 장악하는 데 성공했다고 생각했다. 그때 매복 중인 요르단 병사 4~5명이 총격을 가했다. 참호 가장자리에 서있던 드리젠은 팔에 총알을 맞았다. 양쪽에 있던 부하 둘은 총을 맞고 즉사했다. 소대장은 총알이 눈을 관통했다. 제라 엡스타인 상병이 요르단 병사들을 향해 총격을 가했다. 다른 이스라엘 병사들이 수류탄을 던져 마무리했다.

예루살렘, 1700/카이로, 1800/워싱턴, 1000

서예루살렘 시장 테디 콜렉Teddy Kollek은 국방장관의 아내 루스 다얀Ruth Dayan을 데리러 갔다.[150] 그녀는 도시에서 가장 편한 벙커 중 하나인 라 리젠시La Regence 호텔 식당에 대피하고 있었다. 이곳에는 모래주머니가 충분히 공급되어 특히 안전했다. 콜렉은 그녀를 차에 태우고 텅 빈 예루살렘 거리를 1마일 정도 가로질러 의회에 도착했다. 복도는 장관과 의원, 기자들로 붐볐다. 이스라엘이 이제 동예루살렘을 점령해야 하는지 열띤 토론이 벌어지고 있었다. "흥분된 분위기가 심상치 않았다… 요르단령 예루살렘으로 진격하는 문제는 군사적이 아닌 정치적인 위험을 무릅써야 했다. 우리 모두 마음 속 깊숙이 알고 있었다. 한번 구시가지를 빼앗으면 다시 돌려줄 수 없으리라는 것을."

사람들은 의회 로비에 나란히 서서 다비드 벤구리온이 어떻게 생각하는지 물었다. 그는 이스라엘이 이 기회를 놓치지 않길 바란다고 답했다.

동예루살렘에서는 팔레스타인인들이 하루 종일 〈아랍의 소리〉를 들으며 승리를 예견했다. 통풍으로 몸을 쓸 수 없게 된 한 귀족 출신 노인은 권총과 단검, 소총을 반바지에 찬 채 전방 지휘소에 나타나 외쳤다. "오늘 밤 텔아비브에서 식사를 하세!"[151]

우리 벤 아리Uri Ben Ari 대령은 생각이 달랐다.[152] 그는 나르키스의 지시대로 기갑여단을 이끌고 북부 예루살렘으로 가고 있었다. 그는 시간이 허용한다면 예루살렘 밖 고지대 마을 한 곳을 더 점령하고 싶었다. 그는 그곳에서 아침식사를 할 수 있길 희망했다. 벤 아리는 14세인 1939년 하인츠 배너라는 이름으로 이스라엘에 왔다. 젊은 독일계 유대인인 그의 가족은 독일 장교와 결혼한 이모만 빼고 모조리 나치에게 죽임을 당했다. 벤 아리는 1948년 유대인 지구가 요르단에 함락됐을 때 나르키스와 라빈 곁에 있었다. 용맹하게 싸운 그 또한 이 성스러운 도시에 해야 할 일이 남았다고 믿었다. 그는 이스라엘이 낳은 가장 위대한 전차 지휘관 중 한 명이었다. 그는 독일 기갑부대 장군 하인츠 구데리안Heinz Guderian이 발명한 '블리츠크리그Blitzrieg' 이론*을 깊이 연구했다. 기갑보병의 지원을 받는 장갑사단

---

* **블리츠크리그 이론** 우월한 기량의 기갑부대를 선두로 하여 적진을 과감히 뚫고 들어가 적의 후방까지 교란하는 전술. 2차대전 당시 독일군이 사용해 큰 성과를 거두었다.

을 빠르게 이동시켜 전광석화처럼 적을 가른다는 전법이었다. 그는 1956년 전쟁 때 시나이에서 성공적으로 구데리안 이론을 적용했다. 그 후 그는 조기 퇴역해 출판업자로 일하고 있었다. 나르키스는 1967년 그를 다시 불렀다. 벤 아리는 5분이라는 짧은 시간 안에 전 여단이 전투에 투입될 수 있도록 강도 높은 훈련을 실행했다. 6월 5일 오후 5시, 그들은 예루살렘을 향해 드디어 본격적인 진격을 시작했다.

벤 아리의 임무는 예루살렘 북부를 가로지르는 고지대를 점령하는 것이었다. 만약 성공한다면 이스라엘은 도시의 북부와 동부, 서부와 잇닿은 도로를 점거해 요르단군 병력 증파를 막을 수 있었다. 그러나 그 전에 그는 1948년 이스라엘군에게 악몽을 안겨준 셰이크 압둘 아지즈Sheikh Abdul Aziz, 베잇 익사Beit Iksa, 레이더 언덕Radar Hill 등의 거점을 점령해야 했다. 그는 전차가 오를 수 있는 언덕 네 곳을 선별했다. 그리고 부하들에게 언덕 언저리에 멈춰 서서 대오를 가다듬으려 하지 말고 계속 진격하라고 지시했다. 적이 움직이는 목표물을 치기란 그만큼 어려울 것이 틀림없기 때문이었다. 일부 길은 염소나 지나다닐 정도로 좁거나 지뢰밭이거나 요르단의 포에 노출되어 있었다. 다행히 이스라엘군은 이곳의 지형을 전쟁 전에 충분히 파악해두었다. 그럼에도 이스라엘군은 전투 초반에 상당한 어려움을 겪었다. 사막에서 이골이 나도록 훈련한 한 이스라엘 전차 지휘관조차 이렇게 말했다. "우리는 두 개의 적과 싸우고 있었다. 어느 쪽이 더 힘든 상대였는지 모르겠다. 요르단군인지 언덕인지."153

요르단군은 몰려드는 이스라엘 전차들을 향해 쉴 새 없이 포격했다. 전차에 올라탄 병사들은 지뢰를 제거하러 잠시 내려야 하기도 했다. 한 이스라엘 편대는 센츄리온 전차 10대를 모조리 잃었고 셔먼 전차도 상당수 파괴됐다. 그러나 벤 아리는 기갑부대 일부를 요르단 진영 뒤로 이동시키는 데 성공했다. 부대를 넷으로 나눈 그의 별난 전법이 먹힌 것이다. 그는 적어도 두 경로는 뚫을 수 있을 것이라고 보았다. 결과적으로 그는 네 곳 모두 뚫었다. 많은 요르단 장교들은 전투를 포기하고 도망갔다. 요르단 고위 장교 중 사망자는 1명도 없었다.

다음 날 새벽 벤 아리는 계획대로 예루살렘 북부 도로를 장악하는 데 성공했다.

시나이, 알아리시로 가는 길, 1700

5시경[154] 이스라엘 7기갑여단 소속 아비그도르 카할라니[Avigdor Kahalani] 중위 는 알아리시로 향하고 있었다. 그는 도시에 진입한 최초의 이스라엘 군인 이 되고 싶었다. 그의 부대는 일단 지라디[Jirardi] 협로를 뚫어야 했다. 한 병 사가 그의 전차 앞에 달려들었다. 방아쇠를 당기기 직전 카할라니는 그가 이스라엘 군인이라는 것을 깨달았다. 병사는 이집트 전차들이 앞에 있다 고 소리치며 손을 흔들었다. 카할라니는 전방을 살펴보기 위해 전차 밖으 로 나섰다. 순간 그의 전차가 덜컥거리며 화염에 휩싸였다. 카할라니의 몸에도 불이 붙었다. 그는 전차에서 도저히 빠져나올 수가 없었다.

"살타는 냄새와 뜨거운 열기가 전차를 메웠다… 나는 내게 무슨 일이 벌어지는 거냐며 소리쳤다. 몸이 갈기갈기 찢어지는 것 같았다." 젖 먹던 힘을 다해 밖으로 뛰쳐나온 그는 엔진 덮개 위에 뒹굴었다. "어머니, 내 몸이 불타고 있어요, 내 몸이 불타고 있어요, 내 몸이 불타고 있어요…."

모래에 몸을 던진 그는 불을 끄기 위해 뒹굴었다. 카할라니는 의식을 잃을 것 같았다. 잠이 왔다. 전차들이 포탄을 쏘자 그의 주변 모래가 갈라졌다. 속옷과 셔츠 일부만 빼고 그가 입은 모든 옷이 불탔다. 군화 속 양말 한쪽에도 불이 붙었다. 그는 힘을 다해 다른 패튼 전차에 올라탔다. 심한 화상을 입은 그는 거의 벌거벗다시피 한 상태로 의무대로 옮겨졌다.

카할라니 뒤에 있던 패튼 전차도 대전차포에 맞아 박살이 났다. 또 다른 2대는 지뢰를 밟았다. 지뢰밭에 빠진 전차 중에는 도브 얌Dov Yam 하사가 모는 것도 있었다. 그는 열심히 포를 쐈지만 대전차 포탄이 전차를 가격하며 그의 한쪽 팔을 절단해버렸다. 여단지휘관 장갑차로 후퇴한 그는 들것 위에 쓰러져 중얼거렸다. "내가 할 수 있는 건 이제 다한 것 같군."

대대 지휘관 에후드 엘라드Ehud Elad 소령은 모두 흩어져 적의 진지를 측면 공격하라고 지시했다.[155] 1967년 당시 웬만한 이스라엘 전차 지휘관은 모두 포탑 위에 몸을 드러내고 진격했다. 그래야 전장 시야를 잘 확보할 수 있다고 믿었기 때문이다. 엘라드도 마찬가지였다. 그는 인터콤으로 "운전병, 더 빨리"라고 외쳤다. 순간 쿵, 하는 소리가 전차 안에 울렸다. 머리가 깨끗이 날아간 엘라드의 몸이 땅에 떨어졌다. 이스라엘군은 이곳을 정면 돌파하며 대대 지휘관 1명, 중대 지휘관 3명, 작전장교 1명을 잃었다. 전차 몇 대가 돌파에 성공했지만 지라디 협로는 여전히 막혀 있는 것이나 다름없었다. 4시간 동안 참호에서 육탄전을 벌인 후에야 이스라엘군은 이 지역 이집트군을 완전히 소탕할 수 있었다.

탈 준장은 알아리시에서 라파를 거쳐 이집트로 진격했다. 그는 전투 첫날 이집트 7보병사단에게 결정적인 승리를 거두었다고 여단 지휘관들에게 전했다. 전투 전에 탈은 모든 것을 쏟아부으라고 지시한 바 있었다. '몇 명이 죽고 다치든' 돌파구를 찾아 이집트군에 대해 물리적, 심리적 우위를 확보하는 것이 중요했다. 이제 탈은 웬만하면 장사포로 대응하고 한 번에 한 대대씩만 이동하라고 지시했다. 그의 허가 없이 전면전에 돌입하지 말라는 것이었다. 그는 7기갑여단 지휘관 슈무엘 고넨Shmuel Gonen에게 방향을 틀어 남쪽에 있는 핵심 이집트 방어지역인 비르 라판B'ir Lahfan을 공격하라고 지시했다.

이집트 민간인들도 전투에 휘말렸다. 파티 모하메드 후세인 아윱Fathi Mohammed Hussein Ayoub 여사는 오후에 차를 타고 알아리시로 가고 있었다. 포탄이 그녀의 차에 떨어졌다. 네 살과 다섯 살짜리 딸, 여덟 살짜리 아들이 그 자리에서 숨졌다. 그녀는 오늘날까지 이스라엘군의 포격으로 아이들이 죽었다고 믿고 있다. 운전사의 몸은 폭발과 함께 둘로 찢겨졌다.

카이로 군사본부에 멍하니 앉아 있던 아메르 원수는 갑자기 장황하게 말을 쏟아냈다. 그는 사단 지휘관들에게 계속 전화를 걸었고 이는 모두 이스라엘 정보당국에 감청됐다. 그는 야전육군사령부에 무신 대장과 그가 전방지휘관으로 임명한 무르타기 대장이 있다는 사실을 망각했다. 아부 아게일라와 알아리시에 지원군을 보내야 하는 상황이 돼서야 그는 무르타기를 찾았다. 아직 카헤르 작전을 실행하기에 늦은 시점이 아니었다. 작전은 이와 같은 상황에 사용할 수 있도록 설계된 것이었다. 하지만 아메르는 카헤르라는 작전이 있다는 것조차 완전히 잊은 듯했다.

워싱턴 국무부, 1000

미 국무부 대변인 밥 맥클로스키Bob McCloskey가 출입기자들에게 브리핑을 시작했다.[156] 그는 미국이 중동전쟁에서 중립을 지킬 수 있냐는 질문을 받았다. "우리는 이번 일을 거치며 공정한 자세를 유지하려고 노력했습니다. 우리는 생각, 말, 행동에 있어 중립적입니다."

평이한 질문에 평이한 답변이었다. 그러나 여파는 달랐다. 이스라엘 지지자들은 분개했다. 유대인들은 모임을 열어 미국이 스스로를 중립이라 칭한 데 대해 불만을 쏟아냈다. 그들은 미국이 이스라엘을 공개적으로 지지해야 한다고 주장했다. 대통령과 가장 가까운 친구 중 한 명인 아서 크림 부인Mrs Arthur Krim은 미국 내 유대인의 눈에 나세르는 제2의 히틀러나 마찬가지라고 말했다. 이런 시점에 대통령이 전쟁과 무관한 듯 행동해선 안 된다는 것이었다. 크림 여사는 나세르가 정권을 쥐고 있는 한 미국은 이집트와 외교 관계를 수립하지 않겠다고 대통령이 선언하길 바랐다. 반유대인 정서에 대항하는 브나이 브리스B'nai B'rith라는 단체는 존슨 정권의 고위 관계자들을 통해 불만을 전달했다. 단체의 수장 데이비드 브로디David Brody는 제대로 된 평화 보장 없이 이스라엘이 점령한 땅을 내놓아선 안 된다고 말했다. 그는 미국이 이러한 입장을 천명하길 요구했다.

뉴욕, 유엔안전보장이사회

동이 트기 전 소련 대표단은 전쟁이 발발했다는 소식을 들었다.[157] 안전보장이사회 위원장직을 맡고 있는 한스 타보르Hans Tabor 덴마크 대사가 소련 대사에게 전화를 걸었다. 니콜라이 페도렌코는 이사회를 소집하자는 데 동의한 뒤, 군비통제참모 아르카디 셰프첸코와 맨해튼에 있는 사무실로 향했다. 그는 모스코바에서 지시가 내려와 있을 것이라 생각하고 보안 장치가 된 통신선 옆에서 기다렸지만 아무것도 오지 않았다. 그들은 바로 유엔 본부로 향했다. 이곳에서 만난 모하메드 엘코니Mohammed el-Kony 이집트 대사가 그들에게 말했다. 평소 셰프첸코는 그를 '평범하기 짝이 없는 사람'이라고 생각하고 있었다.

"우리가 이스라엘을 속이는 데 성공했습니다. 우리가 가짜로 만든 공군지기를 파괴했어요. 우린 일부러 그곳에 가짜 합판 비행기를 만들어 놓았거든요. 이제 누가 전쟁을 이길지 한번 지켜봅시다."

유엔 주재 이스라엘 대사 기드온 라파엘은 자국 공군이 어떤 성과를 거두고 있는지 잘 알고 있었다. 그는 이스라엘군이 이미 점심 때까지 이집트 비행기 250대를 파괴했다는 '기분 좋은 뉴스'를 비밀 전신으로 받았다. 안보리 위원장 타보르는 모두 이스라엘의 존망을 걱정하는 시점에 어떻게 라파엘이 그토록 태평할 수 있는지 이해할 수 없었다. 라파엘에게는 "외교적으로 시간을 끌라"는 명령이 이미 내려와 있었다. "시간과 공간의 변수에 따라 전쟁의 전략적 결과는 달라질 수밖에 없었다. 우리 외교단은 아군 기갑사단들이 목적을 이룰 수 있도록 최대한 시간을 벌어야 했다."

지원이 필요할 경우에 대비해 아바 에반 이스라엘 외무부장관이 뉴욕으로 오고 있었다. 예루살렘에 있는 자택 현관에서 아내와 작별의 입맞춤을 하던 중 에반 옆으로 쉿, 하는 소리를 내며 파편이 떨어졌다.[158] 도로가 전차와 병사들로 가득 찬 바람에 에반이 공항까지 가는 데 3시간이나 걸렸다. 공항에는 국내용으로 설계된 작은 비행기밖에 없었다. 월요일 저녁 텔아비브에서 출발한 에반의 비행기는 지중해 위를 낮게 날았다. 이날 오전 이스라엘 전투기가 이집트에 폭격을 하러 갈 때처럼 낮은 고도였다. 에반은 멀미가 날 것 같아 창밖을 내다봤다. 아테네 아크로폴리스Acropolis 위로 동이 트고 있었다.

수백만 미국인이 TV로 안전보장이사회 토론을 지켜보았다.[159] 미국의 골드버그와 소련의 페도렌코 등 초강대국 대사들은 이미 미국 사회에 널리 알려져 있었다. 아서 골드버그는 노동 변호사로 시작해 노동부 장관과 대법원 판사에 이른 인물이었다. 사석에서 소련 대표단은 그를 '악마조차 속일만 한 유대인'이라 불렀다. 달변에 똑똑하기까지 한 그를 '만만치 않은 강적'이라고 인정하기도 했다. 한편 페도렌코는 스탈린Stalin의 신임을 받고 있었다. 그는 소련이 가진 최고의 중국 전문가 중 하나였고 스탈린과 마오쩌둥Mao Zedong의 회담에서 통역을 맡을 만큼 중국어에 능숙했다. 반면에 소련 외무부장관 안드레이 그로미코Andrei Gromyko는 그를 싫어했다. 말끔함을 강조하는 소련 공산주의 사회에서 그는 머리가 너무 길었고, 자본가나 매고 다닌다는 나비넥타이는 너무 화려했다. 페도렌코는 중동에 긴장이 고조된 이후 내내 안전보장이사회 대표들을 피해 다니거나, 가끔 불쑥 TV 화면에 나타나 소련인다운 냉소를 비추는 등 방어적인 자세로 일관했다. 캐나다 대표가 공개적인 자리에서 실언을 하자 페도렌코는 동양 속담을 들먹이며 그를 비꼰 적도 있었다. "달을 가리키면 손가락밖에 볼 줄 모르시는군요."

전쟁이 터진 후 이틀 동안 페도렌코는 결과적으로 이스라엘을 멋지게 도운 셈이 됐다. 사실 그의 잘못은 아니었다. 워싱턴과 달리 크렘린궁에서는 최신 통신 기기에 많이 투자하지 못했고, 소련은 이스라엘이 얼마나 승승장구하고 있는지 알지도 못했다. 처음에 소련은 이집트의 허풍밖에 믿을 게 없었다. 이집트 지도부는 공황과 마비 상태에 빠진 나머지 자국 외무부에도 제대로 된 정보를 제공하지 않고 있었다. 그러니 소련에 신경 쓸 틈도 없었다. 이스라엘군이 신나게 파괴하고 있는 무기장비가 소련이 제공한 것이라는 사실도 이집트에게는 중요하지 않았다. 유엔 주재 소련 외교관들은 이집트와 시리아, 요르단의 이익에 반하는 모든 결의안에 반대표를 던지라는 지시를 받았다. 결국 크렘린궁에서 지시가 왔을 때 소련 대표단은 '아랍 진영의 입장을 일반적으로 지지하며 기다려보자'는 자세를 취했다.[160] "우리는 아랍과 협의를 유지하며 가능한 가장 강력한 표현으로 이스라엘을 규탄하라는 지시를 받았다."

소련도 자체적인 군사 조치를 취했다.[161] 저녁에 전폭기와 미그-21 전투기 부대에 경계령이 떨어졌다. 한 장교는 '진짜 전투'가 닥친 것이라고 확신했다. 이들은 소련과 터키 국경 근처로 이동해 사흘간 수차례 출격했다. 만약 참전한다면 시리아 공군기지로 이동할 계획이었다. 이라크 정부는 다음 날 터키에 미그-21기가 영공을 날 수 있게 해달라고 요청했지만 터키는 거절했다.

페도렌코와 소련 대표단은 소문만 접했을 뿐 진짜 확실한 정보는 얻지 못했다. 이들이 뉴욕에서 아침 식사를 할 무렵 카이로 주재 소련 대사는 어느 정도 정보를 얻었지만, 이를 전파하지는 않았다. 전쟁 초반 카이로 주재 소련 외교관들은 라디오에 의존했다. 〈카이로 라디오〉는 이집트군에 대한 자랑만 늘어놓았고 보도도 정확하지 않아 보였지만 거짓말을 하는 건 아니라고 생각했다. 아마 사실을 과장해서 보도하는 것 같았다. 하지만 이날 일군의 소련 기술자가 카이로 웨스트에 있는 이집트 최대 공군기지에서 돌아왔다. 대사관 무관 세르게이 타라셴코Sergei Tarasenko는 이들이 더럽고 찢어진 옷을 입고 지쳐 있었다고 회상했다. 그리고 그들 중 선임 장교가 다음과 같이 말했다. "이집트에는 더 이상 공군이란 없습니다. 카이로 웨스트 기지 따위도 존재하지 않습니다."

소련 기술자들을 태운 버스가 기지에 도착할 무렵 첫 미라주 전투기 떼가 몰려들었다고 한다. 기술자들은 밖으로 뛰어나가 숨을 곳을 찾았다. 첫 공격 이후에 파괴되지 않은 12대의 전투기가 남아 있었다. 기술자들에 따르면 이집트군은 이 전투기들을 공중에 띄울 시간이 충분히 있었지만,

아무 일도 일어나지 않았다. 또 한 떼의 이스라엘 전투기들이 들이닥쳐 이들을 모조리 박살냈다.

기술자들이 대사관에 돌아올 무렵 유엔에서는 정전 논의가 진행 중이었지만 진전은 없었다. 인도는 이스라엘이 가자에서 행한 '무차별적인 기총 난사'로 유엔긴급군 3명이 죽었다고 항의했다. 인도는 6월 4일 전으로 영토를 회복시키고 정전을 촉구하자는 결의안을 제시했다. 안보리는 전장에서 소식이 더 들어오길 기다리자며 휴회를 선언했다. 전쟁이 어떻게 진행되고 있는지 정확히 알고 있는 이스라엘과 충분히 알고 있는 미국은 침묵을 지켰다. 휴회였지만 일부 대사들은 자리를 지켰다. 어떤 이들은 기자들이 몰려 있는 대사 휴게실로 슬그머니 떠났다. 이사회는 뉴욕 시간으로 저녁 10시 20분이 되어서야 다시 열렸다.

골드버그 대사는 페도렌코와 만나기 위해 몇 시간을 소비했다.[162] 소련 대표단은 오후 늦게까지 그를 피해 다녔다. 이는 아랍에게 쏩쓸한 아이러니가 아닐 수 없다. 골드버그와 미국 대표단은 입장을 좀 완화하기로 했다. 휴전을 촉구하는 결의안만으론 소련의 거부권 행사를 피할 수 없으리라는 판단에서였다. 골드버그는 이스라엘이 결사반대한 병력 철수를 휴전 촉구 결의안에 포함시키기로 했다. 이스라엘 대사는 이러한 미국의 한 발 물러서기에 '싸늘한' 시선을 보낼 수밖에 없다며 불만을 성토했다.

페도렌코가 골드버그를 만날 무렵 중동은 자정을 지나고 있었다. 한편 페도렌코와의 접촉이 불가능했던 시간 동안 이스라엘군은 시나이와 예루살렘에서 상당한 군사적 성과를 이루며 전쟁의 첫날을 마무리하고 있었다. 골드버그는 '어떠한 권리, 요구, 입장에도 치우침 없이 신속히 모든 병력을 본래 영토로 철수시킬 것, 그리고 무력 충돌을 막고 긴장을 줄일 만한 적절한 조치를 취할 것'을 촉구한 결의안을 페도렌코에게 제시했다.

페도렌코는 이를 거부했다. '본래 영토'라는 표현은 이스라엘뿐 아니라 전쟁에 참여한 모든 아랍국가가 병력을 철수시켜야 한다는 것을 의미했기 때문이다. 대신 페도렌코는 휴전선 뒤로 병력을 철수시키자는 제안을 했다. 양측은 서로 생각할 시간을 갖자고 말한 뒤 돌아갔다.

페도렌코는 의도적으로 골드버그를 피하고 있었다. 그러나 그는 곧 이집트, 요르단, 시리아 대사와 사적으로 만나 미국의 제안이 아마 최선일 것이라고 말했다.163 골드버그와 페도렌코는 뉴욕 시간으로 저녁 9시에 다시 만났다. 이 무렵 미국은 소련의 입장에 한 발자국 더 가까이 다가서 있었다. 미국은 아랍과 이스라엘이 휴전선 뒤로 물러서야 한다는 소련의 표현을 수용했다. 페도렌코는 즉답을 회피했다. 그는 다음 날 아침까지 어떠한 답도 주지 않았다.

단 하루 만에 미국은 휴전을 지지하는 입장에서 전쟁 중단을 바란다는 입장으로, 그다음엔 6월 4일 이전의 영토로 돌아가길 바란다는 완화된 입장으로 돌아섰다. 소련이 이를 받아들였다면 아랍의 입장에서 상당한 외교적 승리였을 것이다. 게다가 이스라엘과 미국 사이에 불협화음을 조장하는 추가적인 소득도 있었을 것이다. 그러나 정보를 충분히 갖지 못한 소련은 이스라엘의 외교전술에 힘없이 말려들어 가고 있었다.

백악관 내각회의실, 1130

존슨 대통령은 원로위원회를 소집했다.164 이들은 이스라엘이 먼저 발포했다는 것을 잘 알고 있었다. 그렇지만 어느 쪽이 이기고 있는지는 알지 못했다. 위원회 간사 맥조지 번디는 "이스라엘이 지고 있다면 우린 상당히 난처할 것"이라며 안절부절못했다. "우리는 무슨 일이 벌어지고 있는 지 정확히는 알고 있지 못합니다."

위원회는 만약 이스라엘이 진다면 전 민족이 '바다로 내몰려 박살나는 꼴'을 보게 될 것이라 생각했다. 그럴 경우 미국이 개입할 수밖에 없었다.

"그건 참으로 처참한 순간이 될 것이며, 소련이 중동에서 행사하는 영향력을 고려하면 우리에게 당연히 커다란 위협일 수밖에 없었다."

늦은 오후 이스라엘 공군이 어떤 성과를 거뒀는지 알려지며 위원회 분위기는 크게 반전됐다.165 번디는 '전쟁이 이스라엘의 생각대로 진행되고 있으며 그 반대 상황보다야 훨씬 낫다'며 안도했다. 미국은 이스라엘을 보호하고자 했다. 미국이 대화를 촉구한 마당에 이스라엘의 선제공격은 골치 아플 수밖에 없었다. 국무성은 이스라엘이 먼저 공격할 경우 유엔헌장을 깨는 것이라는 법률적 조언을 건넸다.166 월트 로스토는 '이스라엘이 먼저 시작했다'는 점을 공식화하지 않는 게 좋겠다고 생각했다. 그는 존슨 대통령이 윌슨 영국 수상에게 보내는 서신에서 이스라엘이 먼저 공격했다는 것을 암시할 만한 부분을 모두 삭제했다. 미국은 기본적으로 이스라엘을 친밀한 대상으로 여겼다. 그렇기에 이스라엘이 유리한 고지에 서 있으며, 이스라엘의 승리를 예견한 자신들의 정보 분석이 옳았다는 점에 흐뭇했다. 무엇보다 미국은 이스라엘이 선제공격을 한 덕분에 어떠한 책임도 지지 않을 수 있게 되어 기뻤다. 존슨은 아카바 만을 열어둬야 한다는 책임감에 짓눌려왔다. 이는 아이젠하워 대통령의 약속이기도 했다. 그러나 그는 국제적인 지지를 받지 못하는 해양부대를 창설하는 데 어려움을 느꼈다. 이스라엘을 대신해 펼치는 무력성 외교로 비추어질 게 뻔했기 때문이다. 이제 이스라엘이 전쟁을 시작하면서 미국 대신 다른 누군가가 총질을 해주고 있는 셈이 됐다.

서안지구, 암와스, 1830

암와스Imwas는 예루살렘과 텔아비브 사이 핵심 도로에 인접한 국경 마을이었다. 이곳에서는 이집트 특공대원들이 국경을 넘어 이스라엘로 돌격할 준비를 하고 있었다. 이들의 임무는 로드에 있는 국제공항과 하츠소어Hartsour에 있는 공군기지를 습격하는 것이었다. 요르단인들이 국경에서 길 안내를 해주었다. 특공대원들은 열정에 차 있었지만 손바닥만한 항공사진밖에 의지할 게 없었다. 이들은 해가 완전히 진 후 농장과 마을을 거쳐 숨죽여 이동했다. 장교 알리 압둘 무르시Ali Abdul Mursi는 온 나라에 전쟁이 벌어지고 있다는 것을 체감할 수 있었다. 가는 곳마다 남성들이 보이지 않았기 때문이다. 이들은 전쟁을 하러 집을 떠났다. 이집트군이 조금 더 체계적으로 전쟁 준비를 했더라면, 게릴라 작전으로 이스라엘 영토 내에 심각한 타격을 입힐 수 있었을 것이다. 특공대원들은 밭 사이로 무거운 발걸음을 내딛었다.

암와스의 촌장 아부 딥Abu Deep은 집 밖에 앉아 동생 힉맛 딥 알리Hikmat Deep Ali와 이야기를 하며 저녁을 보내고 있었다.167 힉맛은 시국에 개의치 않고 그가 일하는 예루살렘에 있는 공사장에 가기 위해 월요일 아침 버스를 타고 20마일 가량 떨어진 이곳에 와 있었다. 하지만 예루살렘에서 포성과 총성이 들리자 힉맛도 다른 인부들과 마찬가지로 집으로 가기로 결정했다. 집에 도착한 그는 이웃들이 '초조한 얼굴로 서로만 빤히 쳐다보는' 모습을 보았다. '도대체 무슨 일이 닥칠지 아무도 알 수 없다'는 표정이었다.

시나이, 1830

아브라함 요페 준장의 전차 부대는 9시간에 걸쳐 모래 언덕 위를 천천히 이동했다.[168] 이집트군은 지뢰까지 설치된 이 험난한 지형을 통과하는 것은 불가능할 거라 봤다. 이스라엘 공병 부대는 철봉을 이용해 지뢰를 제거하며 조금씩 이동했다. 밤이 돼서야 도착한 비르 라판에는 적의 대포가 기다리고 있었다. 그래도 요페의 전차 부대는 제벨 리브니^{Jebel Libni}와 아부 아게일라에서 알아리시로 이르는 길을 차단한 셈이었다. 이들은 알아리시로 향하는 이집트 증원 병력과 밤새 교전을 벌였다. 라파에서 벌어진 혼전은 새벽 무렵 정리가 됐다. 오리 오르[169]는 '누가 다쳤고 누가 죽었는지 파악'하기 위해 주위를 둘러보았다. 그는 생존한 병사들을 보며 '하루 만에 훌쩍 커버린 아이들' 같다고 생각했다.

　이스라엘 남부전선 사령관 예샤야후 가비쉬 준장의 눈은 사막 모래를 맞아 새빨개져 있었다.[170] 그는 지친 몸을 헬리콥터에 태우고 요페 준장이 있는 최전선 본부로 향했다. 그와 함께 이동한 아모스 엘론은 지상에 놓인 위장차량들이 유목민족의 천막 같다고 생각했다. 목적지에 도착한 가비쉬는 모래를 털고 요페가 기다리고 있는 전쟁 상황실로 들어갔다. 상황실이라고 해봤자 트럭 2대 사이에 연결된 망이 전부였다. 태양이 지며 '남쪽에서 어두운 언덕을 타고 대포 소리가 밀려왔다'. 라빈은 가비쉬에게 전화를 걸어 아부 아게일라를 밤새 포격한 뒤 아침에 진격하라고 명령했다.[171] 그래야만 이스라엘 사상자 수를 최소화할 수 있다고 그는 믿었다. 가비쉬와 샤론은 이에 동의하지 않았다. 가비쉬는 당장 전차 부대를 진격시키고 싶었다. 샤론은 이미 공격이 한창인데 아침까지 미룰 필요가 있느냐고 따졌다. 지금은 멈출 때가 아니라는 것이었다. 그는 이스라엘군의 강점을 최대한 살리고자 했다. "이집트군은 야간 전투를 싫어할 뿐 아니라 육탄전도 좋아하지 않습니다. 우리는 이 두 분야에 있어 전문가나 다름없습니다."[172]

22시가 되자 2개의 이스라엘 여단이 움 카테프와 아부 아게일라에 위치한 이집트 요새에 포탄을 쏟아부었다. 샤론은 손을 비비며 말했다.[173] "이런 포격은 내 생에 처음 보는군."

단 20분 만에 포탄 6,000개가 움 카테프에 쏟아졌다. 서쪽으로는 헬리콥터를 타고 투입된 이스라엘 공수부대가 모래를 뚫고 이집트군 후방을 공격해 야포를 박살내고 이집트군을 후퇴시켰다. 북쪽으로는 샤론의 보병 및 장갑 여단이 지뢰 제거 장비를 앞세워 포격이 이뤄지는 곳 뒤로 침투했다. 대부분 보병은 민간인 버스를 타고 이동했다. 샤론에 따르면 대부분 버스는 '위장을 목적으로 해서가 아니라 조금이라도 더 군용처럼 보이기 위해' 진흙으로 뒤덮였다. 샤론의 병력은 피아구분을 위해 색 전등을 움켜쥐고 마지막 몇 마일을 도보로 이동했다.

진격하는 이스라엘 병사들을 본 이집트군은 참호와 흉벽에서 총알을 퍼부었다. 아부 아게일라 전투에서 이집트군은 남서부에 위치한 제벨 리브니로부터 병력을 증파하려 했지만 요페 준장의 사단이 이미 비르 라판에 도착해 이들을 차단했다. 전차들은 밤새 포를 쏴댔다. 이집트군은 이스라엘 기갑 보병 부대가 알아리시에서 달려와 좌측을 습격하자 혼비백산했다.

이스라엘군에도 부상자가 속출했다. 아부 아게일라로 이어지는 방어선을 공격하던 공수부대를 담당한 한 의사는 첫 부상자를 치료하기 전까지 두려움에 어찌할 바를 몰랐다.[174] "다리가 없는 병사, 손이 으스러진 병사, 목에 총알이 박힌 병사, 복부에 파편이 박힌 병사 등이 가득했다. 우리에겐 들것이 고작 10개밖에 없었고 일부 부상병들은 도움 없이도 걸을 수 있다며 절뚝거렸다. 제일 힘든 건 적의 포격 속에서 나아가면서 주사바늘을 붙여두는 것이었다."

언제나 그랬듯이 이집트군은 고정된 위치에서 맹렬히 싸웠다. 그리고 언제나 그랬듯 지휘관들은 후방에서 밀고 들어오는 이스라엘군을 상대할 만큼 병력을 유연하게 운영하지 못했다. 하급 장교 및 부사관들은 진지를 공격하는 이스라엘군에 대항해 효과적인 반격을 조직해내지 못했다. 그러나 이집트군이 아부 아게일라에서 패배한 가장 큰 원인은 예비군 병력을 일찍 투입하지 못했다는 점이었다. 이들은 전쟁의 굉음을 들을 만큼 가까이 있었지만 대부분 밤을 관망하는 자세로 보냈고 이스라엘군은 결국 이들을 포위해 타격했다. 이집트는 움 카테프 북부의 험한 사막 지형을 뚫고 들어온 이스라엘 센츄리온 전차단을 공격할 만한 기갑 여단도 적소에 두고 있었다. 하지만 이 여단은 아무것도 하지 않았다. 어떠한 명령도 받지 않아서였을 것으로 추정된다. 센츄리온 전차단 지휘관 낫케 니르 ^{Natke Nir} 중령은 양 다리에 심한 부상을 입었지만 그의 부대는 이집트 방어선의 북쪽 끝을 돌아 후방에 침투하는 데 성공했다. 아침 8시가 되자175 사막 전역에서 이집트군의 전차와 차량, 그리고 폭약이 불타올랐고 전투는 이스라엘의 승리로 종결됐다. 요페의 여단 중 1개는 추가 진격을 기다리고 있었다. 도로는 샤론의 보병병력을 전장으로 수송하기 위해 이용됐던 민간인 차량 수백 대로 가득했다. 요페의 병사들은 이들을 도로 밖 사막으로 밀어낸 뒤 다음 목표물인 제벨 리브니를 향해 돌진했다.

카이로, 저녁

이집트의 위대한 승리를 자축하고자 수많은 인파가 지방에서 카이로로 몰려왔다. 이들은 집권정당 아랍사회주의연맹Arab Socialist Union에서 제공한 버스와 트럭을 타고 왔다. 많은 이가 진공 라디오를 손에 쥐고 있었다. 8시 17분 쯤 〈카이로 라디오〉는 이미 적기 86대가 격추당했고 이집트 전차들이 이스라엘로 진입했다는 소식을 알렸다. 시나이전선 사령부에서 이를 들은 가마시Gamasy 장군은 끊임없는 거짓말에 '갈수록 경악했다'. 중부사령부에선 하디디 장군이 의자에 앉아 적어도 절반은 진 전쟁이라고 생각하고 있었다.[176] 미 대사관 또한 라디오에서 '반복적으로 흘러나오는 절대적인 승리만을 주장하는 모호한 군사통지문'을 신뢰하지 않았다.[177] 대사관은 본국에 "평소 그래왔듯 거짓말 계수를 10으로 잡고 격추된 총 전투기 수를 9쯤으로 잡으면 될 것"이라고 말했다.

안와르 엘 사다트는 이들보다 더 진실에 가까이 접근해 있었다.[178] 나세르와 마찬가지로 그는 자택으로 돌아가 하루 종일 나세르와 아메르에게 전화를 걸어 공중과 최전선에서 무슨 일이 벌어지고 있는지 알고자 했다. 저녁 늦게 다시 아메르에게 다시 전화를 건 그는 '딱딱하고 짜증스러운 목소리로' 알아리시가 점령당했다는 이야기를 들었다. 어찌할 바를 모르게 된 사다트는 바람을 쐬고자 카이로 거리로 나갔다. 피라미즈 로드Pyramids Road에 나세르를 추앙하는 자들이 신나게 뛰어다니고 있었다. 거짓 승전보를 듣고 춤을 추며 나세르를 연호하는 그들을 보며 사다트는 '멍하고 가슴이 아팠다.'

예루살렘, 저녁

〈BBC〉는 마이클 엘킨스 기자의 기사를 내보내지 않기로 했다. 세계적인 특종을 놓친 셈이었다. 엘킨스는 〈BBC〉와 일을 시작한 지 얼마 안 되었을 뿐 아니라 결정적으로 그는 이스라엘인이었다. 런던에 있는 편집장들은 그가 '선지자의 혀를 놀리는 건 아닌가'라며 불안했다.[179] 저녁 무렵 〈BBC〉는 자신들의 결정을 번복하고 엘킨스의 기사를 내보냈다. 이미 그의 기사는 〈CBS〉를 통해 미국 전역에 보도된 상태였다. 엘킨스는 교묘한 어휘를 이용해 군의 검열을 피했다.

"… 오늘 오전 동이 틀 무렵 전투가 시작되었고, 그 후 15시간이 채 지나지 않았습니다.[180] 전투는 계속될 것이며 이스라엘이 사실상 승리를 거뒀다는 증거가 적지 않습니다. … 저는 이스라엘 병력이 어디에 있는지 지금 말할 수 없습니다. 하지만 1956년 시나이 작전 당시 첫 5일간 상황을 기억하시는 분이라면 어디에 있을지 잘 아시리라 봅니다. 오늘 이스라엘은 현대사에서 가장 빛나는 속전속결을 펼친 것으로 보입니다."

예루살렘 동쪽에 있는 요르단군 사령부는 집중적인 포격을 받고 있었다.[181] 하늘마저 진동하는 듯했다. 사령관 아타 알리Atta Ali 준장은 하짐 칼리디Hazim Khalidi를 만나 병력 증파 가능성을 논의했다. 칼리디는 예루살렘 귀족 가문 출신으로 영국 육군 장교로 복무했었다. 4개 여단이 출발했다는 소식이 암만에서 들려왔다. 하지만 요르단 육군 서안지구 사령부는 연락이 두절됐다. 증원군은 이스라엘군이 상당한 손실을 입힌 예리코 도로를 따라 이동하고 있었다. 사령부 참호는 금방 꽉 차버렸다. 경찰 수십 명이 포격을 피해 안으로 밀고 들어왔기 때문이다. 그 누구도 참호 파는 법을 몰랐다.

텔아비브는 칠흑 같은 어둠에 갇혔다.[182] 이를 본 영국인 기자 제임스 캐머런James Cameron은 다음과 같이 말했다. "이스라엘은 아랍군의 공중 위협을 완전히 제거했다고 주장했다. 그런 점에서 볼 때 도시에 불을 완전히 끈 건 조금 과한 행동으로 비추어질 수 있다. 하지만 이스라엘은 너무나 오랜 시간 상시적인 위협 속에 살아왔기에 그 어떤 가능성에도 대비하고자 했다." 그는 최전선에서 어떤 일이 벌어지고 있는지 아무도 모르고 있어 긴장과 불안이 여전하다는 말도 덧붙였다. "하루 종일 어마어마한 불안과 슬픔이 느껴졌다. 아들이나 아버지가 전쟁의 위험에 노출되지 않은 가족이 거의 없다 해도 과언이 아니었다."

워싱턴, 저녁

이른 오후 무렵부터 국가안보보좌관 월트 로스토는 존슨 대통령과 전쟁 후 중동의 모습에 대해 대화를 나눴다.[183] 긴 하루가 마무리되고 백악관 지하 사무실 의자에 편히 앉은 그는 대통령에게 줄 보고서를 구술했다. 그는 기쁨과 안도의 한숨을 내쉬었다. 첫날은 '대성공'이었다.

"이제 이 전쟁은 이스라엘 육군이 얼마나 잘 싸우느냐, 혹은 잘 싸우지 못하느냐에 따라 결말이 정해질 것이다."

제2일
1967년 6월 6일

예루살렘, 0100

이스라엘 공수부대원들이 전장에 신속히 투입되기 시작했다.[1] 그들은 집을 차례로 확인해가며 시가전을 펼치고 있었다. 알아리시라면 눈 감고도 적을 찾아갈 수 있었을 테지만 이곳은 달랐다. 부대원들은 시가전에 필요한 장비는커녕 예루살렘 지도조차 갖고 있지 않았다. 하지만 나르키스 장군은 이들이 가능한 빨리 전투에 투입되길 바랐다.[2] 이스라엘군이 동예루살렘을 장악하기 전에 요르단군이 반격해 오거나 유엔안보리가 휴전 결의안을 채택할 수도 있기 때문이었다. 55공수여단 지휘관 모르데하이 구르Mordechai Gur 대령은 학교 건물에 본부를 세웠다. 나르키스 장군은 공수부대 장교들과 함께 조심스레 벽을 따라 불이 침침하게 켜진 복도를 이동했다. 생물학 실험실에서 구르가 기다리고 있었다. 그는 부하 장교들과 작전을 짜고 있었는데, 그 옆에는 '파충류, 메뚜기, 조류, 달걀, 염소 태아, 그리고 포르말린에 담긴 양'이 전시돼 있었다.

66공수대대는 애뮤니션 언덕Ammunition Hill과 경찰학교를 치기로 결정했다. 이 두 곳은 스코푸스 산에 있는 이스라엘인 거주지 및 구시가지로 이어지는 북부 접근로를 가로막고 있었다. 한마디로 요르단군의 요충지였다. 66공수대대가 움직이는 동안 71대대와 28대대는 와디 알야우스Wadi al-Joz 및 동예루살렘 미국인 거주지American Colony를 점령하기로 했다. 나르키스는 동예루살렘 성벽을 부수고 들어가도 좋다는 허락을 받지 못해 여전히 답답했지만 '모든 게 계획대로 진행되면 구시가지는 결국 우리 손에 떨어질 것'이라고 직감했다.

그러나 먼저 이들은 철조망과 지뢰밭을 거쳐야했다. 텔아비브 사령부는 공중 지원을 받을 수 있는 새벽까지 인내심을 갖고 기다려야 할지 잠시 고민했다. 그사이 요르단군은 28대대의 위치를 파악하고 포격을 가하기 시작했다. 이 부대는 1950년대 참전 용사들로 구성돼 있었다. 이들은 싸우기도 전에 8명이 죽고 적어도 60명이 다쳤다.[3] 건물 지붕에서 적진을 바라보고 있던 나르키스와 구르에게도 포탄이 날아들었다. 4파운드 포탄이 난간을 치며 파편이 사방에 흩어졌다. 거리에 지프차를 세우고 나르키스를 기다리던 보좌관 요엘 헤르츨Yoel Herzl은 거대한 연기 속에 지붕이 사라지는 광경을 보았다.[4] 그는 지휘관들이 틀림없이 죽었을 것이라고 생각했다. 다른 병사들이 건물 안에서 시신을 수습할 거라고 판단한 그는 명령대로 차 안에서 대기했다. 텔아비브 사령부에서 언제 지령이 내려올지 모르기 때문이었다. 포격은 계속됐다. 공수부대원들이 고함을 지르며 바삐 부상자들을 옮겼다. 헤르츨은 무전기 수화기에 달린 긴 선을 끌고 지프차 밑으로 기어들어갔다.

죽거나 다친 병사들이 거리에 즐비했다. 어느 젊은 장교는 헤르츨에게 지프차로 병사들을 병원으로 이송하라고 소리쳤다. 헤르츨은 거절했다.

한 장교가 총을 장전하고 그를 위협했다. 헤르츨은 지프차가 나르키스 장군 전용 차량이며 텔아비브 본부에서 언제 연락이 올지 모른다고 말했다. 그러자 잔뜩 화가 난 장교는 수화기를 무전기에서 뽑아버렸다. 헤르츨은 지하에 숨어 있는 민간인들에게 공구를 빌렸다. 나르키스가 온몸에 흙먼지를 뒤덮은 채 나타났을 무렵 무전기는 정상으로 돌아왔다.

28대대는 단 몇 분 만에 대오를 정비해야 했다. 아리에 와이너에게는 즉석에서 주임 상사의 임무가 맡겨졌다. 그의 친구 시몬 카하네^{Shimon Cahaner}는 대대 부사령관이 되었다. 둘은 1953년 국경 지역에서 보복 공격을 한 아리엘 샤론의 101부대 출신이었다. 와이너는 어린 나이에 가족 대부분이 나치에 의해 죽은 후 루마니아를 탈출했다. 당시 팔레스타인을 통치했던 영국은 유대민족이 팔레스타인에 유입되는 것을 철저히 통제했기 때문에, 그는 홀로코스트에서 살아남은 수천 명의 유대인들과 함께 키프로스 수용소에 억류됐다. 그 후 그는 '약속된 땅'이라는 이곳에 몰래 들어오는 데 성공했다. 그러나 홀로코스트 생존자들은 사브라(토착 유대인)로부터 환대를 받지 못했다. 사브라는 자신들이 싸움을 두려워하지 않는 새로운 형태의 유대인이라고 믿었다. 이들은 남성적이고 때로는 잔인했으며 세속적인 문화에 익숙했다. 이들에게 최고의 가치는 자립정신이었다. 이들 대부분은 왜 수백만의 유대인이 마치 도살장에 끌려가는 순진한 양처럼 죽임을 당해야 했는지 이해하지 못했다. 이러한 정서를 알고 있는 와이너는 홀로코스트 생존자라는 유약한 이미지를 극복하고자 공수부대에 들어갔다. (35년이 지나 카하네는 유명한 이스라엘 군인이 되었다. 그는 와이너의 이야기를 듣고 "그는 디아스포라^{Diaspora}* 유대인의 이미지를 가슴에 품고 다

---

* **디아스포라** 한 민족이 살던 땅을 떠나 다른 곳에 사는 현상을 일컫는다. 고유의 문화적

넜군"이라며 그를 안타깝게 생각했다.)

예루살렘, 0200

애뮤니션 언덕은 보기 드문 요새였다. 둥글게 둘러싼 참호들 밖으로 날카로운 철사와 지뢰들이 튀어나와 있었다. 콘크리트 벙커마다 위장막이 고루고루 씌워 있고 시야 확보도 용이했다. 이스라엘군은 전차의 지원을 받아 정면 돌파하는 수밖에 없다고 결론 내렸다. 애뮤니션 언덕에 대한 세부 정보는 예루살렘 여단사령부에 보관돼 있었다. 그러나 이를 미처 전달받지 못한 공수부대는 경찰학교가 가장 힘겨운 상대일 것이라고 잘못 판단했다. 야코브 차이모위츠는 이렇게 말했다. "싸우기도 전에 오금이 저려 죽을 것만 같았다. 목구멍이 완전히 타들어갔다. 지뢰밭을 100미터나 지나가야 했다. 지뢰를 전부 없애는 건 불가능했다. 그래서 최대한 발끝으로 서서 걸었다. 총소리와 비명이 넘쳐났고 우리는 지휘관을 따라 일렬로 움직였다. 상호거리를 유지하고 무기를 수시로 점검하며 이동했다."

탈랄 왕King Talal 보병여단에 속한 요르단 육군 2대대는 벙커에서 화력을 퍼부었다. 폭풍이 몰아치는 듯했다. 이들은 대부분 유목민 베두인Bedouins 출신 병사들이었다. 지휘관 술라민 살라이타Sulamin Salayta 대위는 팔레스타인인이었다. 이미 약간 부상을 입은 그는 본격적으로 전투가 시작되자 부하들에게 이렇게 외쳤다. "제군들의 날이 왔다. 예루살렘이 그대들을 부

전통, 종교 의식 등을 고집한다는 특징이 있다. 여기서는 로마 시대 이후 유대인의 분산을 일컫는다.

르고 있다. 신이 그대들을 부르고 있다. 신의 목소리를 듣고 그를 섬겨라! 끝까지 살아남아라, 치욕을 당하느니 지옥으로 향하자!"

결국 양측 다 지옥을 경험했지만 치욕은 없었다. 이스라엘 병사들은 요르단군 저격수에 하나하나 고꾸라졌지만 진격을 멈추지 않았다. 대부분의 요르단 병사도 물러서지 않고 목숨을 걸고 싸웠다. 구르 대령은 훗날 "한 번도 경험해보지 못한 전투였다"고 말했다. "병사들은 적진에 도달하기까지 적어도 5개의 철책을 돌파해야 했다. 참호, 가정집, 옥상, 지하실… 어디든, 아무 데서나 전투가 벌어졌다."5

이스라엘 병사들이 가까워지자 요르단군은 아군 위치에 포격을 요청했다. 고막이 터질 듯한 굉음이 들려왔다. 1마일 떨어진 구시가지에 있던 압둘라 슐레이퍼는 '동예루살렘 성벽이 무너지나' 하고 생각했다. 영국 총영사 휴 풀라는 본국에 '아무도 잠을 이룰 수 없음'이라고 전신을 보냈다. '매우 격렬한 로켓, 박격포, 기관총 전투가 이어지고 있다….'6

전투가 시작된 지 2시간이 지났다. 차이모위츠는 마치 자신이 '로봇'처럼 싸우고 있다고 생각했다. "아무것도 느낄 수 없었다. 살아남자는 생각밖에 들지 않았다." 상관이 죽자 그가 분대 지휘를 맡았다. 참호 모서리를 돌아 본 그의 눈에 영국식 철모를 쓴 남성 4명의 윤곽이 드러났다. 요르단 병사들이었다. 그중 하나를 향해 방아쇠를 당기자 나머지는 놀라 숨어버렸다. 갑자기 공포감이 그를 에워쌌다. "너무나 겁에 질린 나는 숨도 못 쉰 채 바다에서 허우적거리는 듯한 절망에 빠졌다. 겁을 털어내려고 일부러 두 발을 더 쐈다." 그는 앞으로 달려 나가 벙커에 수류탄을 밀어 넣으며 싸움을 계속했다. 수류탄이 바닥난 그는 뒤에 따라오던 병사를 앞에 대신 세운 뒤 아군 벙커로 돌아가 수류탄을 찾았다. 안에는 부상당한 이스라엘 병사들이 가득했다. 그중에는 분대원 전원이 사망해 더 이상 진격하길 포기한 자도 있었다. 이곳에서 수류탄을 발견하지 못한 차이모위츠는 대신 요르단군이 버리고 간 중기관총을 붙잡았다. 그는 난사하고 싶은 충동을 느꼈다. "오디 머피Audie Murphy(2차대전 당시 미 육군 영웅)가 영화에서 일본군에게 그렇게 하는 것을 본 적이 있었다. 총은 무게가 10킬로그램 이상 나갔다. 벙커에서 쏘려고 했지만 발사가 되지 않았고 고칠 길도 없었다."

차이모위츠는 총을 버리고 벙커에서 나갔다. 그는 지금 단독으로 행동하고 있었다. 그의 앞에 커다란 콘크리트 벙커가 보였다. 그는 알아리시 대포를 부수는 데 사용할 20킬로그램짜리 가방폭탄을 들고 있었다. 빗발치는 총알 밑으로 기어들어간 그는 벙커 입구에 도달했다. 그는 진지 뒤에 서 있던 또 다른 병사에게 폭탄을 넘겨주었다. 폭탄을 설치하는 동안 그는 요르단 병사들이 나오지 못하게 벙커에 쉴 새 없이 사격을 가했다. 뇌관을 설치하는 데 성공한 이들은 엄호를 받으며 퇴각했다. 벙커가 폭발했지만 어쩐 일인지 여전히 총알이 쏟아져 날아오고 있었다. 화가 난 차이모위츠는 단숨에 안으로 돌격해 살아 있는 병사들을 모조리 사살했다.

요르단군 지휘관 살라이타 대위는 전투가 패배로 끝난 것을 깨닫고 밖으로 뛰쳐나와 부하 3명과 도주했다. 애뮤니션 언덕에 끝까지 남은 병사는 아메드 알야마니Ahmed al-Yamani 하사였다. 그는 죽는 순간까지 손에서 총을 내려놓지 않고 이스라엘 병사들과 싸웠다. 차이모위츠는 버려진 요르단 중기관총으로 달려가 발사가 되지 않는 이유를 살펴보았다. 요르단 병사가 퇴각하기 전 총을 고의로 고장 냈다는 것을 깨달은 그는 요르단 육군의 자질에 다시 한 번 존경심을 느꼈다.

요르단군과 이스라엘군 모두 용맹을 드러낸 전투였다. 결정적인 차이는 이스라엘군의 전술적 유연성이었다. 요르단 병사들은 이를 악물고 저항했지만 이스라엘군은 모험을 감행해 주도권을 확보했다. 만약 요르단군이 이곳에 병력을 증파하거나 잠시 진지를 떠나 반격을 준비했다면 결과는 달랐을지도 모른다. 하지만 결국 이스라엘군은 새벽에 공중 지원을 받아 여전히 이곳을 무력화시켰을 것이다.

전투가 끝나자 예루살렘 위로 해가 떠올랐다. 요르단 병사 106명이 죽었고 그에 맞먹는 수의 부상병들이 전장에 남겨졌다. 이스라엘군은 병사 37명을 잃었다. 타버린 살 냄새가 불타는 벙커에서 새나왔다. 66대대 부사령관 도론 모르Doron Mor 소령은 이스라엘 병사들의 시신을 모으기 시작했다. 많은 이들이 그의 친구였다. 살아남은 공수부대원들은 멍하니 자리에 앉아 있었다. 그들은 모르와 공병부대원들이 요르단군이 남기고 간 트레일러에 시신을 옮기는 모습을 넋 놓고 지켜보았다. "시신을 옮기는 건 매우 힘든 작업이었다. 병사들은 충격에 빠져 있었다. 지쳐 있었고 분노하고 있었다. 나는 도와달라고 부탁할 엄두가 나지 않았다. 시신을 옮기는 데 2시간이 걸렸다."

일부 이스라엘 장교들은 병사들이 애뮤니션 언덕에 준비 없이 너무 급하게 투입돼 필요 없이 희생당했다고 생각했다. 전차 부대를 이끌고 동쪽에서 애뮤니션 언덕으로 향하던 우리 벤 아리 대령 또한 매우 비판적이었다. "전차가 있었으면 애뮤니션 언덕 전투는 1분 만에 끝났을 것이다. 계속 전진하라고 한 것은 실수였다. 전장에 따라 계획도 바꿔야 한다. 이는 분명 실수였다. 공수부대의 희생이 너무 컸다…"[7]

66대대가 애뮤니션 언덕과 경찰학교에서 싸우는 동안 71대대와 28대대는 구시가지에서 반마일 밖에 떨어지지 않은 세이크 자라Sheikh Jarrah 지구를 공격하고 있었다. 전투가 시작되자 나블루스 로Nablus Road를 따라 구시가지 성벽에 접근하라는 명령이 떨어졌다. 이곳은 강력한 요르단 병력이 가로막고 있었다. 어느 가옥도 그대로 두고 지나칠 수 없었다. 조금 더 빨리 가고자 하나라도 지나치면 뒤에서 총알이 날아오곤 했다. 노동조합연맹 건물 옥상에 설치된 탐조등만이 홀로 연기 솟는 이 지역을 비추었다. 거리는 텅 비었지만 공수부대원 요세프 슈워츠^{Yoseph Schwartz}는 지하나 계단에 민간인들이 있을 것이라고 생각했다. "가정집에 접근해 수류탄을 던지려 하는 순간 아기 울음소리가 났다. 민간인을 다치지 않게 하려면 상당한 주의를 기울여야 했다."[8]

시가전 중 한 이스라엘 공수부대원이 요르단 병사와 마주쳤다. 처음으로 사람을 죽인 그는 그 공포를 다음과 같이 기록했다.

"우리는 서로 0.5초 동안 바라보았다. 주변에 나밖에 그를 상대할 사람이 없었다. 이 모든 상황은 1초도 걸리지 않았다. 하지만 그때 그 장면은 내 마음 속에 마치 슬로모션 비디오처럼 남아 있다. 방아쇠를 당기자 남자의 왼편 벽에 총알이 박혔다. 그로부터 1미터밖에 떨어지지 않은 곳이었다. 나는 아직도 생생히 기억한다. 우지 기관총을 그를 향해 움직여 몸통을 맞췄다. 순간이 영원처럼 느껴졌다. 그는 무릎을 꿇고 고개를 들어 공포에 질린 얼굴로 나를 쳐다보았다. 고통과 증오, 그렇다, 엄청난 증오로 뒤틀린 얼굴이었다. 나는 다시 총을 쏴 그의 얼굴을 맞췄다. 엄청난 피가 쏟아져 나왔다… 나는 토해버렸다… 우린 모두 살인 기계에 불과했다. 온몸이 살의로 으르렁거렸다…."

요르단군은 나블루스 로로 이어지는 작은 골목인 칼데안 거리^{Chaldean Street}에 진지를 구축해 놓고 있었다. 이들은 이곳을 지나는 이스라엘 병사 4명을 죽이고 여러 명을 다치게 했지만, 이스라엘 전차의 포격을 받아 모조리 죽임을 당했다. 그때까지 이스라엘 공수부대원들은 칼데안 거리를 '죽음의 골목'이라고 불렀다. 요세프 슈워츠는 너무 많은 병사가 죽었다며 이곳을 '실수의 교차로'라고 불렀다. 그의 부대는 전투를 시작하기 전에 107명의 병사를 거느리고 있었다. 하지만 성 조지 교회에 도달했을 무렵 작전이 가능한 인원은 34명에 불과했다. 교회 안에 있던 대주교와 성직자들, 그리고 그들의 가족은 지하로 옮겨져 밤새 총성과 포성을 들었다. 이들 중 하나는 다음과 같이 썼다. "귀가 멀 것 같았다. 전기는 나갔고 포격은 밤이 깊어질수록 격렬해졌다. 끔찍했다. 처음에 먼 곳에서 우르릉 소리가 나면 몇 초 후 주변에서 폭발음이 들렸다."9

이스라엘군이 나블루스 로를 점령하면서 이스라엘 전차가 지나다녔다. 히브리어로 이야기하는 병사들도 있었다. 교회 지하에 있던 팔레스타인인들은 두려움에 심장이 멎는 듯했다. 이들 중에는 1948년 데이르 야신 대학살에서 생존한 여자도 있었다. 그녀는 교회에서 하녀로 일하고 있었다. 주일학교 교사 1명은 공포에 질려 식기장 안에 숨었다. 잠시 전투가 소강상태에 들어선 동안 이들은 밖을 내다봤다. 병사들의 시신이 나블루스 로에 널브러져 있었고 건물들은 불타고 있었다. 이스라엘 병력이 셰이크 자라와 구시가지 사이 지역을 전부 장악하기 전에, 동예루살렘 장관 안와르 알카팁과 요르단 사령관 아타 알리 준장, 그리고 영국 장교 출신 하짐 칼리디는 구시가지 안으로 걸어 들어가는 데 성공했다.10 헤롯의 문으로 향하는 마지막 25야드는 총알이 빗발쳤지만 뒤따르던 남성 1명만 숨지고 모두 무사했다.

라트룬, 0300

텔아비브 대피소에서 노래를 불렀던 아바의 남편 모셰 욧밧^{Moshe Yotvat}은 드디어 라트룬으로 돌아왔다.[11] 1948년 그는 이곳에서 젊은 시절 가장 끔찍했던 전투에 참가했고, 이스라엘은 가장 처참한 패배를 경험했다. 이스라엘군은 당시 적진지에 지역시민방위군밖에 없다고 생각했다. 욧밧의 부대 등 이스라엘 병력은 특별한 주의를 기울이지 않고 돌진했다. 지원 병력은 뒤늦게야 도착하기로 되어 있었다. 욧밧은 시민방위군이 아닌 매복 중인 요르단 아랍 군단 소속 정예군과 맞닥뜨렸다. 이곳에서 요르단군은 이스라엘 병사 다수를 죽이며 결정적인 승리를 거두었다. 전투가 끝난 뒤 욧밧은 부상자를 옮겼고, 그중에는 훗날 총리가 될 젊고 덩치 큰 아리엘 샤론도 있었다. 1967년 욧밧은 43세였고 이제 예비군 여단을 지휘하는 대령이 되어 있었다. 전쟁이 발발하기 3일 전, 그는 예루살렘에 전투가 시작될 경우 라트룬을 '낚아채라'는 명령을 받았다. 이스라엘은 1948년에 이곳을 얻지 못한 것을 쓰라리게 생각하고 있었다. 욧밧은 이곳을 꼭 빼앗아 오리라고 확신했다. 지도로 보면 라트룬은 이스라엘 영토의 중심부를 찌르는 듯했다. 또한 이곳에는 예루살렘으로 가는 핵심 도로가 있었다. 그러나 욧밧은 라트룬 이상 나아가리라고는 생각하지 않았다. 육군이 그에게 라트룬 지도 외에 다른 것은 주지 않았기 때문이다.

욧밧은 1948년 당시 진격 방향을 떠올렸다. 요르단군도 당시 상황대로 방어할 것이라고 판단한 그는 정반대 경로를 선택했다. 03시 00분 1개 이스라엘군 야포 대대가 라트룬에 있는 요르단 진지에 포격을 가했다. 정착촌에서는 적을 교란하는 작전이 펼쳐졌다. 요시 알리^{Yossi Ally}는 라트룬에 가장 가까운 이스라엘 정착촌인 낙숀 키부츠에 살고 있었다.[12] 자정에 일어난 그는 여러 대의 차량을 이끌고 욧밧의 여단본부로 향했다. 기갑 부대가 움직인다는 인상을 심어주기 위해서였다. 군용 차량 두 대가 먼저 출발했다. 나머지 차량들은 전조등을 활짝 켜고 4~5미터 거리를 유지한 채 이동했다. 모두 민간인 차량이었다. 정착촌에서 빠져 나온 이들은 국경도로를 따라 이동했다. 알리는 섬유유리로 만들어진 '수지타Susita'라는 차량을 몰았다. (당시 사막에 버려진 수지타는 무른 성질 덕분에 낙타가 좋아한다는 우스갯소리도 있었다.) 작전을 마친 그는 자신이 낙타 밥이 아니라 대포 밥이 될 수도 있었다는 사실을 깨달았다. 그래도 군을 돕는 동안만큼은 그는 흥분을 가라앉힐 수 없었다. 가짜 차량 부대는 요르단군의 진지를 무사히 지나쳤고 요시는 이제 편히 앉아 나머지 전투를 관람하기 위해 정착촌으로 돌아왔다.

교란 작전이 끝나고 15분 뒤 이스라엘군은 요르단 경찰 요새에 탐조등을 비추었다. 영국군은 식민지 지배 당시 비슷한 요새를 팔레스타인 전역에 설치했다. 이곳 요새는 콘크리트와 철로 만들어진 400평방피트 건물이었다. 요르단군은 이곳을 방어의 거점으로 삼았다. 이스라엘군 대포가 요새와 그 뒤에 있는 언덕진지를 강타했다. 언덕을 지나야만 예루살렘과 서안지구로 갈 수 있었다. 경찰 요새에서 반마일 떨어진 라트룬 트라피스트 수도원의 수도사들은 포탄이 날아들자 급히 대피했다. 암와스에 살고 있는 힉맛 딥 알리도 포격 소리를 들었다.[13] 암와스는 라트룬 안에 있는 세 개의 팔레스타인인 마을 중 하나였다. 그는 아랍 쪽이 분명 밀리고 있다고 생각했다.

욧밧의 부대가 공격을 개시하기도 전에 요르단 병력은 진지에서 철수했다. 포격이 시작되자마자 요르단 차량 2대가 암와스에 멈춰 섰다. 요르단군 지휘관이었다. "퇴각하겠네. 그저 몸조심하게나." 라고 말했다. 요르단군 하쉬미Hashimi 여단 소속 병사 60여 명이 그를 따라 도시를 떠났다. 이스라엘 병력이 요새에 들어섰을 때 이들은 반쯤 먹다 남은 음식물을 발견했다. 요르단군이 얼마나 황급히 퇴각했는지 알 수 있었다. 1948년에 결코 정복할 수 없을 것 같았던 경찰서 요새는 이렇게 이스라엘군의 손에 들어왔다. 욧밧 대령은 나르키스 장군의 본부에 무전을 쳐 1시간 만에 라트룬을 탈환했다고 보고했다. 욧밧은 작전이 너무 쉽고 빨리 끝나 스스로도 놀랐다. 요르단군이 라트룬에서 이렇게 무너질 정도라면 서안지구는 식은 죽 먹기나 다름없었다. 욧밧은 라말라Ramallah로 진격해도 되냐고 상부에 물었다. 나르키스는 조심하라고만 말했다. 욧밧이 지도를 달라고 하자 헬리콥터로 배달됐다.

힉맛 딥 알리와 그의 형제들은 1948년처럼 요르단군이 자신들을 보호해줄 것이라고 믿었다. 그러나 이제 그들은 스스로 살아남아야 했다. 19년이 지난 지금 전쟁의 양상은 확실히 달라져 있었다. 이들은 트라피스트 수도원이 그나마 안전할 거라는 생각에 친척과 이웃 수십 명을 마을버스에 태웠다. 출발하려는 순간 포탄이 날아들기 시작했다. 버스에 탄 사람들은 서로를 밀치며 도망갔다. 머지않아 이스라엘 병사들이 마을에 들어섰다. 교회에 숨은 딥 알리는 차량에서 내린 뒤 노래 부르고 춤추는 병사들을 목격했다.

이웃 마을 베잇 누바Beit Nuba에서는 압둘 라힘 알리 아마드Abdul Rahim Ali Ahmad의 가족이 전투가 벌어지는 소리로 잠을 이루지 못했다.[14] 이들은 잠시 마을을 떠나는 게 안전할 것이라는 결론을 내렸다. 엄마는 이불 두 장만 집어 들고 머리에 얹었다. 먹을 것을 챙길 시간은 없었다. 그녀는 맨발로 아이들을 데리고 마을 밖으로 나갔다. 이스라엘 지프차와 탱크가 뒤를 쫓아오는 듯했다. 그들은 최대한 도로를 피해 밭으로 이동했다. 그녀는 이스라엘 병사만 생각하면 오금을 못 썼다. 그녀는 이스라엘 병력이 지나갈 때마다 아이들 입을 손으로 틀어막았다. 울었다가 발각되면 이스라엘군이 아이들을 죽일 거라고 생각했다.

제닌, 0300

마을 주변 올리브 숲에서는 요르단 병사들이 이스라엘군을 기다리며 매복해 있었다.[15] 숲이라고 하기엔 바위가 너무 많은 곳이었다. 규모가 작은 요르단군은 제닌과 서안지구 북부 지역에 드문드문 흩어져 있었다. 하지만 이들은 대오가 잘 정비돼 있을 뿐 아니라 이스라엘군이 어떤 길로 올지 정확히 예측하고 있었다. 북부에 있던 대부분 IDF 병력은 전날 시리아로 출동했다. 그러나 시리아가 최대한 전쟁을 피하려 한다는 것을 눈치챈 이스라엘은 병력을 서안지구로 돌렸다. 이스라엘은 수년간 준비한 계획을 드디어 실행에 옮기고 있었다. 공군은 전날 저녁 5시부터 요르단 진지를 폭격했고 이스라엘 병사들은 시리아 전선 남쪽으로 내려와 공격을 시작했다.

　제닌 부근 요르단 병사들은 충분한 대전차포를 갖고 있었으며 방어선 또한 알맞게 구축돼 있었다. 맨 뒤에는 패튼 전차들이 배치돼 있었다. 전차들은 이스라엘군이 어느 방향에서 오든 포격을 가할 수 있는 위치에 숨어 있었다. 지형을 따져볼 때 측면에서 공격당할 걱정도 없었다. 이스라엘군에게는 정면 돌파 외에 선택이 없었다. 요르단군은 두 차례 공격을 막아냈고 진지는 여전히 양호했다. 결정적인 순간은 동이 튼 이후 찾아왔다. 이스라엘군이 부서진 전차들을 두고 후퇴하는 척하자 요르단 전차들이 보병 지원 없이 밖으로 나와 이들을 마무리하려 했다. 이스라엘군은 바로 돌아서서 포격을 가했다. 이스라엘군이 보유한 슈퍼 셔먼 전차는 2차 대전 시기의 유물이었지만 강화된 엔진과 105mm 포 덕분에 상당한 공격력을 자랑했다. 이들은 요르단군의 패튼 전차들을 에워싼 뒤 사정없이 두들겼다. 패튼 전차 대부분이 파괴됐다. 뒤에 남은 요르단군 보병들은 계속 싸웠지만 기갑 부대나 공중 지원 없이 살아남기란 불가능했다.

시나이, 알아리시, 0400

'처절한 전투'를 끝낸 이스라엘 탈 장군의 기갑 여단 2개는 알아리시 진입에 성공했다. 그의 병사들을 괴롭힌 건 모래언덕과 콘크리트 벙커에 숨은 채 쏴대는 이집트 대전차포들이었다. 이들은 동시다발적으로 발포해 이스라엘군의 정신을 쏙 빼놓았다. "전장 너머에서 광선이 뿜어져 나왔다. 도대체 어디에 숨어 있는지 알 수 없었다. 전차로는 쉽게 파괴할 수 없었다. 우리는 그냥 전조등을 켜고 돌진해 적을 모조리 밟아버리는 전략을 택했다."[16]

이날 밤 이집트군은 4기갑사단에 비르 라판에 있는 탈의 사단을 좌측에서 공격하라는 명령을 내렸다.[17] 이집트군이 가진 소련제 전차는 이스라엘군이 가진 어떤 무기보다 야간에 능했다. 그럼에도 4기갑사단은 전차 9대를 잃었고 이스라엘군 전차는 단 1대밖에 부수지 못했다. 날이 밝자 이들은 이스라엘 전차가 전날 밤 생각했던 것만큼 많지 않다는 것을 깨닫고 즉각 전면전을 개시했다. 그러나 이스라엘군은 적은 병력에도 불구하고 갈고 닦아온 이동술과 장사포 사격술을 발휘해 이집트군을 패퇴시켰다. 무엇보다 공중 지원이 한몫했다. 이스라엘 전투기들이 쫓는 가운데 이집트군은 비르 기프가파$^{Bir\ Gifgafah}$로 퇴각했다. 이집트 4기갑사단은 이 전투에서 30~80대의 전차를 잃었다.

가자지구

팔레스타인해방군이 내세울 수 있는 건 그럴 듯한 이름 외에 아무것도 없었다.[18] 사실 군대라고 부를 수도 없었다. 열의만 높고 제대로 훈련받지 못한 1만의 팔레스타인 보병들은 이집트군의 전차 지원밖에 기댈 게 없었다. 가자 시 북부에 사는 오마르 칼릴 오마르$^{Omar\ Khalil\ Omar}$는 약 100명의 병사를 지휘했다. 이들은 주로 칼라슈니코프 자동소총이나 그것보다 더 오래된 반자동 소총으로 무장했다. 더 강력한 무기는 없었다. 오마르는 대전차 무기를 달라고 요청했지만 이집트 장교들은 참을성과 용맹을 잃지 말되 질문 따위는 그만 하라고 답할 뿐이었다. 북부에서 올 것이라 예상한 이스라엘군이 남부에서 들이닥치자 그들은 기겁했다. 대전차 무기 또한 오지 않았다. 어떻게 행동하라는 지시도 없었다. PLA는 칸 유니스에서 격렬히 저항했지만 이스라엘 기갑 병력은 이미 가자지구를 지나 시나이 북부에 침투하고 있었다. 오마르의 부대는 이길 수 없는 전투에서 목숨을 잃어야 할 필요가 없다고 느꼈다. 그들은 바로 도주하기 시작했다. "우리 병사들은 싸우길 원했다. 하지만 전차 앞에서 우리가 무엇을 할 수 있단 말인가? 병력 대부분이 도망갔다."

　이집트군 정보본부 이브라힘 엘 닥학니 소령은 가자 시에 있는 그의 본부에 이스라엘군이 바짝 다가온 것을 보았다.[19] 그는 해안가에 준비한 배에 동료들과 올라탈 때가 되었다고 생각했다. 그는 진격하는 이스라엘군을 피해 최대한 바다 남쪽으로 갈 생각이었다. 그러나 닥학니는 너무 늦게 출발하고 말았다. 먼지 가득한 길거리를 지나 해안가로 이동하던 중 그는 이스라엘군이 이미 도로를 차단한 것을 보았다. 그는 자신을 기다리는 동료들에게 무전을 쳐 먼저 출발하라고 말했다. 이제 다른 퇴로를 찾는 수밖에 없었다.

가자 시 부근 황량한 모래 계곡에서 닥학니는 15명의 팔레스타인 병사들을 만났다. 투항을 거부하고 밤새 이곳까지 걸어온 이들은 서안지구에 있는 요르단 병력과 접선할 계획이라고 말했다. 닥학니는 좋은 생각이 아니라고 말했다. 이스라엘군이 이미 이집트에 들어와 활동하고 있는 만큼 서안지구 또한 빠르게 장악했을 가능성이 높기 때문이었다. 행운을 빈다는 말과 함께 그는 무리에서 떨어져 나왔다. 그는 어딘가 숨을 곳을 찾기로 했다. 배를 발견할 수 있다면 그보다 좋은 건 없을 거라고 생각했다. 바다야말로 숨기에 최선의 장소였다.

전쟁 첫날 폭격으로 통신용 트럭을 잃고 도주한 라마단 모하메드 이라 키는 이집트 병사 2명과 함께 도로 옆에 숨었다.[20] 그중 한 병사는 이미 한쪽 팔을 잃은 상태였다. 그 부상당한 병사는 길가에 보이는 병사들이 쿠웨이트군일 것이라며 떠났지만 돌아오지 못했다. "이스라엘 병사들이라는 것을 깨달았을 때는 이미 늦었다. 그는 총을 맞고 쓰러졌다." 이들을 발견한 이스라엘군은 기관총을 난사했고 또 다른 병사는 두 다리에 총을 맞았다. 라마단도 총알이 군화를 관통했지만 다행히 다리를 비켜 갔다. 그는 천천히 자리에서 일어났다. "내가 도망가려 하면 쏠 게 틀림없었다. … 그들은 히브리어로 소리쳤고 난 손을 머리 위에 올렸다. 그들은 내 손을 묶고 눈을 가렸다. 이제 죽는구나 싶었다. 기도를 읊었다. 첫 아이를 임신한 아내밖에 아무 생각이 나지 않았다. 우리는 신혼이었다. 그들은 내 신원을 확인한 뒤 돈과 사진을 빼앗아갔다. 내 눈에서 두건을 벗긴 그들은 내게 전차 앞에 서서 뛰라고 지시했다. 내 팔은 여전히 묶여 있었다. 우리는 곧 포로수용소에 도착했다."

알아리시로 이동하던 중 한 이스라엘 병사가 이들에게 트럭에서 내리라고 말했다. 그리고 사막을 가로질러 포트사이드Port Said까지 알아서 걸어가라고 명령했다. 또 다른 병사가 끼어들어 말렸다. 그는 포로들에게 만약 트럭에서 내리면 사살해버리겠다고 말했다. 결국 그들은 트럭에 남았다.

암만, 0530

요르단의 전쟁 수행 능력은 빠르게 붕괴하고 있었다. 리아드 장군은 후세인 왕에게 두 가지 선택밖에 없다고 말했다.[21] 휴전 협정을 얻어내거나 서안지구에서 모든 병력을 철수시켜 요르단 강 동쪽에 집중시키는 것이었다. "만약 24시간 내 결정하지 않으면 전하는 군과 이 나라에 작별 인사를 고해야 할 것입니다! 우리는 지금 서안지구를 잃기 일보직전입니다. 우리의 병력 모두 고립돼 박살날 것입니다." 크게 놀란 후세인 왕은 나세르의 생각이 어떤지 알아보라고 리아드에게 지시했다.

리아드 장군은 30분 후 나세르에게 전화를 걸어 요르단 왕 후세인과 연결해주었다. 이집트군 사령부는 얼마 전 통신용 최신 보안 장비를 구입했다. 하지만 이 장비는 카이로에만 있었다. 누구도 이 장비를 암만으로 갖고 올 생각을 미처 하지 못했다. 결국 두 지도자는 일반 전화기를 사용했다. 이스라엘군은 둘의 대화를 녹음한 뒤 이틀 뒤 공개했다. 이스라엘군은 아군 보안을 철저히 유지하면서 한편으로는 적의 통신을 빈틈없이 감청했다.

먼저 리아드 장군은 미국뿐 아니라 영국도 항공모함을 보유하고 있냐는 나세르의 물음에 그렇다고 대답한다. 그 후 교환끼리 대화가 끝나고 후세인이 연결됐다. 음질이 나쁜 관계로 둘은 한참 동안 인사를 나눴다. 그리고 이어진 대화는 다음과 같다.

나세르 : 우리 또한 격렬히 싸우고 있습니다. 밤새 모든 전선에 걸쳐 싸웠습니다.

후세인 : (들리지 않음)

나세르 : 하지만 처음에 무슨 일이 있었든지 걱정하지 마십시오. 나아질 것입니다. 신이 우리와 함께합니다. 전하께서는 미국과 영국의 개입에 관련해 성명서를 내실 생각이신가요?

후세인 : (들리지 않음)

나세르 : 우리 둘 다 성명서를 내는 것이 좋겠다고 생각합니다. 제가 성명서를 내고 전하도 성명서를 내는 것입니다. 시리아도 성명서를 내 미국과 영국이 항공모함을 동원해 비행기를 출격시켜 우리를 공격하고 있다고 말하도록 하겠습니다. 우리가 함께 성명서를 내면 이 문제를 더 강조할 수 있을 것입니다.

후세인 : 좋소.

나세르 : 전하도 동의하십니까?

후세인 : (들리지 않음)

나세르 : 매우 감사합니다. 강건하십시오. 전하와 마음으로부터 함께 하고 있습니다. 우리의 전투기들이 오늘 이스라엘 상공에 가 있습니다. 우리 전투기들이 아침부터 이스라엘 공군기지를 폭격하고 있습니다.

후세인 : (들리지 않음)

나세르 : 매우 감사합니다.

후세인 : 고맙소, 압델 나세르.

나세르 : 안녕히 계십시오.

희생양이 절실히 필요했던 나세르는 요르단 왕의 도움을 받아 아랍세계에 임박한 패배가 미국과 영국의 책임이라고 선언하기로 작심했다. 이스라엘군이 실제 보유한 것보다 더 많은 전투기를 출격시킨 것처럼 보이자 아랍의 의심은 더욱 깊어졌다. 아랍의 관찰은 어떤 면에서 완전히 틀린 건 아니었다. 이스라엘 공군은 정비 병력을 너무나 완벽하게 훈련시킨 나머지 10분 안에 다시 비행기를 띄울 수 있는 수준이 되었다. 하루에 임무를 6번 나간 조종사들도 있었고 4번 나간 이들도 있었다.

후세인의 사령부에서 멀지 않은 암만의 빌라에서는 정보장관의 부인 레일라 샤라프Leila Sharaf가 〈아랍의 소리〉에 열심히 귀를 기울이고 있었다.[22] 이스라엘과 싸우는 영웅들을 소재로 한 라디오 드라마가 한창 방송 중이었다. 이번 전쟁이 끝나면 새로운 아랍 영웅들이 등장인물에 추가될 게 틀림없었다.

시리아 – 이스라엘 국경, 0545

시리아는 드디어 뒤늦은 첫 공격을 시작했다. 시리아 대포들이 쉐아르 유숩Shear Yusuv과 텔 단Tel Dan에 있는 이스라엘 국경 정착촌들을 포격했다. 45분 후 약 12대의 T-34 전차가 진격했다. (소련은 독일을 공격할 때 이 전차를 이용했다.) 07시 00분 243보병대대 병사 수백 명도 정착촌으로 진격했다. 대부분 시리아군 장교는 '이스라엘 방어선을 가리키며 "돌진하라"고 명령'했다.[23] 농부, 점원, 버스 운전사 등으로 이뤄진 마을 시민방위단이 시리아군을 막아냈다.[24] 그리고 20분 후 이스라엘 공군이 기관총과 네이팜으로 적군을 마무리했다. 이번 시리아군의 공격은 '나세르 작전'이라 불린 계획의 일부였다.[25] 두 사단을 동원해 이스라엘을 치자는 이 작전은 더 많은 병력이 투입됐어도 실패했을 것이다. 시리아군은 어떠한 복잡한 작전도 실행할 능력이 없었다. 이스라엘 정보당국은 전쟁이 끝난 후 시리아에서 획득한 문서를 분석했다. 시리아군은 공격 전 요르단 강에 놓인 다리를 전차가 건널 수 있는지 확인조차 하지 않았다. 다리는 전차가 건너기에 말도 안 될 만큼 좁았다.

시리아군은 약 7만의 병력을 10개 여단으로 나눠 운영했다. 이 중 7개 여단은 보병이었고(절반은 차량을 보유했다), 2개는 전차, 그리고 1개는 포병 여단이었다. 시리아는 대공포 사단 또한 보유하고 있었으나 나라 전체에 흩어져 있었고, 국경수비대는 이스라엘 국경에 정규군과 함께 엷게 퍼져 있었다. 민간인 1,000명으로 이뤄진 '국민의 군대' 지휘관 이브라힘 알리Ibrahim Ali 소령은 늘 자신의 병력이 싸울 준비가 되어 있다고 주장했다. 하지만 한 미군 전문가는 '그들의 전투력은 의심스럽다'고 평했다.[26]

전쟁 전날 밤까지 시리아군은 여전히 잔인한 숙청을 진행 중이었다.[27] 마지막 쿠데타가 실패한 1966년 9월 이후 숙청은 멈추지 않았다. 쿠데타를 진압한 시리아의 지배자 살라 자디드와 그의 오른팔 하페즈 알아사드 소장은 시리아군 역사상 가장 큰 규모의 숙청을 단행했다. 하페즈 알아사드는 공군참모총장 겸 국방부장관이었다. 쿠데타를 이끈 살림 하툼Salim Hatum은 시리아에 돌아와 이스라엘과 싸우겠다고 선언했다. 그는 곧바로 체포돼 고문을 당했다. 비밀경찰 지휘관 아브드 알카림 알준디^{Abd al-Karim} ^{al-Jundi} 대령은 그의 갈비뼈를 박살 낸 뒤 총으로 쏴 죽였다.

쿠테타 지도자 중에는 소련사관학교 출신 파드 알샤이르^{Fahd al-Sha'ir} 소장도 있었다. 부참모장인 그는 남서부를 맡고 있었다. 이곳은 이스라엘군과 인접해 있기 때문에 시리아군에게 가장 중요한 지역이었다. 그 또한 체포된 뒤 '고문관들을 등에 태운 채 동물처럼 엎드려 더러운 물 위로 기어갔다.' 이밖에도 여러 고문 방식이 언론에 누설됐다. 모두 400명의 장교가 해임됐다. 이스라엘군이 신임장교들을 훈련시키고 전장에서 병사들과 호흡을 맞추는 동안 시리아군은 정치 활동에 몰두했다.

암와스, 0800

해가 뜨자 교회에 숨어 있던 힉맛 딥 알리의 눈에 이스라엘 병사들이 순찰하는 모습이 보였다. 병사들은 최대한 조심스레 이동하고 있었다. 총성은 들리지 않았다. 대신 이스라엘군은 지프차에 달린 확성기를 이용해 주민들에게 마을 광장에 모이라고 지시하고 있었다. 아랍어를 할 줄 아는 병사들이 동원됐다.

"떠날 수 있는 길은 하나뿐입니다. 라말라 도로밖에 없습니다. 집에 들렀다 떠나면 안 됩니다. 이곳에서 출발하십시오."

맨발의 한 노인이 신발을 두고 왔다며 집에 들러도 되냐고 병사에게 물어봤다.

"만약 그랬다가는 죽을 것입니다. 라말라로 가십시오."

누구도 짐을 싸거나 잃어버린 가족을 찾을 기회를 얻지 못했다.

베잇 누바 촌장 무크타르^{Moukhtar}의 부인인 즈치야 자이드^{Zchiya Zaid}는 병사들에 이끌려 나오는 이웃 주민들을 보았다.[28]

"병사들은 민간인들에게 위해를 가하진 않았어요. 음식이나 과자, 담배를 나눠주기도 했죠. 집을 안 떠나려는 사람은 강제로 밖으로 끌려나왔어요. 병사들은 '후세인에게 가시오! 후세인에게 가시오!'라고 외쳤어요. 우리는 애들 외에 아무것도 갖거나 데리고 갈 수 없었어요."

난민들은 곧 떠나야 했다. 여전히 교회에 숨어 있던 힉맛 딥 알리의 눈에 가족의 모습이 들어왔다. 그들은 병사들 사이로 걸어가고 있었다. 그에게는 아내와 6명의 아이들이 있었다. 막내는 이제 태어난 지 1주밖에 되지 않았다. 가족이 시야에서 사라지자 힉맛과 사촌 2명은 다시 집으로 몰래 들어갔다. 집에는 이상이 없었다. 하지만 한 정찰병이 이들을 발견하고 밖으로 끌어냈다. 결국 힉맛도 마을 밖으로 쫓겨났다. 마을 외곽에서 "우리는 지옥을 보았다. 젊은 아이들, 노인들, 아픈 사람들, 장애인, 다리가 불편한 소년, 나이든 여성, 모두 떠나야 했다. 기억을 떠올릴 때마다 가슴이 아파 미칠 것 같다. 우리는 파자마든 양복이든 아무거나 입은 채로 떠나야 했다."[29] 마을 주민 중 한 사람이 병사에게 항의했다. 병사는 "누구든 남는 자는 모두 죽을 것이오"라고 답했다.

카이로, 0900

〈카이로 라디오〉는 여전히 거짓 뉴스를 내보내며 이스라엘을 협박했다. 아침에는 다음과 같은 방송도 있었다.[30]

"우리는 전투 첫날 이스라엘군을 격퇴했고 앞으로도 기회 있을 때마다 격퇴할 것이다… 이제 종말이다, 이스라엘이여."

혼란스러운 밤을 보낸 미국인 기자들은 힐튼 호텔에서 아침 식사를 제공받지 못했다.[31] 급사장은 이스라엘 전투기들이 다시 몰려오고 있어서 식사를 줄 수 없다고 말했다. 길마다 '공격하라, 공격하라, 공격하라'라는 구호가 확성기를 타고 흘러나왔다. 기자들은 프레스센터로 가 아침 신문을 펼쳐보았다. 카이로 일간지 중 하나인 《알 아크바르Al Akhbar》 일면에는 '우리 군이 적의 영토 깊숙이 침투했다'라고 적혀 있었다. 영자지 《이집션 가제트Egyptian Gazette》도 비슷한 일면 제목을 달았다. '사악한 침략자의 잔해물'이라는 문구가 달린 사진도 있었다. '오늘의 운세'는 마치 이집트 군 국경의 상황을 반영하는 것 같았다. '오늘 귀하가 평소보다 괜찮은 이득을 보려면 형식적인 선 따위는 훌쩍 뛰어넘어 버리세요.'

09시 05분에 공중 폭격이 재개됐다. 몇 분 후 〈중동통신〉 전신수신기에 '긴급, 긴급'이라고 쓰인 통지문이 도착했다.

"미국과 영국이 이스라엘의 공격에 참여하고 있다는 것이 명확하게 드러났다. 미국과 영국의 일부 항공모함이 이스라엘을 지원하는 대규모 활동을 벌이고 있다….."

나세르와 후세인의 작전이 먹혀들어가기 시작했다. 2시간 동안 비슷한 보도가 암만과 다마스쿠스에 퍼졌다. 미국 대사관 소속 외교관 댄 가르시아Dan Garcia는 이러한 보도가 '완벽한 조작'이라는 보도자료를 게시판에 붙였다. 기자들이 읽기 위해 몰려들자 이집트 공보장교 카말 바크르가 보도자료를 게시판에서 뜯은 뒤 찢어버렸다. 기자들은 이집트군 고위 장교들을 만나게 해달라며 바크르를 졸랐다. 통지문에 나온 대로 정말 군이 승승장구하고 있는지 증거를 찾고 싶었다. 그러자 더 이상 브리핑을 하지 않을 것이라는 통보가 떨어졌다. 밖에 혼자 나가서는 안 된다는 지침도 내려왔다. 하지만 이는 지금 중요한 게 아니었다. 미국과 영국이 참전했다는 이집트의 주장이 중대 뉴스였다. 기자들은 분주히 기사를 내보냈다. 카이로에 거주하는 서방인들은 서서히 불안해하기 시작했다. 워싱턴에서는 CIA가 대통령에게 보고를 올리고 있었다.[32]

"이집트 정부는 아랍세계가 미국의 이권을 함께 위협해야 한다고 촉구하는 것으로 보입니다. 이집트와 시리아 국내 방송은 오늘 아침 모두 '아랍 대중'이 미국과 '제국주의자들'의 아랍 내 이권을 빼앗아야 한다고 촉구했습니다."

기사를 송고한 기자들은 본능적으로 프레스센터에 머무르라는 요구를 무시하고 밖으로 나갔다. 랜드로버 차량에 탄 한 남자가 차를 세우더니 기자들에게 침을 뱉었다. 미국 대사관을 지키는 경찰병력이 두 배로 증강됐다. 대사관 안에서는 직원들이 기밀문서를 소각했다.[33] 10시 40분 〈카이로 라디오〉는 미국과 영국이 이스라엘 편에 서서 참전한 것은 '의심의 여지가 없다'고 주장했다. 대사관 주변 긴장 수위가 한층 높아졌다. 라디오에 따르면 미국과 영국의 전투기들이 항공모함에서 출격해 이집트군과 요르단군을 폭격하고 있었다. 대사관은 조만간 군중이 몰려들 것이라고 생각했다. 1시간쯤 지나자 성난 군중이 영국 영사관과 알렉산드리아에 있는 미국 도서관에 불을 질렀다.[34]

영국과 미국이 이스라엘 편에 서서 참전했다는 주장에 전 세계는 발칵 뒤집어졌다. 영국 외교관들은 이를 즉각 '어마어마한 거짓말'이라며 부인했다. 쿠웨이트 주재 영국 대사는 외무부를 방문해 이는 모두 소설 같은 얘기라고 주장했다.[35] 그는 쿠웨이트 외무부 고위 관료 대부분이 이집트의 주장을 믿고 있다는 사실에 '경악'했다. 하지만 영국은 1956년 프랑스 및 이스라엘과 힘을 합쳐 이집트를 공격한 적이 있었다. 아랍권은 이집트의 주장을 믿을 만한 충분한 경험이 있었다. 아랍의 석유생산국 대표들은 바그다드Baghdad에서 회담을 여는 중이었다.[36] 그들은 이스라엘 편에서는 국가에게는 석유를 팔지 않겠다고 선언했다. 다마스쿠스 주재 미국 대사 휴 스미스Hugh Smythe도 시리아 외무부로 찾아가 아랍의 주장을 부인했다.[37] 그를 접대한 한 관료는 자필로 작성한 메모 두 쪽을 꺼내 그의 앞에서 읽어 내려갔다. 미국이 아랍에 대해 '전통적으로' 취해온 자세, 그리고 이스라엘과 해온 협력으로 인해 미국과 외교 관계를 끊을 수밖에 없다는 것이었다. 또한 그는 대사관 직원들은 48시간 내에 이 나라를 떠나야 한다고 경고했다. 하위직 행정사무원들은 1주 더 남아 '뒤처리'를 해도 좋다는 말도 덧붙였다.

암만, 0900

후세인은 녹초가 되었다. 요르단에게는 재앙 같은 밤이 흐른 뒤였다. 그는 한숨도 잘 수 없었다. 그에게 남은 선택지는 많지 않았다. 전쟁이 시작된 지 24시간밖에 되지 않았지만 이미 패배는 분명했고 그는 어떻게 하면 그 규모를 줄일 수 있을지 고민하기 시작했다. 그는 전쟁이 시작되면 이집트가 미국을 탓할 것이라고 말한 바 있었다. 그러나 그는 나세르와 나눈 대화 내용을 미국에 알리지는 않았다. 어쨌든 왕은 요르단 주재 외국 대사관들과 연락의 끈을 놓지 않았다.[38] 그는 미국과 영국 대사들을 특히 중요하게 여겼다. 미국과 영국이 개입해 이스라엘을 말린다면 이 아수라장 속에 무언가 건질 게 있지 않을까 싶었다. 그는 미국 측에 요르단군이 '처절하고 징벌적인 공격'에 밤새 시달렸다고 말했다. 만약 미국이 이를 중단시키지 않는다면 요르단군은 '끝장'이었다. 야전에서 보고된 사상자수는 믿기지 않을 만큼 많았다.[39] 사실 이러한 보고는 상당 부분 과장돼 있었다. 전쟁의 과정에서 야기된 혼란 때문일 수도 있고 후세인이 적군의 승리와 아군의 패배를 일부러 과장하려 했기 때문일 수도 있다.

보통의 요르단 시민들은 전쟁이 아군에게 얼마나 불리하게 흐르고 있는지 알지 못했다. 레일라 샤라프는 친구 샤키르 여사[Mrs Shakir]와 헌혈을 하러 갔다. 요르단 국민은 여전히 흥분에 휩싸여 있었다. 열광한 군중은 거리에서 과장된 소문을 주고받았다. 이스라엘군이 이집트 공군 대부분을 박살냈다는 주장도 간혹 나왔지만 비웃음만 샀다. 샤라프 여사는 나세르가 지하 활주로를 만들어 전투기들을 보호했기 때문에 조만간 이스라엘은 추가 공습을 당할 것이라는 얘기를 들었다. 샤라프 여사는 경악했다. 그녀의 남편은 정보장관이었고 대부분의 시간을 상황실에서 보냈기 때문에 누구보다 사태를 정확히 파악하고 있었기 때문이다. 거리에서는 흥분한 군중이 소문과 억측만 퍼뜨릴 뿐 누구도 라디오 방송을 의심하려 하지 않았다. 그들의 영도자 나세르가 위대한 군대를 만들어 놓았다는 〈아랍의 소리〉가 퍼뜨린 선전은 아랍세계의 의식 속에 깊이 박혀 있었다. 거리의 분위기는 현실을 압도하고 있었다. 총성과 폭발음이 집 근처에서 들렸을 때 레일라 샤라프는 '아랍이 승리를 경축하기 위해 폭죽까지 터뜨리는구나' 싶었다. 그녀는 남편의 손에 이끌려 집 안으로 들어왔다. 소리는 폭죽이 아닌 대전차포에서 나온 것이었다. 이스라엘 전투기들이 저공비행하며 몰려들고 있었다.

〈아랍의 소리〉 덕에 뉴욕에 있는 유엔 주재 아랍 외교관들은 암만 거리에 있는 시민들만큼이나 부정확한 정보에 휘둘리고 있었다.[40] 월요일에 전쟁이 시작된 이후 그들은 카이로에서 제작되는 단파 라디오 방송에 귀를 기울였다. 그들은 아랍의 승리가 윤곽을 드러낸다며 기뻐 소리쳤다. 암만에 있는 요르단 외무부장관 아메드 투칸Ahmed Toukan만이 될 수 있으면 빨리 전쟁을 끝내야 한다고 생각했다. 그렇지 않으면 요르단은 예루살렘과 서안지구를 잃을 게 뻔했다. 그러나 그의 전화를 받은 유엔 주재 대사 무하마드 알파라Muhammad al-Farra는 그의 말을 믿지 않았다. 심지어 대사는 처음엔 휴전을 추진하라는 지시를 거부했다. 〈카이로 라디오〉를 듣고 있다 보면 휴전이 아니라 승리 축하 파티를 준비해야 할 것 같았다.

암만에 있는 영국 무관 J. F. 웨스턴시몬스J. F. Weston-Simons 대령은 지난 3주간의 상황을 혐오스러운 시선으로 바라보았다.41 그에 따르면 아랍의 선전은 '청취자들을 격렬하고 종교적인 언어에 도취'시키는 데 성공했다. "성전을 촉구하는 강렬한 언어가 군가와 함께 라디오에 울려 퍼졌다. 요르단군은 용맹한 백마를 타고 전장으로 나가는 용사처럼 그려졌다."

총참모총장 캄마쉬 장군은 그나마 몇 안 되는 '세련되고 생각이 깊은 장교' 중 하나였다. 그 외의 장교들은 나세르와 체결한 조약에 '도취'되거나 '무한한 자기기만에 눈이 멀어 어떠한 근거도 없이 이스라엘을 쳐부술 것'이라고 믿었다.

그러나 전쟁이 이튿날에 접어들자 요르단군 사령부는 냉혹한 현실에 마주쳤다. 전쟁에서 진 것은 명확했고 왕은 절망에 빠졌다. 문제는 왕이 이러한 진실을 국민에게 말할 자신이 없다는 것이었다. 그는 미국 대사에게 말했다. "우리는 전쟁을 중단해야 하오. 하지만 이스라엘이 제발 어떤 것도 공개적으로 발표하지 않았으면 하오. 그렇게 되면 이 나라는 무정부 상태에 빠지고 말 것입니다."42

예루살렘, 1000

나르키스는 동예루살렘을 점령하자고 이스라엘 장성들을 설득했다.[43] 만약 점령하지 않으면 모두 후회할 것이라고 주장했다. 이스라엘군은 성벽 밖에서 동예루살렘을 지키는 요르단군을 대부분 소탕한 상태였다. 고립됐지만 여전히 목숨을 걸고 독자적인 저항을 이어가는 병사들도 있었다. 많지 않은 수의 팔레스타인 남성들도 막판에 보급된 병기를 들고 싸웠다. 약 100명의 팔레스타인 민간인이 전투에서 목숨을 잃었다. 정규군과 의용군이 여전히 성벽을 지키며 밑에 있는 이스라엘군에 포격을 가했다.

여덟 살 꼬마 루비 갓Rubi Gat은 가족과 함께 지하실에 숨어 있었다.[44] 그는 심장이 두근거렸다. 이제 그도 무언가 자랑할 만한 경험을 하게 된 것이었다. 그는 누나들이 1956년 전쟁에 싸우러 나가는 아버지의 모습을 얘기할 때마다 시샘하곤 했다. 루비는 학교에서 전쟁이 발발할 경우 어떻게 행동해야 하는지 배웠다. 어떻게 하면 최대한 빨리 집에 돌아갈 수 있을지, 포탄이 떨어지면 어떻게 몸을 피할지 등을 배웠다. 전날 루비의 집에는 요르단군이 쏜 포탄이 떨어졌다. 그는 호기심에 주은 포탄 파편들을 만지작거리며 감람산에서 쿵쾅, 하며 들려오는 소리에 귀를 기울였다.

요르단령 예루살렘에서는 미국 기자 압둘라 슐레이퍼가 가족들을 구시가지에 있는 사무실로 대피시켰다.[45] 이곳에는 계단 옆에 가족이 들어갈 만한 방이 3개 있었다. 거리는 한산했다. 때로 정찰부대나 민간방위군이 탄약을 보급하는 모습이 보였다. 성벽에 가려진 구시가지는 여전히 중세 시대에 머물고 있는 듯한 느낌을 주었다. 마치 '초음속 제트기와 네이팜, 전차가 난무하는 현대전이 고대 도시에서 펼쳐지는 모습' 같았다.

암만, 1230

리아드 장군과 요르단 왕 후세인은 이제 3가지 시나리오밖에 없다는 것을 깨달았다.[46] 먼저 유엔안보리나 강대국 중 하나가 나서서 싸움을 중단시키는 것이 있었다. 혹은 오늘 밤 내로 서안지구를 완전히 비우는 방안이 있었다. 그렇지 않고 다시 24시간 동안 서안지구를 붙잡고 있으면 '요르단군은 완전히 파괴될 것'이 분명했다. 그 어떤 것도 입맛에 맞는 상황은 없었다. 리아드는 이러한 내용으로 나세르에게 전보를 보냈다. 왕도 따로 전보를 보냈다.

"상황은 급속도로 악화되고 있음. 예루살렘은 위기에 처해 있음. 공중 지원 부재로 병력과 장비상의 손실이 클 뿐 아니라 매 10분마다 1대씩 전차를 잃고 있는 상황임."

왕은 나세르를 신뢰하지 않았다. 그는 어떠한 결정을 내리든 나세르를 끌고 들어가려 했다. 그래서 리아드 장군을 통해서 뿐만 아니라 개인적으로도 연락을 취하고 있었다. 암호화된 메시지가 카이로에 도착하자 아메르 원수가 답장을 보냈다.

"서안지구 철수와 민간인 무장에 동의함."[47]

후세인과 총참모총장 아메르 캄마쉬는 무언가 속임수가 있다고 느꼈다.[48] 캄마쉬는 이집트가 자국군을 '시나이에서 철수시킨 건 후세인이 병력을 뺐기 때문'이라고 나중에 비난할지 모른다고 조언했다. 요르단이 배신해서 이집트도 철수할 수밖에 없다는 것이었다. 만약 이러한 속임수가 먹힌다면 후세인의 권좌는 더욱 위태로울 수밖에 없었다. 하지만 요르단에게 서안지구 철수는 그나마 나은 선택이었다. 그렇다고 카이로의 조언대로 철수하는 것도 치명적인 실수가 될 수 있었다. 요르단은 조금 더 기다려보기로 했다. 거대한 위기에 봉착한 아랍 지도자들은 이런 상황에서도 서로 신뢰하지 않고 있었다.

후세인은 영국, 미국, 프랑스, 소련 대사를 불러 그가 나세르에게 보낸 메시지를 보여주었다.[49] 그는 대사들에게 제발 유엔안보리를 통해서든 각국 정부의 힘을 빌어서든 휴전 협정을 성사시켜달라고 빌었다. 휴전 협정이 체결될 경우 이를 공개하지 말았으면 한다는 부탁도 잊지 않았다. 그러나 이스라엘이 공개한다면 어쩔 수 없었다. 궁에서 나가는 길에 대공 사이렌이 울리자 미국 대사는 긴급히 몸을 숨겼다. 이스라엘 전투기들이 돌아왔다.

예루살렘, 1230

나르키스, 다얀, 바이츠만 장군은 장갑차 2대와 지프차 1대에 나눠 타고 동예루살렘에 도착했다.[50] 언제나처럼 다얀은 뚜껑이 열린 차량 위에 올라타 검은 안대를 벗은 채 선글라스를 끼고 바람을 즐겼다. 나르키스는 옛 동지인 66공수대대 부사령관 도론 모르 소령을 만나 인사를 나눴다. 그는 장군단이 스코푸스 산으로 가길 희망한다고 말했다. 모르는 아직 병력을 보내 그 지역 도로를 장악하지 못했다고 말했다.

"그럼 지금 장악하게." 나르키스가 말했다. 그러나 모르의 부하들은 현재 곳곳에 흩어져 있었다. 그는 모험을 하기로 했다. 그가 가진 건 2대의 지프차에 설치된 반자동 기관총뿐이었다. 나르키스와 다얀, 그리고 바이츠만은 지프차에 올라탔다. 다른 지프차에 올라탄 모르는 수류탄 몇 개를 집어든 뒤 운전병에게 "최대한 빨리 몰라"고 주문했다. "나르키스와 다른 장군들이 뒤따랐다. 1분가량 걸렸다. 도로는 텅 비어 있었다. 누구도 우리에게 총을 쏘지 않았다. 스코푸스 산에 있는 방벽에 도착하자 그곳 병사들이 나와 우리에게 키스를 했다."

모르는 생전 처음으로 동쪽에서 바라본 예루살렘을 음미하던 중 나르키스와 다얀이 구시가지 장악에 대해 얘기하는 것을 들었다. 다얀 또한 눈앞에 펼쳐진 광경에 흥분해 있었다. 나르키스는 드디어 영광의 순간이 왔다고 생각했다. 초여름 맑은 날 아름다운 자태를 뽐내는 예루살렘을 보며 나르키스는 다얀에게 조심스레 말했다.

"모세, 이제 구시가지로 들어가야 합니다."

다얀은 정신이 바짝 들었다.

"절대 안 되오."

모세는 사적인 대화에 영향을 받거나 하는 사람이 아니었다. 그는 우선 이스라엘군이 도시를 포위하길 바랐다. 그러면 도시가 '잘 익은 과일처럼' 떨어질 것이라고 생각했다. 그는 나르키스에게 구시가지 북부와 동부에 해당하는 예루살렘 뒤편 고원을 먼저 장악하라고 지시했다.

이스라엘 병력이 남쪽에서 구시가지를 향해 진격하고 있었다. 동예루살렘과 서예루살렘 사이 국경에 걸터앉은 아부 토르Abu Tor 지구는 오후에 이스라엘 손에 떨어졌다. 이곳은 총독 관저 부근이었고, 요르단군은 후퇴하면서도 맹렬히 싸웠다. 예루살렘 기차역 근처에 있는 헤브론 로를 지나던 이스라엘 예루살렘 여단 1개 중대가 포격을 받았다. 사상자가 거리에 즐비하게 퍼졌다. 이스라엘 중기관총 부대원 4명이 단 1명의 요르단 저격수에 의해 길에서 모조리 사살됐다. 한 바주카 포병은 10미터 근처까지 저격수에게 접근했지만 목적을 이루기 직전 저격당했다. 마침내 누군가 수류탄을 던져 넣은 후에야 저격수를 제거할 수 있었다. 아부 토르로 진격하던 대대 지휘관 마이클 파익스^{Michael Paikes} 중령은 이미 점령한 것으로 보이는 참호로 병사들을 끌고 들어갔다. 갑자기 소총을 든 요르단 병사가 옆에서 뛰어 들어왔다. 양측 다 화들짝 놀랐다. 대대 정보장교 조니 헤이만^{Johnny Heiman}이 요르단 병사의 소총을 바로 낚아챘다. 요르단 병사 3명이 참호 안으로 더 뛰어들어 왔다. 2명은 이스라엘군을 보고 바로 도망쳤고 1명은 파익스를 죽이고 헤이만 또한 공격했다. 둘은 참호 바닥에서 서로를 붙잡고 뒹굴었고 마침내 헤이만이 우지 기관총으로 요르단 병사의 몸에 구멍을 낼 수 있었다.

서안지구 북부, 제닌, 1300

이스라엘은 오후가 되어서야 제닌에 있는 요르단과 팔레스타인 병력을 모두 소탕했다.[51] 혼란스럽고 고된 야간 전투를 마친 이스라엘군은 07시 30분경 도시에 진입했다. 전투 수칙대로 서면 전차들이 먼저 도시 안을 분주히 이동하며 포를 쏴댔고 보병 병력이 뒤를 따랐다. 그때였다. 라칸 알자지^{Rakan al-Jazi} 준장과 그의 40기갑여단이 남쪽에서 등장했다. 이들은 요르단군 최정예 부대였다. 알자지 준장은 베르셰바를 공격하겠다는 이집트군의 말에 속아 떠난 요르단 60기갑여단을 도우러 예리코까지 갔다 돌아오는 길이었다. 요르단군은 제닌의 진지를 다시 점령하는 데 성공했다. 예상치 못한 예리코 출동으로 잠시 자리를 비우긴 했지만 카비티야^{Qabitiyah}로 가는 핵심 지점을 점령할 수 있었다.

제닌 주민 대부분은 마을 주변 동굴과 언덕에 몸을 피했다.[52] 하즈 아리프 압둘라^{Haj Arif Abdullah} 같은 일부 주민은 남아 싸우기로 결정했다. 그는 브렌 총을 들고 남자 5명과 함께 40여단에 합세했다. 45세에 이미 17명의 자녀를 낳은 그는 키가 크고 건장한 남성이었다. 영국이 이 지역을 통치할 당시 그는 대영공군경찰Royal Air Force Police에서 일했다. 요르단 정부는 그를 지역방위단 지휘관에 임명했지만 강한 민족주의자였던 그는 왕의 부하들을 경멸했다. 그는 50년대에 시리아와 이라크를 휩쓸었던 범아랍 좌파 운동을 동경했고 요르단에도 이러한 바람이 불길 바랐다. 1957~1961년까지 그는 교도소를 드나들었다. 군주제를 무너뜨리려 한다는 혐의로 2년 동안 수감된 적도 있었다. 중동에 긴장감이 돌면서 사면된 그는 진짜 적은 왕 후세인이 아니라 이스라엘이라는 결론에 도달했다. 전쟁이 나기 1년 전 요르단 지역사령관은 하즈 아리프 압둘라가 제닌에 꼭 필요한 인물이라 보고 그에게 브렌 소총과 탄약 12상자를 제공했다.

40기갑여단은 이스라엘이 예상한 것보다 12시간 빨리 공격 준비를 완료했다. 엘라드 펠레드Elad Peled 준장의 기갑여단이 매복의 첫 희생자였다. 전차들이 박살나는 소리가 제닌까지 들렸다. 제닌을 지키는 사람들은 순간 사기가 올랐다. 펠레드는 탄약이 모자란 상태로 고립된 전차들을 구하러 구원부대를 보냈다. 알자지의 정찰병들은 이스라엘 구원부대가 오고 있다는 사실을 눈치 챘다. 50~60대의 패튼 전차가 언덕에 숨어 기다렸다. 이스라엘 전차가 도로를 따라 내려오는 것이 보이자 이들은 화력을 퍼부었다. 이스라엘 슈퍼 셔먼 전차 17대가 박살났다. 하즈 아리프 압둘라는 이스라엘군이 보병 병력도 함께 보내지 않았다는 점을 아쉬워했다. 이스라엘 전차에 타고 있던 지휘관들은 언제나 그렇듯 몸을 밖으로 드러내놓고 있는 바람에 좋은 사냥감이 되었다. 이날 오후 이스라엘 전차 병력 부대 1개가 또 패퇴했다. 요르단군은 추격했지만 대포와 공중 포격으로 추격을 중단할 수밖에 없었다. 밤이 될 때까지도 이스라엘군은 이 지역을 점령하지 못했고, 요르단군은 서안지구 고원지대를 가로지르는 남북의 도로와 동서를 잇는 간선도로를 통제했다.

암만, 오후

리아드 장군은 본부 건물에 특별히 마련된 방에서 평소와 같이 낮잠을 청할 만큼 안정돼 보였다.[53] 하지만 후세인 왕은 하루가 '꿈, 아니 악몽 같다'며 바짝 깨어 있었다. 암만에 있는 사령부에서 그는 할 수 있는 건 아무것도 없다는 생각에 절망에 빠졌다. "상황실에서 지도를 바라보니 모든 게 추상적이거나 애매할 뿐 확실한 게 아무것도 없었다."

왕은 경호원들을 대동한 채 무전기가 달린 지프차를 타고 요르단 계곡으로 향했다. 그곳에서 그는 상황이 얼마나 처참하게 돌아가고 있는지 볼 수 있었다.

"… 환각을 일으킬 만큼 처절했던 그 패배를 나는 결코 잊지 못할 것이다. 도로는 뒤틀리고 터지고 까져 있었다. 트럭과 지프차, 그 밖에 온갖 종류의 차량이 멈춰 선 채 연기를 내고 있었고, 터져버린 폭탄에서 흘러 나오는 페인트와 금속 타는 냄새가 진동했다. 화약이 아니면 날 수 없는 고약한 냄새였다. 널려 있는 병사들을 보니 납골당이라 해도 과언이 아니었다. 다치거나 지친 병사들은 40~50명씩 무리를 지어 도망을 치고 있었고, 맑게 갠 하늘에서 햇빛을 받으며 이글거리는 이스라엘 미라주 전투기 한 무리가 잔인한 최후의 일격을 가하고 있었다."

암만에 돌아온 후세인은 즉시 핀들리 번스 미국 대사에게 전화를 걸었다.54 휴전에 관해 이스라엘이 한 말이 있소? 번스는 바로 궁으로 찾아가 좋지 않은 소식을 전달했다. 이스라엘이 휴전 따위에는 관심이 없다는 얘기였다. 후세인은 월요일 아침에 전쟁을 피할 수 있는 기회를 날렸다. 그는 참전하지 말라는 이스라엘의 경고를 무시했고 이제 그에 대한 책임을 질 때였다. 왕은 이스라엘군이 요르단군을 궤멸시킬 작정이라고 그 어느 때보다 확신했다. 그는 번스에게 오후에 전선에서 본 장면을 이야기해주었다. 육군은 이제 사실상 존재하지 않는다고 말했다. 일부 부대는 지난 24시간 동안 공중 지원 없이 싸우는 중이었다. 이제 문제는 '서안지구를 버릴 것이냐 말 것이냐'였다.

"내가 만약 오늘 철수하면 나는 병력 50퍼센트를 잃고 장비도 얼마 건지지 못할 것이오. 그러나 만약 오늘 밤 철수하지 않으면 이스라엘이 우리를 잘근잘근 씹어 먹을 것이오. 내일 철수한다면 모든 장비를 잃을 뿐 아니라 단 1명의 병사도 구하지 못할 것이오."

리아드는 철수를 요청했다. 그는 '지금까지 이 모든 상황에 전면적으로 관여'했던 만큼 자신이 서둘러 행동하지 않으면 안 된다고 생각했다.

가자

이집트와 팔레스타인 병사들은 용맹하게 싸우며 적지 않은 이스라엘 병사들을 죽였다. 하지만 두 이스라엘 여단은 이미 첫날에 1만 명의 무장한 병사들을 제압하고 시가전을 승리로 이끌었다. 이제 이스라엘 병력은 마지막 저항 세력을 소탕하고 있었다. 저항 세력이라고 해봐야 대부분 이집트군에게 장비를 전달받은 팔레스타인 민간인들이었다. 가자 자이툰 Zaytoun 지구에서는 아부 라스Abu Rass 가문 출신의 젊은 남자 28명이 생포되어 외곽으로 보내진 뒤 즉결 처형됐다. 전쟁이 끝난 후 이들의 주검은 집단 묘지에서 발견됐다. 가족들은 이들을 꺼내어 다른 곳에 묻어주었다.

가족들에 따르면 무장하지 않은 남자들도 죽임을 당했다. 전투가 특히 격렬했던 칸 유니스에서는 샤라 아부 샤크라Shara Abu Shakrah라는 40세 여성이 남편 자이드 살림 아부 나히아Zaid Salim Abu Nahia와 집에 머물고 있었다. 남편은 시장에서 토마토와 감자, 오크라 등을 팔아 생계를 유지했다. 자이드의 남동생인 30세의 무스타파Mustafa와 그의 부인, 그리고 또 다른 형제 가넴Ghanem도 집에 있었다. 자이드가 이전 결혼에서 낳은 아들 모하메드Mohammed도 함께였다. 이들 모두는 안에서 숨을 죽이며 전투가 끝나기만을 바랐다.

갑자기 밖에서 누군가 엉성한 아랍어로 집에서 나오라고 소리쳤다. 남자들은 지시대로 밖으로 나갔다. 뒤에 남은 여성들은 공포에 떨었다. 이스라엘 병사들이 남자들을 죽일 거라는 육감에서였다. 1956년 전쟁을 경험한 이들은 그렇게 생각할 수밖에 없었다.[55] 당시 11월 3일에 이스라엘 침공군은 칸 유니스에서 일련의 학살을 저질렀다. 마을 중앙에서 시작해 외곽 지역으로 확산된 이 학살에서 500~700명의 팔레스타인인이 즉결 처형되었다. 그들 대부분은 민간인으로 노약자와 어린이들도 포함됐다. 21명인 한 가족 전체가 함께 죽임을 당한 경우도 있었다.

집에 있던 다른 여성들은 비명을 지르며 밖으로 나가려 했다.[56] 다시금 끔찍한 일이 벌어질 것이라는 공포 때문이었다. 이스라엘 병사들은 이들을 다시 집으로 밀어 넣고 문을 막아버렸다. 안에 있던 여성들의 귀에 총성이 들려왔다. 몇 분 후 이들은 다시 문을 세차게 열어 밖으로 쏟아져 나왔다.

무스타파가 먼지 속에 누워 있었다. 무스타파에게는 아들 셋과 딸 둘이 있었다. 그 옆에는 모하메드가 배에 총알을 맞고 피를 쏟고 있었다. 그 옆의 가넴은 죽은 채 누워 있었다. 샤라는 남편 자이드를 찾을 수 없었다. 그는 머리에 총을 맞고 집 반대편에 주검이 되어 있었다.

여성들은 시신을 씻고 도포로 만 후 장례를 준비했다. 하지만 이슬람 규율에 따르면 여성은 사람을 매장할 수 없었다. 이들은 3일을 기다려 통금이 해제된 뒤 이웃 주민들의 도움을 받아 시신을 묻을 수 있었다. 초여름 가자의 열기와 습기 속에 시신은 빠르게 썩었지만 이스라엘 병사들은 끊임없이 찾아와 남자들이 어디 있는지 물을 뿐이었다.

"우리는 비명을 지르며 병사들에게 모래를 집어 던졌어요. 그리고 우리 얼굴에도 모래를 퍼부었어요. 와서 보라고, 이미 죽지 않았느냐며 이스라엘 병사들에게 소리 질렀어요."

이틀 후 모하메드도 죽었다. 그의 배에서 출혈이 멈추지 않았다.

"의사도 없었고 치료도 불가능했어요. 우리는 전부 여자였고 어찌 해야 할지 몰랐어요."

카이로, 1630

화요일 오후, 전투가 시작된 지 이틀도 되지 않아 사막에서의 완패 소식이 카이로 본부에 도착했다.[57] 아메르 원수를 보며 육군참모총장 파우지 대장은 '심리적으로 지친 상태다… 신경쇠약으로 쓰러질 것만 같다'고 생각했다. 갑자기 아메르는 파우지를 방으로 불렀다. 이집트군을 시나이에서 수에즈 운하 서쪽으로 철수시킬 작전을 20분 안에 짜라는 것이었다. 전쟁이 시작된 이후 아메르가 처음으로 참모진에게 내린 명령이었다.

후퇴는 정당하고 효과적인 군사 전술이다. 조직력을 요구할 뿐 아니라 무엇보다 아군이 방어선으로 후퇴할 때까지 남아서 싸워줄 용맹한 부대를 필요로 한다. 이집트 장교들은 사관학교에서 영국이 어떻게 1942년에 엘알라메인El-Alamein으로 후퇴했는지 배운 바 있었다.* 몽고메리Bernard Law Montgomery 장군과 그의 지휘관들은 그곳에서 병력을 재정비한 뒤 힘을 모아 다시 총공세를 펴 북아프리카에서 전쟁의 대세를 뒤집었다. 일부 이집트 장교들은 1967년 5월 이집트에서 엘알라메인 전투 25주년을 기념하는 행사에 참석한 몽고메리를 만난 적도 있었다. 상당한 타격을 입었지만 많은 이집트 부대는 여전히 작전을 펼 수 있었다. 싸우면서 퇴각하는 것은 충분히 합리적인 작전이었다.

아메르가 명령을 내린 후 파우지는 밖으로 나가 2명의 장군과 머리를 맞대고 퇴각 계획을 논의했다. 작전은 나흘이 걸릴 것으로 보였다. 비망록에서 파우지는 아메르가 이러한 후퇴안을 듣고 어떻게 반응했는지 회상했다.

"그는 목소리를 높이며 이렇게 말했다. '파우지 장군, 나흘이라고? 내가 이미 퇴각 명령을 내리지 않았는가. 당장 하란 말일세.' 그는 얼굴이 붉어진 채 신경질적인 모습으로 사무실 뒤 침실로 갔다. 우리 셋은 그의

---

* 엘알라메인 전투 1942년 7월 북부 이집트 지중해 연안 도시 엘알라메인에서 벌어진 제1차 엘알라메인 전투는 알렉산드리아로 진격하려는 추축군을 연합군이 막아내자 독일 전차부대가 연합군을 측면에서 공격하며 시작됐다. 1942년 11월 제2차 엘알라메인 전투에서 연합군은 추축군의 방어선을 뚫는 데 성공, 추축군을 튀니지까지 몰아내는 데 성공했다. 이 전투로 연합군은 전세를 역전시켰다. 영국의 버나드 몽고메리 장군은 이때 제8군 사령관으로서 북아프리카를 맡아 롬멜의 독일군을 격파했다.

반응에 당황하여 그 자리에 굳은 채 서 있었다.”

아메르는 나세르가 퇴각 명령을 승인했다고 주장했다. 나세르는 아메르가 독단적으로 행동한 것이라고 주장했다. 책임 여부야 어떻든 아메르는 야전에서 만난 모든 지휘관에게 이러한 명령을 전달했다. 훗날 이는 그가 내린 가장 어리석은 명령으로 기록됐다. 부통령 압둘 라티프 보그다디에 따르면 아메르는 이집트군에게 중무기를 모두 버리고 밤에 탈출해 새벽까지 운하 서쪽으로 오라고 지시했다. 화요일 저녁 아메르를 방문한 보그다디는 이러한 명령을 듣고 이는 ‘치욕’스러운 결정이라고 말했다. 아메르가 답했다. “명예나 용기의 문제가 아닙니다. 우리 병사들을 살리는 문제예요. 적이 이미 우리 사단 2개를 박살냈습니다.”

1967년 6월 이집트가 저지른 가장 큰 실수는 정치적으로 긴장을 고조시킨 것뿐만이 아니라 시나이에서 엉망진창으로 퇴각한 것이었다. 수천 명의 이집트 병사가 죽었고 수백만 달러어치의 무기를 잃었다.

시나이 상황을 책임질 수밖에 없었던 아메르 원수는 영국과 미국이 연루됐다는 의혹에 집착했다.[58] 그는 소련 대사를 불러 호되게 꾸짖었다. 어째서 소련은 서방이 이스라엘에게 해준 만큼의 지원을 이집트에게 해주지 않는 것인가? 소위 말하는 미소 데탕트 때문인가? 그렇다면 사실상 소련도 이스라엘과 공모하는 것이 아니고 무엇이겠는가? 왜 소련 대사는 5월 26일 새벽 3시에 나세르에게 전화를 걸어 먼저 공격하지 말라는 코시긴의 메시지를 전했나? 소련은 사실상 이집트가 패배하도록 내버려둔 것이 아닌가?

“선제공격을 못한 건 바로 소련 때문입니다.”

아메르는 어떻게든 누군가에게 책임을 씌우고 싶었다.

“당신네 때문에 우리는 주도권을 잃었소. 이거야말로 공모일세!”

이집트는 모든 대사관에 메시지를 보내 영국과 미국의 참전이 사실이라고 주장했다.[59] 증거도 있었다. 생포된 이스라엘 조종사가 자신의 공군기지에서 영국 비행기가 출격한 것을 보았다고 '스스로 자백했다'는 것이었다. 시리아 라디오 방송국은 미국 항공모함에 도움을 요청하는 영문 메시지를 포착했다고 주장했다. 남아프리카공화국에 있던 프랑스 전투기들이 이스라엘로 이동했다는 얘기도 있었다. 요르단 왕 후세인 또한 실제 두 눈으로 영국 전투기를 보았다는 주장도 나왔다. 한 이집트 외교관에 따르면 '아랍권 최고위층에서도' 이를 믿을 만한 주장으로 받아들였다.

카이로 군사본부에 있던 이집트군 중부사령부 지휘관 살라하딘 하디디 대장은 이미 라디오에서 나오는 보도를 무시하고 있었다.[60] 그는 시나이에서 어떤 일이 벌어지고 있는지 정확히 파악하고자 끊임없이 부하 장교들에게 전화를 걸었다. 그의 사무실로 한 탈영병이 끌려 들어왔다. 카이로 기차역에서 헌병에 붙잡힌 이등병이었다. 하디디는 1964~1966년에 시나이 사막에서 동부사령부를 지휘한 바 있었다. 그는 시나이 방어를 위해 짜둔 카헤르 작전을 잘 이해하고 있었다. 장군은 탈영병에게 그가 어디에서 왔고 무슨 일이 일어났는지 직접 물어봤다. 병사는 이스라엘 전투기들이 인정사정없이 몰려들어 이집트군을 제압했다며 지옥 같은 장면들을 묘사했다. 그는 자신이 할 수 있는 게 아무것도 없었다고 말했다. 그의 부대뿐 아니라 주변 부대도 모두 흩어져버렸다. 이스라엘 전투기를 피해 도망갈 도리밖에 없었다. 장군이 두려워한 상황이 벌어지고 있었다. 탈영병은 군법회의에 회부된 후 수감됐다. 하디디 장군은 전쟁 기간 대부분을 사기를 잃고 사막에서 지쳐 쓰러져 나오는 병사들을 취조하는 데 썼다. 그는 "엄청난 충격을 받았다. 나라 전체가 엄청난 충격에 빠졌다."고 말했다.

저녁 8시 무렵 미국 기자단은 저녁을 먹으러 나일 힐튼 호텔로 돌아왔다. 프레스센터 간사인 카말 바크르가 식당으로 뛰어 들어오더니 중대한 소식이 있다고 말했다. 미국 기자들은 친절히 일단 앉아서 먹으며 이야기 하자고 말했다. 바크르가 답했다. "그럴 시간이 없어요. 오늘 밤 당장 이 나라를 떠나야 합니다."

대사관에 전화를 건 기자들은 그 자리에 그대로 있으라는 답변을 들었다. 대공 사이렌이 다시 울렸기 때문이다. 피라미드 쪽에서 빛이 번쩍거리며 폭발음이 들렸다. 이집트 대공포들이 사격을 재개했다.

시나이

시나이 지역 이집트군은 급속히 붕괴했고 누구도 쿠웨이트에서 1,250명의 병력이 도착했다는 것을 기억하지 못했다. 쿠웨이트군 절반 이상은 수에즈 운하 지역에 안전하게 배치돼 있었다.[61] 하지만 특공대원들은 05시 50분 무렵 기차를 타고 시나이로 진입했다. 알아리시에서 장비를 내리던 중 이들은 이스라엘 전투기들의 폭격을 받았다. 6월 5일 밤 특공대원들은 접선하기로 돼 있던 이집트 포병 부대에 연락을 취했지만 연결에 실패했다. 6일 아침 이들은 이집트군이 있을 것으로 여겨지는 지역으로 차량을 타고 이동했다. 아무도 없었다. 싸워야 할 전투도, 함께 싸울 동맹군도 없었던 쿠웨이트 병력은 운하로 퇴각했다. 그 후 2주가 지난 후에도 쿠웨이트 병력 중 100~150명이 시나이에서 돌아오지 않았다. 사령관 무바라크 Mubarak 장군은 쿠웨이트에 주재한 영국 외교관에게 "그들의 운명에 대해 별로 걱정하지 않는다"고 말했다. "그들은 베두인이기 때문에 분명 살아

남을 것"이라고 확신했다. 그러나 그는 이집트군에 대해서는 섭섭함을 감추지 않았다. 그럴 만도 했다.

이집트 6사단 모하메드 샤이키 엘바고리^{Mohammed Shaiki el-Bagori} 중위는 쿠웨이트군이 도착하기로 되어 있던 사막에서 멀리 떨어지지 않은 곳에 있었다.[62] 그의 사단은 하루 종일 이스라엘 공군의 폭격을 받아 기갑차량과 보급차량을 잃었다. 땅에 누워 몸을 낮춘 그는 집에서 갖고 온 작은 라디오에 귀를 기울였다. 이스라엘 공군이 그의 부대를 산산조각 내고 있었지만 〈카이로 라디오〉는 여전히 승리를 확신하고 있었다.

"이집트군이 지금 시오니스트 병력을 격파하고 있습니다… 진격하라, 그리고 적을 타격하라."[63]

그는 누군가 거짓말하고 있는 게 틀림없다고 생각했다. 하지만 그게 나세르일 것이라고는 상상조차 하지 못했다.

오후 5시 무렵 엘 쿤틸라^{El Kuntilla}에 있는 이집트 기지는 폭격에 모든 장비를 잃었다.[64] 1시간 전 이곳에 퇴각 명령이 떨어졌다. 직업군인인 카말 마흐루스^{Kamal Mahrouss} 상병은 깊은 수치심을 느꼈다. 병사들은 수에즈 운하 이스마일리아^{Ismailiya}로 향하는 트럭에 올라탔다. 앉아 있는 표적이나 다름없었다. 밤이 되자 자동차의 전조등이 그들 위를 비췄다. 이스라엘 전차 부대가 포격을 시작했다. 앞에 있던 또 다른 이집트군 행렬이 포격에 휩싸였다. 뒤에는 더 많은 이스라엘 전차가 있었다. 병사들은 트럭에서 뛰쳐나와 도주했다.

이스라엘 최전선 부근에 있던 가비쉬 준장은 이집트군이 퇴각하고 있다는 것을 알 수 있었다.[65]

"이집트군은 자신들의 공군이 전멸했다는 것을 깨닫는 데 하루하고도 반이 걸렸고, 우리는 이미 시나이에 사단 3개를 투입해 전투 중이었다. 이제 과제는 두 가지였다. 시나이에서 빠져나가는 병력을 차단하고 사막에 흩어져 있는 전차들을 파괴하는 것이었다."

가비쉬와 사단 지휘관들은 시나이 서부 지역 산맥을 넘어가면 퇴각하는 이집트군을 추월할 수 있으리라고 판단했다. 퇴각하는 이집트 병력 사이를 뚫고 지나가 사막을 빠져나가는 입구 세 곳에 진지를 구축하자는 것이었다.[66] 나머지 이스라엘 병력은 사막 전역에 넓게 퍼져 이집트군을 그쪽으로 몰아넣기만 하면 되었다.

모스크바

예상치 못한 메시지가 모스크바에 있는 오스트리아 대사관에 도착했다. 외무부 차관 쿠즈네초프^{Kuznetsov} 몇 주 전 두루뭉술하게 약속한 대사와의 점심 식사를 하고 싶다고 연락한 것이다. 놀라지 않을 수 없었다. 1960년대에 소련 고위 관료와 점심 식사를 하는 것은 흔히 있는 일이 아니었다. 오스트리아 대사와 쿠즈네초프는 2시간 반 가까이 식사를 했다. 차관은 월요일 아침(모스크바와 카이로는 같은 시간대에 놓여 있다) 사무실에 도착했을 때 전쟁 소식을 듣고 놀랐다고 말했다. 아카바 만에 관한 합의가 거의 도출됐을 것이라고 생각했기 때문이다. 그는 이스라엘이 미국의 도움 없이 전쟁을 개시할 수 있으리라고 보지 않았다. 그러나 이제 문제는 어떻게 전쟁을 중단시킬 것인가였다. 쿠즈네초프는 뉴욕에 있는 유엔안보리가 퇴각과 함께 휴전을 촉구할 것이라고 자신 있게 말했다. 그는 '이러한 불행한 사태'가 동서 간 데탕트에 악영향을 끼치지 않길 바란다고 말했다.

소련 정부는 서방에 메시지를 보내고 있었다. 1967년 당시 오스트리아는 중부 유럽의 중립 국가로서 종종 동서 진영 간 접촉지점으로 여겨졌다. 쿠즈네초프는 자신이 제안하는 것이 미국이 처음에 유엔에 제시했던 안과 동일하다는 사실을 모르고 있는 듯했다. 당시 유엔 주재 소련 대사는 모스크바에서 어떠한 명확한 지시도 내려오지 않자 미국의 안을 애써 거절하고 있던 중이었다.

뉴욕, 유엔본부, 1000(이스라엘, 1700/카이로, 1800)

아서 골드버그 유엔 주재 미국 대사는 소련 대사 니콜라이 페도렌코와 다시금 만남을 가졌다.[67] 페도렌코는 전쟁 전 6월 4일 일요일 당시 영토로 병력을 철수하고 휴전을 촉구하자는 골드버그의 제안을 다시 거부했다. 문제는 골드버그가 티란 해협 봉쇄 또한 끝내고 병력을 철수하자고 제안한 데 있었다. 오후 1시 15분 백악관에 제출된 보고서에 따르면 '안보리 소집이 계속 지연되는 것은 눈부신 군사적 승리를 지속시키고 있는 이스라엘에게 상당한 이익'이었다.

"소련은 우리와 대화하는 데 있어 느긋한 자세를 취함으로써 실질적인 손해를 보고 있다. 그들은 중동의 변화하는 상황에 그때그때 적응하려 노력하고는 있지만, 자국 동맹국들의 악화되는 상황을 제대로 파악하고 있지 못하고 있다."

15분 후 페도렌코는 골드버그에게 전화를 걸었다. 그는 방금 전 감청에 노출된 전화로 모스크바에서 연락을 받았다. 이러한 연락은 '상당히 드물었다.' 외무부 차관 블라디미르 세묘노프는 페도렌코에게 추가 지시가 내려올 예정이니 그동안 골드버그와의 만남을 준비하라고 지시했다. 차관은 이 점을 유난히 강조했다. 결국 소련은 아랍에 무슨 일이 벌어지고 있는지 뒤늦게 깨달았다. 이스라엘 병력은 이제 수에즈 운하로 진격하고 있었고 예루살렘을 포위 중이었다. 페도렌코는 미국이 제시한 철수를 조건으로 한 휴전안을 받아들이라는 지시를 받았다. 그게 어렵다면 최초 안보리 결의안을 받아들여 단순 휴전이라도 촉구하라는 것이었다.

페도렌코는 황급히 골드버그를 찾았다. 하지만 이제 미국 측 대표단이 귀하신 몸이 되었다. 오후 3시가 되어서야 양측은 다시 만났고 페도렌코는 미국의 안을 받아들이겠다고 다시 말했다. 단 티란 해협은 논외로 하자는 조건을 달았다. 골드버그는 철수에 관한 '긴급한 논의'를 한 후 휴전하자는 타협안을 제시했다. 페도렌코는 이는 더 받아들일 수 없다며 월요일 아침 안보리에 최초 상정된 결의안을 선택하자고 제안했다. 이 결의안은 단지 전투를 멈추고 모든 병력 이동을 중단할 것을 촉구할 뿐이었다. 이 결의안에는 '최초의 행동a first step으로서'라는 문구가 들어감으로 인해 추가 조치가 이뤄질 수 있음을 시사했다. 6월 4일 당시 영토로 복귀하자는 내용은 없었다. 오후 6시 30분 안보리는 이 안을 만장일치로 채택됐다.

한 가지 재미있는 사건이 있었다.[68] 아침 10시 02분에 존슨은 철수를 조건으로 하는 휴전을 결의안으로 채택하자는 생각을 직통선으로 코시긴에게 전달했다. 코시긴이 답장하기까지 8시간이 걸렸다. 그는 답장에서 결의안에 동의한다고 말했다. 그리고 페도렌코에게 존슨의 말대로 하라고 지시했다. 존슨의 제의를 수락한다는 코시긴의 답변은 오후 6시가 지나서야 직통선을 타고 미국에 전달됐다. '모링크Molink(이 직통선을 이렇게 불렀다)'를 타고 온 전신을 대충 번역한 미국 측 관계자들은 이를 6시 12분쯤에 프린터에서 뜯어냈다. 3분 후 대통령은 전신을 받아보았다. 그가 이를 읽는 동안 그의 고문단은 유엔안보리가 결의안을 통과시킬 준비를 하는 모습을 텔레비전으로 보았다. 철수를 조건으로 하지 않는 휴전 결의안이었다. 백악관 상황실에서는 이를 중단시키고 철수를 조건으로 하는 존슨 대통령의 제안으로 대체해야 할지, 아니면 안보리를 그냥 놔둬야 할지 긴급한 토론이 이뤄졌다. 하지만 소련이 저지른 치명적인 외교적 실수를 활용해야 한다는 데 모두 공감했다. 안보리에 있는 골드버그에 전화해 반대표를 던지라고 할 시간은 충분했다. 그러나 존슨의 참모들은 백악관 상황실 의자에 편히 앉아 TV를 보며 페도렌코가 투표권을 행사하기만을 기다렸다. 결의안이 채택되자 참모진은 환호했다. 그들은 이제 페도렌코가 시베리아 수용소로 보내질지 궁금했다.

미국은 이스라엘이 원하는 것 이상으로 소련에 양보하고자 했다.[69] 그러나 소련이 저지른 실수로 이스라엘은 바라던 것을 얻게 되었다. 이집트 공군을 무력화시킨 이스라엘은 아군이 군사적 목적을 달성하기 전에 유엔에서 전쟁을 중단하라는 소리가 나올까 봐 불안했다. 그럴 경우 1956년 상황이 되풀이되는 것이었다. 당시 이스라엘은 점령한 시나이 영토를 모두 돌려주어야 했다. 하지만 소련이 이번에 저지른 실수로 이스라엘은 적의 가장 효과적인 외교적 무기를 사실상 무력화시켰다. 전쟁 이튿날인 화요일이 마무리될 무렵, 이스라엘은 시나이의 4분의 1을 장악했다. 몇 시간 후면 동예루살렘도 점령할 수 있을 것으로 보였다. 만약 소련이 6월 4일 이전 상태로 영토를 복귀시키고 병력을 철수시키자는 미국의 제안에 동의했더라면, 이집트는 시나이에서 많은 병사들의 목숨을 지켜낼 수 있었는지도 모른다. 대신 아카바 해협을 포기해야 했겠지만 완패에 따라 지불해야 하는 대가로서 그리 비싼 것은 아니었다.

유엔 주재 미국 외교관들은 현실적으로 이스라엘이 휴전 결의안을 받아들지 않을 것이라고 생각했다. '아무도 결의안이 진지하게 받아들여지거나 결정적일 것이라고 기대하지 않았다.'[70] 그러나 결의안의 강도가 높아질수록 이스라엘도 압박을 느낄 수밖에 없었다. 그럴 경우 점령한 땅을 상당 부분 반환해야 하는 사태가 벌어질 수도 있었다. 실제 안보리는 이스라엘이 시리아까지 침공하며 휴전 결의안을 무시하자 인내심을 잃고 맹렬한 외교적 압박을 가하기 시작했다.

가자지구

칸 유니스에서는 일부 이스라엘 병사들이 민간인들을 죽이고 있었다.[71] 아부 나히아 가족의 집에서 약 100야드 떨어진 곳에는 30대 후반의 아브드 알마지드 알 파라Abd al-Majeed al Farah와 그의 아내 파이카Faika가 6명의 아들과 6명의 딸을 데리고 지하에 숨어 있었다. 이들을 발견한 이스라엘군은 아브드 알마지드에게 다른 남자들처럼 학교 건물로 가라고 명령했다. 이곳에서 취조를 받은 그는 총구를 들이대는 이스라엘 병사들 앞에서 나란히 걸으며 이동했다. "어떤 병사들은 좋은 사람들이었다. 하지만 나쁘고 공격적인 사람들도 있었다. 우리 중 히브리어를 아는 한 사람이 병사가 한 말을 들었다. '이놈들은 군인이 틀림없어. 쏴버리자고.' 또 다른 병사는 '안 돼, 베르셰바에 있는 본부에 연락을 해보자고'라고 말했다."

학교에 있던 일부 사람들은 밖으로 끌려나와 총살됐다. 아브드 알마지드의 조카도 있었다. 나머지는 쇠사슬에 묶인 채 학교에 감금됐다. 이들은 화장실을 갈 때만 쇠사슬을 풀 수 있었다. 화장실도 모두 함께 가야 했다. 한 사람만 쇠사슬을 풀어주고 그가 나머지 사람들의 바지를 여는 식이었다. 3일 후 이들은 모두 석방됐다. 집에 돌아온 아브드 알마지드 알

파라는 친척 12명이 죽었다는 사실을 알게 되었다. 여자들이 밭에 누인 시체 앞에서 통곡하고 있었다. 죽은 자들은 모두 14~18세 사이 청소년이었다. 학교로 가라는 지시를 거부하자 죽임을 당한 것으로 보였다. 한 여성은 17세인 아들을 지하실에 숨겼지만 이스라엘군은 결국 그를 끌어내 죽였다. 아브드 알마지드는 죽은 자 중 누구도 군인은 없었다고 확신한다. 그는 길에서 병사 4명의 시신도 발견했다. 통금 때문에 아이들과 병사들의 시신을 묻을 수는 없었다. 이스라엘군은 매일 돌아와 집에 남아 있는 사람들의 수를 셌다. 일부 병사들은 주민들이 이웃집 우물에 가서 물을 퍼올 수 있게 해주었다. 한 여성은 집 밖에 잠시 나와 아이들을 위해 음식을 갖고 와도 좋다는 허락을 받았다.

가자에서 전투가 계속되자 유엔긴급군 본부에도 포탄이 떨어졌다.[72] 유엔긴급군 병사들은 전투가 본격적으로 시작되기 이전에 이미 짐을 싸들고 떠날 준비를 하고 있었다. 해가 뜬 후 유엔긴급군 사령관 리크혜 장군은 무너질 듯한 본부 건물로 돌아가 유엔 기밀문서들을 찾아오려 했다. 이스라엘 전차 무리가 그를 가로막았다. 리크혜가 거느린 유엔긴급군 병사들 중 일부도 목숨을 잃었다. 칸 유니스 남부에서는 인도 병사 3명이 이스라엘 전투기의 기총을 맞고 쓰러졌다. 또 다른 인도 병사 3명이 IDF 포격에 맞아 숨지고 12명 이상이 부상을 당했다.

칼킬리야

칼킬리야 인근 산에 숨은 마을 주민들 중에는 열 살 된 마아루프 자란 Maa'rouf Zahran도 있었다.[73] 그의 부모는 극도의 공황에 빠졌다. 혼란 속에 아홉 살 난 딸을 잃어버린 것이다. 다른 가족이 딸을 돌보고 있길 바라며 이들은 나블루스를 향해 움직였다. 지치고 배고픈 마아루프는 두려움에 떨었다. 발도 아팠다. 어디선가 신발을 잃어버렸다. 그도 다른 많은 이처럼 맨발로 나블루스를 향해 걸었다.

게릴라 지도자가 되길 꿈꿨던 멤두르 누펠은 전쟁이 아랍의 패배로 끝났다는 것을 알 수 있었다.[74] 그는 낡은 칼 구스타프 총을 갖고 있었지만 이스라엘 전차를 향해 단 1발도 쏘지 않았다. 그래봤자 무슨 소용인가 싶었다. 마을 인근 올리브 숲에 숨어 있던 그의 어머니와 누이는 제발 총을 갖다 버리라고 애원했다. 그는 총에 한껏 기름칠을 한 뒤 포장해 동굴 속에 묻었다. (훗날 1969년 그는 팔레스타인해방인민전선 용사들에게 그가 총을 숨긴 곳을 알려주었다.) 누펠은 가족과 함께 나블루스로 가는 난민들에 합류하기 전에 옷과 물품을 구하러 칼킬리야로 돌아갔다. 그의 할머니는 몸이 너무 약해 산을 넘어야 하는 피난 여정에 참가할 수 없었다. 많은 노인들이 그랬듯 그녀도 집에 머무르기로 결정했다. 누펠이 도착했을 때 그녀는 공포에 떨며 울고 있었다. 집은 약탈당했다. 귀중품이라고는 하나도 남은 게 없었다. 할머니는 이스라엘인들이 모두 약탈해 갔다고 말했다. 이스라엘군은 마을을 점령한 뒤 주민들에게 회당에 모이라고 지시했다. 모인 주민들은 버스에 태워져 요르단 강으로 보내졌다.

전쟁 소식에 흥분했던 17세 소년 파옉 압둘 메지드는 어머니와 4명의 형제 그리고 1명의 누이와 함께 칼킬리야를 떠났다. 친구들과 이웃 주민들까지 합쳐 모두 19명의 무리였다.[75] "마을을 떠난 것은 내 인생에서 가장 슬프고 절망적인 순간이었어요. 우리는 패배감과 수치심에 어찌할 바를 몰랐으니까요. 태양 아래 우리가 있을 곳은 아무 곳도 없다는 느낌마저 받았어요."

이들은 고지대로 가기 위해 가파른 경사를 올랐다. 이곳은 안전할 것이라고 생각한 수백 명이 기어오르고 있었다. 한 노인은 라디오를 들고 올라가고 있었다. 아메드 사이드는 여전히 이스라엘군이 큰 피해를 입고 있다고 외치고 있었다. 아랍에게는 승리가, 유대민족에게는 재앙이 찾아올 것이라는 그의 통상적인 예언도 잊지 않았다. 노인은 욕설을 퍼부으며 라디오를 선인장 덤불로 내동댕이쳤다. 산길은 도로보다 안전했다. 칼킬리야 동쪽 아준Azoun이라는 마을 부근에서는 난민을 가득 태운 트럭이 이스라엘 공군의 폭격을 맞았다. 12명이 사망했다. 대부분이 여성 아니면 어린이였다. 이어지는 폭격과 포격에 마을을 떠나지 못한 노인들과 떠나길 거부한 주민들이 죽었다. 이들의 시신은 무너진 집 안에 고스란히 묻혔다. 칼킬리야에서 죽은 민간인은 전부 74명이었다.

이집트, 샤름엘셰이크

홍해에 태양이 지며 붉은 노을이 퍼졌다. 샤름엘셰이크에 배치된 이집트 공수부대 사령관 압델 모네임 칼릴 준장은 낮은 언덕 위에 올라 병력의 위치를 살펴보았다.[76] 그는 전쟁이 어떻게 돌아가는지 전혀 알지 못했다. 홍해 반대편에서 아침마다 날아오던 아군 헬리콥터가 어제는 나타나지 않았다. 카이로에서는 어떠한 소식도 들리지 않았다. 의존할 것은 라디오 뉴스뿐이었지만 승전 소식밖에 없었다. 6일 아침 갑자기 아메르 원수에게서 전신이 왔다. 이집트 공군기지들이 폭격을 당했다는 것 외에 어떠한 내용도 없었다. 칼릴은 매우 수상쩍었다. 뭔가 잘못되고 있음을 느낄 수 있었다. 하지만 그에게는 아무런 정보가 없었다. 칼릴은 샤름을 공격할지 모르는 이스라엘군에 맞서기 위해 부대를 이끌고 이곳에 왔지만, 서둘러 퇴각해야 할 수도 있겠다고 생각했다. 1956년 상황과 비슷하게 돌아가고 있었기 때문이다. 그는 즉각 이동할 수 있는 준비를 갖추라고 부하들에게 지시했다.

칼릴과 그의 부대는 5월 19일 이후 줄곧 이곳에 와 있었다. 티란 해협을 내려다보는 이 조그마한 땅에서 그의 부대는 국제적인 소란의 중심이 되었다. 하지만 칼릴은 군 생활을 하면서 이런 희한한 배치는 처음이라고 생각했다. 일단 그가 거느린 4,000명의 병사는 이런 임무에 적합하지 않았다. 그들은 돌격을 이끄는 공수부대원이었지 외진 해안 기지를 방어하는 병사들이 아니었다. 그런 훈련조차 받지 못했다. 가장 큰 문제는 이스라엘군이 아니라 식수였다. 샤름엘셰이크에 마실 수 있는 물이란 없었다. 유엔긴급군은 이곳을 떠나기 전 담수장비를 모두 파괴했다. 이집트군에게는 담수장비는커녕 물탱크도 없었다. 칼릴이 거느린 4,000명의 병사는 매일 100마일 떨어진 오아시스에서 길어온 물이 없으면 연명할 수가 없었다. 오아시스에서 물통 수백 개를 채워 오는 일에 부대 차량이 모조리 동원됐다. 더 놀라운 일이 5월 28일에 있었다. 사우디아라비아군 조종사가 갑자기 미제 수송기를 이끌고 나타나 이집트 특공부대를 내려놓고 갔다. 이들은 개인용 무기밖에 갖고 있지 않았다. 아메르는 어떠한 사전 통보도 없이 이들을 보낸 것이었다. 칼릴은 안 그래도 모자란 물을 축낼 병력만 늘어났다고 괴로워했다.

퇴각하라는 아메르의 지시는 해가 진 이후 도착했다. 칼릴은 휘하 장교들을 불러 모은 뒤 오늘 밤 엘 투르El Tour로 갈 것이라고 말했다. 이곳에는 매일 물을 길어 오던 오아시스와 보급 기지가 있었다. 그곳에 도착한 다음 수에즈 운하 서쪽으로 이동하자는 계획이었다. 장교들 중에는 모하메드 아브드엘 하피즈^{Mohamed Abd-el Hafiz}도 있었다.77 그는 예멘에서 심한 부상을 당한 적이 있는 군인이었다. 그때 그는 당나귀에 업혀 4일 동안 퇴각한 뒤 11번이나 다리 수술을 받았다. 그는 이렇게 말했다. "우리는 충격과 우울에 빠졌다. 라디오에서는 여전히 승리의 노래가 울려 퍼졌고 승전 소식이 들려왔다. 우리 군이 곧 텔아비브에 진입한다는 보도까지 있었다."

일부 장교는 후퇴 명령을 따르는 대신 에일라트를 공격하자고 제안했다. 해군 지원도 가능했고 장비도 충분했다. 공격이 실패하면 언제든 몇 마일 떨어진 요르단 항구인 아카바로 후퇴하면 된다. 칼릴은 거절했다. 명령은 명령이었다.

퇴각하기 전에 이들은 며칠 전 배로 도착한 1만 5,000톤의 무기를 없애 버려야 했다. 무기 중에는 티란 해협에 설치하기로 했지만 한 번도 사용하지 못한 수뢰도 있었다. 수뢰가 폭발하는 동안 일부 병사는 이스라엘군이 공격해오는 줄 알고 혼비백산했다. 혼란은 한참이 지나서야 가라앉았다. 첫 병력이 떠난 뒤 몇 시간이 지나고 동이 트자 칼릴은 마지막 조를 이끌고 샤름엘셰이크를 나왔다. 애초 이곳에 비행기를 타고 왔기 때문에 차량이 부족했다. 일부 트럭은 물을 길러 떠나 돌아오지 않기도 했다. 병사들은 차량에 최대한 올라타 이동했다. 하피즈가 탄 5인용 지프차에는 대형박격포와 함께 12명의 병사가 탔다. 뒤를 따르는 트레일러에는 120mm 박격포와 함께 더 많은 병사들이 올라탔다. 일부 병사들은 사람의 걸음걸이보다 조금 빠른 수륙양용 수송차량 3대에 나눠 탔다. 칼릴은 병력이 넓은 지대에 걸쳐 이동하므로 이스라엘 공군이 쉽게 발견하지 못할 것이라 생각했다. 이는 후에 오산으로 밝혀졌다. 헬리콥터를 타고 티란 섬에 배치된 병사들은 뒤에 남겨졌다. 이들은 어부의 도움을 받아 홍해 반대편에 있는 후르가다^{Hurgada}로 가지 않고 샤름엘셰이크로 돌아왔다. 이스라엘군은 수요일 아침 11시 00분에 샤름엘셰이크에 진입했다. 이들은 어부와 함께 이집트 병사들을 생포했다.

예루살렘

모세 욧밧 대령이 이끈 여단은 총 한 발 쏘지 않고 예루살렘 밖에 있는 작은 공항을 손에 넣었다.[78] 그리고 그들은 라말라로 이어지는 도로를 향해 진격했다. 욧밧은 기갑차에 팔레스타인 노인을 태우고 길을 안내하라고 지시했다. 이스라엘 병사들을 태운 차량들이 뒤를 따랐다. 이동하는 차량이 너무 많아 공수부대 대대 1개와 기갑대대 1개는 거의 기어가다시피 했다. 욧밧은 짜증이 났다. 그는 나머지 여단 병력이 따라오길 바라며 정찰중대와 함께 라말라로 내달렸다.

갑작스러운 포격에 욧밧은 팔과 어깨에 강한 고통을 느끼고 의식을 잃었다. 그는 길 위에 나가떨어졌다. 죽었구나 싶은 생각이 제일 먼저 들었다. 하지만 이어서 이렇게 죽는 것도 나쁘지는 않겠다고 그는 생각했다.

한편 우지 나르키스 장군은 전세에 상당한 만족감을 느끼고 있었다. 그는 다음 날 하달할 명령문을 작성했다.

"오늘은 예루살렘이 해방되는 날이다. 우리 조상이 살던 도시의 북부와 남부가 우리 손에 떨어졌다. 하지만 우리 군은 여전히 침착한 상태를 유지하고 있다. 병사들이여, 굳건하라. 결코 동요하지 마라."

중부사령부 병력은 예루살렘에서 북쪽으로 진격했다. 그들은 이날 밤 구시가지에서 북쪽으로 15마일 떨어진 서안지구 도시 라말라를 손에 넣었다. 초조해진 우리 벤 아리 대령은 폭격 지원을 기다리지 않고 바로 마을에 병력을 투입했다. 한밤중에 제법 큰 도시를 장악한다는 건 쉽지 않은 군사작전이었다. 전차 대대가 먼저 들어가고 정찰 중대가 뒤따랐다. 벤 아리 대령은 후에 이렇게 말했다. "우리는 전차 한 대대를 이끌고 사방에 사격을 가하며 라말라로 들어가기로 결정했다. 우리는 마을을 여러 차례 위아래로 반복해서 오갔다. 덕분에 갈수록 저항을 잠재울 수 있었다."[79] 밤새 이들은 소탕 작전을 펼쳤다. 아침이 되자 어떠한 저항도 느껴지지 않았다.

새벽이 다가올 무렵 감람산 기슭에서 격렬한 전투가 벌어졌다.[80] 이곳 근처에는 예수가 끌려가기 전날 밤 피를 흘렸다고 알려진 겟세마네 동산이 있었다. 계곡 위 다리를 지나 경사진 도로를 오르면 동산 입구가 보였다. 이스라엘 71공수대대는 전차의 지원을 받아 구시가지의 고원지대를 점령하기로 되어 있었다. 하지만 이들은 길을 잘못 드는 바람에 구시가지 성벽과 감람산 양쪽에서 공격을 받았다. 요르단군은 모든 화력을 퍼부었고 이스라엘 전차들은 도로 위에서 번쩍이며 타올랐다. 전차부대 선봉 지휘관은 이마에 총을 맞고 엄청난 양의 피를 쏟았다. 눈이 피에 가려 앞이 보이지 않자 그는 뒤에 오는 전차에 지휘권을 넘겨주었다.

엎친 데 덮친 격으로 지프차를 탄 정찰 부대가 전차들을 안전한 곳으로 안내하려다 오히려 깔려죽는 일이 생겼다. 전차들은 퇴각하려다 그 자리에서 폭발하거나 다리 아래로 떨어졌다. 추락한 전차를 타고 있던 병사들은 심한 부상을 입었지만 용케 살아남았다. 총알이 빗발치는 상황에서도 구조 작전은 계속됐다. 쉰들러Shindler라는 의무병은 등에 불이 붙어 비명을 지르는 병사에게 달려갔다. 병사는 쉰들러가 불을 끄는 동안 다시금 총을 맞고 쓰러졌다. 총격이 더 격렬해지자 쉰들러는 컴컴한 다리 밑으로 뛰어내렸다. 다행히 다리가 높지 않아 목숨은 건졌지만 발목을 접질리고 얼굴과 팔은 온통 그을렸다.

정찰부대 지휘관 미하 카푸스타Micha Kapusta는 요르단군을 피해 다리 밑으로 겨우 탈출했지만 더 이상 도망갈 곳이 없었다. 그의 옆에는 메이어 하르 시온Meir Har Zion이 있었다. 그는 이스라엘 병사들 사이에서 유대 용사의 상징으로 여겨졌다. 모셰 다얀은 그를 2세기 로마군에 저항했던 바르 코크바Bar Kochba* 이후 가장 뛰어난 유대인 전사라고 불렀다. 1950년대 하르 시온은 아리엘 샤론의 가까운 동지 중 한 명이기도 했다.[81] "그는 어떠한 증오감도 없이 순식간에 아랍 병사와 농부, 마을 주민들을 죽이곤 했다. 그는 언제나 냉철했고 무서울 만큼 효율적이었다. 그는 그저 자신의 일을 할 뿐이라 했지만 그 일을 너무 잘했다. 몇 달간 한 주에 두세 차례씩 사람을 죽이러 나가곤 했다."

그는 전장에서 주머니칼을 이용해 상처를 치료하곤 했다. 그는 지금 그가 한때 지휘했던 부대에 자원병으로 입대해 있었다. 하르 시온과 카푸스타는 다리 옆에 있는 도관을 따라 올라가 포위됐을 동료 병사들을 찾아보았다. 다리 위에 전차가 불타고 있었고 그 옆에는 불빛을 받으며 병사 3명이 누워 있었다. 전차들 안에서는 여전히 화약이 터지고 있었고 요르단군은 사격을 멈추지 않았다. 카푸스타는 "최대한 가까이 다가가서 병사들의 이름을 불러보았다. 하지만 누구도 대답하지 않았다."

---

* **바르 코크바** 로마에 대항해 독립전쟁을 일으킨 유대민족 지도자. 유대민족이 로마와 헤롯 왕조의 이중 통치에 저항하자 로마 황제 티투스는 5년간의 전쟁을 통해 이를 종식시켰다. 티투스는 예루살렘 성전을 완전히 파괴해 유대교의 구심점을 없앴다. 이때 유대는 완전히 멸망했다. 이후 A.D. 132년에 아키바 랍비의 후원을 받은 바르 코크바가 다시 독립전쟁을 일으켰으나 패퇴했다. 그 후 로마 황제 하드리아누스는 칙령을 내려 유대민족을 뿔뿔이 이주시켰다.

제3일
1967년 6월 7일

예루살렘, 0030

전쟁의 끔직한 소음과 화염은 예루살렘에서도 느낄 수 있었다. 이스라엘 군은 예리코에서 예루살렘으로 이어지는 가파른 도로를 따라갔다. 그리고 전차와 대포, 그리고 공군을 동원해 절망적으로 도망치는 요르단 병력을 박살냈다. 구시가지 성벽에 있던 요르단과 팔레스타인 병사들은 이 광경을 빠짐없이 목격했다. 이스라엘의 무력과 맞부딪친 2시간 내내 이들은 지푸라기라도 잡는 심정으로 "알라후 아크바르Allahu Akbar, 알라후 아크바르"를 외쳤다.[1] '신만이 위대하다'는 뜻이었다. 약 100명의 이슬람교도들은 감람산에 있는 교황청 대사관으로 대피했다.[2] 한편 요르단군 장교들은 성벽에 있던 병사들을 버리고 밤새 모두 도망쳤다.

새벽 중반 요르단 지휘관 아타 알리 준장은 이슬람 종교청인 와크프Waqf 사무실로 향했다. 이곳은 예루살렘의 위대한 사원들을 둘러싸고 있는 성스러운 외곽 지대에 위치해 있었다. 건물에는 예루살렘 장관 안와르 알카팁이 비상본부를 차려놓고 있었다. 장군은 그에게 더 이상 할 수 있는 게 없다고 말했다. 성벽을 지키는 병사들은 사기를 잃은 채 배고픔과 피로에 허덕이고 있었다. 예루살렘에서 전투가 벌어진 후 어떠한 음식도 보급되지 않았다. 구시가지에 탄약이 있었지만 이곳까지 도달하지 않았다. 전쟁 첫날 요르단 병사들은 유명한 팔레스타인 지도자 중 한 명인 안와르 누세이베의 집에 가서 탄약이 없다고 호소했다. 전쟁이 3일째로 접어들었지만 상황은 더 위태로워졌다.[3] 요르단군 내부 통신망도 붕괴했다. 무전기 건전지가 충전되거나 교체되지도 않았다. 요르단군은 한동안 예루살렘 인근 공중전화를 이용했지만 이스라엘군은 이를 감청하고 있었다. 나중에는 이 선마저 끊겼다. 동예루살렘에는 전기가 끊겼고 물도 거의 나오지 않았다. 대부분 병력은 요르단 강을 넘어 동쪽으로 퇴각했다. 장관은 이게 끝일 리 없다고 생각했다. 그는 예루살렘 시민들이 무기를 들고 저항하면 어떻겠냐고 했다. 장교가 필요하다면 팔레스타인 귀족 가문 아들들을 쓰면 되지 않겠냐는 것이었다. 아타 알리 장군은 고개를 내저었다. "그랬다간 예루살렘은 더 박살날 것입니다. 동이 틀 무렵 이스라엘군은 분명 예루살렘을 공격할 것이고 우리 병사들은 상대가 안 됩니다." 그 또한 떠날 계획이었다. 그는 장관에게 함께 떠날 것을 제안했다. 알카팁은 거절했다. "당신은 군 지휘관이니 필요한 군사적 행동을 취하시오. 하지만 예루살렘은 내가 선택한 도시이고 나는 이 상태로 떠날 마음이 없소. 내가 여기서 죽는 게 신의 뜻이라면 다른 곳에서 죽을 수 없겠지."

지난 19년간 예루살렘을 지배해온 요르단은 점차 지배력을 잃어가고 있었다. 새벽 1시 요르단군 하사관들은 아타 알리에게 장교들이 떠난 후 병사들도 탈영하기 시작했다고 보고했다.[4] 장군은 하사관들에게 일단 진지로 가자고 말했다. 그는 무슨 말을 하고 싶었지만 와크프에 모여 있는 수십 명의 팔레스타인 민간인들이 듣는 것을 원치 않았다. 건물에서 나온 그는 하사관들에게 병사들을 남부 성벽에 있는 분문$^{Dung Gate}$으로 이동시키라고 지시했다. 이곳에서 후퇴를 시작하기 위해서였다. 머지않아 팔레스타인 자원병들이 와크프로 뛰어 들어와 요르단군이 떠나고 있다는 소식을 전했다. 알카팁이 너무나 놀라서 보좌관 중 한 명은 그가 심장마비를 일으켰다고 생각했다. 일부 자원병은 성벽에 있는 초소로 돌아갔다. 몇몇 요르단 병사도 목숨을 걸고 싸우겠다며 남았다. 하지만 밤이 지날수록 총기를 반납하는 경찰과 민간인의 숫자는 늘어만 갔다.

분문에서 아타 알리 장군은 "모두 최선을 다해 요르단 강 동쪽으로 가라"는 명령을 내렸다. 잘 조직된 후퇴는 아니었다. 아덴에서 요르단 예루살렘 여단에 전입한 한 장교는 30마일 이상을 걸어간 후에야 피신처를 찾을 수 있었다. 예루살렘과 요르단 강 중간 어디쯤에 있는 '선한 사마리아인의 여인숙' 근처에서 그는 폭격을 받고 사라진 이라크 여단의 잔해를 보았다. 그와 마찬가지로 이라크 병사들도 총 한 번 쏴보지 못하고 '동쪽으로 분주히 도망치고' 있었다. 아타 알리와 그의 부하들은 터벅터벅 걸어 후퇴하며 나세르를 욕했다. 물론 이스라엘에게 공중 지원을 해준 미국과 영국을 비난하는 일도 잊지 않았다.

동이 틀 때쯤 예루살렘에서 폭발음과 총성이 사라지며 불길한 평화가 찾아왔다. 순간 요르단군에게 항복을 촉구하는 '크고 웅장한 목소리'가 확성기를 타고 아랍어로 터져 나왔다.5 영국인 특파원 제임스 캐머런이 전날 밤 거의 잠을 설친 이후였다. "지난밤은 런던 대공습을 떠올리게 했다. 칠흑 같은 어둠 속에 흔들리는 낯선 거리들, 우지끈하며 터지는 폭탄 소리, 양초 하나에 의존해 기사를 쓰려는 모습이 모두 그때와 같았다."

암만에서는 정보장관 아브드 알하미드 샤라프가 라디오 방송국에 시민들에게 마음의 준비를 시키라는 지시를 내렸다.6 순교자들의 희생에도 불구하고 적이 끊임없이 몰려들었고, 영웅적인 저항 속에 예루살렘이 함락됐다는 내용을 잊지 말라고 했다.

시나이

수요일 아침 일찍 수에즈 운하에 첫 이스라엘 부대가 도착했다. 이들은 알아리시에서 해안도로를 따라 이곳에 왔다. 다얀은 즉각 20킬로미터 뒤로 물러설 것을 지시했다. 이스라엘 병사가 운하에 발을 담그는 모습이 보도되면 휴전이 앞당겨질 수 있다고 우려했기 때문이다.

화요일의 재앙이 끝나고 이집트의 선발지휘본부advanced command는 기디 통행로를 따라 서쪽으로 이동해 본부를 수에즈 운하로 옮기기로 했다. 도로는 전투에서 도망치는 병사와 차량들로 가득했다. 장군들은 이를 보며 당황했다. 그들은 아메르가 철수 명령을 내렸다는 사실을 알지 못했다. 오전 3시가 되어서야 그들은 헌병대 사령관으로부터 시나이 철수 명령이 떨어졌다는 얘기를 들었다. 그들은 시나이 야전사령관 살라 무신 중장 또한 수에즈 반대편으로 퇴각했다는 얘기를 듣고 더욱 놀라지 않을 수 없었다. 무르타기 장군은 운하를 건넌 뒤 무신을 찾아 왜 허락도 없이 사령부를 옮겼냐고 물었다. 무신이 '전화 연락이 되지 않아서'라고 우물거리며 말했다. 무르타기는 역정을 냈다.

야히아 사드는 걷거나 차를 빌려 타서 수에즈 운하까지 도착했다.7 그의 정보부대는 전쟁 첫날 이스라엘 전차들에 박살이 났다. 미트라 통행로로 가는 길에 그는 주검이 된 채 누워 있는 자주포 부대 병사들을 보았다.

'수많은 주검과 처절한 파괴의 광경'이 도로 위에 펼쳐졌다. "수에즈 운하 제방에 도착했을 때 내 눈에 무르타기 장군이 보였다. 그는 군화를 잃고 맨발로 걸어오는 병사들을 노려보고 있었다. 도착하자마자 나는 땅 위에 쓰러져 깊은 잠에 빠졌다."

시나이 선발지휘본부 밖에서 가마시Gamasy 대장은 '완전히 와해된 채' 수에즈로 가는 이집트 병사들을 보았다.[8] 진격하는 적을 뒤로 하고 후퇴한다는 일이 얼마나 위험한지 그는 잘 알고 있었다.[9] 이스라엘군을 떨어뜨려놓기 위해 용맹하게 싸워주는 후방부대가 필요했다. 뿐만 아니라 적절한 계획과 기강이 유지돼야 했다. 하지만 이 모든 것이 부재했다. 그는 한 번의 전술적 패배가 이제 거대한 재앙으로 변모하고 있다고 생각했다. "6월 7일 아침 나는 기디와 미트라에서 가장 멍청한 방법으로 후퇴하는 병사들을 보았다. 계속되는 이스라엘의 공중 폭격으로 미트라 통행로는 거대한 묘지가 되었다. 시체가 널렸고 장비에서는 불이 나거나 화약이 폭발했다."

2차대전에 참여한 적이 있는 영국 대사관 무관이 비행기를 타고 미트라 통행로 위를 지났다.[10] 그는 "길게 뻗은 도로에 4~5마일에 걸쳐 처참한 광경이 펼쳐졌다"고 말했다. "모든 차량이 뒤집혀 있거나 파괴된 채 2단, 3단으로 쌓아올려져 있었다. 알라메인에서 독일군이 퇴각할 때도 이렇지는 않았다. 내가 아는 한 이건 멈추지 않는 공중 폭격의 결과였다."

영국인 특파원 제임스 캐머런은 전차 수백 대가 파괴된 채 "고장난 장난감처럼 황야에 펼쳐졌다"고 말했다.[11] 미트라 통행로는 특히 심각했다. "지옥의 일부가 몇 마일에 걸쳐 드러나고 있는 듯했다. 차량 몇백 대가 미트라 통행로에 갇혀 버려진 채 불타고 있거나 폭발하고 있었다. 뒤집히거나 터지거나 산산조각 나는 끔찍한 파괴의 현장이었다. 일부 차량은 사막을 탈출하려다 정밀한 폭격을 받고 파괴됐다."

요페의 전차 부대는 기디 통행로를 향해 밤새 달렸다.[12] 여러 차례 이집트군이 끼어들었지만 모두 대포로 제압했다. 수많은 이집트군 차량이 밤새 불타올랐다. '지평선까지 이집트 차량이 불타자 낮과 밤이 뒤바뀐 듯했다. 끔찍한 파괴의 협주곡이 황야에 울려 퍼졌다.' 잔해물들이 도로 옆에 나뒹굴거나 골짜기에 떨어졌다. 사막이 불타오르는 동안 도로에서는 격렬한 전투가 벌어졌다. 한 이스라엘 전차는 트럭 채 이동하는 이집트 병사들과 조우했다. 전차에는 탄약이 부족했고 수적으로 열세였다. 육탄전이 벌어졌다. "우리는 안으로 밀고 들어오는 손과 머리를 우지 기관총으로 내리쳤다… 비명과 신음이 들렸고 총과 몸이 부딪히는 둔탁한 음이 이어졌다. 우리 중 한 명은 총이 부서지자 칼을 꺼냈다." 양측 병사들은 혼전 뒤 물러섰다.

이스라엘 병사들은 결국 미트라 통행로 입구에 진지를 세우는 데 성공했다. "죽음에서 탈출한 이집트 전차들이 매복한 또 다른 죽음을 향해 달려오고 있었다… 오전 내내 우리는 옆을 지나가는 차량들에 화력을 퍼부었다."

동이 트자 이스라엘 공군은 퇴각하는 이집트군에 대한 폭격을 재개했다.[13] 조종사 중에는 우리 길도 있었다. 전쟁 첫날 그는 시리아 전투기를 아슬아슬한 근접전 끝에 격추하면서 일말의 동정심도 느끼지 않았다. 하지만 오늘은 달랐다.

"내가 지금껏 본 것 중 가장 거대한 차량들의 묘지였다. 이를 보며 기쁜 마음이 들지는 않았다. 마치 시신들을 보는 것 같았기 때문이다. 나는 연료탱크차량을 가까운 거리에서 폭파시켰다. 나에게 총을 쏘는 지상병력은 전혀 없었다. 이는 학살에 가까웠다. 필요한 작전이라는 생각이 들지 않았다. 이집트와의 전쟁은 이미 끝난 상태였으나 전쟁의 대가를 이집트에게 톡톡히 가르쳐주려 했던 것 같다. 하지만 이는 실수였다."

카이로에 있던 이집트 장군단은 시나이에서 도륙당하고 있는 병력 중 일부라도 건질 수 없을까 고민했다.[14] 그리고 그제야 후방 부대를 조직했다. 3보병사단 일부는 제벨 리브니 참호와 벙커에 남아 싸우라는 명령을 받았다. 이들은 '협공을 받아 궤멸'될 때까지 용맹하게 싸웠다. 4기갑사단의 남은 병력은 비르 기프가파 교차로에서 적을 지연시키라는 명령을 받았다. 이스라엘 AMX 전차 부대가 쏜 포탄이 이집트의 T-54 전차에 부딪혀 튕겨져 나오곤 하는 덕분에 이들은 초반에 적을 저지할 수 있었다. 반격도 꾀할 수 있었다. 한 이스라엘 공수부대원은 '전차가 절거덕거리는 소리를 내며 몰려드는 소리에' 한밤중에 잠에서 깼다. "갑자기 이집트 전차 40대가 전조등을 켜고 몰려들었다."

하지만 결과적으로 이집트 전차 여단은 탈 장군의 부대에 포위돼 전멸당했다. 하지만 그들 덕에 이집트군은 어느 정도 시간을 버는 데 성공했다. 사흘 전 전쟁이 시작됐을 때 병력의 3분의 1이 시나이를 탈출해 수에즈 운하를 건넜다.

예루살렘, 0530

나르키스 장군은 결국 구시가지를 점령해도 좋다는 허락을 받았다.[15] 이스라엘 부참모장 하임 바르레브는 그에게 말했다. "이미 휴전이 추진되고 있네. 우리 군은 운하에 도착했어. 이집트군은 흩어졌어. 구시가지를 결코 아랍이 가진 거점으로 남겨두지 말게나."

나르키스는 이 순간을 1948년부터 기다렸다. 당시 그는 요르단군에 유대인 거주구역이 함락되는 모습을 지켜볼 수밖에 없었다. 그의 전쟁상황실은 '흥분과 긴장으로 정신이 번쩍 들었다.'

0600

《타임Time》의 사진기자 다비드 루빙거David Rubinger는 예루살렘에 있는 집으로 돌아갔다.[16] 전날 밤까지 그는 시나이에 있는 이스라엘 병력과 함께 움직였다. 3주간 시나이에 머문 그는 전쟁 초반 48시간 동안 찍은 사진이 마음에 들지 않았다. 역설적으로 현장에 너무 가까이 있었기에 상황을 종합적으로 보여줄 수 없었다. 그는 이를 만회하고자 이제 전쟁의 종결에 초점을 맞추기로 했다. 화요일 저녁 그는 예루살렘이 함락될 것이라는 소문을 들었다. 설득력 있는 풍문이었다. 그는 부상병을 이스라엘 본토로 옮기는 헬리콥터에 올라탔다. 조종사가 말렸지만 소용이 없었다. 헬리콥터에서 내린 후 그는 길가는 사람을 차에 태우고 그에게 대신 운전해달라고 청한 뒤 모자란 잠을 청했다. 가족과 만나 아침 식사를 마칠 무렵 그는 총성이 울리는 소리를 들었다. 다시 전투가 시작되는 게 분명했다. 가족에게 입맞춤을 하고 작별 인사를 하는 중 파편이 천장에서 핑 소리를 내며 떨어졌다. 그는 차를 몰고 구시가지에 최대한 가까이 접근한 뒤 통곡의 벽Wailing Wall에서 멀지 않은 분문으로 걸어갔다.

미국인 기자 압둘라 슐레이퍼는 집 정원에 서서 이스라엘 공군의 폭격을 받는 요르단 진지를 지켜보았다.[17] 요르단군은 19세기 말 예루살렘 정복을 꿈꾼 프로이센 황제가 지은 아우구스타 빅토리아에 위치해 있었다. 이 웅장한 건축물은 스코푸스 산과 감람산을 잇는 산등성이에 놓여 있었다. 1967년 당시 이곳은 병원으로 사용되고 있었다. 200여 명에 달하는 팔레스타인 의사와 간호사, 그리고 환자들은 지하실로 대피했다.[18] 건물이 폭격에 온통 흔들렸다. 이들은 제발 건물이 무너지지 않고 버텨주기만을 간절히 바랐다. 공습이 끝나자 이스라엘 공수부대원들이 대포의 지원을 받으며 스코푸스 산에서 내려오고 있었다. 슐리퍼는 와디알야우스 골짜기로부터 감람산을 올라 아우구스타 빅토리아로 향하는 이스라엘 병력도 보았다.

팔레스타인 상인 하마디 다자니Hamadi Dajani는 구시가지 이슬람교도 거주구역에 있는 2층 석조건물 인디안 호스피스Indian Hospice로 가족을 대피시켰다.[19] 이 병원은 성벽 북동부 모서리 부근에 있었다. 이곳에 가려면 좁은 헤롯의 문을 지나야 했다. 이슬람 지도자들은 인도에서 온 순례자를 위해 인디안 호스피스를 지었다. 전투 소리가 여전히 다자니 가족의 귀에 들려왔다. 이스라엘 전투기들이 머리 위로 날았다. 하지만 대피소는 잘 정비되어 있고 안전하게 느껴졌다. 이들 가족은 하마디의 부인 아미나Amina가 절반은 인도인이라는 이유로 환영을 받았다. 부부에게는 마날Manal이라는 5세 딸과 4세 아들 모하메드, 그리고 3세 아들 아메드가 있었다. 이 대피소에는 12명이 넘는 사람들이 있었다. 여자들은 음식을 갖고 왔다. 이들은 팔레스타인식 샐러드를 준비했다. 35년이 지났지만 아메드는 여전히 그 맛을 잊지 못한다고 말한다.

인디안 호스피스에서 다자니의 자녀들은 건물 밖에 잠시 나가 놀면 안 되느냐고 졸랐다. 남자애들은 하얀 반바지를 입었고 딸 마날은 흰 드레스를 입고 있었다. 제트기가 순간 굉음을 내며 지나갔다. 아버지는 아이들에게 안으로 들어오라고 외쳤다. 아이들이 돌아서기도 전에 첫 번째 폭탄이 병원 천장을 뚫고 들어와 폭발했다. 다자니 가족은 폭발 지점 바로 옆에 있었다. 네 살 먹은 모하메드가 그 자리에서 숨졌다. 다른 아이를 돌보고 있던 모하메드의 할머니는 목이 잘려나갔다. 아이는 무사했다. 아메드와 마날은 피에 범벅이 된 채 밖에 쓰러졌다. 아메드의 왼쪽 손은 뭉개졌고 몸은 파편 투성이었다. 마날은 더 심각했다. 팔 하나가 온통 망가졌다. 아버지 하마디는 파편을 맞고 쓰러져 의식을 잃었다. 아미나 다자니는 어머니와 아들이 죽고 남편과 자녀 둘이 중상을 입자 비명을 질렀다. 정원으로 뛰쳐나갔지만 곧 또 다른 폭탄이 떨어져 그녀 또한 즉사했다. 이스라엘군은 근처에 있는 요르단 박격포 진지를 공습하려 했던 것으로 보인다. 살아남은 다자니 가족과 목격자들에 따르면 박격포 부대는 이미 공습 9시간 전에 떠난 상태였다.

0830

유대 사막에서 떠오른 태양이 감람산 위를 서서히 지나고 있었다. 예루살렘의 이슬람 사원 첨탑과 교회 누대의 그림자는 햇볕을 받으며 타 없어졌다. 이스라엘 공수여단 사령관 모르데하이 구르 대령은 감람산 위에 올라 이 광경을 지켜보고 있었다. 그의 앞에 예루살렘의 심장인 구시가지가 고대 성벽에 둘러싸여 있었다. 그의 시선은 거대한 바위 사원에 모아졌다. 이슬람교도는 이곳에서 선지자 모하메드가 빛의 계단을 밟고 천국에 올랐다고 믿는다. 17세기 말 지어진 이곳은 감람산을 지나 예루살렘으로 들어오는 사람들이 가장 먼저 마주칠 수밖에 없는 건물이었다. 십자군, 오스만Ottomans 제국군, 영국군 모두 감람산에 서서 이 성스러운 도시를 탐욕의 눈빛으로 바라봤다. 그리고 이제 구르 대령과 그의 부하들이 맑은 6월의 아침에 그 자리에 서 있었다.

구르는 성벽 앞에 3개 중대만을 보냈다. 그의 목표는 바위 사원을 지나 구시가지 깊숙이 들어가는 것이었다. 모로코인 거주구역 안 협로가 이에 속했다. 이슬람교도는 모하메드가 메카에서 예루살렘까지 데려다준 날개 달린 말을 이곳에 매 놓았다고 생각했다. 그래서 그 말의 이름을 따서 이 거리를 알부라크al-Buraq라고 불렀다. 매끄러운 돌로 지어진 높은 벽이 양쪽에 펼쳐졌다. 이곳이 바로 통곡의 벽이었다. 유대민족에게 이곳은 기도를 드릴 수 있는 가장 성스러운 곳이었다. 2,000년 전 이곳은 헤롯왕이 지은 두 번째 유대교 사원의 서쪽 벽이었다. 사원은 그 후 무너졌고 1세기 무렵 발생한 폭동 이후 예루살렘에 살던 유대인들은 대부분 로마군에 의해 뿔뿔이 흩어졌다. 그러나 사원의 구체적인 모습은 유대인의 기록에 잘 남아 있었다. 기록에 따르면 이곳은 금과 돌로 지어진 거룩하고 웅장한 곳이었다. 1967년이 된 지금 유대인들은 다시 이곳으로 돌아오기 위해 싸우고 있었다. 이스라엘을 건국한 사람들은 주로 세속적인 사회주의자들이었다. 그들에게 고대 상징물은 그리 중요하게 여겨지지 않았다. 그러나 이스라엘군이 예루살렘의 심장부에 가까이 다가가면 갈수록 이러한 상황은 달라졌다.

이스라엘 육군 라디오 기자인 벨니Velni와 로넨Ronen은20 예루살렘에 있는 노동조합 건물 옥상에 서서 워키토키에서 들려오는 전투 교신을 들었다. 갑자기 구르의 목소리가 흘러나왔다. 그는 구시가지를 점령하라는 명령을 내리고 있었다.

"전 대대 지휘관은 들으라. 우리는 지금 구시가지가 내려가 보이는 산 위에 올라 있으며 곧 진입할 예정이다. 우리 민족 모두 구시가지로 돌아가길 꿈꿨다… 우리가 최초로 이곳에 들어가게 될 것이다… 전차들은 사자의 문Lion's Gate으로 들어갈 것이다. 문으로 이동하라! 그 위 광장에서 만나자."

이스라엘 육군 수석 랍비 슐로모 고렌Shlomo Goren이 이들과 함께 하고 있었다. 그는 전날 얼굴이 그을린 채 전투가 한창인 가자에서 돌아왔다. 그는 나르키스에게 말했다. "남부전선이 뭐가 중요하겠소? 예루살렘과 성전산Temple Mount, 그게 중요하지! 당신은 역사를 새로 쓸 것이오!" 고렌은 병사들을 따라잡기 위해 차에 올라탔다. 두 젊은 기자가 그를 따랐다.

감람산 맞은편에는 예루살렘의 7대 입구 중 하나인 성 스테판의 문 St Stephen's Gate이 있었다. 동물의 왕인 사자가 입구에 새겨졌다 해 '사자의 문'으로도 불렸다. 구르는 부하들이 전차들 뒤에서 경사진 도로를 오르는 모습을 보았다. 장갑차에 올라탄 그는 병사들에게 달려갔다.

"운전병 벤 주르Ben Zur에게 빨리 가자고 재촉했다.21 그는 수염투성이에 체중이 210파운드는 나가는 병사였다. 전차를 지나자 문이 보였다. 그 앞에 차가 불타고 있었다. 들어가기엔 폭이 좁아 보였다. 그래서 차를 돌려 들어가라고 지시했다. 문이 반쯤 열려 있는 게 보였다."

구르는 문에 부비 트랩이 있지는 않을까 잠시 걱정했다. 그는 운전병에게 지시했다. "'벤 주르, 달려!' 그가 액셀러레이터를 힘껏 밟자 차가 문을 부수고 들어갔다. 우리 앞을 가로막던 돌들이 우두둑 부서졌다. 우리는 계속 전진했다.”

이스라엘군은 드디어 구시가지에 입성하는 데 성공한다.

《선데이타임스Sunday Times》 사진기자 돈 맥컬린Don McCullin도 안간힘을 다해 뒤를 쫓고 있었다.[22] 그는 콜린 심프슨Colin Simpson이라는 동료 기자와 함께 예루살렘으로 갔다. 역사적인 승리를 눈앞에 둔 이스라엘은 더 이상 보도를 통제하지 않았다. 맥컬린, 심프슨 등 몇몇 기자는 디 해빌런드 라피드De Havilland Rapide라는 어느 이스라엘 노인의 비행기를 타고 키프로스에서 텔아비브까지 올 수 있었다. 이어 예루살렘에 도착한 이들은 너무 조용한 분위기에 이미 전쟁이 끝나버린 건 아닌지 걱정했다. 〈BBC 라디오〉에서는 예루살렘이 이미 점령됐다는 보도가 흘러나오고 있었다. 맥컬린과 심프슨은 1예루살렘연대 소속 병력과 마주쳤다. 그들은 선임중대지휘관에게 말했다. “ ‘당신이 유대 역사를 새로 쓸 예정이라면《선데이타임스》야말로 이를 기록하기에 더할 나위 없는 매체입니다.’ 우리는 바로 허락을 받고 병사들과 함께 올리브 숲을 지나 이동했다.”

남편이 라말라 부근에서 부상을 당했다는 소식을 접한 아바 욧밧은 텔아비브에서 차를 타고 달려오고 있었다.[23] 자정에 한 장교가 집에 찾아와 남편의 부상 소식을 알렸다. 아바의 남편은 서예루살렘 에인 카렘Ein Karem에 있는 하다사Hadassah 병원에 누워 있었다. 시가전 부상자가 너무 많이 들어오는 바람에 그는 제대로 간호받지 못하고 있는 것 같았다. 그녀는 남편을 텔아비브로 옮겼다. 이곳 중앙 병원에는 만일에 대비해 침상 수백 개가 마련됐지만 한 번도 제대로 사용된 적이 없었다. 일거리를 찾은 의사들은 기뻐하며 환자 주변에 몰려들었다.

맥컬린은 예루살렘연대 병사들을 따라 구시가지 남쪽 입구인 분문에 도착했다.[24]

"문에 들어선 뒤 처음 몇 백 야드 동안 상당한 인명손실을 입었다. 저격수가 상당 수 배치돼 총알이 벽에 부딪치며 사방으로 튀었다… 우리는 흩어졌지만 그래도 사격권에 노출돼 있었다. 만약 아랍군이 박격포를 사용했더라면 우리는 살아남지 못했을 것이다… 갑자기 요르단 병사 하나가 두 손을 들고 우리 앞에 뛰어들었다. 그는 무기를 갖고 있지 않은 듯했다. 하지만 저격수들 때문에 긴장한 우리는 곧바로 엎드렸다. 병사는 온 몸에 총을 맞고 쓰러졌다… 거리를 따라 내려가는 중 맨 앞에 선 병사가 총을 맞고 죽었다. 그다음 병사도 몇 야드 더 못 가 가슴에 총을 맞았다. 의무병이 달려와 병사의 옷을 찢게 칼을 달라고 소리쳤다. 누군가 영어로 '칼'이라고 말하고 나서야 나는 정신을 차렸다. 난 그가 고함치는 히브리어를 알아들을 수 없었다. 병사는 내가 칼을 찾는 사이 죽어버렸다."

서예루살렘 거리는 거의 버려진 듯했다. 가끔 육군 지프차가 모서리를 급히 돌거나 빈 도로를 따라 질주하는 모습이 보여다. 이 중에는 고렌의 지프차도 있었다.[25] 그는 시내를 지나 만델바움의 문으로 향하고 있었다. 이 문은 분단된 예루살렘의 교차점이었다. 이곳에서 내린 고렌의 일행은 두루마리에 기록된 토라Torah*와 숫양 뿔로 만든 나팔인 쇼퍼shofar를 들고 이동했다. 유대교 전통에 따르면 쇼퍼는 상서로운 때에 불도록 되어 있었다. 두 기자도 구시가지 성벽을 따라 성 스테판의 문으로 발걸음을 옮겼다.

분문에서는 이스라엘군이 승리하고 있었다. 팔레스타인 병사와 일부

---

* **토라** 구약의 첫 다섯 권(창세기, 출애굽기, 레위기, 민수기, 신명기). 시나이 산에서 신에게 계시를 받은 모세가 썼다고 전해지며 일명 '모세 5경'이라고 불린다. 유대교 예배의식에서 토라 낭송은 중요한 부분을 차지한다..

떠나지 않은 요르단 병력이 항복하기 시작했다. 일부 병사는 군복을 버리고 민간인 옷으로 갈아입었다. 줄무늬 파자마를 입고 도망친 병사도 있었다. 돈 맥컬린은 이스라엘 병사들이 성지를 건드리지 말라는 명령에 충실했다고 말했다. "저격수가 종교적인 건물에 숨어 총을 쏘더라도 이스라엘 병사들은 발포를 자제했다. 어느 종파의 건물이든 마찬가지였다."

팔레스타인 치과 의사 존 트릴은 기독교인 거주구역에 있는 그의 집에서 창밖을 내다봤다.26 그는 이불과 베개, 석고 등으로 창틈을 막았다. 이스라엘 공수부대원들이 조심스레 이동하고 있는 모습이 보였다. 처음에 트릴은 이들이 이라크 병사라고 생각했다. 하지만 이들은 히브리어를 쓰고 있었다. 1948년 도시가 갈라진 이후 처음으로 듣는 히브리어였다. 병사들은 벽에 등을 붙이고 '극도의 주의를 기울이며' 이동했다. 그들은 '엄청나게 경계하며 총구를 앞으로 향하고 발걸음을 조심스레 옮기고 있었다'. 트릴은 집 안에 있는 가족과 친구들에게 자신이 본 상황을 전달했다. 처음에는 아무도 그의 말을 믿지 않았다.

이스라엘 55공수여단 지휘관 구르 대령은 부하들을 이끌고 성 스테판의 문을 지나 구시가지로 들어섰다. 그의 운전병 벤 주르는 장갑차를 왼쪽으로 돌려 그곳에 서 있던 오토바이를 뭉개버렸다. 이들은 고대 유대사원 유적지와 대형 이슬람 사원들을 둘러싼 건물로 차를 몰고 들어갔다. 요르단 예루살렘 장관 안와르 알카팁이 시장과 함께 기다리고 있었다. 그들은 구르에게 요르단군이 철수했으며 더 이상 저항은 없을 것이라고 말했다.

구르의 일행으로부터 멀지 않은 곳에 우지 나르키스와 IDF 부참모장 하임 바르레브가 뒤따라오고 있었다. 성 스테판의 문을 지나 구시가지로 들어오기 전 나르키스는 구르에게 무전을 쳐서 어디에 있냐고 물었다. 이

때 구르가 한 대답은 훗날 이스라엘인 사이에서 1967년 전쟁과 관련해 가장 많이 회자되는 대사로 기억됐다.

"성전산이 드디어 우리 것입니다!"

나르키스는 믿을 수가 없었다. 구르가 말했다.

"다시 말씀드립니다. 성전산이 우리 것입니다. 저는 지금 오마르 사원 Mosque of Omar(바위 사원) 옆에 와 있습니다. 1분만 가면 통곡의 벽이 나옵니다."

나르키스와 바르레브는 성 스테판의 문으로 이어지는 경사를 따라 빠르게 이동했다. 공수부대원들이 흉벽 뒤에 있는 적군과 여전히 교전 중이었다. 시체가 거리에 즐비했다. 지프차에서 내린 나르키스는 수류탄을 던져서 진격하는 병사들을 엄호했다. 부대원들은 아치 모양 문에 끼어버린 전차에 올라탔다.

나르키스의 부관 요엘 헤르츨은 저격수 때문에 옴짝달싹 못하고 엎드려 있는 장군들과 조우했다. 그는 반대편 건물 2층 창문에 옷깃이 펄럭이는 것을 보았다. 그는 공수부대원들에게 엄호를 부탁하고는 건물 입구로 들어섰다. 최대한 조용히 계단을 오르자 열린 문틈으로 붉은 카피예 keffiyeh * 두건이 보였다. 요르단 병사들이 걸치는 종류였다. 저격수가 틀림없었다.

"나는 그를 향해 우지 기관총 탄창 하나를 모조리 발사했다. 오늘날까지 죄책감 따위는 없다. 찰나에 벌어진 일이었다. 그게 전쟁이다. 가장 빠른 자가 살아남는다. 생각하면 죽게 돼 있다.

그 후 상황이 빠르게 진전됐다. 모두 정신없이 돌아다니면서 통곡의 벽에 이르는 길을 찾았지만 쉽지 않았다. 랍비 고렌이 우리에게 자신을 따

---

* **카피예** 아랍 남성들이 머리에 쓰는 사각형 천.

르라고 말했다. 그는 성경책을 들고 있었다. 우리는 계속 달렸고 결국 통곡의 벽에 도달했다. 내가 벽을 해방시킨 사람 중 일곱 번째가 되었다."

고렌과 함께 있던 젊은 나이의 육군 기자 요시 로넨Yossi Ronen은 랍비가 "멈추지 않고 쇼퍼를 부르며 기도문을 외웠다"고 말했다.[27] "그의 모습을 본 병사들은 감격하며 사방에서 '아멘!'을 외쳤다. 공수부대원들도 그 순간 노래를 불렀고 나는 기자로서 객관적이어야 한다는 것도 잊은 채 '황금의 예루살렘'을 따라 불렀다… 지휘관들은 차례로 짧지만 감격에 찬 연설을 했다."

나르키스는 1948년 구시가지를 점령하지 못한 실패를 떠올렸다.

"지금 이 자리에서 선 우리에게 있어 그러한 비극은 없었습니다… 우리 모두 역사 앞에 무릎을 꿇읍시다."

이스라엘 민족에게 이 순간은 전쟁이 아니라 19년에 걸친 독립 역사의 클라이맥스였다.[28] 이곳에 모인 사람들은 유대 민족의 가장 성스러운 장소를 드디어 되찾았다는 것에 깊은 감동을 받았다. 많은 이들이 눈물을 흘렸다. 통곡의 벽에 동행한 사진기자 다비드 루빙거와 〈BBC〉 특파원 마이클 엘킨스는 세속적인 유대인이었다. 하지만 그들도 차오르는 감격을 누를 수가 없었다. "우리 모두 눈물을 쏟았다. 종교적인 눈물은 아니었다. 안도의 눈물이었다. 우리는 사형 선고를 받고 죽음을 기다리는 듯한 느낌으로 살아왔다. 그런데 순간 누군가가 우리 목에서 올가미를 풀고 '이제 당신은 자유로울 뿐 아니라 왕이나 다름없소'라고 말하는 것 같았다. 기적이었다."기자들은 취재를 시작했다. 루빙거는 벽의 높이를 가늠하고자 협로를 따라 내려가 바닥에 누웠다. 눈물을 흘리며 그는 공수부대원들의 사진을 찍었다. 병사들도 지쳤지만 경외감에 빠진 게 분명했다.

66대대 부사령관 도론 모르 소령은 통곡의 벽 앞에서 '무아지경'에 빠진 병사들을 보며 걱정하기 시작했다.[29] 이미 그는 예루살렘을 쟁취하는 과정에서 36명의 병사를 잃었고 사상자가 더 늘어나는 것은 바라지 않았다. "갑자기 요르단 저격수가 나타나 우리 모두를 쏠까 봐 겁났다. 너무 위험하다고 판단한 나는 병사들을 모두 밖으로 몰아냈다."

시나이

이스라엘 공군 조종사 헤르츨 보딘저는 비르 타마다를 다시 한 번 공격한 뒤 복귀 중이었다.[30] 그는 무전기를 켜 〈이스라엘의 소리〉에 주파수를 맞췄다. 비행기를 안내하는 신호를 받기 위해서였다. 그때 그는 성전산이 이스라엘 손에 떨어졌다는 뉴스를 들었다. '황금의 예루살렘'이 라디오에서 울려 퍼졌다. 종교와는 거리가 먼 보딘저는 이를 듣고 순간 기뻐하는 자신의 모습에 놀랐다. 시나이 지역 이스라엘 사령관 예샤야후 가비쉬는 당시 비르 기프가파에서 장갑차를 타고 있었다. 소식을 들은 그는 온몸에 전율을 느꼈다. 전쟁이 터지고 난 뒤 느낀 가장 큰 환희였다. 그런데 갑자기 이런 생각이 들었다. '젠장, 이제 영광은 저쪽이 다 차지하는군.'[31]

서안지구, 나블루스

11시 무렵 몇몇 팔레스타인 사람들이 알제리군이 오고 있다고 소리쳤다.[32] 군인들이 동쪽에서 진군해 들어오고 있었다. 나블루스 외곽에 모인 군중은 밖으로 나와 이들에게 축복의 의미로 쌀을 뿌렸다. 투바스Tubas와 요르단 강 동안에서 들어오는 병력이니 알제리군이나 이라크군이 확실하다고 생각했다. 어느 나라 군이든 어떠랴. 〈카이로 라디오〉는 연일 아랍 형제국들이 도움을 주고 있다고 떠벌렸다. 주민들은 이제야 구원군이 도착하는가 싶었다.

하지만 이 부대를 이끌고 들어온 전차들은 이스라엘의 펠레드 장군 사단이었다. 병사들은 환대를 받으며 어리둥절했다. "수천 명이 나블루스 입구에 나와 하얀 손수건을 흔들며 환호했다… 마을에 들어선 우리는 놀라지 않을 수 없었다… 주민들이 다정히 우리를 맞아 주었다."

그러던 중 한 이스라엘 병사가 팔레스타인인에게서 무기를 뺏으려 하자 총격전이 벌어졌다. 이스라엘 전차들이 서쪽에서도 속속들이 들어오기 시작했다.33 이들은 동틀 무렵 카바티야Qabatiya 교차로에서 40기갑여단과 싸워 이기고 오는 길이었다. 무장한 팔레스타인인들은 이스라엘 전차를 보고 발포하기 시작했다. 여섯 시간 동안 혼전이 벌어졌다. 마을 반대편에 있던 요르단 전차들도 전투에 합류했다. 나블루스 밖에 있는 다른 요르단군 전차들은 다미야Damiya 다리를 건너 동안지구로 대피했다. 비교적 중산층에 속했던 팔레스타인 가정주부 레이몬다 하와 타윌Raymonda Hawa Tawil은 점차 강해지는 폭발음과 총소리에 놀라 아이들과 지하실에 숨었다.34

"엄마, 무슨 일이 생기고 있는 거죠? 우리 죽어요? 유대인은 어떻게 생겼어요?"

저녁 7시쯤 확성기에서 나오는 소리가 들렸다.

"시는 항복했습니다. 백기를 걸면 해치지 않겠습니다. 밖으로 나오는 자는 생명을 보장받지 못할 것입니다. 나블루스 시장은 시민들이 항복할 것을 권고하고 있습니다."

딱딱하고 어색한 아랍어였다. 타월은 1948년이 떠올랐다. 그때도 나사렛Nazareth이 이스라엘에 넘어갔을 때 비슷한 발음을 들은 적이 있었기 때문이다. 당시 라디오 방송에서는 이를 악물고 싸우라 촉구했다. 대피소에 있던 한 노인은 이를 듣고 이렇게 말했다. "내 틀니로는 샌드위치 하나 제대로 못 씹어… 그러니 네 이나 악물라고!"

지금은 1967년이었고, 전투는 저격수까지 동원되며 밤늦게까지 이어졌다.

이스라엘은 요르단군 뿐만 아니라 시간과도 사투를 벌이고 있었다. 유엔안보리가 휴전 결의안을 통과시킨 후 군사적 행동을 할 여지가 줄어들었기 때문이다. 이스라엘은 전쟁이 끝나기 전에 예루살렘뿐 아니라 서안지구까지 점령하길 바랐다. 요르단과 이스라엘은 휴전안을 무시했다며 서로 비난했다. 요르단 왕 후세인은 아침 일찍 휴전 결의안을 받아들였다. 하지만 이스라엘은 싸울수록 이득이었다. 요르단군은 서안지구 고원지대를 탈출해 지구에서 가장 낮은 땅이라 불리는 요르단 계곡으로 도망쳤다.[35] 이스라엘군은 집요하게 추격해 맹공격을 퍼부었다. 요르단에 따르면 적어도 이스라엘 전투기 100대가 투입됐고 일부 지역에서는 이스라엘 전차들이 포격을 가했다. 공중 지원 없이 요르단군은 이스라엘 손바닥 위에서 죽음을 기다릴 수밖에 없었다.

전쟁 기간을 통틀어 이스라엘 공군은 요르단에 597회 출격했고 이중 549회는 공대지 임무였다.[36] 후세인 왕의 사촌 샤리프 자이드 벤 샤케르가 이끄는 60기갑여단은 전차 80대 중 절반을 잃는 등 큰 손실을 입었다.[37] "우리는 기총 사격을 당할 때마다 차량에서 뛰쳐나와 구멍을 찾아 숨었다. 나는 당시 랜드로버를 타고 있었다. 이스라엘 전투기가 내 뒤에 있는 무선통신차량을 공격했다. 상당한 양의 네이팜이 사용됐다. 한 번은 네이팜 폭탄이 내 바로 옆 아스팔트에 튕겨 200야드가량 날아간 뒤 폭발했다. 신이 나를 도우신 셈이었다."

후세인은 휴전이 조용히 이뤄지길 바랐지만 그의 기대는 물거품이 되었다. 〈라디오 요르단〉은 그가 안보리 휴전 결의안에 동의했다고 보도했지만 이스라엘은 여전히 공격을 멈출 기미를 보이지 않았다. 얼마 안 되는 요르단 병력이 여전히 맞섰지만 대부분 동안지구로 도망가거나 서쪽에서 궤멸했다. 암만 주재 미국 대사 핀들리 번스는 이스라엘이 요르단군을 전멸시키려는 건 아닌지 걱정했다.[38] 그럴 경우 요르단의 체제가 뿌리부터 흔들릴 것이 분명했다. 그는 존슨 대통령이 에슈콜 총리에게 전화를 걸어 휴전을 받아들이게 압력을 넣어야 한다고 촉구했다. 모든 요르단 사람들은 미국이 마음만 먹으면 이스라엘의 공격을 중단시킬 수 있으리라고 보았고, 번스는 이러한 정서를 잘 이해하고 있었다. 만약 미국이 나서지 않으면 요르단에 사는 수천 명의 미국인들은 '군중의 폭력'에 직면할 수밖에 없다고 그는 생각했다.

베들레헴, 1500

베들레헴 밀크 그로토Milk Grotto 거리에 살고 있는 젊은 여인 바디알 라헵 Badial Raheb은 이웃들보다 더 전쟁 준비가 잘 되어 있었다.[39] 그녀가 사는 좁은 골목은 예수가 태어났다고 여겨지는 성탄교회Church of the Nativity 옆이었다. 남편 비샤라 라헵Bishara Raheb은 서점을 운영했다. 그는 집에 있을 때 언제나 〈아랍의 소리〉를 켜두었다. 그는 방송이 떠벌리는 자랑과 위협적인 선동을 대부분 무시했다. 하지만 그는 아랍이 승리를 거둘 수 있을 만큼 강하다고 믿고 싶었다. 그와 달리 아내 바디알은 자신이 없었다. 그녀가 보기에 아랍세계는 분열돼 있을 뿐 아니라 서로를 배반할 준비도 돼 있었다. 이런 상태에서 어떻게 이스라엘과 싸운단 말인가? 그녀는 걱정스러웠다. 복중에 아이를 가진 바디알에게는 네 살짜리 아들도 있었다. 바디알과 비샤라는 전쟁에 대비해 음식을 저장해두었다.

요르단의 히틴Hittin 보병여단은 한 차례의 전투도 없이 정오 무렵 베들레헴에서 철수했다. 베들레헴 시장은 오후 3시경 진입한 예루살렘 보병여단 병력에 항복했다. 라헵 부부는 마분지로 창을 모두 덮었다. 병사들이 빈 집으로 착각하도록 할 생각이었다. 그리고 부부는 아이를 데리고 돌로 만든 지하실로 대피했다. 전기와 수도가 끊겼지만 대신 양초와 우물을 이용할 수 있었다. 지하실에서도 전투가 벌어지는 소리가 들렸다. 이들은 이스라엘 병사들이 쳐들어올지 모른다는 생각에 공포에 떨었다. 주민들이 1948년 데이르 야신에서 벌어진 학살에 대해 이야기하기 시작했다. 참사가 반복될 것이라고 생각한 몇몇 이웃은 요르단으로 떠나버렸다. 바디알은 불안했다. 지하실도 안전하지 못하다고 느낀 그녀는 길을 건너 성탄교회에 숨기로 결심했다. 24야드 조금 넘는 곳에 있는 이곳에 도달하는 건 쉽지 않은 일이었다. 아들 미트리Mitri가 전쟁 전 사고로 다리에 깁스를 하고 있었기 때문이다. 비샤라의 고모도 그들과 같이 있었다. 80세가 훌쩍 넘은 그녀는 잘 걷지 못했다.

교회는 이미 꽉 차 있었다. 전기가 나가자 사람들은 양초를 켜서 불을 밝혔다. 자칫하면 노출될 수도 있었다. 어둠에 겨우 눈이 적응되자 교회 안에 수백 명이 있는 게 보였다. 라헵 가족은 앉을 자리를 찾아 한참을 헤맸다.

카이로

카이로 외곽 나세르 시$^{Nasser City}$에 새로 지은 국방부 건물에서 아메르 원수가 소련 대사관 무관을 접견했다.[40] 세르게이 타라센코가 통역으로 참석했다. 국방부 주변 분위기는 뜻밖이었다. 검문소도, 장애물도, 경비병도 없었다. 이들 소련인들은 건물 입구에서 처음으로 이집트 군인을 만났다. 잘생긴 장교가 문을 열어주자 가벼운 고사포를 맡은 병사 3명이 보였다.

한참 승강기를 타고 내려가자 커다란 방이 나타났다. 약 10명의 고위 장교가 앉아 있었다. 타라센코는 어리둥절했다.

"전화와 워키토키로 명령을 내리거나 호통을 치면서 정신없이 사방으로 뛰어다니고 있을 줄 알았다. 하지만 그 대신 적막이 지배하고 있었다. 장교들은 커피를 마시며 조용히 대화를 나누고 있었다. 일부는 조그마한 라디오 옆에서 귀를 기울이고 있기도 했다."

아메르의 사무실은 바로 옆에 있었다. 그는 작은 탁자를 앞에 두고 안락의자에 앉아 있었다. 타라센코는 아메르의 군복에서 6인치 가량 벌어진 틈을 발견했다. 단정한 용모를 중시하는 그답지 않았다. 소련은 이미 상황이 이집트에 불리하게 돌아가고 있다는 것을 알고 있었다. 지금 보니 상황이 더 안 좋은 듯했다. 무관은 커피 잔 너머로 아메르에게 전선에 무슨 일이 벌어지고 있는지 물었다. '짜증을 억제하지 못한' 아메르가 지금 당장 중요한 건 수에즈 운하를 닫기로 한 나세르의 결정이라고 말했다. 이 때문에 전쟁이 국제 분쟁으로 흐르고 있다는 얘기를 하려는 듯했다. 소련 무관은 구체적으로 묻기 시작했다. 전선이 형성된 곳이 어디입니까? 일부 부대에 무슨 일이 일어난 것입니까? 이스마일리아에는 무슨 일이 벌어지고 있습니까? 아메르는 대답하지 않았다. "아메르 자신도 전장에 무슨 일이 일어나고 있는지 모르는 게 확실했다. 마치 약을 먹거나 정신이 나간 것 같았다."

아메르는 미국이 참전하고 있다고 주장할 때만 눈빛을 반짝였다. 그는 이집트, 시리아, 요르단 연합 공군이 이스라엘 공군을 파괴했다고 어느 때보다 더 뻔뻔하게 주장했다. 문제는 지중해에서 공격을 이어가는 미군 항공모함이라는 것이었다. 그는 이러한 상황에 이집트는 소련의 도움을 기대할 수밖에 없다고 말했다. 무관은 증거를 대라고 말했다. 미군 전투기를 격추한 적이 있나요? 미군 조종사를 생포했나요? 아메르는 '무례하게' 돌변했다. 그는 이미 너무나 잘 알려진 사실이므로 증거 따위는 필요 없다고 설명했다. 게다가 격추시킨 전투기가 바다에 떨어져 찾을 수 없다는 것이었다. 그리고 그는 일방적으로 회동을 끝내버렸다.

아메르의 벙커 밖에서는 카이로 주민들이 아침을 맞이하고 있었다.41 밤새 공장 지대와 카이로 서부 공군기지에 폭격이 이뤄졌다. 시나이에 재앙이 일어났다는 소문이 돌기 시작했다. 관영 〈중동통신〉 기자들은 소련이 이집트를 배신했다는 주장을 하기 시작했다. 왜 소련이 개입하지 않은 것인가? 왜 군은 미국과 영국이 이스라엘을 돕고 있다는 사실에 놀라지 않을 수 있었는가? 일부 기자들은 만약 미국과 영국이 거짓말하는 게 아니더라도 나아질 건 없다고 보았다. 이는 이집트가 이스라엘군을 형편없이 과소평가한 바람에 패배했다는 것을 의미했기 때문이다. 나세르에 대한 비판의 목소리도 터져 나왔다. 친정부 신문 《알아람》 소속 기자 한 명은 나세르가 이제 두 가지 중 하나를 선택해야 한다고 말했다. 자살하거나 나라를 떠나거나.

카이로에 있는 미국인 전쟁기자 22명 중 트레버 암브리스터는 "절망감이 도시에 내려앉았다"고 말했다.42 나일 강마저 조용했다. 작은 배들이

돛을 펴고 유유히 강 아래로 떠내려가고 있었다. 총칼을 든 군인들이 다리를 지켰다. 정오가 지나자 암브리스터와 동료 기자들은 한곳에 모아진 뒤 나일 호텔로 보내졌다.

호텔은 "절벽을 내려다보는 칙칙한 건물이었다. 우리는 입구에 몰려 있었고 군용 차량들이 모래주머니와 포탄을 나르고 있었다. 보통 같으면 차에 탄 병사들이 노래를 부르며 지나갈 텐데 오늘은 침묵을 지켰다. 그들이 우리를 감금한 것이 분명했다. 마핫마Mahatma라는 파란 가운을 입은 누비아 출신 흑인이 호텔 정문을 지켰다. 밖을 보려 하면 그가 두껍고 검은 팔로 막아섰다."

호텔 식당은 이제 보일러실로 옮겨졌다. '파리가 날아다니는 시끄럽고 냄새나는 동굴'이었다. 낙타 고기로 추정되는 음식이 점심으로 제공됐다. "더러운 갈라비아galabias(이집트 전통 의상)를 입은 웨이터들이 맥주 6병을 식탁에 내려놓았다. 전쟁이 끝날 때까지 이것밖에 제공되지 않는다고 했다. 맥주공장이 문을 닫았다는 것이다."

기자들은 단파 라디오로 〈BBC〉와 〈미국의 소리〉 보도를 들으며 감금이 언제나 끝날지 궁금해했다.

가자

농장 건물에 가족과 함께 대피한 25세 교사 카멜 술라이만 샤힌은 이제 집이 있는 고향 마을 데이르 알 발라로 돌아가도 좋겠다고 생각했다.[43] 그의 집 뒤에는 경찰서가 있었다. 이스라엘군은 이곳도 이미 점령한 상태였다. 경찰서 인근 광장에서 중기관총 소리가 났다. 샤힌은 몇몇 이웃과 함께 무슨 일이 벌어진 건지 보러갔다. 이집트 병사 5명이 처형당한 채 누워 있었다. 마을 주민들이 시신을 묻어주었다. 데이르 알 발라에 통금령이 내려졌다. 이스라엘군은 집들을 샅샅이 수색했다. 때로 이스라엘군은 공포에 질린 여자들과 아이들을 떼어놓고 청년들을 밖으로 데리고 가 총으로 쐈다. 샤힌은 이스라엘군에 총살당한 남자 5명도 묻어주었다. 35년 후 그는 데이르 알 발라에 있는 학교 교장이 되었다. 은퇴를 앞둔 그는 젊은 교사들이 듣는 가운데 죽은 자들의 이름을 되뇌었다.

"마무드 아슈르Mahmoud Ashur, 아브드 알 라힘 아슈르Abd al Rahim Ashur, 알리 아슈르Ali Ashur, 내 사촌 아메드 샤힌Ahmed Shaheen, 아브드 알 마르티 지아다 Abd al Marti Ziada… 나는 그들의 시신을 보았습니다. 다른 사람들도 죽었다는 얘기를 들었지만 직접 보지는 못했어요. 많은 사람이 죽었습니다. 그들은 통금을 어긴 자는 모두 죽였습니다. 하지만 통금이 어떻게 설정됐는지 분명치 않았어요. 형편없는 아랍어로 통금을 발표했거든요… 사람들이 그나마 안전하게 오갈 수 있는 곳이라고 생각했던 골목에도 이스라엘 군인들이 들어왔어요… 정말 힘들고 고통스러운 나날이었습니다. 먹을 것도 거의 없고 전기나 물은 아예 없었어요."

"6~7일 후 이스라엘군은 사람들을 총살하는 대신 체포하기 시작했어요. 우리는 이집트 병사 몇 명을 숨겨주고 사복을 입혔어요. 어느 정도 시간이 지나서 안전하다고 여겨지자 병사들은 밖으로 나가 항복했어요."

예루살렘

모셰 다얀은 대국민 연설을 시작했다.[44]

"우리는 예루살렘을 통일했습니다… 우리는 가장 성스러운 곳에 왔고 다시는 떠나지 않을 것입니다."

성전산이 이스라엘군에 넘어가고 몇 시간 후 랍비 고렌은 생각에 잠긴 나르키스 장군에게 다가갔다.[45]

"우지, 이제 오마르 사원에 폭탄 100킬로그램을 설치해서 영원히 없앨 때가 왔어요… 당신이 해낸다면 역사에 남을 것입니다."

"내 이름은 이미 예루살렘 역사에 기록됐어요."

"이게 얼마나 의미 있는 일인지 당신은 잘 모르는 듯해요. 지금 아니면 다시는 오지 않을 기회예요. 내일도 너무 늦어요."

나르키스는 고렌에게 닥치지 않으면 영창에 보내버리겠다고 협박했다.

한 공수부대원이 오마르 사원 천장 위에 올라 이스라엘 국기를 걸었다.[46] 모세 다얀은 주말 무렵 국기를 내리라고 지시했다. 다얀은 각 건물의 출입구를 제외하고 알하람 알샤리프^{al-Haram al-Sharif}* 에 있는 건물에서 병력을 모두 철수시켰다. 이슬람교도들이 건물과 관련한 일상적인 행정 업무를 맡았다. 유대인은 입장할 수 있지만 기도할 수는 없었다. 후에 랍비 고렌은 연설 중 다얀의 행동을 '민족적 비극'이라고 칭했다.[47] "나 같으면 당장 그곳을 이 땅에서 완전히 없애버렸을 것입니다. 오마르 사원 따위가 여기에 존재했다는 흔적조차 없도록 말입니다."

이스라엘 병사들은 남아 있는 저항군이 없는지 확인하기 위해 가택검색을 이어갔다.[48] 당시 18세의 팔레스타인 여학생 하이파 칼리디^{Haifa Khalidi}는 위대한 승리를 꿈꿨다. 다른 사람들과 마찬가지로 그녀 또한 아랍의

---

* **알하람 알샤리프** 이슬람교도들이 성전산을 부르는 이름. '고귀한 성소'라는 뜻.

선전을 믿고 있었다. 포격 소리가 최고조에 이르렀을 때 그녀는 서예루살 렘을 공격하는 것이라고 생각했다. 일부 주민들은 창밖을 내다보고 이라 크군이 몰려오고 있다고 믿었다. 1948년 비극을 경험했던 그녀의 어머니 는 이스라엘군이 오고 있으니 당장 창문에서 떨어지라고 소리쳤다. 문 앞 에 온 병사들은 영어로 "당장 열어, 무고한 자는 해하지 않겠다"고 소리 쳤다. 하이파 가족이 문을 열지 말지 결정하기도 전에 병사들이 문을 폭 파시켜버렸다.

"들어와서 우리 집을 수색하기 시작했어요. 우리가 어느 정도 교육받 은 집안이라는 것을 알고부터는 공손하게 행동했어요. 그들은 미국식 억 양으로 발음했어요."

그날 저녁 9시, 예루살렘에서는 전쟁이 시작된 이후 처음으로 이스라 엘 민간인들이 대피소 밖으로 나왔다.[49] 3일 동안의 전쟁에서 이스라엘 민간인 14명이 죽고 500명이 부상당했다. 정확한 팔레스타인 측 사상자 는 아직까지도 알려지지 않고 있다.

예리코

19년 전 사태가 다시 벌어지고 있었다. 수천 명의 팔레스타인인들이 진격 하는 이스라엘군을 피해 도망가고 있었다. 이들은 머리에 옷가방을 이고 손에는 맨발에 지저분한 모습으로 우는 아이들을 붙들고 동예루살렘 밖 경사진 도로를 따라 내려왔다. 사해와 요르단 강이 목적지였다. 요르단 강을 건너는 다리는 이스라엘군에 의해 폭파된 상태였다. 이 다리의 이름 은 1917년 예루살렘을 점령한 앨런비Allenby 장군의 이름을 따서 지어졌다.

요르단은 영국이 강철로 만든 이 다리를 후세인 왕 다리로 불렀다. 이제 다리는 요르단 강의 흙탕물 속에 축 처져 있었다. 안전한 곳으로 가기 위해 난민들은 파괴된 다리 위를 기어서 건너고 있었다.

예리코와 그 주변에 폭격이 계속됐다.[50] 지역자치회 일원이었던 사미 오웨이다^{Sami Oweida}는 폭격의 무시무시함을 목격했다. 네이팜에 공격당한 이라크 병사들은 "물구덩이 안으로 뛰어 들어갔다. 그래도 여전히 몸이 불타고 있었다. 그들은 귀가 찢어질 듯한 비명을 질렀다." 그는 한때 집에 있으면 안전할 것이라고 믿었다. 하지만 고등학교를 갓 졸업한 17세 딸 아들 라^{Adla}가 제발 떠나자고 애원했다. 이들 가족은 2시 30분 쯤 집을 나섰다.

"다리로 가는 길에 민간인과 군인의 시신이 200구가량 뒤엉켜 있었다. 사람들은 아무 도포나 집어 들어 시신들을 덮어주었다.

우리는 후세인 왕 다리를 걸어서 건넜다… 우리는 군중을 벗어나려 노력했다. 이스라엘 비행기가 폭격을 할까 봐 두려웠기 때문이다. 4시쯤 갑자기 전투기 1대가 매처럼 우리를 향해 내려왔다. 정면으로. 땅 위에 엎드리고 보니 온통 주변이 불바다가 되었다. 아이들의 몸에 불이 붙었다. 나와 내 두 딸, 내 아들, 내 사촌의 두 아이… 불을 끄려 했지만 되지 않았다. 온통 불바다였다. 불이 붙은 내 아이를 들고 화염 밖으로 뛰쳐나왔다. 불이 붙은 사람들은 옷이 모두 타 벌거숭이가 되었다. 불이 내 손과 얼굴에 붙었다. 뒹굴어도 불이 꺼지지 않았다.

그때 다시 또 다른 비행기가 정면에서 우리를 향해 내려왔다. 이제 끝이구나 싶었다. 얼굴을 땅에 파묻을 수도 없었다. 얼굴과 손이 불타고 있었다. 비행기가 바로 내 위에 떨어졌다. 바퀴에 치일 것만 같았다. 그때 나는 머리를 숙여 나를 바라보는 조종사의 얼굴을 똑똑히 보았다."

휘발유와 농후제를 섞어 젤리처럼 만든 네이팜이 사미 오웨이다와 그의 가족 머리 위에 떨어졌다. 오웨이다는 부상당한 아이들을 들고 암만을 향해 발걸음을 옮겼다. 오웨이다의 네 살배기 딸 라비바Labiba가 그날 밤 숨졌다. 아들라는 나흘 후 죽었다. 아들도 심한 화상을 입었지만 결국 살아남았다.

이스라엘 공군은 1967년 네이팜을 광범위하게 사용했다. 1960년대 미국이 베트남에서, 그리고 1999년 나토가 코소보Kosovo에서 보여주었듯, 도로 위에 움직이는 표적을 공격하는 건 완벽히 계획한 대로 이뤄지지 않는다. 고성능 전투기가 밑에 있는 표적을 폭격하는 것은 아주 쉽다. 그러나 조종사가 자신이 민간인을 공격하고 있는지 군인을 공격하고 있는지 판단하는 일은 불가능하진 않지만 상당히 어렵다. 당시 기갑여단을 지휘했던 후세인 왕의 사촌 샤리프 자이드 벤 샤케르는 이스라엘 공군이 도로 위 민간인과 군인을 구분하지 않고 폭격했다고 믿었다.[51] 2002년에 죽을 때까지 그는 이러한 믿음을 버리지 않았다. 사미 오웨이다 가족이 네이팜에 당하기 하루 전 그는 민간인을 가득 채운 채 예리코를 떠나 앨런비 다리(후세인 왕 다리)로 가는 버스를 보았다. 10분 후 다시 마주친 이 버스는 네이팜에 맞아 불타고 있었다.

"버스에는 1명의 군인도 타고 있지 않았다. 여자와 남자, 아이들이 완전히 타버린 채 자리에 그대로 앉아 죽어 있었다. 운전사는 여전히 핸들에 손을 올려놓은 채 죽어 있었다. 이스라엘군은 구분하지 않았다. 버스를 지나갈 때 맡은 냄새를 난 절대 잊지 못할 것이다… 이스라엘군은 확인 절차 없이 모든 무기를 쏟아부었다… 확인할 시간은 얼마든지 있었다. 그들은 그냥 즐기고 있었다. 사람들 머리 위를 날면서 마음대로 표적을 골랐다."

전쟁 첫날부터 6월 15일 사이에 12만 5,000명의 난민이 요르단 강을 건넜다.[52] 요르단 정부는 감당할 수 없을 만큼 많은 난민이 밀려들자 경악했다. 영국 외교관들에 따르면 요르단 정부는 '놀라 어찌할 바를 몰랐다.' "정부는 구조 물자를 받을 능력도, 나눌 능력도 결여돼 있었다."

〈라디오 암만〉은 서안지구 팔레스타인인들에게 집이나 수용소에 머물라고 촉구했다. 공안 사령관은 무력을 써서라도 유입을 막으라는 명령을 받았지만 능력 밖이었다. 요르단 정부와 국제연합 난민구제사업국(UNRWA)은 더 이상 사람을 수용할 곳이 없다고 말했다. UNRWA가 운영하는 학교 교실마다 다섯 혹은 여섯 가족이 들어가 앉았다. 심각한 위생 문제가 발생했다. 아무런 시설도 갖추지 못한 수용소가 여기저기 생겨났다.

요르단 강을 건넌 난민들은 친구와 가족 소식에 목말라 했다. 서안지구와의 기존 통신이 모두 두절되고 흉흉한 소문만 돌았다. 제닌, 예루살렘, 예리코, 라말라에서는 사상자수가 과장되어 빠르게 퍼졌다. 불안과 긴장이 고조됐다. 사업수완이 좋은 소년들은 요르단 강을 헤엄쳐 건너 가족 소식을 전달하며 돈을 벌었다. 해외에 있는 팔레스타인인들은 총영사관에 몰려와 서안지구 가족의 소식을 알려달라고 애원했다.

세이브더칠드런Save the Children 소속 고참 간호사 메리 호킨스Mary Hawkins는 좌절감에 휩싸였다.[53] 요르단 강의 참사가 암만에 알려질수록 그녀는 무언가 해야겠다고 생각했다. 55세의 이 노련한 영국인 간호사는 그야말로 철인이라는 말이 딱 어울렸다. 2차대전 당시 그녀는 몬테카시노Monte Cassino 전투에서 포탄이 빗물처럼 떨어지는 와중에도 3일 동안 밤낮으로 부상자를 돌봐 자유 프랑스군으로부터 무공십자훈장을 받았다. 1948년 그녀는 이스라엘 독립전쟁 중 집을 잃은 최초의 팔레스타인 난민 75만 명을 돌봤다. 1956년 그녀는 팔레스타인을 떠나 오스트리아로 갔다. 이곳에서 소련군은 헝가리 혁명 세력을 짓밟고 있었다. 소련군은 한겨울에 철의 장막을 지나 오스트리아로 가려는 가족들에게 총격을 가했다. 일부는 얼음이 둥둥 떠다니는 아인저 운하Einser canal를 헤엄치거나 고무보트와 튜브를 이용해 건넜다. 난민들은 경비병에게 발견될까 봐 자녀들에게 진정제를 다량 투약하기도 했다. 호킨스는 동상이 걸린 채 넘어온 사람들을 치료하고 의식이 희미해진 아이들에게 달콤한 커피를 주어 깨웠다.

호킨스와 세이브더칠드런 영국인 직원들은 전쟁 둘째 날부터 집 밖에 나가는 것을 사실상 포기했다.[54] 미국과 영국 공군이 이스라엘을 도와 승리를 안겨주었다는 얘기가 거리에 퍼져 나갔다. 영국인들은 밖에 나가는 게 좋은 생각이 아니라는 경고를 받았다. 대신 요르단 출신 직원들이 계속 구호 활동을 벌였다. 호킨스와 동료 직원들은 암만에 있는 아파트에서 보드 게임을 하며 '끝도 없이 긴 이틀'을 보냈다.

런던

영국과 미국은 자국 군대가 이스라엘 편에서 싸우고 있다는 주장에 즉각 반박했다. 오래전 한 영국인 관료가 국방부는 보도자료를 만드는 데 14시간이나 걸린다고 통탄한 때에 비하면 비약적인 속도의 발전이라 해도 과언이 아니었다.[55] 30년 뒤 서방국가는 24시간 나오는 속보에 집착하고 있었다. 영국과 미국이 만든 반박 보도문은 라디오와 TV방송국에 재빨리 퍼져나갔다.[56] 부인하는 것만으로 부족하다 느낀 영국과 미국은 나세르의 명성을 더럽히기로 했다. 조심하지 않으면 어떠한 역효과가 날지 모르는 계획이었다. 영국과 미국은 지금 아랍에서 벌어지고 있는 사태에 대해 나세르가 책임져야 함을 강조하고자 했다. 쳇 쿠퍼Chet Cooper라는 미국 정부관계자가 이를 책임지고 실천에 옮겼다. 쿠퍼는 '이집트의 거짓말을 천하에 드러내줄 저명한 아랍 인사'를 찾았다고 주장했다. 이 계획이 실패하자 그는 '이집트가 예멘에서 사용한 독가스를 크게 부각시키면 나세르에 대한 아랍인들의 신뢰를 무너뜨리는 데 도움이 될지도 모른다'는 제안까지 했다.

런던의 한 정부관계자는 언론을 이용해 영국이 사실은 아랍에 더 우호적이라는 인상을 심어주는 게 어떻겠냐는 제안을 했다.57 정당방위 차원에서 이집트를 공격했다는 이스라엘의 공식 주장을 반박하자는 것이었다. 미국과 영국은 이스라엘이 이집트 공습에 대응하는 차원에서 6월 5일 침공을 감행했다는 주장이 거짓임을 알고 있었다. 하지만 지금까지 한 번도 이를 공개적으로 문제 삼은 적은 없었다. 그러니 〈BBC〉로 하여금 익명의 영국 소식통을 인용해 이스라엘이 먼저 국경을 넘었다는 이야기를 강조하게끔 하자는 것이었다. 또한 〈BBC〉에서 영국이 이스라엘에 무기 공급을 금지했으며 이 때문에 이스라엘이 항의까지 했다는 점을 보도해야 한다고 그는 주장했다. (하지만 실제로 영국은 전쟁이 터진 날 아침까지 이스라엘에 무기를 공급하고 있었다.)

하지만 이렇게 대처하기에는 너무 늦어버렸다. '어마어마한 거짓말'은 이제 진실로 받아들여졌다. 전쟁이 끝날 때까지 신문이나 라디오를 한 번이라도 접한 거의 모든 아랍인들은 영국과 미국이 개입했다고 믿었다. 사우디아라비아의 외무부 고위 관료들도 공식적인 반박문을 받았다.58 하지만 미국과 영국의 외교관들에 따르면 그들은 "믿는다"고 말했을 뿐 실제로 믿는 것같이 보이지는 않았다. 영국과 미국은 2주 후 자국 항공모함 항로를 공개했다. 그제야 비로소 소동은 다소 가라앉았다. 요르단 왕 후세인은 미국과 영국 전투기가 이스라엘 편에서 싸웠다는 어떠한 증거도 없음을 인정했다. 그러나 시민들은 여전히 나세르의 주장을 받아들이고 있었다. 나세르는 1968년 3월이 돼서야 자신의 거짓말을 인정했지만 나이 든 세대 중에는 아직도 영미 개입설을 믿는 사람이 적지 않다. 나세르는 미국 잡지 《룩Look》과의 인터뷰에서 '의심과 잘못된 정보' 때문에 그런 주장을 했다고 밝혔다.[59]

분명한 것은 영국과 미국이 여전히 이스라엘에 우호적이었다는 점이다.[60] 또한 이 두 나라는 이스라엘의 팽창주의적 의도와 계획 또한 문제 삼지 않았다. 6월 7일 수요일, 영국의 해럴드 윌슨 수상은 캐나다 총리 레스터 피어슨Lester Pearson*에게 전화를 걸었다. 소련이 유엔의 휴전 결의안에 찬성했다는 얘기에 놀라움을 표시한 뒤 이 둘은 다음과 같은 대화를 나눴다.

　　윌슨 : 글쎄, 카이로에 쿠데타가 일어났다는 소문이 돌고 있습니다. 이게 사실인지 모르겠습니다.

　　피어슨 : 정말입니까.

　　윌슨 : 아직까진 신문에만 나오고 있습니다… 이스라엘이 이제 상당히 관대하게 나오는 만큼 그럴 가능성도 없지 않지요. 이스라엘은 이제 모두에게 자신의 존재와 주권을 인정받길 바라고 있습니다. 아카바도 분명 원하고 있고요. (윌슨이 아카바 만 통행권을 말하는 것인지 요르단이 소유한 아카바 항을 점령한다는 뜻인지는 분명치 않다.) 어쨌든 이제 이스라엘은 난민 문제를 영구히 끝내길 바

───────────
* 레스터 피어슨 제2차 중동전쟁이라 불리는 수에즈 운하 분쟁을 평화적으로 해결해 1957년 노벨평화상을 수상했다. 1963~1968년 캐나다 총리를 지냈다. 국제분쟁의 중재자 역할을 한 그는 한국전쟁이 휴전할 때도 유엔 고등판무관을 역임했다.

라는 것으로 저는 알고 있습니다.

　피어슨 : 그렇다면 그건 상당한 진전이겠군요.

　윌슨 : 그럴 경우 아랍인들도 체면을 버리지 않을 거라는 점을 이스라엘은
알겠지요.

서안지구

이스라엘은 저녁 무렵 예루살렘과 서안지구를 점령하는 데 성공했다. 요
르단과의 전쟁은 끝났다. 처음에 요르단은 6,094명이 죽거나 실종됐다고
밝혔다.[61] 후에 발표된 요르단군 통계는 이보다 훨씬 적었다. 가장 진실에
근접한 수치는 700명 사망에 2,500명 부상으로 보인다. 이스라엘은 요르
단과 싸우며 550명이 죽었고 2,400명이 다쳤다. 요르단 왕 후세인은 전쟁
내내 담배와 카페인, 아드레날린에 중독되다시피 했다. 모든 기력을 잃은
그는 〈라디오 암만〉을 통해 패배를 인정했다.

　"우리 군은 소중한 피를 흘리며 한 군데도 **빠짐없이** 영토를 지키려 했
습니다. 국가는 아직도 마르지 않은 이 피를 숭고하게 여깁니다… 만약
영광이 돌아오지 않더라도 그것은 용기가 부족해서가 아니라 신의 뜻이
기 때문일 것입니다."

　서안지구를 점령하는 이스라엘군의 속도는 이를 가까이서 지켜본 이들
조차 믿기지 않을 정도였다. 전쟁이 끝나 후 이갈 레브^{Igal Lev}라는 이스라
엘 기자는 자신이 부대를 지휘했던 경험을 바탕으로 『요르단 패트롤^{Jordan}
^{Patrol}』이라는 소설을 썼다.[62] 이 책은 그저 평범했던 예비군 부대가 어떻게
변해가는지 엿보게 해준다. 레브는 서문에서 '나는 전쟁을 위해 태어났고

그렇기에 전쟁을 증오한다'라고 썼다. 그는 전쟁이 불결하고 폭력적이라고 인정하지만 이스라엘의 생존과 국가의 건설, 그리고 영토 확장을 위해 어쩔 수 없는 것이라고 말한다. 그의 부대는 진격을 거듭하며 그들이 지나치는 모든 영토가 비로소 그들의 것이라는 데 경외감을 느낀다.

"우리는 빵 한가운데를 가르는 칼처럼 서안지구에 침투했다… 땅의 크기와 우리 자신의 속도에 도취됐다. 진격을 하고서야 비로소 우리는 이스라엘이 얼마나 부자연스러운 모퉁이에 몰려 있는 국가인지 깨달았다. 태어나 한 번도 밖에 나가보지 못한 우리는 이스라엘이 무한히 큰 존재라고 막연히 믿어왔다. 그러나 갑자기 새로운 전망을 발견한 우리는 조국을 새롭게 볼 수밖에 없었다. 아름다운 초록빛 언덕과 목초지로 가득한 골짜기. 그것이 진정 우리의 조국이었다."

병사들은 아랍 마을을 지나칠 때마다 무기와 적군이 남아 있는지 수색했다. 작업 중 한 아기가 울음을 터뜨렸다. "병사들은 어찌할 줄을 몰랐다. 땀으로 범벅이 된 병사들의 손가락과 총, 헬멧을 보고 아기가 놀란 듯했다."

레브는 아기의 눈물을 '광기에 대한 항거'라고 표현했다. 병사들은 당장 아기 엄마를 찾아오라고 촌장에게 지시했다. 그들은 창피함을 만회하려는 듯 다시 엄숙한 표정을 지었다. 한 병사가 '강철 같은 배짱과 근력으로' 무기를 어디에 숨겨놨냐며 마을 노인을 취조했다. "처음에 나는 잔인한 방법으로 수색하는 그의 모습에 경악을 금치 못했다."

폭력이 필요하다고 본 병사는 '하얗게 질려 땀을 흘리는 한 남성'을 두들겨 패 자백을 받아냈다. 아랍인의 옷에 '노란 얼룩'이 물들었다. 그는 어디에 무기가 있는지 말했다. 병사는 그에게 최후의 일격을 날린 후 건물 밖으로 나왔다. "그는 미친 듯 구토를 했다… 그때 나는 이 병사가 스스로에게 얼마나 고통스러운 짓을 하고 있는지 알 수 있었다."

워싱턴DC

미국은 전쟁 후 상황을 계산하기 시작했다.[63] 한 국무부 보고서에 따르면 미국은 중동의 안정과 더불어 '아랍세계 및 이스라엘 모두와 적절한 우호관계'를 필요로 했다. 그러나 미국이 어떤 계획을 세우든 첩첩산중임은 분명했다. '이스라엘의 존재를 인정하지 않으려는 고집스러운 아랍의 거부감' 때문이었다. 아랍은 미국이 이스라엘의 동맹국이자 '으뜸가는 제국주의 원수'라고 믿었다. 이스라엘의 자세도 문제였다.

"이스라엘은 수년간의 경험을 통해 아랍은 무력으로 다스려야 하며 어떠한 경우에도 협상은 무의미하다고 믿고 있다. 이스라엘이 아랍과 포괄적인 평화 협상을 바란다 하더라도 진지한 양보는 하지 않으려 한다. 이스라엘이 미국 국내 정치에 행사하는 영향력 또한 우리의 행동반경을 제한한다."

존슨 대통령은 이스라엘의 발 빠른 승리에 대해 부하들만큼 기뻐하지 않았다.[64] 풀 죽은 목소리로 그는 "아직 곤란한 상황이 끝났다고 보기는 어렵다"고 말했다. 그에 따르면 미국의 목표는 '영웅이든 적이든 최대한 안 만드는 것'이었다. "우리는 침략에 동의하지 않는다는 것을 강조하는 게 중요하네. 이런 일이 생겨서 유감이란 말일세." 그는 "전쟁이 끝나고 나면 전쟁이 안 일어났으면 하고 후회할 날이 올 것"이라고 경고했다.

제4일
1967년 6월 8일

시나이

샤론은 사단 보병여단을 시나이 사막 중앙에 있는 나클Nakhl로 힘겹게 이동시키고 있었다. 공병단이 지뢰를 없애는 동안 이들은 새벽에 '죽은 사람처럼' 2시간 수면을 취했다. 해가 뜨고 다시 이동하는 이들의 눈앞에 이집트 스탈린 전차 여단과 자주포 부대가 나타났다. 교전을 하기 위해 전진을 명령했지만 스탈린 전차들은 꿈쩍도 하지 않았다. 그대로 버려진 것이었다. 전차 여단 지휘관 아브드 엘나비Abd el-Naby 준장이 곧 생포됐다. 그는 "전차를 부수라는 명령을 받지 않았기 때문에" 그대로 두고 떠났다고 말했다. "전차를 폭파시키면 이스라엘군이 들었을 것이다. 전차가 터지는 소리는 무시할 수 없을 만큼 크다."[1]

샤론은 장교 한 명을 태우고 헬리콥터를 띄웠다. 이집트 기갑부대 행렬이 몰려오고 있었다. 샤론은 급히 병력을 매복시켰다. 아침 10시부터 시작된 이 전투에서 이스라엘군은 이집트 전차 60대, 대포 100기, 300대 이상의 기타 차량을 파괴했다. 이집트 병사 수백이 죽거나 다쳤다. 적어도 5,000명이 사막으로 도망쳤다. 많은 이가 탈진하거나 열사병으로 숨졌다. 오후 2시 30분쯤 전투가 끝나고 샤론은 전장을 둘러봤다. "죽음의 계곡이었다. 나는 전투 한 번을 겪고 폭삭 늙어버렸다. 수백이 죽었다. 불타는 전차가 곳곳에 놓여 있었다. 인간이란 얼마나 보잘것없는가. 전차들이 싸우면 모래 폭풍이 일 정도였다. 그 소음이 어마어마했다… 화약을 가득 채운 차량들이 길목에서 터지고 있었다. 죽은 자들이 온갖 곳에 누워 있었다."[2]

전쟁 후 아리엘 샤론은 이집트군에 대해 다음과 같은 솔직한 평가를 내렸다.

"나는 이집트 병사들이 뛰어나다고 생각한다. 단순하고 무식하지만 강하고 규율이 잡혀 있다. 대포를 잘 다뤘고 참호를 잘 팠으며 사격술도 좋았다. 하지만 그들을 지휘하는 장교들은 쓰레기였다. 계획된 대로밖에 싸울 줄 몰랐다. 우린 전쟁 전부터 비르 하스네[Bir Hassneh]와 나클 사이에 지뢰밭이 있을 것이라고 생각했다. 그래서 우리는 이곳을 제외하고 모든 전선을 돌파했다. 이집트 장교들은 우리의 진격을 막을 만한 지뢰를 설치해두지 않았고 매복도 하지 않았다. 그러나 미트라 통행로 등을 지키는 일부 병사들은 운하를 향해 서쪽으로 도주하면서도 목숨을 다해 싸웠다."[3]

압델 모네임 칼릴 준장의 공수부대는 수요일 내내 이스라엘 공습에 피해를 입었지만 잘 흩어진 덕분에 최악의 상황은 면했다.[4] 목요일 이른 시각 이들은 전투부대로서의 모습을 비교적 유지하며 수에즈 운하를 향해 움직였다. 지평선 너머로 검은 연기가 한없이 피어올랐다. 갑자기 반대편에서 아메르 원수의 특사가 나타났다. 그는 칼릴 장군이 부대를 버렸다는 소문을 확인하러 오고 있었다. 칼릴은 그의 부대를 손으로 가리켰다. 병사들은 여전히 사기를 잃지 않은 채 무기를 들고 있었다. 특사는 안심하며 월요일 이후 아메르의 본부에 벌어지고 있는 일들을 설명했다. 대부분의 이집트 장교가 그러했듯 칼릴도 자신을 진급시켜준 아메르를 좋아했다. 그러나 그는 아메르가 중요한 순간에 스스로를 통제하지 못할까 봐 늘 걱정했다. 한번은 예멘에서 그가 병력을 상당히 잃을 수 있는 작전계획을 아메르와 논의했다. 아메르는 갑자기 침실로 가보겠다며 회의를 종료했다. 칼릴은 무슨 일인가 싶어 아메르를 따라가보았다. "나는 아메르의 침실에 들어갔다. 그는 고개를 젖힌 채 앉아 있었다. 관자놀이 동맥이 미친 듯이 뛰고 있었다. 나는 그가 피곤해 보인다며 아스피린과 물을 건넸다." 아메르는 신경 써줘 고맙다고 말했다. 칼릴은 차라리 작전을 취소하고 지역의 부족장들을 매수하는 게 어떻겠냐고 제안했다. 아메르는 승낙했다.

이제 사막에 서 있는 칼릴은 아메르가 지금 어떤 상태일지 궁금했다. 동이 틀 무렵 그의 부대는 수에즈 운하를 건널 수 있었다. 운하 서쪽으로 이동하는 동안 공병부대가 뒤에서 다리를 해체하는 모습이 보였다. 자주포 부대가 도착할 때쯤 다리가 없어질 게 틀림없었다. 결국 포들은 운하에 버려졌다. 어쨌든 칼릴은 기뻤다. 큰 손실 없이 병사들을 탈출시켰기 때문이다. 그러나 주변은 혼돈 그 자체였다. 장교들은 도착하는 병력마다 수에즈 시로 가라고 지시했다. 이스라엘이 이곳을 공격할 것이라고 생각했기 때문이다. 칼릴은 수에즈에 도착하자마자 아메르에게 전화를 걸었다. "그는 이해할 수 없는 명령을 내렸다. 예상치도 못한 혼란스러운 명령이었다. 1기갑여단 지휘관을 해임한 뒤 그의 부대를 이끌고 미트라 통행로로 가라는 것이었다. 아메르에 따르면 그곳에 이스라엘 공수부대가 낙하 중이었다."

시계는 05시 00분을 가리키고 있었다. 칼릴은 아메르의 지시를 따르지 않기로 했다. 공수부대 지휘관이 아무 준비 없이 기갑부대를 이끌고 전투에 뛰어든다는 건 미친 짓이라고 생각했다. 대신 그는 운하 동쪽으로 건너가 그가 해임하기로 되어 있던 장군을 만나 그의 부하들을 미트라 통행로로 데리고 가야겠다고만 말했다. 해임 따위는 얘기도 꺼내지 않았다.

"수에즈에 도착한 나는 주지사 사무실에서 아메르에게 전화를 걸었다. 그는 또다시 별난 명령을 내렸다. 미트라로 가냐는 그의 물음에 나는 준비 중이라고 답했다. 그는 알겠다며 '이제 자네가 기갑보병여단 지휘관이네'라고 말했다… 그리고 다시 미트라로 가라고 말했다. 나는 여단 지휘관 수아드 하산Suad Hassan에게 가서 기갑여단을 따라 미트라로 가라고 말했다. 나는 여기에 머물러 통제하겠다고 말했다. 터무니없는 지시였다."

또 다른 이집트 지휘관 사드 엘 샤즐리Saad el Shazli도 아메르를 무시하기로 작정했다. 월요일 이후 그는 줄곧 1,500명의 병사를 이끌고 이스라엘 영토 안에 L자 모양으로 참호를 파 숨어 있었다. "먼 거리에서 접전이 몇 차례 벌어지긴 했지만 우리는 전쟁에 뛰어들지 않았다." 수요일 저녁 7시가 되어서야 카이로에서 연락이 왔다. 샤즐리는 면박을 당했다. "'거기서 뭐하는 거요? 병력이 철수했으니 당신도 당장 나오시오.' 나는 이 명령을 따랐다간 공격받을 게 분명하다고 생각했다. 그래서 알았다는 대답만 하고 실행하진 않았다. 우리는 어두워질 때까지 기다린 뒤 사막을 건넜다. 우리는 계속 이동했다."[5]

6월 8일 목요일 새벽 무렵 이들은 이스라엘 공군의 공격을 받았다. 100킬로미터가량 걸은 뒤였다. "우리는 전투기에 맞서 기관총만 가지고 싸웠다. 가지고 있는 것은 그뿐이었다. 아무리 쏴도 소용이 없자 병사들은 사격 자체를 그만뒀다. 나는 계속 쏘라고 소리쳤다. 사기 때문에 어쩔 수 없었다. 그래야 무기력하다고 느끼지 않을 수 있다."

샤즐리는 병력의 15퍼센트를 잃었다. 이집트군이 시나이에서 한 주간 잃은 병력에 비하면 상당히 양호한 상태를 유지하고 있는 것이었다. 이들 은 땅거미가 질 무렵 수에즈 운하에 도착했다. 6년 후 샤즐리는 이집트 육 군참모총장이 된다. 그는 1973년 욤 키푸르 전쟁 초반 수에즈 운하 공격 을 진두지휘했다. 이 전쟁은 훗날 이집트가 근대사에서 거둔 가장 위대한 승리로 기록됐고 이스라엘에게는 가장 치욕적인 패배로 남았다.

카이로

카이로에 사는 미국인들은 갈수록 불안했다.[6] 아랍세계에 있는 모든 미국 공관에 시위대가 몰려들었다는 소식에 카이로 미국 대사관은 두려움에 떨었다. 사우디아라비아의 석유 생산 중심지인 다란Dharan에서는 시위대 가 미국의 시설들을 공격했다. 시리아 알레포Aleppo에서는 미국 영사관이 불타올랐다. 놀트Nolte 대사는 본국에 전신을 보냈다.

"이집트군이 거의 완패했다는 소식이 민중 사이에 퍼지는 중… 이곳 상황은 갈수록 위태로우며 정부가 보호해주겠다고는 하나 그러지 못할 수도 있다고 보임."

800여 명의 미국인을 대피시키기 위해 그리스에서 정기선이 출발했다. 놀트는 이조차 너무 늦을까 봐 두려웠다. 초조해진 그는 6함대 사령관에 게 메모를 보냈다.

"알렉산드리아 서부 해안 어딘가에서 우리를 데리고 갈 만한 상륙정을 운영하고 있지는 않으신지요?"

CIA는 존슨 대통령에게 비관적인 상황 보고를 했다.7 요르단에 있는 미국인들이 성난 서안지구 난민들의 표적이 될 수 있다는 것이었다. 나세르가 유엔의 휴전 명령을 여전히 거부하고 있다는 것도 문제였다. 이스라엘도 요르단과 싸우며 이를 무시하고 있었다. 카이로에서 이집트 지도부는 공황에 빠져 있었다. 나세르는 '절박한 상황에 놓여 있으며 입지를 유지하기 위해 어떠한 짓을' 저지를지 모른다고 CIA는 보고했다.

영자 신문 《이집션 가제트》는 여전히 일면에 '아랍군, 이스라엘에 큰 타격 입혀'라는 기사를 실었다.8 〈BBC〉는 요르단이 휴전을 받아들였으며 이스라엘이 수에즈 운하에 도달했다고 보도했지만, 〈카이로 라디오〉는 교묘히 거짓말을 이어나갔다. 라디오는 샤름엘셰이크에서 이집트군이 대오를 정렬해 이스라엘 공수연대 1개를 쳐부수었다고 주장했다.

"오늘 사막의 쥐 모셰 다얀은 할 말을 잃고 말았습니다… 시나이에 있는 우리 군은 그의 기갑여단을 잘게 짓이겨 불 지른 뒤 박살내버렸습니다."

뉴스 속보 사이에 군가가 우렁차게 흘러나오며 거리에 퍼졌다.

모스크바

소련은 동맹국으로서 이집트를 그다지 탐탁지 않게 보았다. 이집트는 언제나 서방 문화에 매력을 느꼈고 소련은 뒤로 밀려난 느낌을 받곤 했다. 한 소련공산당 중앙위 위원은 나세르와 친한 모하메드 헤이칼이라는 기

자에게 이런 불만을 토로한 적이 있었다.[9]

"우리는 이렇게 많은 원조를 합니다. 그런데 되돌려받는 것이 뭡니까? 여전히 당신네는 서방인처럼 말하고 쓰길 좋아합니다. 왜 카이로에는 소련 영화가 1편도 상영되지 않고 미국 영화뿐입니까?"

헤이칼은 대부분 소련 영화가 2차대전에 관한 것이고 조잡하게 만들어져 이집트인들이 보러 가질 않는다고 말했다. 소련인은 물러서지 않았다.

"하지만 제대로 선전을 펼치고 인민을 교육시키면 분명 보러 갈 것입니다. 사람들이 우리 영화를 보고 싶어 하지 않는다 할지라도 적어도 미국 영화는 못 보게 해야 할 것 아니오? 미국 영화는 독이오. 이런 영화를 계속 보여주면 결국 서방이 부를 때 당신네는 그쪽으로 달려갈 것이오."

한편 미국은 이스라엘을 다시 평가하기 시작했다. 미국은 이스라엘이라는 동맹국이 이집트의 동맹국인 소련을 이겼다고 생각했다. 서방의 무기가 소련의 무기를 이긴 것이다. CIA 국장 리처드 헬름스는 소련이 이집트를 친구로 삼은 건 쿠바 미사일 사태 이후 최대 오판이라며 흐뭇해했다.[10]

모스크바에서는 왜 이집트군이 그토록 빨리 무너졌는지 분석이 이뤄졌다.[11] 전쟁이 시작하기도 전에 한 소련 대사는 아랍이 '겁쟁이'기 때문에 질 수밖에 없다고 말했다. 이러한 얘기가 CIA 귀에 들려왔다. 이 대사는 왜 소련이 이집트에 그토록 많은 무기를 제공했는지 이해할 수 없다고 말했다. 또 다른 소련 관료는 정부가 아랍을 과대평가하고 이스라엘을 과소평가했다고 말했다.[12] 그는 소련이 미국에게 또 다른 베트남을 안겨주고 싶었지만 이집트가 워낙 무능한 바람에 역효과가 났다고 주장했다. 어쨌든 크렘린궁에서 나온 정황을 살펴보면, 소련은 그저 그때그때 상황에 허겁지겁 대응하고 있었을 뿐이다.[13] 이집트는 에일라트 봉쇄에 관해 소련에 협의를 요청한 적도 없었다. 소련은 전쟁을 중단시키고자 했지만 이집 트가 진실을 말해주지 않아 이 또한 어려웠다. 나세르는 소련이 참전하길 바랐지만 소련은 그럴 일은 없을 것이라고 경고했다.

영국과 미국 공군의 개입설 이면에는 이스라엘에 함께 맞서주지 않은 소련에 대한 섭섭함이 있었다. 카이로《알 아크바르》신문의 한 논설위원 은 자신이 쓴 단어 하나하나를 독극물로 녹여 코시긴과 존슨, 그리고 해 럴드 윌슨의 '목구멍에 쏟아붓고 싶다'고 말할 정도였다.14

나블루스

칼킬리야의 주민들은 밤새 나블루스에 도착하기 시작했다. 지하실에서 나온 레이몬다 하와 타월은 "우리 집이 사람들로 이뤄진 바다 위에 떠있 는 섬 같았다"고 말했다.15 "깜짝 놀랐다. 창밖을 보니 내가 지금껏 본 가 장 놀랍고 끔찍한 광경이 펼쳐졌다. 집 밖에, 길 위에, 올리브 숲 안에 말 그대로 수천 명의 사람이 있었다. 젊은 사람, 나이든 사람, 아이들을 데리 고 있는 가족, 임산부, 장애인 등… 이들은 등이나 팔에 많지 않은 소지품 을 보따리 채 지니고 있었다. 젊은 여자들은 아기들을 몸에 꼭 껴안고 있 었다. 어딜 가든 지치고 놀라고 절망한 얼굴이었다… 공포와 좌절, 비참 함에 주저앉아 울고 있는 사람들도 있었다. 부모들은 아이들을 위해 빵을 달라며 구걸했다." 그녀는 난민들을 위해 먹을 것을 구하러 적십자 구호 가 새겨진 차를 타고 이스라엘 군인들에게 다가갔다. "전차, 바리케이드, 철조망이 곳곳에 보였다. 몇몇 집들은 불에 타고 있었다."

먹을 것을 구걸한 여성 중에는 파엑 압둘 메지드의 어머니도 있었다.

"구걸하는 처지가 된 어머니는 큰 수치심을 느꼈다. 하지만 어머니는 우리를 위해 멈추지 않았다. 나는 내 조국에서조차 집을 잃고 떠도는 기분이었다." 35년 뒤에도 그는 여전히 이를 기억하며 눈물을 흘렸다.

패배 당한 칼킬리야의 방위군 지도자 타우픽 마무드 아파네는 수요일 아침까지 마을에 남아 있었다.[16] 한 부하가 빈 요르단군 진지를 발견할 때까지 그는 요르단 병력이 마을을 떠났다는 사실을 몰랐다. 그는 한마디 얘기도 듣지 못했다. 싸움을 지속하는 건 이제 무의미해 보였다. 그는 살아남은 부하들에게 떠나라고 말한 뒤, 부하 셋과 함께 산으로 가족을 찾으러 나섰다. 이들에게는 여전히 총과 탄창 몇 개가 남아 있었다. 아파네는 나블루스로 걸어가는 길에 마을마다 들러서 아내와 자녀들을 본 적이 있냐고 물었다. 마을 주민들은 이들에게 이스라엘군이 요르단군을 박살냈다고 말했다. 아파네와 그의 부하들은 바로 무기를 땅에 묻었다. 8일이 지난 후에야 타우픽은 나블루스 남쪽 마을에서 굶주렸지만 무사한 가족을 발견했다. 그는 이제 무엇이 어디서부터 잘못됐는지 생각해보기로 했다. 그는 1948년 참사를 복수하고 아랍의 승리를 꾀한다는 사명으로 칼킬리야를 지켰다. 그는 아랍군이 강력하다고 믿었다. 〈카이로 라디오〉는 연일 아랍군을 찬양하지 않았던가. 타우픽은 이 모든 것이 패배와 함께 거짓말로 드러나자 충격을 받지 않을 수 없었다. 아랍지도자들은 지금껏 거짓말만 해온 것이었다. 타우픽은 최선을 다해 싸웠고 가족을 찾아 기뻤지만 다른 한편으로는 패배감과 절망감에 시달렸다.

11세 소년 마아루프 자란도 가족과 함께 나블루스에 있었다.[17] 그의 가족은 월요일에 칼킬리야를 떠났다. 국경 너머 이스라엘 영토에서 확성기를 통해 마을을 떠나라는 소리가 들려왔다. 이들 가족은 피난 중 잃어버린 딸을 다행히 다시 찾았다. 마아루프는 저공비행하며 공격하는 이스라엘 전투기들을 보았다. 요르단군과 방위군이 이를 보고 맹렬히 사격했다. 그의 가족은 이동하기에 안전하다고 느낄 때까지 동굴에 숨었다.

베들레헴

점령 첫날 이스라엘군은 시민들의 마음을 얻으려고 노력했다.[18] 확성기를 단 채 거리를 도는 지프차에서 자발적으로 무기를 반납하라는 소리가 나왔다. 그러면 사면해주겠다는 조건이었다. 식당을 운영하는 사미르 코우리Samir Khouri는 마을회관에 가서 낡은 권총을 반납했다. 그는 점령 초반이 그렇게 고통스럽지 않았다고 말한다.

"처음 온 이스라엘군은 올바르게 행동했습니다. 음식을 나눠 주었고 일부 병사는 아랍어도 했어요. 전쟁 전에는 왕을 비난하는 시위가 매일 있었어요. 우리는 요르단인을 싫어하진 않았어요. 요르단인과 팔레스타인인은 평화롭게 공존하며 살았고 서로 결혼도 하곤 했어요. 하지만 정치는 다른 문제였어요. 처음에 많은 사람들이 이스라엘이 요르단보다 낫다고 생각했어요. 1973년 전쟁이 일어날 때까지는 그리 나쁘지 않았어요. 관광객도 많았고 삶의 질도 좋았어요. 그런데 이스라엘이 세금을 올리자 사는 게 힘들어졌어요. 그제야 우리는 점령에 불만을 갖기 시작했죠."

남쪽으로 15마일 떨어진 곳에서는 예루살렘 여단 대대 즈비 오페르Zvi Ofer 중령이 헤브론을 점령하고 군사정부를 세우려 노력 중이었다.[19] 그는 시장이 도시를 인계하는 공식 행사를 조직했다. 통금령이 각 사원에 전달돼 첨탑에 공표됐다.

예루살렘

공부하길 좋아했던 12세 팔레스타인 소년 나즈미 알주베^{Nazmi Al-Ju'beh}는 할아버지 집에서 모로코인 거주구역를 내려다보았다.[20] 이곳은 이스라엘 민간인의 출입이 금지된 통곡의 벽 바로 옆이었다. 군인들은 규정을 무시하고 가족과 친지를 데려와 VIP석에 앉힌 뒤 이스라엘의 새로운 전리품을 감상했다. 그들은 골목과 지붕 등 모든 곳에 몰려들었다. 나즈미의 가족은 초조하고 괴로웠다. 바위 사원에 이스라엘 국기가 날리는 모습을 보니 치욕적인 기억이 되살아났다. 하지만 나즈미는 이스라엘 병사들을 보며 마냥 신기했다. 그는 이전에는 한 번도 유대인을 본 적이 없었다. 나즈미의 가족도 처음에는 이들이 이라크 병사들인 줄 알았다. 할아버지의 나이든 이웃 중 한 명은 이들이 해방군이라고 생각하고 마실 차까지 준비했다. 그는 몇 잔을 쟁반 위에 올려놓고 미소를 띤 채 가벼운 발걸음으로 다가갔다. 순간 병사들이 서투른 아랍어로 집으로 돌아가라고 소리쳤다. 귀에 거슬리는 히브리어 억양이었다. 노인은 쟁반을 든 채 놀라 도망갔다. 그는 도대체 무슨 일이 벌어진 건지 어리둥절해하며 자리에 앉아 "집으로 가야 해, 집으로 가야 해"를 연신 중얼거렸다.

통곡의 벽에는 서예루살렘 시장 콜렉도 있었다.[21] 그는 이스라엘이 이곳을 절대로 다시 내주어서는 안 된다고 믿었다. 그가 생각한 평화는 '아랍이 우리와 싸워 결코 이길 수 없다는 것을 깨달을 때'만 가능했다. 그는 벤구리온과 로스차일드^{Rothschild} 가문 사람 한 명을 점심에 집으로 초대했다. 로스차일드는 이스라엘 국가 설립을 가장 열렬히 지지한 금융 가문이었다. 그곳에서 벤구리온은 콜렉의 기분에 찬물을 끼얹었다. "전쟁은 아직 끝난 게 아닙니다. 아랍은 이러한 패배와 모욕을 수용하려 하지 않을 것입니다. 절대 받아들이지 않을 거예요."

벤구리온은 콜렉에게 성벽을 허물어 구시가지를 서예루살렘과 합칠 것을 요청했다. 그는 성벽이 남아 있는 동안 시는 언제나 분단돼 보일 것이고 팔레스타인은 이를 다시 얻으려 노력할 것이라고 생각했다. 하지만 이 제안은 결국 실행되지 않았다.

수에즈 운하, 1200

탈 사단의 전차가 드디어 수에즈 운하에 도달했다.[22] 이집트 전차부대는 모래 언덕에 포탑만 내놓은 채 공격하며 이스라엘군을 막아보려 했지만 소용이 없었다. 또 다른 전차들은 이스라엘군이 측면 공격할 경우를 대비해 도로에서 멀리 떨어진 곳에 매복해 있었다. 이스라엘의 선봉 여단 지휘관 슈무엘 고넨 대령은 이 모든 것을 눈치챘다. 1개 대대가 도로를 따라 일렬로 이동하는 동안 그는 2개 중대를 모래 언덕에 보냈다. 장사포 능력을 다시금 발휘한 이스라엘군은 오전이 끝날 무렵 전차 5대만을 잃고 적의 전차 50대를 박살냈다. 이날 이스라엘 전사자 중에는 1964년 시리아 공격을 앞두고 병사들이 노래를 부르며 목을 녹일 수 있게 아코디언을 불었던 샤마이 카플란 소령도 있었다.

시나이 해안, 1230

화창한 여름 날씨가 오전 내내 계속됐다. 덕분에 시야는 더할 나위 없이 좋았다. 해안에서 20마일 가량 떨어진 공해상에는 미 해군 정찰선 리버티호^{USS Liberty}가 떠 있었다.[23] 미 해군 장교들은 선교에 오르면 지평선 부근 알아리시에 있는 사원 첨탑을 볼 수 있었다. 언제나처럼 아침 6시에 기상 나팔이 울렸다. 그보다 1시간 전 동이 틀 무렵에는 이스라엘 전투기들이 리버티호에 바짝 붙은 채 비행했다. 시나이 전쟁 지역에 와 있는 외국 군함에 상당한 관심을 보이는 것으로 보였다. 이날 아침 8시부터 정오까지 항해일지를 담당하며 갑판에 서있던 제임스 엔스^{James Ennes}는 전투기들이 200피트 이하 고도에서 적어도 여섯에서 일곱 차례 배 위를 나는 것을 보았다. 시계를 본 뒤 그는 규정에 따라 이스라엘군의 비행 횟수와 시간을 적어 서명했다.

리버티호는 지중해에서 가장 강력한 화력을 자랑하는 미6함대 소속이었지만 비교적 독립적으로 운영됐다. 미6함대가 운영하는 항공모함 2척은 500마일 떨어진 곳에 있었다. 리버티호에는 4개의 .50구경 브라우닝 기관총밖에 없었지만 선원들은 크게 걱정하지 않았다. 젊은 해군장교 로이드 페인터^{Lloyd Painter} 중위는 이스라엘군을 보고 오히려 안심했다. 상갑판 너머 바라본 그의 눈앞에 평화로운 광경이 펼쳐졌다. 당직을 서지 않는 장교들은 일광욕을 즐기고 있었다. "안전하고 따뜻하다는 좋은 느낌을 받았다. 여기서 우리가 이방인이라는 생각은 들지 않았다."[24]

6월 8일 리버티호는 '조정경계태세3'을 받고 항해 중이었다.[25] 갑판에 감시원을 올리고 상부 기관총 옆에는 선원 1명을 두라는 뜻이었다. 비상시 선교에서 병력이 내려와 후방 기관총 2개를 맡게 돼 있었다.

리버티호는 2차대전 당시 수송선으로 활약했다. 1967년 무렵 이 배는 전 세계에서 가장 뛰어난 정찰선으로 둔갑해 있었고, 미국은 항시 바다 위에 이러한 배를 12척 가량 띄워놓았다. 리버티호의 임무는 통신 감청이었다. 한 선원은 "전파를 이용한 통신이라면 어떠한 주파수든 들을 수 있었다"고 말했다. 리버티호는 안테나와 초현대적 극초단파 접시를 단 덕분에 눈에 띌 만큼 유별나게 생겼다.

중동에 긴장이 고조되자 리버티호는 서아프리카 해안에서 이곳으로 재배치됐다.[26] 6월 8일 갓 도착한 이 배는 시나이 해안을 천천히 오가며 알 아리시와 포트사이드 사이를 정찰했다. 미 해군이 리버티호를 운영했지만 그 위에 탄 기술자들은 국가안전보장국 소속이었다. 국가안전보장국은 미 정부에서 가장 비밀스러운 조직 중 하나였고 전 세계 통신 감청을 담당했다. 1960년 이 조직은 베트남 전쟁과 소련과의 냉전에 있어 없어서는 안 될 존재였다. 6월 8일 리버티호에는 승무원 294명이 타고 있었고 이 중 3분의 2는 항해와 무관한 인원이었다. 이들은 언어학자, 통신기술자, 암호해독자 등 각 분야의 전문가들이었다. 근무 중 이들은 관찰 장비, 스캐너, 모니터 등 앞에서 시간을 보냈다. 이중에는 아랍어 학자를 포함해 3명의 국가안전보장국 소속 민간인이 있었고, 아랍어와 러시아어에 능숙한 해병도 3명 있었다.

13시 00분이 지나자마자 리버티호 선장 윌리엄 맥고나글William McGonagle은 전원배치를 명령했다. 훈련이었다. 선원들은 비상시 정해진 위치로 달려갔다. 배는 전파를 수신하기 가장 적합한 속도인 5노트로 항해하고 있었다. 맥고나글 대령은 병사들이 이번 임무를 지중해 관광이라고 생각하지 않기를 바랐다. 불과 12마일 떨어진 곳에서 전쟁이 벌어지고 있었다. 훈련이 끝난 뒤 일부 선원들은 다시 일광욕을 하러 돌아갔다. 리버티호 선원들은 독특한 배에서 독특한 임무를 수행한다는 점에 자부심을 느꼈다. 배에서는 매주 일요일 야외 회식이 열렸다. 수많은 동지들이 베트남에서 힘겹게 싸우고 있는 것에 비하면 이만한 병역의 의무도 없었다.

이날 아침 미국 정부는 리버티호에 해안으로부터 더 멀리 떨어지라는 지시를 내렸다. 하지만 이 명령은 통신장애로 즉각 수신되지 않았다. 그 사이 리버티호는 이스라엘 공군과 해군에 의해 파괴되고 만다. 14시 00분과 14시 30분 사이 선원의 3분의 2가 죽거나 다쳤다. 34명이 죽고 172명이 부상을 당했다. 어떻게 이런 일이 일어났는지에 대해서는 상세한 기록이 남아 있다. 하지만 왜 이런 일이 일어났는지는 여전히 격렬한 논쟁의 대상으로 남아있다.

13시 50분 쿠르사Kursa라는 코드명을 받은 이스라엘 미라주 전투기 2대가 텔아비브 군사본부 수석 관제사인 슈무엘 키슬레브Shmuel Kislev 대령의 연락을 받았다.[27] (이들의 대화는 잘 녹음돼 있다.) 대령은 이갈Yigal이라는 조종사에게 "26지역에 배가 있으니 쿠르사를 이동시켜 전함일 경우 파괴하라"고 명령했다. 관제실에서는 아직 목표물의 정체가 무엇인지 명쾌한 결론을 내리지 못했다. 3분 후 무기 통제를 담당한 장교가 말했다.

"뭐지? 미국 배인가?"

그는 이집트군이 이스라엘군이 장악한 해안 가까이에 전함을 1척만 보낼 리 없다고 확신했다. 녹음된 대화를 들은 이스라엘 학자 아론 브레그만Aaron Bregman은 키슬레브 대령이 이름이 밝혀지지 않은 상관에게 전화를 걸었다고 한다. 상관은 이 배가 미국 소유일 수도 있다는 얘기를 듣고 "자네는 어떻게 생각하나?"라고 물었다.

"제가 말할 사안이 아닙니다."

브레그만은 키슬레브의 말투가 마치 '알고 싶지 않다'는 투였다고 말했다. 3분 후인 13시 56분 미라주 편대 지휘관이 다시 공격 허가를 요청했다. 키슬레브 대령은 피아 확인을 주문하지 않고 짜증난 듯한 목소리로 말했다.

"이미 말했다. 전함이면… 공격하라."

리버티호 경계 병력도 미라주 편대를 보았다. 하지만 그들은 또 하나의 정찰 편대이겠거니 하며 걱정하지 않았다. 레이더상으로 리버티호는 알 아리시 첨탑에서 남동쪽으로 25.5 해리 떨어진 곳에 위치해 있었다. 맥고 나글은 이 정도면 안전하다고 믿었다. 리버티호에는 이름과 번호 등이 확실하게 적혀 있었고 5×8피트짜리 성조기가 펄럭이고 있었다. 다른 이스라엘 정찰기들 또한 배의 신원을 확인한 바 있었다. 이스라엘 비행기를 보고 안심했던 로이드 페인터는 전투기들이 수평을 유지하며 공격할 것처럼 배에 접근하는 것을 보았다. 순간 날개 밑에 붉은 섬광이 번쩍였다. 미라주의 30mm 기관포에서 발사된 포탄이 배를 가르며 폭발했다. 페인터의 배에 현창 조각이 그대로 박혔다. 옆에서 밖을 보고 있던 또 다른 사람은 얼굴에 맞았다.[28] 선교 위에 있던 대부분의 사람들은 바닥에 주저앉았다. 조타수가 치명상을 입고 쓰러지자 병참장교가 키를 잡았다. 그 또한 후에 죽게 된다. 맥고나글 선장은 기관실 전신기를 붙잡고 벨을 울리며 전속력 항해를 명령했다.

리버티 통신병들은 소속 함대에 SOS를 치려고 안간힘을 썼지만 두 가지 문제가 있었다. 이스라엘군이 신호를 방해하고 있었고, 배에 설치된 안테나 체계는 박살나버렸다. 통신병인 제임스 할만James Halman은 리버티의 호출부호를 이용해 계속 구조신호를 보냈다.[29]

"누구든 들으라, 여기는 록스타, 우리는 지금 정체를 알 수 없는 제트기에 공격을 받고 있다, 도움을 요청한다!"

13시 59분 쿠르사 편대 지휘관이 텔아비브 본부에 다시 보고를 했다.

"배에 상당한 타격을 가했다. 검은 연기가 올라오는 중이다. 연료가 바다로 쏟아져 나오고 있다. 멋지다… 훌륭해. 배가 불타고 있다. 배가 불타고 있다."

2분 후 그는 덧붙였다.

"좋아, 나는 여기까지다. 방금 탄약이 바닥났다. 배는 불타고 있다… 거
대한 검은 연기가 보인다."

리버티호는 여전히 SOS를 보낼 수 없었다.[30] 국가안전보장국 요원을
지휘하는 데이브 루이스Dave Lewis 소령은 이스라엘 전투기가 먼저 통신장
비를 노렸다고 말했다.

"내 부하 병사들이 총알이 빗발치는 상황에서도 정신 나간 듯이 갑판
에 올라 기다란 선들을 연결한 덕에 SOS를 보낼 수 있었다."

6함대가 운영하는 항공모함 중 하나인 사라토가Saratoga호는 14시 09분
에야 조난신호를 받았다.

"스키매틱은 들으라, 여기는 록스타, 우리는 지금 정체를 알 수 없는 제
트기에 공격을 받고 있다, 도움을 요청한다."

사라토가호는 확인 암호를 요구했다. 하지만 암호는 이미 파괴된 상태
였다. 리버티호 통신병은 분노했다.

"이 개새끼야, 로켓 터지는 소리 안 들리냐!"

텔아비브에서는 키슬레브 대령이 슈퍼 미스테르 전투기 2대에게 공격
을 이어가라고 주문했다.

"침몰시킬 수 있을 것 같군."

전투기들은 안테나와 갑판을 갈기갈기 찢어놓고 네이팜을 투하했다.
불타는 젤리가 터지며 검고 굵은 연기가 치솟았다. 배 연료탱크도 폭발했
다. 14시 14분 한 조종사가 배의 국적이 무엇이냐고 물었다. 배에 적힌 문
자가 아랍어가 아니었기 때문이다. 키슬레브는 "아마 미국일 것"이라고
두 차례 말했다. 12분 후인 14시 26분 이스라엘 고속어뢰정 3대가 나타났

다. 이번에는 리버티호가 이집트 배로 분류됐다. 어뢰정들은 어뢰 5발을 쐈다. 맥고나글 선장은 선교에 서서 내부통신망으로 경고를 보냈다. 게리 브러밋Gary Brummett은 당시 갑판 밑에 있었다.

"우현에 어뢰가 다가오고 있으니 배를 버리라는 얘기를 들었다.[31] 다시는 '루이지애나Louisiana에 있는 친구들과 시원한 맥주 한 잔 못하겠구나' 하는 생각이 들었다. 20세였던 나에겐 중요한 문제였다. 나는 구명조끼에 공기를 넣었다… 펄펄 끓는 솥에 갇힌 가재가 된 기분이었다."

어뢰는 단 1발만 배에 맞았다. 그렇지 않았다면 배는 가라앉았을 것이다. 폭발과 함께 리버티호가 물 위로 번쩍 솟아올랐다. 우측에 큰 구멍이 나며 배가 기울었다. 리버티호 위에 펄럭이던 5×8피트짜리 성조기는 갈기갈기 찢어졌다. 선원들은 이보다 더 큰 7×13피트짜리 성조기를 게양했지만 이에 아랑곳하지 않고 또 다른 어뢰 1발이 돌진해 왔다.[32]

워싱턴DC, 0950 (이집트, 1750/이스라엘, 1650)

월트 로스토는 존슨에게 전신을 읽어주었다.[33]

"긴급 보고… 미 전자정보선 리버티가 지중해에서 어뢰 공격을 당함… 이러한 짓을 벌인 육군 혹은 잠수정에 대한 정보는 현재 없음."

1시간 정도 후 텔아비브에 있던 미 대사관 무관이 이스라엘의 공격이라고 알려왔다.[34] 로스토는 메모 마지막 부분을 불쾌한 어투로 읽었다.

"텔아비브에서 온 전신은 실수를 인정하는 사과로 보임."

처음 SOS가 접수된 이후 리버티호에서는 다시 연락이 오지 않았다. 6함대는 군사행동을 준비했다. 조종사들이 브리핑실에 소집됐다. 처음

가정은 소련군이 공격했다는 것이었다. 조종사들은 리버티호가 이집트 12마일 영해 경계 부근에 있다는 얘기를 들었다. 교전 수칙이 하달됐다. '상황을 제어하기 위해 군사력을 이용해 파괴' 활동을 벌여도 좋다는 명령이 떨어졌다.[35]

"필요 이상의 군사력은 사용하지 않도록 하라. 보복이 있을 수 있으니 육지로 도망가는 적군은 쫓지 마라… 이번 반격은 어디까지나 리버티호를 보호하기 위한 것이다."

워싱턴DC, 1013

6함대 사령관은 아메리카^{America}호에서 A-4 폭격기 4대가 출동하고 사라토가호에서 A-1 4대가 전투기 지원을 받아 출격할 것이라고 워싱턴에 보고했다.[36] 구축함 2대도 전속력으로 리버티호를 향해 가고 있었다. 아메리카호에서 출격한 A-4 폭격기에는 핵무기가 장착돼 있었다. 그러나 출격 직후 다시 불러 들여졌다. 함대 사령관은 핵무기를 장착하지 않은 비행기를 대신 보내도 좋겠냐고 요청했다. 로버트 맥나마라 국방부장관이 직접 이를 승인했다.[37]

카이로, 1845/워싱턴DC, 1045

카이로 소재 미 대사관은 리버티호 공격 소식을 듣고 충격에 빠졌다. 그들은 리버티호가 그동안 이스라엘에 정보를 제공해주고 있었다고 생각했다. 미국이 이스라엘과 공모해 이집트를 공격했다는 의혹이 제기된 이후 놀트 대사는 카이로 군중이 미국인들을 공격할까 봐 두려웠다. 그래서 그는 다음과 같은 전신을 보냈다.[38]

"리버티호가 어뢰 공격을 당했다는 이야기를 최대한 빨리 퍼뜨리는 것이 좋을 듯함."

그러나 이집트는 되레 리버티호 소식을 듣고 그동안의 심증이 맞았다는 확신을 갖게 되었다. 〈카이로 라디오〉에서 아메드 사이드는 리버티호 파괴가 사고였다는 이스라엘의 주장을 가리키며 미국이 참전했다는 주장을 강조했다.[39]

"아랍인들이여… 우리는 미국에 맞서 싸우고 있는 것이 분명합니다."

워싱턴DC, 1645

백악관 상황실에서는 베이커Baker라는 병사가 국가군사지휘소National Military Command Center에서 들어오는 리버티호에 관한 최신 정보를 종이에 받아 적고 있었다.[40]

"10명 사망, 약 100명 부상. (의사 1명 배에 탑승 중, 모든 환자를 돌보지는 못했음.) 현재까지 15~25명 중상. 리버티는 자정(동부 서머타임 기준)에 6함대 병력과 접선 예정."

다음 날 아침 국가안전보장회의 특별위원회는 리버티호에 대체 무슨 일이 일어난 것이냐며 분노했다.[41] 1940년대 이후부터 줄곧 대통령 고문으로 일해 온 클라크 클리퍼드 변호사는 미국이 이스라엘에 강하게 나가지 못하고 있다며 안타까워했다. 이번 공격은 '지독'했다. 그는 "이번 공격이 사고였다는 건 말도 안 되는 소리"라고 말했다.

기총 소사가 세 차례, 어뢰 발사가 세 차례 있었다. 공격에 가담한 이스라엘 병사들은 응당 처벌을 받아야 했다. 회의록 여백에는 "대통령도 100% 동의함"이라고 쓰여 있다. 전 이집트 대사 루서스 배틀^{Lucius Battle}은 '상상할 수 없는' 일이라고 했다. 러스크 국무부장관은 미 정부가 '당연히 취해야 할 조치'를 취해야 한다고 말했다. 이스라엘이 당장 보상을 하고 해당 병사들을 처벌해야 한다는 것이었다. 더불어 이러한 공격이 다시는 없을 것이라는 약속도 받아내야 한다고 주장했다. 딘 러스크는 리버티호가 미군함인 것을 알고도 이스라엘군이 공격했다고 믿었다.[42] 죽기 전 그는 이렇게 말했다. "리버티를 무력화시키고 가라앉힌 이 공격은 결코 사고로 일어난 일이 아니며 어느 미친 전쟁 지휘관 때문에 생긴 일도 아니다… 나는 그런 주장을 믿지 않았으며 지금도 믿지 않는다. 그것은 분명 부당한 공격이었다."

이스라엘 외교관들이 보낸 사과 서신이 존슨 대통령에게 속속 도착했다.[43] 아브라함 하르만 대사는 '내 동포들이 마땅히 책임져야 할 이 비극적인 사고에 저는 비통한 마음을 금할 길이 없으며 진심으로 애도를 표합니다'라고 말했다. 아바 에반은 '깊은 분노를 느끼며 이 비참한 사고에 통탄'한다고 썼다. 러스크 국무부장관은 이 공격이 '생명의 존엄을 비웃는 무모하고 그야말로 상상할 수 없는 뻔뻔한 군사적 행동'이라며 차가운 답장을 보냈다.[44] 이스라엘 또한 이에 대해 답장을 보냈다. 하지만 이스라엘이 너무 공격적이라고 판단한 미국 측은 '조금 더 냉정한 기분에서' 다시 써줄 것을 요청했다.[45] '언젠가 공개될 경우 그대로 보고 둘 수 없는 내용'을 담고 있다고 미국은 생각했다.[46] 이 문서는 여전히 비밀로 남아 있다.

이스라엘은 모든 책임을 인정했다.[47] 그러나 전쟁의 열기 속에 실수가 있어 이러한 참사로 이어졌다고 주장했다. 이집트군이 바다에서 알아리시에 있는 이스라엘 진지를 포격하고 있다는 거짓 보고를 이스라엘 공군과 해군에서 받았다는 것이다. 그리고 미국 함선이라는 보고도 중간에 잘 전달되지 않았다. 또한 배가 5노트가 아닌 30노트로 항해 중이라고 잘못 판단하는 바람에 적의 함선이라는 결론을 내렸다는 것이 그들의 주장이었다. 이스라엘은 리버티호를 이집트 수송선 쿠세이르Quseir와 착각했다고도 변명했다.

리버티호 사건에 대해선 여전히 의견이 분분하다. 관련 문서가 여전히 많이 공개되지 않고 있다는 점도 이러한 논쟁을 부추긴다. 이스라엘 지지자들은 생존 선원들의 증언을 심리적 외상으로 인한 환각으로 치부하곤 한다. 1940년대부터 1970년대까지 미 정부 내에서 이스라엘을 가장 옹호했던 사람 중 한 명인 클라크 클리퍼드가 존슨 대통령에게 쓴 보고서는 34년이나 비밀로 지켜졌다. 이 보고서는 표면적으로는 실수가 연달아 있었다는 이스라엘의 주장을 지지한다.[48] 그러나 클라크는 이를 "끔찍하고 변명할 수 없는 실수"라고 부르기도 한다. "리버티호에 대한 까닭 없는 공격은 명백한 중과실이며 이스라엘 정부는 이에 대해 책임을 지고 관련 군당국자를 처벌해야 합니다."

하지만 클라크의 보고서는 궁금증을 해결하기보다 유발한다. 그는 이스라엘 정부 최고위층이 미국 함선에 대해 알고 있었다는 증거를 제시하지 못한다. 그러나 그렇다고 최고위층이 몰랐다는 뜻은 아니라고 그는 말한다. "그러한 주장을 증명하려면 이스라엘 인사 및 정보 체계에 접근할 수 있어야 하는데 이는 가능할 것 같지 않다."

클라크는 워싱턴 변호사 출신답게 조심스럽게 말했다. 그는 회고록에서 "모든 진실이 드러나기는 어려울 것"이라고 썼다.[49] "이스라엘을 열렬히 옹호했던 한 사람으로서 나는 이 사건에 적지 않은 안타까움을 느꼈다. 레비 에슈콜이 이러한 행동을 허락했으리라고는 믿을 수 없었다. 그러나 여전히 이스라엘 정부 어딘가에서 무언가 크게 잘못 돌아갔고 그것이 은폐된 것은 분명했다. 나는 이스라엘이 이 같은 잘못에 대해 충분한 보상을 하거나 설명을 했다고 느낀 적이 단 한 번도 없다."

1967년 7월, 클라크의 보고서가 존슨에게 전달된 지 3일 만에 예샤야후 예루살라미Yeshayahu Yerusalami 대령이 이끄는 이스라엘 군사법원은 리버티호 공격과 관련된 군 장교들을 면책했다.[50] 책임을 물을 근거가 없다는 것이었다. 대령이 작성한 보고서는 사건의 원인을 파헤치기보다 미국에 대한 의무감을 만족시키는 데 초점을 두었다. 딱딱한 법원 판결문처럼 쓰인 이 보고서는 전시 군인의 '합당한' 행동을 매우 융통성 있게 해석했다. 어뢰 발사를 지시한 지휘관은 14시 20분에 '아직 전투기가 배의 정체를 밝혀내지 못했으니 공격하지 말라'는 지시를 듣지 못했다고 법정에서 말했다. 그러나 예루살라미는 지휘관이 타고 있던 배뿐 아니라 해군작전본부Naval Operations Branch 일지에도 이러한 지시가 기록돼 있다는 것을 잘 알고 있었다. 부지휘관마저 자신이 그러한 명령을 받고 지휘관에게 전달했다고 증언했다. 그럼에도 어뢰 공격이 이뤄진 것이었다.

러스크와 클리퍼드뿐 아니라 많은 미국의 고위 관료들은 이스라엘의 해명을 믿지 않았다.[51] 1967년 CIA 국장이었던 리처드 헬름스는 공격이 의도적이었다고 말했다. "실수였다는 변명은 어떠한 근거도 없다."

존슨 정권에서 국무부차관보를 지낸 루서스 배틀은 은폐 공작이 있었다고 결론내렸다. 훗날 합동참모본부장이 된 토머스 무어러Thomas Moorer 제독은 이스라엘과 미국 모두 은폐에 대해 책임을 져야 한다고 썼다.[52] 그는 리버티호의 신원을 잘못 파악했다는 이스라엘의 주장을 받아들이지 않았다. "나는 전시든 평시든 바다에서 정찰 임무를 수행하며 많은 세월을 보냈다. 평생 바다에서 배를 찾고 파악하는 일을 했고 내 의견은 이러한 경험에 근거한다."

모든 면에서 대단한 능력을 보여준 IDF가 유독 리버티호와 관련해 연달아 밝은 대낮에 '실수'를 저질렀다는 것에 대해 많은 이들은 의심을 버리지 못했다. 어쩌면 이들은 1967년 당시 IDF를 너무 과대평가했는지도 모른다. 분명 이스라엘군은 용맹하고 잘 조직돼 있었으며, 동기 부여도 뛰어났다. 하지만 적은 너무나 형편없었고 그로 인해 이스라엘군은 실수를 해도 잘 드러나지 않았다. 또한 화기와 관련해 이스라엘의 기강은 해이했다. 고속어뢰정에 탑승해 리버티호를 공격한 병사 중 한 명은 자신들이 "경험이 부족했다"고 훗날 털어놓았다.[53] "전쟁이었던 만큼 아마 조금은 전투를 갈망했던 것 같다."

어쨌든 미국이 주장하는 대로 이스라엘이 배의 정체를 제대로 알고 있었다면 왜 공격했을까? 일부는 미국과 이스라엘 사이에 모종의 음모가 있었다고 주장한다. 미군 내 친이스라엘파가 미국을 전쟁에 끌어들이려고 공작을 펼쳤다는 것이다. 전직 미 공군 조종사 그레그 레이트Greg Reight는 〈BBC〉 다큐멘터리에서 자신이 네게브 사막에 있는 기지에서 이스라엘을 위해 비밀 정찰 임무를 수행했다고 주장했다. 조종사들은 배지가 없는 군복을 입었고 "이스라엘 공군기처럼 꾸미기 위해 급히 비행기에 페인트칠을 했다"고 말했다. 그가 제기한 의혹이 사실이라면 미국과 이스라엘이 공모했다는 나세르의 주장은 확실한 것이다.

미 국무부차관보 루셔스 배틀은 이스라엘이 "미국에 새나가고 싶지 않은 이야기들을 미국이 감청하고 있다"는 두려움에 리버티호를 공격했을 것이라고 생각했다.[54] "전쟁 중 이스라엘은 상당히 별난 짓들을 벌이고 있었다. 내 생각에 이스라엘은 우리가 이런 것들을 구체적으로 알게 되는 걸 원치 않았던 것 같다."

쿠웨이트

패배의 윤곽이 드러나며 아랍 지도자들은 불안해졌다. 쿠웨이트 왕은 G. C. 아서[G. C. Arthur] 영국 대사를 접견하며 뭔가에 홀린 표정을 지었다.[55] 아서는 이집트로 간 쿠웨이트 병력이 어떻게 됐냐고 왕에게 물었다. "그는 전혀 모른다고 했다. 관심도 없는 듯했다." 왕은 대신 대사에게 "후세인 왕에게 무슨 일이 일어날 것 같으냐"고 계속 물었다. 사우디아라비아 왕족도 비슷한 걱정을 하고 있었다.[56] 쿠웨이트 왕은 영국과 미국이 이스라엘 편에서 싸우고 있다는 주장을 믿지 않았다. 어쩌면 그는 영국이 왕족을 지지할지 다시 한 번 확인해보고 싶었는지도 모른다.

쿠웨이트에는 상당수의 팔레스타인 출신 근로자가 일하고 있었다. 1957년 파타를 세운 야세르 아라파트도 1950년대에 쿠웨이트에 있었다. 부유한 쿠웨이트 사람들은 팔레스타인인들이 필요했지만 늘 의심스러운 눈으로 쳐다봤다. 전쟁 전 국회는 팔레스타인인들을 징집해 전쟁에 기여시키자는 논의도 했다.[57] 영국 외교관들은 그럴 경우 나라의 허드렛일은 누가 할 것이냐고 물었다. 24년이 지난 1991년 걸프 전쟁이 끝난 후, 쿠웨이트 정부는 야세르 아라파트가 사담 후세인을 지지했다는 이유만으로 쿠웨이트에서 평생을 살아온 팔레스타인인들을 추방했다.

텔아비브, 1900

이스라엘 북부사령부 지휘관 다비드 엘라자 장군은 '분노와 좌절로 제정신이 아니었다.'[58] 목요일 저녁 라빈을 만나러 텔아비브로 간 그는 이집트와 요르단에게 했듯 시리아를 응징하자고 주장했다. 그는 이스라엘이 가장 증오하는 시리아를 치지 않는다는 사실을 받아들일 수 없었다. 지금 아니면 다시는 오지 않을 기회라고 보았다. 시리아를 그냥 놔둔다면 전쟁은 여기서 끝나버릴 것이 분명했다. 에슈콜 총리는 내각국방위원회를 소집했다. 결정을 내릴 시점이었다. 에슈콜과 대부분 내각 위원들은 시리아 침공에 찬성했다. 모셰 다얀은 그 스스로 '가장 극단적인 표현'을 써가며 시리아 공격을 반대했다. 그에 따르면 이스라엘이 시리아를 공격할 경우 소련을 자극할 수도 있었다. 모스크바는 다마스쿠스의 친소련 세력을 보호하려 할 것이 틀림없기 때문이었다. 세르게이 추바킨Sergei Chuvakhin 소련 대사는 6월 6일에 비교적 노골적인 경고를 한 바 있었다.[59] 그는 텔아비브 주재 서독 대사에게 이스라엘이 즉각 공격을 중단해야 한다고 말했다. 만약 "성공에 도취된" 이스라엘이 그만두지 않으면 "이 조그마한 나라의 미래는 매우 슬퍼질 것"이라고 그는 말했다. 이를 걱정한 서독은 이스라엘 당국에 이같은 경고를 전하고 국경 근처 고지대를 점령하는 것 이상은 하지 말라는 주의를 주었다. 바보르 미국 대사는 서독이 과잉반응하고 있다고 생각했다. 그는 이스라엘이 시리아 영토 내로 25킬로미터 정도 진격할 수 있을 것이라고 보았다.

다얀은 시리아와의 국경 지대에 사는 31개 정착촌 주민 대표가 내각회의실에 들어오는 모습을 보고 짜증이 났다. 이곳 주민들은 지금껏 시리아와의 전쟁을 촉구해왔다. 드디어 몸소 내각 앞에서 주장을 펼칠 기회가 온 것이었다. 다얀은 마치 이들이 회의실에 없는 것처럼 행동했다. 그는 방 뒤로 가 앉은 뒤 다리를 올리고 잠을 청했다. 정착촌 주민인 야콥 에슈콜리Yaakov Eshkoli는 소련의 최대 우방국 중 하나를 공격하는 일이 위험하다는 것을 잘 알고 있었다. 그러나 그는 충분히 위험을 감수할 만한 가치가 있다고 믿었다. 그는 만약 IDF가 고원에서 시리아군을 몰아내지 않으면 정착촌 주민들은 다 짐을 싸서 떠날 것이라고 엄포를 놓았다. 레비 에슈콜 총리를 비롯한 대부분의 내각 원로들은 젊은 시절 동유럽을 빠져나와 팔레스타인으로 이주했다. 그들은 적대적인 지역에 개척 공동체를 세워 유대 정착지를 확장하는 데 일생을 바쳤다. 그런 만큼 정착촌 대표들의 엄포는 현실적이고 섬뜩하게 다가왔다. 에슈콜리 등 대표들은 포격 때문에 며칠 동안 대피소에서 밖으로 나오지 못하는 가족들의 얘기를 털어놓았다. 일부 장관들의 눈에서 눈물이 흘렀다. 하지만 다얀은 완강했다. 그는 여전히 시리아를 공격하지 않겠다고 고집을 피웠다. 그는 정착촌 주민들의 이야기에 감동받지 않았다. 그는 이들이 그저 괜찮은 경작지를 얻고 싶어 안달이었을뿐이라고 훗날 말했다.

시리아 공격이 거부됐다는 라빈의 말을 듣고 엘라자는 화들짝 놀랐다. "이 나라가 도대체 어떻게 된 것입니까? 이제 어떻게 우리 자신과 국민, 정착민들을 똑바로 바라볼 수 있겠습니까? 그 건방진 개자식들이 지금껏 우리를 얼마나 괴롭혔는데 계속 놔두라뇨?" 다얀의 명령을 받은 라빈은 국경 지대에서 비전투원을 철수시키자는 엘라자의 제안을 거부하고 아이들만 전선 밖으로 대피시켰다.60

목요일 저녁 다비드 엘라자는 좌절감에 싸인 채 엘라드 펠레드에게 전화를 걸었다. 이스라엘이 시리아를 칠 경우 펠레드는 주력 부대를 맡기로 되어 있었다. 엘라자는 공격 허가를 받기 위해 최선을 다했지만 이제 포기할 때가 되었나 싶었다. 그는 펠레드에게 나블루스에 있는 자신의 본부에 와서 자라고 말했다.[61] 전쟁은 거의 끝났고 상부에서는 시리아를 공격할 생각이 없었다. 야콥 에슈콜리는 집으로 돌아가는 길에 엘라자의 벙커에 들러 내각 회의실에서 있었던 일을 전했다.[62]

에슈콜 총리는 점차 마음이 놓이기 시작했다. 이날 낮에 그는 그가 속한 노동당 최고위에 찾아가 기쁨에 찬 연설을 했다. 그는 "이스라엘, 다시 태어나다"라는 신문 제목에 동의한다고 말했다. 대신 이렇게 고생스러운 재탄생은 다시 겪고 싶지 않다는 말도 덧붙였다. "어쩌면 지금은 새로운 질서가 탄생해야 할 결정적인 시점인지도 모릅니다… 그리하여 우리가 우리 땅 위에 세워진 집에서 편히 쉴 수 있도록 해야 합니다."[63] 하지만 전쟁은 아직 끝난 게 아니었다. 모세 다얀에게는 다른 생각이 있었다.

뉴욕, 2035

이집트는 전날 유엔안보리에서 통과된 휴전 결의안에 찬성했다.[64] 최소한 병사 1만 명과 장교 1,500명이 사상자로 기록됐다. 절반은 전투 중 다치거나 죽었으며 나머지 절반은 사막에서 갈증과 더위를 못 이겨 죽었을 것으로 추정됐다. 이집트군 장비 80퍼센트가 부서지거나 빼앗겼다. 이는 트럭 1만 대, 야포 400기, 자주포 50기, 155mm 대포 30기, 전차 700대를 포함한 숫자였다.

제5일
1967년 6월 9일

텔아비브, 국방부

내각 회의 후 모세 다얀은 육군본부로 갔다. 적막이 흐르는 지하 전쟁상황실에서 그는 대부분의 밤을 홀로 보냈다. 전쟁은 거의 끝난 것처럼 보였다. 다얀은 여전히 시리아를 건드리면 안 된다고 보았다. 06시 00분경 그는 이스라엘 정보부가 감청한 전신을 받아보게 된다. 카이로에서 다마스쿠스로 보내는 이 전신에서 나세르는 유엔 휴전안을 받아들일 것이므로 시리아 또한 그렇게 하라고 알아타시 대통령에게 권하고 있었다. 정보 보고에 따르면 시리아군은 급속히 붕괴하고 있었고 요르단과 이집트가 당한 꼴을 피하기 위해 휴전을 꾀하고 있었다. 다얀은 몇몇 하위 장교들을 불러 이 점을 몇 분간 토의했다. 장교들은 이러한 역사적 기회를 놓치지 말라고 다시금 주장했다.

다얀은 이날 밤 극적으로 마음을 바꾼다. 그는 에슈콜 총리나 라빈 총참모총장에게 알리는 과정은 생략하고[1] 보안선으로 엘라자 준장에게 전화했다. 지금 공격할 수 있냐는 질문을 받은 엘라자는 놀라서 의자에서 떨어질 뻔했다. 그는 "지금 당장" 할 수 있다고 말했다.[2] "그럼 공격하게." 다얀이 명령했다.

라빈은 그날 밤 다얀이 왜 그랬는지 이해하지 못한다고 말했다. 시리아를 공격하지 않기로 내각이 결정한 뒤 라빈은 전쟁이 이제 어느 정도 마무리되었다는 생각에 집에 가 편히 잠들었다. 에제르 바이츠만이 아침 7시에 그에게 전화를 걸어 15분 전 다얀이 엘라자에게 공격을 명했다고 얘기했다. 그제야 라빈은 다얀이 마음을 바꿨다는 것을 알게 되었다. 국방부장관으로서 다얀은 라빈에게 이를 알려줄 의무가 있었다. 하지만 라빈은 '시리아가 오만하고 악의적인 공격에 대한 응당한 복수를 당하기 직전'인 이러한 시점에 따지고 싶지는 않았다.[3] 에슈콜도 7시 무렵 이 얘기를 들었다. 그는 분노했다. 다얀은 취임 당시 한 약속을 어겼다. 그는 이제 통제할 수 없는 존재가 되었다. 그러나 에슈콜도 골란 고원을 점령하고 싶었던 만큼 지금으로선 이를 받아들이기로 했다.

내각국방위원회가 소집된 오전 9시 30분 다얀은 해명을 요구받았다. 내무부장관 하임 모셰 샤피라는 다얀을 맹렬히 비난하며 당장 공격을 중단하라고 요구했다. 대부분 장관들은 다얀이 독단적으로 결정을 내렸다는 점이 싫었지만 시리아 공격은 마음에 들어 했다. 훗날 다얀은 이를 자신이 내린 가장 큰 오판 중 하나였다고 털어놓는다. (다른 하나는 헤브론 서안지구 마을에 유대인 정착민 유입을 허가한 것이었다.)

엘라자는 그가 한 주 동안 들은 것 중 최고의 뉴스를 나블루스에 있는 펠레드의 사단본부에 전달했다. 펠레드는 최대한 빨리 북부로 이동하겠다고 말했다. 병력을 준비시키는 데 몇 시간은 걸릴 것으로 보였다. 펠레드의 병력은 남쪽 지부를 맡기로 했다. 다른 두 부대는 조금 더 북쪽으로 진격하기로 했다.[4] 이스라엘 공병단은 이미 국경 지대 지뢰를 제거하기 시작했다. 이스라엘군이 설치한 지뢰를 제거하는 게 더 어려웠다. 겨울마다 폭우로 지뢰가 떠내려가면 봄에 새로 지뢰를 설치해야 했다. 시리아군은 듬성듬성 지뢰를 설치했지만 이스라엘군은 훨씬 정성들여 지뢰를 깔았다.

한 주 내내 시리아는 이스라엘 국경 정착촌을 포격했다. 목요일 저녁까지 가옥 205채, 닭장 9개, 트랙터 보관소 2개, 클럽회관 3채, 만찬회관 1채, 헛간 6채, 트랙터 30대, 차량 15대가 파괴됐다.[5] 과수원 175에이커와 농경지 75에이커가 불탔다. 이스라엘인 2명이 죽고 16명이 다쳤다. 그러나 시리아는 전날 오후 5시 20분에 유엔 휴전안을 받아들이고 공격을 중단했다. 공격을 멈추라는 명령이 다마스쿠스에서 내려오고 기갑부대는 철수했다. 이스라엘군의 공격이 잠잠해지는 듯 보이자 시리아는 다시 내부 숙청에 나섰다.

이스라엘은 시리아를 공격하기 위해 휴전을 깨야 했다. 누구도 개의치 않았다. 한 이스라엘 공수부대원은 다음과 같이 말했다.[6] "우리는 모두 시리아를 한번 쳐보고 싶었다. 이집트에 대해서는 별 악감정이 없었고 요르단에 대해서는 약간의 존경심마저 가지고 있었다. 우리의 가장 큰 적은 시리아였다. 시리아군은 지난 19년 동안 우리 정착촌을 포격했다."

이스라엘이 공습을 재개하자 시리아도 포격을 재개했다. 엘라자의 병력은 시리아 포격으로부터 안전한 거리에 있었지만 금요일 아침 무렵에는 전진해 공격을 준비했다.[7]

수에즈, 0800

수에즈 시는 혼란에 휩싸였다.[8] 시나이에서 퇴각한 일부 병력이 살아서 도망친 병사들과 어지럽게 뒤섞였다. 공부수대를 비교적 안전하게 이끌고 탈출한 압델 모네임 칼릴 준장은 카이로 본부에 있는 아메르 원수에게 전화를 걸었다. 24시간 전 아메르는 지푸라기를 잡는 심정으로 그에게 기갑여단 1개와 기계화보병 여단 1개를 넘겨주려 했다. 칼릴은 아메르의 명령을 무시했고 아메르는 이제 명령을 내렸다는 사실조차 잊은 듯했다. 칼릴이 수에즈에서 벌어지고 있는 혼란을 보고하자 아메르는 그에게 시나이 지역 지휘권도 넘겼다. 칼릴은 아메르와 더 얘기해봐야 나올 게 없다고 판단했다. 그는 도시 주변에 공수부대를 방어위치로 배치하고 육군참모총장 파우지에게 전화를 걸어 보고했다.

〈카이로 라디오〉에서는 슬프고 감성적인 노래가 흘러나오기 시작했다.[9] 조국에 대한 비극적 사랑이나 민중의 피와 가슴 속에 살아 숨 쉬는 이집트의 영토 따위를 노래했다. 요르단 정보장관 아브드 알하미드 샤라프도 암만에서 방송을 들었다. "이거 들어봐." 그는 아내 레일라에게 말했다. "사람들에게 마음의 준비를 시키고 있어."

그는 나세르가 자살했을 것이라고 확신했다. 나세르를 우상화한 수백만 명의 아랍인들에게 현실은 너무 가혹했다. 나세르는 대신 사임하기로 작정했다. 나세르를 오랫동안 추앙한 《알아람》 신문 편집장 모하메드 헤이칼이 사임연설문을 작성했다. 나세르의 참모진도 비통해했다.[10] 아랍세계에서 지도자가 떠나면 부하도 떠나는 법이었다. 정오 무렵 대통령이 7시 30분에 대국민 연설을 할 예정이라는 발표가 나왔다. 아랍세계 전역에서 사람들은 텔레비전과 라디오 앞에 몰려들었다.

시나이

2차대전 당시 영국을 이끈 지도자의 손자이자 런던의 《이브닝 뉴스Evening News》와 《뉴스 오브 더 월드News of the World》를 위해 취재 중인 윈스턴 처칠은 비르 기프가파로 날아가 샤론 준장과 만났다.[11] 점심 후에 샤론은 그를 데리고 사막 진지들을 순시했다. 울퉁불퉁한 사막을 운전병이 최대한 빠른 속도로 질주했다. 갑자기 먼 곳에서 이집트 병사들이 수에즈 운하로 향하는 모습이 보였다. 샤론은 지프차에 달린 중기관총에 뛰어올랐다. "그는 마치 악마에 홀린 듯했다… 그는 우리가 사막을 질주하는 동안 멈추지 않고 쏴댔다. 차가 흔들리는 바람에 제대로 맞추지도 못했다… 하지만 중요한 건 그의 모습이었다…." 후에 감격에 찬 샤론은 말장난까지 했다. "윈스턴, 우리 손에 드디어 '평화peace'가 들어왔네. 이집트의 '일부piece' 말일세."

이집트 병사 수천 명이 항복했다. 이중 많은 이는 풀려나 수에즈 운하로 발걸음을 옮겼다. 일부 부상병은 치료를 받았다.[12] 전쟁이 끝나고 몇 주 뒤 우리 오렌Uri Oren은 이스라엘 대중일간지 《예디엇 하로놋》에 이집트 부상병을 도운 일에 관해 기고했다. (당시 모든 이스라엘 독자들은 전장에서 부상당한 아군병사를 절대 버리지 않는다는 IDF의 정책을 알고 있었다.) 부상병은 '간청하는 눈빛으로' 오렌을 바라보며 목숨을 애원했다. 오렌은 이렇게 썼다.

"나는 그의 생명을 앗아갈 수 없다는 것을 깨달았다. 주변에는 주검이 널려 있었고 이 남자의 몸에서도 이미 썩는 냄새가 났다. 나는 그가 살 수 있길 진심으로 바랐다. '한 명의 전우라도 덜 잃자'라고 우리는 전쟁 중 말하곤 한다. 하지만 나는 '하나의 주검이라도 덜 만들자'고 생각했다."

오렌은 부상병을 의무병에게 넘겼다. 며칠 후 그가 병원을 방문했을 때 이집트 병사는 이미 적십자에 보내져 귀국을 기다리고 있었다. 병사는 오렌에게 그의 가족사진을 남겨두고 갔다. 그가 이 사진을 보며 3일간 구조를 기다렸다는 말도 남겼다. 사진 뒷면에는 '나의 형제 용사와 생명의 은인에게'라고 쓰여 있었다.

이스라엘 목격자와 학자들에 따르면 오렌 같은 경우는 매우 드물었다.13 전쟁이 끝난 후 이스라엘 역사학자 아리에 이츠하키Aryeh Yitzhaki는 포로를 살해했다는 진술서 수십 개를 보았다고 주장했다. 육군역사부에서 일한 그는 이집트 및 팔레스타인 병사 900여 명이 항복 후 살해됐다고 말했다. 최악의 학살은 전쟁의 다섯 번째와 여섯 번째 날인 금요일과 토요일에 알아리시에서 이뤄졌다. 학살은 이집트 포로들이 반항해 이스라엘 병사 2명이 숨지면서 시작됐다. 분노한 이스라엘 병사들은 "몇 시간 동안 닥치는 대로 이집트인과 팔레스타인인 병사들에게 총격을 가했다. 지휘관들은 통제력을 상실했다." 이츠하키에 따르면 이스라엘 군사본부 어딘가에 이에 대한 자료가 숨겨져 있다. "국방부장관 모세 다얀, 총참모총장 라빈, 그리고 여러 장군들을 비롯한 군 지휘부는 이에 관해 알고 있었다. 누구도 이 일에 대해 비난하지 않았다."

학살에 참가한 일부 병사는 베냐민 벤엘리에제르Benjamin Ben-Eliezer*가 지휘하는 부대 소속이었다. 엘리에제르는 훗날 이스라엘 노동당 대표가 되고 2001년에는 아리엘 샤론이 이끄는 첫 연합정부에서 국방부장관을 역임했다.

---

* **베냐민 벤엘리에제르** 직업군인으로서 IDF에서 활약한 그는 1984년 의원으로 당선됐고 후에 국방부장관, 건설부장관 등을 역임했다.

우리 밀스타인Uri Milstein이라는 또 다른 이스라엘 역사학자도 다른 지역에서 이집트 포로들이 살해됐다고 주장한다. "이는 공식적인 정책은 아니었지만 그래도 '상관없다'는 분위기가 있었다. 일부 지휘관은 그러기로 결정했고 일부는 거부했다. 하지만 모두가 이에 관해 알고는 있었다."

비밀이 해제된 IDF 문서에 따르면14 총참모본부는 전쟁이 끝나고 하루 뒤인 6월 11일 포로 대우에 관한 새로운 명령을 내렸다.

"기존 명령이 모순된 점이 있어 새로운 지시를 포괄적으로 내리는 바이다. 1) 항복하는 군인 또는 민간인을 해해선 안 된다. 2) 항복하지 않고 무기를 든 군인 또는 민간인은 사살해도 좋다."

다음과 같은 내용도 있었다.

"명령을 어기고 포로를 죽이는 병사는 중대한 처벌을 받을 것이다. 모든 IDF 병사가 이 명령을 숙지할 수 있도록 하라."

시나이에서 탈 장군의 오른팔로 일했던 메이어 파일Meir Pail은 민간인 혹은 포로를 죽인 병사들이 군사법원에서 비밀리에 형을 선고받고 구금됐다고 말했다. "군대 내부에서 이 문제를 조용히 다루는 게 더 낫겠다는 생각 때문이었다."

1967년에 예비군으로 근무했던 가비 브론Gabby Bron이라는 이스라엘 기자는 알아리시 공군기지에 이집트 병사 수백 명이 포로로 잡혀 있는 것을 목격했다. 6월 7일 모래자루로 둘러싸인 비좁은 격납고에 약 150명이 머리에 손을 올리고 앉아 있었다. 건물 옆에는 이스라엘 병사 2명이 탁자 앞에 앉아 있었다. 그들은 선글라스와 헬멧을 쓰고 있었고 얼굴은 카키색 손수건으로 가려져 있었다. 몇 분마다 헌병이 와 포로를 1명씩 데리고 갔다.

"포로는 건물에서 약 100미터 떨어진 곳으로 끌려간 뒤 삽을 받았다. 포로가 커다란 구덩이를 파는 것을 난 15분 정도 지켜봤다. 그때 헌병이 그에게 삽을 던져버리라고 말했다. 시키는 대로 하자 우지 기관총을 구덩이에 들이대고 두 차례 연사했다. 한 번에 서너 발이 발사됐다. 포로는 그 자리에 쓰러져 죽었다. 몇 분 후 또 다른 포로가 구덩이로 끌려와 총을 맞고 쓰러졌다."[15]

에슈엘Eshel 대령이라는 장교가 나타나 브론과 병사들에게 그만두라고 소리쳤다. 병사들이 움직이지 않자 그는 권총을 꺼내 들었다. 병사들은 그제야 움직이기 시작했다. 후에 브론은 탁자 앞에 앉아 있던 두 병사가 유대인을 죽인 페다이를 민간인과 구분하는 일을 맡았다고 말했다.

캠프 데이비드 협정 후 이집트가 시나이를 반환받고 많은 집단묘지가 발견됐다. 바잣 파라그Bahjat Farag 경찰총장은 라스 수드르Ras Sudr 병원 밖 묘지에서 특수부대 군복을 입은 이집트 병사 15명의 유해를 발견했다. 알아리시에서는 압델 살람 모하메드 이브라힘 무사Abdel Salam Mohammed Ibrahim Moussa라는 사람이 포로였을 때 총을 맞고 죽은 동료 20명을 묻었다고 주장했다. 이집트 내 인권단체들은 전직 병사와 민간인들로부터 얻은 증언을 토대로 이스라엘군이 포로를 함부로 대하고 일부는 죽이기도 했다고 주장한다. 뜻밖에도 이집트 정부는 이러한 점을 한 번도 파고들지 않았다. 이스라엘에서 학살과 관련한 서적이 나오고 나서야 이집트 정부는 조사를 시작했다.

시리아-이스라엘 국경, 1130

알버트 멘들러 대령의 기갑여단이 크파 스졸드Kfar Szold 정착촌 주변 국경 북부를 지나 시리아로 진격하고 있었다. 이들은 골라니Golani 여단에서 온

보병 병력의 지원을 받고 있었다. 모든 이스라엘 작전이 그러하듯 이 진격은 지난 몇 년간 수없이 많은 연습과 수정을 거쳐 완벽에 이르렀다. 이 계획에 중추적인 역할을 한 사람은 시리아 정권 심장부까지 침투한 모사드 요원 엘리 코헨Eli Cohen이었다. 그는 1965년 다마스쿠스 시내 한복판에서 처형당했지만 필요한 정보는 이미 다 빼간 상태였다. 이스라엘군은 이 지역에서 가장 험한 지형인 북부를 지나 공격하기로 했다. 이곳을 통과하는 것은 거의 불가능해 보였기에 시리아군은 대부분 병력을 남쪽에 집중시켰다. 이스라엘군은 경사진 돌길을 따라 올라 1,500피트 높이 언덕에 도달했다.

무장하지 않은 불도저 8대가 멘들러의 기갑여단을 이끌었다. 이들이 지그재그로 오르며 길을 닦으면 전차와 병력이 뒤따랐다. 시리아군은 전쟁 내내 공중지원을 받지 못했기 때문에 격렬한 공습에 시달렸다. 이스라엘 공군은 시리아에 1,077차례나 공대지 공격을 펼쳤고 이는 요르단과 이집트에서 한 것보다도 많은 숫자였다. 반면에 시리아군의 벙커는 튼튼했다. 네이팜이 떨어지면 구멍을 타고 밑으로 안전하게 빠지곤 했다. 시리아군 사수들은 엄청난 화력을 퍼부으며 이스라엘군에 상당한 피해를 입혔다. 불도저 3대가 파괴됐고 탑승자 모두 전사했다. 전차들도 여럿 박살났다. 대대 지휘관은 병력을 이끌던 중 숨졌다. 지휘권을 넘겨받은 장교도 죽었다.

이치대로라면 시리아군은 이스라엘군을 쉽게 막아낼 수 있어야 했다.[16] 이스라엘군의 공격은 결코 기습이 아니었다. 요르단과 이집트가 된통 당한 상황에 시리아가 다음 공격을 예측할 만도 했다. 이스라엘군은 밝은 대낮에 언덕을 기어올라 잘 정비된 방어진지에 정면 승부를 걸었다. 시리아의 화력에 장비와 병력을 상당히 잃기도 했다. 바위 때문에 진격이

더디었고 기갑차량은 돌부리에 걸리곤 했다. 일부 차량은 뒤로 밀리거나 옆으로 미끄러져 추락했다. 자갈과 현무암 때문이었다. 시나이에서 막 도착한 일부 이스라엘 병력은 지형을 몰라 잘못된 길을 오르기도 했다. 하지만 이스라엘군은 멈추지 않았다. 보병들은 포탑만 내놓은 채 숨어 있는 시리아 전차들을 찾아내 폭파시켰다.

시리아 병사 개개인은 열심히 싸웠지만 훈련과 지휘 면에서 형편없었다. 가장 큰 문제는 정예기갑부대를 후방에 둔 것이었다. 시리아의 최전선 방어선은 두텁지 못하고 주로 언덕에 숨겨진 전차나 대전차포에 의존했다. 언덕에는 다닐 수 있는 길이 몇 개 되지 않았지만 이스라엘군은 공중 지원 덕에 시리아군이 뻔히 보는 앞에서 전차부대를 이동시킬 수 있었다. 이를 막으려 했다간 시리아군도 상당히 많은 전차를 잃었겠지만 적어도 그토록 경사지고 험한 길을 이동해야 하는 이스라엘군을 막을 수는 있었을 것이다.

이스라엘 병력은 시리아군의 첫 방어선에 도달하자마자 참호 안으로 뛰어들었다. 무지막지한 전투가 벌어졌다. 전투가 끝난 후 엘라자 장군은 "(텔 파르Tel Fahr 진지) 참호에 적어도 60구의 시신이 널려 있었다. 육탄전이 펼쳐졌다. 주먹, 칼, 소총 개머리판 등 모든 것이 동원됐고 전투는 3시간 동안 펼쳐졌다"고 말했다.[17] 시리아군 60명이 죽고 20명이 생포됐다. 이스라엘군은 30명의 병사를 잃고 70명이 부상당했다. 정오 무렵 남쪽에서는 이스라엘군의 AMX 전차부대가 보병 지원 없이 국경을 넘어갔다. 이들은 시리아군을 기습한 뒤 빠른 속도로 이동했다. 시리아군은 형편없는 통신보안에 대한 톡톡한 대가를 치렀다. 전차 지원을 요청하는 과정에서 전차 부대의 위치를 노출시킨 것이다. 라디오 통신을 감청하고 있던 이스라엘군은 즉시 부대를 찾아 모조리 파괴했다.

암만

미국은 요르단 왕 후세인이 이스라엘과 미국 간의 공모설을 얼마나 믿고 있는지 알고 싶었다.[18] 시민들은 모두 미국과 영국이 아랍 공군을 파괴했다고 믿고 있었다. 암만 주재 미국 대사 핀들리 번스와 CIA 지부장 잭 오코넬이 오후에 왕을 만났다. 이들은 후세인이 '나세르의 덫'에 깊게 걸려 있는 바람에 아랍의 패배에 대해 미국과 영국에게 책임을 묻지는 않을지 걱정했다. 그러나 후세인은 이 두 서방인을 걱정시키지 않았고 둘은 안심한 채 돌아갈 수 있었다. 후세인은 심지어 나세르를 설득해 그러한 의혹이 가라앉을 수 있도록 하겠다고 약속했다. 뿐만 아니라 나세르가 영국과 미국과의 관계를 끊지 말아말라고 요르단에게 구체적으로 요청했다는 사실 또한 밝혔다. 이집트는 서방과의 끈을 유지하고 싶었다.

후세인을 가장 괴롭힌 문제는 서안지구에서 흘러나오는 대규모의 난민들이었다.[19] 요르단은 이스라엘이 이들을 강제로 내보내고 있다고 주장했다. 영국은 이에 동의하는 편이었다. 이스라엘군은 확성기가 달린 트럭을 몰고 팔레스타인 마을마다 다니며 '시시콜콜한 수법'을 쓰고 있었다. "조용히 있겠다고만 약속하면 남아 있어도 좋습니다. 하지만 떠나길 원한다면 매우 안전한 출로를 약속드리겠습니다."

서안지구 툴카렘에서는 이스라엘 병사들이 23세 팔레스타인 여성 구즐란 유수프 함단Ghuzlan Yusuf Hamdan의 집 문을 두드렸다. 전쟁이 시작했을 때 그녀의 가족은 집을 떠나지 않겠다고 작정한 바 있었다. 이들은 국경에서 1마일도 떨어지지 않은 곳에 살고 있었다. 그녀가 끌려온 곳은 친지와 이웃 50여 명이 머물고 있는 단단한 건물이었다. "한 집에는 노인들이, 한 집에는 청년들이, 그리고 다른 한 집에는 여성과 아이들이 모여 있었다… 우리는 이런 상태로 3일간 그곳에 머물렀다. 하루는 밤새 총성이 멈추지 않았다. 아이들은 아프기 시작했고 여자들은 지쳐 있었지만 우리는 모두 서로를 도왔다."

모든 팔레스타인인이 그랬듯 이들도 이스라엘군의 전차와 헬리콥터들을 보며 1948년 데이르 야신 학살을 떠올렸다. "땅에 지진이 난 것처럼 흔들렸다. 우리는 엎드려 있었고 총에 맞을까 두려워 일어나지 못했다. 창밖을 내다볼 엄두는 더욱 나지 않았다. 내 인생 가장 두려웠던 때였던 것 같다. 이스라엘군이 당장이라도 우리를 무차별적으로 죽일 것 같은 공포에 사로잡혔다. 우리에겐 무기가 없었다. 라디오를 틀어 이스라엘 방송을 들어보니 백기를 내걸고 항복하라는 지시가 들렸다. 우리는 시키는 대로 했다."

이날, 금요일 아침 현관문을 두드렸던 이스라엘 병사들이 그들에게 마을회관으로 따라오라고 지시했다. "모두 기관총과 수류탄을 들고 있었다. 밖으로 나간 후 마을회관에 주민들이 가득한 것을 보았다. 천장에는 무기를 들고 있는 이스라엘 군인들이 있었다. 너무 무서워 누구도 입 밖으로 한마디도 내지 못했다."

구즐란 유수프 함단과 그녀의 가족은 다른 수백 명의 주민과 마찬가지로 두려움에 떨었다. 이스라엘 병사들이 버스에 태워도 이들은 아무 말도 할 수 없었다. 그녀는 옷가방을 하나 챙겨올 수 있게 집에 잠시 갔다 와도 좋다는 허락을 겨우 얻었다. 버스는 오후 3~4시 사이 요르단 강에 도착했다.

"한 이스라엘 병사가 다리 옆에 있지 말라고 했다. 곧 이스라엘의 공습이 시작될 예정이라고 했다. 강을 건너야 했지만 다리는 곧 폭파되고 파편들이 가라앉았다. 우리는 기어오를 수밖에 없었다. 어떤 가족은 젊은 사람들이 할머니를 담요로 덮어 등에 지고 가고 있었다. 부유한 집 사람들도 가엾은 모습으로 걷고 있었다… 절망적이었다. 수많은 사람들이 길을 가던 중 잃어버린 가족을 찾아 헤맸다."

휴전 후 서안지구에서 난민들이 쏟아져 나왔다.[20] 한 프랑스 방송기자는 이를 보며 말했다.

"요르단 당국은 재난을 통제하려는 어떠한 노력도 하고 있지 않습니다. 이스라엘 병사들의 차가운 눈빛을 받으며 난민 수천 명이 가축을 이끌고 요르단 강을 건너고 있습니다. 엄청난 재앙입니다."

이들을 도우려는 요르단 관계자는 없었다. 암만에서 차로 온 사람들은 입을 벌린 채 이러한 광경을 지켜보고만 있었다. 서안지구에서 온 친척을 찾으러 온 사람들도 있었다. 난민들은 '소름 돋는 상황'에 놓여 있었고 '막다른 지경'에 놓여 있었다. 프랑스 기자는 요르단 관계자들과 함께 5,000명이 수용된 형편없는 시설의 수용소로 갔다. 대규모 경비대가 입구를 지키고 있었다. "난민들은 경비대에 욕을 퍼부으며 흥분했다."

놀란 요르단 당국은 일단 외국인들을 멀리 떨어뜨려 놓아야겠다고 생각했다. 하지만 세이브더칠드런의 메리 호킨스는[21] 요르단 공안책임자와 잘 알고 지내는 사이였다. 시리아 사막Syrian desert 끝에 있는 와디 두레일Wadi Dhuleil에 가도 좋다는 허락을 받은 그녀는 이곳에서 5,000명의 난민이 비참한 환경에서 지내고 있는 것을 보았다. 매일 수백 명이 새로 도착하고 있는 상황에서 그녀는 바로 구조 활동을 시작했다. "난민들은 텐트가 세워지는 속도보다 더 빨리 도착하고 있었고 잔인한 태양과 이슬이 굵게 맺힐 만큼 추운 사막의 밤을 견디며 잠을 자는 불쌍한 이들이 계속 나났다."

서안지구에서 나오던 중 태어난 갓난아기들조차 땅바닥에 누일 수밖에 없었다. 호킨스는 이들을 "모래가 낳은 아이들"이라고 불렀다. "1주일 중 5일은 바람이 아침 10시에 불기 시작해 저녁까지 멈추지 않는다. 모래로 인해 난민들과 인부들은 앞이 보이지 않고 숨을 못 쉬곤 한다… 모래는 물과 음식에도 들어가고 머리와 이불 속에도 들어간다… 한 남자가 내게 '우리 애들이 끊임없이 모래를 먹고 있어요'라고 말했다."

대부분 난민들은 음식을 조리할 방법이 없었다. 최악의 경우에는 물탱크가 하나밖에 남지 않기도 했다. 수용소를 세운 경찰은 호킨스와 그녀의 팀이 탱크의 물로 분유를 만들 수 있도록 난민들을 힘으로 밀어냈다. 난민 숫자는 계속 늘어나 1만 4,000~1만 5,000명에 이르렀다. 이들은 굶주리고 불결한 상태였다. 수용소에는 위생 시설이 없었고 난민 대부분이 기생충과 설사에 시달렸다. 파리가 수백만 마리에 이르러 난민들 얼굴에 들러붙었다. 호킨스는 옷, 신발, 비누, 담요, 물통, 컵, 세탁대, 강풍용 램프 등을 외부에서 조금 구할 수 있었다. 하지만 언제나 모자랐다. "무언가를 배분할 때마다 폭동이 일어날 듯했다." 한 달 뒤 그녀는 다음과 같이 보고했다. "지옥 같은 이곳에서 살며 일한 30일은 끝나지 않는 악몽과 같았다."

국제연합 난민구제사업국(UNRWA)이 운영한 그나마 나은 수용소 중 하나가 수프Suf에 있었다.[22] 이곳도 인파가 넘쳤다. 7월 말에도 여전히 1만 2,500명이 이 수용소에서 살고 있었다. 난민 대부분은 농촌 출신으로 거친 환경에서도 생존력이 뛰어났지만, 이와는 달리 중산층 출신은 수용소에서 가장 먼저 죽는 사람들에 속했다. 수프에 사는 농부 출신 난민들은 텐트 주변에 벽을 만들고 오븐을 직접 제작했다. 낙타 뿔로 태양 가리개를 만드는 등 상당한 기술을 보여줬다. 이들이 서안지구에서 끌고 온 양과 염소, 닭 등은 텐트 주변에서 풀을 뜯어먹었다. 하지만 사람 수에 비해 화장실은 턱없이 부족했고 의사는 2명, 간호사는 4명에 불과했다. 영양실

조 상태인 어린이들을 돌보느라 의료진은 과로에 시달렸다.

카이로에서 들려오는 라디오 뉴스를 들어보면 여전히 모든 것이 훌륭히 돌아가고 있었다.[23] 이집트에 병력을 지원한 쿠웨이트는 휴전을 거부했다. 쿠웨이트 주재 영국 대사 G. C. 아서는 "모든 아랍인이 꿈속에 산다"며 안타까워했다. "어쨌든 지금 쿠웨이트인 대부분은 현실과 동떨어진 곳에서 살고 있다. 그들은 아랍 형제들이 시오니스트 깡패들을 두드려 패고 있다고 믿고 있다… 지금 내가 가장 두려워하는 건 현실의 충격이 뒤늦게 다가왔을 때다… 고래도 죽기 전 마지막 꼬리짓을 할 때가 가장 위험하다 하지 않던가."

시리아-이스라엘 국경, 1630

이제 이스라엘은 무슨 일이 벌어지고 있는지 미국에 알릴 때가 되었다고 생각했다. 이스라엘 외무부는 "지난 2년간 우리의 정착촌에 포격을 가한 자들을 뿌리 뽑을 때가 왔다"고 하면서 "이러한 노력은 현재 만족스럽게 진행 중"이라고 말했다. 하지만 만족할 만큼 빠르진 않았다. 시리아는 이스라엘 공군의 강도 높은 공격에도 불구하고 여전히 싸움을 멈추지 않고 있었다. 호드 장군은 "우리는 모든 것을 동원했다… 로켓, 폭탄, 네이팜 등 전부 떨어뜨렸다"고 말했다.[24] 남부 시리아 진지에 낙하한 이스라엘 병력은 그곳에서 포격에 정신이 나간 시리아 포병을 발견했다.[25] 그는 혼자 남아 "적기 출몰, 적기 출몰"을 외치고 있었다.

지휘관들이 훈련보다 정치에 치중했기 때문에 시리아군은 약체일 수밖에 없었다. 전쟁 전 소련 고문단이 이를 지적했지만 장교들은 들으려 하지 않았다.[26] 부사관도 부족해 중간층이 텅 빈 상황에서 시리아군은 가망이 없어 보였다. 일부 소련 고문단 대표들은 전투 현장에 매우 가까이 있었다. 이스라엘군이 점령한 일부 벙커에서 러시아어로 번역된 발자크 Balzac의 작품이 발견되기도 했다.

어둠이 깔리며 고원에 시신이 쌓였다.[27] 하루 종일 부상병을 치료한 이스라엘 군의관 이츠하크 글릭Yitzhak Glick은 박살난 전차 옆에서 6명의 부상병을 발견했다. 1명은 위중한 상태였다. "손전등에 의존해 1시간 가까이 그를 돌봤다. 인공호흡과 마사지, 주사 등을 시도했다. 옆에 있던 병사들이 '불과 30분 전만 해도 이 친구와 수다를 떨고 있었는데'라고 말했다. 그들은 내가 너무 늦게 도착했고 자신들이 버림받았다고 생각했다. 내가 치료하던 병사가 죽자 그들은 눈물을 흘렸다… 엄청난 고립감이 우리를 둘러쌌다. 세상에 우리밖에 없는 듯했다. 칠흑 같은 밤은 어둡고 고요했다."

저녁 무렵 이스라엘군이 골란의 중심 도시인 쿠네이트라Kuneitra 밖에 도착했다.[28] 이 도시는 국경에서 15마일, 다마스쿠스에서 단지 40마일 떨어져 있었다.

예루살렘

예루살렘은 3,000년 동안 정복자들에게 약탈당한 역사를 지니고 있다. 이스라엘군도 예외는 아니었다. 성지는 대부분 보호됐지만 상당한 사유재산이 강탈당했다. 최전방 전투 병력이 도시를 떠난 후 새 부대가 들어오면서 팔레스타인과 요르단 사람들에 대한 조직적인 약탈이 시작됐다. 전투 기간 중 마리 테레즈Marie-Therese 수녀는 구시가지 비아 돌로로사Via

Dolorosa에 있는 수도원에서 부상자들을 치료했다.29 예루살렘이 함락된 후 한 이스라엘 장교가 그녀에게 예루살렘과 서안지구 어디든 갈 수 있는 허가증을 내주었다. "처음 온 이스라엘 병사들은 친절하고 인간적이었으며 용맹했고 거의 피해를 끼치지 않았다는 점은 아무리 강조해도 모자라지 않습니다." 전쟁이 끝난 후 그녀는 이와 같이 회고했다. "두 번째로 몰려온 병사들은 도적에 약탈자였으며 살인도 했습니다. 세 번째는 더 심했지요. 조직적인 파괴를 하기로 작정한 듯했습니다."

서안지구 이스라엘 통치자로 임명된 차임 헤르조그Chaim Herzog 소장은30 공수부대가 떠난 후 예루살렘 여단 예비군이 들어오며 혼란이 발생했다고 말했다. "기강이나 질서라곤 찾아볼 수 없었습니다. 이들은 아내와 애인들까지 불러서 시내를 돌아다닐 수 있게 했습니다. 예루살렘 전체가 몰려들어 파괴와 약탈을 일삼는 듯했지요."

헤르조그가 문제를 제기하자 이스라엘 의회는 이를 중단시키라는 법령을 내렸다. 약탈을 멈추기 위한 다양한 조치가 취해졌지만 대부분 무시됐다.31 일부 전투부대에서는 후방부대가 저지르고 있는 짓에 불만을 제기했다.32 구시가지 성벽에 앉아 있던 공수부대원들은 등에 보따리를 맨 채 아랍 거주지를 돌아다니는 병사들을 보았다. "나는 이들 중 한 사람에게서 소총을 빼앗았다. 그리고 그의 바로 앞에 총을 쐈다. 이 친구들은 엄청나게 놀랐다. 우리는 '가진 거 다 내놔'라고 소리쳤다. 벽에 보따리를 놓고 우리는 다시 한 번 총을 쐈다. 이번에는 겨우 손을 빗나갔다. 그들은 야영지로 바로 도망갔다."

서안지구의 약탈을 보고 충격을 받은 건 이들뿐만이 아니었다. 한 전투병은 민간인 "업자와 요리사들이 마을에서 물품을 약탈하는 모습"을 보았다고 말했다. "여성용 장신구를 카펫에 말고 있었다. 부끄러운 장면이었다." 독실했던 그의 지휘관은 이들을 붙잡고 성경을 꺼내 약탈이 왜 금지된 행동인지 읽어주었다.

동예루살렘 아메리칸 콜로니 호텔에 숙소를 차린 공수부대원 50명은 상당히 기강 잡힌 모습을 보여주었다.[33] 그들은 직접 음식을 갖고 왔고 물은 빗물 탱크에서 받아 썼다. 바닥에서 자겠다며 매트리스만 빌렸고 깨끗이 청소하고 떠난 방에는 모든 것이 제자리에 놓여 있었다. 한 장교는 호텔의 주인 가족이 소유한 오스틴 1100을 군용으로 징발하려 했다. 가족 중 한 명인 프리다 워드Frieda Ward가 차문을 열려고 하자 공수부대원들은 혹시나 부비트랩이 설치돼 있을까 봐 바짝 엎드렸다. 그녀는 이 차를 다시는 못 보게 될 줄 알았다. 하지만 몇 시간 후 병사들은 차를 다시 갖고 왔다. 그러나 워드의 가족은 금요일 이스라엘 후방부대가 들어오는 것을 보고 약탈자를 막기 위해 경비원들을 세웠다.

어느 군대에서나 전방 부대보다 후방 부대 규모가 큰 법이다. 구시가지에 사는 미국인 기자 압둘라 슐레이퍼도 두 번째 이스라엘 부대가 들어오는 모습을 보았다. "그들은 철로 된 셔터 자물쇠를 총으로 쏴 부수고 빈 집에 들어가 라디오, 보석, TV, 담배, 캔 음식, 옷 등을 훔쳤다. 요르단 왕 후세인의 예루살렘 궁전 옆 산책로에서 이스라엘 여군병사가 야회복을 입고 춤을 추는 동안 다른 병사들은 지하에 있는 주류저장고를 털었다."[34] 병사들은 동예루살렘 번화가에 있는 상점에 트럭을 대고 난로, 냉장고, 가구, 옷 등을 모조리 쓸어 넣었다.

약탈당한 집 중에는 움 사드Um Sa'ad의 집도 있었다. 그녀는 예루살렘 북동부 공항 부근에 살았다. 전쟁이 시작되자 그녀는 남편과 아이와 함께 라말라로 도망쳤다. 이들은 6일 동안 라말라에 머물렀다.

"전쟁이 끝나고 누군가 내게 와서 '당신네 대문이 활짝 열려 있어요'라고 말했다. 나는 그 집에 있던 모든 것을 잃었다. 소파는 갈기갈기 위아래로 찢겨져 있었고 커튼도 없었다. 쓸 만한 건 아무것도 남지 않았다. 결혼 사진도 칼에 찔려 있었다. 침대와 탁자 밑에 옷이 남겨져 있긴 했다. 당시에는 통금 때문에 누구도 집 밖에 나가 훔치거나 할 수 없었다. 이스라엘 병사들이 한 짓이 틀림없었다."

구시가지 팔레스타인 상점들이 다시 문을 열긴 했지만 주인들은 약탈이 두려워 상품을 많이 진열하지 않았다.[35] 한 영국 외교관은 이렇게 말했다. "우리 직원 중 일부도 오후 5시 무렵 정원에 앉아 있다 이스라엘 병사들의 총에 맞을 뻔했습니다. 이스라엘 병사들은 성질이 더럽기 짝이 없었습니다."

가자에 있는 이스라엘 병사들도 충동적으로 약탈을 했다.[36] 팔레스타인 난민들을 돌보던 UNRWA는 전쟁 후 약탈에 관한 종합 보고서를 작성했다. 유엔 자산에 대한 절도가 수십 건 있었다고 주장한 이 보고서는 지역 주민들에 의한 절도와 이스라엘 병사들에 의한 절도를 명확히 구분했다.[37] 한번은 사업국 책임자가 가자 시에 있는 유엔 음식창고에 갔는데 이스라엘 병사들이 이곳을 약탈하고 있었다. 병사들은 그에게 총을 들이대고 꺼지라고 말했다. 때로는 50명 이상의 병사가 이스라엘로 향하는 트럭에 물건을 실었다. 금고는 폭탄으로 폭파시켜 열었다. UNRWA는 가자와 서안지구에 있는 창고를 잃었다. 라파 난민 수용소에 있는 창고도 털렸다. 한 UNRWA 경비원은 목재와 파이프로 가득 찬 이스라엘 차량을 수용소 밖에서 보았다. 이스라엘 병력은 가자 YMCA와 호스텔을 두 주간 점령했다. 이들이 떠난 뒤 YMCA 의장 조지 리쉬마위George Rishmawi는 타자기, 백과사전, 금고, 텔레비전, 라디오, 침대, 담요, 매트리스가 모조리 사라진 것을 발견했다. 가자지구에 있는 모든 UNRWA에서 운영하는 학교들은 이스라엘군에 의해 사용됐다. 이들이 떠났을 때 조금이라도 가치가 있는 것은 모두 사라졌다. 재봉틀, 운동기구, 책상, 의자, 그리고 심지어 현관문과 문틀까지 빼앗겼다. 여러 차례 병사들은 이집트 화폐나 담배를 받고 음식과 물건을 팔레스타인인들에게 팔았다. 약탈하지 못한 것은 파괴했다. 데이르 알 발라 여자초등학교 화장실도 파괴됐다. 병사들은 대소변을 보기 위해 아동놀이센터 방을 이용했다. 교과서도 모두 불태워졌다는 보고가 여러 차례 있었다. 이스라엘을 의도적으로 빼고 제작된 팔레스타인 지도에는 총알구멍이 나 있었다. 전쟁 후 UNRWA는 70만 8,610달러 43센트를 이스라엘 정부에 청구했다.

유엔긴급군 평화유지단은 급히 떠나는 과정에서 상당한 수의 차량과 통신장비, 그리고 기타 중요 군사보급 장비를 놓고 갔다.[38] 전리품을 담당하는 부서가 따로 있었던 이스라엘군은 이를 모조리 접수했다. 유엔은 긴급군 물품을 이탈리아 피사Pisa로 옮겨 훗날 평화유지활동에 사용하고자 했지만 이러한 계획은 한 번도 실현되지 않았다.[39]

고대문화유적도 전리품이 되었다. 전쟁 중 이스라엘은 요르단이 운영하는 팔레스타인고고학박물관Palestine Archaeological Museum에서 두루마리로 된 사해 유물 일부를 빼갔다.[40] 이 물건은 여전히 서예루살렘 이스라엘 박물관Israel Museum에 보관돼 있다. 전리품 중에는 '라키시의 편지Lachish Letters'라는 것도 있었다. 이것은 한 요새 지휘관이 상관에게 보낸 것으로 도기에 고대 히브리어가 새겨져 있다. 요르단령 예루살렘이 합병되자마자 박물관 전체가 이스라엘 소유물로 선포됐다. 너무나 많은 이집트 유물이 시나이에서 옮겨지는 바람에 1979년 캠프 데이비드 협정에서 일부 반환할 것을 명시하기도 했다. 덕분에 유물 수백 점이 이집트로 돌아왔다. 열정적인 고대유물 수집가였던 모셰 다얀은 전쟁 전 네게브 사막에서 부대를 순시하다가 예쿠티엘 아담Yekutiel Adam 대령을 만났다. 대령은 그에게 시나이 국경 지대에서 방금 발견했다며 고대 화살촉과 부싯돌로 만든 곡괭이를 보여주었다. 둘은 육군 불도저를 동원해 추가 발굴 작업을 할 수 없음을 개탄했다. 다얀은 대령에게 무덤 유적이 발견되면 같이 열어볼 것을 약속했다.[41] 고고학적으로 봤을 때 다얀은 더할 나위 없이 좋은 전쟁을 치른 셈이었다. 이집트는 다얀이 시나이에서 "수백 점의 이집트 유물을 훔쳤다"고 주장한다.[42] 이집트는 무엇보다 40개의 동상을 반환하라고 요구하고 있다. 다얀이 텔아비브에 있는 집 정원에 시나이의 세라비트 엘카뎀 Serabit el-Khadem 사원 기둥 전부를 전시해놨다는 것이다.

카이로, 저녁

정보장관 모하메드 파엑Mohamed Fayek은 나세르 대통령의 연설을 준비하기 위해 엘 코바El Koba 궁에 방송팀을 보냈다.[43] TV 센터 사무실에 앉아 연설을 기다린 그는 무슨 일이 일어날지 예측할 수 없었다. 아침에 그는 나세르로부터 그의 이름이 연설 전 뉴스에 언급되지 않게 하라는 지시를 받았다. 파엑은 대통령이 당분간 언론의 조명에서 벗어나 있고 싶어 한다고 생각했지만 지금 보니 그보다 심각한 의도가 있는 듯했다. 나일 호텔에 억류된 미국인 기자들도 오후 7시 30분에 TV 앞에 앉았다. 연설은 7시 43분에 시작했다. 《르몽드》의 에릭 루로에 따르면 나세르의 "얼굴은 수척해 보였고 표정도 고통스러워 보였다. 그는 압도적으로 우울해 보였다. 그는 중간 중간 멈추며 때로는 내키지 않은 듯 연설문을 읽어갔다. 더듬거리기까지 했다."[44] 나세르는 그의 정치 인생 내내 카리스마 넘치는 대중연설가였다. 하지만 이때 그의 모습은 1주 전 모습과는 사뭇 달랐다.

나세르는 이집트가 지난 며칠간 '중대한 좌절'을 겪었다고 설명했다.[45] 그때 갑자기 공습경보가 울렸다. 나일 호텔에서 TV를 보던 미국인 기자 암브리스터는 나세르의 눈에 눈물이 고였다고 생각했다. 그로써 상황을 확실히 알 수 있었다. 나세르는 '패배'라는 표현을 쓰지 않았고 구체적으로 어떤 일이 일어났는지도 언급하지 않았다. 그는 이집트가 지난 5일간 겪은 재앙을 표현하기 위해 '낙사naksa'라는 아랍어를 사용했다. 일시적인 후퇴를 뜻하는 단어였다.(그의 표현은 상당히 대중을 파고들었다. 아직도 1967년의 참패는 아랍세계에서 '일시적인 좌절'로 불리곤 한다. 반면 1948년 전쟁은 '재앙'으로 여겨진다.) 나세르는 이집트가 종국에 이러한 '일시적 좌절'을 극복할 것이라고 말했다. 그리고 서방세계가 다시금 이스라엘을 도왔다고 비난했다.

"6월 5일 월요일 아침 적이 우리를 쳤습니다. 우리가 예상했던 것보다 강한 공격이었지만 적은 자신이 보유한 능력 이상을 보여줬다는 점 또한 분명히 해야 할 것입니다. 처음부터 적 뒤에는 다른 강대국들이 있었다는 점은 분명합니다. 이들은 아랍민족주의 운동에 대해 반감을 가진 나라들이었습니다.

우리 군은 사막에서 용맹하게 싸웠습니다… 적의 압도적인 우위 속에 제대로 된 공중지원도 없이 싸웠습니다. 어떠한 흥분이나 과장 없이 말하건대 적은 평소의 3배에 달하는 전력을 보여주고 있었습니다.

자, 이제 우리 스스로에게 질문을 던져볼 중요한 시점이 되었습니다. 그렇다 하여 이러한 일시적 좌절의 결과에 대해 우리 스스로 책임을 지지 않아도 되겠는가? … 국민여러분께 진심을 다해 말씀드리건대 이번 사태 내내 어떠한 변수들이 제 행동에 영향을 미쳤든, 저는 전적으로 책임을 질 준비가 되어 있습니다….

저는 국민 여러분이 저를 도와주서야만 내릴 수 있는 결정을 내렸습니다. 저는 제가 가진 모든 정부 내 직책과 정치적 지위를 포기하고 대중의 속으로 들어가 다른 모든 시민 여러분과 마찬가지로 제 의무를 다할 것입니다….”[46]

연설이 끝나자마자 아나운서가 울음을 터뜨렸다. 스튜디오 다른 곳에서도 흐느끼는 소리가 들렸다. 상처 입은 거인의 모습과 그의 목소리는 이집트와 아랍세계 전체에 거대한 울림을 일으켰다. 중부사령부 지휘관 살라하딘 하디디 장군도 카이로 군사지구 본부에서 이 연설을 지켜봤다.[47] 그는 토할 것만 같았다. “나세르가 우리를 이런 진흙탕 속으로 끌어들였다. 이제 이곳에서 우리를 끌어내야 하는 것도 그다.” 나세르가 신뢰했던 장관인 아민 호웨디Amin Howedi는 연설이 끝나고 30분 후 그를 만났다.[48] “그의 얼굴은 창백했다. 그의 눈은 휘둥그레져 있었고 멍하니 앞만 바라봤다.”

나세르의 연설이 끝나자마자 방송센터에 있는 모하메드 파엑 정보장관에게 성난 방문객들이 몰려왔다. 이집트가 낳은 최고의 가수 움므 쿨쑴은 나세르의 위대함을 알리는 연설을 할 수 있게 해달라고 애원했다. 아메르 원수 또한 그의 입장을 방송에 발표할 수 있게 해달라고 요청했다. 이집트 노동조합 위원장은 마이크로폰을 빼앗으려 스튜디오로 들어서려 했지만 직원들이 막아섰다. 파엑은 모든 요구를 거절했고, 다행히도 이집트 TV는 9시에 정규 방송을 마쳤다. 하지만 라디오 연설을 하겠다는 사람들을 막는 데 2시간이 더 소요됐다. 생존본능이 발동한 파엑은 누구도 나세르의 연설을 희석시켜서는 안 된다는 것을 알고 있었다.

카이로에 있는 아파트 건물 12층에서 《르몽드》의 에릭 루로는 맑은 날

씨임에도 불구하고 폭풍이 다가오는 소리를 들었다. 그는 발코니로 나가 보았다.

"사방에서 사람들이 개미처럼 집 밖으로 몰려나오거나 창밖으로 머리를 내밀었다. 우리는 바로 밑으로 내려갔다. 땅거미가 지고 있었고 도시는 정전으로 인해 절반쯤 어둠에 잠겨 있었다. 사방에서 사람들이 소리치거나 통곡하면서 몰려들었다. 놀라운 광경이었다. 일부는 잠옷을 입고 있었고 일부는 맨발이었으며 여성들은 저녁 드레스를 입고 있기도 했다. 모두 참을 수 없는 듯 신음했다. 이들은 '나세르, 우리를 떠나지 말아요, 우리는 당신이 필요해요'라고 외치고 있었다."[49]

총성이 들리기 시작했다. 나일 호텔에 억류되어 있던 한 미국인 기자가 불안에 떨며 기록했다. "공황에 빠진 이집트인들은 별이 뜬 하늘에 고사포와 로켓을 발사했다. 일부는 아슬아슬하리만치 가까운 곳에 떨어졌다."[50]

이제 미국기자들은 모두 겁에 질리기 시작했다. 한 기자는 1958년 바그다드의 호텔에서 유럽인들이 끌려나와 거리에서 도륙당한 일을 떠올렸다. 갑자기 한 이집트 육군 장교가 미국인 기자들에게 외쳤다. "방으로 뛰어가시오. 그들이 몰려오고 있소." 떼 지어 방으로 올라간 이들은 10시쯤 밑으로 내려와 저녁 식사를 하라는 얘기를 들었다. "몇몇 시위대가 호텔에 불을 지르려 했다는 얘기를 들었다. 경찰이 나서서 이를 막았다."

일부 성마른 시위대는 미국 대사관에 불을 지르려다 경찰의 저지를 당했다. 어떤 이들은 소련 대사관에 몰려가 반 소련 구호를 외쳤다.[51] 세르게이 타라센코는 전쟁 중 이날 밤처럼 공포를 느낀 적이 없었다. 마치 천만 명이 "나세르! 나세르!"를 외치는 듯했다. 소련 대사관 직원들은 밤이 끝나기만을 초조히 기다렸다.

나세르는 15년간 아랍세계에서 지배적인 인물로 군림했다. 웅장한 풍채를 자랑하는 그는 대중의 사랑을 받았고 영웅 대접을 받았다. 나세르는 아랍이 식민지 지배와 1948년의 참패로 잃은 자존심을 되돌려주었다. 20대 청년들은 그의 치적을 들으며 성장하다시피 했다. 영국의 식민지 지배, 고향과 권리를 잃고 헤매는 팔레스타인인들의 비참한 상황, 그리고 이스라엘과 서방 강대국들에 맞서는 나세르에 관한 이야기가 〈카이로 라디오〉에서 흘러나왔다. 나세르가 사임하기 몇 시간 전까지만 해도 〈카이로 라디오〉는 여전히 아랍군이 승리하고 있다고 보도하고 있었다. 그러나 이제 바로 그 목소리가 지금껏 믿어왔던 모든 것을 산산조각 내고 있었다. 나세르라는 자랑스러운 아들, 큰형, 아랍민족의 아버지가 이제 떠나고 있었다. 민중이 거리로 쏟아져 나온 것도 놀랄 일은 아니었다. 당시 이를 지켜본 사람들은 수십만이 카이로 거리로 뛰어나왔다고 증언했다. 이집트에서 두 번째로 큰 도시인 알렉산드리아에서도 거대한 인파가 거리로 나왔다. 수에즈 운하에 있는 포트사이드에서는[52] 사람들이 수도로 가 나세르를 외치는 군중에 합류하겠다고 하는 바람에 주지사가 나서서 막아야 할 정도였다.

나세르가 정말 사임하려 했는지 아닌지는 여전히 이집트 내에서 상당한 논쟁을 불러일으킨다. 많은 사람들은 나세르가 정치적 연극을 했다고 믿는다. 어찌되었건 그는 아마 달리 선택의 여지가 없다고 느꼈을 것이다. 이집트군의 패배는 어마어마했기에 그는 수요일이나 목요일쯤에 민중봉기가 일어날 것이라고 생각했다. 연설을 하기 전 나세르는 정보장관 모하메드 파엑에게 다음과 같이 말했다. "난 법정에 회부돼 카이로 한가운데서 교수형에 처해질걸세."[53]

사임하는 게 더 품격 있을 뿐 아니라 훗날 정계에 복귀할 기회를 준다고 그는 판단했을 것이다. 그러나 나세르는 대중이 이러한 반응을 보일 줄은 전혀 예측하지 못했던 것 같다. 연설 후 그의 저택에 거대한 인파가 몰렸다. 국방부장관으로 임명될 예정이었던 아민 호웨디의 부인은 너무나 슬픈 나머지 실내복을 입은 채 집 밖에 나와 군중에 합류했다.[54] 파엑은 관용차를 타고 나세르의 저택에 갔다. 군중이 너무 많아 차가 움직일 수 없게 되자 그는 밖으로 나와 걸었다. 갑자기 누군가 그를 나세르의 후계자로 지목된 부통령 자카리아 모히에딘이라고 소리쳤다. 성난 군중은 그를 밀치며 옷을 찢어버렸다. 영웅 나세르의 자리를 빼앗으려 한다며 그에게 욕을 퍼부었다. 대통령 경호대에 구조된 파엑은 헝클어진 머리로 나세르의 저택에 들어섰다. 나세르는 안에 홀로 앉아 있었다. 파엑은 그에게 어느 여성이 비통함에 스스로 목숨을 끊었다고 전했다.

일부 시위는 조직적이었다. 집권당인 아랍사회주의연합은 카이로에 약 2만 명의 시위대를 조직해두었다.[55] 관영 〈유고슬라브 통신Yugoslav News〉에 의하면 집권당은 거리에서 시위대를 진두지휘했다. 그러나 여전히 시위가 상당 부분 자발적이었다는 점은 의심하기 어렵다. 정당 관계자들이 시위를 조직했다 하더라도 전국에 걸쳐 할 수는 없었기 때문이다. 일부 집권당 관계자들은 아직 지시가 내려오지 않았다는 이유로 당원들에게 카이로로 가는 차량을 빌려주지 않았다.[56] 시위대는 곧 정당 건물을 불태워 보복했다. 나일 삼각주 지역 주지사 가말 하다드Gamal Haddad는 카이로에 시위자들을 데려갈 수 있게 10일 아침 교통편을 제공하라는 집권당의 요청을 받았다.[57] 그는 사람들의 애통함이 진실되다고 믿었다. 사실 그의 관할 지역에서 집권당은 어떠한 것도 조직할 수 없을 만큼 무능했기 때문이다. 그날 저녁 〈카이로 라디오〉는 나세르가 다음 날 의회에 나타날 것이라고 보도했다. 집권당 소속 사회주의청년단체는 의회를 봉쇄하라는 공지문을

회원들에게 내렸다. '나세르가 사임을 취소할 때까지 밖으로 나오지 못하게 할 것.'

다마스쿠스

나세르의 사임 발표는 시리아인들에게도 큰 충격을 주었다. 시리아 정부는 공황에 빠졌다.[58] 요르단은 패배했고, 나세르가 사임했다는 것은 이집트도 마찬가지 처지라는 뜻이었다. 이제 이스라엘이 쳐부술 대상은 하나밖에 남지 않았다. 이스라엘군은 이미 시리아를 공격하고 있었다. 나세르 같은 지도자가 이스라엘을 막을 수 없다면 과연 누가 막을 수 있단 말인가? 정부는 생존에 목매기 시작했다. 전투를 그만두고 국경에서 불과 40마일밖에 떨어지지 않은 다마스쿠스로 퇴각하라는 명령이 군에 떨어졌다. 정부 주요 관계자들은 아예 수도를 떠났다. 군부는 후퇴하라는 명령에 분개하며 불복했다. 하지만 야전사령관 아마드 알미르Ahmad al-Mir는 총참모총장 수와이다니 장군에게 시리아군이 이스라엘의 측면 공격을 받고 고립되기 일보 직전이라고 보고했다.[59] 수와이다니는 결국 후퇴를 명령했다. 시리아군은 다마스쿠스로 이어지는 도로가 놓인 골란의 중심도시 쿠네이트라로 퇴각했다.

제6일
1967년 6월 10일

시리아–이스라엘 국경, 0826

이스라엘은 밤새 대오를 정비하고 보급을 마쳤다. 반격이 있으리라 생각했지만 그러한 일은 일어나지 않았다. 시리아군은 오히려 퇴각하고 있었다. 이스라엘 공군은 공중에서 이들을 폭격했다. 하지만 시리아군이 무너진 것은 치명적인 선전 실수가 원인이었다. 〈다마스쿠스 라디오〉는 이날 골란 지방의 중심도시인 쿠네이트라가 적의 손에 떨어졌다는 국방부 통지문을 인용해 보도했다. 이는 사실이 아니었다. 시리아는 일부러 잘못된 보도를 내보내 유엔안전보장이사회나 소련이 압박을 느껴 이스라엘군을 막을 수 있길 희망했는지도 모른다. 아니면 혼란과 공포 속에 벌어진 단순한 실수였는지도 모른다. 시리아 국방부장관 하페즈 알아사드 대장은 2시간 후 정정보도를 명령했다. 그러나 이미 엎질러진 물이었다. 이스라엘군을 대적하던 시리아 병사들은 '걸음아 나 살려라' 하며 도망쳤다. 전선 지휘관 아마드 알미르는 말을 타고 도망쳤다.[1] 일부 예비군 장교들은 민간인 복장으로 갈아입고 다마스쿠스로 향했다.[2] 〈다마스쿠스 라디오〉는 미국과 영국이 이스라엘을 돕고 있다는 주장을 반복하며 실수를 만회하려 했다.

"적의 공군은 강대국만이 보여줄 수 있는 숫자로 하늘을 뒤덮었습니다."

후에 바스당 관계자들은 쿠네이트라 함락을 때 이르게 보도한 것은 병사 수천 명의 목숨을 구한 슬기로운 전술이었다고 변명했다.[3]

이스라엘군은 진격했지만 퇴각하는 시리아군을 모조리 따라잡을 수는 없었다. 한 이스라엘군 고위 장교는 이에 대해 아쉬움을 토로했다.[4] "퇴각하는 적과 조우하기란 매우 어려웠다. 우리가 도착할 때마다 적은 도망친 상태였다. 적 전차들에 포격을 가하면 늘 버려진 채 비어 있다는 것을 발견했다. 병사들은 모두 전차를 버리고 도망간 상태였다."

카이로

나세르는 결국 사임을 철회했다. 고위 이집트군 장교들은 거리에서 통곡하는 대중만큼이나 나세르가 돌아오길 바랐지만 까닭은 달랐다. 이들은 나세르가 이집트군을 수렁에 밀어 넣은 만큼 다시 꺼내놓을 책임도 있다고 믿었다. 그들은 아메르 또한 돌아오길 원했다. 그의 지휘 능력을 높게 평가해서가 아니었다. 만일 그가 숙청된다면 누구든지 숙청될 수 있기 때문이었다. 놀라운 점은 그의 무능이 만천하에 드러났음에도 불구하고 많은 이가 여전히 그에게 충성을 다하고 있었다는 점이다. 육군참모총장 파우지 장군이 아메르가 군사본부에 나타나 휘하 장교들에게 작별인사를 할 것이라고 발표하자 장교 500명이 아메르에게 경의를 표하고자 건물 홀에 나타났다.[5] 아메르가 나타나지 않자 장교들이 그의 이름을 연호하기 시작했다. 팽팽한 긴장이 돌았다. 카이로 군사지역 사령관 하디디 장군은 홀을 떠나 파우지가 있는 지하 벙커로 내려갔다. 그는 파우지에게 장교들을 만나 빨리 해명해야 한다고 말했다. 그렇지 않으면 혁명이 일어날지도 모른다는 것이다. 장교들 앞에 나타난 파우지는 아메르로부터 오지 못한다는 전화를 받았다고 말했다. 소란이 일었다. 장교들은 파우지에게 모욕적인 발언을 퍼부으며 꺼지라고 말했다. 이 소란은 정권에 심각한 위협으로 발전할 수 있었는지도 모른다. 그러나 선두에 나서는 장교는 없었다. 1시간 정도 고성이 오간 뒤 장교들은 실망한 채 하나둘씩 자리를 떠났다.

2시 30분 라디오 뉴스에서 나세르는 불만 세력을 언급하며 다시금 자신의 권위를 세우기 시작했다. 앵커가 장교 12명의 퇴임을 발표하는 통지문을 읽었다. 이날 오후 더 많은 해임 발표가 잇따랐다. 나세르에 대한 쿠데타가 있을 거라면 지금이 최적의 순간이었다. 그는 매우 위태로웠다. 그러나 누구도 나세르를 쓰러뜨릴 준비가 돼 있지 않았다. 하디디는 나세르를 보호할 만한 병력을 카이로에 남겨두지 않았다. 동원할 수 있는 모든 병력이 시나이에 투입됐다. 만일 반란이 있었다면 나세르의 대통령 경호대는 작은 장애물에 불과했을 것이다.

나세르가 가진 최고의 방어 수단은 그가 발산하는 카리스마였다. 나세르는 여전히 나세르였다. 그는 아랍이 가진 유일한 지도자였다. 거리에서 그를 위해 우는 사람들이 지금 벌어지고 있는 재앙의 총체적인 규모를 알지 못하는 바람에 그는 여전히 안전했다. 시나이에서 격파당한 병사들이 돌아오면서 진실이 퍼지고 있었지만, 국영 매체의 선전이 워낙 광범위하게 진행된 터라 대중이 사실을 알아차리는 데는 몇 주가 걸릴 게 뻔했다.

신문과 라디오, 그리고 텔레비전 방송은 이스라엘이 미국과 영국의 도움을 받고 있다는 주장을 두 배로 강화했다. 이들은 패배에 관한 진실을 끊임없이 은폐했다. 나세르가 사임 연설에서 사용한 '일시적인 좌절'이라는 표현만이 이를 설명하는 데 사용됐다. 1주 뒤에도 《가디언Guardian》의 마이클 월Michael Wall 기자는 "이집트 국민은 그들의 나라를 집어삼킨 재앙이 어떤 것인지 파악하지 못하고 있다"고 썼다.6 그러나 뉴스는 확산되고 있었다. 전선에서 돌아온 병사들은 "경악할 만한 사상자 수, 그 자리에 버려진 부상병들, 불타는 태양 밑에서 수백 마일을 걸어가는 사람들, 운하로 힘겹게 걸어가는 자들을 1명씩 학살하는 이스라엘 전투기들"에 대해 이야기하기 시작했다.

나세르의 자택 맞은편에 있는 사무실에서는 사미 샤라프Sami Sharaf가 신임 국방부장관이자 정보사령관인 아민 호웨디와 앉아 있었다.7 장교 2명이 들어와 샤라프에게 이집트군에 전차가 100대밖에 남지 않았다고 보고했다. 샤라프는 일어나 호웨디의 어깨 위에 팔을 올려놓고 그래도 뭔가 건졌다는 데 감사해야 한다고 말했다. 호웨디는 샤라프에게 1주일 전 이집트군은 1,000대 이상의 전차를 보유하고 있었다는 사실을 잊은 것 같다고 답했다. 그는 또한 이렇게 말했다. "아메르는 물러나야 합니다. 안 그러면 이 난국을 헤쳐 나갈 수 없을 것입니다." 추락할 자가 있다면 그건 나세르가 아니라 아메르 원수였다.

나세르는 권력을 되찾았지만 예전의 나세르가 아니었다. 전쟁 전날 밤 그는 피 한 방울 흘리지 않고 이스라엘을 무릎 꿇리고 그의 생애에서 가장 위대한 정치적 승리를 거둘 수 있을 거라 생각했다. 하지만 이제 그의 군대는 박살났고 그가 자리를 지킬 수 있는 건 달리 그보다 더 나은 지도자가 없기 때문이었다. 나세르만큼 대중에 안정감을 주는 사람은 없었다.

CIA 카이로 지부는 만약 나세르가 한순간에 사라진다면 '이집트 정부가 무너질 뿐 아니라 대혼란이 일어날 것'이라고 보고했다.[8] 물론 그가 있든 없든 이집트는 지금 가라앉는 배와 같았다. "선장이 건재하다는 인상을 줘서 선원들의 사기는 유지할 수 있을지 모르지만, 배는 여전히 가라앉고 있으며 선장 또한 배를 따라 가라앉고 있다."

가자

이브라힘 엘 닥학니 소령은 6월 6일 이후 와디 가자Wadi Gaza라 불리는 계곡 부근 오두막에 줄곧 숨어 지냈다.[9] 팔레스타인 주민들이 그에게 먹을 것과 마실 것을 주었고 이스라엘 병사들이 오면 알려주었다. 주민들이 준 조그마한 라디오로 그는 나세르가 사임했다는 소식을 접했다. 닥학니는 카이로에 있는 그의 동료들만큼이나 분노했다. 나세르는 떠나기 전에 책임을 져야 했다. 그러나 지금 그를 대체할 수 있는 자는 없었다.

　팔레스타인인들은 이스라엘군으로부터 도망치는 부하 병사 3명과 닥학니를 만나게 해주었다. 가자 주재 이집트군 정보장교였던 닥학니는 이스라엘군이 그를 찾고 있을 것이라고 생각했다. 전쟁 첫날 대공포에 맞아 떨어진 이스라엘 공군 조종사도 찾고 있을 게 틀림없었다. 그러나 조종사는 이스라엘군이 도착하기 전 이미 알아리시를 거쳐 카이로로 향하는 마지막 차량에 태워 보내졌다. 닥학니는 이스라엘 병사들이 포로와 민간인을 죽이고 있다는 이야기를 듣고 경악했다. 일부 주민들은 피살자들이 총을 맞기 전 자신의 무덤을 직접 파야 했다는 얘기도 해주었다. 닥학니는 절대 붙잡히지 않기로 결심했다.

그는 팔레스타인 농부로부터 낙타 1마리를 샀다. 그는 낙타와 병사 3명을 이끌고 시나이를 지나 집으로 돌아갈 생각이었다. 이들은 이집트에 도달하기까지 충분할 정도의 물, 밀가루, 설탕, 차를 낙타 위에 올렸다. 그리고 어둠이 깔린 후 가자지구를 따라 시나이로 이동했다. 이들은 이스라엘군의 정찰을 피하기 위해 도로를 사용하지 않고 밭과 과수원, 올리브숲 등을 지나갔다. 닥학니는 언제나 사복을 입어 자신을 감추길 좋아했기 때문에 전쟁이 발발했을 때도 군복을 입지 않고 있었다. 그의 병사 3명은 군복을 버리고 팔레스타인인들로부터 새로운 옷을 받았다. 이들은 모두 칼라슈니코프 소총을 몸에 숨겼다.

그들의 계획은 일단 시나이 사막으로 들어가 베두인 안내자를 찾자는 것이었다. 그들은 이스라엘이 침공할 당시 막 봉급을 받은 상태였는데, 가지고 있던 현금 대부분을 낙타를 사는 데 썼다. 그리고 운 좋게도 남은 돈이라도 받겠다는 남자를 만나 안내를 받을 수 있었다. 안내자는 낙타까지 1마리 더 데리고 왔다. 이들은 적어도 도로에서 10킬로미터는 떨어져서 열기를 피해 밤에만 이동했다. "매우, 매우 힘들었다. 모래는 아주 뜨거웠다. 공기도 뜨거웠다. 오후에 이동을 멈출 때면 햇볕을 피할 만한 텐트나 피난처도 없었다. 그저 머리를 가리고 앉아 쉴 뿐이었다." 이들은 3주 가까이 꼬불꼬불한 경로를 따라 이동했다. 믿을 건 낙타와 안내자밖에 없었다. 때로 그들은 이스라엘군이 앞에 있다는 베두인들의 얘기를 듣고 우회로를 선택해야 했다. 시간이 지나 이스라엘 병사들이 차례대로 집으로 돌아가며 사막은 조금씩 안전해졌다.

먹을 것이 떨어질 무렵 이들은 수에즈에서 40킬로미터 떨어진 바야르디아Bayardia 베두인 부족의 영역에 도달했다. 부족은 성서 시대부터 내려오는 전통대로 야자나무 가지로 천막을 만들어 살고 있었다. ('수코트

Sukkot' 라고 부르는 유대교 휴일에는 신자들이 야자나무 가지로 작은 오두막을 만들어 모세 시절 시나이를 떠돌던 유대인들을 기념한다.) 닥학니와 그의 일행은 시나이를 지나며 그들과 마찬가지로 이스라엘군을 피해 집으로 돌아가려는 이집트군 병사들을 지나쳤다. 그들 중 적지 않은 수가 베두인에 이끌려 이곳 야자나무 숙소로 와 있었다. 베두인들은 이집트군과 연락 체계를 유지했다. 이들은 일부 탈주자들을 밤에 해변으로 데리고 가 포트사이드에서 온 이집트 배들에 태워 보내곤 했다. 배에는 베두인들이 필요로 하는 밀가루와 생필품이 가득 채워져 있었다. 물건이 내려지면 그 자리에 시커먼 얼굴의 지치고 여윈 이집트 병사들이 올라탔다. 닥학니는 그를 구해준 베두인 안내자에게 자신의 낙타를 선물로 주었다. "나는 내가 이미 무덤에 누워 있는 것이나 다름없다고 생각했다. 시나이는 묘지였다. 그리고 그곳을 떠났을 때 나는 새로 태어난 셈이었다."

운하를 따르며 흐르는 분위기는 여전히 조심스러웠지만 휴전이 지켜지며 비교적 이완돼 있었다.[10] 아랍어를 할 줄 아는 이스라엘 병사들은 때로 이집트인들에게 소리를 질러 수박과 포로를 교환하자고 제안했다. 수영을 할 줄 모르는 포로들을 위해 운하 위로 팽팽한 밧줄이 걸쳐졌다. 수박은 물에 띄워져 전달됐다.

시나이

휴전이 이뤄진 후 아모스 엘론은 오싹할 만큼 조용한 사막을 차로 가로질러 북부로 가고 있었다.[11] 도로의 측면에 이스라엘 구조대가 파편을 뒤적이고 있었다. 반대편에는 이집트 안으로 더 깊이 들어가기 위해 남쪽으로 향하는 대규모 보급 차량 행렬이 보였다. 지뢰를 조심하라는 히브리어 표지 뒤편으로 나아가는 느낌은 묘했다. 엘론은 저녁 늦게야 예루살렘에 도착했다. 도시는 눈이 부실 만큼 환했다. 전기가 복구된 지 3일이 지난 때였다. 훗날 엘론은 "전쟁이 승리로 끝나자 오만한 감정이 증오심을 압도했다"고 회고했다. 그는 증오를 느끼지 못했는지 몰라도 이집트 포로들은 그렇지 않았다.

라마단 모하메드 이라키는 전쟁 둘째 날에 생포됐다.[12] 다른 포로들과 마찬가지로 그 또한 줄을 맞춰 누워 있었다. 이집트 포로들은 총살당할 것이라고 생각했다. 라마단은 오늘날까지도 지나가는 이스라엘 장교가 이들을 보고 병사들에게 포로를 처형하지 말라고 명령했기 때문에 자신이 살았다고 생각한다. 포로들은 알아리시 공군기지로 끌려가 격납고에 수용됐다. 이들은 베르셰바에 있는 포로수용소를 거쳐서 하이파 남쪽 아틀릿 Atlit에 있는 다른 포로수용소로 옮겨졌다. 라마단도 다른 많은 포로들과 마찬가지로 뚜껑이 열린 화물차에 실려 이동했다. 어떤 민간인들은 이들에게 돌을 던지고 침을 뱉거나 욕설을 퍼부었다. 아틀릿 포로수용소는 유독 열악했다. 빵과 양파가 제공됐지만 이마저 부족했다. 일부 포로들은 국제적십자사(ICRC)에 등록되기 전 몇 주에 걸쳐 위병들에게 총살당했다. 적십자사 관계자가 이곳을 방문하기 시작하자 여건이 조금씩 나아졌다. 음식이 더 제공됐고 총살도 없었다. 8월에 포로들이 폭동을 일으켰을 때 포로 1명이 죽었다. 포로들은 오후 4~9시 사이에 밖으로 나갈 수 없었다. 목이 너무 말라 금지된 시간에 밖으로 나간 포로에게 보초가 총격을 가하자 이들의 분노는 폭발했다. 포로들은 밖으로 뛰쳐나가 철조망을 뜯고 망루에 돌을 던졌다. 이스라엘군은 이집트 장군을 데려와 확성기로 상황이 나아질 것이라고 약속했다. 음식의 양이 조금 늘었고 포로들은 이집트 적신월사에서 보내온 새 속옷과 잠옷을 받을 수 있었다. 라마단 모하메드 이라키는 포로가 된 7달 동안 국제적십자사를 통해 집에 서신을 보낼 수 있었다. 그는 "걱정 마, 나 살아 있어. 언젠가 집에 돌아갈 거야"라고 쓰곤 했다.

예루살렘

유대교 안식일이었다. 나르키스 장군, 콜렉 시장, 그리고 이제 서안지구의 새 통치자가 된 헤르조그 장군은 통곡의 벽으로 갔다. 이곳에서는 1948년 이후 처음으로 유대인들에 의해 안식일 기도가 올려지고 있었다. 통곡의 벽이 점령됐을 때 이스라엘 병력은 이곳에 소변기가 놓여 있는 것을 보고 즉시 제거했다. 이제 그들은 모로코인 거주구역을 눈여겨보기 시작했다. 그곳은 통곡의 벽과 유대인 거주구역 사이에 놓인 작고 밀집된 가옥 단지였다. 이 지역의 역사는 700년 전 아이유브와 맘루크 왕조까지 거슬러 올라간다. 당시 예루살렘 통치자들이 북아프리카에서 온 이주민들을 위해 따로 땅을 배정하며 시작됐다. 지금은 150개 가구, 1,000명 이상이 좁은 골목 사이 작은 가옥에서 살고 있었고 많은 이가 여전히 북아프리카에 친척을 두고 있었다. 돌아오는 수요일은 중요한 유대 명절이었다. 수백 명 혹은 수천 명의 이스라엘인들이 찾아와 기도를 드리며 승리를 자축할 것이 틀림없었다. 콜렉이 '작은 빈민굴'이라고 부른 모로코인 거주구역이 걸림돌이 될 것이었다.[13] 그와 나르키스, 그리고 헤르조그는 이곳을 밀어버릴 '역사적인 기회'가 그들에게 왔다고 판단했다. 그들은 해가 질 무렵 안식 행사가 끝나자 불도저를 들여보냈다. 헤르조그는 훗날 약간 자랑스러운 듯 "우리는 누구의 허락도 받지 않았고 허락을 구하지도 않았다"고 말했다.[14] 이들은 자신들이 빨리 행동하지 않으면 그토록 많은 민간인이 사는 가옥을 제거해버리는 게 정치적으로 어려워질 것이라고 믿었다. "우리는 시간을 잃을 것을 걱정했고 정부가 결단을 내리지 못할 것을 두려워했다. 며칠만 지나면 너무 늦을 것임을 우리는 알았다."

아브드 엘라티프 사이드Abd el-Latif Sayyed는 모로코인 거주구역에서 태어난 20세의 수습 교사였다.[15] 1967년 당시 그의 가족 18명은 통곡의 벽에서 15야드 떨어진 방 5개짜리 집에 살았다. 모로코에서 이민 온 그의 외증조모는 1810년에 예루살렘 주재 모로코 종교 지도자들로부터 이곳에 살아도 좋다는 허가를 받았다. 그런데 이제 그의 가족은 1시간 안에 떠나라는 지시를 받았다. 그들은 겁에 질렸다. 그들은 이스라엘 병사들이 그저 집을 수색할 것이라고 생각했지만 누구도 물어볼 엄두가 안 났다. 그러기엔 새로운 점령자들이 너무 무서웠다. 아브드 엘라티프의 가족은 몇 시간 안에 다시 집에 들어갈 수 있을 것이라고 생각하고 모든 물건을 안에 두고 나왔다. 아브드 엘라티프의 이모는 그의 집에서 100야드 가량 떨어진 모로코인 거주구역 반대편에 살고 있었다. 이모의 가족도 집으로 돌아가도 좋다는 지시를 기다렸지만 멀리서 불도저가 무언가를 으깨며 삐걱거리는 소리만 들렸다. 신경이 곤두선 이들은 도대체 무슨 일인지 궁금해했다. 아마 이스라엘군이 도로를 짓는 것일 거라고 서로에게 말했지만 밤이 깊어갈수록 근심은 커졌다. 소리가 난 쪽으로 가 살펴보려 하면 이스라엘 병사들이 제자리로 돌아가라고 소리 질렀다.

나즈미 알주베는 이 모든 걸 지켜볼 수 있었다.[16] 할아버지 집 지붕에서 그는 불도저들이 모로코인 거주구역의 테두리를 점점 부숴가는 것을 보았다. 건물을 하나씩 납작하게 만든 뒤 조금씩 더 안쪽으로 들어갔다. 화물차들이 와서 파편 조각들을 갖고 갔다. 작업은 밤새 진행됐다. 중부사령부 공병 장교 에이탄 벤 모셰^{Eitan Ben Moshe} 소령은 열정을 다해 이 일에 임했다.¹⁷ 그는 개인적인 분노도 느꼈다. 통곡의 벽을 욕되게 하기 위해 요르단이 설치한 소변기 때문이었다. 소변기를 제거한 그는 통곡의 벽 근처에 놓인 알부라크라는 조그마한 모스크(이슬람교 사원)를 쳐다보았다. 알부라크는 선지자 모하메드를 메카에서 예루살렘으로 데리고 온 날개 달린 말의 이름이었다. "나는 '말이 하늘로 승천했으니 이제 모스크도 승천하는 게 어때?'라고 말했다. 그리고 아무것도 남지 않을 때까지 이곳을 쳐부수었다."

다음 날 아침 아브드 엘라티프 사이드는 집이 있던 곳으로 갔다. 불도저가 밀고 지나간 곳에 남은 것이라고는 뒷마당에 놓여 있던 야자수 한 그루뿐이었다. 가족의 물건들은 모두 돌조각 밑에 깔려 있었다. 한편 나즈미의 부모는 이제 성벽 밖 집으로 돌아가도 안전하겠다고 판단했다. 그들은 해가 뜨자마자 이불 뭉치를 들고 출발해 언제나 걷던 좁은 골목과 계단을 따라 모로코인 거주구역 들어섰다. 마지막 모서리를 돌자 눈앞에 그들이 수년간 살았던 좁고 빽빽한 도로 대신 아무것도 없이 넓고 탁 트인 공간이 드러났다. 한쪽으로는 통곡의 벽이 보였다. 검은 옷을 입고 수염을 기른 정통 유대교인들과 수백 명의 병사들이 서로 팔을 붙잡고 불도저가 지나간 폐허 위에서 춤추고 있었다. 나즈미의 부모는 충격에 휘청거렸다.

"나는 외치기 시작했습니다. 모하메드와 아베드^{Abed}야, 어디에 있니? 그들은 모로코인 거주구역에 같이 살던 내 친구들이었습니다. 병사들이 와서 내게 사탕을 주더니 두 형을 체포해 갔습니다. 한 명은 교사였고 한 명은 변호사였어요. 형들은 다른 수백 명의 남자들과 함께 이틀 동안 알아크사 사원에 수용된 다음 군부대로 옮겨졌어요. 형들은 1주가 지나서야 석방됐어요. 우리는 폐허가 된 줄 알면서도 친구들이 살던 집 위를 계속 서성였어요."

라스미야 알리 타바키Rasmiyyah Ali Taba'ki라는 중년 여성이 건물 잔해 속에서 심하게 다친 채로 발견됐다.18 이웃들은 그녀가 집을 떠나라는 이야기를 듣지 못했다고 생각했다. 철거를 감독했던 한 이스라엘 공병이 그녀를 치료해보려 했지만 그녀는 이내 숨을 거두었다. 벤 모셰Ben Moshe 소령은 이스라엘 기자에게 적어도 "3명이 집을 떠나길 거부한 뒤 주검으로 발견됐다"고 말했다.

일요일 아침 내각 장관들이 이곳을 방문했다. 차임 헤르조그에 따르면 "그들은 망연자실했다. 폐허와 먼지밖에 보이지 않았다. 법학자이기도 한 와르하프틱Warhaftig 종교장관은 우리가 법을 어겼다고 주장했다. 어쨌든 이미 이뤄진 것은 어쩔 수 없지 않은가."

테디 콜렉은 모로코인 거주구역을 파괴해 큰 광장을 새로 만들 수 있게 되어 자랑스러워했다. 그는 자신이 전통적인 시오니즘 방식대로 새로운 현실을 지상에 창조하는 단호한 행동을 취한 것이라고 믿었다. "우리가 한 것 중 제일 잘한 일이며19 신속히 했다는 점도 좋았다. 이 유서 깊은 도시에는 갈루트galut(디아스포라)의 느낌이 있었다. 한마디로 흐느낌의 장소였다. 하지만 과거에는 그랬을지 모르지만 이는 우리가 미래에 원하는 것은 아니었다." 그의 부하들은 실로 신속히 움직였다. "이틀 만에 작업은 끝났다. 깨끗하게, 확실히."20

콜렉은 쫓겨난 사람들이 괜찮은 대안주택을 제공받았다고 하지만 그들은 이를 부인했다. 주민들은 1968년으로 날짜가 소급돼 있는 퇴거 명령서를 받았다. 100요르단디나르가 보상금으로 제시됐다. 절반 정도는 돈을 받았다. 하지만 나머지는 점령에 대한 항의로서 이 보잘것없는 보상금을 거부했다.

시리아-이스라엘 국경

라빈은 엘라자에게 쿠네이트라로 진격하라고 명령했다.[21] 이곳은 시리아 국경 지방 중심도시였다. 그런데 어떻게 된 일인지 이날 아침 다얀이 갑자기 진격을 중단하라 명령했다. 라빈이 이 명령을 전달했지만 엘라자는 이미 공중 작전이 진행 중인 만큼 너무 늦었다고 말했다. 다얀이 다시 명령을 내렸고, 라빈이 다시 엘라자에게 전화를 했지만 그는 라빈에게 같은 말만 반복했다. "미안합니다, 총참모총장님께서 지시하셨듯이 저는 공중 전력을 이미 보냈고 이제는 멈출 수가 없습니다." 라빈은 엘라자가 '일말의 죄책감도 갖고 있지 않다'는 것을 느낄 수 있었다. 전쟁이 끝난 후 라빈은 공중 여단이 여전히 대기 중이었다는 사실을 알게 되었다. 엘라자만큼이나 그의 부하 지휘관들도 최대한 빠르고 깊숙이 병력을 이동시키고 싶었다. 라빈은 엘라자가 공중 부대에 대해 거짓말을 하고 있는지 아닌지 제대로 확인하지 못한 책임을 인정했다. 그리고 훗날에는 다얀도 골란 고원에 대한 공격을 후회한 것으로 보이지만 당시에는 여전히 휴전을 무시하고 있었다.

최초 이스라엘 병력은 오후 2시경 쿠네이트라에 진입했다. 한 지휘관이 다음과 같이 보고했다.[22] "쿠네이트라 입구까지 사실상 어떠한 저항도 없이 도착했습니다… 우리 주변에 온통 전리품이 넘칩니다. 게다가 고장난 것도 없습니다. 전차는 엔진이 돌아가고 통신 장비도 멀쩡한 채 버려져 있습니다. 제대로 한번 싸워보지도 않고 쿠네이트라를 얻었습니다."

시리아군이 남기고 간 물품들은 눈을 돌릴 수 없을 정도였다. 쿠네이트라 전역이 약탈당했다. 7월에 이곳을 방문한 닐스 고란 거싱Nils-Goran Gussing 유엔특사에 의하면 "거의 모든 상점과 가옥이 약탈당한 것처럼 보였다".23 일부 건물은 약탈 후 불에 타기도 했다. 거싱은 이스라엘 대변인으로부터 "종종 전쟁과 약탈은 떼려야 뗄 수 없는 관계죠"라는 애매한 답변을 받았다. 이스라엘은 쿠네이트라가 함락되기 전 24시간의 시간이 있었으므로 시리아 병사들이 도망가며 충분히 약탈했을 수 있다고 주장했다. 이를 공손한 자세로 들은 거싱은 "쿠네이트라에 대한 광범위한 약탈은 이스라엘군에 상당 부분 책임이 있다"고 결론지었다. 〈다마스쿠스 라디오〉가 쿠네이트라 함락을 보도한 08시 26분과 실제 함락이 이뤄진 14시 00분 사이에는 시간이 별로 없었다. 공포에 젖어 시동도 끄지 않고 전차를 버린 병력이 상점을 털며 퇴각했으리라 보는 것은 무리가 있었다.

뉴욕, 0850

목요일 밤 시리아가 휴전 결의안을 받아들였다는 사실을 이스라엘은 애초부터 의미 있게 받아들이지 않았다.24 이스라엘은 원하는 만큼 진격할 생각이었고 강대국의 개입이 없는 한 중단할 마음이 없었다. 하지만 갈수록 시간이 촉박했다. 이스라엘 정부는 이를 잘 알고 있었고 유엔안보리 대사들도 이스라엘이 대놓고 남의 땅을 잠식해가는 것에 대해 참을성을 잃어가고 있었다. 이들은 토요일 이른 아침 한자리에 모여 시리아 전선에서 새로운 소식이 들어오길 기다렸다. 쿠네이트라 공격이 한계점이었다. 영국 대사 카라돈Caradon 경은 안보리가 두 차례나 휴전을 존중할 것을 촉구했는데도 이스라엘이 쿠네이트라를 공격한 데에는 '분명한 의도'가 있다고 보았다.25 프랑스 외교관 세이두Seydoux와 마찬가지로 그는 다른 곳에서는 전투가 끝난 마당에 다시 쿠네이트라를 점령한다는 것은 '어떠한 명분도 없다'고 보았다. 다마스쿠스 부근에 계속되는 폭격도 "비난받아 마땅하다"고 말했다. 유엔에 와 있는 아바 에반은 에슈콜에게 전화를 걸었다. 에슈콜의 부인 미리암이 전화를 받았다.[26] 에슈콜은 북부에 있는 부대를 순시하고 있는 중이었다. 에반이 말했다. "에슈콜에게 전쟁을 중단하라고 말씀해주십시오. 유엔이 제게 압박을 가하고 있어요." 미리암은 남편에게 전화를 걸었다. 에슈콜 총리는 차량 무전기로 연락을 받았다. 여사에 따르면 그는 상당히 들떠 있었다. 그는 "골란이 얼마나 아름다운지 등을 한참 얘기하더니 '여보, 내 말 들리지?'라고 말했다. 나는 '네, 네, 네, 그런데 좀 들어보세요. 오브리(부부는 항상 에반을 그가 히브리어 이름으로 바꾸기 전에 쓰던 이름으로 불렀다)가 이제 전쟁을 중단해야 한다고 했어요'라고 말했다. 에슈콜은 '잘 안 들려'라고 대답했다. 그래서 나는 1분 전에는 들리지 않았냐고 물었다… 그는 바로 그거라며 집에 가면 얘기하자고 말했다."

워싱턴DC, 0900

존슨 대통령의 국가안보보좌관인 월트 로스토는 6일 전쟁 기간 내내 그가 좋아하는 테니스를 한 번도 칠 수 없었다.[27] 하지만 토요일 아침이 되자 그는 뉴욕에서 휴전에 관한 작업이 이뤄지고 있다는 얘기를 듣고 테니스를 쳐도 되겠다는 생각이 들었다. 테니스장에 도착하자마자 백악관에서 메시지가 도착했다. 빨리 돌아오라는 것이었다. 소련이 직통선으로 메시지를 보내왔다. 이스라엘이 중단하지 않을 경우 소련도 군사적 행동을 취할 수밖에 없다는 내용이었다. 로스토는 "테니스장을 바로 나왔다. 테니스복을 그대로 입고 말이다."

코시긴의 메시지가[28] 텔레프린터에서 흘러나온 뒤 5분 만에 번역돼 존슨에게 전달됐다. 이스라엘의 시리아 진격에 대한 한마디 언급도 없이 코시긴은 "중대한 순간이 도래했다"고 말했다. 이스라엘은 안보리의 결의안들을 무시하고 있었다. 그러므로 미국은 이스라엘에 이후 몇 시간 내로 어떠한 조건도 없이 군사행동을 중지해야 한다는 경고를 보내야 한다는 얘기였다. 그렇게 하면 소련도 마찬가지 행동을 하겠다고 코시긴은 말하고 있었다. 만약 그렇게 하지 않으면 "이러한 행동들은 우리 사이에 충돌을 불러올 것이고 이는 중대한 재앙으로 이어질 것"이며 만약 이스라엘이 따르지 않는다면 "군사적 행동을 포함한 필요한 조치를 취할 것"이라고 코시긴은 경고했다.

로스토는 양복으로 갈아입고 백악관 상황실의 마호가니 탁자 앞에 모인 최고 참모들에 합류했다. 모두가 숨을 죽여 이야기하고 있었다. 대부분 1962년 소련이 쿠바에 핵미사일을 배치했을 때 모였던 사람들이었다. 오늘이 그 이후로 가장 위태로운 상황처럼 느껴졌다. 리처드 헬름스는 이런 모임에서 사람들이 이렇게 숨죽여 이야기하는 것을 처음 보았다고 생각했다. 존슨은 과묵하게 앉아 아침을 들고 있었다. 국무부 차관 니콜라스 카첸바크Nicholas Katzenbach는 이스라엘 대사관에 전화를 걸어 압력을 넣기 위해 상황실을 떠났다. 마침 미국에 와 있던 소련 주재 대사 루엘린 톰슨Llewellyn Thompson은 러시아어에 능통했다. 그는 '군사적 행동을 포함'한다는 말이 정말 들어 있는지 살펴보기 위해 코시긴의 메시지를 유심히 들여다보았다. 시리아에서 들어오는 정보는 개략적이었다. 리처드 헬름스는 정말 어떤 일이 벌어지고 있는지 파악하고자 다마스쿠스에 외교관을 파견한 우호국가들에 쉴 새 없이 전화를 걸었다. 그것밖에는 할 수 있는 게 없었다.

모든 것은 이스라엘이 얼마나 빨리 공격을 중단하느냐에 달려 있었다. 런던에서는 영국합동정보위원회(JIC)Joint Intelligence Committee가 소련은 사기를 치고 있는 게 분명하다고 수상에게 말했다.29 그들이 보기에 소련은 결코 미국과의 대치를 원치 않았다. JIC는 이스라엘이 그날 자정까지 고원을 점령하면 휴전이 실질적으로 효력을 발휘하기 시작할 것이라고 보았다. 소련은 그저 아랍 우호국들 앞에서 체면을 세우고 싶을 뿐이었다. 뒤늦긴 했지만 단호하고 강력한 자세로 시리아를 구했다는 것을 강조하려 한다는 것이었다.

그러나 상황실에 있던 대부분의 미국 관료들은 이스라엘이 다마스쿠스까지 진격할 계획이라고 봤다. 그렇다면 사태는 실로 거대해질 수밖에 없었다. 이에 동의하지 않는 자는 맥조지 번디밖에 없었다. 그는 소련이 "다마스쿠스에 있는 친구들을 보호하려고 말로 할 수 있는 가장 현란한 입놀림을 하고 있다"며 영국과 비슷한 입장을 취했다. 미국은 이스라엘이 시리아 수도까지 침공하려는 계획을 갖고 있다는 정보를 입수한 바 있었다. 공세가 시작되기도 전에 텔아비브 소재 서독 외교관들은 현지 소식통들로부터 이스라엘군이 시리아군을 섬멸하려면 다마스쿠스까지 진격하지 않을 수 없을 거라는 얘기를 들었고 이를 미국 측에 전달했다.30

미국은 신속히 코시긴에게 답장을 주어야 했다. 텔레프린터에 적절한 어조로 답하는 일은 여간 민감한 작업이 아니었다. 그들은 답장이 너무 공손하면 마치 겁을 먹고 물러서는 것처럼 보일까 걱정했다. 존슨은 09시 30분에 답변을 승인했고 이는 09시 39분에 송신되었다. 그는 코시긴의 경고에 맞대응해 긴장을 높이지 않길 원했다. 대신 그가 휴전을 위해 노력하고 있다는 것을 코시긴에게 알려 소련 정부를 안심시키려 했다. 코시긴은 경고성 발언을 거듭하며 다음과 같은 답장을 보내왔다.

"우리는 다마스쿠스와 지속적이고 방해 없는 연락을 유지하고 있습니다. 만약 이스라엘이 항공, 야포, 전차 등 모든 종류의 무기를 동원하여 다마스쿠스를 향해 공세를 진행하고 있다면… 추가적인 유혈 사태를 막는 것이 시급합니다. 이는 더 이상 지연돼선 안 됩니다."

1시간 정도 후 존슨이 상황실에서 나가자 맥나마라 국방부장관이 톰슨에게 고개를 돌려 조용히 말했다. "소련이 이렇게 위협하는 상황에 6함대가 시칠리아 부근을 빙빙 돌고 있다는 게 안타깝다는 생각이 안 드오? 6함대를 돌려서 항공모함 2대와 관련 함선들을 동지중해로 보내는 게 괜찮은 생각일 것 같지 않소?" 루엘린 톰슨과 리처드 헬름스도 동의했다. 헬름스는 "소련이 바로 알아들을 것"이라고 봤다. "소련도 지중해에 함대를 몇 개 갖고 있고 각종 전자장비로 6함대를 지켜보고 있으니까요. 일단 대오를 정비해서 그쪽으로 가기만 하면 모스크바에 메시지가 바로 전달되겠죠." 맥나마라는 존슨이 상황실에 돌아오자마자 6함대를 동쪽으로 보내자고 제안했다. 존슨은 웃으며 동의했다.

맥나마라는 보안장치가 된 전화기를 들고 명령을 내렸다. 5월 20일 6함대 소속 일부 함선들은 이스라엘과 이집트 해안에 이틀 내 도달할 수 있는 거리에 머물라는 지시를 받았다.[31] 배마다 최고 속력이 다른 만큼 이는 사실상 키프로스에서 서쪽으로 200~600마일 떨어진 크레타와 로도스 섬 부근을 뜻했다. 맥나마라의 명령이 떨어진 이후 이들은 지중해 동부 연안으로 약 100마일 가량 이동했다. 시리아에 관한 명쾌한 정보가 없는 상황에 미국은 즉흥적으로 움직였다. 헬름스는 6함대를 이동시키기로 한 '중대한' 결정은 "매우 자신 있게 이뤄졌다"고 말했다. "단 1분 만에 이뤄진 결정이었다. 서류 따위는 없었다. 제대로 된 체계도 없었다. 계산도 없었다. 비상 계획도 없었다. 한마디로 아무것도 없었다!"

그럼에도 미국은 능숙하게 사태를 다루었다. 이스라엘이 다마스쿠스를
공격하지 않은 채 휴전을 받아들일 것처럼 보이자 긴장이 순식간에 사그
라졌다. 물론 그 이전에 상황실 대통령 참모들은 분주히 소련의 수행능력
에 대해 열띤 토론을 벌일 정도로 분위기가 고조돼 있었다. 번디는 "소련
이 할 수 있는 행동은 그다지 놀랄 것이 없어 보인다"고 말했다. 그러나
최근 공개된 자료에 따르면 소련은 당시 군사 작전을 열심히 계획하고 있
었다. 소련은 5월과 6월 초 흑해에 주둔하던 해군 함대를 지중해로 파견
했다. 미국의 해군력에 맞설 규모는 아니었지만 작지 않은 규모였다. 또
한 전쟁이 시작될 무렵에는 8~9대의 잠수함을 지중해에 배치했다.

소련이 군사적 행동을 계획했다는 것은 의심의 여지가 없다. 전략항공
여단 사령관 바실리 레셰트니코프Vassily Reshetnikov 장군은 '다수의 군사적
표적을 폭격하러 이스라엘로 갈 전략항공연대를 준비시키라'는 명령을
받았다.[32] "우리는 준비를 시작했다. 지도를 검토하고 이스라엘의 대공
방어체계를 연구했다… 피가 솟아올랐다… 폭탄을 비행기에 장착하고 출
발 신호만 기다렸다."

이사벨라 지노르Isabella Ginor라는 이스라엘 기자는 크렘린 궁이 강경파를
제어해 군사행동을 막으려고 노력했다는 증거를 발견했다.[33] 이스라엘군
이 시리아로 진입하자 소련은 병력 1,000명과 전차 40대를 상륙용 주정에
태워 보내 이스라엘의 주요 항구이자 해군 기지가 있는 하이파 북쪽에 상
륙시키려는 계획을 세웠다. 소련의 아랍어 통역원들이 5월 11일 이후 계
속해서 배에 타고 있었다. 이들은 하이파 상륙이 이뤄진 후 이스라엘 내
아랍인들과 연락을 취할 예정이었다. 기습부대는 급조됐지만 이스라엘에
충분한 피해를 입혔을 것이다. 대부분 이스라엘 육군이 이집트, 시리아,

요르단 전선에서 싸우고 있었고 하이파로 돌아오려면 24시간은 걸렸을 것이다. 이스라엘 공군은 상륙 초반에 소련군에 폭격을 가했을 것이다. 반면 소련이 직접 개입되면서 상황은 더 위태로운 국면으로 흘러갔을 것이다. '자원'하라는 명령을 받은 일부 병력은 이것이 얼마나 위험한 작전인지 알고 있었다. 그중 하나는 지노르에게 이렇게 말했다. "그래서? 상륙에 성공했다가 3차 세계대전이라도 일어나면?"

6월 10일 열린 공산당 정치국 회의에서 강경파 대표주자인 안드레이 그레츠코Andrei Grechko와 KGB 수장 유리 안드로포프Yurii Andropov*는 행동을 촉구했다. 그러나 민간 정치인들은 '상륙 후 30분만 지나면 세계가 파멸에 놓일 것을 깨닫고' 이를 거부했다. 안드레이 그로미코는 대신 외교관계를 단절하자고 제안했다. 안드로포프의 군사 보좌관 중 한 명인 니콜라이 오가르코프Nikolai Ogarkov는 1991년에 다음과 같이 회고했다. "소련 봉건체제하에 아프가니스탄밖에 골칫거리가 없다는 점이 얼마나 신께 감사할 일인가. 폴란드, 중동까지 있었다면… 핵전쟁은 상상만 해도 끔찍하다."

암와스

라트룬의 트라피스트 수도원에는 서안지구의 암와스와 베잇 누바, 그리고 얄루Yalu에서 쫓겨난 일부 팔레스타인인들이 피신해 있었다. 인근 이스

---

* **유리 안드로포프** 소련공산당 중앙위원, 당 정치국원, 공산당서기장 등을 거쳐 1983년 최고회의 간부회 의장이 되었다. 1939년 소련공산당에 입당한 그는 1967년 KGB 의장을 역임하기도 했다. 동유럽 및 중국문제 전문가였으나 1983년 갑작스런 중병으로 일선에서 물러났다.

라엘 정착촌 낙숀 키부츠의 한 관리는 이들을 라말라로 '이송'시키라는 명령을 받았다.[34] 아랍인들을 밖으로 '이송'시켜 유대국가의 영토를 확장하는 건 시오니스트다운 발상이었다. 이를 위해 1930년대 이후 다양한 방안이 모색됐다. 이스라엘에서 이는 여전히 극우파들이 좋아하는 발상이다. 한 정착촌 관계자는 1년 뒤 '이송'이란 사실상 주민들을 집에서 고통스럽게 몰아내는 것을 의미한다고 말했다. "명령은 명령이지만 강제로 아이들과 사람들을 밖으로 끌어내 버스로 이동시킨다는 것은… 최대한 인간적으로 하려고 했지만 여전히 소화하기 힘든 일이었다. 누군가를 죽이거나 이미 죽은 사람을 다루는 것보다 훨씬 힘들었다."

힉맛 딥 알리는 인근 마을에서 가족과 재회했다.[35] 이들은 라말라로 가는 긴 행렬에 합류했다. 마을 바깥에서는 입영이 가능할 만한 연령의 남성 25명이 이스라엘군에 체포됐다. 힉맛은 아이 둘을 양팔로 껴안고 한 아이는 어깨 위에 태운 채 이동했다. 병사들은 자기들끼리 잠시 논쟁을 벌인 뒤 그를 보내주었다.

베잇 누바를 지키는 병사 중에는 아모스 케난^{Amos Kenan}이라는 육군 예비역도 있었다.[36] 그는 살구나무, 포도나무, 올리브나무 숲 사이에 서 있는 석조 가옥들의 아름다움에 놀랐다. 그늘을 만들기 위해 조심스레 물을 주며 기른 사이프러스와 다른 나무 여러 그루가 멋스럽게 서 있었다. 나무들 사이에는 잘 가꾸어진 채소밭이 있었다. 베잇 누바에서 케난과 그의 동료 병사들은 부상당한 이집트 특전사 지휘관과 일부 나이든 여성들을 발견했다. 곧 마을 주변에 진지를 구축하라는 명령이 내려왔다. 〈이스라엘 라디오〉는 팔레스타인인들에게 집으로 돌아가도 안전하다는 방송을 아랍어로 내보내고 있었다. 그럼에도 불구하고 병사들은 얄루와 베잇 누바, 그리고 암와스에 들어오는 사람 누구에게나 머리 위로 총격을 가해

겁을 주었다. 케난과 그의 동료들은 암와스, 얄루, 베잇 누바는 파괴될 것이고, 가옥은 폭파해서 잔해만 남게 될 것이기 때문에 이러한 행동을 할 수밖에 없다는 얘기를 들었다. 소대장은 이를 통해 이스라엘과 요르단 사이의 대치선인 라트룬의 '손가락'을 잘라버리고, '살인자들의 소굴'을 처벌하며, 잠입자들의 미래 근거지를 없앨 수 있을 것이라고 말했다.

오후가 되자 첫 불도저가 도착해 나무 뿌리를 뽑고 가옥을 부수었다. 안에 있는 물건들도 예외는 아니었다. 일부 피난민들이 마을로 들어가기 위해 돌아왔다. 케난의 소대는 아랍어로 자신들이 받은 명령을 설명했다. 그들은 머리 위로 총을 쏴서 피난민을 돌려보내라는 명령을 무시했다. 많은 병사들은 이미 1948년 전쟁을 치룬 바 있었다. 케난은 스턴 갱Stern Gang이라는 극단주의 부대에 소속돼 영국에 맞서 싸우기도 했다. 이들은 평화롭게 사는 농부들에게 해를 입히는 이런 작전을 좋아하지 않았다. 그러기에는 이들은 연륜이 많았다.

케난은 훗날 자신의 경험을 책으로 출판했다.37

이들은 걷기조차 힘든 노인들이었고 나이든 여자들은 혼잣말을 중얼거렸다. 엄마들은 애기들을 팔에 안고 있었고 조그마한 아이들은 물을 달라며 훌쩍이고 있었다. 이들은 백기를 흔들었다. 우리는 베잇 시라Beit Sira로 가라고 말했다. 그들은 어딜 가든 쫓겨났으며 이제 더 이상 갈 데가 없다고 말했다. 이들은 음식이나 물 없이 4일 동안 이동했다고 말했다. 일부는 걷다가 쓰러져 죽었다. 그들은 마을로 되돌아갈 수 있기만을 청했다. 그런 다음 죽어도 좋다는 것이었다. 일부는 양, 염소, 낙타, 당나귀 등을 갖고 왔다. 어떤 아버지는 밀을 잘게 부수어 네 자녀에게 먹였다. 지평선 너머 더 많은 난민들이 오고 있는 게 보였다. 한 사람은 등에 50킬로그램짜리 밀가루 자루를 이고 있었다. 그렇게 수마일을 걸었던 것이다. 노인과 여자, 아기들이 끊임없이 밀려왔다. 이들은 너무 지쳐 앉으라는 자리에 털썩 주저앉았다… 우리는 이들이 물건을 꺼내올 수 있게 집에 들여보내지 않았다. 집이 부서지고 있는 걸 보지 못하게 하라는 명령 때문이었다. 아이들은 울었고 일부 병사들도 울었다. 우리는 물을 찾으러 나섰지만 전혀 찾을 수가 없었다. 우리는 중령과 2명의 대위, 그리고 한 여성이 타고 있는 육군 차량을 멈춰 세웠다. 그리고 그들로부터 통에 물을 받아 난민들에게 나눠 주었다. 사탕과 담배도 나눠 주었다. 더 많은 병사들이 울었다. 우리는 왜 난민들이 가는 곳마다 쫓겨나야 하는지 장교들에게 물었다. 장교들은 걷는 게 그들에게 좋을 것이라며 "왜 그들에 대해 걱정하나? 아랍인들에 불과하지 않나?"라고 말했다. 우리는 30분 후 장교들이 헌병에게 체포됐다는 소식을 듣고 기뻤다. 이들의 차량에는 약탈물이 가득했다.

요르단에 있는 난민 수용소에서 베잇 누바 출신 한 가족은 조사원에게 마을이 붉은 흙으로 덮여지는 것을 보았다고 말했다. "마치 악몽을 꾸는 것 같았어요. 우리가 그곳에 한 번도 산 적이 없는 것 같은 느낌이 들었어요."38

서안지구 라말라에 있는 난민들은 집에 돌아가도 좋다는 이스라엘의 발표를 들었다. 힉맛 딥 알리는 돌아가려 하지 않았다. 아이 6명을 데리고 걸어간다는 것은 불가능했다. 그나마 시도한 사람들도 케난이 있던 곳 정도까지밖에 못 갔다. 그들은 자신들의 살던 가옥에서 나온 돌조각들이 이스라엘 트럭에 실려 가는 모습을 보았다. 그나마 남아 있던 물건들도 매립됐다. 이들은 다시 집을 지으려 했지만 허용되지 않았다. 마을들이 있던 곳은 '캐나다 공원Canada Park'이라는 숲으로 재개발됐다. 수십 년이 지난 지금 이곳은 유명한 이스라엘 유원지다.

뉴욕 유엔안전보장이사회

유엔 주재 미국 대사 골드버그는 이스라엘 대사 라파엘에게 외교관 휴게실에서 볼 것을 청했다.[39] 골드버그는 직설적으로 말했다. "이스라엘이 시리아 전선에서 모든 행동을 중단했다는 선언을 당장 하지 않으면 안 될 상황에 이르렀습니다. 페도렌코가 조만간 최후통첩 형태로 성명서를 발표할 거예요. 아마 '소련은 이스라엘이 휴전 결의안을 존중할 수 있게 가능한 모든 수단을 동원할 것'이라고 선언할 겁니다." 골드버그는 존슨 대통령의 구체적이고 긴급한 지시를 전달받아 말하는 것이라고 말했다. 존슨은 소련의 최후통첩으로 6일전쟁의 끝을 장식하고 싶지는 않았다. 그렇다면 "이스라엘뿐 아니라 우리 모두가 막대한 피해를 입을 것"이기 때문이었다. 라파엘은 다시금 본국 정부의 허가 없이 어떠한 것도 할 수 없다며 시간을 벌었다. 그때 예루살렘 외무부에서 전화가 왔다. 이스라엘은 내키지 않는 심정을 드러냈다. "현재 상태에서 이스라엘 국경 정착촌의 안정을 보장할 수 없지만" 그래도 공격을 중단하겠다는 입장을 밝혔다.[40] 라파엘은 휴전을 받아들이는 성명서를 받아 적었다. 휴전은 이스라엘 시간으로 저녁 6시 30분에 효력을 발휘하기 시작했다.

이스라엘은 미국과 영국의 장군 및 정보기관에서 예측했듯 적을 완전히 무찔렀다. 이스라엘 국민은 크게 안도하며 승리를 기뻐했다. 보안이 워낙 철저했던 터라 그들은 이스라엘 지휘부가 얼마나 자신에 차 있었는지 알 수 없었다. 대신 들려오는 것은 피가 얼 듯한 아랍의 선전이었고 이 외에 접할 수 있는 정보가 없었다. 유럽에서 홀로코스트가 일어난 지 22년밖에 되지 않은 상황에서 이들은 또 다른 대학살에 밀려들어가고 있다고 생각했다. 만약 아랍의 군대가 이 유대국가를 박살냈더라면 수백만이 넘는 아랍인들은 분명 기뻤을 것이다. 그러나 IDF 사령관들은 그럴 일은 절대 없으리라는 것을 잘 알고 있었다. 그러기에 이스라엘은 너무 강했다.

20세기 가장 위대한 종군기자 중 한 명인 마사 겔혼[Martha Gellhorn]*은 이스라엘의 승리에 대한 서유럽과 북미의 반응을 다음과 같이 정리했다.

"1967년 6월 이스라엘은 서방세계의 영웅으로 우뚝 섰다. 6일 전쟁은 근대 전쟁사에서 찾아볼 수 없는 위대한 승리로 끝났다. 다윗과 골리앗이 붙은 이 전쟁은 많은 이의 경탄을 자아냈다. 골리앗의 우월한 힘을 보면 다윗에게는 승산이 없어 보였다."[41]

6일간의 전쟁 내내 드러난 IDF의 저력을 보면 중동의 골리앗은 그 누구도 아닌 이스라엘임을 알 수 있다. 그러나 아바 에반 외무부장관은 이스라엘에 대한 서방의 막연한 동정심을 노련하고 재빠르게 파악하고[42] 전쟁 둘째 날 뉴욕에 있는 유엔에서 다음과 같이 연설했다.

"어떤 각도에서 보든 지난밤은 이스라엘에게 위태롭기 짝이 없는 시간이었습니다. 이스라엘은 숨넘어갈 듯이 병력을 동원했고 경제와 상업은 맥박조차 제대로 느낄 수 없을 지경이 되었습니다. 텅 빈 거리에는 어둠이 깔렸고 종말이 다가왔다는 공감이 가득합니다. 이스라엘은 이제 이 위기를 홀로 맞이해야 합니다…."

다윗과 골리앗의 비유는 1960년대 이스라엘과 서방에서 상당한 공감을 불러일으켰다. 이는 외교 무대에서 무시 못 할 무기로 작용했다. 이 비유 하나만으로 군사적인 승리가 정치적인 승리로 무리 없이 연결됐다. 에슈콜과 에반, 그리고 모든 이스라엘 정부 관계자들은 에반이 '악몽'이라

---

* **마사 겔혼** 20세기 최고의 종군기자로 60년 동안 동시대의 거의 모든 전쟁을 보도했다. 헤밍웨이의 세 번째 부인이기도 하다.

불렀던 1956년의 상황을 되풀이하지 않겠노라 다짐한 바 있었다.[43] 이 당시 이스라엘은 '영광스러운 승리를 거두었지만 어떠한 실질적인 이득 없이 정치적 압력에 의해 물러서야' 했다. 에슈콜과 에반이 장군들의 초반 압력에 무릎을 꿇지 않고 전쟁을 지연시킨 것도 중대한 의미를 가졌다. 바로 전쟁에 뛰어들지 않고 정치적 문제를 존슨에게 미룸으로써 이스라엘은 도덕적 우위를 확보했다. 미국은 중동 전쟁에 휘말릴 자신이 없었다. 이 점을 알았던 이스라엘의 지도자들은 외교적인 비난을 효과적으로 막아내면서 유능하고 자신감에 찬 장군들에게 권한을 이임했다. 6월 6일 에반이 다시 유엔안보리에 서서 연설을 할쯤 존슨 대통령의 최측근 참모들은 포괄적인 평화협정이 논의되기 전까지 이스라엘에게 점령 영토를 유지할 수 있는 권한을 주는 게 좋겠다고 대통령에게 건의했다. 결국 시나이는 1979년 캠프 데이비드 협정이 이뤄진 후에야 이집트에 반환됐다. 서안지구와 골란 고원, 그리고 가자는 여전히 이스라엘의 지배하에 있다.

전쟁이 끝나자 이스라엘 신문들은 메시아Messiah가 이스라엘 전차들과 함께 진군했다느니 하는 얘기를 떠벌리기 시작했다.[44] 신을 믿지 않는 이스라엘인에게도 이는 기적과도 같은 승리였다. 그러나 이스라엘이 승리한 것은 기적이 아니었다. 전쟁 준비는 한 세대에 걸쳐 이뤄졌다. 1972년 6일 전쟁에 참가했던 일부 지휘관들이 정치에 입문하며 20세기 들어 가장 압도적인 군사적 승리에서 자신들이 어떠한 역할을 했는지 공개했다. 훗날 대통령이 된 에제르 바이츠만은 한 이스라엘 신문에 "몰살당할 거라는 의식 따위는 없었다. 그런 가정은 한 번도 회의에서 진지하게 언급된 바가 없었다"고 밝혔다.[45] 차임 헤르조그도 훗날 대통령이 되었다. 그도 바이츠만과 같은 말을 했다. "전멸당할지도 모른다는 걱정은 전혀 할 필요가 없었다." 훗날 평화운동의 선봉자가 된 마티야후 펠레드 장군은 이보다 직설적이었다. "국경에 집결된 이집트 군력이 이스라엘의 존재를 위협한다고 하는 것은 상황을 조금이라도 분석할 아는 사람의 지능을 모욕하는 것일 뿐만 아니라 이스라엘 육군 자체를 모욕하는 일입니다."

　1967년에 이스라엘이 종말의 위기에 처해 있던 것이 아니었다면 그들은 왜 전쟁을 벌인 것인가? 15년 후 이스라엘 총리가 된 메나힘 베긴은 《뉴욕타임스》에 이렇게 말했다. "1967년 6월 우리 앞에는 선택이 놓여 있었습니다. 시나이에 집중된 이집트 군사력을 보면 나세르가 우리를 공격할 것 같진 않았습니다. 우리는 우리 자신에게 솔직해질 필요가 있습니다. 우리가 공격하기로 결정한 것입니다."

　전쟁을 하느냐, 아니면 나세르가 이스라엘에 최대의 정치적 수모를 안기도록 놔두느냐가 문제였다. 에일라트를 잃어 홍해와 아프리카, 그리고 이란산 원유를 얻지 못한다고 해서 이스라엘의 존재가 위협받는 건 아니었다. 분명 심각한 경제적 피해를 입었겠지만 이스라엘은 아랍에게 확실한 정치적 승리를 안겨주는 것보다는 이게 나았다고 보았다. 정치적 승리를 얻고자 나세르는 모든 것을 걸었다. 전쟁을 원하지는 않았지만 그는 군사적 위기를 벼랑 끝까지 몰고 가면 시오니즘에 타격을 입힐 수 있으리라고 생각했다. 그는 이스라엘이 전쟁을 벌이지 않을 것이라고 오판했다. 또한 그는 설령 전쟁이 일어난다 해도 강대국들이 개입할 때까지 이집트 군대가 IDF를 어느 정도 저지할 수 있으리라 보았다. 아랍과 이스라엘 모두 상대방의 동기를 읽는 데는 탁월했다. 하지만 나세르는 이때 잘못된 계산을 하고 말았다. 1967년 당시 이스라엘의 행동 강령은 명확했다. 나세르가 물러서지 않으면 전쟁을 개시할 것이며 1950년대 이후 줄곧 해온 방식 그대로 아랍을 패배시킬 것이라는 것이었다. 에슈콜과 에반은 전쟁을 탐탁지 않게 봤다. 그러나 그들은 나세르와 아랍이 정치적 승리를 거두는 꼴을 보느니 차라리 전쟁을 치르겠다고 생각했다. 장군들과 그들을 따르는 정치세력이 권력을 쥐었다면 전쟁은 조금 더 빨리 벌어졌을 것이다. 이들은 전쟁이야말로 이스라엘이 중동에서 피할 수 없는 숙명이라고 믿었다. 그들에게 있어 진정한 적은 머뭇거림이었다. 에슈콜, 에반, 알론, 다얀, 그리고 그 나머지 모두는 적어도 한 가지 점에 동의했다. 정치적이든 군사적이든, 그들이 선제공격을 하든 안 하든, 아랍에게는 어떠한 승리도 안겨줄 수 없다는 것이다.

아랍은 사후 평가를 시작했다. 한 논객은 "멍청하고 무책임한" 아랍 정권들이 "스스로를 피해자가 아니라 침략자로 보이게끔 했다. 이들이 전쟁과 정복을 이야기하는 동안 이스라엘은 조용히 싸울 준비를 했다"며 분노했다.[46]

아메르 알리Amer Ali 이집트군 예비역 소장은 아랍 연맹에 창피하리만치 적나라한 보고서를 제출했다.[47] 그는 취약한 정치군사적 지도력과 부실한 전략, 그리고 형편없는 보급망을 책망했다. 그에 따르면 전쟁의 근본 목표는 '적이 더 이상 저항을 계속할 수 없을 때까지' 무력화시키는 것이었다. "이러한 목표는 오직 끈기와 적극성을 통해서만 이룰 수 있다. 아랍 지도자들에게는 이러한 자질이 19년 동안 결여돼 있었고, 모든 아랍 라디오 방송의 거짓으로 인해 악화되기만 했다." 그에 따르면 아랍은 "세상에 존재하는 가장 효과적인 무기 중 하나인" 기습의 효과를 무시했다. 대신 아랍은 "스스로의 움직임을 선전했고 적이 이미 대비했을 재래식 계획을 추진했으며 적의 이동을 파악하기 위해 외신과 정기간행물에 의존했다."

아랍이 패배한 모든 측면에서 이스라엘은 승리했다. 아랍이 혼란에 빠져 있는 동안 이스라엘은 정확히 목표하는 바를 추구했다. 한 아랍 군사전문가는 "우리가 핵무기로 무장한다 하더라도" 지금 수준의 합동성과 운용성, 기습성으로는 언제나 이스라엘에 질 것이라고 보았다.[48] 비판은 군대에 국한되지 않았다. 아랍의 희망과 환상을 포장하기 위해 사용된 언어조차 공격을 받았다. 기자와 작가들은 더 정직하게 단어를 사용할 것을 촉구했다. 1950~1960년대 아랍세계에 널리 퍼진 혁명과 혁신, 그리고 재탄생에 대한 예언은 패배와 함께 공허한 것으로 드러났다. 지식인들 사이의 논쟁도 뜨겁게 일었다. 하지만 대부분의 아랍국가가 경찰국가였던 만큼 논쟁은 대중에 파고들지 못한 채 사라졌다. 전쟁이 끝난 후 몇 년간 대중은 종교지도자들이 전하는 강하고 뚜렷한 목소리에 귀를 기울였다.

낙타를 타고 시나이 사막에서 나타난 이브라힘 엘 닥학니 소령은 며칠 후 차를 타고 포트사이드를 떠나 카이로로 향했다.[49] 그는 이집트가 통제하는 수에즈 운하 지역에 야포 교전이 벌어지는 것을 보고 경악했다. 포탄들이 그의 주변에 떨어졌다. 가자를 떠난 이후 이렇게 공포에 떤 적이 없을 정도였다. "오, 신이시여, 이렇게 멀리까지 와서 이렇게 죽어야 하다니! 하지만 이틀 후 나는 카이로에 있는 내 사무실에 무사히 도착했다… 그리고 이제 우리는 재건을 시작해야 했다."

전쟁의 파장

작전명 존슨

이집트 장군단을 소집한 나세르는 분노했다. 그는 장군들을 '겁쟁이에 개자식들'이라고 불렀다.[1] 나세르의 참모들은 고위 장교들에 대한 보복이 있을 것이라고 경고했다. 그러나 재판만 열렸을 뿐 처형은 이루어지지 않았다. 나세르는 전쟁을 다시 시작하겠다고 열심히 허풍을 떨었지만 이스라엘은 눈 하나 꿈쩍하지 않았다.[2] 이집트가 재무장하더라도 '꽤 한참 동안' 전쟁을 수행하기 어려울 만큼 피해를 입었기 때문이다. 7월 말 이집트의 분위기는 초상집과 같았다.[3] 패배의 고통이 느껴지기 시작했다. 반정부 여론이 확산됐고 나세르의 정권을 지탱했던 장교들의 '부르주아적인 생활'에 대한 비판이 격렬히 일었다.

나세르의 가장 큰 골칫거리는 다름 아닌 아메르 원수였다.[4] 아메르는 총사령관 자리에서 물러나길 거부하며 나세르의 권위에 정면 도전하고 있었다. 나세르는 아메르가 쿠데타를 일으키지 않을까 다시 두려워하기 시작했다. 아메르는 카이로 교외 피라미드 부근의 기자Giza에 있는 가택에 연금되어 있었다. 그는 북부 이집트에 있는 고향 마을 출신 친척과 충성심을 유지하는 장교 200여 명에 둘러싸여 있었다. 이들은 아메르가 부와 명예를 누리던 시절에 그가 살갑게 보살펴준 사람들이었다. 이들은 저택을 요새화했다.

도시 반대편에서는 회원제 클럽의 수영장 주변에 나세르의 명령을 받은 최측근 인사 3명이 모여 앉았다. 이들은 신임 국방부장관 겸 정보사령관 아민 호웨디, 나세르의 최고위 해결사이자 1인 정보기관인 사미 샤라프, 그리고 내무부장관 샤라위 고마Sha'rawi Goma였다. 이들은 아메르를 굴복시킬 계획을 모의한 뒤 비꼬듯 '존슨 작전'이라 명명했다. 아메르를 자택에서 구속했다간 유혈 사태가 벌어질 게 뻔했다. 아메르가 외출했을 때 시내에서 그의 차를 세우기만 해도 피를 부를 수 있었다. 그래서 이 셋은 조금 더 조용한 방법을 떠올렸다. 일단 나세르가 저녁 식사를 핑계로 아메르를 자신의 집으로 초대하면 그사이 병사들이 아메르의 가옥을 포위하는 것이었다. 그리고 아메르에게 모든 게 끝났다고 선언하자는 것이었다. 이들은 아메르와 부하들이 순순히 항복하길 희망했다. 나세르는 8월 29일까지 작전이 끝나길 바랐다. 그는 그날 하르툼Khartoum으로 가서 6월에 벌어진 재앙에 대한 아랍의 조사에 응해야 했다.

아메르는 나세르와 다시 한 번 식사를 할 수 있다는 생각에 미끼를 덥석 물었다. 8월 25일, 그는 그의 집에 비해 소박한 대통령의 집에 도착했다. 그가 안으로 들어간 지 몇 분 만에 차가 압류됐다. 이제 도망갈 길은 없었다. 안에는 자카리아 모히에딘 부통령, 후세인 알 샤페이 부통령, 안와르 엘 사다트 국회의장이 나세르 옆에서 기다리고 있었다. 나세르는 전쟁이 끝난 후 사다트를 보내 아메르에게 망명을 권유한 바 있었다. 아메르는 호통을 치며 사다트를 돌려보냈다.

아메르가 들어가는 것을 지켜본 호웨디는 기자에 있는 아메르의 집이 병사들에 포위됐다는 것을 확인한 뒤 거실 밖 접견실로 들어갔다. 격앙된 목소리가 들렸다. 조금 지나 나세르가 밖으로 나왔다. 그는 '정유 공장처럼 연기를 뿜으며' 분노하고 있었다. 나세르는 계단을 세게 밟으며 침실로 올라갔다. 호웨디는 거실로 들어갔다. 팽팽한 분위기였다. 사다트는 눈물을 쏟기 직전이었다.

아메르는 비꼬는 말투로 외쳤다. "얼씨구, 국방부장관께서 오셨구먼. 자네들 아주 뭔가 제대로 작당 모의하고 있었더구먼." 그리고 화장실로 들어가더니 몇 분 후 물이 반쯤 들어있는 잔을 갖고 나왔다. 그는 잔을 바닥에 내던지고 "대통령한테 가서 아메르가 독약을 먹었다고 말하라"고 소리쳤다. 호웨디는 급히 계단을 올라갔다. 나세르는 이미 실내화와 티셔츠로 갈아입고 있었다. 호웨디는 다급히 아메르의 말을 전달했다. 나세르는 믿지 않고 냉소적으로 답했다. "그럴 거였으면 이미 시나이에서 그 모든 사태가 벌어진 다음에 했을 걸."

아래층에서는 의사들이 도착하고 있었다. 아메르는 어떠한 증상도 보이지 않았다. 오히려 더 힘 있게 혼자서만 물러날 수 없다고 소리치고 있었다. 그 시각 아메르의 자택 정원에서는 그의 부하들이 분주히 서류들을 태웠다. 새벽 4시경 파우지 장군이 기자에서 보고를 올렸다. 아메르의 부하들이 항복했다는 내용이었다. 화물차 3대 분량의 무기가 압수됐다.

아메르는 집으로 돌아왔다. 9월 13일, 그는 응접실에서 그의 11세 아들 살라Salah와 함께 앉아 있었다.5 이제 그에게는 사병도, 지위도 없었다. 집은 여전히 나세르의 병사들로 둘러싸여 있었다. 그를 이어 총참모총장이 된 파우지 장군과 요르단군을 지휘했던 리아드 장군이 방으로 들어섰다.

그들은 아메르에게 집에서 나올 때가 되었다고 말했다. 아메르는 거절했다. 병사들이 그를 붙들었다. 아메르는 키가 180센티미터가 넘는 단단하고 덩치가 큰 사나이였다. 그의 아들 살라는 아버지가 밖으로 끌려 나가는 모습을 지켜보았다. 살라가 마지막으로 본 아버지의 모습이었다. 당국자들은 아메르가 자살을 시도했기 때문에 구금해 감시할 수밖에 없다고 주장했다. 하지만 그를 검사한 의사들은 독극물을 찾을 수 없었다고 가족들에게 전했다. 파우지는 아메르를 피라미드에서 멀지 않은 마리오티아 Mariotya에 있는 비밀경찰 소유 별장으로 옮겼다. 경비가 삼엄하게 이뤄졌고 의사들이 6시간마다 아메르를 진찰했다.

9월 14일 아침, 아메르는 치통약과 책을 보내달라고 가족에게 편지를 보냈다. 다음 날까지 가족은 추가로 어떤 이야기도 듣지 못했다. 전령이 와서 아메르의 고향 마을인 북부 이집트 미냐Minya로 가보라고 했다. 그의 아내와 네 딸, 그리고 세 아들이 마을로 들어서자 울고 있는 여자들이 보였다. 아메르가 죽은 게 틀림없었다. 아메르는 이미 묘소에 안장돼 있었다. 살라는 아직도 묘비 위 시멘트가 마르지 않은 것을 기억한다. 공식 통지문이 뿌려졌다. 아메르 원수가 독약을 먹고 자살했다는 것이었다.

존슨 작전은 성공이었다. 아메르는 더 이상 나세르의 정권을 위협하지 않았다. 문제는 가족의 주장대로 아메르가 암살됐느냐 아니면 스스로 목숨을 끊었느냐이다. 분명 아메르가 자살을 선택할 이유는 있었다. 그는 개인적으로나 정치적으로나 완전히 추락했다. 재앙에 가까운 패배에 대해 모두 그를 탓했다. 그는 정부를 뒤엎으려는 음모로 재판을 받을 예정이었다. 형벌은 사형일 수밖에 없었다. 게다가 카이로 사교계에서는 아메르가 유명 여자 배우를 비밀리에 정부로 삼았다는 소문이 나돌았다. 몇십 년이 지났지만 호웨디와 샤라프는 여전히 아메르가 육군에서 아코니틴aconitine이라는 독극물을 구했다고 주장한다.6 호웨디에 따르면 아메르가 죽은 후 검시를 할 때 그의 고환 뒤에 사용되지 않은 독극물 캡슐이 테이프로 붙어 있었다. 그는 아메르가 가택 연금된 하루 뒤인 8월 26일 육군 독극물 책임관리가 그를 방문했다고 말한다. 관리는 훗날 원수에게 줄 아코니틴을 준비했다고 고백했다.

아메르의 유족은 그가 나세르의 지시로 암살됐다고 믿는다. 그들에 따르면 아메르는 아코니틴이 든 구아바 주스를 먹고 쓰러졌다. 그는 죽기 1주일 전 자신의 마지막 정치적 선언문을 완성했다.7 이 문서는 사후 레바논으로 빼돌려져 《라이프Life》 잡지에 공개됐다. 이 문서에서 아메르는 적이 목을 조여오고 있다고 말했다. 그는 더 이상 '친구이자 형제'인 나세르로부터 안전하다고 느끼지 못했다.

"내가 공개 재판을 원했다는 이유만으로 나는 협박을 받고 있다. 2시간 전 내가 명예롭던 시절에는 처다보지도 않았을 정보장교가 나를 찾아왔다. 그는 내가 입을 놀릴 시 영원히 잠재우겠다고 협박했다. 내가 대통령과 이야기하고 싶다고 하자 그는 이렇게 말했다. '대통령과의 친분 덕에 살 수 있다고 생각한다면 오산이오.' 나는 대통령에게 전화를 걸었다… 3일 내내 그가 바쁘다는 소리만 들었다. 나에 대한 음모가 진행되고 있는 게 틀림없다…."

부검 중 아메르의 몸에서 아코니틴이 발견됐다. 문제는 이게 '어떻게 몸에 들어갔는가'이다. 유족에 따르면 은폐 흔적이 곳곳에 있었다. 만약 그가 스스로 목숨을 끊을 생각이었으면 왜 죽기 몇 시간 전 치통약과 책을 보내달라고 했는가? 나세르의 부하들이 아메르의 죽음을 검사에게 알리기 때까지 6시간이 걸렸다. 법의학자가 오기까지 또 6시간이 걸렸다. 이때쯤 이미 아메르의 몸에는 깨끗한 잠옷이 입혀져 있었고, 독극물이 들어있던 구아바 주스 잔은 깨끗이 비워졌다고 유족은 주장한다.

법무부장관이 서명한 공식 보고서에 따르면 아메르는 이틀에 걸쳐 독극물을 투약해 목숨을 끊었다. 1970년에 나세르가 죽은 후 대통령이 된 사다트는 1975년에 이에 대한 재조사를 지시했다. 이집트 최고 독극물학자인 알리 디압Ali Diab 박사가 모든 증거를 다시 분석했다. 그는 아메르가 이틀에 걸쳐 아코니틴을 섭취하는 건 불가능했다고 밝혔다. 캡슐 하나에 들어 있는 소량으로도 아메르는 즉사했을 것이다. 누군가 독극물을 투여한 것이 틀림없다고 그는 주장했다.

CIA는 아메르가 없더라도 이집트군은 여전히 나세르에게 '주된 위험 요소'라고 판단했다.[8] 나세르는 모험을 감행했다. 일단 아메르는 죽어 방해가 되지 않았으므로, 남아 있는 아메르의 충복들을 군에서 숙청했다. 적어도 1961년부터 줄곧 걱정했던 측근 쿠데타의 위험이 이제 사라졌다. 나세르 덕에 파우지 장군은 총사령관의 자리에 올랐지만 그는 아메르가 누린 인기에 눈곱만치도 따라가지 못하는 인물이었다. 나세르는 8월 말 하르툼에서 열린 아랍정상회의에 편한 마음으로 참석할 수 있었다. 자신을 추앙하는 수백만 아랍 인구를 재앙으로 몰고 간 그였지만 그는 어느 때보다 강한 권력을 쥐게 되었다.

새로운 골리앗

이스라엘의 승리에 더할 나위 없이 흥분한 영국인 기자 제임스 캐머런은 월요일에 다음과 같이 썼다. "많은 이들은 시온Zion이 이스라엘이 건국된 19년 전이 아닌 오늘날의 놀랍고도 위대한 승리와 함께 태어났다고 말한다. 유대국가는 한순간에 다윗에서 골리앗으로 거듭났다."[9] 사실 이스라엘은 이미 수년간 골리앗이었다. 제대로 힘을 쓸 기회를 얻지 못한 것뿐이었다.

미국은 이스라엘을 다시 보기 시작했다. 1967년의 전쟁은 미국의 대중동 외교정책을 근본적으로 뒤바꿔놓았다. 그동안도 이스라엘이 항시 우선순위를 차지했지만 미국은 아랍국가들과도 서투르나마 좋은 관계를 만들려고 노력했다. 미국은 언제든지 이스라엘을 제어하고 공개적으로 비판하거나 유엔안보리에서 나무랄 준비가 되어 있었다. 아이젠하워는 이스라엘이 1956년 전쟁에서 획득한 땅을 반환하게 한 적도 있었다. 이 모든 것이 1967년의 속전속결로 변했다. 일부 백악관 고위 관료들은 이러한 미국의 태도 변화를 재빨리 감지했다. 아직 총알이 1발도 발사되지 않던 5월 31일, 국가안보 보좌관 해럴드 손더스Harold Saunders는 나세르가 군대를 동원한 2주의 기간 동안 "우리는 20년간 유지한 정책을 뒤집었다"고 말했다.[10] "이스라엘이 진짜 승자인지 모른다. 20년간 이스라엘은 우리와 특별한 관계를 맺기를 원했다. 상호안보조약도 추구했다. 그러나 우리는 중동에서의 이익을 보존하기 위해 이를 고집스레 거절해왔다." 이제 미국은 돌이킬 수 없을 만큼 이스라엘 편에 서 있었다.

미국은 이스라엘이 짧은 시간 안에 이길 수 있으리라고 봤다. 실제 일이 그렇게 벌어지자 이스라엘은 동맹국으로서 매우 흥미로운 연구대상이 되었다. 존슨 정권은 베트남 전쟁 때문에 쉴 새 없이 피를 흘리고 있었다. 하지만 이스라엘은 더할 나위 없이 손쉽게 전쟁을 끝냈다. 게다가 서방의 무기를 사용해 소련의 동맹국과 소련의 무기를 무찔렀다. 대통령 특사 해리 맥퍼슨은 존슨에게 보내는 서신에서 '베트남이 가져다 준 의심과 혼란, 그리고 불확실성 이후 이토록 완전하고 확실한 헌신을 보여준 민족을 만난 것은 깊은 감동을 안겨준다'고 썼다.[11] 1967년 대부분의 서방인들이 그랬듯 맥퍼슨은 '사브라의 강인함'을 보며 깊은 인상을 받았다. "전쟁에 처한 이스라엘은 창백하고 비실거리는 상투적인 유대인의 이미지를 산산조각 냈다. 내가 만난 병사들은 얼굴이 검게 그을려 있었고 강하며 근육질이었다. 장교와 병사들 간 민주적인 소통이 이뤄졌지만 규율과 완벽히 조화를 이뤘다. 병사는 종종 장교와 토론을 벌이고 경례에는 인색했지만 중요한 순간에 누가 지휘권을 쥐고 있는지 의심하지 않았다." 미국에서 이스라엘은 엄청난 대중적 지지를 받았다. 미국은 이 강하고 젊은 우방국과 사랑에 빠졌다.

미국은 언제나 아랍세계에 수많은 적을 두고 있었다. 이제 미국은 20세기 초에 영국이 맡았던 역할을 넘겨받았다. 아랍세계에 있어 모든 악의 근원이 된 것이다. 아랍 소식에 누구보다 밝았던 암만 주재 CIA는 정보원은 다음과 같이 보고했다. "몇 마디 적당한 말을 건넴으로써 미국이 아랍을 달래고 체면을 되찾던 시절은 끝났다… 미국 정부는 분명히 알 필요가 있다. 아랍세계는 미국을 증오한다. 표면적인 예절, 패배의 충격으로 인한 무감각, 미국인들과의 개인적인 친분 때문에 학식 있는 요르단인들 사이에서 이 증오가 보이지 않을 뿐이다."[12] 상황을 되돌릴 길은 이스라엘이 점령한 영토를 반환하게끔 하는 것밖에 없었다.

러스크 국무부장관은 점령이 길어질 경우 어떠한 위험이 있을지 잘 알고 있었다. 6월 14일 딘 러스크는 백악관 국가안전보장회의 특별위원회에 만약 이스라엘이 서안지구를 계속 점령한다면 "20세기 나머지 기간 내내 보복에 시달릴 것"이라고 말했다.[13] 이제 21세기에 접어든 지금에도 잃은 땅을 회복하려는 팔레스타인인들의 열망과 복수심은 그 어느 때보다 강하다.

존슨도 시간이 갈수록 '곪아가는 문제들'을 인식했지만 분명한 선택을 내렸다. 6월 19일 연설에서 그는 6월 4일 상황으로 영토를 회복하는 일은 '평화가 아닌 새로운 적대심을 불러올 처방'이라며 이스라엘에 동조했다.[14] 전쟁 전 이스라엘은 1956년에 그랬듯 전리품을 모두 잃을 것을 두려워했다. 그러나 전쟁 전 몇 주 동안 에슈콜과 에반이 보여준 인내와 절제로 인해 이스라엘은 이를 걱정하지 않아도 되었다. 평화협정이 있을 때까지 이스라엘은 얼마든지 점령한 영토를 유지할 수 있었다.

점령

전쟁에서 돌아온 25세의 한 이스라엘 병사는 새로 획득한 영토로 인해 이스라엘이 영원히 바뀌게 되었다고 동료들에게 말했다. "우리는 정말 소중한 것을 잃었어. 우리의 조그마한 영토를 잃었다는 것이네… 이 조그마한 영토는 거대한 영토 속에 묻혔어."[15]

전 세계 모든 사람이 익숙히 알고 있는 아랍과 이스라엘간의 문제들 — 테러, 점령, 정착촌, 예루살렘의 미래 등 — 은 모두 이 전쟁의 결과로서 현재 형태를 갖게 되었다. 획득한 영토는 빠르게 자리를 잡았다. 그 안에 도사린 위험은 무시되었다.

전쟁이 끝난 후 이스라엘의 초대 총리 다비드 벤구리온은 승리가 가져올 수 있는 파멸적인 매력에 대해 경고했다.[16] 이스라엘 좌파 싱크탱크인 베잇 베를Beit Berl에서 한 연설에서 그는 새로 얻은 영토를 유지할 경우 유대국가가 순수성에 피해를 입고 심지어 사라질지도 모른다고 걱정했다. 그는 평화협정이 체결되든 아니든 이스라엘이 예루살렘을 제외한 모든 영토를 반환해야 한다고 봤다. 그러나 벤구리온은 현실 여론과 동떨어져 있었다. 그는 비록 이스라엘 독립의 기획자였지만 늙고 제멋대로였으며 사람들은 이제 그를 무시했다. 외무부장관 아바 에반은 골란에서 수에즈까지, 그리고 다시 요르단 강 전역을 따라 펼쳐진 이스라엘의 새로운 지도를 보며 경악했다. 이 모든 영토는 '평화의 보장책이 아닌 때 이른 전쟁을 부르는 초청장'이었다.[17] 에반은 이스라엘이 영국의 뜻대로 팔레스타인을 아랍과 나눠가짐으로써 나라의 정통성이 얻어진다고 보았다. 그렇기에 그는 점령한 영토를 협상의 카드로 사용하고 싶었지 팽창이나 영구적인 소유의 대상으로 보고 있지 않았다.

그러나 이스라엘 내 분위기는 이와 완전히 다르게 변하고 있었다. 이스라엘군이 아랍군을 박살낸 것과 비슷한 속도였다. 단 1주도 지나지 않아 이스라엘 대중은 절망에서 구원으로 인도됐다고 생각했다. 자국의 강대함과 아랍의 취약함 덕분에 이스라엘인들은 이제 더 이상 위험을 느끼지 않았다. 이스라엘 장군들만 알고 있던 사실을 이제 모두가 알게 되었다. 전후 새롭게 구성되는 중동의 지형을 보며 우려한 아바 에반은 "창밖에서 들려오는 절제되지 않은 기쁨 속에 나 홀로 불안에 휩싸였다"고 말했다.[18]

1967년 전쟁은 이스라엘을 점령자로 만들어놓았다. 그렇기에 이 전쟁은 오늘날까지 의미를 잃지 않고 있다. 하룻밤 만에 이스라엘은 서안지구와 가자에 사는 100만 명 이상의 팔레스타인인의 목숨을 좌지우지할 수 있게 되었다. 이 경험은 이스라엘이나 팔레스타인 모두에게 비극이나 다름없었다. 2003년, 이스라엘은 여전히 이곳을 식민지로 삼고 있다. 그사이 팔레스타인 인구는 3배로 불어났다. 아바 에반은 팔레스타인인들이 '깃발과 명예, 자존심과 독립에 대한 열망'을 잃지 않을 것이라고 정확히 예측했다.[19] 그럼에도 이스라엘은 여전히 팔레스타인을 종속시키려 노력하고 있다. 점령은 목숨을 싸구려로 만들고 점령을 강요하는 자와 이에 저항하는 자 모두를 잔인한 인간으로 변모시키는 폭력의 문화를 생산했다. 인권과 자치는 팔레스타인인에게 먼 나라의 이야기가 되었다. 갈 곳 없는 이들은 갈수록 극단주의 세력에 몸을 맡겼다.

징후는 처음부터 곳곳에서 포착됐다. 이스라엘이 승리를 공고히 한 뒤 일부 전투병들은 점령 업무를 혐오스럽게 여겼다. 한 병사는 정복자가 되는 일이 "인간의 존엄성을 파괴한다"고 불평했다.[20] "나 스스로 느낄 수 있었다. 나는 인간의 목숨에 대한 존경심을 잃고 있었다."

전투부대가 물러선 뒤 들어온 후방병력은 '순간 자신들을 강자로 인식하며… 지배자로 군림할 수 있는 좋은 기회로 생각'했다. 1967년 11월, 한 영국인 기자가 아브라함, 이삭, 야곱, 그리고 그들의 아내들이 묻혔다는 헤브론의 묘지를 방문했다.[21] 이곳은 유대인과 이슬람교도 모두에게 성스러운 곳이다. 입구에 선 한 병사가 유대교에 대한 존경심을 표현하는 차원에서 머리를 가릴 것을 주문했다. 기자가 이슬람교 전통에 따라 신발도 벗겠다고 하자 병사는 그럴 필요 없다고 손을 저었다. 상호 증오는 이후 더 깊어졌다. 40년간의 점령 기간 동안 이스라엘 병사들이 얼마나 팔레스타인인을 우습게 여기게 됐는지, 그리고 그로 인해 얼마나 적나라한 증오를 받게 됐는지 알고 싶다면 몇 시간 동안 검문소 하나만 방문하면 된다. 물론 전쟁 전에도 증오는 있었다. 차이가 있다면 증오가 이제 일상적이 되었다는 것이다.

1967년 6월, 정치인의 꿈을 깊이 숨긴 채 아리엘 샤론 장군은 시나이 본부를 떠나 헬리콥터를 타고 이스라엘로 돌아갔다. 그는 해안가에 낮게 붙어 날 것을 조종사에게 주문했다. 제벨 리브니, 알아리시, 라파, 가자 등 이스라엘이 획득한 땅을 지나며 그는 옆에 있던 국방부장관의 딸 야엘 다얀에게 엔진의 굉음을 뚫고 무언가를 소리쳤다. "그는 우리가 아직 밖을 보지 못했다는 듯 손을 뻗어 가리키며 무언가를 중얼거렸다. 우리가 듣지 못한다는 것을 깨달은 그는 종이를 꺼내 '이 모든 게 우리 것'이라고 썼다. 그는 소년처럼 자랑스럽게 미소 지었다."[22]

사막에 있는 동안 이들은 승리의 여파로 어떤 일이 벌어질지 논의했다. 그리고 '기존의 국경 및 휴전 협정은 모두 무효'라는 결론을 내렸다. 훗날 노동당 정치인이 되어 평화운동을 주도하게 된 야엘 다얀은 전쟁으로 이스라엘은 '무언가 새롭고 더 안전하고 더 거대하고 강하며 행복한 존재'가 되었다고 말했다. 샤론은 양국이 평화협정을 체결한 뒤 시나이 반환을 감독하는 정부 관료가 되었다. 2001년 총리가 된 그가 서안지구와 가자, 그리고 골란 고원에 관해서도 같은 일을 할 수 있을지는 의심스럽다.

의기양양한 장군 중에는 에제르 바이츠만도 있었다. 그가 빚어낸 공군은 전쟁을 승리로 이끌었다. 그는 언제나 이스라엘이 '헤브론과 나블루스, 그리고 예루살렘 전체'를 소유할 권리가 있다고 떳떳이 주장하고 다녔다.[23] 그는 이스라엘 좌파 출신 동료 대부분으로부터 주의를 받았다. 공군참모총장시절 그는 부하들에게 서안지구 언덕에 사는 아랍인들이 이스라엘의 주민들을 '밤새 불빛으로 반짝이며 푸르게 번영하고 번성하는' 감질나는 스트리퍼처럼 여긴다고 강의하곤 했다. "건강한 남자가 제대로 된 스트립쇼를 보면 어떤 느낌인지 잘 알지? 맞아, 바로 그거야! 그렇기에 우리에게는 선택이 없어. 아랍은 이스라엘의 헐벗은 국경에서 멀리 떨어져 있어야 해. 그래야 이스라엘을 정복하고자 하는 야만적인 생각을 머리에서 없앨 수 있지!"

예루살렘

홀로코스트 생존자인 엘리 위젤Elie Wiesel은 전쟁이 끝난 후 이스라엘의 승리를 소재로 한 소설을 썼다. 『예루살렘의 거지A Beggar in Jerusalem』라는 이 구원을 주제로 한 소설에서 유랑의 상징인 거지가 통곡의 벽에 서서 유대 민족의 고유한 비극이 승리로 이어졌다고 설파한다. '유대 민족과 그들의 이름이 사라진' 동유럽에서 온 공동체가 힘을 모아 새로운 보금자리가 된 도시 주변에 '아무드 에쉬Amud Esh(혹은 불기둥)'라고 부르는 안전막을 세웠다는 것이다.24 시겟Sighet, 우치Lodz, 빌나Vilna, 바르샤바Warsaw, 리가Riga, 비알리스토크Bialystok, 드랑시Drancy, 브라티슬라바Bratzlav. 예루살렘은 드디어 여러 곳에서 온 민족 전체의 단일한 기억으로 자리 잡았다.

"그리고 죽은 자들이여." 거지는 떨리는 목소리로 이어나갔다. "오늘날 살아 있는 전령과 승자는 죽은 자들을 잊지 말아야 할 것이오. 이스라엘은 적을 무찔렀소… 왜 그런지 아시오? 내가 알려드리리다. 이스라엘은 그 군대와 민족이 전투에서 600만 명을 더 동원했기 때문이오."

소설가 아모스 오즈는 시나이 공수부대 출신이었다. 그는 예루살렘에 대한 권리를 주장하는 이스라엘에 반박한 몇 안 되는 이스라엘인 중 하나였다. 그는 그가 살고 있던 정착촌(키부츠)에서 예루살렘에서 싸우다 죽은 아들 때문에 눈물 흘리는 여인을 보았다. 죽은 젊은이의 이름은 미하 히만Micha Hyman이었다. 그녀를 위로하려던 한 이웃이 말했다. "보세요, 결과적으로 우리는 예루살렘을 해방했지 않나요. 그는 무의미하게 죽은 게 아니에요." 25 히만 여사는 폭발했다. "나한테 통곡의 벽을 전부 갖다 주어도 미하의 새끼손가락만큼의 가치도 없어요." 오즈의 결론은 다음과 같았다. "만약 우리가 우리의 생명을 위해 싸웠다면 미하 히만의 새끼손가락

만큼의 가치는 있었을 것이다. 그러나 우리가 통곡의 벽을 위해 싸웠다면 이는 그의 새끼손가락만큼의 가치도 없다. 날 비난하려면 하라. 나도 통곡의 벽을 사랑하지만 결국 돌덩어리에 불과하다. 그러나 미하는 사람이었다. 인간이었다. 통곡의 벽을 폭파시켜 그가 돌아올 수 있다면 그렇게 하라고 나는 말하고 싶다!"

하지만 오즈는 소수에 불과했다. 종교인이든, 세속인이든, 무신론자든, 통곡의 벽이 점령된 것을 보고 전 국민이 희열을 느꼈다. 이들은 모두 예루살렘을 얻으려 싸우다 잃은 젊은이들의 목숨이 충분히 가치 있었다고 보았다. 이스라엘은 이제 완전해 보였다. 유대 민족의 역사적 수도가 드디어 유대 민족의 손에 들어왔고 이는 앞으로 다시는 잃지 말아야 할 것이었다. 샤론 장군의 본부에 있던 야엘 다얀과 그의 친구들은 "예루살렘은 논쟁의 대상이 아니다"라고 결론 내렸다. 이는 거의 모든 이스라엘인이 공감하는 생각이었다. 일부는 구시가지 내 성지들을 국제적인 감독하에 두자고 했지만 여전히 이스라엘이 최종 지배권을 행사하자는 데는 이견이 없었다.26

통곡의 벽이 점령된 지 몇 분 후 요엘 헤르츨은 그 앞에 서서 생애 처음으로 이스라엘이 자신과 깊이 연결되어 있다는 느낌을 받았다. 그는 그때까지 늘 자신이 외부인이라고 생각했다. 멀지 않은 곳에 그가 우상으로 여긴 나르키스가 서 있었다. 나르키스는 그를 부관으로 삼아 기회를 주었다. 헤르츨은 루마니아에서 태어났고 그의 아버지는 나치에게 살해당했다. 1947년 그의 가족은 새로 들어선 공산정권을 벗어나 팔레스타인으로 가기 위해 루마니아에서 탈출했다. 헝가리로 들어서는 이들을 향해 소련 병사들이 총을 쐈다. 고작 10대 소년이었던 헤르츨은 경황없이 어두운 숲으로 들어갔다가 가족과 헤어졌다. 소련인들은 그를 고아원으로 보냈다.

4년 후 헤르츨의 아버지와 친분이 있던 유대인 공산당 지부장이 그를 가엾게 여겨 가족이 기다리고 있는 이스라엘로 보냈다.

헤르츨은 입대할 수 있는 나이가 되자마자 바로 IDF에 입대했다. "조그마한 체구 때문에 모퉁이에 몰려 맞던 유대인 소년이 조국의 땅에서 장교가 된다는 건 벅찬 일이었다." 헤르츨은 이제 누구도 그를 괴롭히지 못하게 하겠다고 결심했다. 하지만 군을 지배한 정착촌 출신 토박이들은 그를 받아들이지 않았다. "그럴 만도 했다. 그들은 어떠한 권리나 자존감 없이 외부인으로 떠도는 것이 어떠한 느낌인지 알지 못했다… 사람들은 나를 받아들이려 하지 않았다. 그들은 내가 밤에 공부할 때마다 나를 비웃었다. 나는 장교가 된 이후에야 고등학교를 졸업했다. 장교가 된 이후에도 나는 받아들여지지 않았다. 그래도 난 그들이 하는 말에 개의치 않았다."

통곡의 벽이 이스라엘의 손에 떨어진 후 이 모든 것은 변했다. 헤르츨의 가슴에 강렬한 감정이 솟구쳤다. 처음으로 이스라엘과 예루살렘이 그의 일부처럼 느껴졌다. "사람들은 직접 와서 통곡의 벽을 볼 때까지 진심으로 유대감을 느끼지 못했다. 그때 이후 예루살렘은 내 심장의 커다란 일부가 되었다. 나는 예루살렘을 위해 언제나 싸울 준비가 되어 있다. 그것이 우리의 고대 수도여서가 아니라 요르단이 이를 함부로 다뤘기 때문이다. 요르단은 우리 유대 민족의 성지들을 말살하려 했다."

많은 유대인들은 승리가 신이 내린 기적이라고 믿는다. 66공수부대와 함께 애뮤니션 언덕에서 싸운 독실한 신자 하난 포랏은 통곡의 벽을 점령하자마자 눈물을 흘리던 동료들의 모습을 절대 잊지 못한다. 그들은 종교를 믿지 않는 세속 유대인들이었기 때문이다.

"이곳 예루살렘에서 유대 민족의 내면적 진실이 드러났다고 나는 믿는다. 이는 기적이었다. 성서의 진실이 삶의 진실과 비로소 결합됐기 때문이다. 이스라엘 국민의 가슴에 전류가 흘렀다. 시나이에서는 병사들이 전차 밑으로 뛰어내려 춤을 췄고, 소련과 미국의 유대인들도 마찬가지의 감동을 느꼈다. 누구도 이렇게 강렬한 감정일 줄은 몰랐다. 전쟁에서 동료를 잃은 아픔과 드디어 고향으로 돌아온 행복이 전에 한 번도 느끼지 못했던 거대한 감정의 덩어리를 만들어냈다."[27]

포랏의 스승이자 조언자였던 랍비 쿠크는 이스라엘이 드디어 하느님의 뜻을 행했다고 믿었다. "IDF는 의심할 나위 없이 신적인 존재다. IDF는 하느님이 선택한 민족의 땅에 대한 하느님의 지배를 상징한다."[28]

일부 유대인들은 성서를 인용하며 메시아의 시간이 왔다고 말했다. 한 랍비는 전쟁이 "경이롭고 거룩한 기적"이라고 썼다.[29] "정복을 통해 이스라엘 전체가 억압과 사탄의 위협에서 해방됐다. 신성의 영역에 들어선 것이다." 이 기적은 지속되어야 했다. "오, 신이시여, 이 땅을 사탄과 악의 세력에 돌려줘야 하는 일이 없도록 하옵소서." 모든 이스라엘 종교 지도자들이 이러한 분위기에 동조한 것은 아니다. 일부는 이제 적을 친구로 만들 때가 되었다고 보았다. 유대 신비주의 연구를 선도해 20세기 가장 위대한 유대 사상가 중 한 명이 된 게르솜 숄렘Gershom Scholem은 성서를 정치적인 이유로 사용하지 말라고 경고했다.[30] 그는 메시아주의가 파멸로 이를 수 있다고 주장했다.

이러한 일련의 경고는 모조리 무시됐다. 하난 포랏이 말한 '전류'에 자극받아 더 많은 이스라엘인들이 서안지구에 정착촌을 세웠다. 일말의 땅도 되돌려줄 수 없다는 강력하고 역동적인 움직임이 시오니즘과 합쳐져 이스라엘을 뒤덮었다.

이스라엘의 동예루살렘 점령은 이스라엘과 이슬람 세계 사이의 갈등을 더 깊게 만들었기 때문에 살펴볼 필요가 있다. 1967년 7월 6일, 아랍 전문가이자 존슨의 나세르 전담 요원이었던 밥 앤더슨^{Bob Anderson}은 예루살렘이 아랍인들에게도 특별한 의미를 가진다고 보고했다. "예루살렘의 구시가지를 두고 거리에서 군중이 일어설 경우 중동에 가진 우리의 온건 우호세력은 위기에 처할 것이고 성전이 벌어질 가능성도 배제할 수 없습니다."³¹

하지만 이스라엘은 예루살렘 소유에 대한 정통성을 고집했다. 예루살렘은 2,000년 전 고대 유대 왕국의 수도였으며 서기 70년 로마군이 성전을 부순 이후 유대 민족이 돌아갈 수 있게 해달라며 여러 세대에 걸쳐 기도하고 꿈꿨던 곳이었다. 그러나 역사는 그들만 갖고 있는 게 아니었다. 유대 성전이 무너진 시점과 이스라엘 공수부대가 성전산을 점령한 1967년 사이에 1,897년이란 세월이 흘렀다. 그동안 이슬람과 기독교도 예루살렘에 대한 권리를 부여받았다. 이스라엘 공수부대가 구시가지를 점령한 37번째 점령자라는 것을 나르키스 장군도 잘 알고 있었다.

알아리시에서 돌아온 아모스 오즈는 군복을 입고 동예루살렘을 배회했다. "나는 조상의 숨결을 느끼고 적을 몰아낸 인간으로서 예루살렘을 느끼고자 혼신을 다했다"고 술회했다. 그러나 그는 머지않아 이곳이 아랍인들에게도 고향임을 깨달았다. "나는 마치 금지된 곳에 침입한 사람처럼 동예루살렘 거리를 배회했다. 우울함이 나의 영혼을 가득 채웠다. 내 탄생의 도시. 내 꿈의 도시. 내 조상이 꿈꾼 도시, 그리고 내 민족의 염원이 담긴 도시. 그리고 나는 어릴 적 악몽에 나오는 괴물처럼 소총을 메고 거리를 걸어야 했다. 저주받은 기분이었다."³²

전쟁이 끝난 후 사람들은 이스라엘이 어쩔 수 없이 전쟁을 해야 했고 영토를 탐하지 않았다고 말했다. 몇몇 사람들은 바로 이 점 때문에 이스라엘이 영토를 계속 갖고 있어도 도덕적인 문제가 없다고 보았다. 아셰르

Asher라는 병사도 마찬가지였다. "예루살렘은 우리 것이며, 우리 것이어야 하며, 우리 것으로 남을 것이다…33 내가 정복했기 때문에, 내가 권리를 갖고 있기 때문에, 내가 전쟁을 시작한 게 아니기 때문이다. 이스라엘이 영토에 대한 욕심을 갖지 않았다는 점은 모두 알고 있다. 우리에게 기회가 왔다는 건 좋은 일이다. 예루살렘과 다른 곳을 점령한 것도 좋은 일이다. 우리에겐 이를 모두 보유할 근거가 충분하다."

6월 28일 이스라엘은 6평방킬로미터 정도 되는 요르단 측 예루살렘과 65평방킬로미터에 이르는 서안지구를 전격 합병했다.34 추가된 땅은 28개의 팔레스타인 민족의 마을들이었다. 이스라엘은 합병을 '자치구 병합'이라는 우회적인 표현으로 정당화했다. 새로운 땅은 예루살렘의 새 구역으로 지정됐다. 유대인 정착촌을 세우기 위한 작업이 개시됐다. 이 작업은 20세기 말 대부분 마무리됐다. 격렬히 항의하는 팔레스타인 지도자들은 예루살렘에서 추방됐다. 미국 국무성은 합병을 탐탁지 않게 생각했다. "오늘 이스라엘이 한 행동은 성지의 미래 및 예루살렘의 위상과 무관한 것이다. 미국은 예루살렘의 지위와 관련한 이러한 일방적인 행동을 결코 용납한 바 없다." 35 조지 브라운George Brown 영국 외무부장관도 런던 주재 이스라엘 대사에 경고를 전달했다. "아랍은 이스라엘에 의한 구시가지 합병을 절대 받아들이지 않을 것입니다.36 그럴 경우 어떠한 포괄적인 협상도 어려울 것입니다… 현명하지 못하며 정당하지 못한 행동입니다." 미국과 유럽연합 등 대부분 정부는 여전히 이스라엘의 동예루살렘 합병을 인정하지 않고 있다.

점령 영토

1997년 나는 예루살렘에서 전쟁 30주년 행사를 취재하고 있었다. 한 이스라엘인 친구가 나를 앉히더니 이스라엘이 아랍에 땅을 돌려줄 수 없는 건 아랍이 평화 제안을 거부했기 때문이라고 열변을 토했다. 그는 많은 이스라엘인들의 생각을 반영하고 있었다. 그러나 이는 어디까지 부분적으로만 진실이다.

이스라엘은 처음에 아랍이 먼저 안달이 나서 평화 협상을 촉구할 것이라고 생각했다. 적이 너무나 혹독한 교훈을 배웠기 때문에 이스라엘이 원하는 대로 상황을 끌고 갈 수 있으리라고 생각했다.[37] 일부는 이러한 과정을 촉진시키기 위해 국제적인 중재를 요청하자고도 했다. 그러나 아랍과 이스라엘 양쪽 누구도 진지하게 평화를 촉구하지 않았다. 정부 고위 감독관이 되어 새로운 영토를 관장하게 된 슐로모 가짓은 이스라엘이 조금 더 적극적일 필요가 있다고 생각했다. 그에 따르면 이스라엘은 '아랍이 구걸하며 찾아오길' 기다렸다.[38]

전쟁이 끝나고 몇 주가 흐른 후 이스라엘은 현실이 그리 녹녹하지 않다는 것을 깨달았다. 유엔은 6월 19일 비상총회를 열었다. 전쟁 동안 이스라엘은 국제적 여론의 거대한 지지를 받았다. 하지만 텔아비브 주재 영국인 외교관 마이클 해도우에 따르면 아랍도 유엔에서 "원기를 회복하는 듯했다. 패배한 자가 평화를 먼저 촉구한다는 게 일반적인 상식으로 받아들여지지 않았다. 무모하고 창피했던 이 싸움이 끝나고 승자와 패자는 동등한 위치에 서 있는 것처럼 보였다."[39] 이스라엘은 '친구든 적이든 가리지 않고 민족적인 여론을 내세우고 독선으로' 맞섰다. 기드온 라파엘 유엔 주재 이스라엘 대사는 8월에 "평화를 위해 참호를 파겠다"고 말했다.[40] 사적인 자리에서 그는 "이스라엘이 몇 년이라도 그 자리를 지키고 있을지도 모른다"고 말했다. 11월에 야콥 헤르조그 내각 비서실장은 백악관에 "이스라엘 지도자들은 협상 조건이 맞을 경우 정치적인 모험을 할지, 아니면 확장된 영토에 눌러앉아 더 넓은 방어막에 의존할지 논쟁을 벌이며 갈라졌다"고 전했다.[41] 연말이 되자 해도우는 "이제 평화보다는 안보를 추구할 필요가 있다는 공감대가 사실상 형성됐다"고 말했다. 《뉴욕타임스》는 이러한 의견이 이스라엘에서 공감을 얻고 있다고 보도했다. "전쟁에서 얻은 영토를 유지하자는 압도적인 여론이 이스라엘에 존재한다…아랍국가들과의 평화협정은 영토와 안보를 희생할 만한 가치가 없다는 것이다."[42] 모세 다얀은 아랍 측이 먼저 전화를 걸기 기다린다고 말했다.[43] 그러면서도 그는 7월 11일 미국 〈CBS〉 방송에 나와 가자나 서안지구가 반환될 일은 없다고 못 박았다.

6월 16일부터 19일 사이 열린 유엔 총회에 맞춰 이스라엘은 중대한 내각 회의를 열었다. 레비 에슈콜 총리와 그의 측근 장관들은 점령한 영토를 비무장지대로 만들 수 있으면 시리아와 이집트에게 땅을 돌려주겠다고 선언했다. 하지만 서안지구는 다른 문제였다. 좀체 이스라엘은 이를 요르단에 돌려줄 마음이 없어 보였다. 되레 처음부터 서안지구 전부를 흡수하고 싶어 했다. 이곳은 문제가 달랐다. 이스라엘은 1948년 이후 줄곧 이곳을 언제든 원하면 가질 수 있는 땅이라고 생각했다.

서방인들은 이스라엘 정치인들을 '매파'니 '비둘기파'니 하며 분류하려 했다. 이는 잘못된 기준이었다. 에슈콜 같은 '비둘기'도 서안지구 문제에 있어선 이갈 알론과 같은 '매'와 공감대를 형성하고 있었다. 둘 다 유대인 정착촌 설립에 찬성했다. 에슈콜, 알론, 그리고 내각 구성원 모두 요르단 강이 이스라엘과 요르단 간 국경이 되길 바랐다. "이스라엘의 누구도 요르단 땅을 돌려줄 생각이 없었다. 예루살렘을 다시 분단시킬 수도 없거니와 넓지 않은 허리 부분을 잃어 요르단 대포의 위험에 다시 노출될 수는 없었기 때문이다."[44]

이견도 분명 있긴 있었다. 에반은 알론 같은 '안보주의자들' 때문에 요르단의 후세인 왕과 거래를 할 수 없게 되었다고 생각했다. 내각 내 '정치인들'은 이스라엘이 만약 팔레스타인 민족 전체를 흡수하려 했다가는 체할 것이라고 말했다. 일부는 서안지구와 가자지구에서 팔레스타인만의 고유한 영토를 잘라내주자고 제안했다. 에반은 그랬다간 독립국가가 생겨날 것이라며 반대했다. 야콥 쉼손 샤피로Ya'acov Shimshon Shapiro 법무부장관은 세계가 탈식민지화 되는 시점에 점령된 영토를 식민지화하겠다고 하는 것은 잘못된 발상이라고 지적했다.

이 문제에 관해 계속 토론을 해봤자 국론만 갈라질 것이라는 생각에 내각은 최종 결정을 내리지 않고 논의를 유보했다.[45] 정부는 일단 토의 내용을 비밀로 부쳐두려 했다. 공식적으로 이스라엘은 영토 확장에 대한 야망을 가진 적이 없었다. 게다가 팔레스타인 땅을 흡수하는 일은 미국의 반감을 살 게 분명했다. 6월 18일, 두 이스라엘 신문에서 정부가 팔레스타인 지역구를 만들어 훗날 통합시키려 한다고 보도했다.[46] 군부는 이를 막으려 했지만 결국 편집장들의 거센 항의로 보도가 이뤄졌다.

그 후 서안지구의 미래에 대한 활발한 논의가 이뤄졌다.[47] 최종 휴전이 효력을 발휘한 지 48시간이 지나자 군에서는 두 가지 방안을 내놓았다. 3일 후에는 점령한 영토에서 물을 끌어서 농업에 사용하자는 제안이 총리실에 메모로 전달됐다.[48] 중동에서 물은 중요한 전략적 자원이다. 메모에 따르면 가자는 물을 너무 많이 사용하고 있었다. 가장 설득력 있는 안을 제시한 사람은 이갈 알론이었다.[49] 내각은 그의 안을 공식적으로 받아들이지는 않았지만 대체로 그가 원하는 바가 이뤄졌다는 데는 이견이 없다. 현재 이스라엘 내 팔레스타인 거주지들은 잘게 나누어졌고 이는 모두 '알론 계획Allon Plan'의 부산물이라 해도 과언이 아니다. 알론은 요르단 강을 국경으로 삼아 군사전략의 반경을 넓히고 서안지구에 팔레스타인 민족을 가두어두자고 제안했다. 이스라엘 주민들이 동그랗게 정착촌을 형성하면 그 안에 팔레스타인인들이 자치구를 만들어 살고 훗날 이스라엘에 합병될 수 있다는 것이었다. 가자지구는 일단 난민만 나가면 이스라엘에 흡수될 수 있으리라고 봤다.

알론은 이스라엘이 당장 움직이지 않으면 위험에 처할 것이라고 경고했다. 그는 1948년 '정치적인 고려' 때문에 이스라엘이 서안지구와 예루살렘 전부를 손에 넣는 데 실패했다고 주장했다. 이제 다시 이스라엘이 신속히 움직이지 않으면 미국이 평화 제안을 강요할지도 몰랐다. 그보다 더 안 좋은 상황도 가정해볼 수 있었다. "서안지구에 사는 아랍인들은 충격에서 서서히 벗어나고 있습니다. 조금만 더 있으면 예전 국경을 되찾을 수 있다는 망상에 빠질지도 모릅니다." 알론은 이스라엘이 동예루살렘 문제에 있어 당당하게 행동하지 못하고 있다고 탄식했다. 그가 보기에 이스라엘이 정착촌을 짓는 데 머뭇거리거나 난민 재유입에 단호히 대응하지 않으면 점령한 땅에 대한 잘못된 인상을 심어줌으로써 향후 협상에서 손해를 볼 수밖에 없었다. 그러나 이는 사실과 달랐다. 이스라엘은 동예루살렘을 이미 합병한 상태였으며 난민도 눈곱만큼밖에 받아들이지 않았다. 2주 후면 정착촌 건설 허가도 떨어질 예정이었다.

이집트와 시리아는 이스라엘의 움직임에 특별히 반응하지 않았다. 진지하게 받아들이지 않아서가 아니었다. 1967년 당시 아랍세계에서는 만약 이스라엘과 협상이라는 것을 했다간 어떠한 지도자든 정치적 혹은 개인적 자살까지 감수해야 할지도 몰랐기 때문이다. 직접 대화하자는 이스라엘의 요구는 무시됐다. 얼굴을 마주보고 대화했다간 유대국가를 인정하는 꼴이 될 수 있었다. 그런 만큼 이스라엘은 대화를 더 원했고 아랍은 도망 다녔다. 한편 CIA에 따르면 아랍이 드디어 현실을 받아들였을 것이라는 이스라엘의 생각은 허황된 것이었다. "아랍은 서방의 상식과는 다른 방식으로 현실을 받아들이고 있다. 이들은 전쟁에 지면 대가를 치러야 하고 차선이라도 찾아야 한다는 서방의 사고를 이해하지 못한다."

이집트와 시리아의 지도자들이 자존심을 삼키고 국민의 분노를 감수하며 이스라엘과 협상에 임했다면 진전이 있었을지도 모른다. 그러나 요르단의 후세인 왕이 다얀에게 전화를 걸어 서안지구나 예루살렘에 관해 이야기했다면 그는 오래 살아남지 못했을 것이다. 7월 말 조지 브라운 영국 외무부장관에게 이스라엘 정부는 "후세인과 협상할 조건에 대해 결정한 바가 없을 뿐만 아니라 후세인과 협상하는 게 좋은 생각인지도 모르겠다"고 전했다. 브라운은 또한 "만약 후세인이 지금 이스라엘과 협상을 벌인다면 아무리 비밀스럽고 조심스럽게 한다 해도 그는 만족할 만한 결과를 얻지 못할 뿐 아니라 그 과정에서 정권과 함께 파멸할지도 모른다"고 결론지었다.[50] 한 CIA 정보원은 그럴 경우 후세인이 "완전 외톨이가 될 것이고 누구도 그를 지지하지 않아 결국 자신의 할아버지처럼 암살될 것"이라고 보았다. 암만 주재 영국 대사도 동의했다. 후세인은 '암살자의 총알'을 각오해야 했다.[51] 이스라엘과 협상을 할 수 있는 건 나세르밖에 없었다. "그가 평화 협상에 나선다면 요르단이 마지못해 따라올 테고 아랍 극단주의자들도 어찌할 수 없을 것이다."

8월 말 아랍은 하르툼 정상회의에서 전쟁에 관한 조사를 개시했다.[52] 청나일 강과 백나일 강이 만나는 이 수단의 수도는 외부와 단절된 바람에 음식과 석유, 비행기 연료 등이 바닥나고 있었다. 그러나 나세르는 어딜 가나 그의 이름을 연호하는 군중의 환영을 받았다. 정상회의의 첫 안은 '전쟁을 재개할 것인가'였다. 하지만 나세르가 현실을 살짝 깨우쳐주자 회의장은 숙연해졌다. 나세르는 회의장을 둘러보며 이집트는 지금 싸울 상태가 못 된다고 말했다. '그럼 이 중 누가 우리를 대신해 무기를 들 것인가요?' 누구도 답하지 못했다.

정상들은 공동선언문을 작성하며 이스라엘과의 평화는 있을 수 없다고 선언했다. 또한 이스라엘을 인정할 수도, 이스라엘과 협상할 수도 없다는 것이었다. 하르툼에 있는 서방 외교관들은 이 '삼불정책三不政策,Three Noes'을 참 아랍다운 낡은 생각이라고 보았다. 하르툼 주재 영국 외교관 노먼 레더웨이Norman Reddaway는 런던에 보내는 보고서에 이를 언급조차 하지 않았다. 그에 따르면 나세르는 경제적이고 군사적인 취약함에 부딪혔으며 "평화적인 해결을 모색해 박살난 국가 저력을 재건하려 노력하는 것 외에는" 선택의 여지가 없었다. 아랍은 여전히 이스라엘을 증오했지만 유엔을 통해 협상할 마음은 있어 보였다. "이스라엘과 직접적인 협상을 추구하진 않아도 아랍이 정치적인 해결책을 모색할 준비가 되어 있다는 건 그나마 다행스러운 일이다."

유엔안보리는 1967년 11월 22일에 채택한 결의안 242호가 중동 평화의 바탕이 되어주길 희망했다. 결의안은 '전쟁으로 얻은 영토에 대한 불인정'을 강조했다. 이스라엘이 아랍과 평화 협정을 원한다면 영토를 포기해야 한다는 것이었다. 유엔 주재 영국 대사 카라돈 경은 초안에서 중요한 부분을 일부러 모호하게 남겨두었다. 이스라엘이 정확히 '얼마만큼의 땅을 돌려줘야 하느냐'였다. 영어로 된 결의안은 이를 평이하게 '영토들'이라고 표현했다. '해당 영토들'도, 심지어 '모든 영토들'도 아니었다. 카라돈은 '국경 협상에 여지를 남겨두기 위해' 이를 일부러 모호하게 두었다고 말했다.[53] 그는 철수는 '정당하고 지속 가능한 평화'로 연결돼야 한다고 보았다. 카라돈은 자신이 작성한 결의안이 이스라엘에게 많은 땅을 안겨주기 위한 면죄부가 아니라는 것 또한 분명히 했다. 그는 전쟁이 끝난 후 철수의 문제에 관해 '깊은 우려'를 갖고 있었다.[54] 6월 12일 그는 "우리가 정복을 통해 얻은 땅을 지지할 수 없다는 것은 분명하다"고 밝혔다. "이스라엘은 전쟁을 시작하기 전 영토에 대한 욕심이 없다고 밝힌 바 있다. 우리는 어떠한 경우에도 이스라엘이 무력으로 얻은 땅을 인정해선 안 된다는 게 내 확고한 원칙이다."

아랍은 이스라엘의 존재를 암묵적으로 인정하는 것인 줄 알면서도 242호에 서명했다.[55] 이스라엘은 하르툼에서 합의된 '삼불정책'을 보고 역시 아랍은 어떠한 협상도 원하지 않는다고 주장했다. 이렇든 저렇든 이스라엘은 패배한 아랍 지도자들을 우습게보았다. 이스라엘 내 한 CIA 소식통은 나세르가 6개월 안에 축출되고 후세인 왕은 파멸할 것이라고 보았다.[56] "이스라엘은 아랍의 허장성세를 파악한 뒤 단호하고 침착하게 버티면 된다. 그럼 새로운 정권이 나타나 우리와 현실적인 외교를 펼칠 것이다." 그동안 이스라엘은 팔레스타인 민족을 쓸 만한 노동인구로 변모시킬 수 있을 것이었다. "새로 얻은 아랍인들은 이란이나 터키 농부보다 우월한 노동력을 제공할 것이다."

존슨 대통령이 결의안 242호를 지지했더라면 그 효력은 달라졌을지 모른다. 처음에 백악관은 평화 협상을 진지하게 생각했다. 비관론자들은 쓸데없는 짓이라고 봤다. 존슨의 국가안보 보좌관인 해럴드 손더스는 이스라엘이 이미 '후세인의 이미지에 먹칠을 하고 나세르의 의도를 폄하하려는 작전'에 돌입했다고 말했다.[57] 그에 따르면 이스라엘은 어떠한 타협도

하지 않을 것이며 한다 하더라도 아랍은 받아들일 수 없을 것이었다. 반대 계파는 존슨이 '순전히 실패할지라도' 일단 노력을 해야 한다고 보았다. 그러나 이스라엘은 선거를 앞두고 있던 터라 불리한 협상은 절대 안할 것이라는 게 갈수록 분명해졌다. 손더스는 "이미 미국이 이스라엘에 기울고 있는 상황에서 아랍과 이곳 사람들은 우리가 정말 노력할 의지나 있는지 의심하고 있다"고 말했다. 결국 미국은 평화 협상을 추진하지 않기로 했다. 베트남에서 벌어지는 전쟁과 그로 인한 국내정치적 갈등만으로도 존슨은 충분히 머리가 아팠다. 지칠 대로 지친 그는 1968년 3월 정계를 떠난다고 선언했다.

언제나 그랬듯 아랍과 유대 민족은 상대방의 입장에 대해 어떠한 공감이나 이해도 보이지 않았다. 양측 누구도 대화를 먼저 시작하거나 평화의 비용에 대해 고민하길 원하지 않았다. 이스라엘은 아랍의 군대를 박살내고 어마어마한 자신감을 얻었다. 그렇기에 전승국으로서 이스라엘은 원하는 조건대로 협상이 진행된다면 응해볼 여지는 있었다. 하지만 아랍은 이스라엘이 원하는 대로 해줬다가는 자국민에게 더 큰 분노와 모욕만 안겨줄 것이었다. 누군가의 중재하에 비밀리에 협상을 한대도 다를 바 없었다. 연말에 텔아비브에 머물고 있던 해도우는 "설령 아랍이 갑자기 '직접 협상'에 응할 수 있다고 발표한다 하더라도 이는 이스라엘 내각을 둘로 갈라놓고 분열시킬 만큼 뜨거운 논쟁을 불러일으킬 것"이라고 말했다.58

양측에게는 여전히 승자 독식의 논리가 뿌리 깊게 자리 잡고 있었다. 아랍이 전쟁 전에 이스라엘을 파멸시키겠다고 선전한 것은 그저 환상에 불과했다. 아랍군이 그것을 원치 않아서가 아니라 그럴 능력이 아예 없었기 때문이다. 이스라엘도 상대방에 대해 비슷한 생각을 가지고 있었고 이를 조용히 서방에 전달했다. 이스라엘도 상대방이 잃어야 자신이 얻을 수 있다는 생각에 강하게 집착했다. 직설적이기로 유명한 에제르 바이츠만 장군은 영국인 기자 윈스턴 처칠에게 이렇게 말했다. "아랍의 희생 없이도 이스라엘이 건설될 수 있다는 개소리에 속지 마세요. 내가 만약 팔레스타인인이었으면 텔아비브에 10분마다 폭격을 가했을 테니까요."[59]

이스라엘, 참호를 파다

새로 얻은 영토에 대해 공식 정책을 세우지 않기로 한 이스라엘 내각의 결정은 혼란을 낳았다. 신념이 강한 사람들은 이제 원하는 대로 하고 다녔다. 이 중에는 이스라엘 공수부대와 함께 애뮤니션 언덕에서 통곡의 벽으로 진격한 하난 포랏도 있었다.[60] 그는 먼저 크파르 에찌온이라는 정착촌으로 돌아가길 원했다. 베들레헴과 헤브론 사이에 있는 이곳은 폐허로 변해 있었다. 신앙심이 깊은 민족주의자들은 1930년대 이곳 땅의 일부를 구매했다. 하지만 1948년 전쟁에서 유대인 151명이 에찌온 블록으로 불리는 이 땅에서 사망했다. 승패가 결정되기 전 아이들과 여성들은 안전한 곳으로 옮겨졌다. 6세였던 포랏의 정착촌과 주변 이스라엘 거주지는 그 후 약탈을 거쳐 파괴됐다. 이스라엘에게는 악몽 같은 일이었다. 하난 포랏의 아버지는 예루살렘에 보급 부대를 조직하기 위해 잠시 떠나 있던 바람에 살아남았다.

아이들은 고향으로 돌아가야 한다는 어른들의 이야기를 들으며 자랐다. 이들은 1950~1960년대 여름캠프에 갈 때마다 서안지구가 내려다보이는 언덕에 올라 고향 마을 근처 나무를 바라보고 돌아오곤 했다. 이스라엘이 서안지구를 점령하자 그들은 제일 먼저 고향을 떠올렸다. 전쟁의 승리와 함께 신앙심과 열정이 포랏의 가슴속에 샘솟았다. 그들은 자신들이 단순히 점령자라고 생각하지 않았다. 유대 민족의 성서적 고향은 텔아비 브나 해안가에 있지 않았다. 그것은 고대 유대와 사마리아Samaria의 산속에 있었다. 이는 서안지구를 뜻했다. 이제 이 땅은 하느님의 뜻대로 유대 민 족의 손에 떨어졌다. 유대 민족의 허가 없이는 아랍인들이 살 수 없는 게 당연해졌다. 허가가 없으면 나가는 게 당연했다.

이스라엘에서는 점령 영토에 관한 토론이 공개적으로 벌어졌다. 이스 라엘인 1만 명이 영토를 지켜야 한다는 청원에 서명했다. '해방'된 지역 을 합병해야 한다는 새로운 움직임이 조성됐다. '영토 보유를 위한 행동 단Action Staff for the Retention of the Territories'과 '해방 영토 합병을 위한 움직임 Movement for the Annexation of the Liberated Territories' 등의 단체들이 '서안지구 내 즉각 적이고 전체적인 정착촌 건설'을 요구했다. 예비역 장군, 랍비, 노벨문학 상 수상자 아그논S. Y. Agnon, 키부츠 지도자 등 57명의 유명 이스라엘인들이 '더 큰 이스라엘을 위한 움직임Movement for a Greater Israel'을 결성했다. 이들은 9월 22일 성명서를 내고 전쟁에 승리한 이스라엘이 '새 운명의 시대'에 들어섰다고 선포했다. 이스라엘의 영토는 '나눌 수 없으며' 어떠한 정부 도 이를 다시 나눌 권한이 없다는 것이었다.

이러한 성명서가 신문 광고면에 실린 날 에슈콜은 하난 포랏 등 정착민 이 될 사람들을 만났다. 그는 서안지구의 운명이 아직 결정되지 않았다고 말했다.[61] 그러나 그들에게 여전히 공감을 표시하며 도울 수 있는 게 있는 지 알아보겠고 약속했다. 이틀 후인 9월 24일 에슈콜은 내각에 에찌온 블 록이 다시 정착촌으로 개발될 수 있게 할 것이라고 말했다. 시리아와의 옛 국경 서쪽 크파르 바니야스Kfar Banyas와 사해 북부 베잇 하아라바Beit Ha-Arava에도 정착촌 건설을 약속했다. 이들 모두 1948년 이전에 존재했던 정착촌들이었으므로 예외로 인정됐다. 그러나 점령 영토에 살 수 있는 전례가 생긴 것만은 틀림없었다.

미지근하나마 미국과 영국은 이스라엘의 행동을 막아보려 노력했다. 만약 이스라엘이 정착촌을 세우기 시작하면 평화 협상은 더욱 요원하다는 것을 이 두 나라는 알고 있었다. 미 국무부는 "영구적인 이스라엘 정착촌을 세우려는 계획은 점령 영토를 협상의 대상으로 본다는 이스라엘의 입장과 일치하지 않는다"고 말했다.[62] 미국은 텔아비브 주재 대사에 국제법 조항을 알려주었다.[63] 이에 따르면 점령자는 국제법의 관행과 규정에 따라 새로 얻은 영토를 관장해야 했다. 그러나 국무성은 애초에 이스라엘이 꿈쩍할 것이라고 기대하지는 않았다. 런던 주재 이스라엘 대사는 새로 결정된 정착촌이 "일시적인 군사적 유지 활동"이라며 변명했다.[64] "이를 통해 강력한 군사 정부를 두지 않고도 반란 활동을 저지할 수 있을 것입니다. 한편 1948년에 요르단이 파괴한 이스라엘 정착촌을 다시 점령하자는 국내적 압박을 막기는 어렵습니다."

예루살렘 외무부의 베테랑 외교관 아서 로리Arthur Lourie는 에슈콜이 '생각 없이' 정착촌을 허락하는 바람에 유엔에 있는 아바 에반 외무부장관을 '무력하게' 만들었다고 생각했다.[65] 그에 따르면 이제 평화 협상에서 서안지구를 포기하기란 더욱 어려운 일이 되었다. 에슈콜의 결정이 언론에 알려지면서 이스라엘은 '투표권을 가진 대중의 분노를 감안하지 않을 수 없는 골칫거리'를 하나 더 만들었다.[66] 에반 또한 이스라엘을 뒤덮고 있는 '종교적인 감정의 거대한 바람'을 안타까워했다. 국가 안보와 관련된 세속적인 정치적 계산이 이제 새로운 종교적 운동에 휩쓸리고 있었다.

아서 로리가 말한 대로 에슈콜이 별생각 없이 서안지구 첫 정착촌을 허용했다면 그건 그의 세대가 심리적으로 이를 당연한 것으로 생각했기 때문이기도 했다. 주류 시오니스트들 사이에서 정착촌 설립은 성스러운 의무로 여겨졌다. 이갈 알론은 한때 이에 대해 이렇게 말했다. "이스라엘 국가의 진정한 국경은 지상에 존재하는 유대인 노동자들의 행동과 위치에 따라 결정되는 법이다. 군대를 두 배로 늘린다 해도 유대인 정착촌 없이 나라를 방어할 수는 없을 것이다."[67]

아랍을 몰아내고 그 자리에 정착촌을 세우는 건 유대국가를 건설하는 데 매우 효과적이었다. 1차대전 이전부터 유대인들은 먼지와 늪으로 가득한 팔레스타인에 발끝 디딜 홈만 있어도 몰려갔다. 이렇게 시작된 이스라엘은 이제 1주일 만에 주변 국가를 모조리 굴복시킬 만큼 강력한 지역 패권국가가 되었다. 1948년 그어진 휴전선 내에 정착촌을 세우는 일은 1967년 무렵 거의 마무리되고 있었다.[68] 이를 담당한 정부 조직도 할 일이 거의 없어진 상태였다. 그런데 갑자기 새로운 일감이 생긴 셈이었다. 문제는 이미 살고 있는 팔레스타인인들이 그곳을 자신들의 땅이라고 여긴다는 점이었다.

'싸우는 개척 청년Fighting Pioneer Youth'이라는 육군 조직이 당시 정착촌 건설을 책임지고 있었다. 히브리어로 '나할Nahal'이라 불리는 이 조직의 사명은 국경을 최대한 넓히자는 것이었다. 1948년 이후 나할은 국경 지대에 초소를 세우고 이를 민간인에게 양도했다. 1967년 이후 지어진 대부분 정착촌은 나할이 한때 초소를 세운 곳이다. 일부 이스라엘인들은 이러한 작업에 위험이 도사리고 있다는 것을 알고 있었다. 점령 영토 내 정부 활동을 관장한 슐로모 가짓은 서안지구와 가자에 비무장 팔레스타인 국가를 세울 것을 희망했지만 이는 실현되지 않았다. 그는 나할의 초소를 '시한폭탄'이라고 불렀다.[69] "초소가 민간인 정착촌으로 변모하는 모습을 보면 그런 생각이 들지 않을 수가 없었다." 12월 15일에는 지식인 250명이 신문에 광고를 냈다. "국가의 유대적 순수성이 인간적, 민주적 가치와 함께 위기에 처했다"는 내용이었다. 영국의 《타임스The Times》는 "서안지구 등 영토가 이스라엘 것이라는 시각이 주류로 자리 잡고 있는 시점에 이러한 목소리는 고무적"이라고 평했다.70

이스라엘 라디오 방송 기상예보에 새 영토가 포함되기 시작했다.71 아랍어로 된 지명은 히브리어로 바뀌었다. 한 예로 샤름엘셰이크는 '솔로몬의 만Solomon's Bay'이 되었다. 우파 정치인 메나헴 베긴은 '동이스라엘(서안지구)'이 요르단에 반환되는 건 조금도 용납할 수 없는 일이라고 선언했다. 1967년 7월 동예루살렘에 히브리어로 된 거리명이 등장하기 시작했다. 이스라엘 은행과 우체국도 생겨났다. 관광산업도 요르단의 유적지들을 보며 흥분하기 시작했다. "이스라엘, 참호를 파다 ── 중동전쟁의 승자, 점령한 아랍 영토에 장기간 머물 계획"이라는 《월스트리트저널Wall Street Journal》 기사에서 한 이스라엘 관리는 "예루살렘, 베들레헴, 예리코 모두를 얻을 수 있다면 환상적인 꿈이 이루어지는 것"이라고 말했다.72

기자들도 변화를 느낄 수 있었다. 10월 22일 자 《워싱턴포스트Washington Post》의 롤런드 에번스Rowland Evans와 로버트 노박Robert Novak은 "이스라엘이 공개적으로 뭐라 말하든 요르단 강 서쪽의 역사적인 땅을 영구히 점령할 계획이라는 것은 분명해 보인다"고 썼다.73 1967년 11월 점령 영토를 둘러본 《타임스》의 마이클 울퍼스Michael Wolfers는 새로운 모습의 이스라엘이 "빠르게 현실이 되고 있다"고 말했다.74 "이스라엘인들은 다른 데는 되도 예루살렘만은 안 된다고 6월에 내게 말했다. 이제 이 얘기는 예전 시리아와 요르단 땅에도 적용되기 시작했다." 새 도로부터 전화선까지 기간시설 투자에 막대한 자금이 투입됐다. 골란에 세워진 새로운 버스 정류소와 교통 표지판 등을 보면 "이스라엘이 시리아 영토를 이스라엘 도시로 완벽히 탈바꿈시키려 노력하고 있다"는 것을 알 수 있었다. "이런 속도와 능률로 영토를 개척한다면 훗날 이스라엘이 골란을 포기하기란 예루살렘을 포기하는 것만큼 어려워질 것이다."

에찌온(정착촌 마을)을 방문한 《워싱턴포스트》 기자는 이곳은 "절대 순순히 요르단에 반납되지는 않을 것"이라고 결론지었다. "서안지구 정착에 관해 별 생각이 없는 이스라엘 정부가 더 많은 에찌온을 바라는 국내의 정치적 압력을 견딘다는 건 기적에 가까운 일이다."

하난 포랏 등 새로운 에찌온 주민들은 1948년의 영령들 앞에 서서 다시는 떠나지 않을 것을 맹세했다. 이들은 1948년 대피 당시 이용한 장갑차를 타고 고향으로 돌아갔다. 포랏은 정착운동의 지도자로 성장했다. 정착촌은 그 후 어마어마하게 커졌다. 1967년에 점령한 영토에 현재 40만 명 이상이 살고 있다. 이들은 막대한 비용을 들여 정착촌을 요새화했지만 팔레스타인인들은 여전히 이곳을 테러의 주 대상으로 삼고 있다.

전쟁 이후의 이스라엘 정권들은 모두 스스로를 점령자라 부르길 거부했다.[75] 1967년 이전 서안지구와 가자는 그 누구의 주권 영토도 아니었다고 그들은 주장한다. 그러므로 이스라엘은 현재 이곳을 점령이 아닌 통치하고 있다는 것이다. 유엔안보리, 적십자를 비롯하여 전 세계 대부분이 이러한 입장을 받아들이지 않고 있다. 이스라엘만 홀로 이를 맹렬히 주장하고 있다. 만약 이스라엘이 물러선다면 6일 전쟁 이후 시작된 모든 정착촌 활동이 제4차 제네바협정*을 어기는 것임을 인정하는 꼴이 되기 때문

---

* **제4차 제네바협정** 제네바 협정은 이스라엘이 받아들일 팔레스타인 난민 수를 정해 국제위원회에 제출할 것을 명시하고 있으나, 일부 강경파는 이것이 이스라엘이 단 1명도 받아들이지 않아도 된다는 뜻으로 해석했다. 제네바 협정에 따르면 팔레스타인 민족은 6일 전쟁 이전의 땅으로 돌아와도 되지만 이스라엘이 그 수를 정할 수 있다.

이다. 제네바협정은 점령 영토의 식민지화를 금하고 있다. 이스라엘은 자신들은 점령 영토를 '통치'하고 있으므로 협정과 무관하며, 게다가 '인도주의적'인 부분을 다 지키고 있다고 주장한다. 물론 어느 인도주의적 조항을 말하는 것인지는 알 수 없다. 분명한 건 이스라엘이 테러 용의자를 고문하고 가옥을 부수며 재판 없이 용의자를 감금하고 유대국가에 위협이된다는 명분으로 사람을 추방하는 등 수년간 점령 영토에서 여러 국제법을 어겨 왔다는 사실이다. 머지않아 평화 협상이 재개되더라도 1967년 전쟁이 남긴 상처를 치유하는 일은 적지 않은 골칫거리로 남을 것이다.

난민

전쟁이 끝난 후 난민들이 서안지구에서 요르단으로 쏟아져 나왔다. 중동 평화 회담에서 난민 문제는 예전에도 그랬고 지금도 민감한 사안으로 남아있다. 전쟁 둘째 날 월트 로스토 백악관 국가안보 보좌관은 "이스라엘이 난민 문제에 관한 포괄적이고 창의적인 움직임을 보이지 않을 경우 중동에 확실한 해법은 찾기 어렵다"고 경고한 바 있다.[76] 6월 19일 연설에서 존슨 대통령 또한 "이 문제가 당사자와 함께 적극적으로 다뤄지지 않으면 중동 내 어떤 이도 평화를 기대하기 어려울 것"이라고 말했다.[77] 조지 브라운 영국 외무부장관도 비슷한 말을 했다. "해결책은 이스라엘의 행동에 달려 있습니다. 점령한 지역 내 아랍 인구를 인간적이고 자비롭게 대할 경우 증오의 벽을 무너뜨리고 새로운 화해의 싹을 틔워볼 수도 있을 것입니다."[78]

새로 얻은 영토에서 절대적인 권위를 지니게 된 모세 다얀은 6월 25일 예루살렘에서 이뤄진 기자회견에서 대부분의 난민이 돌아오지 못할 것이라고 말했다. 불과 20일 전 난민들이 이스라엘의 박멸을 원했던 만큼 응당한 대우라는 것이었다. 그는 난민들의 '이동 범위가 크게 과장됐다'는 기존 정부의 입장을 무시하고 팔레스타인인 10만 명이 동안지구로 들어갔다고 인정했다.[79] 사실 이조차 실제보다 훨씬 적은 숫자였다. UNRWA는 다음 날 난민이 41만 3,000명이라며 이를 반박했다. 다얀은 개의치 않았다. 그는 난민 대부분이 원래 잃을 것 없는 사람들이고 어디를 가든 UNRWA의 배급을 환영할 것이라고 말했다. 아니면 요르단으로 가서 다른 아랍국가에 사는 친척들로부터 도움을 받아 살 사람들이라는 그의 막말은 멈추지 않았다.

다얀이 난민 문제에 관해 이토록 명쾌한 입장을 밝히고 있을 무렵 이스라엘 정부는 서안지구에서 팔레스타인 민족을 쫓아내는 작업을 조직적으로 진행 중이었다. 이 작업은 1968년까지 지속됐다. 전쟁과 점령의 공포 속에 떠난 난민의 행렬은 6월 15일 무렵 줄어들기 시작했다. 그러나 6월 20일이 되자 또 다른 거대한 행렬이 동안지구로 몰려왔다. 이스라엘 육군이 헤브론, 베들레헴, 나블루스, 제닌에서 이들을 버스와 트럭에 태워 요르단 강으로 데리고 온 것이다. 이스라엘은 전쟁 기간 동안 툴카렘, 라트룬, 헤브론 등지에서 했듯 주민을 강제로 추방하지는 않았다. 이스라엘 지프차들이 텅 빈 거리를 오가며 떠날 것을 촉구하면 주민들이 '자발적으로' 나가는 식이었다. 베들레헴에 살던 사미르 엘리아스 코우리는 이스라엘이 "점령이 시작된 지 1주일 후 사람들에게 떠날 것을 촉구했다"고 말한다.[80] "만저 광장Manger Square에 버스가 오면 많은 사람들이 떠났어요. 특히 요르단에 친척이 있다면 더욱. 내 형제들도 신원증명서를 반납하고 떠났어요. 이들은 떠날 수 있는 모든 수단을 제공받았지만 돌아올 수단은 없었다.[81] 이스라엘은 요르단과 제한적으로 이뤄지던 교통도 아예 중단시켰다.

서안지구 흡수를 원한 이스라엘인들은 팔레스타인인들이 없을수록 일이 수월해질 것이라 생각했다.[82] 이스라엘은 특히 팔레스타인 민족의 출산율을 두려워했다. 이 점에서만큼 이스라엘은 아랍을 이길 수 없었다. 1967년 당시 샤피로 법무부장관 같은 사람들은 이스라엘이 만약 아랍 인구를 흡수할 경우 위험에 처할 수 있다고 경고했다. 그는 이스라엘이 영토를 포기하지 않을 경우 "전체 시오니스트 국가가 끝장날지도 모르며 우리는 빈민가에 살아야 할 것"이라고 말했다. 이스라엘이 2002년 서안지구를 다시 장악하자 사람들은 요르단 강과 지중해 사이에 팔레스타인 민족이 다수 민족을 형성할지 모른다고 우려했다. 이렇게 되기까지 한 세대면 충분하다는 게 가장 최근의 분석이기도 하다.

이스라엘은 아랍 민족이 떠나도록 암묵적인 강요를 하고 있다는 의혹을 격렬히 부인했다. 런던 주재 대사는 이를 '엄청난 중상모략이자 비방 선전'이라고 규정했다.[83] 그러나 팔레스타인인들은 생존이 위협 받고 있는 상황에서 '보조금 이민'이라는 제안을 받고 있다고 말했다.[84] 영국 외교관들도 이에 동의했다. 텔아비브 주재 해도우 대사는 평소 이스라엘을 의심할 만한 상황이 있을 때마다 이스라엘 편에 서거나 아랍의 주장을 반박했지만 이번만은 이스라엘 외무부에 당당히 맞섰다. "만약 이스라엘 정부가 계속 이런 식으로 나가면 우방국마저 이스라엘이 서안지구를 합병하고 아랍 민족을 쫓아내려 한다고 믿을 수밖에 없습니다."

다얀은 6월 25일 기자들과 만나 서안지구가 정상화되고 있다고 말했다. 통금이 줄었고 각종 편의가 제공되고 있으며 음식과 연료도 무리 없이 보급되고 있다는 것이었다. 그러나 이날 암만 주재 영국 대사관은 '밀을 만한 목격자들'을 인용하며 이스라엘이 검색, 약탈, '이주 수단', 다양한 압력을 통해 토착 팔레스타인 중산층마저 몰아내고 있다고 주장했다. 특히 예루살렘 구시가지에서 자행되는 이러한 작업으로 인해 팔레스타인 민족이 '사람다운 삶'을 살 수 있는 희망이 완전히 사라지고 있다고 그는 주장했다. 6월 중순 많은 아랍인들이 다마스쿠스의 문을 통해 매일 구시가지를 떠나고 있었다. 한 영국 외교관의 심부름꾼도 스코푸스 산 부근 이샤웨야Issawiya라는 고향 마을에서 사는 게 어려워지자 떠나야 했다.[85] "한밤중 이스라엘은 허공에 총을 쏴대며 공포 분위기를 조성했다." 또한 그 심부름꾼은 요르단 육군으로부터 더 이상 연금을 받지 못하게 될 것도 걱정했다.

《워싱턴포스트》의 제시 루이스Jesse Lewis 기자도 이 모든 상황을 목격했다.[86] 이스라엘 병사들이 다마스쿠스의 문에 탁자를 설치하고 요르단에 가고자 하는 사람들의 이름을 적어 번호를 나눠주었다. 긴 줄이 생기는 것을 본 루이스도 합류해보았다. 그가 구시가지를 떠나고 싶다고 말하자 병사들이 그에게 번호표를 주었다. 난민 중 거의 절반이 아이들이었다. 남성이 더 많았고 여성들은 수를 놓은 전통적인 팔레스타인 드레스를 입고 있었다. 이들 중 많은 이는 벌써 인생에 두 번째로 난민이 되는 것이었다. 라시다 라그힙 사데딘Rashidah Raghib Saadeddin이라는 여성은 1948년 예루살렘 서쪽에 있는 리프타Lifta라는 마을을 떠난 적이 있었다. (21세기 초인 지금 이곳은 여전히 폐허로 남아 있다.) 늙고 허약한 어머니와 15세 아들을 데리고 그녀는 다시 먼 길을 나섰다. 그녀에 따르면 이스라엘은 그들이 평화롭게 살기를 원치 않았다. 또 다른 난민인 압둘 라티프 후세이니Abdul Latif Husseini는 11세이던 1948년 야파Jaffa라는 팔레스타인 해안도시에서 예루살렘으로 왔다. 그는 6월 말 결혼할 예정이었다. 하지만 그가 일하는 은

행이 문을 닫았고 세를 얻어 살고 있는 집은 부서졌고 1,000달러어치에 달하는 가구를 약탈당했다. 그는 루이스에게 말했다. "놈들이 나를 유린한 건 어찌할 수 없지만 내 자식들은 뭘 물려받으란 말입니까."

오후 2시 반이 지나자 트럭과 버스 4대가 다마스쿠스의 문 앞에 멈춰섰다. 어른들은 정신없이 앉을 곳을 찾았다. 젖먹이들은 '쌀가마니나 모래주머니'처럼 옮겨졌다. 루이스는 트럭 뒤에 공간을 찾아 앉았다. "차량 행렬이 예루살렘을 떠나자 우는 아기들밖에 소리를 내는 사람이 없었다. 오후 3시가 지났지만 거리에는 단 1명의 아랍인도 없었다. 18시간 통금이 끝나고 다음 날 아침 9시가 될 때까지 이 상태는 지속됐다." 이스라엘 운전병들이 실수로 예리코를 그대로 지나쳐 사해로 향하자 한 여성이 소리쳤다. "이거 봐요, 이 길이 아니라고요. 병사들이 우리를 다 죽일 거예요." 최종적으로 이들은 앨런비 다리에 도착했다. 다리는 퇴각하는 요르단군이 폭파시킨 이후 '강 한가운데 V자 모양으로 흉측하게' 부러져 있었다. "다리가 너무 경사지게 부러져 있는 바람에 사다리와 밧줄이 놓여졌다. 난민들이 추락하지 않게 하기 위해서였다."

더 큰 문제가 UNRWA에 닥쳤다.[87] UNRWA는 전쟁 전에도 요르단에서 팔레스타인 난민 33만 2,000명을 돌보고 있었다. 6월 중순까지 서안지구 수용소에서 14만 명이, 그리고 가자에서 3만 3,000명이 추가로 도착했다. 더 나아가 팔레스타인인 24만 명이 집을 잃고 새로 난민이 되었다. 아무 자원도 없는 요르단에 갑자기 난민 74만 5,000명이 발생했다.

6월 25일, 다얀의 연설을 강조하기라도 하듯 레비 에슈콜은 국제적십자위원회에 난민들이 서안지구에서 "전투가 끝났음에도 자발적으로 떠났다"고 전했다.[88] "근본적으로 이는 가족이 바깥에 있어서이거나 봉급이나 연금을 수령하기 위해서입니다. 석유를 생산하는 아랍국가에서 일하는 친척들로부터 송금을 받으려는 목적도 있습니다."

진실은 훨씬 더 복잡했다. 에슈콜의 말대로 일부는 실제 연금을 받지 못할 것을 두려워했다. 그러나 '새로운 난민' 24만 명 중 다수는 농부이거나 가족이 서안지구에 있는 사람들이었다.[89] 이들은 수백 년간 매우 단단히 얽힌 공동체 속에서 살아왔다. 1967년 9월 베이루트의 아메리칸 대학교 AUB는 서안지구 마을 45곳에 사는 가족 122명을 설문조사했다. 그들 대부분은 고향 마을에서 평생을 살았다. 80퍼센트는 2.5에이커 이상의 땅을 소유했다. 이렇게 넓은 땅을 두고 떠날 이유는 많지 않았다. 고향을 떠난 지 8~10주 후 이뤄진 이 설문에서 대부분은 고향과 가옥, 이웃에 대한 강한 그리움을 나타냈다.

대부분은 공포심 때문에 떠났다. 57퍼센트는 공습이 두려웠다고 답했다. 약 절반은 '가옥 내 민간인 추방, 약탈, 가옥 파괴, 남성 민간인에 대한 연행 및 구금, 여성과 노인에 대한 의도적인 모욕, 게릴라군이거나 군인으로 의심되는 자들에 대한 총격' 등 이스라엘군이 행한 직접적인 행위 때문에 떠났다고 답했다. 모욕은 특히 효과적인 수단이었다. 1960년대 팔레스타인 사회는 전통을 대단히 중시했다. 명예, 존중, 긍지 등은 그 어떤 가치보다 중요했다. 가족, 특히 여성의 명예를 보호하고 존중하는 것은 최상의 가치로 여겨졌다. 데이르 야신 학살이 벌어진 지 19년이 지났지만 팔레스타인인들은 이스라엘군의 비인간성을 이야기할 때마다 이곳을 빼놓지 않고 언급했다. 이제 난민이 되었다는 사실 자체가 치욕이었다. AUB 연구원들이 내린 결론은 다음과 같았다. "그들은 땅, 명예, 긍지를 잃었으며 이에 대해 아무것도 할 수 없다는 사실을 견딜 수 없었다… 이것이 바로 그들이 자기 자신과 지도자들, 그리고 이스라엘 및 강대국들에 가진 적대감의 원천이다." 추방 과정에서 태어난 아이들은 지하드Jihad(성전), 하르브Harb(전쟁), 아이다A'ida(복수자) 등의 이름을 얻었다.

유엔사무총장의 특사 닐스 고란 거싱은 왜 사람들이 서안지구와 가자, 그리고 골란 고원을 떠났는지 조사했다.[90] CIA는 그의 보고서를 '현존하는 것 중 가장 권위 있는' 자료로 평가했다. 6월 5일 이전 골란 고원에는 시리아인 11만 5,000명이 살고 있었다. 불과 1주일 동안 이 중 6,000명이 떠났다. 거싱은 이스라엘이 "모든 원주민을 추방하려는 조직적인 노력을 기울였다"는 시리아의 주장을 조사한 뒤 "해당지역 군사 지휘관들이 허용하거나 지시한 행동이 탈출의 중요한 원인 중 하나였다"고 결론 내렸다.

30년이 지난 후에도 다마스쿠스 외곽에는 여전히 먼지 속에서 난민 수용소가 운영되고 있다. 고원에서 살 당시 촌장이었던 사람들은 이스라엘 병사들이 가옥을 부수고 총구를 들이대며 나가라고 지시했다고 증언했다. 거싱은 서안지구에서 병사들이 위협적인 행위를 가했다고 말했다. "동안지구로 가는 게 더 살기 좋을 것"이라며 확성기로 선전했다는 얘기도 있었다. 그는 팔레스타인인들이 전쟁과 점령의 결과로 떠났으며 특히 이스라엘은 그들을 안심시킬 만한 어떠한 노력도 기울이지 않았다고 보고했다.

가자지구 청년들은 어떠한 선택권도 갖지 못했다.[91] 이들은 이스라엘 군에 연행되어 버스에 태워져 다른 곳으로 보내졌다. 6월 말쯤에는 하루에 1,000명 정도가 수에즈 운하를 건너고 있었다. 가자 시에서 쫓겨나 배에 태워진 일부 학생은 운하를 건너며 영국인 기자에게 자신들이 "가족으로부터 강제로 떼어져 트럭을 타고 베르셰바 부근 집합지로 옮겨지고 있다"고 말했다. 많은 이는 이스라엘 병사들이 구타와 강탈을 서슴지 않았으며 사막을 지나며 물도 주지 않았다고 말했다. 행렬은 쉬지 않고 이어졌다. CIA는 "이스라엘은 아랍 민족이 사라질 때까지 가자에 작업을 하는 듯하다"고 꼬집었다.[92] 10월 무렵에는 하루 500여 명의 난민이 요르단으로 흘러들어 갔다.[93] 그들 중 상당수가 가자 출신이었다.

유대인들이 서안지구로 이주하기 시작했다는 소식은 난민들을 더욱 절망케 했다.[94] 이스라엘이 난민들을 다시 서안지구로 불러들이게끔 국제적인 압박이 있을 거라 기대했지만 이러한 희망은 물거품이 되었다. 베들레헴 부근 에찌온 블록에 정착민들이 돌아온다는 소식에 슬픔과 비참함이 교차했다. 이러한 분노는 수용소에서 격렬한 시위와 사고로 이어졌다.

요르단 강을 건너 서안지구로 들어가는 게 전혀 허용되지 않는 상황에서 난민들은 몰래 고향에 가기도 했다. 1967년 9월 예리코 시장은 100여명이 요르단 강을 불법적으로 건너다 사살당했다고 말했다.[95] 9월 6일에는 민간인 50명이 다미아Damia 부근 강을 건너려다 8명이 총살당하고 나머지는 동안지구로 돌려보내졌다. 한 남자만 결국 예루살렘에 잠입하는 데 성공했다. 정확히 몇 명이 죽었는지 알기는 불가능하다. 이스라엘 병사들은 총살한 사람들을 바로 땅에 묻곤 했기 때문이다.

6월에 다얀이 난민에 관한 강경한 입장을 밝혔지만, 2개월 후 이스라엘 정부가 국제적십자위원회의 요구에 응하면서 새로운 기대감이 싹텄다. 힘든 협상이 이뤄졌고 난민 16만 7,500명이 8월 9일과 17일 사이에 고향에 돌아오고 싶다고 신청했다. 한때 요르단은 귀환 신청서에 '이스라엘 정부'라는 문구가 들어 있다는 이유로 반발하기도 했다. 요르단은 여전히 이스라엘의 존재 자체를 인정하지 않았다.

이스라엘은 신청 기간이 8월 31일부로 끝날 것이라고 발표했다. 국제적십자사 대표는 월말까지 난민 10만 명이 다리를 건너기는 어렵다고 항의했고 이스라엘 통역관은 그에게 히브리어에는 '불가능'이란 단어가 없다고 답했다. 8월 30일 제네바에 본부를 둔 국제적십자사는 에슈콜에게

긴급 전보를 보내 '귀향 활동이 지속되고 귀환자에 대한 불필요한 차별과 고통을 막기 위해' 마감 시한을 연장해달라고 요청했다.[96] 에슈콜은 국제적십자사의 요청을 무시했다. 그는 2달 넘게 대꾸하지 않았다. 이스라엘은 결과적으로 단 5,103명만 다리를 건너게 허용했다. 8월 31일 신청이 마감됐지만 여전히 국제적십자사를 통해 발급된 양식 수천 장이 처리되지 않고 있었다. 서안지구, 베들레헴, 예루살렘에 있는 난민 수용소 사람들은 누구도 허가를 받지 못했다. 영국 외무부장관은 이들 지역에서 온 신청을 거절함으로써 이스라엘이 "서안지구에 장시간 머물 생각을 하며 난민에 대한 약속을 스스로 제한하려 하는 것으로 보인다"고 내각에 보고했다.[97] 또한 귀환한 5,102명 중 3,824명이 제때 돌아왔고 나머지는 각종 규제에 걸려 뒤늦게 돌아왔다. 일부 가족은 나이가 조금 있는 자녀를 데리고 올 수 없게 되자 그냥 돌아오지 않기로 결정했다. 차량은 아무도 가지고 올 수 없었다. 가축도 가지고 올 수 없었다. 이로 인해 가축을 요르단으로 끌고 온 소농과 양치기들은 배제됐다. 암만 소재 영국 대사는 이스라엘의 행동이 "더디고 진심이 결여됐다"고 평했다.[98]

마감이 지나자 모든 게 분명해졌다. 이스라엘은 집으로 돌아오고자 한 팔레스타인인 15만 명을 막는 데 성공했다. 이스라엘 언론은 이는 후세인 왕이 '정치적 목적을 위해' 난민들을 이용해 먹으려 했기 때문이라고 주장했다. 마이클 해도우는 이를 '상관도 없고… 지엽적인 부분에 대한 논쟁'이라고 평가했다.[99] 그는 이스라엘이 귀환 허가 비율을 조정할 권리가 있다고 볼 만큼 당시 이스라엘에 우호적인 사람이었다. 그러나 정말로 후세인이 정치적인 이유로 난민을 이용하는 것이라면 이스라엘이 난민을 모두 받아들여 정치적으로 이용할 거리를 없애는 게 낫지 않겠냐고 비꼬았다. 어쨌든 난민 사태는 이스라엘에게 유리하게 작용했다. 이로 인해 후세인 정권은 흔들릴 수밖에 없었기 때문이다. 이스라엘은 예리코에 있는 크고 잘 정비된 수용소에 난민들이 돌아오지 않게 되자 요르단 정부와 국제기구들에 부담을 줄 수 있었다. 1948년 이후 이 지역에 살던 팔레스타인인들은 전쟁이 최고조에 이르렀을 때 요르단 강 동부로 이동했다. 열악한 환경을 개선하기 위해 새로운 수용소들이 만들어져야 했다. 이는 상당한 비용을 초래할 수밖에 없었다.

연말이 되자 난민 상황은 더 악화됐다. 점령에 반발하는 폭력이 고조됐기 때문이다. 이스라엘은 더더욱 난민을 받아들이길 꺼려했다. 국제적십자사의 신청서를 작성한 난민 15만 명 중 누구도 돌아오지 못했다. 약 40명만이 이산가족 상봉 차원에서 이스라엘 감시하에 돌아왔다. 하지만 영국 외교관들은 이스라엘이 안보라는 명분하에 그보다 더 많은 주민을 내쫓고 있다고 주장했다. "사보타주에 참여했다는 핑계로 사람들을 집단적으로 추방하며 이스라엘이 동안지구 내 난민 수를 증가시키려 노력하고 있다는 증거가 늘고 있다. 12월 6일 아르자^Arja 지역 아랍 알 나사리아^Arab al Nasariah 부족 구성원 195명을 추방한 게 한 예다."[100]

이스라엘은 귀향하는 난민마다 이스라엘 점령에 반발하는 운동에 참여할 것이라는 〈라디오 암만〉의 주장을 난민 귀환을 받아들일 수 없는 근거로 삼았다. 런던 주재 이스라엘 대사는 "서안지구의 평화를 파괴하는 제5열이 조직적으로 형성되는 것을 막고자" 한다고 말했다.[101] 이스라엘이 "현재의 평화로운 일상을 깨뜨릴 만한 방해 요인을 국내로 받아들인다면 심각한 손실을 입게 될 것"이라고 그는 주장했다.

물론 당시 서안지구에서의 일상이 평화롭다고 보는 사람은 아무도 없었다.

테러와 폭력

점령 초부터 유혈 사태는 일상이 되었다. 이스라엘은 군력을 동원해 점령을 유지하고 공고히 하려고 노력했다. 팔레스타인인들은 점령에 저항하기 위해 자신들도 폭력을 사용할 수밖에 없음을 깨달았다. 그렇다고 아랍국가들이 그들을 도울 것 같지도 않았다. 무장단체와 운동조직들은 더 이상 나세르와 바티즘에 기대지 않았다. 이들은 대신 자신들만의 고유한 팔레스타인 정체성을 개발했다. 이스라엘과 팔레스타인 민족은 영원히 전쟁을 할 수밖에 없다고 믿은 모셰 다얀은 상황이 심각해지고 있다는 것을 직감했다. 그는 팔레스타인 민족이 테러로 이스라엘에 저항할 것이라고 주장한 아바 에반 외무부장관에게 자신도 동의한다고 말했다. 에반이 왜 그렇게 생각하게 됐냐고 묻자 다얀은 "내가 그들이라면 주저 않고 그리할 것"이라고 답했다.[102]

점령이 폭력으로 이어진다는 건 당대를 산 사람이라면 누구나 쉽게 알수 있었다. 1967년 10월 22일 《워싱턴포스트》는 사설에서 이스라엘이 "쓰디쓴 알약"을 삼킨 셈이라고 말했다. "안전을 보장받기 위해 영토를 확장했지만 안보 위협을 그저 외부에서 내부로 끌어들였을 뿐이다… 다른 민족을 내부에 두며 민족 자주권을 부인하는 이스라엘은 그 어떤 나라와 마찬가지로 저항과 모욕, 고통을 면치 못할 것이다."

7월부터 연말 사이 심각한 테러 공격이 48차례 있었다. 규모가 작은 테러는 더 많았다. 요르단, 이집트, 시리아 병사가 연루된 테러 및 공작 활동은 84회나 벌어졌다. 202공수부대는 7월 7~8일 사이 가자지구 칸 유니스 부근을 오가며 한 팔레스타인 '정보원'을 체포했다.[103] 오후 8시 15분 부대는 해안가로 이동하는 남자들 중 7명을 체포했다. 1명은 이스라엘 병사들에게 '달려들던 중' 사살됐다. 11시 30분에 정보원은 무기가 숨겨진 창고로 이스라엘 병사들을 안내했다. 오전 4시 44분, 병사들은 숨어 있는 이집트군 중위를 체포하는 데 성공했다. 5시에 정보원의 안내대로 한 가옥을 급습했지만 이곳에 있을 것으로 생각했던 이집트군 대위는 사라진 지 오래였다. 정보원은 다시 페다이가 숨어 있을 것으로 판단되는 과수원을 알려주었다. 5시 30분부터 7시 30분까지 이곳을 수색한 공수부대원들은 1명을 잡고 1명은 놓쳤다. 오전 8시가 되자 정보원은 마구간에 이집트 병사가 숨어 있다는 것을 알려주었다. 15분 후 이집트 병사 1명을 추가로 체포한 이스라엘 공수부대는 가자 시에 있는 병영으로 복귀했다.

1967년 9월은 이스라엘에게 가장 참혹한 한 달이었다.[104] 9월 8일 지뢰가 터지며 이스라엘 장교 1명이 죽고 병사 4명이 다쳤다. 15일에는 툴카렘 부근 서안지구 국경에서 열차가 탈선했다. 19일에는 예루살렘에서 폭발물이 터지며 민간인 7명이 다쳤다. 21~23일에도 사보타주 활동이 있었다. 에슈콜이 정착촌 허가를 허용한 9월 24일에는 야세르 아라파트가 이끄는 파타 게릴라들이 나블루스에서 총격전을 벌이다 생포됐다. 다음 날 파타는 이스라엘 농업지역을 공격, 아이 1명이 죽고 부모가 부상을 입었다. 정착민들이 크파르 에찌온으로 돌아온 9월 27일에는 국경 경찰 2명이 죽고 또 다른 1명이 파타와의 교전 끝에 부상당했다. 가자 부근에서는 열차가 탈선했고 총리실 밖에서는 화약이 들어 있지 않은 수류탄 3개가 발견됐다.

당시 사상자 수를 보면 점령이 시작된 후 이스라엘인들이 얼마나 위험한 처지에 놓이게 됐는지 알 수 있다. 1965년 6월과 1967년 2월 사이에 테러 공격으로 이스라엘인 12명이 죽고 61명이 부상을 당했다.[105] 1967년 2월부터 전쟁이 발발하기 전까지 불과 5개월간 이스라엘인이 4명 죽고

6명 다친 것에 비하면 적지 않은 숫자였다.[106] 전쟁이 끝난 시점부터 1968년 2월 사이에 이스라엘인 28명이 테러 공격에 죽고 85명이 부상을 입었다.[107] 같은 기간 동안 이스라엘은 무장한 팔레스타인인 45명을 죽이고 30명에게 부상을 입혔으며 1,000명 이상을 생포했다고 밝혔다. 11월까지 팔레스타인인의 가옥 1,000채 이상이 보복 공격으로 파괴됐다. 일부 난민 수용소에서는 눈에 구멍이 난 자루를 뒤집어 쓴 사람들이 16~70세 사이의 모든 수용소 남성 앞을 지나며 지목하는 일도 있었다.[108] 지목당한 수용소 남성들은 끌려가 취조를 당했다. 한 영국 외교관에 따르면 이는 "더 많은 가족들이 동쪽으로 떠나게 하기 위한 압력"이었다. 나르키스 장군의 대변인은 《선데이타임스》 기자에게 다음과 같이 말했다.[109] "만약 당신이 아랍인들의 정신세계를 안다면 이런 강경한 태도가 효과적이라는 것을 이해할 것입니다. 다른 방식이 이들한테 통한다고는 보지 않습니다."

이스라엘은 팔레스타인 민족이 공격을 할 때마다 보복으로 요르단을 공격했다. 야세르 아라파트와 다른 게릴라 지도자들에게 요르단의 거대한 난민 수용소만큼 병사를 모집하고 양성하기 좋은 곳은 없었다. 또한 서안지구가 사라진 상황에서 후세인 요르단 왕은 더 이상 팔레스타인 민족을 통제할 마음이 없었다. 11월 20일 이스라엘은 요르단 계곡 위 카라메^{Karameh} 수용소를 120mm 박격포와 야포로 공격했다.[110] 맑은 날 오후에 거리는 사람들로 넘쳐났고 아이들은 학교에서 돌아오는 중이었다. 아이 3명, 여성 1명, 요르단 경찰관 2명, 남성 6명 등 12명이 죽었다. 시체를 살펴본 암만 소재 영국 대사관 무관은 이들이 주로 포탄 파편에 맞아 죽었다고 결론지었다. 부상자 중에는 아이 7명(2명은 살아날 가능성이 희박했다), 여성 3명, 경찰관 3명, 남성 16명도 있었다. 남성중에는 팔을 잃거나 두 다리를 모두 잃은 사람도 있었다. 이스라엘은 급기야 1968년 3월 21일 파타의 주 본거지가 된 카라메에 병력과 전차를 투입했다.[111] 요르단군과 아라파트의 게릴라들은 예상보다 격렬한 저항으로 맞섰다. 전투는 하루 종일 이어졌고 이스라엘군 28명, 요르단군 61명, 팔레스타인인 100여 명이 숨졌다. 야세르 아라파트는 이 전투를 통해 영웅으로 떠올랐다. 그의 부하 대부분이 잡히거나 죽었지만 그들은 9개월 전 6일 전쟁에서 아랍군이 보여주지 못한 격렬한 저항을 보여주었기 때문이다.

일부 이스라엘인들은 폭력이 격화될 것을 예상하고 있었다. 1968년 3월 영국 정부의 허가하에 케냐에 있는 감옥을 방문한 한 이스라엘인은 구금된 17~21세 사이 아랍인들을 보며 영국 대사에게 말했다. "이들이 텔아비브 디젠고프 광장Dizengoff Circle으로 트럭을 몰고 들어가 폭발물을 터뜨려 유대인 200~300명을 죽이는 건 일도 아닐 것입니다."[112] 그는 당시 팔레스타인 민족이 아직 그 정도로 준비가 되어 있다고는 보지 않았다. 그리고 자살폭탄테러는 25년 후에야 본격적으로 전개됐다.

많은 이스라엘인들은 팔레스타인 민족에게 조직적인 저항을 할 수 있는 능력이 결여돼 있다고 보았다. 1967년 전쟁이 끝나고 다음 해 영국인 기자 윈스턴 처칠은 1946년 예루살렘 소재 다윗 왕 호텔을 폭격하는 데 참여한 이스라엘 군인과 점심을 먹었다.[113] 팔레스타인 민족이 이스라엘에 비슷한 짓을 할 수 있겠냐는 물음에 그는 "있을 수 없는 일"이라고 답했다. 1967년 대승 이후 이스라엘은 오만한 자기만족에 빠졌다. 이집트와 시리아가 공격을 준비하고 있다는 경고에도 불구하고 스스로를 과신한 이스라엘은 1973년 전쟁에서 모욕을 당했다. 강대국들이 개입해 전쟁을 중단시키기까지 힘겨운 전투가 몇 주간 이어졌고 사상자도 적지 않았다. 1973년 전쟁은 시나이를 반환하는 계기가 되었고 이스라엘은 이후 이집트와 평화 협정을 체결할 수밖에 없었다. 협정이 이뤄지고 이스라엘과 이집트의 관계는 차가웠지만 무난하게 유지됐다. 이스라엘은 여전히 시리아 골란 고원을 준엄한 무력으로 지키고 있지만 1973년 전쟁 이후 군사협정이 체결되며 국경은 현재 상당한 평화를 유지하고 있다. 이스라엘은 1980년대에 전쟁이 필요할 때 시리아 대신 레바논을 택했다.

전쟁의 유산

1967년 전쟁 기념일을 이스라엘은 '예루살렘의 날'이라 부르며 경축한다. 젊은이 수천 명이 정치적인 구호가 쓰인 티셔츠를 입고 우익 종교민족주의를 자랑스럽게 선전한다. 남자는 해골 머리가 그려진 티셔츠를, 여자는 긴 치마를 입고 예루살렘 구시가지에서 퍼레이드를 벌인다. 팔레스타인인도 다수 거주하는 이 지역에 이스라엘 국기가 펄럭이고 애국주의 노래가 울려 퍼진다. 젊은이 중 많은 이는 총을 지니고 있다. 이들을 보호하는 준군사조직도 배치돼 경계를 선다. 축제는 하나 된 예루살렘을 이스라엘의 영원한 수도로서 기념하자는 것이다. 그러나 이 행사를 지켜보고 있노라면 예루살렘이 오히려 둘로 분단돼 있다는 것을 강하게 느낄 수 있다. 1967년 전쟁이 끝나고 몇 주가 흐른 뒤 이스라엘은 도시를 가르는 성벽을 허물었다. 그러나 이 벽은 여전히 사람들의 마음속에 남아 있다. 팔레스타인 민족 대부분은 퍼레이드가 진행되는 동안 멀찌감치 서 있지만 그들의 음울한 표정은 분위기를 무겁게 만든다.

난 처음에 예루살렘을 혐오했다. 이곳에는 먼지와 소음, 눈부시는 태양

만큼이나 증오와 분노가 가득했다. 그러나 나는 점차 예루살렘에 매혹됐다. 정오가 되면 뜨겁게 타올라 저녁에는 바위 언덕에 부드럽게 내려앉는 햇빛 때문이기도 하지만 무엇보다 예루살렘에 살아 숨 쉬는 역사가 나를 끌어당겼다. 대부분의 나라에서 책에나 담길 역사가 이곳에서는 현재 속에 배어 있다. 늘 좋은 방식으로는 아니지만.

태양이 지고 자칼이 울부짖기 시작하면 주변의 성벽에서 열이 발산된다. 분홍색과 금색 칠이 된 이 벽은 팔레스타인 민족과 유대 민족 둘 다에게 특별한 혼을 안겨준다. 두 민족은 이 성벽을 두고 한 치도 물러서지 않는다. 팔레스타인인들은 자신들이 요르단, 영국, 오스만, 십자군보다 오래 이곳에서 살았기에 유대인도 앞선 민족과 마찬가지 운명에 처할 것이라고 말한다. 이에 대해 이스라엘인들은 예루살렘이 세상에 존재하는 자신들의 유일한 고향이기 때문에 그 애착심을 과소평가하지 말라고 답한다. 중남미에서 태어나 현재 나블루스 부근에 고립된 정착촌에 살고 있는 한 신앙심 깊은 유대인은 이 땅이 하느님의 선물이라고 내게 말했다. 팔레스타인 정서가 강하게 남아 있는 이곳에서 그는 유대 민족이 로마에 쫓겨난 뒤 피의 대가를 치루며 이곳에 돌아온 것이라고 역설했다.

1897년 오스트리아 빈에서 온 랍비 두 명이 팔레스타인을 살펴본 뒤 다음과 같은 전신을 보냈다.[1]

"신부는 아름다운데 남편이 잘못된 사람일세."

아랍과 이스라엘은 물론 1967년 훨씬 전부터 이 땅을 두고 다투었다. 그러나 힘에 의한 승리는 역사의 흐름을 바꿔놓는 법이다. 1967년의 전쟁은 지금까지 이어진 아랍과 이스라엘 간 갈등의 원천이 되었다. 그렇기에 평화를 찾는 방법은 1967년 전쟁의 유산을 청산하는 것뿐이다.

이스라엘은 1967년 전쟁을 '6일 전쟁'이라고 부른다. 아랍은 이를 '6월 전쟁$^{June War}$'이라고 부른다. 이름이야 어떻든 이 전쟁에서 이스라엘은 20세기의 가장 위대한 승리를 거두었다. IDF는 전 세계적으로 그 이름을 드높였다. 그러나 내가 취재 중 만난 1967년 전쟁 참전 용사 대부분은 승리가 빛바랬다고 말했다. 서안지구와 가자에서 만난 팔레스타인인들은 점령이 가져온 비극에 너무나 비통해하는 나머지 때로 과거를 이야기하기 힘겨워할 정도였다.

예루살렘

2000년 9월 28일 목요일, 아침 8시가 되기 3분 전, 72세의 아리엘 샤론은 예루살렘 고대 성벽에 있는 홍예문 밑을 걷고 있었다. 장군에서 정치인이 된 그는 키가 작고 몸은 뚱뚱했다. 옥상에는 이스라엘 저격수들이 배치됐고 그는 경호원들에 가려 보이지 않을 정도였다. 그는 바위 사원과 알아크사 사원 주변 성벽 건물 안에 들어서고 있었다. 이곳은 1967년 이후 중동에서 가장 격렬한 갈등을 불러일으키는 곳이었다. 샤론은 그가 팔레스타인인을 자극하려고 그곳에 갔다는 주장을 부인했다. 어떤 면에서 그의 부인은 타당했다. 이날 그의 표적은 팔레스타인 민족이 아니라, 이스라엘 우파의 지지를 놓고 경쟁을 벌이는 베냐민 네타냐후$^{Benjamin Netanyahu}$*였다.

---

* **베냐민 네타냐후** 1996~1999년 이스라엘 총리를 지냈으며, 2009년 다시 총리가 돼 현재 재직 중이다. 1949년 텔아비브에서 태어나 MIT와 하버드 대학교에서 공부하고 1984~1988년 유엔 주재 대사를 지냈다. 1996년 총선에서 팔레스타인에 대한 강경 정책을 실시할 것을 내비쳐 온건파인 시몬 페레스 당시 총리를 제치고 총리로 당선되었다. 이스라엘 역사상 최연소 총리였던 그는 야세르 아라파트와 대립하기도 했으나 영토분쟁을 종식할 외교적 돌파구를 만들기도 했다. 1999년 총리 선거에서는 부패 스캔들로

그는 자신의 방문을 통해 이스라엘인은 예루살렘 내 가고 싶은 곳은 어디든 갈 수 있다는 것을 보여주고 싶었다. 이날 팔레스타인 민족이 그를 어떻게 생각하든 그는 개의치 않았다. 샤론은 일생을 통틀어 아랍 민족의 감정이 어떠한지 크게 고민한 적이 없었다.

그러나 팔레스타인인들은 그가 걷고 있는 이 땅을 자신들의 것이라고 생각했다. 이곳은 메카와 메디나에 이어 이슬람 세계에서 가장 성스러운 땅이었다. 이스라엘 당국은 팔레스타인인들이 반발할 것이 확실하다 보고 무장경찰 1,500명을 배치해 샤론을 보호했다. 이곳에는 성스러운 이슬람 사원 밑으로 유대 성전의 잔재가 묻혀 있었다. 유대 민족은 로마에 추방당한 2,000년 전부터 이곳에 돌아오길 기도했다. 마찬가지로 팔레스타인에서 추방당한 아랍인들은 바위 사원과 알아크사 사원의 그림을 집 안 곳곳에 걸어둘 정도로 이곳을 동경했다. 유대 민족이 추방당한 기간 동안 예루살렘을 기억했듯 그들도 이 두 모스크를 기억했다.

34분간 건물에 머문 샤론은 아침 8시 31분에 떠났다. 바로 폭동이 일어났고 폭력은 여전히 계속되고 있다. 2002년에 잔인한 테러가 발생하자 이스라엘은 야세르 아라파트의 조직을 부수고 주요 팔레스타인 마을 외곽을 다시 점령했다. 그 후 팔레스타인인은 남성, 여성, 아이 가릴 것 없이 수백만 명이 가혹한 징벌에 시달렸고 몇 달 간 가택 연금을 당했다. 팔레스타인 경제는 붕괴했다. 이스라엘은 덕분에 비교적 고요한 시간을 보냈지만 머지않아 자살 폭탄은 다시 시작됐고 더 많은 민간인이 죽임을 당했다.

노동당의 에후드 바라크에게 패했다. 그 후 아리엘 샤론 정권의 각료로 참여하게 되어, 2002~2003년 외무장관으로 재직했지만 이란 핵시설에 선제공격을 해야 한다고 주장하는 등 초강경 노선을 견지했다.

아풀라

2002년 11월, 이스라엘 북구 서안지구와의 경계 부근에 있는 도시 아풀라 Afula의 한 백화점 카페에서 도론 모르가 나를 기다리고 있었다. 그는 손자를 데리고 왔다. 그는 손자에게 햄버거와 아이스크림을 사주고 오락실에 가 놀라며 돈을 주었다. 주변에서 음악이 들려왔다. 예쁜 아가씨가 메뉴판을 들고 왔다. 아풀라 같이 작은 이스라엘 도시에도 백화점이 있기 마련이다. 도론처럼 옛 이스라엘을 기억하는 사람에게 백화점은 특별한 의미를 가진다. 이스라엘은 한때 야망만 가득할 뿐 작고 가난한 나라였다. 그러나 백화점을 보면 나라가 그동안 얼마나 발전했는지 볼 수 있다. 1980~1990년대에 백화점이 지어질 당시 사람들은 그 현대적이고 서구적인 모습을 보며 흐뭇했다. 다른 나라 유대인들처럼 그들도 이제 멀지 않은 곳에서 휴일마다 쇼핑을 즐길 수 있었다. 하지만 오늘날 그들이 백화점을 좋아하는 이유는 따로 있다. 전통시장이나 번화가보다 조금 더 안전하기 때문이다. 백화점은 문이 많지 않다. 보안 요원들은 문을 들어서는 모든 사람을 검색한다. 내 몸을 수색한 요원은 폭탄이 숨겨져 있을 만한 부분을 집중적으로 살펴보았다.

정착촌에 사는 도론 모르는 얼굴이 검게 그을렸지만 건장한 체격을 소유한 남자였다. 1967년에 그는 애뮤니션 언덕에서 싸운 공수부대 부사령관이었다. 당시 소령이었던 그는 자신의 세대가 이룩한 것을 매우 자랑스러워했지만 그 이후 벌어진 일들에 대해선 슬퍼했다. "1967년 우리는 정말 풍전등화 같이 위태로웠어요. 세 나라가 우리를 포위했으니까요. 하지만 우리는 처음으로 우리가 강하다는 것을 증명했죠. 그렇게 빨리 이길 수 있다는 사실에 우리 스스로도 놀랐어요. 우리는 마치 슈퍼맨이 된 듯했지만 그 자만에는 대가가 있었어요… 우리는 여전히 같은 실수를 되풀이하고 있습니다. 인티파다^{intifada}(1987년 시작된 팔레스타인 반란)가 시작된 이후 우리는 테러를 도저히 멈출 수 없다는 것을 깨달았어요. 진정한 평화를 위해서 나는 예루살렘을 포함한 모든 땅을 포기할 준비가 되어 있어요. 진정한 평화가 있다면 자유롭게 그곳을 방문할 수 있겠죠."

야코브 차이모위츠도 도론 모르와 함께 애뮤니션 언덕에서 싸웠다. 전쟁이 끝나고 그는 헤츠^{Hetz}라는 히브리어 이름을 사용했다. 현재 그는 평화로운 북부 이스라엘에서 아내와 자녀 8명과 함께 살고 있다. 지금은 엔지니어가 된 그는 전쟁이 끝나고 여러 훈장을 받았다. 하지만 그 또한 동료의 죽음을 목격한 사람들이 흔히 겪는 '생존자 증후군'에 시달리고 있었다. "너무 많은 사람이 죽자 나는 절망했습니다. 이 모든 상황을 받아들이기까지 몇 달이 걸렸어요. 내 동료가 여럿 죽었는데 난 고작 파편과 폭발에 할퀸 자국만 남았어요. 총검으로 탄약 상자를 열다 손이 찢긴 일도 있었죠. 하지만 그게 다였어요… 싸울 때 나는 내가 로봇이 된 것 같았어요. 적이 죽느냐 내가 죽느냐의 문제였어요. 힘들었지만 중동에서 일어날 마지막 전쟁에서 싸우는 것이라고 스스로를 위안했어요." 그러나 마지막 전쟁이 아니었다는 것을 그는 머지않아 깨달았다. 그 또한 다른 이스라엘인이나 팔레스타인인처럼 1967년 이후 뒤바뀐 환경에 영향을 받으며 살아왔다. 내가 그를 만나기 하루나 이틀 전 예루살렘에서 또 다른 자살 공격이 일어났다. "우리는 제대로 된 국경이 필요합니다. 전쟁이 끝나고 1년 뒤 나는 평화밖에 길이 없다는 걸 깨달았어요. 평화를 얻을 수 있다면 나는 언제든 기꺼이 서안지구를 내놓겠습니다. 정착민들이 점령된 영토를 떠나야만 우리가 제대로 수호할 수 있는 국경이 생길 겁니다."

모르와 헤츠를 만나기 전 나는 서안지구 제닌에 들렀다. 차로 제닌과 아풀라 사이 국경을 지나가는 일은 어렵지 않은 일이었다. 국경은 '초록선 green line'이라는 이름으로 알려져 있었다. 처음 이곳에 간 때는 1995년 11월 어느 추운 날 밤이었다. 나는 1주 전 암살당한 이츠하크 라빈 총리를 기리 는 거대한 집회가 열린다는 소식을 듣고 텔아비브로 향하던 중이었다.

라빈은 점령에 대해 잘 알고 있었다. 무엇보다도 그는 1967년 대승에 공을 세운 사람이었기 때문이다. 그러나 몇 년이 지나고 그는 아무리 많 은 전차와 헬리콥터를 동원해도 팔레스타인인 400만 명을 통제할 수 없 으며 평화도 이룰 수 없다는 사실을 깨달았다. 1967년 전쟁에서 얻은 영 토를 제자리에 돌려놓지 않는 한 평화는 요원했다. 이스라엘인 대부분은 라빈이 이뤄놓은 승리이니 그가 이 사태를 되돌려놓아 주길 바랐다. 그러 나 모두 같은 생각을 한 것은 아니었다. 그가 암살당하기 몇 달 전부터 그 와 그의 가족에 대한 협박이 이어졌다. 랍비들은 그를 저주했다. 극우파 는 그가 나치 옷을 입은 모습을 그려 흔들었다. 일부는 이스라엘이 안전 해지려면 오히려 더 많은 땅이 필요하다고 믿었다. 그들은 점령 영토가 신이 유대 민족에게 주는 기적 같은 선물이라고 믿었다. 로마가 1세기에 뺏어간 성스러운 영토가 드디어 하느님의 뜻대로 돌아왔는데 어찌 일개 1명의 유대인이 감히 하느님의 선물을 차버릴 수 있는가?

1995년 11월 4일 라빈은 이갈 아미르Yigal Amir라는 유대인 광신도에 의해 살해된다. 만약 그가 죽지 않았더라면 점령 영토가 반환되기까지 많은 시 간이 걸리지 않았을지도 모른다. 어쨌든 극우파의 입장에서 볼 때 라빈의 암살은 근대사에서 가장 효과적인 정치 폭력 행위였다. 라빈이 죽고 8년 후 그 어느 때보다 많은 수의 유대인이 점령 영토에 정착했다. 끔찍한 폭 력은 더욱 일상이 되었다. 이스라엘은 이길 수 없는 식민지전에 스스로를 끌어들였다.

라빈이 암살되고 1주일 동안 이스라엘의 젊은이들은 촛불을 켜고 눈물을 흘렸다. 나는 제닌에서 이스라엘 병력이 마지막으로 철수하는 모습을 볼 수 있었다. 지프차가 아풀라에서 사라지자 몇 분 후 군복을 입은 팔레스타인인들이 달리는 차량에 올라서서 허공을 향해 총격을 가했다. 모두 옛 이스라엘군 기지에 모여들었다. 일부는 이곳에 감금된 적이 있다며 과거를 회상했다. 겨울 내내 밤마다 서안지구 도시가 하나씩 하나씩 팔레스타인 자치정부에 넘어갔다. 이스라엘은 여전히 도시 안팎 도로를 통제했고 정착촌을 짓기 위해 강제로 땅을 빼앗았다. 하지만 다수의 팔레스타인 및 유대인들은 드디어 평화가 찾아오기 시작했다고 믿었다.

일부 이스라엘인들은 오늘날 분쟁의 뿌리가 점령에 있는 게 아니라 유대국가를 짓밟으려는 아랍 민족의 욕망에 있다고 주장한다. 그들 말대로 팔레스타인 극단론자들은 유대국가가 사라질 때까지 투쟁을 이어가겠다고 말한다.

그러나 이런 폭력 덕에 이들은 다른 때 같으면 얻지 못할 유명세를 얻었다. 팔레스타인 민족이 오슬로Oslo 평화회담에 눈을 돌리고 있을 당시 극단주의자들은 여론의 변두리에서 아등바등했다. 폭력은 극단에 있는 자들을 주류로 밀어 넣는 법이다. 점차 많은 사람이 팔레스타인 극단주의자들의 피비린내 나는 담론에 귀 기울였고 아리엘 샤론은 팔레스타인 민족을 추방해야 한다고 떠벌리는 인사들을 내각에 임명했다. 라빈이 재임하던 시절 팔레스타인인들은 점령이 끝나가고 있다고 믿었고, 자살 폭탄은 서안지구와 가자에서 빠르게 인기를 잃었다. 이제 그가 사라지자 이스라엘 전차가 거리에 다시 모습을 드러냈고 자살폭탄 테러리스트들은 대중의 호응을 되찾아가고 있다.

베들레헴

성탄교회 맞은편에 살고 있는 바디알 라헵은 맵시 있는 상의를 입고 나를 기다리고 있었다. 팔레스타인 전통 자수 작품들이 그녀의 집에 걸려 있었다. 100야드도 되지 않는 성탄교회 밖 만저 광장에는 이스라엘 전차가 정차돼 있었다. 몇 분마다 포탑이 광장을 훑어보듯 좌우로 움직였다. 팔레스타인 소년들은 교회 뒤에 숨어 전차를 바라보며 포탑이 돌아올 때마다 머리를 숙였다. 거실에 앉아 있던 라헵 여사는 과거를 얘기할 때마다 분노와 창피를 느낀다고 말했다. 이스라엘군이 베들레헴에 진격했을 때 그녀는 아들을 데리고 교회에 숨었다.

"남편이 우리를 데리러 왔어요. 그는 대피한 사람들을 보더니 어차피 죽을 거면 집에서 죽자고 했어요. 나는 임신한 상태였고 다음 날 유산했어요. 너무 무서워서 그랬던 거 같아요. 열흘이 지나서야 의사를 구할 수 있었어요."

"전쟁이 끝나고 이스라엘군은 확성기를 갖고 돌아다니며 두려워하지 말라고 했어요. 나흘 동안 통금은 계속 됐어요. 이스라엘군은 우리를 해하지 않겠다고 했어요. 필수품을 갖고 와서 아주 싸게 팔았어요. 우리의 마음을 얻으려는 것 같았어요." 그녀는 갑자기 웃었다. "처음에는 꿀을 갖고 오더니 그 다음에는 양파를 갖다 주더군요."

이스라엘군이 처음 베들레헴에 들어왔을 때 학살은 일어나지 않았다. 그러나 요르단으로 떠난 이웃들은 다시 돌아오지 않았다.

인터뷰 중 또 다른 이스라엘 기갑부대가 천천히 베들레헴으로 들어오고 있었다. 라헵 여사의 집에서 멀지 않은 곳에서 라자 자카리아^{Raja Zacharia}는 귀를 쫑긋 세우고 이를 들었다. 저건 전차가 아니야. 기갑병력 수송차야. 라자는 마을 도로에 바퀴가 부딪히는 소리를 귀신같이 알아맞혔다. 1967년 6월 7일 점령이 시작된 이후 이러한 소리를 수도 없이 들었기 때문이다. 1995년 크리스마스 이브에 첫 이스라엘 점령이 끝났다. 그 후 7년간 분위기는 비교적 자유로웠다. 이스라엘군은 여전히 베들레헴 입구를 통제하며 출입자를 검색했지만 베들레헴 사람들은 이만큼 독립에 가깝게 느낀 적이 없었다. 이스라엘군이 오기 전 요르단군이 있었고, 그 전에 영국군이 이 지역을 지배했다. 영국군이 있기 전에는 터키군이 있었고, 터키군 이전에 로마군이 이곳을 지배했다. 2002년 5월 이스라엘군이 다시 도시에 들어왔다. 정치적 압박을 느낀 이스라엘 정부는 전차를 보내 팔레스타인 젊은이들이 자살폭탄 특공대로 양성되는 걸 막으려 했다. 이스라엘은 무장저항을 눈에 띄게 지지했던 지역에 단호한 응징을 가했다. 일시적으로 병력을 철수하기 전 이스라엘군은 유럽연합과 일본이 수백만 파운드를 투자해 만든 시설물 또한 파괴했다. 자치 정부하에 이곳에서 사업을 하던 팔레스타인인들은 생계 수단을 모조리 잃었다.

라자는 천장에 올라 강철 바퀴 소리를 유심히 들었다. 그는 오전 4시에 이스라엘군이 돌아온 것을 알 수 있었다. 전날 베들레헴 출신 팔레스타인인이 몇 마일 떨어져 있지 않은 예루살렘에서 자살 폭탄 테러를 했다. 이스라엘은 5월 내내 집단 응징을 가했지만 상황은 나아지지 않았다. 라자와 베들레헴 주민들은 테러리스트의 출신을 알게 된 후 무언가 동네에 안 좋은 일이 생길 것을 직감했다. 주민들은 물과 음식, 양초 재고를 확인한 뒤 필요한 물품을 사러 밖으로 나갔다. 도시에 떨어진 통금령도 당분간 사라질 것 같지 않았다. 누구도 밖에 나갈 수 없었지만 다행히 라자는 그래도 옥상에 있을 수 있었고 아이들 중 일부는 전차가 없을 때 가까운 골목에서 놀 수 있었다.

라자 자카리아는 1967년 당시 7세였다. 그는 포격을 들을 때까지 전쟁이 시작된 줄 몰랐다. 그는 그의 부모가 결혼한 지 15년 만에 얻은 외아들이었다. 은세공인이었던 그의 아버지 파라Farah는 재능이 뛰어난 사람이었다. 그는 『광야의 부름A Call from the Wilderness』이라는 도덕철학 책을 영어로 출간하기도 했다. 1960년대에 나온 어린 스웨덴 소녀가 성지를 여행하는 내용의 그림책에 그의 사진이 담겨 있었다. 이 책에서 파라는 미소 짓는 금발의 소녀에게 은을 어떻게 아름다운 십자가로 바꾸어놓을 수 있는지 보여주고 있다. 1967년 6월 7일 수요일 그는 이웃들과 함께 옥상에 모여 있었다. 갑자기 주변에 포탄이 떨어지기 시작했다. 파라는 안으로 들어가 아내와 아들에게 몸을 숨기라고 소리쳤다. 라자는 그때 잠을 자고 있었다. 파라는 아들을 붙잡고 누웠다. 바깥에는 더 많은 포탄이 떨어지고 있었다. 옆에 있던 그리스 정교회가 맞더니 그 힘에 라자의 집에도 구멍이 났다. 아들을 몸에 껴안고 있던 파라는 폭발을 온몸으로 막아냈다. 라자는 한군데도 다친 데가 없었다. 포격이 멈추고 이웃들은 거리로 나가 그의 아버지를 병원에 데려다 줄 사람을 찾았다. 라자의 어머니는 남편이 죽을지도 모른다는 공포에 질려 울었다. 2시간 후 파라는 숨을 거두었다.

"이스라엘군이 올해 돌아왔을 때는 1967년보다 훨씬 상황이 안 좋아졌습니다. 1967년에는 저항이 없었어요. 무기도 없었고요. 당시는 달랐어요. 어제 예루살렘에서 죽은 버스 승객들에 대해 매우 안타깝게 생각합니다. 하지만 피는 피를 부르고 우리는 결코 멈추지 않는 악순환에 걸려들었어요. 우리는 작은 상자에 갇혀 있고 희망이 보이지 않아요. 우리는 1967년 당시 살던 땅을 원해요. 이스라엘은 땅과 평화 둘 다를 가질 수 없어요. 이스라엘은 왕과 대통령들 앞에서 협정에 서명했지만 어느새 이걸 휴지조각으로 만들었어요."

가자

카멜 술라이만 샤힌은 학교 교장실 책상 뒤에 앉아 점령 시절에 대해 차근차근 이야기했다. 밖에서는 겨울 햇빛 아래 수백 명의 소년들이 장난삼아 서로 주먹으로 때리고 소리 지르고 축구를 하는 등 운동장에서 놀고 있었다. 가자지구는 세계에서 출산율이 가장 높은 지역 중 하나다. 가자 거리를 걷다보면 저항이나 점령, 파괴보다는 수많은 아이들을 보며 놀라게 된다. 샤힌의 학교가 있는 가자지구 중간쯤에 이스라엘은 이곳을 두 동강 내는 검문소를 세웠다. 말이 '검문소checkpoint'지 사실은 '고문소chokepoint'였다. 이곳을 닫으면 가자를 남북으로 잇는 유일한 도로를 이용할 수 없다. 문이 다시 열릴 때까지 수천 명이 찌는 듯한 더위에 옴짝달싹 못하게 된다. 검문소가 열려 있다 해도 극심한 교통 체증은 어찌할 수가 없었다. 단단한 콘크리트 벙커와 방탄반사유리 뒤에서는 이스라엘 병사들이 검문을 실시한다. 팔레스타인인들은 차에 사람이 많으면 많을수록 통과가 쉽다고 생각한다. 실제로 이스라엘군은 차에 사람이 많이 탈수록 자살폭탄 테러리스트가 타고 있을 가능성이 낮다고 생각한다. 팔레스타인 젊은이들은 검문소를 지나는 차량의 빈자리를 채워주는 방식으로 돈을 벌기도 한다.

샤힌은 젊은이들이 그럴 시간에 학교에 갔으면 좋겠다고 말한다. 그가 교장으로 있는 데이르 알 발라 초등학교에는 아침마다 소년 945명이 몰려든다. 오후반은 UNRWA가 운영하는 소년 난민 수용소에게 할당된다. 난민 수용소는 유대인 정착촌 크파르 다롬Kfar Darom 부근에서 학교를 운영한 적이 있었다. 하지만 이스라엘군은 이곳이 너무 가까이 있다고 생각하고 떠날 것을 명령했다. 샤힌은 정중하고 온순한 사람이었다. 그러나 그는 점령을 증오했다.

"우리는 여전히 1967년에 벌어진 일 때문에 고통받고 있습니다. 우리는 점령하에 놓여 있어요. 그들은 매일 사람들을 죽이고 가옥들을 부수고 있어요. 이방인이 와 내가 태어나고 살던 곳에서 나를 쫓아낸 거죠. 비참한 현실이 계속되지만 다른 나라들은 그저 바라볼 뿐 아무런 행동도 하지 않고 있어요. 강대국들이 특히 심해요. 그래도 우리는 여전히 희망을 잃지 않으려 해요. 계속 인내하다 보면 언젠가 승리를 거두겠죠. 가자와 서안지구, 그리고 예루살렘을 해방시킬 것이라고 믿어요. 2개의 다른 국가가 공존하는 것이 최선의 정치적 해법이라고 나는 믿어요."

"아이들은 점령 기간 동안 벌어질 일들에 대해 듣고 어떤 상황인지 잘 알아요. 아이들도 살인과 파괴, 그리고 추방을 목격하고 있어요. 가족이 지난 일들을 이야기하고 이스라엘 병사들에 관해 얘기할 때마다 아이들은 증오심을 키워요. 이쪽 가자 지역에 사는 사람들은 대부분 가족 중에 누군가가 죽임을 당했거나 소중한 재산을 잃었어요. 그럴수록 우리는 끝까지 저항해야 하고 우리 땅을 수호해야 한다고 생각해요. 올바른 해결책을 찾는 그날까지요."

나는 데이르 알 발라 남부 칸 유니스에 사는 샤라 아부 샤크라를 만났다. 그녀의 남편은 다른 친척 남성들과 함께 1967년에 살해당했다. 그녀는 혼자 사는 여성을 좋지 않은 시선으로 바라보는 이 공동체에서 딸 4명과 아들 3명을 힘겹게 키웠다. 당시 맏이가 겨우 열한 살이었다. 그녀는 아직도 전쟁 전의 시절을 그리워한다. 그녀의 남편 자이드는 토마토와 감자, 오크라(수프 등에 쓰이는 식물) 등을 팔며 생계를 꾸렸다. 남편의 동생 무스타파는 이스라엘군에게 목숨을 잃었다. 무스타파의 부인은 샤라의 바로 옆집에 살고 있다. 이들은 함께 12명의 자녀를 길렀다.

샤라는 여전히 이스라엘 병사들을 끔찍이 두려워한다. 밤에 모스크에서 기도 소리가 들려오면 그녀는 잠을 못 잘 만큼 공포에 젖는다. 때로 병사들이 그녀의 집을 수색했다. "그들은 내가 소리 지르면 아이들이 깰 거라며 나를 때려눕히곤 했어요. 내 딸이 한번은 '엄마, 이스라엘군이 오면 날 깨워요, 그래야 엄마랑 있을 수 있잖아요'라고 말하더군요. 이 아이들을 어떻게 길러냈는지 나 자신도 놀랄 때가 있어요. 많은 도움을 받았어요. 집안에 성인 남자라곤 하나도 없었어요. 우리는 자선 단체 구호품에 의존할 수밖에 없었어요." 그녀는 죽은 남자들이 정치나 저항에 관련되지 않았다고 주장한다. "모두 상냥하고 따뜻했어요. 남의 일에 함부로 끼어들지 않고 착하게 살았어요."

인티파다가 두 차례나 일어났지만 가족 중 누구도 정치에 참여하거나 감옥에 가지 않았다고 그녀는 말한다. 아들들은 이제 다 자라 결혼해 아이들까지 낳았지만 그녀는 이스라엘군이 다시 찾아와 해를 입힐까 봐 두려워한다. 아들 하나는 1차 인티파다가 시작될 무렵 폴란드로 유학을 갔다. 16년 동안 그는 한 번도 연락을 하지 않았다. 그는 가난과 비극으로 찌든 고향을 견딜 수 없었는지도 모른다.

샤라 아부 샤크라는 75세나 되었지만 젊은 시절 체력이 좋았던 것으로 보였다. 그녀는 플라스틱 의자에 앉아 있었다. 여기가 가자지구라는 것을 다시 일러주듯 아이들이 주변에 가득했다. 샤라에게는 손자 손녀가 35명 있었다. 그녀가 이야기를 이어갈 때마다 결혼을 하지 않은 그녀의 유일한 딸이 이야기를 거들었다. 이제 40세인 딸은 전통 팔레스타인 목도리를 풀어 입는 엄마와는 달리 얼굴을 완전히 가리고 있었다. 그녀는 엄마가 1967년 이야기를 하는 걸 이미 여러 차례 들었을 것이다. 하지만 여전히 그녀의 뺨을 따라 두 줄기 눈물이 흐르며 검은 비단을 적셨다. 샤라도 그녀의 죽은 남편, 잃어버린 아들을 떠올리며 잔인한 지난 세월 때문에 하염없이 흐느꼈다.

칼킬리야

겨울에 나는 서안지구 칼킬리야에 들어가려 했다. 이곳은 이스라엘 지프차나 전차를 타고 들어가지 않으면 철조망이 쳐진 긴 도로를 따라 걸어 들어가는 수밖에 없었다. 비가 이스라엘 초병들을 채찍질하고 철조망 사이로는 바람이 울부짖었다. 언덕 위로 번개가 내리치자 마치 교도소를 방문하는 느낌이 들었다. 어쩌면 칼킬리야 자체가 감옥인지도 모른다. 이곳에 사는 팔레스타인인 4만 2,000명 대부분은 재판에 회부된 적조차 없지만 죄인 취급을 받으며 살아간다. 차로 불과 몇 분만 가면 되는 마을을 방문하기 위해 특별 허가를 받아야 하고 실업률은 80퍼센트에 육박한다. 아이를 낳고 텔레비전을 보는 게 칼킬리야 시민들의 낙이다. 때로 통금은 몇 주간 계속된다. 이쯤 되면 아이를 낳는 일조차 버거워진다. 그러니 그때부터 텔레비전에 눈을 돌린다. 지난 몇 년간 카타르에 본사를 두고 비판적인 보도를 하며 유명해진 〈알 자지라〉가 높은 인기를 누렸다. 칼킬리야에서 뉴스를 보면 지난 몇 년 동안 서방이 이슬람을 끊임없이 괴롭혔다는 생각이 들 정도다.

　칼킬리야의 교도관은 이스라엘 국경경찰이라 할 수 있을 것이다. 팔레스타인인 중 혼나야 할 사람이 있다고 느끼면 이스라엘 정규군은 준군사 조직인 국경경찰대를 동원해 집단 응징을 가한다. 나는 라마단 기간 중 금요일에 칼킬리야를 방문했다. 철조망 양쪽에 서안지구에서 온 가족과 친구들이 특별 출입증을 들고 줄을 서 있었다. 러시아 출신 이스라엘 국경경찰들이 장난을 치고 있는 모습도 보였다.

키가 크고 덩치가 좋은 금발의 이스라엘인이 팔레스타인 부부와 아이 5명을 세웠다. 가장 어린 자녀는 숄에 감싸져 있는 아기였다. M-16 소총을 가슴에 걸친 이 러시아 출신 이스라엘인은 남편의 얼굴에 자신의 얼굴을 들이댄 뒤 히브리어로 소리쳤다.

"어디 출신이야?"

바람이 강하게 불었지만 그 때문에 목소리를 높인 건 아니었다. 그는 누가 강자이고 약자인지 확실하게 알려주고 싶었다. 팔레스타인 남성은 인근 마을 중 하나인 비댜Bidya에서 왔다고 말했다.

"비댜에서 왔다고? 당신 비댜에서 왔다고?"

경찰은 가족 앞에서 남성을 겁주는 데 성공한 듯 했다.

"비댜라고? 비댜?"

그는 가족을 뚫어지게 쳐다봤다.

"오케이. 통과."

그리고 경찰은 가족을 보내주었다. 부인은 아기를 세게 끌어안고 지나갔다. 경찰은 동료를 보고 실쭉 미소 지었다. 이렇게 비오는 축축한 날에 이만한 놀이도 없다는 표정이었다.

나는 1967년 당시 소년이었던 마아루프 자란을 만나기로 되어 있었다. 그의 가족은 전쟁이 터지고 나블루스로 추방당하거나 도망친 난민 행렬에 합류했다. 현재 그는 칼킬리야 시장이 되어 있었다. 그는 문이 닫힌 조용한 시청 건물 사무실에 앉아 있었다. 그의 큰 책상 옆에는 초상화 2개가 걸려 있었다. 하나는 야세르 아라파트였고 하나는 왈리드 이쉬린Walid Ishreen이었다. 1967년에 이쉬린은 조금 나이가 많았지만 칼킬리야에서 가장 유명한 용사였다. 파타를 대표해 알제리에 있는 훈련소로 간 이후부터 그는 아부 알리 이야드라는 가명을 썼다. 빼어난 용모와 깔끔한 수염을 자랑하는 그는 군복을 즐겨 입었다.

칼킬리야는 이스라엘과의 국경 바로 위에 위치해 있다. 지금은 이러한 지리적 조건이 불운이지만 예전엔 행운이었다. 점령이 시작 되고 약 30년간 이곳 주민들은 쉽게 이스라엘 영토 내에서 직업을 구할 수 있었다. 테러가 가라앉으면 주말마다 이스라엘인들이 이곳에 와 쇼핑을 했다. 몇 마일 떨어져 있지 않은 곳에서 이국적인 분위기를 느끼며 싼 제품을 살 수 있는 매력 때문이었다. 칼킬리야 반대편에는 초록선을 따라 크파르 사바 Kfar Sava라는 하얀 아파트로 가득한 이스라엘 도시가 번영하고 있었다. 자란은 이스라엘이 수십 년에 걸쳐 칼킬리야를 점령의 실험관으로 삼았다고 말한다. 크파르 사바를 바라보는 쪽에는 거대한 콘크리트 벽이 올려졌다. 안에는 망루가 있었고 동독이 베를린에 세운 것과 비슷한 모양이었다. 차이점이 있다면 이스라엘군의 망루는 방탄유리가 쳐져 있고 조금 더 첨단이라는 점이었다.(베를린 장벽을 지키는 국경경찰에게 총을 쏜 사람은 아무도 없었다.) 이 벽을 만들기 위해 이스라엘은 팔레스타인인들로부터 일단 100미터에 달하는 땅을 압류했다. 칼킬리야는 비옥한 영토 수 천 에이커를 잃고 필요한 물의 32퍼센트를 제공하는 대수층 19곳도 잃었다. 반면 이스라엘이 벽을 따라 간 최신 고속도로인 로드 식스Road Six 밑에는 넉넉한 물이 항시 흘렀다. 도로 주변에는 작은 나무와 덤불들이 자랐다. 모든 식물에 관개 수로가 연결되어 있다시피 했다. 가장 무더운 여름에도 식물들은 아름다운 자태를 뽐냈다. 반면 서안지구 팔레스타인들은 물 없이 며칠을 지내곤 했다. 이스라엘은 팔레스타인 테러리스트가 넘어오는 것을 막고자 벽을 세웠다. 하지만 이를 유지하는 비용은 만만치 않았다.

벽은 현재까지 1마일 정도에 걸쳐 세워졌다. 조만간 칼킬리야를 에워쌀 기세다.

자란은 1967년 6월 거침없이 달려들던 이스라엘 전투기들을 떠올렸다. 칼킬리야의 노인 중 상당수는 여전히 요르단 왕 후세인이 이스라엘과 공모해 서안지구를 넘겼고 요르단 전차는 허공에 포격을 가했다고 믿는다. 증거도 없고 출처도 없는 이야기지만 칼킬리야에서는 거의 정설로 통한다. 노인들은 이러한 이야기를 통해 평생 자신들을 괴롭히고 후세대까지 아프게 한 1967년 전쟁을 설명하고자 한다. 40대 중반인 마아루프 자란은 화끈한 성격의 소유자였다. 그는 라마단 기간인데다 마을 출입이 어려운 나를 위해 인터뷰 상대자들을 모두 사무실로 데리고 왔다. 저녁이 다가오자 그들은 집으로 가 금식을 중단하고 식사를 하고 싶어 했다. 나또한 밤이 깊어진 이 도시에서 이스라엘 초병들이 까다롭게 구는 게 싫어 돌아가고자 했다. 시장은 우리가 마을 외곽까지 갈 수 있게 차를 제공해주었다. 가는 길에 운전사는 1967년 전사한 요르단 병사들을 기념하는 물품을 보여주었다. 러시아 출신 이스라엘 경찰들은 여전히 비에 젖은 채 소리를 지르고 있었다. 지쳐 보였지만 팔레스타인 가족들을 함부로 다루는 건 멈추지 않고 있었다.

1967년 이후 팔레스타인과 이스라엘 사이의 폭력은 그 어느 때보다 격렬해졌다. 2000년 9월 마지막으로 교전이 발생한 이후 IDF는 팔레스타인 민간인과 용사 수천 명을 죽였다. 이스라엘 민간인과 군인도 수백이 죽었다. 자살폭탄이 이에 한몫했다. 이스라엘은 아랍의 대중저항운동과 싸우는 것이 아니라고 말한다. 단지 야세르 아라파트가 키운 팔레스타인 총잡이들과 폭탄테러리스트들을 뿌리 뽑는 것이라고 말한다. 분명 아라파트는 테러를 이용해 유대국가를 없애고자 했다.

그러나 젊은 팔레스타인인들은 아라파트나 다른 지도자에 충성하기 위해 무장단체에 가입하고 이스라엘인들을 죽이거나 불구로 만드는 게 아니다. 못과 나사로 채워진 원시적인 폭발물을 허리에 묶고 아이와 부모들이 있는 호텔과 식당, 혹은 버스로 뛰어드는 건 쉽게 결정할 수 있는 게 아니다. 젊은이들이 이러한 결단을 내리는 건 팔레스타인 민족 다수가 이러한 행위를 정당하게 보기 때문만도 아니다. 이들이 이렇게 하는 건 그들에게 주어진 삶이 절망과 증오만 가르쳐왔기 때문이다.

이스라엘은 이미 충분한 경고를 받은 바 있다. 전쟁이 끝나고 6주 동안 영국은 점령 영토에서 이미 팔레스타인의 저항이 꿈틀대고 있음을 경고했다.[2] "점령 기간이 길어질수록 이스라엘이 준식민지 분쟁에 빠져들 위험은 커질 것이다. 영국 또한 이러한 저항을 결국엔 감당하지 못했다."

따뜻한 봄날 감람산에 올라 예루살렘을 바라보며 보내는 1시간이 누가 성지에서 살 자격이 있는지 무의미하게 따지는 1년보다 나을 것이다. 이스라엘은 자신의 주장에 충분한 근거가 있고 팔레스타인도 마찬가지다. 예루살렘은 유대인에게 3,000년 동안 성지였고 기독교인에게는 2,000년, 이슬람에게는 1,300년 동안 그러했다. 이스라엘과 팔레스타인 모두 이 땅에 살 자격이 있다는 게 정답일 것이다. 그러나 이 두 민족이 이 점을 받아들이고 영토를 함께 누릴 방법을 배우지 않는 한 평화는 영원히 요원할 것이다.

나는 분쟁이 불가피하다는 생각을 거부한다. 서로를 존중하는 두 나라가 땅을 나눌 수 없다는 생각도 반대한다. 그렇지 않으면 이스라엘과 팔레스타인은 영원히 전쟁 속에 살아가야 한다. 점령을 끝내는 것은 두 민족을 죽이는 암을 제거하는 것이나 마찬가지다. 그 후 이스라엘과 팔레스타인 국가 사이에 평화유지군을 배치하거나 국제적인 보장을 얻어내 집중적으로 국경을 관리하면 분쟁을 막을 수 있을지도 모른다.

안타깝게도 이러한 일이 생길 가능성은 여전히 낮다. 역사를 통틀어 예루살렘과 성지는 타협이 아닌 힘으로 지배됐다. 지난 수백 년간 지속된 시오니즘과 아랍 민족주의 사이의 유혈 참사도 다르지 않다. 결국 누구의 대포가 더 큰가로 모든 문제는 귀결됐다.

이 비극은 두 민족에게만 국한된 것은 아니다. 이제 막 21세기에 살기 시작한 우리에게 이 분쟁은 이슬람 세계와 서방 세계 사이 폭력의 진원지로서 등장하며 우리 모두의 삶에 영향을 끼치고 있다. 예루살렘의 성지는 종교와 문화, 그리고 민족이 만나는 거대한 지각 표층이다. 지난 몇 년간 이를 가르는 단층선이 다시 열리기 시작했다. 그리고 1967년 전쟁이 남긴 유산을 청산하는 건 이제 선택이 아니라 필수가 되었다.

감사의 말

현존하는 최고의 에이전트인 줄리언 알렉산더Julian Alexander가 없었더라면 나는 이 책을 쓰지 못했을 것이다. 예루살렘에 있는 나의 모든 이스라엘, 팔레스타인 친구들과 예루살렘의 동료들, 특히 지미 미첼Jimmy Michel, 루비 갓, 캐런 스트로스Karen Strauss, 알론과 요닛 파라고Alon and Yonit Farago에게 감사한다. 〈BBC 뉴스〉의 경영진 또한 내게 많은 배려를 해주었다. 특히 리처드 샘브룩Richard Sambrook, 마크 다마저Mark Damazer, 리처드 포터Richard Porter, 조너선 베이커Jonathan Baker, 에이드리언 밴 클라베런Adrian Van Klaveren, 빈 레이Vin Ray에게 고마운 마음을 전한다.

인물과 문헌, 자료를 찾아준 조사원들에게도 감사의 뜻을 표하고자 한다. 제임스 본James Vaughan, 모하메드 슈케이르Mohamed Shokeir, 타그리드 엘코다리Taghreed El-Khodary, 린다 타바르Linda Tabar, 지브 엘론Zeev Elron, 아비 할폰Avi Halfon, 요니 벤 토빔Yoni Ben Tovim, 루바 비노그라도바Luba Vinogradova, 조너선 커밍스Jonathan Cummings, 라냐 카드리Ranya Kadri, 사남 바킬Sanam Vakil, 사에다 카엘레나이Sa'eda Kaelenai, 니달 라파Nidal Rafa, 마리암 샤힌Mariam Shaheen. 존슨 도서

관Johnson Library(텍사스 주, 오스틴)의 레지나 그린웰Regina Greenwell, 내게 문서를 빌려준 모세 욧밧과 아바 욧밧, 많은 분량의 인터뷰 녹취 내용을 기록해준 주디스 설리번Judith Sullivan, 자신이 직접 제작하고 감독한 〈BBC〉 다큐멘터리 〈처절한 실패Dead in the Water〉에서 인용할 수 있게 허락한 크리스토퍼 미첼Christopher Mitchell, 예루살렘에 있는 기밧 하타치모Giv'at Hatachmoshet(애뮤니션 언덕) 박물관의 요람 타미르Yoram Tamir와 하가이 만Hagai Mann, 베들레헴 국제센터International Centre of Bethlehem의 미트리 라헵Mitri Raheb, 우리 길, 우리 겔러Uri Geller, 중요한 순간에 내가 글을 쓸 수 있게 집을 빌려준 딜리스 윌킨슨Dilys Wilkinson, 1991년부터 지금까지 예루살렘의 미국인 거지구역에서 내게 먹고 마실 것을 준 세계 최고의 바텐더 이브라힘 제그하리Ibrahim Zeghari에게 감사한다. 가자에 있는 유엔난민구제사업국의 폴 맥칸Paul McCann과 1967년 당시 자료를 볼 수 있게 해준 런던 세이브더칠드런의 수전 스네돈Susan Sneddon에게도 감사를 표한다.

내 인터뷰에 응해 1967년 전쟁을 회고한 모든 사람들에게 감사하지 않을 수 없다. 중동에는 많은 반목과 대립이 있지만 어느 쪽에나 따뜻하고 친절한 사람들이 있다. 그들 대부분의 이름은 책에 언급되었지만 몇몇은 내게 익명을 부탁했다.

사이먼앤슈스터 유케이Simon & Schuster UK 출판사의 앤드루 고든Andrew Gordon과 다른 모든 사원에게 감사한다. 이들은 믿기지 않을 만큼 관대한 마감시한으로 나를 배려해주었다.

나를 지금껏 있게 해준 부모님과 내 가족에게 감사와 사랑을 표하고자 한다. 무엇보다 오랜 기간 중동으로 떠나 있는 바람에 가족과 함께 시간을 보내지 못했음에도 너그러이 참아준 줄리아Julia와 매티Mattie에게 고맙고 사랑한다는 말을 전한다.

주

약어

AP	연합 통신사Associated Press
FCO	영국 외무성Foreign and Commonwealth Office(런던)
IDF	이스라엘 방위군 기록보관소Israel Defence Force Archive
ISA	이스라엘 기록보관소Israel State Archives
LBJ	린든 베인스 존슨Lyndon Baines Johnson(미국 대통령)
MER	《중동 기록Middle East Record》
NSC	국가안전보장회의National Security Council(중동의 위기), LBJ 도서관(텍사스, 오스틴)
NSF	국가안보파일National Security Files(국가명 : 중동), LBJ 도서관(텍사스, 오스틴)
PRO	정부기록보관소Public Records Office(런던)
SoSFA	영국 외무부장관Secretary of State for Foreign Affairs(조지 브라운, 영국)
SWB	BBC의 데일리 리포트《세계 방송 요약Summary of World Broadcasts》

서문

1 이스라엘 정부 웹사이트, www.mfa.gov.il/mfa.
2 휴먼라이츠워치Human Rights Watch의 제닌 지역에 대한 보고서, www.hrw.org.
3 NSC 공식 기록, 1967년 6월 7일, NSC, Box 18.
4 NSC 특별위원회 회의 기록, 1967년 6월 14일, NSC, Box 19.

전쟁의 먹구름

1 Uzi Narkiss, *The Liberation of Jerusalem*, p. 17.
2 Ibid., p. 14.
3 Morris, *The Birth of the Palestinian Refugee Problem, 1947~49*, pp. 203~210.
4 David Horovitz (ed.), *Yitzhak Rabin*, p. 26.
5 Morris, pp. 113~115 ; Salim Tamari (ed.), *Jerusalem, 1948*을 참조하라.
6 하젬 누세이베 인터뷰, 2002년 5월 암만.
7 Dan Kurzman, *Soldier of Peace*, pp. 148~153.
8 압둘라 1세 암살에 대한 자세한 사항은 다음을 참조하라. Roland Dallas, *King Hussein*,
  pp. 1~3 ; Peter Snow, *Hussein*, pp. 33~35.
9 압둘라 1세와 이스라엘 사이의 비밀 접촉에 대해서는 다음을 보라. Avi Shlaim, *The
  Politics of Partition*.

10 Yitzhak Rabin, *The Rabin Memoirs*, pp. 32~33.

11 Itamar Rabinovich, *The Road Not Taken* 참조.

12 정치가이자 역사가인 메이어 파일 인터뷰, 2002년 5월 3일 텔아비브.

13 PRO/FCO 17/456, 1968년 7월 9일 : 손더스Saunders(바그다드)가 FCO 동유럽 담당 부서에 보낸 메모.

14 무르타기 장군 인터뷰, 2002년 12월 14일 카이로.

15 살라하딘 하디디 장군 인터뷰, 2002년 12월 12일 카이로.

16 Anthony Nutting, *Nasser*, pp. 262~263.

17 Patrick Seale, *The Struggle for Syria*, p.42.

18 Seale, *Asad of Syria*, pp. 24~40.

19 PRO/FCO 371/186923, 1966년 1월 25일 : 시리아군에 대한 연례보고서.

20 Ibid.

21 Galia Golan, *Soviet Policies in the Middle East from World War Two to Gorbachev* 참조.

22 Shlaim, *The Iron Wall*, p. 235.

23 Ibid., p. 229.

24 PRO/FCO 371/186923, 1966년 1월 25일 : 시리아군에 대한 연례보고서.

25 이스라엘-아랍의 대립, 국가군사지휘본부, 1967년 5월, NSF, Box 104.

26 PRO/FCO 371/186382, 1966년 10월 15일 : 에번스(다마스쿠스)가 FCO에 보낸 메모.

27 Shlaim, p. 235.

28 Teveth, *Tanks of Tammuz*, p. 54.

29 Ibid., p. 56.

30 Ibid., p. 59 ; 이스라엘 탈 인터뷰, 2002년 5월 6일 텔아비브 ; Patrick Wright, *Tank*, pp. 343~345.

31 《마리브Maariv》, 1972년 4월 7일 자, www.searchforjustice.org(2002년 11월 4일)에서 인용.

32 PRO/FCO 17/576, 1967년 1월 5일 : 비무장지대에 대한 브리핑.

33 Bull, p. 55 ; 존 지John Gee, '시리아와 이스라엘 사이의 국경', www.caabu.org.

34 Van Creveld, p. 170.

35 《에디엇 하로놋Yediot Aharonot》, 1967년 4월 14일 자, Bondy, p. 337에서 재인용 ; PRO/FCO 17/473, 1967년 1월 10일.

36 《에디엇 하로놋》, 1967년 4월 27일 자.

37 다얀이 Shlaim, pp. 235~236과 AP 기사에서 인용. 1997년 5월 11일, www.codoh.com.

38 Sayigh, p. 107.

39 Hirst, pp. 276~278.

40 PRO/FCO 371/186838/R109/207. 1966년 10월 19일.

41 Kerr, p. 115.

42 PRO/FCO 13/1617, 1966년 10월 17~18일 : 마이클 해도우(텔아비브) → FCO.

43 Tessler, pp. 367 · 378.

44 Pollack, p. 295.

45 PRO/FCO 371/186838, 1966년 11월 3일 : 마이클 해도우(텔아비브) → FCO.

46 PRO/FCO 371/186840, 1966년 12월 21일 : SoSFA(조지 브라운)에게 보낸 문서, 발송 No. 56.

47 PRO/FCO 371/186839, 1966년 12월 21일 : PRO/FCO 371/186840, SoSFA(조지 브라운)에게 보낸 문서(발송No. 56)에 첨부된 암만 주재 무관의 사무아에 대한 보고서와 텔아비브 주재 무관의 보고서.

48 비숍의 설명은 PRO/FCO 371/186838에 있다.

49 암만 전신 1456 · 1457, 1966년 12월 11일, NSF, Box 146.

50 월트 로스토가 LBJ에게 보낸 메모, 1966년 12월 12일, NSF, Box 146.

51 PRO/FCO 371/186839, 애덤스Adams 대사가 런던에 전한 메모.

52 미 현용정보실 기관지, 1966년 11월 15일 자, PRO/FCO 371/186839.

53 PRO/FCO 371/186839, 1966년 11월 17일.

54 로스토가 존슨에게 보낸 메모, 1966년 11월 15일, NSF 국가 파일 : 이스라엘, Box 140.

55 로버트 맥나마라가 존슨에게 보낸 메모, 1967년 4월 17일, NSF 국가 파일 : 이스라엘, Box 140 ; 아모스 조든이 로스토에게 보낸 메모, 1966년 12월 1일, NSF, Box 146.

56 책임자를 위한 CIA의 메모 : '요르단 정권의 전망과 요르단 정권 종말의 결과', 1966년 12월 13일, NSF, Box 146.

57 PRO/FCO 371/186839, 1966년 11월 15일, 암만 주재 미국 대사관 → 영국 외무부장관.

58 《워싱턴포스트Washington Post》, 1966년 11월 15일 자, Neff, p. 42에서 인용.

59 암만 전신 1456, 1966년 12월 12일.

60 《워싱턴포스트》, 1966년 11월 15일 자, Neff, p. 42에서 인용.

61 PRO/FCO 371/186839/272, 1966년 11월 17일 : 테쉬(카이로) → FCO.

62 PRO/FCO 371/186839/266, 1967년 11월 16일 : 에번스(다마스쿠스) → FCO.

63 PRO/FCO 17/473, 1967년 1월 21일 : 다마스쿠스 → FCO.

64 Ibid.

65 키부츠에 대한 자세한 사항은 《예디엇 하로놋》, 1967년 4월 14일 자 참조, Bondy, pp. 337~342에서 인용.

66 전투 설명 : PRO/FCO 17/474 : 1967년 4월 7일 이스라엘과 시리아 국경에서 있었던 지상과 항공 전투 보고, 1967년 4월 11일 텔아비브의 국방 군사 담당관 사무실 작성 ; PRO/FCO 17/473 : 동유럽 담당 부서의 시리아 · 이스라엘 간 분쟁 설명 ; 국제연합 휴전감시단에 의해 스퀘피예에 공격이 있었다고 보고되었다. ; PRO/FCO 17/473, 1967년 4월 10일.

67 PRO/FCO 17/473, 1967년 4월 12일.

68 PRO/FCO 17/473, 1967년 4월 10일.

69 Weizman, p. 197.

70 PRO/FCO 17/498, 1967년 8월 14일.

71 대통령 일일 보고서President's Daily Brief, 1967년 5월 13일, NSC, Box 19.

72 《알아람al-Ahram》의 기사 내용을 1967년 5월 13일 0500시(GMT)에 〈카이로 라디오Cairo Radio〉 홈서비스에서 방송했다, SWB, Vol. 2453~2478.

73 MER, p. 187.

74 Ibid., p. 179.

75 Brecher, p. 359.

76 Riad, p. 17.

77 나세르의 연설, 1967년 5월 22일, Brecher, p. 359에서 인용.

78 NSF, 파리 전신 18806, 1967년 5월 23일, Box 104.

79 Nutting, p. 397.

80 시리아의 정치선전, 다마스쿠스 전신 1163, 1967년 5월 22일, NSF, Box 104.

81 PRO/FCO 17/498, 1967년 8월 14일.

82 Sadat, p. 172 ; Parkers, *The Politics of Miscalculation in the Middle East*, p. 5 ; Heikal, *Sphinx*, pp. 174~175.

83 Gamasy, p. 21.

84 NSF, Moscow 5078, 1967년 5월 23일, Box 104.

85 아민 호웨디 인터뷰, 2002년 12월 14일 카이로 ; Lior, p. 150 ; Golan, pp. 58~62 ; 소련의 경고에 대한 가장 포괄적인 논의는 Parker, pp. 3~35를 참조하라.

86 CIA에서 백악관 상황실로 전달 ; 소련의 중동전쟁 정책에 대한 소련 관리의 언급, 날짜 삭제됨, NSC, Box 18.

87 CIA 첩보전신에 공개된 당시 쿠웨이트 주재 소련 1등서기관이자 KGB 요원인 그레고리 페트로비치 카푸스탄[Gregoriy Petrovich Kapustyan]의 발언, 1967년 5월 23일 ; 당시 아랍–이스라엘 위기에 대한 소련 정보장교의 언급, NSF, Box 105.

88 '테터리스트들이 위기에 끼친 영향', 손더스가 번디에게 보낸 메모, 1967년 6월 19일 이전의 어느 날, NSC, Box 17.

89 너대니얼 데이비스[Nathaniel Davis]가 로스토에게 보낸 메모, 1967년 6월 2일, NSC, Box 20.

90 Amos Oz, *Seventh Day*, pp. 215~216.

91 *MER*, Vol. 3, 1967.

92 대통령 일일 보고서, 1967년 5월 13일, NSC, Box 19.

93 이스라엘이 획득한 문서, *MER*, p. 185에서 인용.

94 Gemasy, pp. 21~22.

95 Gemasy, p. 23에서 인용.

96 살라하딘 하디디 장군 인터뷰.

97 압델 모네임 칼릴 장군 인터뷰, 2002년 12월 13일 카이로.

98 Field Marshal Abdel Ghani el-Gamasy, *The October War*, pp. 37~38.

99 대통령 일일 보고서, 1967년 5월 16일, NSC, Box 19.

100 PRO/No. 301 전문, 텔아비브에서 FCO로 전송, 1967년 5월 17일.

101 Lior, p. 148.

102 Michael Bar-Zohar, *Embassies in Crisis*, pp. 16~18.

103 예샤야후 가비쉬 장군 인터뷰, 2002년 11월 21일 텔아비브.

104 Rikhye, p. 14.

105 브라이언 어쿼트[Brian Urquart], Parker, *Six-Day War*, p. 87에서 인용.

106 Rikhye, p. 16.

107 무하마드 파우지, 《알아람》 주간 온라인, 1997년 6월 5~11일.

108 Rikhye, p. 17.

109 Ibid., p. 21.

110 PRO/FCO 17/479, 1967년 5월 17일 : 다마스쿠스 → FCO.

111 PRO/FCO 17/479, 1967년 5월 19일 : 다마스쿠스 → FCO.

112 텔아비브 전신 3641, 1967년 5월 18일, NSC, Box 22.

113 PRO/FCO 17/479, 1967년 5월 16일 : 텔아비브 → FCO.

114 PRO/텔아비브 → FCO, 1967년 5월 19일.

115 에슈콜에게 보낸 메시지, 1967년 5월 17일, NSC, Box 17.

116 '중동 위기 속의 대통령', 1968년 12월 19일, NSC, Box 17.

117 PRO/FCO 8/39, 1967년 11월 18일 ; 파슨스Parsons(바레인, 영국 영사 및 연락 사무소 → 밸푸어폴Balfour-Paul(바레인, 영국 영사 및 연락 사무소)

118 Albert Hourani, *A History of the Arab Peoples*, p. 393 ; Winston Burdett, *Ecounter With the Middle East*, p. 23.

119 통신사 보도, 1967년 5월 22일, NSC, Box 17.

120 편지와 편지 초고, 1967년 5월 22일, NSC, Box 17.

121 Rikhye, p. 64.

122 나세르와 우 탄트의 만남에 대한 자세한 사항은 다음을 참조하라, Rikhye, pp. 63~79.

123 USUN 5496, 1967년 5월 27일, NSF, Box 105.

124 Bar-Zohar, p. 72.

125 언론 논평, 1967년 5월 23일, NSC, Box 17.

126 Amos Elon, p. 7.

127 IDF 인사부장 슈무엘 에얄 장군 인터뷰, 2002년 11월 27일 리숀 레시온Rishon le-Zion.

128 Henry (ed.), *The Seventh Day*, p. 32.

129 Elon, *A Blood-Dimmed Tide*, p. 7.

130 Bar-Zohar, p. 78.

131 루스 번디Ruth Bondy, 1967년 6월 2일 드바르 하샤부아Dvar Hashavua, *Mission Survival*, p. 30에서 인용.

132 라빈의 몰락에 대한 설명은 다음을 보라. Ravin, pp. 58~65.

133 Weizman, pp. 202~203.

134 Leah Rabin, p. 107.

135 Horovitz (ed.), pp. 40~41.

136 압델 모네임 칼릴 장군 인터뷰, 2002년 12월 13일 카이로.

137 *Mission Survival*에서 인용.

138 메이어 파일 인터뷰, 2002년 5월 4일 ; Martin Van Creveld, *The Sword and the Olive*.

139 PRO/FCO 17/576, '이스라엘군에 대한 연례보고서', 1967년 1월 27일.

140 '1967년 5월, 이스라엘–아랍의 대립', NSF, Box 104.

141 PRO/CAB 158/66, 1967년 4월 17일: '1967년 말까지 이스라엘 군대와 일부 아랍 국가의 군대 비교', JIC.

142 PRO/FCO 17/576, ibid.

143 『유대인 연대기*Jewish Chronicle*』, 1967년 3월 31일 분, PRO/CAB 158/66, 1967년 4월 17일에서 인용.

144 헬름스와 휠러의 NSC 회담, 1967년 5월 24일, NSC, Box, 17.

145 카첸바크가 LBJ에게 보낸 메모, 1967년 5월 1일, NSC, Box 17 ; 로스토가 LBJ에게 보낸 메모, 1967년 5월 8일, NSF, Box 145.

146 '1967년 5월, 이스라엘-아랍의 대립', NSF, Box 104.

147 Raviv, p. 93.

148 로스토 → LBJ, 1967년 6월 9일, NSC, Box 18.

149 Eban, *Personal Witness*, pp. 1~41.

150 Ibid., p. 374 ; CIA 전신, '프랑스 정치 상황에 대한 아랍-이스라엘 위기의 영향', 1967년 6월 16일, NSC, Box 183.

151 Eban, p. 378.

152 PRO/PREM 13/1617, 1967년 5월 23일 : 다우닝 가 10번지에서 열린 수상, 외무장관, 국방장관의 회담 기록.

153 Eban, p. 381.

154 에브론과의 회담에 대한 로스토의 설명, NSC, Box 17.

155 Eban, p. 382.

156 Rafael, p. 143.

157 Lammfrom, pp. 535~537, 문서 166 · 167 ; 에슈콜이 에반에게 보낸 전문, 1967년 5월 25일.

158 Eban, *Personal Witness*, pp. 382~383.

159 후세인 알 샤페이 인터뷰, 2002년 12월 15일 카이로.

160 CIA 전신, 통일아랍공화국과 요르단의 대화, 1967년 5월 25일, NSF, Box 105 ; 통일아랍공화국과 요르단의 방위 조약에 대한 배경과 그 결과로서 요르단의 입장 재검토, 1967년 6월 4일, NSF, Box 106.

161 월트 로스토 인터뷰, 2002년 12월 12일 오스틴.

162 NSC, 연대표*Chronological guide*, Box 17.

163 월트 로스토 인터뷰.

164 딘 러스크와 아바 에반의 인터뷰에 관한 국무부의 기록 중 이스라엘의 논증에 대한 세부사항, 1967년 5월 25일, NSC, box 17.

165 로스토가 LBJ에게 보낸 메모, 1967년 5월 25일, NSC, Box 17.

166 존슨의 가구는 LBJ 도서관(텍사스 오스틴)에 있다.

167 오전 중동 상황 보고서(0700시 기준) : 로스토가 LBJ에게 보낸 메모, 1967년 5월 28일, NSC, Box 17.

168 구술 역사 기록, 로버트 맥나마라, LBJ 도서관, AC-96-10.

169 Parker, *Six-Day War*, pp. 216~217에서 인용.

170 모스크바 전신 5170, 1967년 5월 27일, NSF, Box 105.

171 CIA의 국가평가실, 1967년 5월 26일 : 책임자를 위한 메모, NSF, Box 115.

172 윌슨에게 보낸 편지, 1967년 5월 26일, NSC, Box 17.

173 에프라임 에브론과의 회담에 대한 로스토의 보고서, No. 2 이스라엘 대사관, 1967년 5월 26일, NSC, Box 17 ; 공식 202587 긴급 전보, 1967년 5월 26일, NSF, Box 15.

174 인터뷰 보고서, 러스크-에반, 1967년 5월 25일, NSC, Box 17.

175 Eban, *Personal Witness*, p. 383.

176 아랍-이스라엘 위기에 대한 회담, 1967년 5월 26일, NSC, Box 17.

177 Raviv, p. 100.

178 Winston Burdett, *Encounter With the Middle East*, p. 254.

179 《뉴욕타임스New York Times》, 1967년 7월 10일 자.

180 인터뷰 기록, 1967년 5월 26일, NSC, Box 17.

181 NSC, 연대표Chronological guide, Box 17.

182 Rafael, p. 145.

183 Raviv, p. 102 ; 모세 라비브와의 인터뷰, 2002년 5월 6일 헤르츨리야.

184 월위스 바보르에 대한 묘사는 다음에서 참조했다 : Hersh, pp. 159~161 ; LBJ에게 보고한 백악관 상황실 전신에서 알론의 발언, 1967년 5월 29일 ; 월트 로스토가 LBJ에게 보고한 바보르 대사의 발언과 에반 축출에 대한 소문, 1967년 5월 28일, NSC, Box 17 ; 에반에 대한 내용은 Rafael, p. 160에서도 다루고 있다. ; 해도우 영국 대사에게 전달된 정보사령관 아하론 야리브의 발언, PRO/FCO 17/478 ; *MER*, p. 197.

185 카이로 8072, 상황보고, Box 105, 1967년 5월 27일 ; 1967년 5월 28일 국무부 상황 보고, NSC, Box 17.

186 Sandy Gall, *Don't Worry About the Money Now*, p. 276.

187 나세르의 기자회견 내용, 1967년 5월 28일, NSF, Box 17.

188 Burdett, pp. 251~252.

189 카이로 전신 8218 → 국무부, 1967년 5월 30일, NSC, Box 17.

190 백악관 상황실에서 LBJ에게 한 아랍-이스라엘 상황 보고, 1967년 5월 28일 0430시 (EDT) , NSC, Box 17.

191 요르단 왕 후세인에 대한 지아드 리파이의 설명.

192 CIA 첩보전신, 1967년 5월 25일, NSC, Box 15 ; 요르단과 통일아랍공화국의 방위 조약에 대한 배경, 1967년 6월 4일, Box 16, NSF.

193 암만 전신 3775, 1967년 5월 26일, NSC, Box 17.

194 Samir A. Muttawi, *Jordan in the 1967 War*, pp. 106~107 ; 후세인에 대한 인용은 p. 103 : 레일라 샤라프 인터뷰, 2002년 6월 8일 암만.

195 요르단 왕 후세인이 카이로에 간 일에 대해 스스로 남긴 기록은 다음에 나와 있다, *My War With Israel*, Vick Vance · Pierre Lauer 대필.

196 요르단 왕 후세인이 아비 슐라임에게 한 말, 1996년 12월 2일, 《뉴욕리뷰오브북스New York Review of Books》, 1999년 7월 15일.

197 자이드 벤 샤케르 왕자 인터뷰, 2002년 6월 7일 암만.

198 윈스턴 처칠 인터뷰, 2002년 6월 17일 런던.

199 ISA 보관 편지 G 6301/1051 ; 에슈콜에게 보낸 편지.

200 카이로, 〈아랍의 소리Saut al-Arab〉, 1967년 5월 18일 1738시 GMT, BBC SWB ME/2470/A/6.

201 다비드 루빙거 인터뷰, 2002년 11월 24일 예루살렘.

202 엔게브 키부츠 출신 무키 소르에 대한 이야기는 다음을 참조했다. *The Seventh Day*, p. 19.

203 *MER*, pp. 373~374.

204 《뉴요커New Yorker》, 1967년 6월 17일 ; Chace, pp. 101~111에 재수록.

205 Schliefer, p. 148.

206 오전오후 상황보고, 1967년 5월 28일, NSC, Box 17.

207 Bregman · el-Tahri, p. 77.

208 Sharon, p. 184.

209 Narkiss, p. 67.

210 Rabin, p. 72.

211 회담에 대한 하버의 설명, Haber, pp. 195~199 ; 예샤야후 가비쉬 인터뷰, 엘라드 펠레드 인터뷰, 2002년 11월 25일 예루살렘.

212 예샤야후 가비쉬 인터뷰.

213 Elon, *A Blood-Dimmed Tide*, p. 9.

214 ISA G 6301/1054-II, 총리실, 서신왕래.

215 Yael Dayan, p. 9.

216 Henry (ed.), *The Seventh Day*, p. 23.

217 Peres, *David's Sling*, p. 234.

218 Moshe Dayan, p. 266.

219 로바 엘리아브Lova Eliav 인터뷰, 2002년 12월 2일 텔아비브.

220 Moshe Dayan, p. 28.

221 Ibid., p. 30.

222 Naphtali Lau-Lavie, *Moshe Dayan*, p. 142에서 인용.

223 Haber, p. 157.

224 PRO/텔아비브 → FCO, 해도우 대사의 야리브 장군과의 인터뷰 내용 보고, 1967년 5월 31일, FCO 17/487.

225 Haber, pp. 199~201.

226 *MER*, p. 371.

227 예사야후 가비쉬 인터뷰.

228 미리암 에슈콜 인터뷰, 2002년 5월 9일 예루살렘.

229 Segev, p. 475.

230 Haber, p. 202.

231 예사야후 가비쉬 인터뷰.

232 Haber, p. 215.

233 Ibid., p. 202.

234 Abdullah Schliefer, pp. 143~145.

235 아드난 아부 오데 인터뷰, 2002년 6월 6일 암만.

236 리스본 전신 1517, 1967년 6월 2일 대통령 및 국무부장관 직속만 열람 가능한 로버트 앤더슨의 전신, NSF Box 115.

237 Ibid.

238 Riad, p. 21.

239 카이로 전신 8349, 1967년 6월 2일, NSC, Box 18.

240 로스토가 대통령에게 보내는 메모, 1967년 6월 2일, NSC, Box 18.

241 미국 합동참모본부 의장이 국방장관 얼 휠러에게 보낸 메모, 1967년 6월 2일, NSC, Box 18.

242 IDF 3/46/1980 : 작전참모와 정부 국방위원회의 특별회담 의사록, 1967년 6월 2일.

243 Brown, p. 35.

244 메이어 아밋 인터뷰, 2002년 11월 26일.

245 PRO/FCO 17/489 : 휴 폴라(예루살렘) → FCO, 1967년 6월 3일.

246 Narkiss, pp. 87~92.

247 모르데하이 호드 인터뷰, 2002년 5월 7일 텔아비브.

248 윈스턴 처칠(손자) 인터뷰.

249 PRO/FCO 17/489 : 해도우(텔아비브) → FCO, 1967년 5월 4일.

250 낙숀 키부츠 소식지.

251 란 페커 로넨 인터뷰, 2002년 11월 25일 헤르츨리야.

252 압델 하미드 엘디그히디 공군 소장 인터뷰, 주간 《알아할리*Al-Ahali*》에 수록, 1983년 6월 29일 ; 《알아람》에 재수록, 1997년 6월 5~11일.

253 로스토가 LBJ에게 보낸 메모, 1967년 6월 4일, NSC, Box 18.

254 Shevchenko, p. 133.

255 미리암 에슈콜 인터뷰, 2002년 5월 9일 예루살렘 ; Bregman · El Tahri.

256 암만 전신 4040 → 국무부, 1967년 6월 4일, NSC, Box 23.

제1일

1 Yael Dayan, pp. 33~34.

2 모르데하이 호드 인터뷰, 2002년 5월 7일 텔아비브.

3 AP, *Lightning Out of Israel*, p. 53.

4 모르데하이 호드 인터뷰.

5 Weizman, p. 179 ; 로넨, '하늘의 매', 《예디엇 하로놋》, 2002.

6 모르데하이 호드 인터뷰.

7 이흐산 슈르돔 인터뷰, 2002년 6월 5일 암만.

8 로넨, '하늘의 매' · 인터뷰, 《예디엇 하로놋》, 2002.

9 IDF 발행 잡지 《바마하네*Bamahane*》에 실린 아비후 빈눈의 목격자 진술, 《예루살렘 포스트》에 재수록.

10 Weizman, p. 69.

11 헤르츨 보딘저 · 야드 모르데하이 인터뷰, 2002년 12월 1일.

12 PRO/AIR 77/581.

13 모르데하이 호드 인터뷰.

14 우리 길 인터뷰, 2002년 11월 6일 에인 호드.

15 헤르츨 보딘저 인터뷰.

16 IDF 발행 잡지 《바마하네》에 실린 오르의 목격자 진술, 《예루살렘 포스트》에 재수록.

17 살라하딘 살림 대위 인터뷰, 2002년 12월 14일 카이로.

18 이집트 정부 공식 집계 수치, 살림에 의해 인용됨.

19 IAF 통계 자료 요약, IDF 1983/1210/147.

20 아비후 빈눈, IDF 발행 잡지 《바마하네》, http://info.jpost.com/supplements에 재수록.

21 로넨, 《에디엇 하로놋》, 2002.

22 헤르츨 보딘저 인터뷰.

23 Weizman, p. 211.

24 Schiff, p. 198.

25 모르데하이 호드 인터뷰.

26 아비후 빈눈, 《바마하네》.

27 모르데하이 호드 인터뷰.

28 헤르츨 보딘저 인터뷰.

29 Weizman, p. 214.

30 아비후 빈눈, 《바마하네》.

31 Weizman, p. 215.

32 PRO/AIR 77/581.

33 Black · Morris, pp. 206~235.

34 이흐산 슈르돔 인터뷰.

35 모르데하이 호드 인터뷰.

36 드라즈의 책에 실린 타흐센의 이야기, Draz, pp. 5~20.

37 해외방송정보국 일일보고서 No. 108, 1967년 6월 5일, NSC, Box 19.

38 후세인 알 샤페이 인터뷰.

39 *Paris Match*에 언급된 호드, *Hussein of Jordan*, p. 103에서 인용.

40 모르데하이 바르 온 인터뷰, 2002년 11월 25일 예루살렘.

41 PRO/AIR 77/581, 1968년 3월 : 고도 및 작전 세부사항은 다음에 나와 있다, PRO/FCO 17/576, 1967년 6월 29일.

42 모르데하이 호드 인터뷰.

43 무르타기 장군의 발언, El-Gamasy, p. 53에서 인용.

44 살라하딘 살림 대위 인터뷰.

45 카멜 술라이만 샤힌 인터뷰, 2002년 11월 30일 데이르 알 발라.

46 이브라힘 엘 닥학니 인터뷰, 2002년 12월 19일 카이로.

47 IDF 남부사령부 발행물, *Mission Survival*, p. 175에서 인용.

48 Barker, *Six-Day War*, pp. 79~80 ; Pollack, p. 64.

49 오르, IDF 발행 잡지 《바마하네》, Http://info.jpost.com.

50 IDF 보도자료, 1967년 6월 6일, *Mission Survival*에서 인용, p. 177.

51 Bar On, p. 38.

52 Snow, p. 139.

53 이흐산 슈르돔 인터뷰.

54 Hussein, *My 'War' With Israel*, pp. 60~61.

55 Ibid., p.66.

56 IDF 1983/1210/147.

57 헤르츨 보딘저 인터뷰.

58 로넨 인터뷰.

59 무르타기 장군 인터뷰.

60 PRO/AIR 77/581, 1968년 3월.

61 살라하딘 하디디 장군 인터뷰 : 그는 전후 공군 및 공군방어체계 지휘관들에 대한 첫 군법회의를 주관했다.

62 Weizman, p. 216.

63 모르데하이 호드 인터뷰.

64 하사네인 헤이칼, 《알아람》과의 인터뷰, 1967년 10월 13일, *MER*, p. 214에 인용.

65 Barker, p. 62.

66 알리 모하메드 인터뷰, 2002년 12월 14일 카이로.

67 후세인 알 샤페이 인터뷰, 2002년 12월 15일 카이로.

68 Riad, p. 23.

69 트레버 암브리스터, '카이로에서 온 편지', 《새터데이 이브닝 포스트*Saturday Evening Post*》, 1967년 7월 29일 ; Chace, pp. 111~112에서 인용.

70 Burdett, p. 317.

71 세르게이 타라센코, '시나이에서의 기습 공격', 《노보예브레마*Novoe Vremya*》, No. 21, 1997, pp. 32~33.

72 트레버 암브리스터, Chace, pp. 111~112.

73 두 인용구 모두 Hewat(ed.), *War File*, p. 71의 '카이로 라디오'에서 발췌.

74 Draz, pp. 49~54.

75 Van Creveld, p. 184 ; Barker, pp. 80~81 ; Dupuy, pp. 249~252.

76 오르, IDF 발행 잡지 《바마하네》.

77 라마단 모하메드 이라키 인터뷰, 2002년 12월 17일 카이로.

78 UN S/7930, 1967년 6월 5일, http://domino.un.org

79 이브라힘 엘 닥하니 인터뷰.

80 파엑 압둘 메지드 인터뷰, 2002년 11월 29일 칼킬리야.

81 Morris, pp. 413~418 ; Van Creveld, p. 141.

82 Mutawi, p. 135.

83 타우픽 마무드 아파네 인터뷰, 칼킬리야, 2002년 11월 29일.

84 멤두르 누펠 인터뷰, 2002년 11월 25일 라말라.

85 Sayigh, p. 139.

86 메이어 아밋 인터뷰, 2002년 11월 26일 헤르츨리야.

87 텔아비브 전신 3924 → 국무부, 1967년 6월 5일, NSF, Box 23.

88 Hussein, pp. 64~65.

89 PRO/FCO 17/489 : 폴라(예루살렘) → FCO, 1967년 6월 5일.

90 PRO/FCO 17/492 : 폴라(예루살렘) → FCO, 1967년 6월 5일.

91 존 트릴 인터뷰, 2002년 5월 8일 예루살렘.

92 하젬 누세이베, Moskin, p. 104에서 인용.

93 Schliefer, p. 168.

94 Ibid., p. 174.

95 레일라 샤라프 인터뷰, 2002년 6월 8일.

96 맥퍼슨이 LBJ에게 보낸 메모, 1967년 6월 11일, NSC, Box 128.

97 호드의 기자회견에 대한 보도, 《마리브》, 1967년 6월 30일 자, *Mission Survival*, p. 162
에서 인용.

98 월트 로스토 인터뷰.

99 대통령 일일 보고서, 1967년 6월 5일, NSC, Box 19.

100 공식 기록 : 1967년 6월 5일에 대한 월트 로스토의 회고, Box 18 ; 조지 크리스천[George
Christian](백악관 언론비서)의 메모, 1967년 6월 7일, NSC, Box 19.

101 기록을 위한 해럴드 손더스의 메모, 1968년 5월 16일~6월 13일 · 12월 20일, NSF.

102 트레버 암브리스터, Chace, pp. 111~112.

103 카이로 전신 8504 → 국무부, NSC, 1967년 6월 5일, Box 23.

104 Hewat(ed.), *War File*, pp. 66~67.

105 트레버 암브리스터, Chace, pp. 111~112.

106 E. Rouleau · J. F. Held · S. Lacouture, *Israel et les Arabes : le 3me Combat*, MER,
p. 217에서 인용.

107 Sadat, p. 174.

108 Mutawi, p. 127 : Hussein, p. 65.

109 PRO/FCO 17/489 : 에번스(다마스쿠스) → FCO, 1967년 6월 5일.

110 USUN 전신 5623 → 국무부, 1967년 6월 5일, NSC, Box 23.

111 살라하딘 하디디 장군 인터뷰, 2002년 12월 12일 카이로.

112 Sadat, p. 175.

113 압둘 라티프 보그다디에 대한 설명은 다음을 참고했다. Abu Zikri, pp. 295~304.

114 Dupuy, p. 265.

115 El-Gamasy, p. 57.

116 Mohamed Hassanein Heikal, *The Cairo Documents*, p. 247.

117 후세인 알 샤페이 인터뷰.

118 요시프 바르 요시프[Yosef Bar Yosef], IDF 발행 잡지.

119 Riad, pp. 24~25.

120 벵가지 전신 → 국무부, 1967년 6월 5일, NSC, Box 23.

121 Ibid.

122 전신 750 → 국무부, 1967년 6월 5일, NSC, Box 23.

123 바그다드 전신 2089 → 국무부, 1967년 6월 5일, NSC, Box 23.

124 IDF 1076/192/1974 : 라빈과 참모들의 회동.

125 사드 엘 샤즐리 장군 인터뷰, 2002년 12월 16일.

126 이흐산 슈르돔 인터뷰, 1967년 6월 5일 암만.

127 요르단 항공기 기술자 인터뷰(요청에 따라 익명으로 기록).

128 Hussein, p. 72.

129 Ibid., p. 71.

130 암만 주재 미 대사관 → 국무부, 1968년 6월 3일 ; 인터뷰 기록, 1968년 5월 30일.

131 Muttawi, p. 125.

132 Hussein, p. 70.

133 Weizman, p. 205.

134 IDF 1076/192/1974 : 예루살렘에서 있었던 전쟁에 대한 논의.

135 아론 카메라 인터뷰, 2002년 5월 5일.

136 모셰 욧밧이 제공한 낙숀 키부츠 소식지.

137 야코브 차이모위츠 인터뷰, 2002년 11월 26일 욕느암Yokneam ; 아리에 와이너 인터뷰, 2002년 5월 9일 예루살렘.

138 하난 포랏 인터뷰, 2002년 12월 3일 크파르 에찌온.

139 Roth, p. 212.

140 Narkiss, p. 117.

141 총독 관저 점령에 관한 설명은 다음을 참조했다. 아셰르 드리젠 인터뷰, 2002년 4월 19일 텔아비브 ; Hammel, p. 297 ; Pollack, p. 300.

142 Rabinovich, pp. 116~117 ; Narkiss, p. 127.

143 Bull, p. 115.

144 Dupuy, pp. 257~258.

145 Narkiss, p. 123.

146 소련 주재 미 대사 루엘린 톰슨의 메모 : '핫라인 외교', 1968년 11월 4일, NSC, Box 19.

147 대통령 명령 기록, 1967년 6월 5일, NSC, Box 67.

148 요르단 항공기 기술자 인터뷰(요청에 따라 익명으로 기록).

149 아셰르 드리젠 인터뷰.

150 Kollek, pp. 190~193.

151 Schliefer, p. 174.

152 우리 벤 아리 인터뷰, 2002년 4월 18일 텔아비브 · 하가이 만Hagai Mann, 2002년 11월 24일 예루살렘 ; Dupuy pp. 281 · 295 ; Muttawi, p. 130 ; Pollack, pp. 303~304.

153 IDF 1076/192/1974 : 예루살렘에서 있었던 전쟁에 대한 논의.

154 Kahalani, pp. 54~55.

155 Teveth, pp. 190~201.

156 조 칼리파노Joe Califano가 LBJ에게 보내는 메모 ; 딘 러스크의 언론 공개 성명 ; 래리 레빈

슨^{Larry Levinson}과 뷰 바텐버그^{Beu Wattenberg}가 LBJ에게 보내는 메모 ; 월트 로스토가 LBJ
에게 보내는 메모 : 이 모든 문서는 NSC, Box 18에 있다.

157 Shevchenko, p. 133.

158 Eban, *Personal Witness*, p. 413.

159 Shevchenko, p. 121.

160 Ibid., p. 134.

161 이사벨라 지노르, '소련인이 밀려오고 있다. : 1967년 6일 전쟁 당시 소련의 군사적 위
협', 《중동 국제문제 연구》, Vol. 4 No. 4, 2000년 12월.

162 아서 골드버그에게 보낸 메모, 안전보장회의 회담을 연기한 소련의 입장 시간순 기록,
1967년 6월 26일, 국무부 역사프로젝트 : NSC, Box 20 ; Gideon Rafael, *Destination
Peace*, pp. 153~158 참조.

163 Shevchenko, p. 134.

164 핫라인 회담 및 중동 문제에 관한 맥조지 번디의 의견, 1968년 11월 7일, NSC, Box 19 ;
기록을 위한 로스토의 메모, 1967년 11월 17일, NSC, Box 18.

165 공식 기록, '누가 첫 발을 쏘았는가', 1968년 12월 19일 ; CIA 분석, 1967년 6월 5일 ; 로
스토, 공식 메모, 1968년 11월 17일 : 모두 NSF, Box 18.

166 러스크 국무부장관의 법률 고문 레너드 미커의 메모, 1967년 6월 5일, NSC, Box 18.

167 힉맛 딥 알리의 이야기는 다음의 책에 나온 구전 역사에 기초하고 있다. *Homeland :
Oral Histories of Palestine and Palestinians*, pp. 55~59.

168 Churchill, p. 112 ; Barker, p. 87.

169 오르, IDF 발행 잡지 《바마하네》.

170 Elon, pp. 11~12.

171 예사야후 가비쉬 인터뷰.

172 Churchill, p. 118에서 인용.

173 Dayan, p. 48 ; 아부 아게일라 전투에 대한 설명은 다음의 책에 기초한다. Van Creveld,
pp. 186~187 ; Barker, *Arab-Israeli Wars*, p. 70 ; Pollack, pp. 67~70 ; Dupuy, pp. 258~
263.

174 Dayan, p. 56.

175 *War File*, pp. 74~78.

176 살라하딘 하디디 장군 인터뷰.

177 카이로 전신 8539 → 국무부, 1967년 6월 5일, NSC, Box 23.

178 Sadat, p. 176.

179 마이클 엘킨스, Moskin, p. 69에서 인용.

180 마이클 엘킨스, *War File*, p. 70에 인용된 기사.

181 Schliefer, pp. 175~176.

182 Cameron, p. 337.

183 로스토가 LBJ에게 보낸 메모, 1967년 6월 5일, NSC, Box 18.

제2일

1 애뮤니션 언덕에서의 전투는 하가이 만, 도론 모르, 야코브 차이모위츠, 아리에 와이너, 시몬 카하네와의 인터뷰에 기초하여 쓰여졌다. 2002년 5월 9일 예루살렘 ; Pollack, p. 305 ; Moskin, pp. 258~259 ; Muttawi, pp. 133~134.

2 Narkiss, pp. 156~157.

3 중앙 사령부 일지, 1967년 6월 6일, *Mission Survival*, p. 225에서 인용.

4 요엘 헤르츨 인터뷰, 2002년 5월 6일 네타냐.

5 구르 대령, Churchill, p. 134에서 인용.

6 Schliefer, p. 179.

7 Moskin, p. 272.

8 요세프 슈워츠 인터뷰, 1967년 5월 9일 예루살렘.

9 Rose, pp. 263~264.

10 Schliefer, p. 183.

11 모세 욧밧 인터뷰, 2002년 5월 7일 텔아비브.

12 낙숀 키부츠 소식지, 1968년 6월 6일.

13 힉맛 딥 알리의 이야기는 다음의 책에 나온 구전 역사에 기초하여 쓰여졌다. Lynd (ed.) *Homeland : Oral Histories of Palestine and Palestinians*, pp. 55~59.

14 Dodds · Barakat, p. 39 ; PRO/FCO 17/217 ; 1967년 요르단 내 난민에 대한 조사 보고서, 베이루트의 아메리칸 대학교(AUB), 1967년 10월 31일.

15 Details from Pollack, pp. 308~310 ; Barker, *Six-Day War*, p. 113 ; Dupuy, pp. 309~310, 엘라드 펠레드 인터뷰, 2002년 11월 25일.

16 이스라엘 탈, Churchill, pp. 113~114에서 인용.

17 Pollack, p. 71.

18 오마르 칼릴 오마르 인터뷰, 2002년 12월 1일 가자 시.

19 이브라힘 엘 닥흐니 인터뷰.

20 라마단 모하메드 이라키 인터뷰.

21 Hussein, p. 81.

22 레일라 샤라프 인터뷰.

23 Pollack, p. 463.

24 Barker, p. 131.

25 Mayzel, pp. 137~140.

26 이스라엘-아랍의 대립, 국가군사지휘본부, 1967년 5월, NSF, Box 104.

27 Seale, *Asad*, p. 113.

28 《콜 하이르*Kol Ha'ir*》, 1984년 8월 31일, www.planet.edu.에서 인용.

29 Dodds · Baraket의 책 참조.

30 〈카이로 라디오〉, 1967년 6월 6일 0304시(GMT).

31 트레버 암브리스터, Chace, p. 114.

32 대통령 일일 보고서, 1967년 6월 6일, NSF, Box 19.

33 카이로 전신 8572 → 국무부, 1967년 6월 6일, NSC, Box 24.

34 카이로 전신 8583 → 국무부, 1967년 6월 6일, NSC, Box 24.

35 PRO/FCO 17/598 : G. C. 아서(쿠웨이트) → FCO, 1967년 6월 6일.

36 대통령 일일 보고서, 1967년 6월 6일, NSF, Box 19.

37 다마스쿠스 전신 1248 → 국무부, 1967년 6월 6일, NSC, Box 24.

38 1967년 5월 15일~6월 10일 중동 위기 당시 미국의 정책과 외교술, '이스라엘-요르단 정전에 끼친 영향Effecting the Israeli-Jordanian Ceasefire', 1969년 1월, NSC, Box 20.

39 Muttawi, p. 138.

40 Muttawi, p. 158.

41 PRO/FCO 17/275, 발송 번호No. 2, 암만 주재 영국 대사관 국방 담당관, 1967년 6월 22일.

42 암만 전신 4092 → 국무부, 1967년 6월 6일, NSC, Box 24.

43 우지 나르키스, 중앙 사령부 전쟁일지에서 발췌, *Mission Survival*, p. 226 ; 모르데하이 구르, Churchill, p. 137에서 인용 ; Schliefer, p. 177.

44 루비 갓 인터뷰, 2000년 6월 1일 예루살렘.

45 Schliefer, p. 178.

46 Hussein, p. 88.

47 Ibid.

48 암만 전신 4128 → 국무부, 1967년 6월 6일, NSC, Box 24.

49 암만 전신 4095 → 국무부, 1967년 6월 6일, NSC, Box 24.

50 Narkiss, p. 219 ; 도론 모르 인터뷰 ; 1967년 6월 6일 자 중앙 사령부 전쟁일지, *Mission Survival*, p. 226.

51 Pollack, pp. 310~311 ; Barker, *Six-Day War*, p. 113 ; Dupuy, pp. 309~310 ; 엘라드 펠레드 인터뷰, 2002년 11월 25일 예루살렘.

52 하즈 아리프 압둘라 인터뷰, 2002년 11월 28일 제닌.

53 Hussein, p. 90.

54 암만 전신 4108 → 국무부, 1967년 6월 6일, NSC, Box 24.

55 이흐산 알 아그하Ihsan al Agha 인터뷰, 1967년 11월 30일 라파. 이 지역 출신 역사학자인 이흐산 알 아그하는 지금까지 516건의 민간인 학살 사례를 입증했으며 집안의 가장, 목격자, 친인척 등을 만나 각 사례에 대해 2차 확인을 실시했다. 그는 보상을 원하는 가족들을 기록한 정부의 명단 또한 발견했다. 학살 부분은 암만에서 난민들과 가진 인터뷰, 그리고 가자에 있는 다른 사람들을 통해 보강했다.

56 샤라 아부 샤크라 인터뷰, 2002년 11월 30일 칸 유니스.

57 El-Gamasy, pp. 67~71.

58 Heikal, pp. 181~182.

59 파리 전신 19927 → 국무부, 1967년 6월 6일, NSC, Box 24.

60 살라하딘 하디디 장군 인터뷰.

61 PRO/FCO 8/679 : 그레이엄Graham(쿠웨이트) → 밸푸어폴(바레인, 영국 영사 및 연락 사무소), 1967년 6월 21일, NSC, Box 20.

62 Bernet, p. 150.

63 〈카이로 라디오〉, 0320시(GMT), SWB, Vol. 2479~2504.

64 AP, *Lightning Out of Israel*, p. 99.

65 예사야후 가비쉬 인터뷰.

66 Dupuy, p. 271.

67 Shevchenko, p. 134.

68 핫라인 회담 당시 소련 주재 미 대사 루엘린 톰슨, 1968년 11월 4일, NSC, Box 20 ; 6.30 시기, Lall, p. 51에서 인용.

69 아서 골드버그 메모, 안전보장회의 회담을 연기한 소련의 입장 시간순 기록, 1967년 6월 26일, NSC Box 20.

70 너대니얼 데이비스가 월트 로스토에게 보낸 메모, 1967년 6월 5일, NSC, Box 20.

71 아브드 알마지드 알 파라 인터뷰, 2002년 11월 30일 칸 유니스.

72 PRO/FCO 17/496 : 중동의 현 상황, 1967년 6월 6일.

73 마아루프 자란 인터뷰, 2002년 11월 29일 칼킬리야.

74 멤두르 누펠 인터뷰.

75 파엑 압둘 메지드 인터뷰, 2002년 11월 29일 칼킬리야 ; 칼킬리야 시 기록보관소 제공 수치.

76 칼릴 인터뷰.

77 Draz, pp. 135~146.

78 모세 욧밧 인터뷰, 2002년 5월 7일.

79 *MER*, p. 224.

80 Narkiss, p. 242.

81 Elon, *The Israelis*, p. 234.

제3일

1 대화 포함하여, Shliefer, pp. 189~190에서 인용.

2 Tleel, p. 161.

3 PRO/FCO 17/275 : 암만 주재 영국 무관의 보고서 No. 2, 1967년 6월 22일.

4 대화 포함하여 Schliefer, pp. 189~190에서 인용.

5 Cameron, p. 339.

6 샤라프와의 인터뷰.

7 Draz, pp. 49~54.

8 El-Gamasy, p. 64.

9 Ibid., p. 65.

10 PRO/FCO 17/496 : 텔아비브 → FCO, 1967년 6월 12일.

11 Cameron, p. 343.

12 《예디엇 하로놋》, 1967년 6월 30일 자, *Mission Survival*, pp. 193~196에서 인용.

13 우리 길 인터뷰.

14 Churchill, pp. 171~172 ; Pollack, pp. 72~73 ; Wright, pp. 346~349.

15 Churchill, p. 139 ; Narkiss, p. 245.

16 다비드 루빙거 인터뷰.

17 Schliefer, p. 193.

18 AP, *Lightning Out of Israel*.

19 아메드 · 하마디 다자니 인터뷰, 2002년 11월 23일 예루살렘 구시가지(올드 시티).

20 IDF 발행 잡지《바마하네》에 나온 목격자 증언.

21 Churchill, p. 140.

22 McCullin, pp. 91~92.

23 아바 욧밧과 모셰 욧밧 인터뷰, 2002년 5월 7일 텔아비브.

24 McCullin, p. 92.

25 요시 로넨, IDF 발행 잡지《바마하네》, http://info.jpost.com/supplements.

26 Tleel, pp. 165~166.

27 요시 로넨, IDF 발행 잡지《바마하네》.

28 다비드 루빙거 인터뷰.

29 도론 모르 인터뷰, 2002년 11월 28일 아풀라.

30 헤르츨 보딘저 인터뷰.

31 예샤야후 가비쉬 인터뷰.

32 북부전선 사령관의 전투에 대한 기술, IDF 대변인 사무실, *MER*, p. 226에서 인용.

33 Dupuy, pp. 313~314.

34 Tawil, pp. 91~93.

35 암만 전신 4127 · 4128 → 국무부, 1967년 6월 7일, NSC, Box 24.

36 IDF 947/192/1974에서 공개된 수치 : 통계자료 모음집.

37 자이드 벤 샤케르 왕자 인터뷰.

38 암만 전신 4125 · 4128 → 국무부, 1967년 6월 7일, NSC, Box 24.

39 바디알 라헵 인터뷰, 2002년 11월 22일 베들레헴.

40 세르게이 타라셴코, '시나이에서의 기습 공격',《노보예브레마》, No. 21, 1997, pp. 32~33.

41 카이로 전신 8641 → 국무부, 1967년 6월 7일, NSC, Box 24.

42 트레버 암브리스터, Chace, p. 114.

43 카멜 술라이만 샤힌 인터뷰.

44 〈이스라엘의 소리〉, 1967년 6월 7일, *MER*, p. 226에서 인용.

45 AP 통신 힐러리 애플먼Hilary Appelman 보도, 1997년 12월 31일, 나르키스 인터뷰에서 인용 ; www.middleeast.org.

46 Moshe Dayan, pp. 311~314.

47 AP 통신 힐러리 애플먼 보도, 1997년 12월 31일.

48 하이파 칼리디 인터뷰.

49 *MER*, pp. 225~226.

50 Dodds · Barakat, pp. 41~42 ; PRO/FCO 17/217 : 1967년 요르단 내 난민에 대한 조사 보고서, 베이루트의 아메리칸 대학교(AUB).

51 자이드 벤 샤케르 왕자 인터뷰, 2002년 6월 6일 암만.

52 PRO/FCO 17/214 : '요르단의 난민 문제', 1967년 8월 3일 ; 국제연합 난민구제사업국

난민 업무 RE 400(7) 요르단 임시 수용소 ; 국제연합 난민구제사업국 치안총감 로런스 미셸모어Lawrence Michelmore가 쓴 편지, 1967년 7월 10일.

53 메리 호킨스의 생애에 관한 정보, 세이브더칠드런 기록보관소.

54 요르단 세이브더칠드런 펀드, 1967년 6월 30일 분기 보고서 ; 스켈턴Skelton 중위의 사무관 보고서.

55 PRO/FCO 26/116 : 리틀존 쿡Littlejohn Cook 메모, 1966년 6월 7일.

56 PRO/FCO 1016/780 : FCO → 바레인, 아부다비, 도하, 두바이, 무스카트, 1967년 6월 7일.

57 PRO/FCO 26/116 : 리틀존 쿡 메모, 1966년 6월 7일.

58 PRO/FCO 17/599 : 제다Jeddah → FCO, 1967년 6월 11일.

59 Nutting, *Nasser*, p. 441.

60 PRO/FCO 13/1620 : 전화 인터뷰 기록, 1967년 6월 7일.

61 Dupuy, p. 315에 기록된 수치.

62 Lev, P. 139.

63 '근동에서 정치적 합의로의 접근', 1967년 6월 7일, NSC, Box 19.

64 공식 기록, 1967년 6월 7일, NSC, Box 18.

제4일

1 《뉴욕타임스》, 1967년 6월 20일, Churchill, pp. 167~168에서 인용.

2 아리엘 샤론, Churchill, p. 171에서 인용.

3 Pollack, pp. 78~79에서 인용.

4 칼릴 인터뷰.

5 사드 엘 샤즐리 소장 인터뷰, 2002년 12월 16일 카이로.

6 카이로 전신 8687 → 국무부, 1967년 6월 8일, NSF.

7 대통령 일일 보고서, 1967년 6월 8일, NSC, Box 19.

8 트레버 암브리스터, Chace, p. 114.

9 Heikal, *Sphinx and Commissar*, p. 173.

10 공식 기록, 1967년 6월 7일, NSC, Box 24.

11 아랍-이스라엘 위기에 대한 소련 대사의 언급 ; CIA 첩보전신, 1967년 5월 31일, NSF, Box 106.

12 CIA → 백악관 상황실, 1967년 6월 8일, NSF, Box 107.

13 CIA 첩보전신, 1967년 6월 7일, NSF, Box 107.

14 CIA 상황 보고, 1967년 6월 10일, NSC, Box 21.

15 Tawil, pp. 95~96.

16 타우픽 마무드 아파네 인터뷰, 2002년 11월 29일 칼킬리야.

17 마아루프 자란 인터뷰.

18 사미르 코우리 인터뷰, 2002년 11월 22일 베들레헴.

19 Gazit, p. 37.

20 나즈미 알주베 인터뷰, 2002년 11월 24일 예루살렘.

21 Kollek, pp. 196~198.
22 Churchill, pp. 176~177 ; Dupuy, p. 278.
23 www.ussliberty.org. 참조.
24 리버티호에 관한 BBC 다큐멘터리 〈물속에서의 죽음Dead in the Water〉에서 인용, 2002년 6월 10일.
25 회의록 요약본, 특별조사위원회, 1967년 6월 28일, NSF, Box 109.
26 www.ussliberty.org.
27 Cristol, pp. 210~223 ; Bregman, pp. 121~122에서 인용.
28 자세한 내용은 〈물속에서의 죽음〉을 참고할 것.
29 James Ennes, *Assault on the Liberty*, Bamford, p. 212에서 인용.
30 자세한 내용은 〈물속에서의 죽음〉을 참고할 것.
31 www.ussliberty.org.
32 성조기에 관련된 자세한 내용은 클라크 클리퍼드의 보고서 참조, 1967년 7월 18일, NSF, box 115.
33 로스토가 대통령에게 보내는 메모, 1967년 6월 8일, NSC, Box 18.
34 Ibid.
35 미국 6함대 기함으로부터의 전신, 1967년 6월 8일, NSF, Box 107.
36 공식 기록, 'USS 리버티(AGTR-5), 어뢰공격을 받다', 1967년 6월 8일, NSF, Box 107.
37 자세한 내용은 〈물속에서의 죽음〉을 참고할 것.
38 카이로 전신 8705 → 국무부 1967년 6월 8일, NSC, Box 24.
39 아메드 사이드의 방송에서 발췌, 〈카이로 라디오〉 (아랍어 방송), SWB Vol. 2479~2504, 1967년 6월 1~30일.
40 1967년 6월 8일 메모, NSC, Box 18.
41 NSC 특별위원회 회의 육필 기록, 1967년 6월 9일, NSC, Box 19.
42 Rusk, p. 338.
43 편지, 1967년 6월 8일, NSC, Box 18.
44 메모., 1967년 6월 10일, NSF, Box 107.
45 특별위원회 회의록, 1967년 6월 12일, NSC, Box 19.
46 대통령 저녁 보고, 1967년 6월 16일, NSC, Box 19.
47 리버티호 사건에 대한 이스라엘의 해명, 클라크 클리퍼드의 보고, 1967년 7월 18일, NSF, Box 115.
48 클라크 클리퍼드의 보고, 1967년 7월 18일, NSF, Box 115.
49 www.ussliberty.org.
50 예샤야후 예루살라미 대령에게 제출된 IDF 예비 조사 결과 1/67, 1967년 7월 21일, NSF, Box 143.
51 〈물속에서의 죽음〉에서 인용.
52 www.ussliberty.org.
53 우디 에렐Udi Erel, 〈물속에서의 죽음〉에서 인용.
54 자세한 내용은 〈물속에서의 죽음〉을 참고할 것.

55 PRO/FCO 8/679 : 아미르와의 대화 ; 아서(쿠웨이트), 전문 No. 252, 1967년 6월 8일.

56 PRO/FCO 8/756 : 고어부스$^{Gore-Booth}$와 사우디아라비아 대사의 짧은 대화, 1967년 6월 12일.

57 PRO/FCO 8/679 : 그레이엄(쿠웨이트) → 위어^{Weir}(FCO, 아랍 담당 부서), 1967년 6월 12일.

58 Rabin, p. 88.

59 텔아비브 전신 4015 → 국무부, NSC, Box 24.

60 Rabin, pp. 89~90.

61 엘라드 펠레드 인터뷰.

62 www.ok.org ; '앞날을 알 수 없는 골란', 2002년 11월 4일 ; 《예루살렘 포스트》, 2000년 2월 1일 자에서 인용.

63 Lammfrom, pp. 562~569, 서류 174.

64 Dupuy, pp. 278~279.

제5일

1 Rabin, p. 90 ; Mayzel, pp. 142~143.

2 《예루살렘 포스트》, 2000년 2월 1일 자에서 인용.

3 Dayan, p. 90.

4 Barker, *Arab-Israeli Wars*, p. 92.

5 다비드 엘라자 장군 기자 회견, 1967년 6월 16일 ; *Mission Survival*, p. 348에서 인용.

6 Churchill, p. 184.

7 Mayzel, p. 143.

8 칼릴 인터뷰.

9 레일라 샤라프 인터뷰.

10 가말 하다드 인터뷰, 2002년 12월 15일.

11 윈스턴 처칠(손자) 인터뷰.

12 우리 오렌, '전쟁 포로', 《예디엇 하로놋》, 1967년 7월 14일 자, Bondy, pp. 214~216에서 인용.

13 AP통신 카린 라웁$^{Karin Laub}$ 보도, 1995년 8월, www.mideastfacts.com ; 시간순 사건 검토, 1995년 8월 16일, http://domino.un.org에서 인용.

14 IDF 100/438/1969 1967년 6월 11일 2310시, 세 개의 육군 사령부 모두와 인사부, 그리고 총참모부 내 다른 몇몇 부서에 하달된 명령.

15 《예디엇 하로놋》에 게재된 브론의 기사, 1995년 8월 17일 자 ; 가비 브론과의 전화 인터뷰, 2002년 11월 22일.

16 Pollack, p. 464 ; PRO/AIR 771/581 : 공군성 과학 고문, 1968년 3월.

17 기자 회견에서 엘라자의 발언, 1967년 6월 16일, *Mission Survival*, p. 349에서 인용 ; Dupuy, pp. 322~324 ; Churchill, p. 186 ; Barker, *Arab-Israeli Wars*, p. 92 ; Pollack, pp. 463~468 참조.

18 암만 전신 4181, 1967년 6월 9일, NSC, Box 24.

19 암만 전신 4180, 1967년 6월 9일, NSC, Box 24.

20 PRO/FCO 17/214, 암만 → FCO, 1967년 6월 13일.

21 난민수용소에 대한 자세한 내용은 세이브더칠드런 관련 기록에서 찾아볼 수 있다. 메리 호킨스, 《요르단 리포트Jordan Report》, 1967년 11월 9일 ; 요르단 세이브더칠드런 펀드, 분기별 보고서, 1967년 6월 30일.

22 PRO/FCO 17/214, '요르단의 난민 문제', 1967년 8월 3일.

23 PRO/FCO 8/679 : 아서(쿠웨이트) → 브렌츨리Brenchley(FCO), 1967년 6월 9일.

24 Bregman · El-Tahri, p. 94.

25 FCO 17/534, AA/TEL/S.13/7, 1967년 6월 5~10일.

26 Pollack, p. 459.

27 IDF 발행 잡지 《바마하네》, 1967년 7월 18일, Mission Survival, p. 362에서 인용.

28 CIA 상황 보고, 1967년 6월 9일, NSC, Box 21.

29 Sister Marie Therese, War in Jerusalem, Schliefer, p. 208에서 재인용.

30 슐로모 가짓 인터뷰, 2002년 6월 5일 텔아비브.

31 남부사령부 병참 장교의 명령 사례, 1967년 6월 8일, IDF 100/438/1969.

32 The Seventh Day, pp. 117~118.

33 출판되지 않은 프리다 워드의 일기.

34 Schliefer, pp. 201~202.

35 PRO/FCO 17/212 : 풀라(예루살렘) → FCO, 1967년 6월 19일.

36 근동 팔레스타인 난민을 위한 국제연합 난민구제사업국 ; 자세한 조사 내용은 국제연합 난민구제사업국 파일 LEG/480/5 (14-1)에서 살펴볼 수 있음.

37 국제연합 난민구제사업국 파일 Sec/6, 1967(긴급).

38 PRO/FCO 17/214 : 크레이그Craig(베이루트) → 모벌리Moberly(FCO, 동유럽 담당 부서), 1967년 7월 7일.

39 PRO/FCO 17/123 : 유엔긴급군 지휘관 인다르 짓 리크헤 장군 인터뷰 보도, 1967년 7월 7일 뉴욕.

40 Schliefer, p. 203.

41 Moshe Dayan, pp. 258~259.

42 《알아람》, 1997년 6월 5~11일, 328호.

43 모하메드 파엑 인터뷰, 2002년 12월 16일 카이로.

44 MER, p. 553.

45 암브리스터, Chace, p. 117.

46 연설과 세부사항은 War File, p. 104에서 인용.

47 살라하딘 하디디 장군 인터뷰.

48 아민 호웨디 인터뷰.

49 에릭 루로, MER, p. 554에서 인용.

50 암브리스터, Chace, p. 117.

51 MER, p. 554, 〈카이로 라디오〉와 〈라디오 베이루트Radio Beirut〉에서 인용.

52 *MER*, p. 554, 〈라디오 베이루트〉에서 인용, 1967년 6월 9일 ; *The Egyptian Mail*, 1967년 6월 10일, 루로.

53 모하메드 파엑 인터뷰.

54 아민 호웨디 인터뷰.

55 탄유그Tanjug 통신원 보도 6월 21일, *MER*, p. 554에서 인용.

56 《프라우다Pravda》, 1967년 7월 31일 자 ; 루로, *MER*, p. 554에서 인용.

57 가말 하다드 인터뷰, 2002년 12월 16일 카이로.

58 CIA 첩보전신, 1967년 7월 31일 : 시리아 육군과 정부 사이의 대립, NSF, Box 115.

59 Seale, *Asad*, p. 140.

제6일

1 Seale, *Asad*, p. 141.

2 《쥔느 아프리끄Jeune Afrique》, 1967년 8월 6일, *MER*에서 인용, p. 230.

3 《르몽드》, 1967년 6월 28일, *MER*에서 인용, p. 230.

4 *MER*, p. 230.

5 살라하딘 하디디 장군 인터뷰.

6 *War File*, p. 107에서 인용.

7 아민 호웨디 인터뷰.

8 CIA 첩보전신, 1967년 6월 15일.

9 이브라힘 엘 닥학니 인터뷰.

10 Draz, pp. 135~146.

11 Elon, *A Blood-Dimmed Tide*, pp. 19~20.

12 라마단 모하메드 이라키 인터뷰.

13 Kollek, p. 197.

14 헤르조그, Gazit, pp. 41~42에서 인용.

15 아브드 엘라티프 사이드 인터뷰, 2002년 12월 1일.

16 나즈미 알주베 인터뷰, 2002년 11월 24일.

17 에이탄 벤 모셰 인터뷰, 톰 어보우드Tom Abowd, 《더 모로칸 쿼터The Moroccan Quarter》(2000년 겨울)에서 인용.

18 Ibid.

19 Elon, *A Blood-Dimmed Tide*, pp. 19~20.

20 Kollek, p. 197.

21 Rabin, p. 91.

22 *MER*, p. 230에서 인용.

23 거싱 보고서, PRO/FCO 17/124, p. 10.

24 텔아비브 전신 4015 → 국무부, NSC, Box 24 ; Bull, p. 118.

25 PRO/FCO 17/496 : 카라돈(뉴욕) → FCO, 1967년 6월 10일.

26 미리암 에슈콜 인터뷰 ; Bregman · El-Tahri, p. 98.

27 월트 로스토 인터뷰.

28 모스크바-워싱턴 직통선과 상황실 회의에 대한 구술 역사 기록 ; 헬름스와 맥나마라 ; 직통선 회의 공식 기록, 1968년 11월 7일, 루엘린 톰슨, 1968년 11월 4일 ; 리처드 헬름스, 1968년 10월 22일 ; 모두 NSC, Box 19에서 인용.

29 PRO/FCO 17/496 : JIC 장관 → NAMILCOM(워싱턴), 1967년 6월 13일.

30 텔아비브 전신 4015 → 국무부, NSC, Box 24.

31 6함대 이동, (날짜 기록 없음), NSF.

32 Bregman · El-Tahri, p. 95.

33 이사벨라 지노르, 《가디언 Guardian》, 2000년 6월 10일 자 ; '소련인이 밀려오고 있다. : 1967년 6일 전쟁 당시 소련의 군사적 위협', 《중동 국제문제 연구》, Vol. 4, No. 4, 2000년 12월 4일.

34 *Al Hareches*(On the Ridge), 낙손 키부츠 소식지, 1968년 6월 6일.

35 *Homeland*, p. 58.

36 아모스 케난 인터뷰, 2002년 11월 21일.

37 Amikam, *Israel : A Wasted Victory*, pp. 18~21.

38 PRO/FCO 17/217 : 1967년 요르단 내 난민에 대한 조사 보고서, 베이루트의 아메리칸 대학교(AUB), 1967년 10월 31일.

39 Rafael, pp. 164~165.

40 CIA 상황 보고, 1967년 6월 10일, NSC, Box 21.

41 Martha Gellhorn, *The Face of War*, p. 257.

42 Eban, *Personal Witness*, p. 416.

43 Ibid., p. 412.

44 Elon, *A Blood-Dimmed Tide*, pp. 19~20.

45 바이츠만, 《하레츠 Haaretz》, 1972년 3월 29일 자 ; 펠레드, 《르몽드》, 1972년 6월 3일 자 ; 헤르조그, 《마리브》, 1972년 4월 4일 자.

46 세실 호라니 Cecil Hourani, 《엘 나나르 El Nanar》, 《엔카운터 Encounter》에 재수록, 1967년 11월, Laquer, p. 244.에서 인용

47 PRO/FCO 17/334 : '1967년 6월 이스라엘 침공과 아랍의 대패배에서 배울 교훈', 1968년 7월 15일.

48 PRO/FCO 17/334 : 'The Middle East War and its Consequences', 1968년 5월 30일.

49 이브라힘 엘 닥학니 인터뷰.

전쟁의 파장

1 이집트 리아드 장군이 요르단 캄마쉬 장군에게 한 발언, 암만 4945, NSF, Box 110.

2 NSF, Box 110.

3 CIA 첩보전신, 1967년 7월 31일, NSF, Box 110.

4 아민 호웨디 인터뷰.

5 살라 아메르 인터뷰, 2002년 12월 17일 카이로.

6 아민 호웨디 인터뷰.

7 아메르의 아들 살라가 제공한 재조사 보고서, 검시 보고서, 법정 증언 사본.

8 CIA 첩보전신, 1967년 9월 22일.

9 Cameron, p. 344.

10 NSC, 1967년 5월 31일, Box 18.

11 해리 C. 맥퍼슨이 LBJ에게 보낸 메모, 1967년 6월 11일 : NSC, Box 18.

12 CIA에서 월시J. P. Walsh에게 보낸 메모, 1967년 8월 3일, www.foia.cia.gov.

13 NSC 특별위원회 회의 기록, 1967년 6월 14일, NSF.

14 교육자를 위한 국가대외정책회의에서 의장의 발언, 1967년 6월 19일, NSC, Box 18.

15 *The Seventh Day*, p. 159.

16 아르투르 헤르츠베르크Arthur Hertzberg, 《뉴욕리뷰오브북스》, 1987년 5월 28일.

17 Eban, *Personal Witness*, p. 451.

18 Ibid., p. 450.

19 Ibid., p. 464.

20 *The Seventh Day*, pp. 113~114.

21 데이비드 홀든David Holden, 《선데이타임스Sunday Times》, 1967년 11월 19일.

22 Yael Dayan, pp. 107~111.

23 Weizman, pp. 156, 207.

24 Wiesel, p. 80.

25 *The Seventh Day*, p. 139.

26 CIA 상황 보고, 1967년 6월 13일, NSC, Box 21.

27 하난 포랏 인터뷰.

28 쿠크, Eban, p. 469에서 인용.

29 랍비 O. 하디아Rabbi O. Hadya, Roth, p. 220에서 인용.

30 아모스 엘론, 《뉴욕리뷰오브북스》, 2003년 4월 10일.

31 로스토가 LBJ에게 보낸 메모, 1967년 7월 6일, NSF, Box 110.

32 *The Seventh Day*, p. 219.

33 Ibid., p. 100.

34 PRO/PREM 13/1622 : 루엔Lewen(예루살렘) → FCO, 1967년 6월 29일.

35 PRO/PREM 13/1622 : 딘(워싱턴) → FCO, 1967년 6월 29일.

36 PRO/PREM 13/1621 : SoSFA → 텔아비브, 1967년 6월 16일 (6월 17일 발송).

37 CIA 상황 보고, 1967년 6월 13일, NSC, Box 21.

38 Gazit, p. 120.

39 PRO/PREM 13/1623 : 딘(워싱턴) → FCO, 1967년 8월 19일.

40 해도우, PRO/FCO 17/468, 이스라엘 : 연례보고서(1967년), 1968년 1월 22일에서 인용.

41 손더스가 로스토에게 보낸 메모, 1967년 12월 4일, NSC, Box 104.

42 《뉴욕타임스》, 1967년 12월 6일 자.

43 *MER*, p. 275.

44 딘 러스크와 아바 에반의 회담, 1967년 7월 24일, NSF, Box 110.

45 Pedatzur, pp. 40~48.

46 ISA G6304/10, 총리실 : 야엘 우자이Yael Uzai → 에슈콜, 1967년 6월 18일.

47 Pedatzur, pp. 39~40.

48 ISA 6303/3 총리실 : 점령지, 1967년 7월~12월.

49 ISA G6304/10, 총리실 : 이갈 알론 → 에슈콜, 1967년 7월 25일.

50 PRO/PREM 13/1623 : SoSFA → 워싱턴, 1967년 7월 27일.

51 PRO/PREM 13/1623 : 애덤스(암만) → FCO, 1967년 9월 8일.

52 PRO/FCO 17/36, 1967년 9월 13일 ; FCO 17/36, 1967년 9월 6일.

53 PRO/PREM 13/1624 : 카라돈 → FCO, 1967년 11월 2일 ; PREM 13/1624, 1967년 11월 22일.

54 PRO/PREM 13/1621 : 카라돈 → FCO, 1967년 6월 12일 (6월 13일 발송).

55 NSC, 텔아비브 전신 4118 · 4137 → 국무부, 1967년 6월 14~15일.

56 CIA 첩보전신, 1967년 7월 14일.

57 NSF, Box 104.

58 PRO/FCO 17/468 이스라엘 : 연례보고서(1967년), 1968년 1월 22일.

59 윈스턴 처칠(손자) 인터뷰.

60 크파르 에찌온에 대한 상세한 내용은 다음을 참조하라. 《주이쉬액션Jewish Action》, 1999년 겨울 ; 하난 포랏 인터뷰 ; PRO/FCO 17/214, 해도우(텔아비브) → FCO, 1967년 6월 26일.

61 ISA G 6303/3, 총리실 : 점령지, 1967년 7월~12월.

62 PRO/FCO 17/230, 1967년 9월 26일.

63 PRO/FCO 17/214 : 딘(워싱턴) → FCO, 1967년 6월 30일.

64 PRO/FCO 17/230 : FCO → 텔아비브, 1967년 9월 28일.

65 PRO/FCO 17/230 : 해도우(텔아비브) → FCO, 1967년 9월 28일.

66 Eban, p. 470.

67 Schiff, p. 85에서 인용.

68 Gazit, p. 151.

69 Ibid., p. 153.

70 MER, pp. 376~377.

71 PRO/PREM 13/1622 : SoSFA → 파리, 1967년 6월 19일.

72 《월 스트리트 저널Wall Street Journal》, 1967년 7월 14일 자.

73 《워싱턴포스트》, 1967년 10월 22일 자.

74 《타임스The Times》, 1967년 11월 10일 자.

75 Crimes of War, pp. 37~38.

76 NSC, 1967년 6월 7일, Box 18.

77 NSC, 1967년 6월 19일.

78 PRO/PREM 13/1621 : SoSFA → 텔아비브, 1967년 6월 13일.

79 PRO/FCO 17/214, 해도우(텔아비브) → FCO, 1967년 6월 26일 ; 국제연합 난민구제사업국 자료, FCO 17/217 : 크로퍼드(암만) → 모벌리(동유럽 담당 부서), 1967년 6월 26일.

80 사미르 코우리 인터뷰, 2002년 11월 22일 베들레헴.

81 PRO/FCO 17/214, 1967년 8월 3일.

82 ISA 6303/3 총리실 : 점령지 1967년 7월~12월.

83 PRO/FCO 17/214 : 모벌리와 런던 주재 이스라엘 각료 아눅Anug의 짧은 대화.

84 PRO/FCO 17/214 : 워싱턴으로 보낸 전문 초안, 1967년 6월 24일.

85 PRO/FCO 17/212 : 풀라(예루살렘) → FCO, 1967년 6월 19일.

86 《워싱턴포스트》, 1967년 6월 23일 자 ; 하이파 칼리디 또한 다마스쿠스 문에서의 장면을
   목격했다): 인터뷰, 2002년 11월 23일 구시가지.

87 PRO/FCO 17/217 : 크로퍼드(암만) → 모벌리(동유럽 담당 부서), 1967년 6월 26일.

88 ISA G6303/5 총리실, 1967년 10월 22일.

89 Dodds and Barakat, p. 43 ; PRO/FCO 17/217, 1967년 10월 31일.

90 CIA 정보국 특별보고서, 이스라엘 점령하의 아랍 영토, 1967년 10월 6일, NSF, Box 160.

91 PRO/FCO 17/214, 1967년 6월 24일.

92 CIA, 중동 정착지 문제의 주요 쟁점, 1967년 7월 13일, NSF, Box 104.

93 PRO/FCO : 크로퍼드(예루살렘) → 모벌리(동유럽 담당 부서), 1967년 10월 16일.

94 PRO/FCO 17/216 : 크로퍼드(암만) → 모벌리(동유럽 담당 부서), 1967년 10월 2일.

95 PRO/FCO 17/212 : 루엔(예루살렘) → 모벌리(동유럽 담당 부서), 1967년 12월 12일.

96 ISA G6303/5 총리실, 1967년 8월 30일.

97 PRO/CAB 129, Vol. 133, Part 1 C(67)150, 1967년 12월 13일.

98 PRO/FCO 17/215, 1967년 9월 1일과 9월 19일.

99 PRO/FCO 17/216 : 해도우(텔아비브) → FCO, 1967년 12월 26일 ; 1967년 12월 28일 ;
   FCO 17/214 : 텔아비브 → FCO, 1967년 7월 25일.

100 PRO/FCO : 크로퍼드(예루살렘) → 모벌리(동유럽 담당 부서), 1967년 12월 11일.

101 PRO/PREM 13/1623, 1967년 8월 30일.

102 Eban, p. 464.

103 IDF 100/438/1969 : 1967년 7월 8일 0900시 전보.

104 PRO/FCO 17/468, 이스라엘 : 연례보고서(1967년), 1968년 1월 22일.

105 PRO/FCO 17/576 : 매킨타이어McIntyre(텔아비브) → 국방부, 1967년 2월 21일.

106 MER, pp. 175~178.

107 모셰 다얀, PRO/FCO 17/577, DA/5/268에서 인용 : 로저스Rogers(텔아비브) → 국방부,
    1968년 2월 16일.

108 PRO/FCO 17/212 : 루엔(예루살렘) → 모벌리(동유럽 담당 부서), 1967년 11월 16일.

109 《선데이타임스》, 1967년 11월 19일 자.

110 PRO/FCO 17/475 : 암만 → FCO, 1967년 11월 20일.

111 Pollack, pp. 330~335.

112 PRO/FCO 17B : 해도우(텔아비브) → 무어Moore(동유럽 담당 부서), 1968년 3월 28일.

113 윈스턴 처칠(손자) 인터뷰.

전쟁의 유산

1 Shlaim, p. 3.
2 PRO/PREM 13/1623 : 해도우(텔아비브) → FCO, 1967년 8월 1일.

참고 문헌

Abu-Odeh, Adnan, *Jordanians, Palestinians and the Hashemite Kingdom in the Middle East Peace Process* (Washington DC : United States Institute of Peace Press, 1999)

Adams, Michael, *Chaos or Rebirth : The Arab Outlook* (London : BBC, 1968)

Ajami, Fouad, *The Dream Palace of the Arabs : A Generation's Odyssey* (New York : Pantheon, 1998)

_____, *The Arab Predicament : Arab Political Thought and Practice Since 1967* (Cambridge : CUP, 1981)

Aldouby Zwy and Jerrold Ballinger, *The Shattered Silence : The Eli Cohen Affair* (New York : Coward, McCann & Geoghegan, 1971)

Allon, Yigal, *Shield of David : The Story of Israel's Armed Forces* (London : Weidenfeld & Nicolson, 1970)

Armstrong, Karen, *Jerusalem One City, Three Faiths* (New York : Knopf, 1996)

Aronson, Shlomo, *Israel's Nuclear Programme : The Six-Day War and Its Ramifications* (London : King's College, 1999)

Associated Press, *Lightning Out of Israel* (The Associated Press, 1967)

Ateek, Naim and Hilary Rantisi, *'Out Story' : The Palestinians* (Jerusalem : Sabeel, 1999)

Bamford, James, *Body of Secrets* (New York : Doubleday, 2001)

Barker, A. J., *Arab-Israeli Wars* (London : Ian Allan, 1980)

_____, *Six Day War* (New York : Ballantine Books, 1974)

Bar-On, Mordechai, *The Gates of Gaza : Israel's Road to Suez and Back, 1955-57* (New York : St Martin's Press, 1994)

_____(ed.), *Israeli Defence Forces : Six-Day War* (Philadelphia : Chilton Book Company, 1968)

Bar-Zohar, *Michael, Embassies in Crisis* (Englewood Cliffs, NJ : Prentice Hall, 1970)

Bashan, Raphael, *The Victory* (Chicago : Quadrangle, 1967)

Beilin, Yossi, *Israel : A Concise Political History* (New York : St Martin's Press, 1992)

Benvenisti, Meron, *The Hidden History of Jerusalem* (Berkeley, CA : University of California Press, 1996)

Bernet, Michael, *The Time of the Burning Sun* (New York : Signet, 1968)

Bettelheim, Bruno, *The Children of the Dream* (New York : Macmillan, 1969)

Black, Ian and Benny Morris, *Israel's Secret Wars* (London : Warner Books, 1992)

Brecher, Michael, *Decisions in Israel's Foreign Policy* (Oxford : OUP, 1974)

Bregman, Ahron, *A History of Israel* (London : Palgrave, 2002)

_____ and Jihan el-Tahri, *The Fifty Years War* (London : Penguin/BBC Books, 1998)

Bondy, Ruth, Ohad Zmora and Raphael Bashan (eds), *Mission Survival* (New York : Sabra Books, 1968)

Brown, Arie, *Moshe Dayan and the Six-Day War* (Tel Aviv : Yediot Aharonot, 1997[Hebrew])

Bull, Odd, *War and Peace in the Middle East* (London : Leo Cooper, 1976)

Burdett, Winston, *Encounter With the Middle East* (New York : Atheneum, 1969)

Cameron, James, *What a Way to Run the Tribe* (New York : McGraw-Hill, 1968)

Casey, Ethan and Paul Hilder (eds), *Peace Fire : Fragments from the Israel-Palestine Story* (London : Free Association Books, 2002)

Chase, James (ed.), *Conflict in the Middle East* (New York : H. W. Wilson 1969)

Christma Henry M. (ed.), *The State Papers of Levi Eshkol* (New York : Funk & Wagnall, 1969)

Churchill, Randolph S. and Winston S, Churchill, *The Six-Day War* (Boston, MA : Houghton Mifflin, 1967)

Cockburn, Andrew and Leslie, *Dangerous Liaison : The Inside Story of the US-Israeli Covert Relationship* (New York : HarperCollins, 1991)

Comay, Joan and Lavinia Cohn-Sherbok, *Who's Who in Jewish History* (London : Routledge, 1995)

Copeland, Miles, *The Game of Nations* (New York : Simon & Schuster, 1969)

van Creveld, Martin, *The Sword and the Olive : A Critical History of the Israeli Defence Force* (New York : Public Affairs, 1998)

Cristol, Jay, *The Liberty Incident* (Washington DC : Brassey's, 2002)

Dallas, Roland, *King Hussein : A Life on the Edge* (London : Profile Books, 1998)

Dayan, Moshe, *Story of My Life* (London : Weidenfeld & Nicolson, 1976)

Dayan, Yael, *Israel Journal : June 1967* (New York : McGraw-Hill, 1967)

Dodd, Peter and Halim Barakat, *River Without Bridges : A Study of the Exodus of the 1967 Palestinian Arab Refugees* (Beirut : The Institute for Palestinian Studies, 1969)

Donavan, Robert J., *Israel's Fight for Survival* (New York : New American Library,

1967)

Draz, Isam, *June's Officers Speak Out : How the Egyptian Soldiers Witnessed the 1967 Defeat* (Cairo : El Manar al Jadid, 1989 [Arabic])

Dupuy, Trevor N., *Elusive Victory : The Arab-Israeli Wars, 1947-74* (New York : Harper & Row, 1978)

Eban, Abba, *An Autobiography* (New York : Random House, 1977)

____, *Personal Witness* (New York : Putnam, 1992)

Egyptian Organisation for Human Rights, *Crime and Punishment* (Cairo)

El-Gamasy, Mohamed Abdel Ghani, *The October War* (Cairo : The American University in Cairo Press, 1993)

Elon, Amos, *The Israelis* (Tel Aviv : Adam Publishers, 1981)

____, *A Blood-Dimmed Tide* (London : Penguin, 2001)

El-Sadat, Anwar, *In Search of Identity* (New York : Harper & Row, 1978)

Ezrahi, Yaron, *Rubber Bullets : Power and Conscience in Modern Israel* (Berkeley, CA : University of California Press, 1997)

Finkelstein, Norman G., *Image and Reality of the Israel-Palestine Conflict* (London : Verso, 1997)

Gall, Sandy, *Don't Worry About the Money Now* (London : New English Library, 1985)

Gazit, Shlomo, *The Carrot and the Stick : Israel's Policy in Judea and Samaria, 1967-68* (Washington DC : B'nai B'rith Books, 1995)

Gellhorn, Martha, *The Face of War* (London : Virago, 1986)

Ginor, Isabella, 'The Russians Were Coming : The Soviet Military Threat in the 1967 Six-Day War', *Middle East Review of International Affairs*, Vol. 4, No. 4, December 2000

Glueck, Nelson, *Dateline : Jerusalem* (Tel Aviv : Hebrew Union College Press, 1968)

Golan, Aviezer, *The Commanders* (Tel Aviv : Mozes, 1967)

Golan, Galia, *Soviet Policies in the Middle East : From World War Two to Gorbachev* (Cambridge : CUP, 1990)

Goldberg, David J., *To the Promised Land : A History of Zionist Thought* (London : Penguin 1996)

Gordon, Haim (ed.), *Looking Back at the June 1967 War* (Westport : Praeger, 1999)

Gruber, Ruth, *Israel on the Seventh Day* (New York : Hill & Wang, 1968)

Gutman, Roy and David Rieff (eds), *Crimes of War : What the Public Should Know* (New York : W. W. Norton, 1999)

Haber, Eitan, *'Today War Will Break Out' : Reminiscences of Brigadier General Israel Lior, Aide-de-Camp to Prime Ministers Levi Eshkol and Golda Meir* (Tel Aviv : Edanim, 1987 [Hebrew])

Hadawi, Sami, *Bitter Harvest : A Modern History of Palestine* (New York : Olive Branch Press, 1991)

Hammel, Eric, *Six Days in June : How Israel Won the 1967 Arab-Israeli War* (New York : Scribner, 1992)

Heikal, Mohamed, *The Cairo Documents* (New York : Doubleday, 1973)

_____, *Sphinx and Commissar* (London : Collins, 1978)

Hersh, Seymour M., *The Samson Option : Israel's Nuclear Arsenal and American Foreign Policy* (New York : Random House, 1991)

Herzog, Chaim, The Arab-Israeli Wars (New York : Random House, 1982)

_____, *Living History* (London : Phoenix, 1997)

Hewat, Tim, *War File* (London : Panther Record, 1967)

Hirst, David, *The Gun and the Olive : The Roots of Violence in the Middle East* (London : Faber & Faber, 1984)

Horovitz, David (ed.), *Yitzhak Rabin : Soldier of Peace* (London : Peter Halban, 1996)

Hourani, Albert, *A History of the Arab Peoples* (London : Faber & Faber, 1991)

Hussein, King of Jordan, as told to Vick Vance and Pierre Lauer, *My 'War' With Israel* (New York : William Morrow, 1969)

Hutchison, E. H., *Violent Truce* (London : John Calder, 1956)

Irving, Clifford, *The Battle of Jerusalem* (London : Macmillan, 1970)

Israel's Foreign Relations, Selected Documents, 1947-1974, Ministry for Foreign Affairs, Jerusalem, 1976

Johnson, Lyndon Baines, The Vantage Point : Perspectives on the Presidency, 1963-69 (New York : Holt, Rinehart & Winston, 1971)

Kahalani, Avigdor, *The Heights of Courage* (Tel Aviv : Steimatzky, 1997)

Kerr, Malcolm H., *The Arab Cold War* (New York : OUP, 1971)

Khan, Zafarul-Islam, *Palestine Documents* (New Delhi : Pharos, 1998)

Kollek, Teddy, *For Jerusalem* (New York : Random House, 1978)

Kovner, Abba (ed.), *Childhood Under Fire* (Tel Aviv : Sifriat Poalim, 1968)

Kurzman, Dan, *Soldier of Peace : The Life of Yitzhak Rabin* (New Yoik : HarperCollins, 1998)

Lall, Arthur, *The UN and the Middle East Crisis, 1967* (New York and London : Columbia University Press, 1968)

Lammfrom, Arnon and Hagai Tzoref (eds.), *Levi Eshkol : The Third Prime Minister, Selected Documents (1985-1969)* (Jerusalem : Israel State Archives, 2002 [Hebrew])

Laqueur, Walter (ed.), *The Israel/Arab Reader, A Documentary History of the Middle East Conflict* (New York : The Citadel Press, 1969)

———, *The Road to War : The Origins and the Aftermath of the Arab-Israeli Conflict, 1967-68* (London : Weidenfeld & Nicolson, 1969)

Larteguy, Jean, *The Walls of Israel* (New York : Evans, 1969)

Lau-Lavie, Naphtali, *Moshe Dayan : A Biography* (Hartford, CN : Hartmore House, 1968)

Lev, Igal, *Jordan Patrol* (New York : Doubleday, 1970)

Levine, Harry, *Jerusalem Embattled* (London : Cassell, 1997)

Lynd, Staughton, Sam Bahour and Alice Lynd (eds.), *Homeland : Oral Histories of Palestine and Palestinians* (New York : Olive Branch Press, 1994)

MacLeish, Roderick, *The Sun Stood Still* (New York : Atheneum, 1967)

Marshall, S. L. A., *Swift Sword : The Historical Record of Israel's Victory, June 1967* (New York : American Heritage Publishing, 1967)

Masalha, Nur, *Expulsion of the Palestinians : The Concept of 'Transfer' in Zionist Political Thought, 1882-1948* (Washington DC : Institute of Palestine Studies, 1999)

———, *Imperial Israel and the Palestinians : The Politics of Expansion* (London : Pluto, 2002)

Mayhew, Christopher and Michael Adams, *Publish it not... : The Middle East Cover-Up* (London : Longman, 1975)

Mayzel, Matitiahu, *The Golan Heights Campaign* (Tel Aviv : Ma'arachot, 2001 [Hebrew])

McCullin, Don, *Unreasonable Behaviour* (London : Jonathan Cape, 1990)

Melman, Yossi and Dan Raviv, *Behind the Uprising* (New York : Greenwood Press, 1989)

Middle East Record (Jerusalem : Israel Universities Press, 1971)

Morris, Benny, *The Birth of the Palestinian Refugee Problem, 1947-49* (Cambridge : CUP, 1989)

_____, *Israel's Border Wars, 1949-56* (Oxford : Clarendon Press, 1997)

Moskin, Robert, *Among Lions* (New York : Arbor House, 1982)

Muttawi, Samir A., *Jordan in the 1967 War* (Cambridge : CUP, 1987)

Narkiss, Uzi, *The Liberation of Jerusalem* (London : Valentine Mitchell, 1992)

Near, Henry (ed.), *The Seventh Day : Soldiers Talk About the Six-Day War* (London : André Deutsch, 1970)

Neff, Donald, *Warriors for Jerusalem* (New York : Linden Press/Simon & Schuster, 1984)

Noor, Queen, *Leap of Faith : Memoirs of an Unexpected Life* (London : Weidenfeld & Nicolson, 2003)

Nutting, Anthony, *Nasser* (New York : Dutton, 1972)

Oren, Michael, *Six Days of War* (New York : OUP, 2002)

Parker, Richard, *The Politics of Miscalculation in the Middle East* (Bloomington and Indianapolis : Indiana University Press, 1993)

Parker, Richard (ed.), *The Six-Day War : A Retrospective* (Gainesville, FL : University Press of Florida, 1996)

Pedatzur, Reuven, *The Triumph of Embarrassment : Israel and the Territories After the Six-Day War* (Tel Aviv : Yad Tabenkin & Bitan, 1996 [Hebrew])

Peres, Shimon, *David's Sling* (New York : Random House, 1970)

Pollack, Kenneth M., *Arabs at War : Military Effectiveness, 1948-91* (Lincoln, NE : University of Nebraska Press, 2002)

Pryce-Jones, David, *The Face of Defeat : Palestinian Refugees and Guerrillas* (New York : Holt Rinehart Winston, 1972)

Quandt, William B., *Peace Process : American Diplomacy and the Arab-Israeli Conflict Since 1967* (Washingron DC : Brookings Institution Press, 2001)

Rabin, Leah, *Our Life, His Legacy* (New York : Putnam, 1997)

Rabin, Yitzhak, *The Rabin Memoirs* (London : Weidenfeld & Nicolson, 1979)

Rabinovich, Abraham, *The Battle for Jerusalem* (Philadelphia : The Jewish Publication Society, 1987)

Rabinovich, Itamar, *The Road Not Taken : Early Arab-Israeli Negotiations* (New York : OUP, 1991)

Rafael, Gideon, *Destination Peace* (New York : Stein & Day, 1981)

Rapaport, Era, *Letters from Tel Mond Prison : An Israeli Settler Defends His Act of Terror* (New York : The Free Press, 1996)

Raviv, Moshe, *Israel at Fifty* (London : Weidenfeld & Nicolson, 1997)

Rose, John H., *Armenians of Jerusalem* (London : Radcliffe Press, 1993)

Roth, Stephen J. (ed.), *The Impact of the Six-Day War* (New York : St Martin's Press, 1988)

Riad, Mahmoud, *The Struggle for Peace in the Middle East* (London : Quartet Books, 1981)

Rikhye, Indar Jit, *The Sinai Blunder* (London : Frank Cass, 1980)

Ronen, Ran, *Hawk in the Sky* (Tel Aviv : Yediot Aharanot, 2002 [Hebrew])

Rusk, Dean and Richard Rusk, *As I Saw It* (New York : W. W. Norton, 1990)

Safran, Nadav, *From War to War : The Arab-Israeli Confrontation 1948-1967* (New York : Pegasus, 1969)

Sayigh, Yezid, *Armed Struggle and the Search for State* (Oxford : OUP, 1997)

Schiff, Ze'ev, *A History of the Israeli Army* (San Francisco : Straight Arrow Books, 1974)

Schliefer, Abdullah, *The Fall of Jerusalem* (New York and London : Monthly Review Press, 1972)

Seale, Patrick, *The Struggle for Syria* (London : I. B. Tauris, 1986)

_____, *Asad : The Struggle for the Middle East* (Berkeley, CA : University of California Press, 1988)

_____ (ed.), *The Shaping of An Arab Statesman : Abd al-Hamid Sharaf and the Modern Arab World* (London : Quartet, 1983)

Segev, Tom, *One Palestine, Complete* (London : Little Brown, 2001)

Sharon, Ariel, *Warrior* (New York : Simon & Schuster, 1989)

Shevchenko, Arkady N., *Breaking With Moscow* (London : Jonathan Cape, 1985)

Shlaim, Avi, *The Politics of Partition* (Oxford : OUP, 1998)

_____, *The Iron Wall* (New York : W. W. Norton, 2000)

Snow, Peter, *Hussein : A Biography* (London : Barrie & Jenkins, 1972)

Sternhell, Zeev, *The Founding Myths of Israel* (Princeton : Princeton University Press, 1998)

Stetler, Russell (ed.), *Palestine* (San Francisco : Ramparts Press, 1972)

Stevenson, William, *Strike Zion!* (New York : Bantam, 1967)

Tawil, Raymonda Hawa, *My Home, My Prison* (New York : Holt, Rinehart & Winston, 1979)

Tessler, Mark, *A History of the Israeli-Palestinian Conflict* (Bloomington and Indianapolis, Indiana University Press, 1994)

Teveth, Shabtai, *The Tanks of Tammuz* (London : Weidenfeld & Nicolson, 1968)

Tleel, John N., *I am Jerusalem, Old City* (Jerusalem : Private Publication, 2000)

Turki, Fawaz, *The Disinherited : Journal of a Palestinian Exile* (New York and London : Monthly Review Press, 1972)

Weizman, Ezer, *On Eagles' Wings* (New York : Macmillan, 1976)

Wiesel, Elie, *A Beggar in Jerusalem* (London : Sphere Books, 1971)

Wright, Patrick, *Tank : The Progress of a Monstrous War Machine* (London : Faber & Faber, 2000)

Zikri, Wagih Abu, *The Massacre of the Innocents on 5 June* (Cairo : Modern Egyptian Bookshop, 1988 [Arabic])

찾아보기

한국국방안보포럼(KODEF)은 21세기 국방정론을 발전시키고 국가안보에 대한 미래 전략적 대안을 제시하기 위해 뜻있는 군·정치·언론·법조·경제·문화 마니아 집단이 만든 사단법인입니다. 온·오프라인을 통해 국방정책을 논의하고, 국방정책에 관한 조사·연구·자문·지원 활동을 하고 있으며, 국방 관련 단체 및 기관과 공조하여 국방 교육 자료를 개발하고 안보의식을 고양하는 사업을 하고 있습니다. http://www.kodef.net

KODEF 안보총서 28

6일 전쟁
SIX DAYS
중동분쟁의 씨앗이 된 제3차 중동전쟁

개정판 1쇄 인쇄 2020년 5월 21일
개정판 1쇄 발행 2020년 5월 28일

지은이 제러미 보엔
옮긴이 김혜성
펴낸이 김세영

펴낸곳 도서출판 플래닛미디어
주소 04029 서울시 마포구 잔다리로71 아내뜨빌딩 502호
전화 02-3143-3366
팩스 02-3143-3360
블로그 http://blog.naver.com/planetmedia7
이메일 webmaster@planetmedia.co.kr
출판등록 2005년 9월 12일 제313-2005-000197호

ISBN 979-11-87822-43-1 03900